핵심 조직행동론 ^{|제14판|}

Stephen P. Robbins, Timothy A. Judge 지음

김광점, 박노윤, 설현도 옮김

Σ 시그마프레스

핵심 조직행동론, 제14판

발행일 | 2018년 3월 2일 1쇄 발행
2019년 3월 5일 2쇄 발행
2020년 1월 20일 3쇄 발행

지은이 | Stephen P. Robbins, Timothy A. Judge
옮긴이 | 김광점, 박노윤, 설현도
발행인 | 강학경
발행처 | (주)시그마프레스
디자인 | 김은경
편 집 | 이호선

등록번호 | 제10-2642호
주소 | 서울특별시 영등포구 양평로 22길 21 선유도코오롱디지털타워 A401~403호
전자우편 | sigma@spress.co.kr
홈페이지 | http://www.sigmapress.co.kr
전화 | (02)323-4845, (02)2062-5184~8
팩스 | (02)323-4197

ISBN | 979-11-6226-027-2

Essentials of Organizational Behavior, 14th edition

* 책값은 책 뒤표지에 있습니다.

이 도서의 국립중앙도서관 출판예정도서목록(CIP)은 서지정보유통지원시스템 홈페이지(http://seoji.nl.go.kr)와 국가자료공동목록시스템(http://www.nl.go.kr/kolisnet)에서 이용하실 수 있습니다.
(CIP제어번호 : CIP2018002802)

오늘날 조직은 우리 삶의 거의 모든 측면에 영향을 미치며, 우리는 대부분 어떠한 형태로든 조직 안에서 살아간다. 이 책은 조직의 안팎에서 벌어지는 사람들의 행동과 태도에 대한 연구인 조직행동론의 핵심 내용을 담고 있다. 2017년 현재, '조직행동론'이라는 제목으로 국내에 소개된 책은 무려 80여 권에 달하고 그 내용도 방대하다. 이처럼 방대한 이론을 모두 다루다 보면 책의 분량은 상상도 할 수 없을 만큼 많아지게 되고, 한 학기 동안 다루기에는 벅차다. 그렇기 때문에 중요한 내용을 모두 다루면서도 분량이 많지 않은 이 책을 번역하게 되었다. 이 책은 최근까지 이루어진 조직행동론의 연구 결과와 최신 사례를 담고 있으면서도 핵심 내용만을 선별하여 부담 없는 분량으로 되어 있고, 복잡한 이론을 쉽게 설명하고 있어서 기업 실무자들도 읽기에 편하다. 이러한 장점 때문에 이 책은 전 세계적으로 많은 대학에서 교재로 사용되고 있다. 특히 낮에는 근무하고 밤에 공부를 하는 학생들을 위한 교재로서는 더할 나위 없이 적절하다.

외국의 상황에 맞추어서 쓰여진 내용을 우리가 이해할 수 있도록 옮기기 위해서 노력하였지만 아직도 어색한 부분, 때로는 오류를 범한 부분도 적지 않을 것으로 생각한다. 이러한 오류는 모두 지식과 경험이 일천한 번역자들의 책임이며, 이에 대한 지적과 조언은 언제라도 겸허하게 수용할 것이다. 이 책이 나오기까지 (주)시그마프레스 직원들의 수고가 컸다. 이 분들의 도움 덕분에 훨씬 더 읽기 쉽고 짜임새 있는 책이 되었다. 마음으로부터 깊은 감사를 드린다.

조직 안팎에서 조직과 관련을 맺으면서 살아가야 하는 우리의 현실을 고려할 때 조직을 바람직한 모습으로 만드는 것은 매우 값지고 보람 있는 일이다. 이 책이 독자 여러분으로 하여금 더 나은 조직을 만들고 더 나은 조직생활을 하는 데 도움이 될 수 있기를 기대한다.

2018년
역자 일동

이 책은 600~700쪽에 달하는 방대한 내용으로 구성된 조직행동론 교재의 대안으로 탄생하였다. 이를 위하여 이 책은 조직행동론 각 분야의 핵심 내용을 모두 포함하면서도 독자들이 흥미를 갖고 쉽게 읽을 수 있도록 기획되었다. 이 책이 많은 단기 교육 과정과 경영자 과정의 교재뿐만 아니라, 전통적인 교육 과정에서 보조 교재로 광범위하게 사용되고 있다는 것을 기쁘게 생각한다. 이 책은 현재 미국과 캐나다, 남미, 유럽, 오스트레일리아, 아시아에 있는 500개 이상의 대학에서 교재로 사용되고 있다. 그리고 스페인어, 포르투갈어, 일본어, 중국어, 네덜란드어, 폴란드어, 터키어, 덴마크어, 인도네시아어로 번역되었다.

이 책의 특징

- **주제의 범위**　비록 분량은 많지 않지만 이 책은 조직행동론의 모든 주제를 균형 있게 다루고 있다. 성격, 동기부여, 리더십과 같은 전통적인 주제뿐 아니라, 감정, 다양성, 협상, 팀워크와 같은 최신 주제도 포함하고 있다.

- **기술 방식**　이 책은 읽기 쉬운 문체로 쓰였으며, 많은 사례를 담고 있다. 독자들은 이 책이 "구어체이고, 흥미로우며, 학생 친화적이고, 명확하고 이해하기 쉽다."고 말한다.

- **실용성**　이 책은 결코 이론만 제시하지 않고, 조직 구성원의 행동을 설명하고 예측하기 위하여 이론을 활용하는 것에 초점을 맞추고 있다. 저자는 이 책을 쓸 때 조직행동론의 이론과 연구 결과가 실무적으로 어떤 의미를 지니고 있는지를 분명하게 전달하려고 했다.

- **다양한 활용법**　이 책의 분량이 많지 않은 이유는 토의 문제, 사례, 연습 문제와 같은 교수 또는 학습 보조 자료가 빠져 있기 때문이다. 이 책은 오직 조직행동론의 기본적인 내용만을 전달하며, 강사가 최대한 자율성을 가지고 강의 과정을 설계할 수 있도록 하고 있다.

- **세계화, 다양성, 윤리의 통합**　세계화와 문화 차이, 다양성, 윤리 문제는 이 책 전반

에 걸쳐서 반영되어 있다. 이 주제들을 별도의 장으로 독립시키는 대신, 다른 주제와 함께 통합적으로 다루는 방식을 채택하였다. 이와 같이 통합적인 방식을 택하는 것이 이 주제들의 중요성을 부각시키는 데 훨씬 효과적이라고 독자들은 말한다.

제14판의 새로운 내용

- 조직행동의 모든 측면에서 다루어지는 이슈들에 대한 최신 연구, 관련 논의, 새로운 증거를 추가하여 내용을 보강하였다.
- 현대 글로벌 이슈들을 더 많이 포함시켜 주제별 논의를 보강하였다.
- 모든 장을 광범위하게 재조직하고, 교재의 내용을 쉽게 찾고 중요한 부분을 강조하기 위해 새로운 제목과 세부항목을 제시하였다.
- 각 장에서 제시된 내용 중 다른 장에서도 다루어지고 있는 부분을 상호 참조할 수 있게 표시함으로써 학생들이 신속하게 접근하고, 주제에 대해 좀 더 깊이 이해할 수 있도록 하였다.

차례

제4부 협상력과 정치

제1부

자신과 타인을 이해하기

조직행동이란 무엇인가

이 책을 읽고 나면, 당신은

1. 조직행동을 정의할 수 있다.
2. 조직행동에 대한 체계적인 연구의 가치를 설명할 수 있다.
3. 조직행동론에 기여하는 중요한 과학 분야들을 구분할 수 있다.
4. 조직행동론에 절대적, 무조건적으로 적용되는 요소가 거의 없는 이유를 설명할 수 있다.
5. 조직행동론의 개념을 적용할 때 경영자들이 마주하는 어려움과 기회를 구분할 수 있다.
6. 이 교재에 등장하는 조직행동 모델에서 사용되는 세 단계의 분석 수준을 비교할 수 있다.

이 교재를 펼치면서 당신은 "조직행동론이 도대체 무엇이고 그게 나와 무슨 상관이 있지?"와 같은 질문을 하고 있을지도 모른다. 조직행동의 정의에 대해서는 곧 다룰 것이다. 일단은 목적지를 염두에 두고 출발해보자. 조직행동론이 왜 중요하며, 조직행동론의 공부를 통해 당신이 얻을 수 있는 것은 무엇일까?

먼저 조직행동론의 역사에 대해 조금 소개하려 한다. 1980년대 후반까지 경영대학원에서는 경영의 기술적인 측면을 강조하며 경제, 회계, 금융, 그리고 계량적인 기술에 초점을 맞추었다. 사람의 행동이나 대인기술에 대한 수업들은 상대적으로 관심을 덜 받았다. 하지만 그 후로 경영대학원은 대인기술이 경영자의 능력에 미치는 영향력이 상당하다는 사실을 깨닫게 되었다. 20가지 이상의 분야에서 2,100명 이상의 CFO들을 대상으로 실시한 설문의 결과에서는 몇몇 직장인들이 승진하지 못하는 가장 큰 요인으로 대인

기술의 부족이 꼽혔다.[1]

조직행동론이 가장 크게 적용되는 분야 중 하나는 대인기술의 향상이다. 경영자의 대인기술 향상은 조직이 능력 있는 직원을 끌어들이고 유지하는 데 도움을 준다. 뛰어난 직원은 언제나 부족하며, 그들을 대체하는 데는 많은 비용이 필요하다는 사실을 생각하면 이 점은 무척 중요하다. 하지만 대인기술 향상이 조직행동론이 중요한 유일한 이유는 아니다. 두 번째로, 조직의 관점에서는 조직행동론의 원칙을 적용함으로써 좋은 직장을 훌륭한 직장으로 변모시킬 수 있으며 특히 이윤 증대에 긍정적인 영향을 줄 수 있다. 제넨테크, 보스톤 컨설팅 그룹, 퀄컴, 맥킨지 앤드 컴퍼니, P&G, 페이스북, 그리고 사우스웨스트항공 등[2] 일하기 좋은 환경을 가졌다고 알려진 회사들은 금전적으로도 성공적인 결과를 낸다.[3] 세 번째로, 직장 내 관계의 질은 직원들의 직무만족도, 스트레스, 그리고 이직률과 강한 관계가 있다. 예를 들어 100여 곳의 직장과 20만 명 이상의 응답자를 대상으로 실시한 한 방대한 설문조사의 결과에 따르면 동료 직원과 관리자 사이의 사회적 관계는 전반적인 직무만족도와 관련이 있다. 긍정적인 사회적 관계는 또한 직장에서의 낮은 스트레스 및 더 낮은 퇴사 욕구와도 연관이 있었다.[4] 그 후의 연구들은 지원적 대화와 능동성을 통해 경영자들과 인격적인 관계를 맺는 직원들의 아이디어가 더 잘 수용되며 그에 따라서 직무만족도 역시 높아진다는 사실을 보여준다.[5] 네 번째로, 조직 내에서 조직행동론적 요소를 늘리는 것은 사회적 책임에 대한 자각을 길러낼 수 있다. 그에 따라서 대학에서는 조직 내의 사회적 문제를 해결할 수 있는 미래의 리더들을 길러내기 위해 커리큘럼에 사회적 기업가 정신(social entrepreneurship)을 포함시키기 시작했다.[6] 이것이 특히 중요한 이유는 기업의 사회적 책임(Corporate Social Responsibility), 즉 CSR의 수단과 결과를 이해해야 할 필요성이 점점 강해지고 있기 때문이다.[7] CSR에 대해서는 제3장에서 더 깊게 다룰 것이다.

오늘날과 같이 경쟁적이며 요구사항이 많은 직장에서 경영자들은 전문적인 기술만으로는 성공할 수 없다. 그들은 훌륭한 대인기술 또한 갖고 있어야 한다. 이 교재는 현재의, 그리고 미래의 경영자들이 사람의 행동을 이해함으로써 얻을 수 있는 지식과 함께 그러한 대인기술을 발전시키도록 돕기 위해 쓰였다.

경영과 조직행동

경영자가 수행해야 하는 역할들, 그리고 경영자의 직무를 수행하기 위해 필요한 기술은 점점 늘어나고 있다. 그 어느 때보다도 많은 사람이 경영 훈련이나 적절한 경험 없이 경영자의 위치에 임용되고 있다. 한 광범위한 설문조사 결과에 따르면 경영자 중 58%가 아무런 훈련을 받지 않았다고 응답했으며 25%는 자신이 다른 사람들을 이끌어갈 준비가 되지 않았을 때 그 역할을 수행하게 되었다고 고백했다.[8] 이러한 어려움에 더해서 직무수행에 따르는 요구 사항은 오히려 늘어났다. 평균적인 경영자는 7명의 직원을 직접 관리해야 하며 (과거에는 5명이 일반적이었다) 예전보다 그들에게 관심을 쏟을 수 있는 시간이 부족해졌다.[9] 조직들이 경영 직무에 잘못된 후보자를 선정하는 경우가 82%였다는 갤럽의 조사 결과를 생각해볼 때,[10] 우리는 당신이 사람들을 어떻게 관리해야 하는지에 대해 더 많이 배울수록 당신이 올바른 후보자가 되기 위한 준비를 더 잘할 수 있을 것이라고 결론을 내릴 수 있다. 당신이 그곳에 도달하는 데 조직행동론이 도움을 줄 것이다.

조직행동론 정의하기

조직행동론(organizational behavior, OB)은 개인, 집단, 그리고 구조가 조직 내 행동에 미치는 영향을 연구하는 학문 분야이며, 그 목적은 그와 같은 지식을 통해 조직을 개선하여 더 효과적으로 변모시키는 것이다. 조금 복잡하게 들릴 수 있으니 나누어서 설명하겠다.

조직행동론이 학문 분야라는 것은 특정한 지식체계를 공유하는 전문적인 독립 분야라는 의미이다. 조직행동론은 조직 내 행동에 영향을 미치는 세 가지 요인들, 즉 개인, 집단, 그리고 구조를 연구한다. 또한 조직행동론은 개인, 집단, 그리고 구조가 행동에 미치는 영향에 대한 지식을 활용하여 조직이 더 효과적으로 기능하도록 돕는다.

우리의 정의를 정리하자면, 조직행동론은 조직 내에서 사람들이 무엇을 하는지, 그리고 그들의 행동이 조직의 기능에 영향을 미치는 방식을 다루는 학문 분야이다. 조직행동론은 고용과 관련된 상황에 특히 관심이 많기 때문에, 이 분야에서는 행동을 직무만족도, 결근률, 이직률, 생산성, 성과, 그리고 경영의 측면에서 관찰한다. 각각의 상대적인 중요도에 대해서는 이견이 있지만 조직행동론은 다음과 같은 중심 주제들을 포함한다.[11]

- 동기
- 리더의 행동과 권력
- 대인 간 의사소통
- 집단의 구조와 과정들
- 태도의 발전과 지각

- 변화 과정
- 갈등과 협상
- 직무 설계

효과적인 경영 활동 대 성공적인 경영 활동

조직행동론이 무엇인지 알아보았으니 이제 몇 가지 개념을 적용해봐도 좋을 것이다. 효과적인 경영이라는 중요한 주제에 대해 생각해보자. 효과적인 경영자와 그렇지 않은 경영자 사이에는 어떤 차이가 있는 것일까? 이 질문에 답하기 위해 저명한 조직행동론 연구자 프레드 루선스와 그의 동료들은 경영자들의 행동을 독특한 관점에서 관찰하였다.[12] 그들은 "조직 내에서 가장 빠르게 승진하는 경영자들이 가장 훌륭한 성과를 내는 경영자들과 동일한 행동을 동일한 열정으로 하는가?"라고 물었다. 당신은 그에 대한 대답이 "그렇다."일 것이라고 예상할지 모르지만 늘 그런 것은 아니다.

　　루선스와 동료들은 450명이 넘는 경영자들을 연구했다. 그들은 네 가지로 구분되는 경영 활동을 수행하고 있었다.

1. **전통적인 경영**　의사결정, 계획, 통제
2. **소통**　일상적인 정보 교환 및 문서업무 처리
3. **인적자원 관리**　동기부여, 규율, 갈등 관리, 채용, 훈련
4. **네트워크 형성**　사회화, 정치적 활동, 외부인과의 소통

　　'평균적인' 경영자의 경우 자신의 시간 중 32%를 전통적인 경영 활동에, 29%를 소통에, 20%를 인적자원 관리에, 그리고 19%를 네트워크 형성에 사용하였다. 하지만 개별적으로 볼 때 각 경영자가 여러 활동에 사용한 시간과 노력의 비율에는 큰 차이가 있었다 (조직 내에서 승진을 달성한 속도에서) 성공적인 경영자들의 경우에는 네트워크 형성이 그들의 성공에 가장 크게 기여하였으며 인적자원 관리활동은 상대적으로 가장 적게 기여하였는데, 이는 평균적인 경영자에게서 나타나는 패턴과는 반대이다. 호주, 이스라엘, 이탈리아, 일본, 그리고 미국에서 이루어진 다른 연구에서도 네트워크 형성 및 사회적 관계와 성공 사이의 연결성을 확인할 수 있다.[13] 반면에, 루선스와 동료들의 연구 결과 (성과의 양과 질, 그리고 직원들의 만족도와 헌신 측면에서) 효과적인 경영자들의 경우에는 소통 활동이 상대적으로 가장 기여를 많이 했으며, 네트워크 형성이 가장 덜 기여하였다. 이와 같은 결과는 소통에 조금 더 중점을 둔다는 중요한 차이점을 제외하면 일반

이 아이콘이 있는 단락은 글로벌한 조직행동론 이슈를 다루고 있음을 의미한다.

적인 경영자의 행동 방식과 조금 더 통하는 면이 있다. 효과적인 경영자와 소통 활동 사이의 연관성은 분명하다. 동료 및 직원에게 자신의 결정을 설명해주고 그들의 정보를 구하는 경영자들이 ─심지어 그 정보들이 부정적인 것으로 밝혀지는 경우에도─ 가장 효과적이었다.[14]

직관에 체계적 연구를 더하다

당신이 직접적으로 생각해본 적이 있든지 그렇지 않든지 당신은 지금까지 살아오면서 늘 사람들의 행동을 보고 그것을 해석하거나 다른 상황에서 그들이 어떻게 행동할지 예측함으로써 사람들을 '읽어오고' 있었다. 다른 사람들을 읽어낼 때 편한 방식으로 접근하는 것은 종종 잘못된 예측으로 이어질 수 있지만, 체계적인 접근을 사용하면 정확도를 더 높일 수 있다.

체계적인 접근에서 전제하고 있는 사실은 인간의 행동이 무작위로 이루어지지 않는다는 것이다. 인간의 행동은 무작위로 일어나는 것이 아니기에 개인의 행동들 기저에 깔려 있는 근본적인 일관성을 찾아내는 것이 가능하며, 개인 차이를 반영하여 그들의 행동을 수정할 수 있다. 근본적인 일관성은 무척 중요하다. 일관성이 있어야 예측이 가능하기 때문이다. 인간의 행동은 대체로 예측 가능하다. 행동에 대한 **체계적인 연구**는 꽤나 정확한 예측을 가능하게 하는 도구이다. **체계적인 연구**(systematic study)라는 표현을 사용할 때 우리는 관계를 분석하는 것, 원인과 결과를 연결 짓는 것, 그리고 과학적 증거, 즉 통제된 조건에서 수집되고 측정되며 엄격하게 해석되는 데이터에 기반을 두고 결론을 내리는 것을 의미한다.

증거기반경영(evidence-based management, EBM)은 경영자의 결정이 가능한 한 최선의 과학적 근거에 기반을 두도록 함으로써 체계적 연구를 보완한다. 예를 들어, 우리는 의사들이 환자에 대한 결정을 내릴 때 가장 최근의 증거에 기반을 두고 결정 내리기를 바랄 것이다. EBM은 경영자들 역시 그렇게 행동하여 경영적인 문제에 대해서 더 과학적으로 생각해야 한다고 주장한다. 경영자는 질문을 제시하고, 가능한 최고의 증거를 탐색하며, 직면한 문제에 적절한 정보를 적용할 수 있다. 당신은 증거에 기반을 두지 않고 결정을 내리는 경영자가 과연 있긴 한지 의문을 가질지도 모른다. 하지만 적지 않은 경영 의사결정이 체계적인 연구나 적절한 증거 없이 '즉흥적으로' 내려진다.[15]

체계적 연구와 EBM은 다른 이들 그리고 우리 자신이 적절하게 기능하도록 '자극'하는 본능적 느낌, **직관**(intuition)을 보완해준다. 물론, 체계적이지 않은 방식을 통해 형성된 믿음들이 반드시 틀렸다는 것은 아니다. 잭 웰치(제너럴일렉트릭의 전 CEO)가 말했듯이, "중요한 것은 느낌을 따라가야 할 때가 언제인지를 아는 것이다."[16] 하지만 우리가 모든 결정들을 직관이나 느낌에 기반을 두고 내린다면 우리는 아마도 불완전한 정보에 의존해서 일을 하게 될 것이다. 이것은 잠재적 위험이나 보상에 대해서 절반의 정보만을 가진 상태에서 투자 결정을 내리는 것과 비슷하다.

빅데이터

EBM의 기반이 되는 데이터는 '상태를 설명한다.'는 의미로 적어도 '통계'라는 단어가 처음 등장했던 1749년 이래로 행동을 평가하는 데 사용되어 왔다.[17] 그 당시의 통계학은 통치의 수단으로 사용되었는데, 데이터 수집 방식이 투박하고 단순하였기 때문에 결론들 역시 그러하였다. '빅데이터', 즉 통계적 방법들과 분석의 광범위한 사용은 컴퓨터들이 다량의 정보를 저장하고 조작할 수 있을 정도로 복잡해지기 전까지는 불가능한 일이었다. 빅데이터의 사용은 온라인 소매업자로부터 시작되었지만 그 후 실질적으로 모든 분야에 퍼지게 되었다.

현재의 사용 기업들이 얼마나 많은 곳에서 얼마나 많은 정보를 모으는지와 무관하게 데이터 분석의 이유는 다음과 같은 목적을 포함한다. (책의 구매부터 우주복의 오작동까지) 다양한 사건들을 예측하는 것, 화재의 위험부터 대출상환 실패까지 어떠한 시점에서 얼마만큼 위험이 초래되고 있는지를 감지하는 것, 그리고 (비행기의 추락부터 상품의 과잉 재고까지) 크고 작은 재앙을 예방하는 것 등.[18] 미국의 방위 계약업체인 BAE 시스템즈 는 빅데이터를 이용하여 사이버 공격에서 스스로를 보호하고, 샌프란시스코의 뱅크 오프 더 웨스트는 고객들의 정보를 이용하여 계층에 따른 가격 정책을 구성하며, 런던의 그레이즈 닷컴은 고객들의 선호를 분석하여 주문 상품과 함께 보낼 간식 샘플을 선택한다.[19]

새로운 경향 사람을 이해하고, 돕고, 또 관리하는 데는 아직 빅데이터가 많이 활용되지 않았으나 긍정적인 가능성이 있다. 중국, 독일, 인도, 영국, 그리고 미국의 1만여 명의 근로자들을 대상으로 이루어진 연구 결과에 따르면 근로자들은 근무 방식의 다음 큰 변화는 인구통계학적인 변화와 같은 다른 요소보다 기술의 발전에 영향을 받게 될 것이라고 예측했다.[20]

비즈니스의 미래를 고려할 때, 연구자들, 미디어, 그리고 기업 지도자들이 데이터에 기반을 둔 경영 및 결정의 가능성을 발견했다는 점은 희소식이다. 목표를 설정하고, 인과관계에 대한 이론을 개발하며, 그 이론을 확인할 때 데이터를 사용하는 경영자들은 목표에 적합한 활동이 무엇인지를 파악할 수 있다.[21] 빅데이터는 경영에서 나타나는 잘못된 가정을 고치고 긍정적인 수행 결과를 늘릴 수 있는 가능성을 가지고 있다. 빅데이터는 효과적인 결정을 내리고(제6장) 조직 내 변화를 관리하는 데(제17장) 점점 더 많이 적용되고 있다. 사람들을 관리할 때 빅데이터를 효과적으로 사용하는 방식이 조직행동론과 심리학을 통해서 나타날 가능성도 크며, 심지어는 정신적 질환이 있는 직원들이 스스로의 행동을 검열하고 교정하도록 도울 수 있을지도 모른다.[22]

한계 빅데이터를 다루는 기술적인 능력이 향상됨에 따라서 개인정보의 올바른 활용에 관련된 이슈 역시 수면 위로 떠올랐다. 데이터 수집이 감시 도구를 포함하는 경우 특히 이 문제가 심각하다. 예를 들어서, 뉴욕 브루클린에서 진행된 한 실험은 지역 주민의 삶의 질을 높이기 위해 설계되었지만 연구자들은 적외선 카메라, 감지기, 스마트폰 와이파이 신호 등을 통해서 잠재적으로 사생활 침해의 여지가 있는 데이터를 수집하게 되었다.[23] 이와 비슷한 감시를 통해서 은행의 콜센터와 제약회사에서는 직원 사이에 사회적 교류가 많을 때 더 성과가 높다는 점을 알아냈고, 이에 따라서 더 많은 사람이 함께 휴식을 취하도록 휴식 시간 정책을 바꾸었다. 그러자 그 회사들의 매출은 상승하였고 이직률은 줄어들었다. 텍사스 주 댈러스에 있는 브레드 위너스 카페는 감시 장치를 활용해서 식당 내 모든 직원을 지속적으로 지켜보고, 서빙하는 직원을 승진시키거나 벌을 줄 때 그 데이터를 사용한다.[24] 이와 같은 기술에는 개인정보와 적용 범위에 대한 문제들이 넘쳐나지만 그 기술들을 버리는 것이 반드시 해결책인 것은 아니다.

조직행동론의 더 심오한 문제들을 이해하는 것이 적절한 생산적인 균형을 찾는 데 도움이 될 것이다. 위와 같은 빅데이터와 그 외의 전략들은 (좋은) 결과를 낼 수 있을지도 모른다. 연구 결과에 따르면, 최소한 단기간의 효과로서는, 전자적 수행 감시가 실제로 과업 수행 능력과 조직시민행동(타인을 돕는 행동)을 향상시킨다고 한다. 하지만 비판적인 평론가들은 프레드릭 테일러가 1911년에 감시와 피드백 통제를 통해 생산성을 향상시키기 위해 감시 분석(surveilance analytics)을 도입하였지만, 그의 경영 통제 기술은 알프레드 슬론이 직원들에게 의미 있는 일을 제시하는 방식으로 달성한 더 큰 성공에 의해 역전되었다고 지적한다.[25]

데이터를 활용해야 한다고 해서 직관을 아예 버릴 것을 제안하는 것은 아니다. 사람을 관리할 때, 리더들은 종종 직감에 의존하며, 때로는 훌륭한 결과를 이루어낸다. 그러나 때로는 인간의 약점 때문에 문제가 되기도 한다. 우리가 제안하는 것은 직관과 경험을 보완하기 위해 증거를 최대한 많이 사용하라는 것이다. 인간의 행동 경향에 대한 이해와 더불어서 빅데이터의 현명한 사용은 안정적인 결정을 내리는 데 도움을 주고 자연스럽게 나타나는 편향을 줄여줄 것이다. 이것이 조직행동론의 약속이다.

조직행동론에 기여한 학문 분야

조직행동론은 응용 행동과학으로서 몇 가지의 행동과학 분야, 특히 심리학, 사회심리학, 사회학, 그리고 인류학의 기여에 토대를 두고 발전해왔다. 심리학의 기여는 주로 개인 및 미시적인 수준의 분석에 도움을 주었으며, 다른 분야들은 집단 행동이나 조직구조와 같은 거시적인 개념의 이해에 도움을 주었다. 〈도표 1-1〉에 조직행동론에 크게 기여한 분야들을 한눈에 볼 수 있게 정리해두었다.

심리학

심리학은 인간과 동물의 행동을 측정하고, 설명하고, 때로는 변화시키고자 하는 학문 분야이다. 조직행동론의 지식 기반 형성에는 학습이론가, 성격심리학자, 상담심리학자, 그리고 가장 중요한 산업 및 조직심리학자의 기여가 컸다.

초기의 산업 및 조직심리학자들은 효율적인 업무 수행에 방해가 되는 피로, 지루함과 같은 증상을 연구했으며, 최근 들어서는 학습, 지각, 성격, 감정, 훈련, 효과적인 리더십, 욕구와 동기부여, 직무만족도, 의사결정 과정, 성과 평가, 태도 측정, 직원 선발 기술, 과업 설계, 그리고 업무 스트레스 등의 분야까지 확장되었다.

사회심리학

심리학의 한 분야로 여겨지는 **사회심리학**(social psychology)은 심리학과 사회학의 개념을 섞어서 사람들이 서로에게 미치는 영향에 관심을 갖는다. 사회심리학의 중요한 연구 분야 중 하나는 변화이다. 특히 어떻게 변화를 시행하며 어떻게 하면 변화 장벽을 극복할 수 있는지에 관심을 갖는다. 사회심리학자들은 태도의 측정과 이해, 태도 변화, 소통 유형의 구분, 신뢰의 형성에도 기여를 한다. 마지막으로, 집단의 행동, 권력, 그리고 갈등에 관련된 연구에도 중요한 기여를 했다.

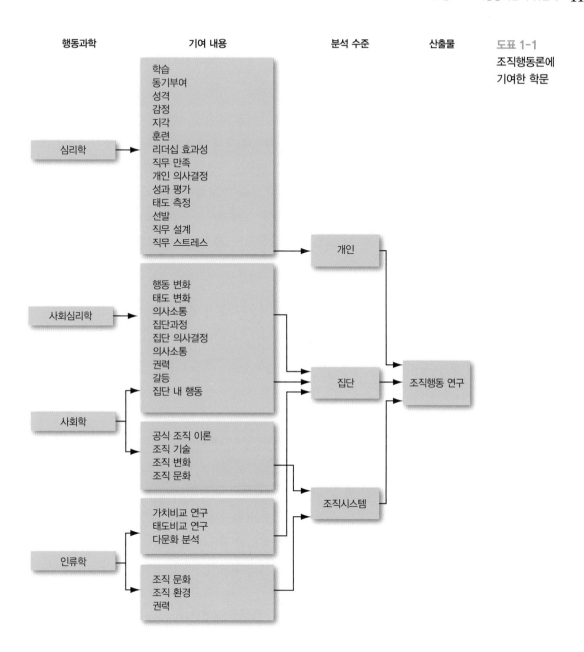

도표 1-1
조직행동론에
기여한 학문

행동과학	기여 내용	분석 수준	산출물

심리학 → 학습 / 동기부여 / 성격 / 감정 / 지각 / 훈련 / 리더십 효과성 / 직무 만족 / 개인 의사결정 / 성과 평가 / 태도 측정 / 선발 / 직무 설계 / 직무 스트레스

개인

사회심리학 / 사회학 → 행동 변화 / 태도 변화 / 의사소통 / 집단과정 / 집단 의사결정 / 의사소통 / 권력 / 갈등 / 집단 내 행동

집단 → 조직행동 연구

공식 조직 이론 / 조직 기술 / 조직 변화 / 조직 문화

조직시스템

인류학 → 가치비교 연구 / 태도비교 연구 / 다문화 분석

조직 문화 / 조직 환경 / 권력

사회학

심리학자들이 개인에 초점을 맞추는 반면, **사회학**(sociology)은 사회 환경 및 문화와 연관 지어서 사람을 연구한다. 사회학자들은 조직, 그중에서도 공식적이고 복잡한 조직 내 집단행동에 대한 연구를 통해서 조직행동론에 기여한다. 어쩌면 사회학자들이 조직문화,

공식 조직 이론과 조직 구조, 조직 기술, 소통, 권력, 그리고 갈등에 대해 연구해왔다는 것이 가장 중요한 기여일 수도 있다.

인류학

인류학(anthropology)은 인간과 인간의 활동에 대해 더 알기 위해 사회를 연구하는 학문이다. 문화와 환경에 대한 인류학자들의 연구는 다양한 문화권의 사람과 다양한 조직 내의 사람 사이에 존재하는 근본적인 가치, 태도, 그리고 행동의 차이를 이해하는 데 도움을 주었다. 조직 문화, 조직 분위기, 그리고 국가 사이의 문화 차이에 대해 우리가 이해하고 있는 것 대부분은 인류학자들의 성과이거나 그들의 방식을 사용하여 얻어진 것이다.

조직행동론에는 절대적인 법칙이 거의 없다

화학, 천문학, 물리학 등 물리 과학의 법칙들은 일관적이며 다양한 범위의 상황에 적용될 수 있다. 그 법칙들이 있기에 과학자들은 만유인력을 다양한 상황에 적용하거나 인공위성을 고치기 위해 우주비행사를 보내는 것에 자신감을 가질 수 있다. 반면에 인간은 복잡하며, 인간의 행동을 설명할 수 있는 간단하고 보편적인 원칙은 아마도 거의 존재하지 않거나 아예 없을 것이다. 사람은 모두 서로 다르기 때문에 우리 스스로에 대해서 간단하고 정확하며, 광범위하게 적용되는 일반 법칙을 만들어내는 데는 한계가 있다. 같은 상황의 두 사람이 매우 다르게 행동하는 경우도 종종 있으며, 같은 사람의 행동도 상황에 따라서 달라지곤 한다. 예를 들어, 모든 사람이 돈에 의해 동기를 얻지는 않으며 사람들은 아마도 파티에 있을 때와 종교행사에 있을 때 다르게 행동할 것이다.

그렇다고 해서 이것이 사람의 행동에 대한 상당히 정확한 설명을 제시할 수 없다거나 타당한 예측을 할 수 없다는 것을 의미하지는 않는다. 이는 조직행동론이 경우에 따라서 달라지는 상황변수들을 반영해야 한다는 사실을 의미한다. x가 y를 야기하지만 z — **상황변수**(contingency variables) — 라는 변수로 명시된 조건에서만 그렇다고 말할 수 있는 것이다. 조직행동론은 일반적인 법칙들을 특정한 상황, 사람, 혹은 집단에 적용시키는 방식으로 발전해왔다. 예를 들어, 조직행동론의 연구자들은 모든 사람들이 복잡하고 도전적인 업무를 좋아한다는 (일반적인 개념의) 발언은 하지 않으려 할 것이다. 모든 사람이 도전적인 직업을 원하는 것은 아니기 때문이다. 어떤 이들은 다양성보다 일상적인 업무를 선호하기도 하고, 복잡한 업무보다 단순 작업을 더 선호할 수도 있다. 한 사람에게는 매력적으로 보이는 직업이 다른 사람에게는 전혀 매력적이지 않을 수도 있다. 직업의 매력은 판단하는 사람이 누구냐에 따라서 달라지는 것이다. 우리는 종종 ('돈은 대부분의 사람들에게 동기를 부여하는 효과가 어느 정도 있다.'와 같은) 일반적인 효과와 ('어떤 사람들은 돈에 더 많이 영향을 받으며, 어떤 상황에서는 돈이 다른 요인보다 더 중요하다.'는 식의) 예외적인 상황을 동시에 관찰하곤 한다. (일반적인 효과와 그 효과에 영향을 미치는 상황 요인이라는) 두 요인이 행동에 어떤 영향을 미치는지를 인식할 때 조직행동론을 가장 잘 이해할 수 있다.

조직행동론이 직면한 과제와 기회

경영자에게는 그 어느 때보다도 조직행동론을 이해하는 것이 중요해졌다. 조직 내에서 벌어지고 있는 극적인 변화들을 조금 훑어보자. 일반적인 직원의 나이는 점점 많아지고 있고, 노동 인구 구성은 점점 더 다양해지고 있으며, 전 세계적인 경쟁에 대처하기 위해서 직원들은 더 유연해지고 빠른 변화에 잘 적응해야 한다.

여러 변화의 결과로 고용 형태는 직원을 위한 새로운 기회를 포함하는 방식으로 변화해왔다. 〈도표 1-2〉에는 조직이 개인에게 제시하거나 개인이 조직을 상대로 교섭하고 싶어 하는 선택의 유형이 나타나 있다. 각 주제 아래에는 한 가지를 선택하거나 몇 가지를 결합할 수 있는 선택지가 제시되어 있다. 예를 들어서, 경력을 쌓아가다 보면 어떤 시기에는 급여 및 보너스 보상 패키지가 있으며 특정 지역의 노조가 없는 사무실에서 풀타임으로 근무하고 있을 수도 있고, 다른 시기에는 유연한 근무시간과 가상의 직위를 얻기 위해 협상을 하며 급여와 추가적 유급 휴가가 달려 있는 해외의 직장을 구할지도 모른다.

간략하게 말하자면, 오늘날의 과제는 경영자들이 조직행동론의 개념을 사용할 수 있는 기회를 제공한다. 이 절에서 우리는 경영자들이 마주한 수면 위로 떠오르고 있는 중요한 문제 중 조직행동론이 해결책을 제시하거나 최소한 해결책을 찾아내기 위한 유용한 통찰을 제시하고 있는 몇 가지, 결코 전부라고 할 수는 없는 몇 가지를 소개할 것이다.

계속되는 세계화

조직은 더 이상 국경에 의한 제약을 받지 않는다. 대한민국의 가장 큰 대기업인 삼성은 상품 대부분을 다른 나라의 조직에게 팔고 있으며, 버거킹은 브라질 기업의 소유이고, 맥도날드는 6개 대륙 118개 나라에서 햄버거를 팔고 있다. 미국 기업 중 미국적인 정체

고용의 범주	고용의 유형	고용 장소	고용의 조건	보상 방식
정규 고용	전일 근로	고정	현지 근무	정기 급여
부분 고용	부분 근로	이동(공유)	해외 근무	시간급
재고용	유연 근무	가상	단기 임무 수행	초과시간급
무직/실직	직무 공유	신축적	신축적 귀국 허용부 해외근무	상여금
자영	부정기적 근무	재택 근무	국제 비즈니스 여행	계약
퇴직	자발적 계약직		전 지역 근무	유급휴가
구직	임시직		노조/비노조 근로자	복리후생
무급휴가	단축 근로			
일시해고	인턴			

도표 1-2 고용 선택지

출처 : Sources : J.R. Anderson Jr., et al., "Action Items : 42 Trends Affecting Benefits, Compensation, Training, Staffing and Technology," *HR Magazine* (January 2013) p. 33; M. Dewhurst, B. Hancock, and D. Ellsworth, "Redesigning Knowledge Work," *Harvard Business Review* (January-February 2013), 58-64; E. Frauenheim, "Creating a New Contingent Culture," *Workforce Management* (August 2012), 34-39; N. Koeppen, "State Job Aid Takes Pressure off Germany," *The Wall Street Journal* (february 1, 2013), p. A8; and M. A. Shaffer, M. L. Kraimer, Y.-P. Chen, and M.C. Bolino, "Choices, Challenges, and Career Consequences of Global Work Experiences : A Review and Future Agenda," *Journal of Management* (July 2012), 1282-1327.

성이 가장 강하다고 여겨지는 애플조차도 미국 국내보다 미국 밖에서 두 배의 직원을 고용하고 있다. 또한 주요 자동차 생산 기업들은 이제 자국의 국경 밖에서 자동차를 생산하고 있다. 혼다는 오하이오에서, 포드는 브라질에서, 폭스바겐은 멕시코에서, 그리고 메르세데스와 BMW는 둘 다 미국과 남아프리카공화국에서 자동차를 생산하고 있다. 세상은 하나의 마을이 되었으며, 그 과정에서 경영자의 직무는 변화했다. 효과적인 경영자들은 우리가 앞으로 다루게 될 세계적 이슈들을 예측하고 그에 맞추어서 적절한 접근을 사용해야 한다.

다양한 국가 출신의 사람들과 함께 일하는 것 당신의 국가 내에서든 혹은 해외에 출장을 나가서든 당신은 다른 나라에서 태어나고 성장한 상급자, 동료, 그리고 다른 직원과 함께 일하게 될 것이다. 당신에게 동기를 부여하는 요소가 그들에게는 동기부여가 되지 않을 수 있다. 혹은 당신의 직선적이고 솔직한 소통방식이 다른 사람들에게는 불편하고 위협적이라고 느껴질지도 모른다. 다양한 문화권의 사람과 효과적으로 함께 일하려면 그들의 문화와 배경이 그들에게 어떤 영향을 미쳤으며 그와 같은 차이에 적절하게 대응하기 위해서 경영 스타일을 어떻게 변화시켜야 하는지를 이해해야 한다.

다른 문화와 규범에 적응하기 효과적인 경영자가 되려면 경영자들은 사업이 이루어지는 각 나라의 직장 문화를 알고 있어야 한다. 예를 들어, 몇 나라에서는 대부분의 직장에서 긴 휴가를 주어야 한다. 또한 국가적 · 지역적 규제 역시 고려되어야 한다. 해외 자회사의 경영자들은 '손님 기업'이 안고 있는 독특한 경제적 · 법적 제약을 알고 있어야 하며, 그렇지 못할 때는 그러한 제약들을 위반하게 될 위험이 있다. 이러한 위반은 해당 국가에서의 사업에 영향을 미칠 수 있으며 나아가서는 두 국가 간의 정치적 관계에도 영향을 미칠 수 있다. 경영자들은 또한 해당 국가 내 경쟁자들이 마주하는 제약에는 어떠한 차이가 있는지에 역시 관심을 기울여야 한다. 많은 경우, 제도의 이해는 성패를 결정짓는 중요한 요인으로 작용한다. 예를 들어, 해당 지역의 금융 관련 법을 이해하는 것을 통해서 한 다국적 기업(중국 은행)은 (매우 가치가 높은) 유명한 런던 빌딩인 그로스베너하우스를 원래 주인이던 인도의 호텔 그룹 사하라에게서 뺏어내기도 했다. 사하라의 경영진은 그와 같은 압수로 이어진 대출 상환 실패가 뉴욕에 있는 다른 소유물과 관련된혼동에서 야기되었다고 주장했다.[26] 이처럼 세계화는 복잡한 결과를 낳기도 한다.

노동 인구의 인구통계적 특징

노동 인구는 언제나 경제, 기대수명, 출생률, 사회경제적 상황, 그리고 광범위한 영향을 미치는 다른 변화에 맞추어서 변화해왔다. 사람들은 생존하기 위해 적응하는 존재이며, 조직행동론은 그와 같은 적응 행동이 사람들의 행동에 영향을 미치는 방식을 연구한다. 예를 들어, 2008년의 전 세계적인 불황이 이미 끝났다 하더라도, 그 시절의 몇 가지 트렌드들은 아직도 계속되고 있다. 오랜 시간 실업자로 지낸 사람 중 여럿은 더 이상 노동 인구가 아니며,[27] 어떤 이들은 몇 개의 파트타임 직업으로 연명하거나,[28] 그때그때 필요에 따라서 일을 하는 온디맨드(on demand) 방식의 직업을 갖게 되었다.[29] 고등 교육을 받은 젊은 근로자들에게 인기가 있던 또 다른 선택지 중에는 대학 졸업 이후에 특수 산업 분야의 훈련을 받는 것,[30] 더 낮은 수준의 풀타임 직업을 갖는 것,[31] 그리고 창업하는 것[32] 등이 있었다. 조직행동론을 공부하는 학생으로서 우리는 근로자들이 다양한 선택을 하기까지의 과정에 영향을 미친 여러 요소들을 구분하고, 그들의 경험이 직장에 대한 그들의 인식에 어떤 영향을 미쳤는지를 분석할 수 있다. 이는 궁극적으로 조직의 미래를 예상하는 데 도움이 될 것이다.

기대수명과 출생률 또한 조직의 변화에 많은 영향을 미쳤다. 전 세계적인 기대수명은 (1990년 이래로) 짧은 기간 사이에 6년이나 증가하였으며,[33] 많은 선진국에서 출생률은 점차 낮아지고 있다. 이 두 현상이 함께 나타나면 노동 인구의 지속적인 고령화로 이어진다. 조직행동론을 통해서 이 현상이 직원들의 태도, 조직문화, 리더십, 구조, 그리고 소통에 어떠한 의미를 지니는지를 설명할 수 있다. 마지막으로, 사회경제적 변화는 노동인구의 인구통계적 특성에 큰 영향을 미친다. 예를 들어, 여성이 집에만 있어야 한다는 인식이 있었고 여성이 실제로 그렇게 행동했던 시절은 어떤 문화권에서는 먼 과거의 일일 뿐이지만, 다른 문화권의 여성은 여전히 노동 인구로 진입하는 데 큰 장애를 마주하게 된다. 우리는 이러한 여성들이 직장에서 얼마나 잘 지내는지, 그리고 그들의 상황이 어떻게 하면 더 나아질 수 있는지에 관심이 있다. 이는 문화와 사회경제적 상황들이 직장에 영향을 미치는 방식의 한 가지 예시일 뿐이다. 조직행동론이 노동 인구와 관련된 이슈에 대한 이해를 어떻게 도울 수 있는지에 대해서는 이 교재 전반을 통해 계속 다루게 될 것이다.

노동 인구의 다양성

조직이 마주한 가장 중요한 도전 중 하나는 **노동 인구의 다양성**(workforce diversity), 즉 조직의 구성원들이 성별, 나이, 인종, 민족, 성적 지향, 그리고 다른 요소에서 점점 더 다양해지고 있는 추세를 관리하는 것이다. 이와 같은 다양성을 관리하는 일은 전 세계적으로 중요한 문제이다. 이에 대해서는 다음 장에서 더 깊게 다루게 될 것이기에, 여기서는 다양성이 경영자와 직원에게 굉장한 가능성과 어려운 문제를 동시에 제공한다는 정도만 언급하면 충분할 것이다. 경쟁력 있는 조직이 되기 위해서 집단 내의 차이를 어떻게 조절해야 할까? 모든 직원을 똑같이 취급해야 할까? 개인 차이와 문화의 차이를 어떻게 받아들여야 할까? 각 국가의 법적인 규정은 어떻게 되는가? 다양성을 늘리는 것이 의미가 있긴 한 것인가? 이와 같은 때로는 드러나 있고 때로는 은밀하게 숨어 있는 질문에 대답하는 것은 오늘날의 조직에게 중요한 문제이다.

소셜 미디어

제11장에서 다루게 되겠지만, 소셜 미디어는 기업계에서 앞으로도 사라지지 않을 것이

다. 소셜 미디어의 광범위한 침투에도 불구하고, 많은 조직은 아직도 직장에서 직원들의 소셜 미디어 사용 때문에 골머리를 앓고 있다. 예를 들어서, 2015년 2월에 텍사스의 한 피자 가게는 출근 예정이었던 직원이 자신의 직업에 대해 부정적인 내용을 트위터에 올리자 그가 첫 출근을 하기도 전에 해고하였다. 2014년 12월에는 노드스트롬이 백인 경찰의 폭력을 옹호하는 뉘앙스의 댓글을 페이스북에 남긴 오리건 출신의 직원을 해고하였다.[34] 이와 같은 예시들은 소셜 미디어가 오늘날의 경영자에게 다루기 어려운 이슈이며, 조직행동론 분야에 도전과 기회를 동시에 제공한다는 사실을 보여준다. 예를 들어서, 인적자원(HR) 관리는 직원들의 소셜 미디어 사용에 얼마나 관심을 가져야 하는가? 고용 담당자는 후보자들의 트위터를 읽어보거나 페이스북 프로필을 훑어보아야 하는가? 경영자들은 직원과 조직을 모두 보호할 수 있는 균형 잡힌 정책을 도입할 필요가 있다.

직원이 일을 시작한 후에는, 대부분의 조직에서 업무 시간에 소셜 미디어를 사용하는 것에 대한 정책들, 즉 언제, 어디서, 무슨 목적으로 사용해도 되는지 제시된다. 하지만 소셜 미디어가 직원의 삶의 질에 미치는 영향은 어떠할까? 최근의 한 연구 결과에 따르면 좋은 기분으로 잠에서 깨어나서 페이스북을 사용하는 사람은 하루가 지나가면서 기분이 점점 안 좋아지는 경향이 있다고 한다. 또한 2주 동안 페이스북을 자주 확인했던 사람은 삶에 대한 만족도가 낮아지는 경향이 있었다고 한다.[35] 경영자, 그리고 조직행동론은 직원들의 만족도를 높이기를 바라며, 그를 통해서 조직이 성공할 수 있기를 바란다. 이러한 이슈들은 제3장과 제4장에서 더 다룰 것이다.

직장에서 직원들의 삶의 질

직원의 삶의 질을 유지하는 데 가장 큰 어려움 중 하나는 많은 직원이 직장에 있지 않을 때에도 직장에서 완전히 자유로워지지 못한다는 점이다. 통신 기술의 발전 덕분에 많은 기술자와 전문직 근로자들이 집, 차, 혹은 타히티의 해변에서도 업무를 수행할 수 있게 되었지만 이는 이들이 다른 직원들과 한 팀이라는 느낌을 갖지 못함을 의미하기도 한다. 카플란대학교의 엘런 라이네리에 따르면 "사이버 랜드에 혼자 떨어져 있는 듯이 가상의 공간에서 일하는 근로자들이 소속감을 느끼는 것은 매우 어려운 일"이다.[36] 많은 사람들이 이 점에 공감할 것이다. 또 다른 어려움은 조직이 직원에게 더 많은 시간을 들여서 일하기를 요구한다는 것이다. 최근의 한 연구에 따르면, 근로자 4명 중 1명은 소진 증상을 보이며, 3명 중 2명은 높은 스트레스와 피로를 호소한다고 한다.[37] 직원들은 상사가 이메일이나 문자로 연락할 때를 대비하여 '항상 준비된' 상태를 유지하는 경향이 있기 때문에 위의 결과는 어쩌면 실제 현상을 과소평가하는 결과일 수도 있다. 마지막으로, 직원들의 삶의 질은 직장 외적인 의무에 의해서도 영향을 받는다. 수많은 편부모 직원이나 부모의 생계를 책임져야 하는 직원은 직장의 책임과 가정에서의 책임 사이에서 균형을 잡는 데 많은 어려움을 겪는다.

뒤의 장에서 나오겠지만, 조직행동론은 직원이 직장과 가정의 갈등에 대처할 수 있도록 과업을 설계할 때 도움을 줄 수 있다.

긍정적인 업무 환경

조직행동론에서 점점 더 커지고 있는 분야는 긍정적 조직 행동으로도 불리는 **긍정적 조직 연구**(positive organizational scholarship, POS)이다. 이는 조직이 사람들의 강점을 개발하고, 활력과 에너지를 길러주고, 잠재력을 발휘할 수 있게 하는 방법을 연구하는 분야이다. 이 분야의 연구자들은 조직행동론의 연구와 경영자의 정책 중 너무 많은 부분이 조직과 직원의 문제점을 찾는 데만 초점을 맞추고 있다고 지적한다. 그러한 흐름에 대응하여, 이들은 조직과 직원의 장점을 연구하고자 한다.[38] 긍정적인 조직행동론 연구의 주요 주제로는 참여, 희망, 낙관주의, 그리고 압박을 견뎌낼 수 있는 지구력 등이 있다. 연구자들은 이를 통해서 조직 현장에서 직원에게 긍정적인 업무 환경을 만들어줄 수 있기를 기대한다.

긍정적 조직 연구가 비판적인 피드백과 같은 부정적인 요소의 중요성을 부정하지는 않지만 분명 연구자들에게 조직행동론을 새로운 관점에서 바라보도록 유도하는 면이 있는데, 그것은 조직이 직원들의 단점에 초점을 맞추는 것이 아니라 그들의 강점을 이용하기를 촉구하도록 하는 것이다. 긍정적인 업무 환경의 한 측면은 제16장의 주제인 조직문화이다. 조직문화가 직원들의 행동에 미치는 영향은 매우 강력해서 '문화 담당관'을 두고 조직의 성격을 구성하고 관리하도록 하는 조직이 있을 정도이다.[39]

윤리적인 행동

인력 감축, 생산성 증가에 대한 기대, 그리고 치열한 경쟁을 특징으로 하는 조직 세계에서는 많은 직원들이 필요한 절차를 무시하거나 규칙을 위반하며, 혹은 그 외의 정당하지 않은 행동을 하고 싶다는 압박을 느끼는 것이 놀라운 일은 아니다. 직원들은 점점 더 많은 **도덕적 딜레마와 윤리적 선택**(ethical dilemmas and ethical choice)을 마주하게 되며, 이러한 상황에서 그들은 무엇이 옳은 행동이고 무엇이 잘못된 행동인지를 구분해야만 한다. 만약 조직 내에서 불법적인 행위를 발견한다면, 그 사실을 고발해야 하는가? 개인적으로 동의할 수 없는 상급자의 명령에 따라야 하는가? 자신의 경력을 위해 '정치적인 공작'을 시도해도 되는가?

도덕적인 행동을 구성하는 요소들이 무엇인지에 대해서는 명확한 정의가 내려진 적이 없으며, 최근에는 옳은 행동과 잘못된 행동을 구분하는 선이 모호해지고 있다. 우리는 주변에서 부도덕한 행동을 종종 발견할 수 있다. 선출된 의원들이 공금을 횡령하고 뇌물을 받으며 기업의 경영자들은 이윤을 과장하여 부당한 이득을 취하고, 대학의 운영자들은 스포츠 팀의 코치들이 뛰어난 선수들이 편법을 사용하는 것을 눈감아주거나 심지어는 노스캐롤라이나대학교에서 최근에 있었던 사건처럼, 가짜 성적을 부여하도록 장려하기도 한다.[40] 발각되었을 때, 그들은 "다들 그렇게 하고 있다."거나 "주어진 기회는 모두 잡아야 한다."는 식의 핑계를 대곤 한다.

오늘날의 경영자는 도덕적으로 건강한 분위기를 조성하여 직원들이 무엇이 옳고 무엇이 그른지에 대한 혼란 없이 자신의 일을 효율적으로 처리할 수 있도록 도와야 한다. 강한 도덕적인 사명을 갖고 있으며, 직원들이 정직하게 행동하도록 장려하고, 강력한 리더십을 제시하는 회사들은 직원들이 도덕적인 결정을 내리도록 영향을 미칠 수 있다.[41] 도덕에 관련된 수업을 듣게 하는 것 역시 직원들이 올바른 선택을 내리는 데 도움이 되는 것으로 밝혀졌으나 이 효과는 그 수업이 지속적으로 이루어질 경우에만 나타났다.[42] 뒤의 장에서는 도덕적으로 건강한 분위기를 조성하고 직원들이 혼란스러운 상황에서 좋은 결정을 내리도록 돕기 위해서 경영자가 할 수 있는 일들에 대해서 살펴보게 될 것이다.

조직행동론 모델의 구성

조직행동론의 여러 분야를 정의하고 그 변수와 개념들, 그리고 그들 사이의 관계를 설명하는 일반적인 모델을 제시하는 것으로 이 장은 마무리 될 것이다. 이 모델을 공부함으로써, 이 교재에 등장하는 주제들이 경영상의 이슈와 기회에 대해 접근하는 데 어떻게 활용되는지 알게 될 것이다.

개관

모델(model)이란 현실을 추상화한 것으로서, 실제로 존재하는 어떠한 현상을 간소화하여 표현하는 것을 의미한다. 〈도표 1-3〉은 우리가 제시하는 조직행동론 모델의 뼈대를 보여준다. 이 모델은 개인, 집단, 조직의 세 가지 분석 수준에서 나타나는 투입물, 변환 과정, 그리고 산출물이란 세 유형의 변수를 제시한다. 우리는 개인적인 수준(제2~8장)에서 출발하여 집단의 행동(제9~14장)을 거쳐 조직 시스템(제15~17장)을 다룰 것이다. 이 모델은 산출물로 이어지는 변환 과정들, 그리고 그 과정에 투입되는 투입물들을 보여준다. 우리는 각 분석 수준의 상호작용 또한 공부할 것이다. 이 모델을 보면 산출물이 미래의 투입에 영향을 주는 것을 알 수 있다. 이는 조직행동론의 주제들이 조직의 미래에 가질 수 있는 광범위한 영향력을 드러낸다.

투입물

투입물(input)은 성격, 집단 구조, 조직 문화 등 어떠한 변환과정으로 이어지는 변수들을 의미한다. 이러한 변수들은 미래에 조직에서 일어날 일을 위한 환경을 만든다. 많은 투입물은 고용 관계에서 이미 정해지는 경우가 많다. 예를 들어, 개인차를 나타내는 변수인 성격이나 가치관은 개인의 유전과 성장 환경에 의해서 형성된다. 집단의 구조, 역할, 그리고 팀의 책임은 집단이 형성되기 직전이나 형성된 직후에 정해진다. 마지막으로, 조직의 구조와 문화는 많은 경우에 조직이 주어진 환경에 적응하고 문화와 규범을 만들어

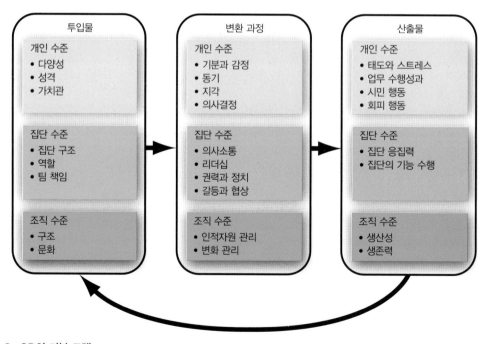

도표 1-3 OB의 기본 모델

가는 수년간의 성장 과정의 결과이다.

변환 과정

조직행동론에서 투입물이 명사 역할을 수행한다면 변환 과정은 동사 역할을 한다. **변환 과정**(processes)들은 개인, 집단, 혹은 조직이 투입물을 활용하여 특정한 산출물을 만들어내는 동사 역할을 수행한다. 개인적인 수준의 변환 과정은 감정이나 기분, 동기, 지각, 그리고 의사결정을 포함한다. 집단 수준의 변환 과정은 의사소통, 리더십, 권력과 정치, 그리고 갈등과 협상을 포함한다. 마지막으로, 조직 수준의 변환 과정은 인적자원 관리와 변화 관리를 포함한다.

산출물

산출물(outcomes)은 연구자가 설명하거나 예측하고 싶어 하는 중요한 변수이며, 몇 가지 다른 변수에 의해 영향을 받는 변수이다. 조직행동론에서 중요하게 생각하는 결과 변수는 무엇일까? 연구자들은 태도와 스트레스, 업무 수행능력, 조직시민행동, 그리고 회피와 같은 개인 수준의 변수들을 강조한다. 집단의 수준에서는 응집력과 기능 수행이 중요한 종속변수이다. 마지막으로, 조직 수준에서는 전반적인 생산성과 생존력이 중요한 변수이다. 이러한 결과들은 교재 전반에 걸쳐서 다루어지므로, 조직행동론의 목표에 대한 이해를 돕기 위해 각각에 대해서 간략하게 알아보도록 하자.

태도와 스트레스   제3장에서 깊이 있게 다루게 되겠지만, 직원들의 **태도**(attitude)는 직원들이 물건, 사람, 혹은 사건에 대해서 내리는 긍정적 혹은 부정적인 평가들을 의미한다. 예를 들어서, "나는 내 직업이 굉장히 좋다고 생각해."라는 문장은 긍정적인 직무 태도이며, "내 직업은 지루하고 싫증나."라는 문장은 부정적인 직무 태도를 나타낸다. **스트레스**(stress)는 환경적인 압박에 의해서 나타나는 부정적인 심리 상태를 나타낸다.

혹자는 직원들의 태도와 스트레스에 영향을 미치는 요인이 사소한 것들이며, 진지한 경영자가 신경 써야 할 일은 아니라고 생각할 수도 있겠으나 이 책의 뒤에 설명되어 있듯이 태도는 조직의 성과에 직접적으로 영향을 미치는 행동을 낳는다. 만족도가 높고 공정한 대우를 받는 직원들이 현재의 사업 환경에서 너무나도 중요한 조직시민행동 혹은 그보다 더 훌륭한 행동을 보이고자 하는 의지가 더 강하다는 사실이 여러 연구들에서 밝혀졌다.

업무 수행성과   업무 수행성과(task performance)의 수준은 중심 업무 수행의 효과성과 효율성의 합으로 표현된다. 공장 노동자의 업무를 생각해보자면, 그의 업무 수행성과는 한 시간 동안 그가 생산한 물건의 양과 질로 평가될 수 있다. 교사의 업무 수행성과는 학생들이 달성하는 교육 수준에 의해서 표현될 것이다. 컨설턴트들의 업무 수행성과는 그들이 고객에게 제공하는 발표 내용의 적절성과 질에 의해서 평가된다. 이러한 모든 업무 수행성과는 해당 직업의 중심 업무 및 책임과 관련이 있으며, 공식적인 직무기술서에 기술된 내용과 직접적인 관련이 있는 경우가 많다.

조직시민행동   자유재량에 의해서 이루어지며, 근로자의 공식적인 임무가 아니지만 직장의 심리적·사회적 분위기 향상에 기여하는 행동을 **조직시민행동**(organizational citizenship behavior, OCB) 혹은 시민적인 행동이라고 부른다. 성공적인 조직에는 업무에서 필요로 하는 것 이상의 일을 수행하며 기대 이상의 성과를 내는 구성원이 많다. 조직은 직무기술서에 기술된 것 이상의 긍정적인 성과를 내는 구성원을 원하고 필요로 하며, 연구 결과에 따르면 그러한 직원을 가진 조직이 그렇지 않은 조직에 비해서 더 훌륭한 성과를 낸다. 조직행동론에서는 중요한 결과 변수로서 시민적인 행동에 관심이 있다.

회피 행동   업무의 요구 사항 이상을 해내는 행동에 대해서는 앞에서 알아보았지만, 어떤 방식으로든 업무 요구 사항에 미치지 못하는 행동들에 대해서는 다루지 않았다. **회피 행동**(withdrawal behavior)은 직원들이 조직을 멀리하기 위해서 행하는 행동들을 의미한다. 회피에는 다양한 유형이 있으며, 이 유형은 회의에 늦거나 빠지는 것에서부터 잦은 결근이나 이직까지 다양하다. 직원들의 회피는 조직에게 매우 해로울 수 있다.

집단의 응집력   제시된 모델의 많은 결과가 개인 수준의 현상으로 이해될 수 있지만, 몇 가지는 집단이 작용하는 방식과 관련이 깊다. **집단의 응집력**(group cohesion)은 집단의 구성원이 직장에서 서로를 지지하고 응원하는 정도를 의미한다. 응집력이 높은 집단은 단결이 잘된다. 직원들이 서로를 신뢰하고, 공통된 목표를 지향하며, 공통의 목표를 달성하기 위해 서로 협력한다면, 그 집단은 응집력이 높은 것이며, 직원들이 무엇을 달성하고자 하는지에 대해서 서로 생각이 다르고, 서로에 대해서 충성심이 높지 않다면, 그 집단은 응집력이 높지 않은 것이다. 집단의 응집력에 대해서도 조직행동론의 개념을 적용할 수 있다.

집단의 기능 수행   긍정적인 직무 태도가 더 훌륭한 직무 수행과 연관이 있는 것처럼,

집단의 응집력은 집단의 효과적인 기능 수행으로 이어진다. **집단의 기능 수행**(group functioning)은 집단이 내는 산출물의 양과 질로 정의된다. 스포츠 팀의 성과는 단순히 개인 능력의 합이 아니듯이 조직 내 집단의 기능 역시 개인적 업무 수행 능력의 합 이상이 될 수 있다.

생산성 조직행동론에서 가장 높은 수준의 분석은 조직 전체를 조망한다. 가장 낮은 비용으로 투입물을 산출물로 변환시키는 목표를 달성한다면 그 조직은 생산성이 높다고 할 수 있다. 즉, **생산성**(productivity)은 **효과성**(effectiveness)과 **효율성**(efficiency)을 모두 필요로 한다.

기업은 목표로 삼은 매출이나 시장 점유율을 달성할 때 **효과성**이 높다고 말할 수 있다. 하지만 기업의 생산성은 그러한 목표를 **효율적**으로 달성하는지의 여부에도 영향을 받는다. 조직 효율성을 측정하는 방식 중 자주 사용되는 방식에는 투자회수율(ROI), 매출 1달러당 이익, 그리고 노동 시간당 생산량이 있다.

서비스 조직은 효과성을 측정할 때 고객의 요구와 필요사항 역시 고려해야 한다. 그 이유는 직원들의 태도와 행동에서 고객의 태도와 이윤에 연결되는 명확한 인과관계가 존재하기 때문이다. 예를 들어, 중국의 6개의 호텔을 대상으로 한 최근의 연구 결과에 따르면 직원들의 부정적인 직무 태도가 고객의 만족도를 낮추고 궁극적으로는 조직의 이윤에 악영향을 미쳤다.[43]

생존력 조직행동론에서 고려하는 마지막 결과변수는 **조직의 생존력**(organizational survival)이다. 이는 조직이 오랜 시간 동안 존재하고 성장할 수 있는 증거가 얼마나 있는지를 의미한다. 조직의 생존력은 조직의 생산성뿐 아니라 조직이 환경과 어떻게 어우러지는지에 의해서도 영향을 받는다. 시장 가치가 높지 않은 제품을 높은 생산성으로 만들어내는 기업은 아마도 오래 살아남지 못할 것이다. 따라서 생존력은 시장을 효과적으로 파악하고, 주어진 기회들을 언제, 어떻게 이용할 것인지에 대해서 좋은 결정을 내리는 능력, 그리고 새로운 사업 환경에 성공적으로 적응할 수 있는 능력에 좌우된다.

요약

경영자가 효과적으로 직무를 수행하려면 대인관계 기술을 개발해야 한다. 조직행동론은 개인, 집단, 그리고 구조가 조직 내에서 나타나는 행동에 미치는 영향을 연구하며, 조직이 더 효과적으로 작동하도록 돕기 위해 그 지식을 사용한다.

경영자에게 주는 시사점

- 일반화를 하고 싶은 본능에 저항하라. 일반화는 때로는 인간의 행동에 대해 정확한 통찰을 제공하지만 많은 경우에 잘못된 결론으로 이어진다. 사람을 직접 알아가고, 맥락을 이해해야 한다.
- 인과관계를 설명할 때는 직감보다는 측정 가능한 기준을 사용하라.
- 리더로서 역량을 기르기 위해서 대인기술을 훈련하라.
- 훈련을 거치고 빅데이터와 같은 조직행동론의 최신 트렌드를 잘 파악하여 기술적인 능력과 개념적인 능력을 향상시키라.
- 조직행동론은 경영자가 어떻게 직원에게 힘을 실어주고, 긍정적인 변화를 구성하고 시행하며, 고객서비스를 개선하고, 직원이 직장과 가정 사이에 균형을 잡을 수 있도록 도울 수 있는지를 알려주어서 직원의 생산성과 업무 수행성과를 개선할 수 있다.

조직 안의 다양성

1. 직장에서의 차별이 조직의 효과성에 어떤 악영향을 끼치는지를 설명할 수 있다.
2. 조직 내에서 편견이 어떻게 작용하는지를 설명할 수 있다.
3. 조직행동론과 연관된 주요 생물학적 특성들을 설명할 수 있다.
4. 개인을 구별하게 하는 특성들이 조직행동론에 어떻게 적용되는지 설명할 수 있다.
5. 조직행동론에 적합한 지적·물리적 능력의 중요성을 설명할 수 있다.
6. 조직이 다양성을 효과적으로 관리할 수 있는 방법을 설명할 수 있다.

다양성

사람은 모두 서로 다르다. 이 사실을 모르는 사람은 없겠지만, 경영자들은 종종 개인 사이의 차이를 충분히 인식하고 이용하지 못하여 직원들의 능력을 최대치로 끌어올리지 못하곤 한다. 이 장에서는 나이, 성별, 인종, 민족, 그리고 능력과 같은 개인적인 특징들이 직원의 성과에 어떤 영향을 미치는지를 알아볼 것이다. 또한 경영자들이 이러한 특징을 더 잘 인식하고 다양한 사람들로 구성된 직원을 효과적으로 관리할 수 있는 방법에 대해서도 알아볼 것이다. 그에 앞서 변화하고 있는 노동 인구에 대해서 먼저 알아보도록 하자.

인구통계적 특성

전 세계적으로 노동 인구의 구성은 지난 50~60년 동안 평등에 가까운 방향으로 빠르고 지속적인 변화를 해왔다. 가장 두드러지는 변화는, 노동 인구 중 백인 남성들에 의해 장악되어왔던 경영진의 구성이 성적으로 균형이 맞고 다양한 인종이 존재하는 구성으로 변했다는 점이다. 예를 들어, 1950년에는 미국 내 노동 인구의 29.6%만이 여성이었지만,[1] 2014년 즈음에는 여성이 47%를 차지했다.[2] 미국뿐 아니라 전 세계적으로 여성이 정규직으로 고용되고, 고등교육을 받으며, 남성과 비교할만한 임금을 받고 있을 가능성이 과거에 비해서 매우 높아졌다.[3] 또한 미국에서 백인과 다른 인종 사이의 임금 격차는 크게 줄어들었는데, 이는 노동 시장에서 소수 집단 구성원이 점점 늘어남에 영향을 받은 결과이기도 하다. 미래의 노동 인구 구성을 예측해볼 때, 히스패닉은 2014년의 13%에서 2044년에는 25.1%로, 흑인은 12%에서 12.7%로, 그리고 아시아인은 5%에서 7.9%로 늘어날 것으로 예상된다.[4] 55세 이상 근로자의 비율 또한 점점 증가하고 있으며, 이는 미국뿐 아니라 전 세계적으로 나타나는 현상이다. 미국의 경우, 55세 이상인 근로자의 비율은 2010년에는 19.5%였으나 2020년에는 25.2%로 늘어날 것이다.[5] 현재 호주에서는 55세 이상인 근로자의 비율이 25세 이하인 근로사의 비율보다 높으며, 이 현상은 계속되고 있다.[6] 이러한 변화는 경영직과 전문직의 구성에서 점점 더 많이 드러나고 있다. 이러한 현상은 조직이 다양성 관리를 중요한 정책 중 하나로 삼아야 함을 의미한다.

다양성의 수준

연령, 인종, 성별, 민족, 종교, 장애 등에 따른 다양성에 대해서는 이미 많은 이들이 다루었지만, 전문가들은 이제 이와 같은 인구통계적 특성은 빙산의 일각에 불과하다는 사실을 인식하고 있다.[7] 인구통계적 특성은 주로 **표면적 다양성**(surface-level diversity)을 반영할 뿐이며, 생각이나 느낌을 반영하지 못하고, 근로자들이 서로에 대해서 편견과 지레짐작을 가질 여지를 만든다. 하지만 실증적 연구 결과에 따르면 사람들은 성격이나 가치관 등 **심층적 다양성**(deep-level diversity)을 나타내는 특성을 공유한다는 인식이 생기면 서로 간의 인구통계학적 차이에 관심을 덜 가진다고 한다.[8]

표면적 다양성과 심층적 다양성의 차이를 이해하기 위해서 몇 가지 예시를 살펴보자. 루이스와 캐롤은 얼핏 보기에는 공통점이라고는 거의 없는 직장 동료이다. 루이스는 스페인어가 일상적으로 사용되는 마이애미의 한 동네 출신으로, 대학을 졸업하고 최근에 고용된 젊은 남자 직원이며, 캐롤은 캔자스 시골 지역 출신의 중년 여성으로 고등학교를 졸업한 후에 고객서비스 훈련원으로 일을 시작해서 진급하기 위해 계속 노력을 해왔다. 처음 만났을 때, 이 두 사람은 교육, 인종, 출신 지역, 성별 등 자신들의 표면적 차이를 의식할지도 모른다. 하지만 서로를 더 많이 알아가면서 그들은 상대방이 자신처럼 가족에 대해서 굉장히 헌신하는 사람이며, 업무상의 문제에 대해서 비슷한 방식으로 생각하고, 동료와 함께 일하는 것을 즐기며, 국제적인 업무에 관심이 많다는 사실을 알게 될 수도 있다. 이와 같은 깊은 수준의 유사성은 그들 사이의 표면적인 차이를 무효화할 수 있다. 연구 결과들은 이러한 사람들은 효과적으로 함께 일할 것이라고 말한다.

이 책 전반에 걸쳐서 우리는 다양한 맥락에서 심층적인 다양성과 표면적인 다양성의 차이를 마주하게 될 것이다. 어떤 보상을 선호하는지, 어떤 소통 방식을 사용하는지, 리더에게 어떻게 대응하는지, 어떤 협상 방식을 사용하는지 등 조직 내 다양한 행동을 구성하는 요인이 개인차이기 때문에, 조직행동론에서 다양성은 중요한 이슈일 수밖에 없다. 불행하게도 더 높아진 다양성은 차별적인 행동으로 이어질 수 있는데, 이에 대해서는 지금부터 다루게 될 것이다.

차별

다양성은 조직에게 많은 가능성을 제공한다. 하지만 동시에 다양성 관리는 부당한 **차별** (discrimination)을 근절하기 위해서 노력하는 것을 포함하여야 한다. 차별의 원래 의미는 서로 다른 것들을 구분한다는 것으로, 그 자체로는 반드시 나쁜 것만은 아니다. 어떤 직원이 더 능력이 있는지를 파악하는 것은 좋은 고용 결정을 내리기 위해서 필수적이다. 또한 어떤 직원이 리더의 역할을 뛰어나게 수행하고 있는지를 파악하는 것은 훌륭한 승진 결정을 내리기 위해서 필요하다. 하지만 우리가 차별에 대해서 이야기하는 대부분의 경우는 특정 **집단**에 대한 스테레오타이핑(고정관념)에 의해 우리의 행동이 영향을 받는 것을 의미한다. **고정관념**(stereotyping)이란 어떤 사람을 그 사람이 속한 집단에 대한 인식에 따라서 평가하는 것을 의미한다. 기계의 비유를 들어보자면, 차별이라는 엔진에 에너지를 공급하는 연료가 고정관념이라고 말할 수 있을 것이다. 고정관념이 해로운 이유는 그것이 조직의 공정성을 무너뜨릴 뿐 아니라, 차별의 대상이 되는 사람들이 스스로를 인식하는 방식에 영향을 미칠 수 있기 때문이다.

고정관념 압박

레스토랑에 앉아서 당신의 동료가 소개해준 사람과의 첫 만남을 기다리고 있다고 상상해보자. 상대는 붐비는 식당 안에서 당신을 찾아야 할 것이다. 동료가 그 사람에게 당신을 어떻게 설명했을 것 같은가? 이제는 당신이 데이트 상대와 통화를 하면서 직접 스스로를 설명한다면 어떻게 설명했을지 생각해보자. 당신의 데이트 상대가 식당에서 당신을 알아볼 수 있도록 조금의 정보를 주어야 한다면 당신은 어떤 내용을 언급하겠는가?

당신은 아마도 당신의 인종, 당신이 스스로의 성별을 나타내는 방식 (예를 들어, 당신이 입는 옷), 당신의 나이, 그리고 어쩌면 당신의 직업을 얘기할지도 모른다. 또한 당신의 키가 매우 크거나 매우 작다면 당신의 키를 언급할 수도 있을 것이고, 만약 당신이 솔직하다면 당신의 풍채에 대하여 근육질이거나, 왜소하거나, 그 중간이라고 이야기할 수도 있을 것이다. 전체적으로, 당신은 구별되게 하는 특별한 특징들을 이야기하게 될 것이다. 흥미롭게도 당신이 누군가에게 스스로를 설명할 때 하는 이야기들은 당신이 스스로에 대해서 어떻게 생각하는지를 굉장히 많이 반영한다. 우리가 다른 이들에 대해 고정관념을 가지듯이 스스로에 대해서도 고정관념을 가지는 것이다.

고정관념 압박(stereotype threat)은 어느 개인이 속한 집단에 대한 부정적인 고정관념에 내적으로 동의하는 정도를 설명한다. 고정관념 압박은 해당 집단에 대한 부정적인 인식에 부합하는 모습을 보였을 때 어떻게 판단될지에 대한 두려움이 따라온다. 이는 특정한 상황에서 소수자의 위치에 놓인 사람들에게 일어날 수 있다. 예를 들어, 젊은 직원이 대부분인 직장에 지원하는 나이 많은 근로자는 면접관이 자신에 대해 최신 경향을 잘 따라가지 못할 것이라고 생각하리라는 고정관념을 가질 수 있다. 고정관념 압박을 야기하는 요인은 이 근로자가 최신 경향을 잘 알고 있는지의 여부가 아니라, 그가 속한 그룹인 나이 많은 사람들은 최신 경향을 잘 알지 못한다는 고정관념에 내적으로 동의하는지의 여부이다.

고정관념 압박은 직장에서 심각한 문제를 낳을 수 있다. 고정관념 압박을 느끼는 근로자들은 수행성과가 저하되고, 만족도가 내려가며, 부정적인 업무 태도를 가지고, 관심을 덜 가지며, 동기가 저하되고, 더 결근을 많이 하며, 건강 문제를 더 많이 겪고, 이직하고자 하는 욕구를 더 많이 가질 수 있다.[9] 다행히도 이러한 문제에 대해서는 직장에서 집단 간의 차이를 강조하지 않고 근로자들을 개별적인 사람으로 대우하는 것으로 대처할 수 있다. 조직 내에서 다음과 같은 변화는 고정관념 압박을 줄이는 데 도움이 될 것이다. 고정관념이 고착화되는 방식에 대한 자각을 키우는 것, 객관적인 평가 기준을 사용하여 차별적이거나 편애적인 대우를 줄이는 것, 고정관념에 기반을 둔 관습이나 발언을 금지하는 것, 소수자 집단에 대한 차별에 대해서는 사소해 보이는 문제일지라도 확실히 대응하는 것, 그리고 모든 직원들의 가치를 존중하는 투명한 관행을 시행하는 것 등이다.[10]

직장에서의 차별

복습해보자. 부당한 차별은 개개인의 특성을 보는 대신에 한 집단에 속한 사람은 모두 똑같다고 지레짐작한다. 이와 같은 차별은 직원들에게 매우 해로우며, 앞에서 이야기했듯이 조직에게도 악영향을 끼친다.

〈도표 2-1〉은 조직 내에서 발생하는 차별 형태의 정의와 사례를 보여준다. 이 중 상당수가 법적으로 금지되어 있기 때문에 조직의 공식적인 정책이 될 수는 없지만, 악습들은 여전히 존재한다. 매년 수만 건의 직원 차별 사건이 보고되는데, 아마도 그보다 더 많은 사례들이 보고조차 되지 못한 채로 묻힐 것이다. 차별에 대한 법적인 제재가 강화되고 사회적인 인식이 개선되면서 공개적으로 이루어지는 차별은 줄어들지만, 그 대신에 무시나 배척과 같이 은밀한 차별은 오히려 늘어났을지도 모른다. 상급자가 보고 있지 않을 때에는 특히 더 그럴 것이다.[11]

지금까지 알아보았듯이, 차별은 다양한 방식으로 일어날 수 있으며 그 영향은 조직의 상황이나 개인이 가진 편견에 따라서 다르게 나타난다. 배척이나 무시와 같은 유형의 차별은 차별을 행하는 사람 스스로도 그 행동의 영향에 대해 자각하지 못하기 때문에 일어나는 경우가 많아서 뿌리 뽑기가 특히 어렵다. 고정관념 압박과 마찬가지로, 실제로 행해지는 차별 역시 직원들에게 생산성 및 OCB의 감소, 더 많은 갈등, 높은 이직률, 심지어는 더 많은 위험한 행동의 증가와 같은 부정적인 영향을 초래할 수 있다.[12] 불공정한 차별은 능력 있는 후보자의 채용과 승진에 걸림돌이 되기도 한다. 따라서 만약 직원 차별에 대해서 법적인 문제가 전혀 제기되지 않을지라도, 사업적인 측면에서 불공정한 차별을 뿌리 뽑아야 할 중요한 이유가 있는 것이다.

공개적으로 이루어지든 은밀하게 이루어지든, 의도적이든 그렇지 않든, 차별은 다양성을 저해하는 가장 큰 장애물 중 하나이다. 반면에 다양성이 제시하는 가능성을 인지하는 것은 효과적인 다양성 관리 프로그램으로, 더 나아가서는 더 성공적인 조직으로 이어질 수 있다. 다양성은 광범위한 의미를 지닌 용어이며 **직장 내 다양성**은 직원들을 서로 다른 사람으로 만드는 모든 특징에 적용될 수 있다. 다음 절에서는 직원 사이에 존재하는 몇 가지 중요한 표면적 수준의 차이를 알아볼 것이다.

차별 유형	정의	사례
차별적인 정책 또는 관행	조직을 대표하는 결정기구의 행동이 기회의 평등을 부정하거나 성과에 대한 균형 있는 보상을 부정하는 것	근속연수가 높은 직원들의 급여와 복지 혜택이 많다는 이유로 일시 해고의 대상으로 고려하는 것
성희롱	상대방이 원하지 않는 성적인 행동과 말로 공격적이거나 적대적인 직장 분위기를 조성하는 것	영업사원들이 회사의 비용으로 스트립 클럽을 방문하거나 스트리퍼를 불러서 판촉행사를 여는 것, 성적 소문을 퍼뜨리는 것 등
위협	특정 근로자 집단의 구성원을 향하여 직접적인 위협을 가하는 것	일부 미국 기업에서 발생하는 흑인 근로자들을 향한 교살 시도 등
조롱과 모욕	농담의 정도가 지나쳐서 부정적인 스테레오타입의 농담을 건네는 것	아랍계 근로자들에게 폭발물을 지니고 다니지 않는지, 테러조직에 가담하지는 않았는지 하는 질문을 던지는 행위
배척(따돌림)	직무 기회나 사교 행사, 토론, 비공식적 조언 등에서 특정한 사람(들)을 포함시키지 않는 것. 의도하지 않은 형태로 발생하기도 함	금융기관에 종사하는 여성 근로자들은 지엽적인 역할이나 업무 부담이 적은 직무에 배치되어 승진 기회를 갖기 어렵다고 불평함
무시	상대방을 존중하지 않는 행동으로 공격적인 행동, 말을 자르는 것, 의견을 무시하는 것 등을 의미	여성 법률가들은 남성 법률가들이 자신들의 말을 자르거나 내용을 신중하게 듣지 않는다고 불평함

도표 2-1 차별 형태

출처 : J. Levitz and P. Shishkin, "More Workers Cite Age Bias after Layoffs," *Wall Street Journal* (March 11, 2009), pp. D1–D2; W. M. Bulkeley, "A Data-Storage Titan Confronts Bias Claims," *Wall Street Journal* (September 12, 2007), pp. A1, A16; D. Walker, "Incident with Noose Stirs Old Memories," *McClatchy-Tribune Business News* (June 29, 2008); D.Solis, "Racial Horror Stories Keep EEOC Busy," *Knight-Ridder Tribune Business News*, July 30, 2005, p. 1; H. Ibish and A.Stewart, *Report on Hate Crimes and Discrimination Against Arab Americans-The Post-September 11 Backlash, September 11, 2001-October 11, 2001* (Washington, DC : American-Arab Anti-Discrimination Committee, 2003); A.Raghavan, "Wall Street's Disappearing Women," *Forbes* (March 16, 2009), pp. 72–78; and L.M.Cortina, "Unseen Injustice : Incivility as Modern Discrimination in Organizations," *Academy of Management Review* 33, no. 1 (2008), pp. 55–75.

생물학적 특징

나이, 성별, 인종, 민족, 장애 등의 **생물학적 특징**(biographical characteristic)은 직원을 구분할 수 있도록 하는 가장 명백한 특징 중 하나이다. 쉽게 정의되고 쉽게 얻을 수 있는 요소부터 시작해보자. 이러한 정보는 직원의 인적사항 파일에서 확보할 수 있다. 표면적 특성의 차이는 특정한 직원에 대한 차별의 원인이 될 수 있으며, 따라서 그러한 특성이 실질적인 업무 수행성과와 어떠한 연관이 있는지 알아보아야 할 필요가 있다. 일반적으로, 직원의 생물학적인 차이 대부분은 실질적인 업무 결과에 영향을 미치지 않으며, 오히려 업무 결과의 차이는 생물학적 특징이 다른 집단 사이에서보다 비슷한 특징을 공유하는 집단 내부의 구성원 사이에서 훨씬 더 많이 발견된다.

나이

직장에서의 나이는 다양한 이유로 앞으로 몇십 년간 점점 더 중요한 이슈가 될 것이다. 첫째, 선진국 대부분에서 노동 인구가 점점 고령화되고 있다.[13] 대략적인 통계를 보았을 때, 2006년에서 2016년 사이에 늘어난 노동 인구 공급의 93%가 54세 이상 근로자에 의한 것이었다.[14] 미국 내에서 55세 이상 노동자의 비율은 22%이며 점점 늘어나고 있다.[15] 미국의 법은 강제 퇴직을 전적으로 금지하고 있다. 또한 미국과 호주에는 다른 나라들과 비교해봤을 때, 나이에 따른 차별을 직접 금지하는 법이 존재한다.[16] 요즘의 근로자 대부분은 70세에 은퇴해야 할 필요가 없으며 45~60세의 근로자 중 62%는 은퇴를 늦추려고 계획하고 있다.[17]

나이 많은 근로자들이 시대에 뒤쳐졌고, 성격이 안 좋으며, 유연하지 못하다는 고정관념은 변하고 있다. 경영자들은 경험, 판단력, 노동 윤리, 질 높은 업무 수행 등 나이 많은 근로자들이 지닌 장점을 발견하곤 한다. 예를 들어서, 싱가포르의 공공수도국의 직원 중 27%가 55세 이상인데, 나이 많은 근로자들이 직장에 안정감을 가져온다고 보고한 바 있다.[18] 보건의료, 교육, 정부, 그리고 비영리 조직과 같은 분야에서는 나이 많은 근로자들을 환영하는 경향이 있다.[19] 하지만 나이 많은 노동자들은 여전히 적응력이 떨어지고 새로운 기술을 배우고자 하는 동기가 떨어진다는 평가를 받고 있다.[20] 조직에서 변화와 훈련에 수용적인 사람을 찾는 경우, 나이와 관련된 고정관념은 나이 많은 근로자들이 최초 고용되는 것에 걸림돌이 되며, 인력 감축 과정에서 탈락할 가능성을 높인다.

이제 실증적인 증거들을 살펴볼 차례이다. 우리가 가장 중요시하는 두 가지 결과, 업무 성과와 직무만족도에서 나이가 실제로 미치는 영향은 무엇일까?

나이와 업무 성과 생명연장 및 노인학 연구소의 책임자인 하비 스턴스에 따르면 많은 오해에도 불구하고, 연구 결과 대부분은 "나이와 업무 성과 사이에는 아무런 연관이 없다."는 사실을 보여준다.[21] 오히려 일부 연구 결과는 고령의 직원이 비슷한 위치의 젊은 직원보다 수행성과가 더 낫다는 결과를 보여주기도 한다. 뮌헨에서 4년에 걸쳐서 메르세데스 벤츠의 직원 3,800명을 대상으로 진행된 연구에서 "나이 많은 직원들은 심각한 문제를 예방하는 방법을 더 잘 알고 있는 것 같았다."는 결과가 나왔다고 해당 연구의 책임자였던 마티아스 바이스가 말한 바 있다.[22] 사람들이 나이가 들수록 업무 성과와 관련된 창의력이 떨어진다는 인식 역시 존재한다. 나이에 따라서 창의성이 어떻게 변하는지를 연구하는 학자 데이비드 갈렌슨은 경험을 통해서 생산을 하는 사람들은 "40, 50, 60대에 가장 멋진 업적을 이루어내며, 이들은 나이와 함께 늘어나는 지혜를 사용한다."고 말한다.[23]

나이와 직무만족도   제3장에서 중요한 주제로 다루게 될 직무만족도의 경우에는, 800개 이상의 연구들이 나이 많은 근로자들이 직무에 더 만족하는 경향이 있고, 동료들과 더 좋은 관계를 유지하며, 조직에 더 헌신적이라는 사실을 밝혀냈다.[24] 하지만 다른 연구들에서는 직무만족도가 중년의 나이까지는 나이와 함께 올라가지만 그 후에는 내려가기 시작한다는 결과가 나오기도 했다. 이와 같은 결과들을 직업의 종류에 따라 구분해보면 전문 직종의 경우에는 나이와 비례하여 만족도가 증가하는 반면, 전문직이 아닌 직종의 경우에는 중년을 거치면서 만족도가 감소하다가 그 후에 다시 증가하는 추세를 보인다.

성별

여성이 남성만큼 직무를 잘 수행하는지의 여부처럼 많은 논란과 오해, 그리고 근거 없는 주장이 난무하는 주제는 아마 거의 없을 것이다. 실제로는 남성과 여성의 차이점 중 그들의 직무 수행에 영향을 미치는 요소는 거의 존재하지 않는다.[25] 일반적으로 남성의 수학 능력과 여성의 언어 능력이 다른 성별보다 약간 높긴 하지만 그 차이는 아주 미미하며 문제해결 능력, 분석 능력, 그리고 학습 능력에서 남자와 여자 사이에 지속적으로 나타나는 차이는 존재하지 않는다.[26] 직장 내에서 업무 수행성과에 관련된 한 메타 분석의 결과 수행성과에서 여성이 남성보다 약간 더 높은 점수를 얻었다.[27] 리더십에 관련된 95개의 연구를 분석한 또 다른 메타 분석에서는 남성과 여성 사이에 리더의 자질에서 차이가 없다는 결과가 나왔다.

　　그럼에도 불구하고 편견과 고정관념은 사라지지 않고 있다. 채용 면접에서 경영자들은 특정한 직무의 후보자들을 마주할 때 성차별적인 편견에 영향을 받는다.[29] 예를 들어 남자들이 절대 다수를 차지하는 직무의 경우, 남성 후보자들이 더 선호되는 경향이 있으며, 이 경향은 고용 결정을 내리는 사람이 남성일 경우에 더 강하게 나타난다.[30] 실제 업무환경을 보면, 남성과 여성에게 주어지는 발전 기회의 양은 비슷하지만 여성은 조직 내에서 높은 지위를 달성하는 데에 도움이 되는 도전적인 임무를 부여받을 가능성이 낮다.[31] 또한 남성과 여성 사이에 효과적인 리더의 자질에 차이가 없음에도 불구하고 남성이 여성보다 리더의 역할을 맡게 될 가능성이 더 높다. 스페인의 20개 조직을 대상으로 이루어진 연구를 예시로 들어보자면, 조직 내 중요한 문제를 해결하는 요직에는 일반적으로 남성이 선택되었다.[32] 인재채용회사 콘 페리의 시니어 파트너인 나오미 서덜랜드에 따르면, "의식적으로든 무의식적으로든 회사들은 여전히 그들이 생각하는 일반적인 리더의 모습과 달라 보이는 사람을 뽑는 일을 주저하고 있다."[33]

전 세계적으로 남성 근로자와 여성 근로자에 대해서 굉장히 많은 오해와 모순이 존재한다. 다행히도 호주, 영국, 미국 등 많은 나라들은 성차별을 금지하는 법을 가지고 있다. 벨기에, 프랑스, 노르웨이, 스페인 등의 나라들은 여성 이사의 비율을 늘리기 위해 성적 다양성을 추구하는 법을 만들고 있다.[34] 성 편견과 성차별은 여전히 중요한 문제이지만, 상황이 나아지고 있다는 지표를 찾을 수 있다.

인종과 민족

인종은 사회와 조직에서 논란을 불러일으키는 주제이다. 인종(race)은 사람들이 스스로와 서로를 구분할 때 사용하는 생물학적 혈통으로 정의하며, 민족(ethnicity)은 그에 더하여, 인종과 종종 더불어 나타나곤 하는 문화적인 특징을 포함하는 것으로 정의한다. 일반적으로, 우리는 인종을 생물학과 연결하고 민족은 문화와 연결하지만, 두 가지는 각각 개별적인 정체성 확립의 역사를 갖고 있다. 호주, 영국, 그리고 미국 등 많은 나라에서 인종 및 민족에 기반을 둔 차별을 금지하는 법이 존재한다.[35]

인종과 민족은 고용 결정, 성과 평가, 급여, 직장 내 차별과 같은 주제와 연결되어 연구되어 왔다. 사람들은 성과 평가, 승진 결정, 급여 인상에서 자신과 같은 인종의 동료를 조금 더 선호하는 경향이 있지만, 이러한 경향이 지속적으로 나타나는 것은 아니며, 특히 결정 과정이 매우 구체적으로 구조화되어 있을 경우에는 그러한 경향이 나타나지 않는다.[36] 몇 가지 산업 분야는 다른 분야에 비해서 특히 인종적으로 다양하지 못한 상태가 고착되었다. 예를 들어 미국의 광고 및 미디어 회사들은 그들의 고객층이 점점 더 다양해지고 있음에도 불구하고 경영진에서는 인종적 다양성을 달성하지 못하고 있다.[37]

마지막으로, 인종적 또는 민족적 소수자들은 직장에서 더 높은 수준의 차별을 겪는 것으로 나타난다.[38] 고용 결정에서 (미국 외의 국가에서는 적용되지 않는 결과일 수도 있으나) 흑인이 백인보다 안 좋은 결과를 더 많이 맛본다고 한다. 그들은 인터뷰에서 더 낮은 평가를 받고, 업무 수행평가 점수도 더 낮게 받으며, 임금이 더 낮고, 승진 기회도 백인만큼 받지 못하고 있다.[39] 또한 이 사실이 명시적인 차별을 증명하는 것은 아니지만,

통제된 실험연구 결과 역시 인종차별을 보여준다. 예를 들어, 임금이 낮은 직종을 대상으로 이루어진 한 실험에서 전과가 없는 흑인이 전과를 가진 백인보다 일자리 제의를 덜 받았다.[40]

장애

신체적 혹은 지적 장애가 있는 직원에 대한 직장에서의 정책은 공식적인 정책과 임기응변적인 정책 모두 국가 사이에 다양하게 나타난다. 호주, 미국, 영국, 일본과 같은 나라에는 장애를 가진 개인을 보호하기 위한 구체적인 법 조항들이 있다.[41] 이러한 법안들은 신체적 혹은 지적 장애가 있는 개인이 더 포용되고 더 배려받을 수 있게 하였다. 미국의 경우 미국 장애인법(Americans with Disabilities Act, ADA, 1990)의 통과 이래로 노동 인구에서 장애를 가진 사람들의 비율이 급속도로 늘어났다.[42] ADA에 따르면 고용주는 신체적으로나 지적으로 장애가 있는 사람들이 일할 수 있는 환경을 조성하기 위하여 노력할 책임이 있다.

장애의 범위 고용 차별금지 정책의 실행을 책임지는 미국의 국가기관인 미국 고용평등위원회(U.S. Equal Employment Opportunity Commission, EEOC)는 어떠한 신체적 또는 정신적 지체로 인하여 주요한 일상 활동 중 하나 이상에 상당한 제약을 지닌 사람을 장애인으로 구분한다. ADA와 관련하여 가장 논란이 되는 지점 중 하나는 고용주가 정신적 장애를 지닌 사람들을 위한 합당한 근무 조건을 갖추어야 한다는 것이다.[43] 쉽게 인식되는 장애의 예시는 팔다리를 잃은 것, 발작 장애, 다운증후군, 청각장애, 정신분열증, 알코올 중독, 비만, 우울증, 그리고 만성 요통 등이 있다. 이와 같은 증상 사이에는 공통점이 거의 없으며, 따라서 각각의 장애가 고용에 어떤 영향을 주느냐에 대해서는 구체적인 설명이 존재하지 않는다.

장애와 결과 고용 결과에 장애가 미치는 영향은 다양한 관점에서 연구되어 왔다. 가상의 후보자에게 장애 내용이 무작위로 부여되었던 한 연구에서는, 장애를 지닌 후보자들을 믿어도 될 것 같다는 느낌을 주는 등 훌륭한 특성을 지닌 것으로 인식되었다.[44] 장애를 가진 사람이 더 높은 성과 평가 점수를 받는다는 분석 결과도 존재한다. 하지만 다른 연구 결과에 따르면 장애를 가진 사람은 성과 수준에서 더 낮은 기대를 받곤 하며, 따라서 고용될 가능성이 더 낮다.[45] 정신적 장애는 신체적 장애보다 수행 능력에 악영향을 더 많이 끼칠 수도 있다. 우울증이나 불안과 같이 흔한 정신질환을 가진 사람은 결근을 할

확률이 훨씬 높기 때문이다.[46]

장애를 가진 사람에 대한 차별을 철폐하는 일에는 늘 어려움이 따랐다. 예를 들어 유럽에서는 고용주들에게 동기를 부여하려는 정책들은 장애인의 고용률을 높이는 데에 실패했으며, 독일, 프랑스, 폴란드의 장애인 할당제는 반대 효과를 낳았다.[47] 하지만 장애를 가진 사람들의 재능과 능력에 대한 인식의 확산은 긍정적인 효과를 가져왔다. 또한 직장의 기술적인 진보는 다양한 장애를 가진 사람들에게 직업의 선택지를 확대해주었다. 경영자들은 각 직무가 진정으로 필요로 하는 능력이 무엇인지를 정확히 인식하고 때로는 필요한 조건을 제공하면서라도 직무에 적합한 사람을 고용해야 한다. 하지만 직원들이 스스로의 장애를 드러내지 않으면 어떻게 될까? 이에 대해서 이야기해보자.

숨겨진 장애

앞에서 언급했듯이 장애는 팔다리를 잃는 것, 휠체어를 타도록 만드는 질병, 그리고 실명과 같이 겉으로 드러나는 특성을 포함한다. 그러나 다른 장애들은 첫눈에는 그렇게 명료하지 않을 수 있다. 눈으로 볼 수 없는 장애에 대해서 개인이 직접 언급하지 않는다면, 그 장애는 직원의 선택에 의해 숨겨진 상태로 남을 수도 있다. 이를 숨겨진 장애(혹은 보이지 않는 장애)라고 부른다. 숨겨진 장애는 대체로 감각 기관의 장애(예를 들어 청력의 손상), 자가면역 장애(류마티스 관절염), 만성 질환(손목골 증후근), 인지 능력이나 학습 능력의 장애(ADHD), 수면장애(불면증), 그리고 심리적 어려움(외상후 스트레스장애) 등을 포함한다.[48]

2008년에 있었던 ADA 수정 조항의 변화에 따라서 미국의 기업들은 굉장히 넓은 범위의 장애를 가진 직원들을 받아들이게 되었다. 하지만 장애를 가진 직원들이 직장에서의 배려와 보호를 받기 위해서는 고용주에게 그 장애 사실을 털어놓아야 한다. 많은 직원들은 자신의 보이지 않는 장애에 대해서 알리고 싶어 하지 않기 때문에, 그들은 직장에서 훌륭한 성과를 이루기 위해서 필요한 배려를 받지 못하게 된다. 연구 결과에 따르면 숨겨진 장애를 가진 사람들은 자신의 장애를 드러냈다가 낙인찍히거나 소외당하게 되는 것을 두려워하며, 상사들이 자신의 능력을 과소평가하게 될 것이라고 생각한다고 한다.[49]

어떤 면에서 보면 숨겨진 장애가 실제로 보이지 않는 것은 아니다. 예를 들어, 자폐 증상을 숨기고 있는 직원은 여전히 말로 하는 대화나 적응에 있어서 어려움을 보이는 등 해당 질환의 증상을 드러내 보일 수도 있다.[50] 때로는 누군가가 장애를 숨기고 있음을 의심하게 되는 행동이 있다. 불행히도 그런 행동에 대해 잘못된 원인을 찾아내는 경우도 있다. 예를 들어, 동료 직원의 말이 느리고 불분명한 것이 뇌졸중의 장기적인 영향 때문이 아니라 음주 때문이라고 생각할 수 있는 것이다.

연구 결과들은 장애에 대해 드러내는 것이 본인과 주변 사람, 그리고 조직 모두에게 도움이 된다고 말한다. 장애를 드러내는 것은 직무 및 삶에 대한 개인의 만족도를 높여줄 뿐 아니라, 다른 사람들이 장애를 가진 사람을 이해하고 성공하도록 지지할 수 있도록 해주며, 조직이 더 좋은 성과를 달성하기 위해서 적합한 업무환경을 구성할 수 있도록 해주기 때문이다.[51]

그 외의 특성

마지막으로 알아볼 특성은 종교, 성적 지향, 성 정체성, 그리고 문화적 정체성이다. 이러한 특성들은 차별이 극복될 수만 있다면 직장의 다양성을 위해 새로운 기회를 제시할 수도 있는 깊은 수준의 차이를 보여준다.

종교

종교를 가진 사람과 그렇지 않은 사람은 가치관에서 차이를 보이며, 많은 경우 다른 종교를 가진 사람 사이에도 갈등이 발생한다. 직장에서 종교로 인한 문제가 발생하지 않는 나라는 아마 거의 없을 것이다. 이러한 이유로 호주, 영국, 그리고 미국 등 많은 나라들은 고용주들이 종교에 따라서 직원들을 차별하지 않도록 법적으로 규제하고 있다.[52] 이슬람교는 세계에서 가장 인기 있는 종교 중 하나이며, 많은 나라에서 지배적인 종교이다. 하지만 미국에서 무슬림은 조금씩 늘어나고 있는 소수자 집단이다. 퓨 연구센터(Pew Research Center)에 따르면 현재 미국에는 거의 300만 명에 육박하는 무슬림이 살고 있으며, 2030년에는 이 수가 두 배가 되어 인구의 1.7%를 차지할 것으로 예상된다. 그때가 되면 미국에는 유태인이나 성공회교도만큼의 무슬림이 살게 되는 것이다.[53] 이러한 숫자에도 불구하고, 이슬람 신앙 때문에 차별을 겪는 사람들이 있다는 연구 결과들이 존재한다. 예를 들어, 가상의 소매 업무에 지원하는 실험에서 무슬림이 자주 입는 복장을 입고 있던 지원자는 그러한 옷을 입지 않았던 지원자에 비해 인터뷰 시간이 더 짧았으며 인터뷰 내용도 더 부정적이었다.[54]

종교에 따른 차별은 미국 내에서 차별에 대한 논란 중 점점 더 큰 부분을 차지하고 있는데, 그 이유 중 하나는 이것이 매우 복잡한 문제이기 때문이다. 머리에 두르는 검은색

천인 히잡을 착용했다는 이유로 취직에 실패한 사만타 엘라우프는 최근에 종교적 차별을 이유로 회사를 고소했다. 그녀는 "내가 아베크롬비에 취직하지 못한 이유가 무슬림 신앙에서는 정숙함의 상징인 히잡을 착용했기 때문이라는 사실을 알게 되었다."고 말한다. 인터뷰를 진행할 때 그녀는 머리에 무엇인가를 착용하는 것에 대한 회사의 규칙을 알지 못했으며, 자신이 히잡을 착용한 이유를 언급하지도 않았다. 고용주들은 지원자들이 왜 그렇게 옷을 입었는지에 대해 파악하고 그들을 보호해야 할 의무가 있는가? 이 문제에 대해서는 대법원도 확신을 갖고 있지 못하다.[55]

성적 지향과 성 정체성

많은 것들이 변하긴 했지만, 레즈비언, 게이, 바이섹슈얼, 그리고 트랜스젠더(LGBT) 직원에 대한 완벽한 포용과 배려는 아직 진행 중에 있다. 미국의 하버드대학교에서 이루어진 한 연구에서는, 현실적으로 보이지만 실제는 가짜인 지원서를 실제로 신입사원을 채용하던 회사 1,700군데에 보냈다. 지원 서류들은 단 하나를 제외하고는 모두 동일했다. 지원서 절반은 대학 생활 중 동성애자 조직 활동을 언급했고, 나머지 절반에는 그러한 언급이 없었다. 해당 활동을 언급했던 지원서보다 그러한 언급이 없었던 지원서에 대하여 60%나 많은 응답이 돌아왔다.[56]

차별에 대한 자각 때문인지, LGBT 직원 상당수는 자신의 정체성을 밝히지 않는다. 예를 들어, 브리티시 페트롤륨의 전 CEO 존 브라운은 59세가 되는 해에 언론들이 그가 게이라는 사실을 밝히겠다는 협박을 가했을 때까지 자신의 정체성을 숨겼다. 그 사실이 회사에 악영향을 끼칠까 두려워했던 그는 사퇴했다. 브라운은 "2007년에 내가 퇴출을 당한 이후로, 세계의 많은 사회에서 레즈비언, 게이, 바이섹슈얼, 그리고 트랜스젠더인 사람들을 포용하기 위해 많은 노력을 기울여왔지만, 비즈니스 분야는 아직 갈 길이 멀다."고 말했다.[57]

성적 지향 관련 법령 미국의 연방 법은 성적 지향에 따른 직원 차별을 직접적으로 금지하지 않지만, 29개 주와 160여 개의 지방자치단체는 그렇게 행하고 있다. 성 정체성에 따른 차별을 금지하는 주와 지방정부에는 성 정체성 차별에 관해서 성차별과 인종 차별만큼이나 많은 고소 내용들이 접수되고 있다.[58] 다른 나라들은 조금 더 진보적이다. 예를 들어, 호주는 성적 지향에 따른 차별을 금지하는 법을 갖고 있으며, 영국에도 성 정체성과 관련하여 비슷한 법이 있다.[59] 하지만 이러한 법의 구분은 충분히 포용적이지 못할 수도 있다. 연구자들은 QUILTBAG이라는 새로운 두음 조합을 고안했는데, 이는 queer/questioning(퀴어/퀘스쳐너리), undecided(결정하지 않은), intersex(인터섹슈얼), lesbian(레즈비언), transgender(트랜스젠더), bisexual(바이섹슈얼), asexual(에이섹슈얼), 그리고 gay(게이)를 의미한다.[60]

미국에서의 첫걸음으로, 연방정부에서는 정부 직원에 대해서 성 정체성에 따른 차별을 금지했다. 고용평등위원회는 레즈비언, 게이, 그리고 바이섹슈얼에 대한 성 고정관념(sex-stereotyping)은 1964년의 미국 민권법(Civil Rights Act)에 의해 실행 가능한 성차별 금지가 적용될 수 있는 범위라고 주장했다.[61] 또한 성적 지향에 따른 차별을 금지하려는 연방의 입법 시도였던 고용차별금지법안(Employment Non-Discrimination Act, ENDA)은 상원에서는 통과되었지만 아직 공식적인 법이 되지는 못했다.[62]

성적 지향에 대한 조직의 정책   연방 차원 법안의 부재에도 불구하고, 많은 조직은 성적 지향에 관련된 정책과 조치들을 시행하고 있다. 예를 들어서, 한때 모든 직원에게 흰 셔츠와 넥타이를 착용하도록 요구했던 것으로 유명한 IBM은 과거의 극도로 보수적이었던 업무 분위기를 변화시켰다. IBM의 전 부사장 테드 차일즈는 "IBM은 우리의 전 세계적인 사업 범위 안에서 게이, 레즈비언, 바이섹슈얼, 혹은 트랜스젠더 직원들이 안전하고, 환영받으며, 가치 있다고 느낄 수 있도록 보장한다…[게이 혹은 트랜스젠더] IBM 식구들이 기여하는 부분은 우리의 중심적인 부분에까지 축적되며 우리 비즈니스의 성공으로 이어진다."고 말했다.[63]

이러한 기업이 IBM만 있는 것은 아니다. 설문 결과 포춘 500대 기업 중 90% 이상이 성적 지향과 관련된 정책을 가지고 있다. 성 정체성의 경우, 점점 더 많은 회사에서 트랜스젠더 직원을 대하는 방식을 감독하는 정책을 추진하고 있다. 2001년에는 포춘 500대 기업 중 8개 기업만이 성 정체성과 관련된 정책을 갖고 있었지만, 오늘날에는 250개 이상의 기업이 그러한 정책을 갖고 있다.

하지만 포춘 1000대 기업 중에는 동거 중인 파트너십 관계에 있는 직원이나 LGBT 직원에 대한 차별을 금지하는 정책이 없는 주요한 기업이 존재하는데, 이들 중 하나는 현재 포춘 랭킹에서 미국에서 두 번째로 큰 회사로 기록된 엑슨모빌이다.[64] 몇몇 회사들은 종교적인 이유로 성소수자들을 위한 정책을 추진하지 않는다고 주장한다. 또한 포용적이라고 주장하지만 실질적으로는 그 주장에 미치지 못하는 회사들도 존재한다. 이탈리아에서 5개의 사회적 기업을 대상으로 이루어진 연구에서는 이러한 소위 포용적인 조직

들이 실제로는 직원들이 자신의 정체성을 숨기고 있기를 바란다는 사실을 보여줬다.[65]

문화적 정체성

사람들이 때로는 자신의 인종이나 민족을 통해 스스로를 설명한다는 사실은 앞에서 알아보았다. 많은 사람들은 또한 강력한 **문화적 정체성**을 가지고 있는데, 이는 개인이 세계 어디에서 사는지와 무관하게 개인의 가족사가 속한 문화와 관련하여 평생 지속되는 연결고리를 의미한다. 사람들은 스스로의 문화적 정체성을 선택하며, 자신들이 해당 문화의 규범들을 얼마나 면밀히 따를 것인지도 선택할 수 있다. 문화적 규범들은 직장에 영향을 미치며, 때로는 충돌로 이어지기도 한다. 조직들은 적응력을 길러야 한다. 개인의 문화적 정체성과 조직의 작동 방식이 일치하는 경우가 많았던 것은 사회가 덜 유동적이었던 과거의 일일 뿐이다. 당시의 사람들은 거주지 근처에서 직업을 구했으며, 조직들은 직원 다수의 필요에 맞추어서 휴가, 의식, 그리고 관습 등을 구성했다. 그 당시의 조직들은 직원 개개인의 선호를 감안해야 할 필요가 적었다.

　전 세계적인 통합과 노동 시장의 변화로 인해, 오늘날의 조직들은 조직 구성원의 집단으로서의 문화적 정체성과 개인으로서의 문화적 정체성 모두를 이해하고 존중하기 위해 노력하고 있다. 예를 들어서, 라틴아메리카 지역에서 사업을 하고자 하는 미국의 기업은 그 지역의 근로자들이 긴 여름휴가를 기대한다는 사실을 이해해야 한다. 여름휴가 기간에 일하기를 요구하는 기업은 강한 반대에 마주치게 될 것이다.

　조직 구성원의 문화적 정체성에 민감하게 대응하고자 하는 조직은 과반수를 차지하는 집단을 존중하는 것을 넘어서 가능한 한 개별적인 접근 방식을 사용해야 한다. 종종 경영자들은 조직의 목표와 개인의 필요를 모두 충족시키는 직장 내 유연성을 제시하는 역할을 맡게 된다.

능력

초등학교에서 흔히 배우는 것과는 달리, 사람은 능력에서 모두 동일하게 태어나지 않았다. 넘치는 의욕과는 무관하게 당신은 제니퍼 로렌스만큼 연기를 하거나 르브론 제임스만큼 농구를 하거나 스티븐 킹만큼 글을 쓸 수 없을 것이다. 물론, 우리 모두는 특정한 업무나 활동에서 우리를 다른 사람보다 상대적으로 뛰어나거나 상대적으로 못하게 만드는 장점과 단점을 갖고 있다. 경영자의 관점에서 보았을 때, 가장 어려운 부분은 특정한 직원이 자신의 업무를 잘 수행하게 할 가능성을 높이기 위해서 직원 사이의 능력 차이를 판별하는 것이다.

능력은 무엇인가? 그 단어를 사용하는 방식에 비추어 볼 때, **능력**(ability)은 어떠한 직무의 다양한 과업을 수행할 수 있는 현재의 잠재력을 의미한다. 전반적인 능력은 두 가지 종류의 요소, 즉 지적 요소와 신체적 요소로 구성된다.

지적 능력

지적 능력(intellectual ability)이란 사고, 추론, 문제해결 등의 정신적 활동을 수행하는 데 필요한 능력이다. 대부분의 사회에서는 지능에 대해서 높은 가치를 부여하는데, 이는 타당한 근거가 있다. 똑똑한 사람들은 보통 소득 수준이 높고 더 높은 수준의 교육을 받는다. 그들은 또한 집단의 리더 역할을 담당하게 되는 경우가 많다. 하지만 지적 능력을 평가하고 측정하는 일은 단순하지만은 않은데, 그 이유 중 하나는 사람들이 언제나 스스로의 인지적 능력을 정확히 평가할 수 있는 것이 아니기 때문이다.[66] IQ 테스트는 한 사람의 전반적인 지적 능력을 확인하기 위해 고안되었지만, 지능 지수(intelligence quotient, IQ)의 근원, 영향을 미치는 요소들, 그리고 실제 테스트 과정에 대해서는 논란이 있다.[67] 대입을 위해 많이 응시하는 SAT나 ACT, 그리고 경영대학원 입시를 위해 많이 응시하는 GMAT, 법대를 위한 LSAT, 의대를 위한 MCAT 등의 시험에 대해서도 비슷한 문제가 제기된다. 이 시험들을 만드는 회사들은 자신들이 지능을 측정한다고 주장하지 않지만, 전문가들은 그들이 실제로는 지능을 측정하는 것임을 알고 있다.[68]

지적 능력의 차원 지적 능력을 구성하는 차원으로 가장 많이 언급되는 일곱 가지는 수리 능력, 언어 이해력, 인지 속도, 연역적 추론, 귀납적 추론, 공간지각력, 그리고 기억력이다. 〈도표 2-2〉에서 이 차원에 대한 설명을 확인할 수 있다.

지적 능력의 차원 사이에는 긍정적 상관관계가 있다. 따라서 언어 이해력이 높은 사람은 그렇지 않은 사람보다 공간 지각력에서도 높은 점수를 받을 가능성이 크다. 그러나 이들 사이의 상관관계는 완벽한 것은 아니다. 개별적으로 보았을 때 개인이 지닌 특정한 능력이 직장에서의 중요한 직무 관련 성과에 영향을 미칠 수 있다.[70] 하지만 그럼에도 불구하고 이 차원 사이의 상관관계는 상당히 높아서 연구자들은 지능에 관한 공통 요소인 **일반적 정신 능력**(general mental ability, GMA)을 사용하기도 한다. 연구 결과들은 지적 능력의 구조와 측정치들이 다양한 문화권에서 비슷하게 적용될 수 있음을 보여준다. 이

차원	설명	직무의 예
수리 능력	계산을 신속하고 정확하게 하는 능력	회계사 : 특정 물품에 대한 부가가치세를 계산함
언어 이해력	읽거나 들은 내용을 이해하고, 단어 사이의 관계를 이해하는 능력	공장 관리자 : 기업의 고용 정책을 준수함
인지 속도	시각적 유사성과 차이를 신속하고 정확하게 발견하는 능력	소방감시관 : 발화의 가능성이 있는 단서를 발견함
연역적 추론	문제의 논리적 연관관계를 이해하여 문제를 해결하는 능력	시장조사원 : 제품에 대한 미래의 수요를 예측함
귀납적 추론	특정 주장의 의미를 논리적으로 평가하는 능력	감독자 : 조직 구성원들이 주장하는 두 가지 대안 중에서 선택하는 것
공간 지각력	공간 안에서 사물의 위치가 변경될 때 어떤 모습일지를 상상하는 능력	실내장식가 : 사무실을 재배치함
기억력	과거의 경험을 기억하고 떠올리는 능력	영업사원 : 고객의 이름을 기억함

도표 2-2 지적 능력의 차원

는 베네수엘라나 수단에 사는 사람이 미국이나 체코에 사는 사람과 다른 지적 능력의 구성을 보이지 않는다는 의미이다. IQ 점수가 문화권에 따라서 어느 정도 편차를 보인다는 연구 결과는 존재하지만, 각 나라의 교육 및 경제 상황의 차이를 고려하면 이러한 편차는 현저히 줄어든다.[71]

원덜릭 인지 능력 검사 채용 결정에서 가장 널리 사용되는 지능검사를 하는 데 고작 12분이 소요된다는 사실은 놀랍게 들릴 수도 있을 것이다. 이 검사는 원덜릭 인지 능력 검사 (Wonderlic Cognitive Ability Test)이다. 이 시험에는 다양한 유형이 있지만, 모든 유형에 50개의 질문들과 비슷한 전체적인 구성개념을 갖고 있다. 예시로 두 문제를 여기에 소개한다.

- 어떤 끈 1피트가 0.10달러에 팔린다면, 0.60달러로는 몇 피트를 살 수 있는가?
- 다음의 첫 두 문장이 진실이라고 가정할 때, 마지막 문장은?
  1. 진실이다.
  2. 거짓이다.
  3. 알 수 없다.

a. 남자 아이가 야구를 하고 있다.

b. 모든 야구 선수는 모자를 쓴다.

c. 남자 아이는 모자를 쓰고 있다.

 원덜릭 검사는 문제 풀이의 속도(정해진 시간 안에 모든 문제를 풀어내는 사람은 거의 없다)와 풀이 능력(문제들은 뒤로 갈수록 점점 더 어려워진다)을 모두 측정한다. 따라서 평균 점수는 50문제 중 21문제 정도로 상당히 낮다. 원덜릭 검사가 가치 있는 정보를(지원자당 5달러에서 10달러 정도) 싼 가격에 제공하기 때문에, 퍼블릭스슈퍼마키츠, 맨파워 스태핑 시스템즈, BP, 그리고 디시새틀라이트시스템 등 많은 조직에서 고용 결정을 내릴 때 원덜릭 검사를 사용한다.[72] 이러한 기업이 지원서나 인터뷰 등의 다른 고용 방식을 포기하는 것은 아니다. 그보다는 기존의 방식에 원덜릭 검사를 더해서 지원자들의 지적 수준에 대한 타당한 데이터를 얻으려고 하는 것이다.

지적 능력과 직무 만족　지능이 업무 수행에 큰 도움이 되는 것은 사실이지만, 지능이 높은 사람이 더 행복하거나 직무에 더 만족하는 것은 아니다. 그 이유는 무엇일까? 똑똑한 사람들이 더 훌륭한 성과를 내고 더 흥미로운 직무를 맡는 것은 사실이지만, 그들은 스스로의 직무 환경을 평가할 때 더 비판적인 경향도 있다. 따라서 똑똑한 사람들은 더 많은 것을 얻지만, 동시에 더 많은 것을 바라는 것이다.[73]

신체적 능력

직무 성질의 변화로 인해 많은 직종에서 지적 능력이 점점 더 중요해지고 있긴 하지만, **신체적 능력**(physical abilities)은 늘 중요했고, 앞으로도 중요할 것이다. 수백 가지의 업무를 대상으로 이루어진 한 연구에서는 신체적인 업무 수행에 필요한 아홉 가지 기본적 능력들을 밝혀냈다. 이들은 〈도표 2-3〉에 제시되어 있다. 특정한 직무가 각각의 아홉 가지 능력을 필요로 하는 정도가 그 직무를 수행하는 직원의 능력과 일치할 때 성과가 높을 것이다.

 조직들은 생산성이 높은 노동 집단이 되려면 집단 내부에 다양한 종류의 사람이 포함되어야 한다는 사실을 깨닫고, 한 종류의 획일적인 능력 기준에 따라서 사람들을 자동적으로 걸러내는 일을 그만 두었다. 예를 들어서, 독일, 인도, 그리고 아일랜드에서 실행되었던 소프트웨어 회사 SAP의 파일럿 프로그램은 자폐 증상을 지닌 직원들이 소프트웨어의 문제점을 찾아내는 등 정확성이 중요한 과업을 훌륭하게 수행한다는 사실을 알아냈

힘	
1. 동적 강도	근육의 힘을 반복적으로 또는 계속해서 쓸 수 있는 능력
2. 동체(근육) 강도	동체(특히 복부) 근육을 사용하는 힘을 쓸 수 있는 능력
3. 정적 강도	외부의 물체를 견디는 힘을 쓸 수 있는 능력
4. 순발력	단번에 또는 반복해서 순간적으로 최대의 힘을 발휘할 수 있는 능력
유연성	
5. 유연성	몸통의 근육을 최대한 움직일 수 있는 능력
6. 동적 유연성	재빠르고 반복적으로 몸을 구부리는 활동을 수행할 수 있는 능력
기타 요소	
7. 동작의 조정력	여러 부분의 신체 활동을 동시에 조정할 수 있는 능력
8. 균형	균형을 무너뜨리려는 힘에 대항해서 균형을 유지하는 능력
9. 지구력	오랫동안 최대의 힘을 지속하는 능력

다.[75] 미래지향적인 경영자들은 다양성이 가져오는 잠재적인 이득이 어마어마하다는 사실을 알고 있다. 물론, 업무 효율을 극대화하는 방식으로 다양한 사람을 적절히 배치하는 일에는 기술이 필요하다. 다음 절에서는 다양한 근로자들의 재능을 하나로 엮어내는 방법에 대해서 이야기할 것이다.

다양성 관리 전략의 실행

앞에서 다루었듯이, 차별은 그 어떤 이유에서 생겨나든지 이직률 상승으로 이어지며, 조직의 활동에 매우 해롭다. 조직 내에서 모든 인종 집단을 포함하는 것은 아직 이루어지지 않은 목표이긴 하지만, 소수자 집단에 속하는 개인이 포용력이 있다고 느끼는 조직을 떠날 가능성은 현저히 낮아질 것이다. 이러한 포용력을 **긍정적 다양성 분위기**(positive diversity climate)라고 부른다.[76] 그 이유가 완전히 이해되고 있지는 않지만, 다양성을 존중하는 긍정적인 분위기는 매출의 증가로도 이어진다. 이는 조직 내에서 인종과 민족에 따른 차별을 없애는 것이 조직에게 긍정적인 결과로 이어질 수 있다는 사실을 의미한다.[77]

어떻게 하면 차별의 파괴성을 넘어설 수 있을까? 그 해답은 서로의 관점을 이해하는 데 있다. 연구 결과에 따르면 사람들은 어떻게 행동해야 하는지에 대한 명확한 답안이 있지 않는 한, 다른 인종의 사람과 소통하는 것을 불편하게 느낀다.[78] 따라서 공동의 목표에 기반을 두고 다양한 업무 팀을 구성하는 것은 긍정적 다양성 분위기를 조성하는 것과 더불어서 조직에게 도움이 될 것이다.

지금까지 우리는 편견과 차별에 관련된 여러 사실들, 직원들 사이에 존재하는 차이의 효과와 그 차이가 중요한 고용 결정에 어떤 영향을 미치는지, 차별을 줄이기 위해 생겨난 몇 가지 법, 조직이 포용성을 유지하기 위해 사용하는 방법들, 그리고 조직이 직원들의 상황을 개선하는 데 사용할 수 있는 몇 가지 구체적인 방안에 대해 알아보았다. 이제는 경영자가 어떻게 다양성을 관리해야 하는지에 대해 알아볼 것이다. 능동적인 **다양성 관리**(diversity management)는 사람들로 하여금 서로의 필요와 서로 간의 차이를 더 잘 인식하도록 만든다. 이 정의는 다양성 프로그램이 개인적인 특징이나 특정한 능력과 무관하게 모든 사람을 포함해야 한다는 사실에 방점을 찍는다. 다양성은 그것이 특정한 직원에게만 도움이 된다고 생각할 때보다 모두가 함께 해결해야 할 주제라고 생각할 때 더 성공할 확률이 높다.

다양한 근로자의 유치와 선발, 개발, 그리고 유지

일터에서 다양성을 확보하기 위한 한 가지 방법은 조직 내 참여율이 낮은 특정한 인구 집단을 목표로 채용 노력을 기울이는 것이다. 특정 인구 집단을 향한 광고나 마이크로소프트가 여성이 기술 공부를 하도록 장려하는 것처럼 소수자들이 많이 포함된 대학, 기관을 상대로 모집 활동을 하는 것,[79] 그리고 여성기술자회(Society of Women Engineers)나 국제 소수인 개발 협의회(National Minority Supplier Development Council)처럼 소수 집단을 대표하는 단체와 협력 관계를 맺는 것 등을 예로 들 수 있다.

연구 결과를 보면, 여성이나 그 외 소수자들은 모집 문건에서 다양성에 대한 헌신을 특히 강조하는 고용주에게 더 많은 관심을 보인다. 조직 내 리더의 자리에 오른 여성이나 소수자의 모습을 보여주지는 못하면서 다양성을 추구한다고 주장하는 광고들은 오히려 조직 내 다양성에 대해 부정적인 메시지를 전달한다.[80] 중요한 것은 조직 내 고위 간부직에 실제로 다양성이 존재해야 한다는 사실이다.

몇몇 회사들은 소수 집단 출신의 직원을 유치하기 위해 능동적으로 노력해오고 있다. 온라인 판매회사 엣시는 의욕 있는 여성 코더(coder)들에게 공학 교육과 장학금을 제공하며, 그들 중 가장 뛰어난 이들을 고용한다.[81] 맥킨지앤드컴퍼니, 베인앤드컴퍼니, 보스턴컨설팅그룹, 골드만삭스 역시 가정을 위해 직장을 떠났던 여성에게 단계적 채용 및 다른 이점을 제공함으로써 그들을 능동적으로 유치하고 있다.[82]

선발 과정은 다양성을 위한 노력에서 가장 중요한 과정이다. 채용 담당자들은 직원을 선발할 때 공정함과 객관성을 중시해야 하며, 새로운 직원의 생산적인 가능성에 집중해야 한다. 고용 담당자들이 지원자들의 재능을 측정하는 데 명확한 프로토콜을 사용할 때, 그리고 조직이 차별금지 정책을 확실하게 중요시할 때, 채용 결과에서 인구통계학적 요소보다 능력이 더 중요한 요소라는 것이 드러나게 될 것이다.[83]

동료와 다른 인구통계적 배경을 가진 직원은 조직에 대한 헌신을 덜 느끼고 떠나고자 하는 욕구를 느낄 가능성이 더 높을 수도 있지만, 긍정적인 다양성 분위기가 그들을 붙잡아두는 데 도움을 줄 수 있다. 고용주들은 여러 다양성 증진 프로그램을 사용할 수 있으며, 가장 효과적인 프로그램을 찾기 위한 연구도 이루어지고 있다. 가장 효과적인 프로그램은 구성과 실행 모두에 있어서 포용력이 있어야 할 것으로 보인다.[84] 모든 근로자는 다양성을 존중받는 조직에서 일하기를 바라기 때문에, 긍정적 다양성 분위기를 조성하는 것이 목표가 되어야 한다.

집단 내부의 다양성

대부분의 현대적 근무 환경은 집단으로 일하는 것을 필요로 한다. 사람들이 집단으로 일을 할 때 그들은 일에 대한 시각과 일을 수행하는 방법에 내해서 통일된 생각을 가져야 하며, 서로 자주 소통해야 한다. 집단에 대해서 소속감과 일체감을 느끼지 못한다면, 집단 전체가 어려움을 겪을 수 있다.

어떤 경우에는 몇몇 요소에서의 다양성이 집단의 성과에 해를 끼칠 수 있으며, 어떤 경우에는 다양성이 도움을 줄 수도 있다.[85] 다양한 구성의 팀이 좋은지 비슷한 사람들로 이루어진 팀이 좋은지의 여부는 기준이 되는 특성이 무엇이냐에 따라서 달라진다. 성별, 인종, 민족 등 인구통계학적 다양성은 일반적으로 팀의 성과에 별 영향을 미치지 않는 것으로 나타난다. 다만 경영진의 인종적 다양성은 특정한 조건이 갖춰졌을 때, 조직의 성과에 긍정적 영향을 미칠 수도 있다.[86]

매우 똑똑하고, 성실하며, 팀과 함께 일하는 것에 관심이 있는 사람들로 구성된 팀은 가장 훌륭한 성과를 내곤 한다. 따라서 이러한 요소에 있어서의 다양성은 좋지 않은 결과를 낳을 가능성이 크다. 지능이 낮거나 게으른 사람들, 혹은 팀 단위의 업무에 관심이 없는 사람들을 의도적으로 한 팀으로 묶는 것은 매우 어리석은 일이다. 다른 경우에는 다양성이 이점이 되기도 한다. 각기 다른 분야의 전문성을 갖고 있거나 다른 교육을 받은 사람들로 구성된 집단은 비슷한 내용을 교육받은 집단보다 더 효과적이다. 비슷한 원리로, 자기 주장이 강하며 리더가 되고자 하는 사람들로만 모인 집단이나 다른 사람의 지도를 받는 것을 더 좋아하는 사람들로만 구성된 집단보다는 리더와 추종자가 적절히 섞인 집단이 더 효과적일 것이다.

집단의 구성과 상관없이 구성원 간의 차이는 더 좋은 성과 달성에 도움이 될 수 있다. 가장 중요한 점은 구성원들 사이의 유사성을 강조하는 것이다.[87] 높은 수준의 목표와 가치를 강조하는 리더의 경우 다양성이 높은 팀을 관리하는 데 더 효과적이다.[88]

다양성 프로그램

조직은 모집과 선발 과정뿐 아니라 교육훈련 과정에서도 여러 가지 다양성 프로그램을 사용할 수 있다. 다양성을 장려하는 효과적이고 포괄적인 직장 프로그램들은 세 가지 구분되는 요소들을 지닌다. 첫째, 동일한 고용 기회 제공과 관련된 법적 요구에 대해 경영자에게 교육하고 인구통계학적 특성과 관계없이 모든 조직 구성원을 공정하게 대우하도록 장려한다. 둘째, 다양한 근로자를 확보하고 있는 것이 다양한 고객 및 시장 환경에 대응하는 데 도움이 된다는 점을 알려준다. 셋째, 관점의 차이를 이해하는 것이 사람들의 성과를 올리는 데 도움이 된다는 사실을 인식하며 모든 근로자들의 기술과 능력을 배양할 수 있는 교육훈련 프로그램을 운영한다.[89]

직원 차별에 대한 부정적인 반응 대부분은 차별적인 대우가 불공정하다는 생각에서 기인한다. 인종이나 성별에 상관없이 사람들은 대체로 적극적 행동 프로그램(affirmative action program, AAP)과 같이 소수자들이 스스로를 대표할 수 있도록 하고 모든 이들이 자신의 기술과 능력을 보일 수 있도록 보장하고자 하는 다양성-지향 프로그램에 호의적이다.

조직의 리더들은 자신의 일터를 관찰하여 어떤 집단의 수가 부족한지를 파악해야 한다. 경영진에 특정 집단의 직원이 과도하게 많이 포함된다면, 경영자들은 소수자의 승진을 막는 숨겨진 장애물이 있는지 점검해보아야 한다. 경영자들은 채용 과정을 개선하고, 선발 시스템을 투명하게 만들며, 과거에 혜택을 받지 못했던 사람들에게 교육 기회를 제공하는 등의 노력을 할 수 있다. 이러한 정책에 대해서 조직에서는 직원들과 충분히 소통하여 왜 특정한 정책이 운영되는지를 직원들이 이해할 수 있도록 해야 한다. 소통 과정은 능력과 업무 성과에 최대한 중점을 두어야 한다. 특정한 집단이 도움이 필요하다는 사실을 강조하는 것은 역효과를 낳을 수 있다.

마지막으로, 연구 결과들은 국제 조직의 경우에는 그때그때의 상황에 맞춘 섬세한 접근이 필요할 것이라는 사실을 보여준다. 예를 들어, 핀란드의 다국적 기업 트랜스코에 대한 연구에서는 다양성 관리를 위한 지속적인 전 세계적 경영철학을 만드는 것이 가능하다는 사실이 드러났다. 하지만 나라들 사이에 존재하는 법적·문화적 요소의 차이 때문에 그 기업은 각 나라의 문화적·법적 구조에 맞는 개별적인 정책을 만들 수밖에 없었다.[90]

요약

이 장에서는 다양성을 여러 관점에서 살펴보았다. 특히 세 가지 요소들, 즉 생물학적 특성, 능력, 그리고 다양성에 초점을 맞추었다. 다양성 경영은 조직의 모든 수준에 적용되는 지속적인 노력이 되어야 한다. 다양성을 존중하는 문화를 만들기 위한 정책은 훌륭한 효과를 거둘 수 있으며, 다양성 관리는 향상될 수 있다.

경영자에게 주는 시사점

- 당신이 속한 조직의 차별금지 정책들을 완벽하게 이해하고 그 내용을 모든 직원들과 공유하라.
- 자신의 차별적인 믿음을 검열하고 그에 도전하여 스스로의 객관성을 높여라.
- 결정을 내릴 때 쉽게 알아볼 수 있는 생물학적 특성을 넘어서서 개인의 능력을 고려하라. 사람들이 숨겨진 장애를 드러낼 수 있도록 열린 마음을 유지하고 지지하는 마음을 가져라.
- 장애를 가진 사람에게 필요한 도움이 무엇인지를 완벽하게 인지하고 그 사람의 능력에 맞게 업무 내용을 조절하라.
- 개인의 특별한 생물학적 특성을 이해하고 존중하라. 공정하면서도 개인의 특성에 맞춘 접근이 가장 훌륭한 성과를 낳는다.

태도와 직무 만족

태도

태도(attitude)는 어떠한 대상, 사람, 혹은 사건에 대한 긍정적이거나 부정적인 평가 혹은 판단을 의미한다. 당신의 태도는 당신이 무엇인가에 대해서 어떻게 느끼는지를 반영한 다. 예를 들어, "나는 내 직업을 좋아한다."는 말에는 직업에 대한 태도가 표현되어 있는 것이다.

태도는 복잡하다. 어떠한 종교, 레이디 가가 혹은 어떤 조직에 대한 사람들의 태도를 묻는다면 단순하고 간단한 대답을 얻을지도 모르나, 그러한 대답이 나오게 된 근본적인 이유는 아마도 무척 복잡할 것이다. 따라서 태도를 온전하게 이해하기 위해서는 태도의 기본적인 특성과 구성요소들을 알아야 한다.

일반적으로 연구자들은 태도가 인지, 정서, 그리고 행동의 세 가지 요소로 구성된다고 가정한다.[1] "내 임금이 낮다."는 표현은 태도의 **인지 요소**(cognitive component)이며 어떠한 상태에 대한 설명이나 믿음을 의미한다. 인지 요소는 태도의 더 중심적인 요소인 **정서 요소**(affective component)의 바탕이 된다. 정서는 태도에서 감정이나 느낌 부분을 의미하며, "임금이 낮아서 화가 난다."와 같은 문장에서 나타난다. 정서는 종종 행동으로 이어진다. 태도의 **행동 요소**(behavioral component)는 사람 혹은 대상에 대해서 특정한 방식으로 행동하려는 의도를 의미하며, "임금이 더 높은 다른 직업을 찾을 거야."와 같은 표현으로 나타난다.

태도가 인지, 정서, 행동의 세 요소로 이루어진다는 관점은 태도의 복잡성, 그리고 태도와 행동 사이의 잠재적인 연관성을 이해하는 데 도움이 된다. 예를 들어 누군가가 당신을 부당하게 대우했다는 사실을 깨달았다고 가정해보자. 아마도 그 사실을 깨달음과 거의 동시에 어떠한 느낌이 생겨날 가능성이 매우 높을 것이다. 이처럼 인지와 정서는 긴밀하게 연결되어 있다.

〈도표 3-1〉은 태도의 세 요소가 어떻게 연관되어 있는지를 보여준다. 이 예시의 직원은 자신이 해야 마땅할 승진을 하지 못하였다. 승진 결정을 담당한 상사에 대한 그의 태도는 다음과 같이 표현된다. 직원은 자신이 승진할 자격이 있다고 생각하였고(인지), 그는 상사를 매우 싫어하며(정서), 그는 불평을 하고 행동을 취했다(행동). 많은 경우 우리

도표 3-1
태도의 구성요소

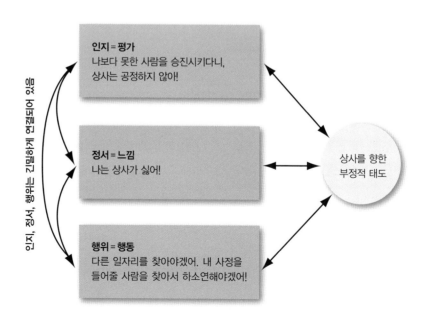

는 인지가 정서를 유발하고 정서가 행동을 유발한다고 생각하지만 실제로 이 요소들을 구분하여 생각하기란 쉬운 일이 아니다.

　조직에서 태도가 중요한 의미를 갖는 것은 그것이 지닌 행동 요소 때문이다. 예를 들어, 관리자, 감시관, 기술자들 사이에 자신들이 더 적은 임금으로 더 많은 일을 하도록 유도하고 있다는 믿음이 생겨난다면, 그와 같은 태도가 어떻게 생겨났고, 그것이 업무 행동에 어떤 영향을 미치며, 어떻게 하면 변화시킬 수 있을지를 이해하고자 노력해야 한다.

태도와 행동

태도에 대한 초기의 연구는 태도와 행동 사이에 인과관계가 성립된다고, 즉 사람들이 지닌 태도가 그들의 행동을 결정한다고 생각했다. 하지만 레온 페스팅거는 태도가 행동을 따라간다고 주장했다. 다른 연구자들은 태도가 미래의 행동을 예측한다는 주장에 동의했다.[2]

　사람들이 자신의 행동과 상충하지 않도록 자신의 말을 바꾸는 모습을 본 적이 있는가? 당신에게 늘 자신의 아파트가 당신의 아파트보다 낫다고 주장하는 친구가 있다고 가정해보자. 어느 날 당신과 같은 아파트에 사는 다른 친구가 앞의 친구를 초대해서 같이 살게 되자, 이전에 자신이 살던 아파트에 대한 그 친구의 태도가 비판적으로 변하였다. 이처럼 태도가 행동을 따라서 변하는 모습은 **인지 부조화**(cognitive dissonance),[3] 즉 자신의 행동과 태도 사이의 괴리를 깨닫는 현상의 효과를 보여준다.

　사람들은 보통 자신의 태도들 사이, 그리고 태도와 행동 사이에 일관성이 있기를 바란다.[4] 어떤 방식이든 불일치는 불편함을 초래하며, 그렇게 될 때 사람들은 불일치를 줄이려고 시도할 것이다. 인간은 안정적인 상태를 추구하며, 이는 부조화가 최소화된 상태를 의미한다. 부조화가 발견될 경우, 사람들은 태도나 행동을 바꾸거나 부조화에 대한 합리화를 시도한다. 최근의 한 연구 결과에 따르면 직장에서 심리적으로 부담이 되는 일을 겪은 직원의 태도가 그 경험에 대해 동료들과 이야기하는 것을 통해 개선되었다고 한다. 주변 사람들과 경험을 나누는 것이 이들이 행동적인 기대에 맞춰서 태도를 개선하는 데 도움이 된 것이다.[5]

　부조화를 완전히 피할 수 있는 사람은 없다. 사람들은 핸드폰을 보면서 걷는 것이 위험하다는 사실을 알면서도 그 행동을 취하고, 나쁜 일이 벌어지지 않기를 바란다. 또한 본인 스스로도 따르기 힘들어하는 충고를 다른 사람에게 제시하는 경우도 있다. 부조화를 줄이려는 욕구는 세 요인에 좌우된다. 여기에는 부조화를 만드는 요소의 **중요성**과 우리가 그 요소들을 통제할 수 있다고 느끼는 **통제력**의 정도가 포함된다. 세 번째 요소는 부조화에 따르는 보상이다. 높은 부조화에 높은 보상이 따를 때 사람들은 부조화에 필연적으로 나타나는 긴장을 덜 느끼는 경향이 있다. 즉, 예상보다 큰 봉급 인상과 같이 긍정적인 무엇인가와 함께 나타나는 부조화는 괴로움을 덜 준다. 사람들은 특정 태도가 중요하다고 느끼거나 부조화가 통제 가능한 요소에 의해서 나타났다고 느낄 때 부조화를 줄이고자 하는 동기를 더 크게 느낀다.

태도와 관련된 조절변수 중 가장 강력한 변수들은 태도의 중요성, 행동과의 일치성, 기억 용이성(accessibility), 사회적 압력의 존재 여부, 그리고 특정 태도와 관련한 직접적인 경험의 여부이다.[6] 중요한 태도는 우리가 지닌 근본적인 가치관, 이해관계, 그리고 우리가 가치 있게 여기는 개인 및 집단에 대한 정체성을 반영한다. 이러한 태도는 행동과 강한 연관성을 보이는 경우가 많다. 하지만 대부분의 조직이 그렇듯이 특정한 방식으로 행동해야 한다는 사회적인 압박이 강한 경우에는 태도와 행동 사이의 괴리가 자주 발생한다. 당신은 아마도 자신이 자주 취하는 태도는 잘 기억할 수 있을 것이며, 쉽게 기억되는 태도들은 행동에 대한 예측력이 높다. 특정한 태도가 직접적인 경험이 있는 대상에 관련된 것일 경우에도 태도와 행동의 관계가 강하게 나타난다.

직무 태도

가능한 태도의 종류는 수천 가지에 달할 수 있지만, 조직행동론은 그중 직장에 대한 직원들의 긍정적, 혹은 부정적인 평가를 형성하는 데 영향을 미치는 몇 가지 특정한 태도들에 초점을 맞춘다. 조직행동론의 연구들은 주로 세 가지 태도, 즉 직무 만족, 직무 몰입, 그리고 조직 몰입에 관심이 있다.[7] 그 외의 중요한 태도에는 조직 지원 인식과 종업원 몰입이 있다.

직무 만족과 직무 몰입

사람들이 직원의 태도를 언급하는 경우 대부분은 **직무 만족**(job satisfaction)을 의미한다. 직무 만족은 직업의 특징에 대한 평가를 기반으로 나타나는 직무에 대한 긍정적인 느낌이다. 직무만족도가 높은 사람은 자신의 일에 대해 긍정적인 느낌을 가지며, 직무만족도가 낮은 사람은 부정적인 느낌을 갖는다. 조직행동론이 직무 만족을 중요하게 다루기 때문에, 이 태도에 관해서는 후에 다시 다루게 될 것이다.

　직무 만족과 관련된 또 다른 태도는 **직무 몰입**(job involvement), 즉 사람들이 심리적으로 자신과 직무를 동일시하고, 스스로의 가치에 직무 성취의 수준이 중요하다고 생각하는 정도이다.[8] 직무몰입도가 높은 직원은 자신과 직무를 강하게 동일시하며 자신의 일에 진심으로 신경을 많이 쓴다. 이와 깊이 연관되어 있는 또 다른 개념은 **심리적 임파워먼트**(psychological empowerment)이며, 이는 자신이 업무 환경, 스스로의 능력, 직업의 의미, 그리고 자율성 등에 영향력을 미칠 수 있다고 믿는 정도를 의미한다.[9]

　연구 결과들은 바람직한 행동적 결과를 달성하기 위해서는 임파워먼트 계획을 섬세하게 조정해야 함을 암시한다. 싱가포르의 한 연구 결과에 따르면, 훌륭한 관리자들은 직원들을 결정 과정에 포함시키고, 업무가 중요하도록 느끼게 하며, '스스로의 일을 하라.'는 식으로 재량권을 부여하는 등 직원들이 스스로에 대해 느끼는 자신감을 향상시켜서 임파워먼트를 달성했다.[10]

조직 몰입

조직 몰입(organizational commitment), 즉 조직에 대한 몰입이 높은 직원은 특정한 조직과 그 조직의 목표에 자신을 동일시하며, 그 조직의 구성원으로 남아 있기를 바란다. 직원의 몰입에서 '황금률'은 조직에 대한 감정적인 애착과 조직이 내세우는 가치에 대한 믿음이다.[11]

　조직에 몰입하는 직원들은 불만족하는 경우에도 업무상 회피 행동을 보일 가능성이 낮으며, 이는 조직에 대한 충성심과 애착을 갖고 있기 때문이다.[12] 그들은 지금 당장은 자신의 일에 만족하지 못하더라도 충분한 몰입이 있다면 조직을 위해 희생을 감수할 준비까지도 되어 있다.

조직 지원 인식

조직 지원 인식(perceived organizational support, POS)은 조직이 직원들의 기여를 인정하며 그들의 삶의 질에 대해 얼마나 신경 쓰는지에 대해 직원들이 가진 믿음의 정도를 의미한다. 이를 설명할 수 있는 훌륭한 예시는 R&D 엔지니어 존 그린에게서 볼 수 있다. 존 그린의 POS는 매우 높았는데, 이는 그가 백혈병 진단을 받았을 때, 세일즈포스닷컴에서 CEO인 마크 베니오프를 비롯한 350명의 동료 직원들이 그의 모든 의료 비용을 부담하고, 그의 모든 회복 과정을 함께 했기 때문이다. 이와 같은 사례들은 분명 세일즈포스닷컴이 포춘에서 선정한 2015년에 가장 일하기 좋은 회사 100개 중 8위를 기록한 이

유 중 하나일 것이다.[13]

사람들은 조직에서 받는 보상이 공정하고, 직원들이 중요한 결정에 목소리를 낼 수 있으며, 그들의 상급자들이 그들을 응원한다고 느낄 때, 조직의 지원이 많다고 인식한다.[14] POS는 **권력 격차**(power distance), 즉 한 국가의 사람들이 조직이나 기관에서의 권력 배분이 불평등하다는 사실을 받아들이는 정도가 작은 나라에서 특히 중요하다. 미국과 같이 권력 격차가 작은 나라의 사람들은 자신의 업무를 도덕적 의무보다는 일종의 계약으로 받아들이는 경향이 강하며, 따라서 조직이 자신들을 지지한다는 느낌을 필요로 한다. 권력 격차가 큰 중국 같은 나라의 직원들의 인식은 경영진의 공정성, 지지, 응원 등에 영향을 덜 받는다. 이 차이는 직원들이 가진 기대 수준의 차이에서 나온다.

종업원 몰입

종업원 몰입(employee engagement)은 자신이 하는 일에 대한 개인의 몰입, 만족, 그리고 열정을 의미한다. 몰입도를 평가하기 위해서는 직원들에게 새로운 기술을 배울 수 있는 자원과 기회에 대한 접근성이 있는지, 직원들이 자신의 일이 중요하고 의미 있다고 느끼는지, 그리고 동료 및 상사와의 소통이 보람차다고 느끼는지 등의 질문을 사용할 수 있다.[15] 몰입도가 높은 직원들은 자신의 일에 대한 열정을 갖고 있으며, 자신의 회사와 깊은 연결성을 느낀다. 몰입도가 낮은 직원들은 실질적으로 이미 마음은 떠난 상태이며, 자신의 일에 시간은 쓰지만 에너지는 쓰지 않는다. 조직에게 종업원 몰입도가 중요한 이유는 업무에 깊이 몰입하는 직원의 수가 매우 적기 때문이다. 설문조사에 따르면 17~29%의 직원만이 업무에 몰입한다. 직원 몰입은 제7장에서 상세하게 다루는 주제인 직무 몰입과도 관련성이 높다.

몰입의 수준은 여러 가지 측정 가능한 결과들을 예측할 수 있다. 전망 있는 연구 결과들로 인해 많은 기업과 경영 컨설팅 회사에서 직원 몰입에 관심을 갖게 되었다. 하지만 이 개념의 유용성에 대해서는 아직 많은 논란이 있다. 논란의 이유 중 하나는 몰입이 무엇에 의해서 나타나는지를 명확히 규명하기가 쉽지 않기 때문이다. 최근의 연구에서 참여자들의 몰입의 이유로 가장 많이 언급했던 두 가지는 (1) 함께 일하는 것이 즐거운 훌륭한 상사가 있는 것, 그리고 (2) 관리자가 자신을 존중하고 아낀다고 느끼는 것이었다. 하지만 그 외의 이유 대부분은 몰입의 개념적 틀과 관련성이 크게 없었다.[16] 호주에서 이루어진 다른 연구에서는 정서적 지능이 직원 몰입도와 연관성이 있음을 밝혀냈다.[17] 또 다른 연구 결과들은 매일 달라지는 어려움과 요구에 따라서 관련 요소가 계속 변함을 암

시했다.[18]

태도들 사이에 구분되는 특징들이 있긴 하지만, 태도들은 직원의 성격을 포함한 다양한 이유로 인해서 대체로 일맥상통한다. 종합적으로 보았을 때, 개인의 직무만족도를 안다면 그 사람이 자신의 조직에 대해서 어떻게 생각하는지에 대해 아는 데 필요한 거의 모든 것을 아는 것이라고 볼 수 있다. 그러므로 이 개념을 조금 더 자세히 알아보자. 직무만족도는 어떻게 측정하는가? 직원들은 과연 얼마나 만족하고 있는가?

직무만족도의 측정

직무 만족에 대한 우리의 정의, 즉 직업의 특징에 대한 평가를 기반으로 나타나는 직무에 대한 긍정적인 느낌은 상당히 포괄적인 내용을 담고 있다. 하지만 이러한 포괄성이 문제가 되지는 않는다. 직무는 단순히 서류를 정리하거나, 프로그램 코드를 작성하고, 고객을 기다리거나, 트럭을 운전하는 것 이상이기 때문이다. 직무는 동료 직원 및 상사와 상호작용하는 것, 조직의 원칙과 정책을 따르는 것, 권력 구조를 파악하는 것, 수행 기준에 맞는 결과를 달성하는 것, 이상적이지 않은 업무환경을 견뎌내는 것, 새로운 기술에 적응하는 것 등을 모두 포함한다. 따라서 직무에 대한 직원의 만족도는 많은 개별적인 요소들의 복잡한 총합으로 나타나는 것이다. 그렇다면, 이를 어떻게 측정할 수 있을까?

측정을 위한 접근 방식

자주 사용되는 측정 방식에는 크게 두 가지가 있다. 단일의 포괄적인 평가는 "모든 요소들을 고려할 때, 당신은 당신의 직무에 얼마나 만족하십니까?"와 같은 단 하나의 질문에 대한 답으로 구성된다. 응답자들은 "매우 만족한다."에서 "매우 불만족한다."까지를 나타내는 1~5점 척도 중 한 숫자를 선택한다. 두 번째 방식은 여러 직무 양상들의 합을 보는 것으로, 더 복잡한 방식이다. 이 방식은 일의 종류, 필요한 기술들, 관리 정도, 현재의 임금, 승진 가능성, 문화, 그리고 동료들과의 관계 등 직무의 중요한 요소들을 구분한다. 응답자들은 표준화된 척도로 각각을 평가하며, 연구자들은 각각의 점수들을 더해서 총체적인 직무만족도 점수를 얻는다.

둘 중 어느 한 방식이 더 좋은 방식일까? 직관적으로는 직무의 여러 요소들을 더하는 방식이 직무만족도에 대해서 더 정확한 평가를 달성할 것처럼 보인다. 하지만 연구 결과는 이 직관과는 다르게 나타난다.[19] 이는 단순함이 복잡함만큼 잘 작용하는 희귀한 경우들 중 하나이며, 두 방식은 실질적으로 동등한 정확도를 보인다. 두 방식 모두 다른 방식으로 도움이 된다. 단일의 포괄적인 평가를 얻는 것은 시간을 절약할 수 있으며, 직무 양상들의 합을 보는 것은 경영자들이 구체적인 문제를 발견하고 그 문제를 더 빠르고 정확하게 해결할 수 있도록 한다.

직무만족도 측정의 결과

대부분의 사람들은 자신의 직무에 만족하고 있을까? 전체적으로는 그렇다고 말할 수 있다.[20] 전 세계적으로 49~69%의 직원들이 만족하고 있다고 한다. 직무만족도는 시간의 흐름에 크게 영향을 받는다. 미국의 평균적인 직무만족도는 1972~2006년까지 지속적으로 높은 수준을 유지했다.[21] 하지만 경제적인 상황은 직무에 만족하는 비율에 영향을 미친다. 2007년 후반에는 경기 위축의 영향으로 직무만족도가 하락하였다 — 직무만족도의 최저치는 2010년이었으며, 미국의 근로자 중 42.6%만이 자신의 직무에 만족한다고 응답했다.[22] 다행스럽게도 2014년에 들어서 직무만족도가 47.7%로 오르긴 하였으나,[23] 1987년의 61.1%에는 아직 한참 못 미친다.[24] 직무만족도는 전 세계 여러 문화권에서 다양하게 나타나며, 물론 새로운 관점을 제공하는 다른 측정 방식 역시 언제나 존재한다.

직무만족도의 측면 사이에도 편차가 나타날 수 있다. 〈도표 3-2〉에서 볼 수 있듯이, 사람들은 직무 전반, 업무 내용, 그리고 상사 및 동료에 대해서는 만족하는 편이었으나 임금이나 승진 기회와 관련해서는 상대적으로 만족도가 낮았다.

직무 만족에서 나타나는 문화적 차이에 대해서는, 〈도표 3-3〉에 15개국을 대상으로 이루어진 근로자 직무만족도 연구의 결과가 나타나 있으며, 멕시코와 스위스에서 만족도가 가장 높았다. 이 나라의 근로자들이 더 좋은 직업을 가진 것일까? 아니면 그들이 단순히 더 긍정적이거나 덜 자아비판적인 것일까? 반대로 가장 만족도가 낮은 나라는 한국이었다. 한국의 문화에서는 개인의 주체성이 낮으며, 기업들의 구조는 경직된 위계질서로 구성되는 경우가 많다. 이 요인 때문에 직무만족도가 낮은 것일까?[25] 직무만족도 점수와 관련된 모든 요소를 구분하는 것은 어려운 일이지만, 기업들이 세계화로 인한 변화에 어떻게 대응하고 있는지를 알아본다면 힌트를 얻을 수도 있다.

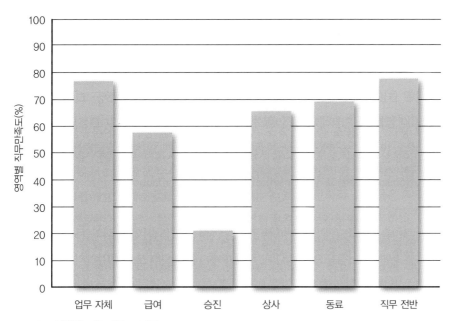

도표 3-2   영역별 직무만족도 평균

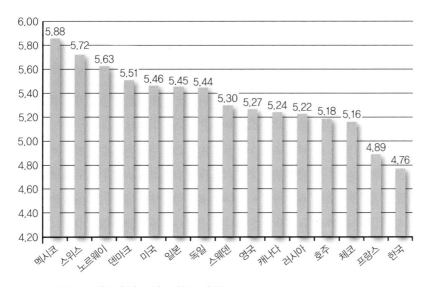

도표 3-3   국가별 근로자들의 평균 직무만족도 수준

출처 : J.H. Westover, "The Impact of Comparative State-Directed Development on Working Conditions and Employee Satisfaction," Journal of Management & Organization 19, no. 4 (2012), 537–554.

직무만족도는 무엇의 영향을 받는가

당신이 지금까지 경험했던 최고의 직업을 떠올려보라. 어째서 그 직업이 최고였는가? 다양한 이유가 있을 수 있다. 직무만족도에 영향을 미칠 가능성이 높은 몇 가지 특성을 알아보도록 하자. 첫 번째는 직무 조건이다.

직무 조건

일반적으로 훈련, 다양성, 독립성, 그리고 통제력을 제공하는 흥미로운 직업들은 대부분의 직원을 만족시킨다. 상호의존, 피드백, 사회적 지지, 그리고 직장 밖에서 동료들과의 소통 등도 직무만족도와 강한 연관이 있으며, 이 효과는 직무 자체의 특성들을 통제한 후에도 유효하였다.[26] 당신이 아마도 생각했겠지만, 경영자 역시 직원의 직무만족도에 큰 영향을 미친다. 홍콩의 통신사를 대상으로 이루어진 한 연구 결과에 따르면, 리더들이 자신에게 책임을 맡긴다고 느끼는 직원들이 더 높은 직무만족도를 보인다고 한다.[27] 이스라엘의 다른 연구 역시 경영자의 섬세함, 반응성, 그리고 지지가 직원들의 직무만족도를 높여준다는 것을 밝혔다.[28]

따라서 직무 조건, 특히 업무의 내재적 특징, 사회적 상호작용, 그리고 관리감독은 직무 만족을 예측할 수 있는 중요한 변수들이다. 물론 각 변수가 모두 중요하며 각 변수의 상대적인 가치가 직원에 따라서 달라질 수 있긴 하지만 가장 중요한 요소는 직무의 내적인 특성이다.[29] 다른 말로 하면, 자신이 하는 일을 좋아해야 한다는 것이다.

성격

직무만족도에서 직무 조건이 중요한 만큼이나 해당 직원의 성격이 중요한 역할을 한다. 긍정적인 **심층적 자기평가**(core self-evaluations, CSEs, 제5장에서 더 깊게 다루게 된다)를 가진 사람, 즉 스스로의 내적인 가치와 기본적인 유능감에 대한 신뢰가 있는 사람은 부정적인 CSE를 가진 사람보다 직무만족도가 더 높다. 또한 자신의 직무에 대한 헌신의 맥락에서도 CSE는 직무만족도에 영향을 미친다. CSE와 직무 헌신이 모두 높은 사람들은 매우 높은 수준의 직무만족도를 보이기도 한다.[30]

임금

사람들이 직무만족도에 대해서 이야기할 때 임금이 자주 언급된다는 사실은 아마 당신에게 익숙할 것이다. 임금은 많은 사람들의 직무만족도 및 전반적인 행복도와 관련성이 있긴 하지만, 이 효과는 안정적인 생활을 영위할 수 있는 특정한 소득 수준을 달성한 사람들에게서는 크게 나타나지 않을 수도 있다. 제8장에 더 자세히 나올 내용처럼 돈이 사람들에게 동기를 부여하는 효과는 존재한다. 하지만 우리에게 동기를 부여하는 것이 반드시 우리를 행복하게 하는 것은 아니다.

기업의 사회적 책임

사회복지를 위한 소명을 표명한 조직을 위해서 일할 때와 그렇지 않은 조직을 위해서 일할 때 똑같이 행복할까? **기업의 사회적 책임**(corporate social responsibility, CSR), 즉 법적으로 요구되는 것 이상으로 사회나 환경에 기여하겠다는 조직 스스로의 행동은 직원들의 직무만족도를 증가시키는 영향을 미친다. 조직들은 환경적 지속성을 위한 계획, 비영리 활동, 기부, 그리고 기타 전 세계적인 봉사활동을 통해서 CSR을 실천한다.

CSR은 지구를 위해서도, 사람들을 위해서도 긍정적이다. 자신의 신념이 조직의 CSR과 부합하는 직원들은 그렇지 않은 직원보다 만족도가 높은 경우가 많다. 사실, 최근에 59개의 크고 작은 조직을 대상으로 이루어진 설문 조사에 따르면, 86%의 기업들이 CSR 프로그램 덕분에 더 만족하는 직원들을 얻었다고 한다.[31]

CSR과 직무만족도의 관련성은 젊은 세대에서 특히 강하게 나타난다. 사회적 기업 기블로시티(Givelocity)의 설립자인 수잔 쿠니에 따르면 "새로운 세대의 근로자들은 사람, 지구, 그리고 이윤의 세 가지 핵심에 초점을 맞추는 고용자들을 찾고 있다." CSR은 근로자들이 더 높은 목표를 추구하거나 의미 있는 일에 기여할 수 있도록 한다.[32] 연구자 에이미 레제스니프스키에 따르면 자신의 직무를 더 가치 있는 목표를 이루는 과정으로 인식하는 사람들이 더 높은 직무만족도를 보이곤 한다.[33] 하지만 장기적인 직무만족도 상승 효과를 얻기 위해서는 CSR 실행이 적절하게 관리되고 지속 가능한 목표 설정이 이루어져야 한다.[34]

CSR과 직무만족도 사이의 관계가 점점 강해지고 있긴 하지만, 모든 직원이 CSR을 가치 있게 여기는 것은 아니다.[35] 하지만 적절히 관리된다면 직원들의 직무만족도 향상에 크게 기여할 수도 있다. 따라서 조직에서는 CSR의 최대 효과를 달성하기 위해서 몇 가지 이슈들을 고려해야 한다. 첫째, 모든 프로젝트가 모든 사람들의 직무만족도에 있어서 동등한 의미를 갖지는 않지만, 그럼에도 불구하고 모든 직원들의 참여가 요구되는 경우가 있다. 둘째, 몇몇 조직들은 직원들이 이미 정해진 방식으로 기여할 것을 요구한다. 직원들이 스스로 자연스럽게 느끼지 못하는 방식으로 '도에 지나친 기여'를 하도록 압박하는 것은 그들이 미래의 CSR 프로젝트에 참여할 여력을 소진시키고 그들의 직무만족도에 악영향을 미칠 수 있으며,[36] 이는 CSR이 긍정적 신문 기사 등을 통하여 조직에 직접적인 이익을 제공할 때 특히 그러하다.[37] 사람들은 CSR이 진실하고 진정성 있기를 바라는 것이다.

마지막으로, CSR의 측정치들은 직원들의 실제 업무와 동떨어진 것으로 인식될 수 있으며,[38] 따라서 직무만족도의 향상에 기여하지 못할 수 있다. 정리하자면 CSR은 책임과 봉사에 대한 중요하고 긍정적인 흐름이다.

직무 만족의 결과

지금까지 직무만족도의 이유를 다루었으니, 이제는 몇 가지 구체적인 결과를 알아보자.

직무 수행성과

일반적으로는 행복한 직원들이 곧 생산적인 직원이 되는 경우가 많다. 직무만족도와 직무 수행성과 사이의 관계는 실존하지 않는다고 믿는 연구자들도 몇몇 있었으나, 300여 개의 연구 결과에 따르면 둘 사이에는 꽤 강력한 관계가 있다.[39] 직무만족도가 높은 사람들은 더 훌륭한 성과를 내고, 만족하는 직원이 많은 조직은 그런 직원이 적은 조직보다 더 효과적으로 기능하는 경향이 있다.

조직시민행동

직원들의 직무만족도가 그들의 조직시민행동(OCB, 제1장 참조)을 결정하는 중요한 요인이라는 사실은 논리적으로 타당해 보인다.[40] OCB는 자신의 조직에 대해서 긍정적으로 이야기하는 것, 다른 이들을 돕는 것, 그리고 자신의 직무에서 기대되는 것 이상의 무엇인가를 해내는 것 등을 포함한다. 연구 결과들은 직무만족도가 OCB와 어느 정도 상관관계가 있음을 암시한다. 자신의 직무에 더 만족하는 사람들은 OCB를 행할 가능성이 더 높다.[41]

직무 만족이 OCB로 이어지는 이유는 무엇일까? 한 이유는 신뢰이다. 18개 국가에서 이루어진 연구 결과에 따르면 경영자들은 신뢰하는 행동들을 보임으로써 직원들의 OCB에 응답한다.[42] 동료들이 자신을 지지해준다고 느끼는 사람들은 또한, 동료들과의 관계가 좋지 못한 사람들에 비해서 타인에게 도움을 주는 행동을 더 많이 한다. 성격 또한 중요한 고려사항이다.[43] 특정한 성격 유형을 지닌 사람들(예를 들어, 친화성과 성실성, 제5장 참조)은 자신의 직업에 대해서 더 만족하는 경향이 있으며, 이는 그들이 OCB를 더 많이 보이도록 한다.[44] 마지막으로, 동료들에게서 자신들의 OCB에 대해 긍정적인 피드백을 받는 사람들은 그러한 행동을 계속 이어나갈 가능성이 높다.[45]

고객 만족도

서비스를 제공하는 조직의 경영자들은 고객을 만족시키는 데 관심을 가져야 하기 때문에 직원들의 만족도가 고객에 대한 긍정적인 결과와 관련이 있는지를 알아보는 것은 중요하다. 지속적으로 고객을 마주하는 최일선 직원의 경우, 그 대답은 "그렇다."이다. 만족도가 높은 직원은 고객의 만족도와 기업에 대한 충성도를 높여주는 것으로 보인다.[46]

　몇몇 회사들은 이러한 결과를 운영에 적용했다. 온라인 신발 판매회사 자포스는 직무만족도가 높은 고객서비스 요원을 찾는 일에 굉장히 열성적이어서, 훈련 기간이 끝난 직원에게 2,000달러를 받고 회사를 나가는 옵션을 제시하는데, 이는 만족도가 낮은 직원들은 그 돈을 받고 회사를 떠날 것이라는 생각에 따른 것이다.[47] 자포스의 직원들은 '재미, 그리고 약간의 괴상함'을 통해서 고객들을 만족시키도록 응원받으며, 실제로 효과가 좋다. 자포스의 2,400만 명 이상의 고객 중, 75%는 자포스에서 재구매를 한 적이 있다. 자포스의 경우 직원의 만족도가 고객들의 만족도에 직접적인 영향력을 미친 것이다.

삶에 대한 만족도

지금까지 우리는 직무만족도가 삶에 대한 만족도와 별개의 개념인 것처럼 이야기했지만, 그것들은 당신이 생각하는 것 이상으로 관련성이 높을지도 모른다.[48] 유럽에서 이루어진 연구 결과들은 직무만족도가 삶에 대한 만족도와 긍정적인 상관관계를 가지며, 삶에 대한 우리의 태도와 만족도가 직업에 대한 우리의 접근과 경험에 영향을 미친다는 사실을 보여준다.[49] 또한 독일에서 이루어진 연구 결과에 따르면, 실직을 하면 삶에 대한 만족도가 하락하게 되는데, 이는 더 이상 돈을 벌지 못하기 때문만은 아니었다.[50] 대부분의 사람에게 직업은 삶의 중요한 한 부분이며, 따라서 사람들의 전반적인 행복도가 직장에서의 행복도, 즉 직무만족도에 크게 영향받는 것이 놀라운 일은 아니다.

직무 불만족의 영향

직원들이 자신의 직무를 싫어한다면 어떤 일이 일어날까? 불만족의 결과를 이해하는 데에는 퇴장-발언-충성-방치 모델이 유용하게 사용될 수 있다. 이 모델에서 제시하는 네 가지 반응들은 생산적/파괴적 그리고 능동적/수동적이라는 두 가지 차원에 따라서 구분된다. 반응들은 다음과 같다.[51]

- **퇴장** 조직을 나가는 행동을 의미하는 **퇴장 반응**(exit response)은 새로운 직책을 찾거나 사직하는 것을 포함한다. 불만족에 대한 이 반응의 효과를 측정하기 위해서 연구자들은 개인적인 퇴사와 전체 이직률, 즉 조직에서 잃은 조직원의 지식, 기술, 능력, 그리고 다른 특성들의 총합을 측정한다.[52]
- **발언** 능동적이고 건설적인 방식으로 근무 조건을 개선하려고 시도하는 것을 의미하는 **발언 반응**(voice response)은 개선 방안을 제안하는 것, 상사와 문제점에 대해 이야기하는 것, 그리고 노동조합 활동에 참여하는 것 등을 포함한다.
- **충성** 수동적이지만 긍정적으로 상황이 나아지기를 기다리는 **충성 반응**(loyalty response)은 외부의 비판에 대해서 조직을 변호하는 것과 조직의 경영진이 '옳은 일'을 할 것이라고 신뢰하는 것을 포함한다.
- **방치** 수동적으로 상황이 나빠지도록 내버려 두는 것을 의미하는 **방치 반응**(neglect response)은 잦은 결근이나 지각, 노력 투입의 감소, 실수의 증가 등을 포함한다.

퇴장과 방치는 생산성, 결근, 이직률 등의 수행성 및 관련 변수와 연관이 있다. 하지만 이 모델은 직원들이 불쾌한 상황을 견디거나 직무환경을 개선할 수 있도록 하는 긍정적인 행동인 발언과 충성 반응 역시 포함한다. 이 모델이 도움이 되는 것은 맞으나, 지나치게 일반적인 면도 있다. 이제 직무 불만족에 따르는 반응 행동을 살펴볼 것이다.

반생산적 직무 활동

약물 남용, 도둑질, 부적절한 사회활동, 뒷담화, 직무 태만, 그리고 게으름은 조직에게 해를 끼치는 행동들이다. 이러한 행동들은 **반생산적 직무 활동**(counterproductive work behavior, CWB, 관련된 용어로 직장에서의 반항적 행동, 혹은 회피 행동이 있다, 제1장 참조)이라는 더 광범위한 신드롬의 지표들이다.[53] 지금까지 공부한 다른 행동과 마찬가지로 CWB는 아무 이유 없이 생겨나지 않는다. 이러한 행동은 많은 경우에 부정적이고 때로는 오래된 태도에 의해서 나타난다. 따라서 CWB를 예측하는 변수들을 찾아낼 수 있다면 CWB의 악영향을 줄일 수 있을지도 모른다.

일반적으로, 직무 불만족을 통해서 CWB를 예측할 수 있다. 자신의 직무에 만족하지 못하는 사람들은 좌절감을 느끼며 그에 따라서 수행 성과가 낮아지고,[54] CWB 행동을 취할 확률이 높아진다.[55] 다른 연구 결과들은 (자신과 맞지 않는 잘못된 직종에서 일을 하는) 직업적인 불일치에 더해서, (자신과 맞지 않는 조직문화 안에서 일을 하는, 제5장의 개인-조직 적합성 참조) 조직과의 불일치를 통해서도 CWB를 예측할 수 있음을 암시한다.[56] 직장의 사회적 분위기 역시 중요하다. 독일에서 이루어진 한 연구 결과는 태만적인 분위기의 팀에 소속된 사람들이 태만한 행동을 보이는 방향으로 영향을 받는 등 직접적인 업무 환경의 규범이 CWB에 영향을 많이 미친다는 사실을 보여준다.[57] 이에 더해서 CWB는 상사들의 폭력적인 관리감독이 부하직원들의 또 다른 폭력적인 행동으로 이어지는 악순환의 결과로도 나타날 수 있다.[58]

CWB에 대해 알아야 할 중요한 사항 하나는 만족도가 낮은 직원들은 개인별로 특별한 형태로 나타나는 몇 가지 행동을 선택하기도 한다는 것이다. 어떤 직원은 퇴사할 수도 있다. 다른 직원은 직장에서 인터넷 서핑을 하거나 회사의 비품들을 집에 가져갈지도 모른다. 간단히 말하자면 자신의 직업을 좋아하지 않는 직원은 다양한 방식으로 그에 대해 '앙갚음을 한다.' 이러한 행동 방식은 매우 창의적인 경우가 많기 때문에, 정책과 처벌을 통해서 특정한 행동을 통제하는 것은 근본적인 문제를 전혀 건드리지 못한다. 고용주들은 다양한 반응을 모두 통제하려고 시도하기보다는 근본적인 문제, 즉 불만족을 고치려고 노력해야 한다.

영국의 한 연구 결과에 따르면 CWB는 때로는 지각된 부당함에 대한 감정적인 반응이며 공정성을 복구하고자 하는 노력의 한 방식이기도 하다.[59] 따라서 이 현상에는 복잡한 윤리적인 암시들이 있다. 예를 들어, 자신의 어린아이를 위해 직장에서 보드마커 한 박스를 집에 가져간 사람이 비윤리적으로 행동했다고 말할 수 있는가? 어떤 사람은 이 행동을 절도로 간주한다. 다른 사람은 그러한 판단을 내리기 전에 직원이 조직에 기여한 내용 등의 조절 변수를 고려할지도 모른다. 그 사람이 감사나 보상을 받지 않았음에도 불구하고 조직을 위해 업무 외 시간과 노력을 바쳤는가? 만약 그러하다면, 그에게 CWB는 '잃은 것을 되찾으려는' 노력의 일환일 수도 있다.

경영자로서 당신은 CWB를 줄이기 위해서 몇 가지 단계를 거칠 수 있다. 예를 들어, 직원에게서 설문을 받아서 직장 내 개선이 필요한 점들을 찾아낼 수 있다. 또한 자신에

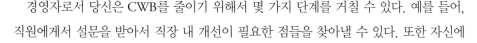

게 맞지 않는 직무를 수행하는 직원들은 만족을 느끼지 못할 것이며,[60] 따라서 그러한 부조화를 피하기 위한 확인 과정을 거칠 수 있을 것이다. 개인의 능력과 가치관에 맞는 업무를 부여하는 것은 직무만족도를 높이고 CWB를 줄일 수 있다.[61] 또한 훌륭한 팀을 구성하고, 관리자가 직원들과 어울리도록 하며, 팀 운영에 대한 공식적인 원칙을 제시하고, 팀 기반의 인센티브를 제시하는 등의 활동을 통해서 CWB '전염' 현상을 줄일 수 있다.[62]

결근　결근과 직무만족도 사이에는 지속적으로 부적인 상관이 나타나기긴 하지만 그 효과의 크기는 중간 정도이거나 작다.[63] 다양한 대체적 직업 선택지가 있을 경우, 만족도가 낮은 직원들은 높은 결근률을 보이지만, 선택지가 별로 없을 경우에는 만족도가 낮은 직원들과 만족하는 직원들이 비슷한 정도로 낮은 결근률을 보인다.[64] 병가를 자유롭게 낼 수 있도록 하는 조직에서는 만족도가 매우 높은 직원들도 포함해서 모든 직원이 병가를 자주 사용하는 경향이 있다. 만약 병가를 취하는 것에 아무런 불이익이 없다면 어떤 직원들은 직무에 만족하면서도 3일짜리 주말을 보내고 싶어 할 것이다.

이직률　이직률과 직무만족도 사이의 관계는 결근과 직무만족도 사이의 관계보다 강하나.[65] 선반적으로 낮은 직무만족도는 이직하고자 하는 의도의 가장 훌륭한 예측 변수이다. 이직률은 업무 환경과도 연관성이 있다. 어떠한 직원이 직접적으로 마주하는 업무 환경이 낮은 직무만족도를 유발하고 따라서 이직으로 이어진다면, 전염 효과가 나타날 수 있다. 이는 경영자들이 어떠한 직원을 특정 부서에 배치하기 전에 동료 직원들의 직무만족도와 이직률 패턴을 파악하고 있어야 함을 의미한다.[66] 직원들의 **직무 관여도**(job embeddedness), 즉 직무와 사회에 대해 직원이 느끼는 연결성이 조직에 대한 헌신으로 이어지는 정도는 직무만족도 및 이직률과 긴밀하게 연결되어 있는 경우가 많다. 직무 관여도가 높을 때에는 이직률이 떨어지는 방식으로 나타나는데, 조직에 대한 소속감이 높은 가치를 지니는 집단주의적인 문화권에서 특히 더 강하게 나타난다.[67] 관여도가 높은 직원들은 직무에 더 만족하는 경향이 있으며 다른 직업을 고려하는 경향이 낮다.

　마지막으로, 만족도-이직률의 관계는 대안적인 직업 선택지에 의해서 영향을 받는다. 어떤 직원이 자신이 신청하지 않았던 직업 제안을 받아들이는 경우에는, 직무 불만족이 그다지 강한 예측 변수가 되지 못하는데, 이는 직원의 결정이 (현재 직업의 안 좋은 점들로 구성된) '미는 힘'보다 (새로운 직업의 매력인) '당기는 힘'에 대한 반응이었을 가능성이 높기 때문이다. 비슷한 원리로, 다른 직업적 선택지가 많을 경우에는 직무 불만족이 이직으로 이어질 확률이 높다. 또한 (높은 학력, 훌륭한 능력 등의) '인적 자본'이 높은 직원에게서 직무 불만족이 이직으로 이어지는 경향이 더 크게 나타나는데, 이는 그들이 직업 선택에서 더 많은 선택지를 갖고 있거나, 그렇다고 인식하기 때문이다.[68]

효과 이해하기

지금까지 공부한 증거들을 보았을 때, 직무만족도가 중요한 영향력을 지닌다는 점은 놀랍지 않다. 경영 컨설팅 회사에서 실시한 한 연구에서는 조직을 (70% 이상의 직원들이 전체적으로 직무에 만족하는) 사기가 높은 조직과 (70% 미만의 직원들이 직무에 만족하는) 사기가 중간 정도인 조직으로 구분했다. 사기가 높지 않은 조직들의 주가가 10% 오르는 동안, 사기가 높은 조직들의 주가는 19.4%가 올랐다. 이러한 결과에도 불구하고, 많은 경영자들이 아직도 직무만족도에 신경을 쓰지 않고 있다. 심지어 직원들의 만족도를 과대평가해서 실제로 문제가 존재함에도 불구하고 문제가 없다고 생각하는 경영자도 있다. 예를 들어, 262개의 큰 회사들을 대상으로 실시된 한 연구에서는, 고위 간부 중 86%가 자신의 조직이 직원들을 잘 대한다고 응답했지만 직원들 중에서는 55%만이 이에 동의했다. 다른 연구에서는 경영자 중 55%, 그리고 직원 중에서는 38%만이 자신이 속한 조직의 사기가 높다고 평가했다.[69]

정기적인 조사를 하면, 직원들이 느끼고 있는 것으로 경영자가 **생각하는** 것과 직원들이 **실제로** 느끼고 있는 것 사이의 괴리를 줄일 수 있다. 이해하는 내용의 괴리는 작은 프랜차이즈 회사에서부터 대규모 기업까지 모든 조직에서 지대한 영향을 미칠 수 있다. 휴스턴에 있는 KFC의 경영자 조너선 맥다니엘은 직원을 대상으로 석 달마다 설문조사를 실시한다. 이를 토대로 하여 그는 직원들에게 휴가에 대해서 더 큰 발언권을 주기도 했다. 맥다니엘은 조사 과정 자체에 가치가 있다고 믿는다. "직원들은 자신의 의견을 말하는 것을 아주 좋아합니다. 그것이 가장 중요한 부분이겠죠. 직원들이 의견을 가지고 있고 그 의견이 경청된다는 것 말입니다." 설문 조사가 만병통치약이 될 수는 없지만 직무 태도가 우리가 생각하는 것만큼 중요하다면 조직들은 이에 대해 무엇이 개선될 수 있을지 알기 위해 모든 방법을 시도해보아야 한다.[70]

요약

태도는 직원들의 행동에 영향을 미치고 있는 잠재적인 문제를 보여줄 수 있기 때문에, 경영자는 직원들의 태도에 관심을 가져야 한다. 조직 구성원들이 만족하는 직장을 만드는 것이 성공적인 조직을 보장하는 것은 절대 아니지만, 실증적 증거들은 직원들의 태도를 개선하기 위한 경영자의 노력이 조직의 효과성 증진, 높은 고객 만족도, 그리고 이윤 증가 등 긍정적인 결과로 이어질 것이라는 사실을 강하게 시사한다.

경영자에게 주는 시사점

- 주요 직무 태도, 즉 직무 만족, 직무 몰입, 조직에 대한 헌신, POS, 그리고 직원 몰입 중 직원들의 직무만족도가 행동에 대한 가장 강력한 예측 변수라는 사실을 기억하라.
- 직원들의 만족도를 통해서 그들의 수행성과, 이직, 결근, 그리고 회피 행동을 예측할 수 있으므로, 직원들의 만족도에 관심을 기울이라.
- 직원들의 직무만족도를 객관적인 방식으로 정기적으로 측정해서 직원들이 자신의 직무에 어떻게 반응하고 있는지를 확인하라.
- 직원들의 만족도를 높이기 위해서 직원들의 관심사와 업무 사이의 일치도를 확인하라. 그리고 개인에게 도전적이면서도 흥미로운 업무를 제공하라.
- 높은 임금만으로는 만족스러운 직장을 구성할 수 없음을 생각하라.

감정과 기분

이 책을 읽고 나면, 당신은

1. 감정과 기분을 구분할 수 있다.
2. 감정과 기분의 원천을 파악할 수 있다.
3. 감정노동이 종업원에게 미치는 영향을 설명할 수 있다.
4. 정서적 이벤트 이론을 설명할 수 있다.
5. 감성지능을 설명할 수 있다.
6. 감정 조절 전략을 파악할 수 있다.
7. 감정과 기분의 개념을 구체적인 조직행동 이슈에 적용할 수 있다.

감정과 기분이란 무엇인가

직장에서 감정과 기분의 역할을 분석하기 위해서는 서로 밀접하게 연관된 세 가지 용어인 정서, 감정, 기분이 필요하다. **정서**(affect)는 사람이 경험하는 모든 종류의 느낌을 포괄하는 일반적인 용어로 감정과 기분을 포함하는 포괄적 개념이다.[1] **감정**(emotions)은 어떤 사람 또는 대상을 향한 강력한 느낌이다.[2] **기분**(moods)은 감정보다 약한 느낌으로 구체적인 자극 없이도 나타나는 것을 말한다.[3] 〈도표 4-1〉은 정서, 감정, 기분 간의 관계를 보여준다.

첫째, 도표에서 보는 바와 같이 정서는 감정과 기분을 포함하는 폭넓은 개념이다. 둘째, 감정과 기분은 서로 차이가 있다. 감정은 행동 지향적이기 때문에 즉각적으로 어떤

도표 4-1
정서, 감정, 기분

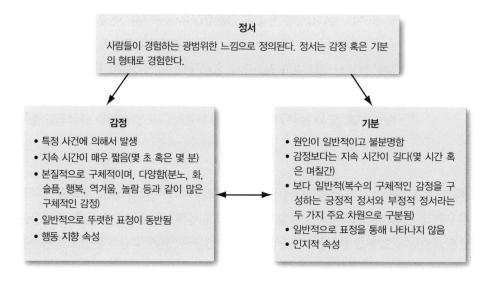

정서

사람들이 경험하는 광범위한 느낌으로 정의된다. 정서는 감정 혹은 기분의 형태로 경험한다.

감정
- 특정 사건에 의해서 발생
- 지속 시간이 매우 짧음(몇 초 혹은 몇 분)
- 본질적으로 구체적이며, 다양함(분노, 화, 슬픔, 행복, 역겨움, 놀람 등과 같이 많은 구체적인 감정)
- 일반적으로 뚜렷한 표정이 동반됨
- 행동 지향 속성

기분
- 원인이 일반적이고 불분명함
- 감정보다는 지속 시간이 길다(몇 시간 혹은 며칠간)
- 보다 일반적(복수의 구체적인 감정을 구성하는 긍정적 정서와 부정적 정서라는 두 가지 주요 차원으로 구분됨)
- 일반적으로 표정을 통해 나타나지 않음
- 인지적 속성

행동으로 이어지지만 기분은 인지 지향적이기 때문에 사람들로 하여금 한동안 곰곰이 생각하게 한다.[4]

정서, 감정, 기분은 이론적으로는 구분이 가능하지만 실제로 이를 명확하게 구별하기는 어렵다. 감정과 기분에 대한 조직행동론의 주제를 살펴볼 때에도 일정 영역에서는 감정에 대한 정보를, 다른 영역에서는 기분에 대한 정보를 더 많이 볼 수도 있다. 이것이 바로 현재까지의 연구 상태이다. 다음에서는 기본적인 감정에 대해서 살펴보자.

기본적인 감정

얼마나 많은 감정이 있는가? 분노, 경멸, 열정, 시기, 두려움, 좌절, 실망, 당혹감, 혐오감, 행복감, 증오심, 희망, 시기심, 기쁨, 사랑, 자존심, 놀라움, 슬픔을 포함하여 십여 가지의 감정이 있다. 많은 연구자들은 감정을 하나의 기본적인 집합으로 한정하려고 해왔다.[5] 그러나 감정에 '기본적'이라는 용어를 사용하는 것이 무의미하다고 주장하는 사람이 있다. 그 이유는 우리가 좀처럼 경험하기 어려운 충격과 같은 강렬한 감정 역시 우리에게 커다란 영향을 미칠 수 있기 때문이다.[6] 심리학자나 철학자들은 기본적인 감정의 집합이 존재할 수 있다는 것에 대해 전적으로 동의하지는 않을 것이다. 그러나 여전히 많은 연구자들은 분노, 공포, 슬픔, 행복, 혐오, 놀람이라는 여섯 가지 기본적인 감정이 있다고 생각한다. 우리는 가끔 행복을 놀라움으로 여기는 실수를 하지만 행복을 혐오감과 혼동하지는 않는다.

심리학자들은 우리가 감정을 표현하는 방식을 연구함으로써 기본적인 감정을 파악하려고 노력했다. 감정을 표현하는 무수히 많은 방법 중에서 표정은 해석하기가 가장 어렵다.[7] 첫 번째 문제는 어떤 감정은 우리 얼굴로 표현하기에는 너무나도 복잡하다는 것이다. 둘째는 한숨이나 비명 등과 같은 발성의 감정을 문화권에 관계없이 동일한 방식으로 해석하지 못한다는 것이다. 한 연구 결과에 따르면 모든 문화권에서 발성은 의미를 전달하지만, 구체적으로 사람들이 인식하는 감정은 매우 다양하다는 것을 발견했다. 예를 들어 나미비아 북서쪽의 힘바 사람들은 울음이 슬픔을 의미하고 으르렁 거리는 것이 분노를 의미한다는 서구인들의 생각에 동의하지 않는다.[8] 마지막으로 문화는 정서적 표현을 지배하는 규범을 가지고 있으므로 우리가 경험하는 감정이 항상 우리가 보여주는 방식과 같은 것은 아니다. 예를 들어 중동과 미국 사람들은 웃음이 행복을 나타내는 것으로 인식하지만, 중동의 경우 미소는 성적인 유혹으로도 해석되기 때문에 여성들은 남성을 향해 웃지 않아야 한다고 배운다.

감정에 대한 문화적 차이는 개인주의와 집단주의 나라들 간에 명확하게 나타난다. **개인주의적인**(individualistic) 나라의 사람들은 스스로를 독립적이라고 생각하고 개인적인 목표와 통제를 추구한다. 개인주의적인 가치는 북미와 서유럽 국가에서 나타난다. **집단주의**(collectivistic) 나라의 사람들은 그들 스스로 서로 상호의존적이라고 생각하며 공동체와 집단의 목표를 추구한다. 집단주의적인 가치는 아시아, 아프리카 및 남미 지역의 국가에서 나타난다.[9] 이를 응용하면, 집단주의 국가에서는 사람들이 다른 사람들의 감정 표현이 그들의 인간관계와 연계되어 있다고 믿는 데 비해, 개인주의 국가에서는 다른 사람의 감정 표현은 그들을 향한 것이라고 생각하지 않는다는 것이다.

도덕적 감정

연구자들은 감정을 불러 일으키는 상황에 대한 즉각적인 판단 때문에 도덕적으로 의미를 가지고 있는 **도덕적 감정**(moral emotion)에 대해서 연구해 왔다. 도덕적 감정의 예로는 다른 사람의 고통에 대한 공감, 자신의 비도덕적 행동에 대한 죄책감, 다른 사람에게 행해지는 불의에 대한 분노, 비윤리적으로 행동하는 사람에 대한 경멸 등이 포함된다.

또 다른 예로는 도덕 규범을 위반한 것에 대한 **도덕적 혐오감**을 들 수 있다. 도덕적 혐오감은 혐오감과는 다르다. 당신이 실수로 소똥을 밟았다면 당신은 그것에 혐오감을 느낄 수 있겠지만 그렇다고 해서 도덕적 판단을 하지 않기 때문에 도덕적 혐오감을 느끼지는 않을 것이다. 반대로 성차별 혹은 인종차별을 하는 경찰관에 대한 비디오를 보았다고 가정해보자. 당신은 이것이 당신의 옳고 그름을 판단하는 감각을 불쾌하게 하기 때문에 이전과는 다른 형태의 혐오감을 느낄 것이다. 실제로 당신은 상황에 대한 도덕적 판단을 근거로 다양한 감정을 느낄 수 있을 것이다.[10]

기본적인 기분 : 긍정적 정서와 부정적 정서

감정은 잠잠해질 수 있지만 기분은 꽤 오래 동안 지속될 수 있다. 직장에서의 감정과 기분의 효과를 연구하기 위한 첫걸음으로 우리는 감정을 긍정적 감정과 부정적 감정으로 분류한다. 기쁨과 고마움 같은 긍정적인 감정은 우호적인 평가나 느낌을 표현한다. 분노나 죄책감 같은 부정적인 감정은 그 반대의 느낌을 표현한다. 감정은 중립적일 수 없다는 것을 기억하기 바란다. 중립적이라는 것은 감정이 없는 상태를 말한다.[11]

전반적인 기분 상태를 나타내는 감정은 〈도표 4-2〉에서 보는 바와 같이 긍정적 정서와 부정적 정서로 분류된다. **긍정적 정서**(positive affect)로, 위쪽에 있는 흥분, 의기양양함 등으로 구성된 기분의 차원은 높은 긍정적 정서, 아래쪽에 있는 낙담, 지루함, 피로감 등으로 구성된 기분의 차원은 낮은 긍정적 정서라고 생각할 수 있다. **부정적 정서**(negative affect)는 위쪽에 있는 스트레스, 불안 등은 높은 부정적 정서, 아래쪽에 있는 여유, 평온함 등은 낮은 부정적 정서로 생각할 수 있다.

우리는 긍정적 · 부정적 정서를 동시에 경험할 일은 거의 없지만 시간이 지남에 따라 사람들은 각각의 경험이 얼마나 다른지를 알 수 있다. 어떤 사람들(감정적, 열정적인 사람)은 일주일에 한두 번씩은 상당히 높은 긍정적 또는 부정적 정서를 경험할 수 있을 것

도표 4-2
정서의 구조

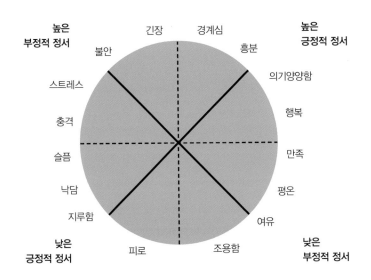

이다. 다른 사람들(비감정적, 냉정한 사람)은 둘 중 어느 것도 경험하지 않을 수 있다. 그리고 또 다른 사람들은 둘 중 어느 하나를 다른 것보다 훨씬 더 많이 경험할 수도 있다.

기분과 감정에 대한 경험

사람들이 식별할 수 있는 분명한 기분과 감정을 마치 복잡하지 않은 것처럼 생각할 수 있지만, 우리들 각자는 기분과 감정을 다르게 경험한다는 것이 현실이다. 대부분의 사람들에게 있어서 긍정적인 기분은 부정적인 기분보다 더 일반적이다. 실제 연구에서도 **긍정성 상쇄**(positivity offset), 즉 특별한 일이 일어나지 않으면 투입이 0인 경우에도 대부분의 사람들은 약간이나마 긍정적인 기분을 경험한다는 사실을 발견했다.[12] 이것은 다양한 직무를 수행하는 종업원들에게서 사실로 나타났다. 예를 들면 영국 콜센터의 고객서비스 담당자들을 대상으로 한 연구에 따르면 스트레스가 많은 환경에서도 사람들은 58%의 시간 이상 긍정적인 기분을 경험한 것으로 나타났다.[13] 또 다른 연구에서는 부정적인 감정이 부정적인 기분으로 이어지는 것으로 나타났다.

　문화 차이를 탐구하는 데 있어서는 고려할 것이 많다. 일본, 러시아 등과 같은 일부 문화권에서는 부정적인 감정을 포용하지만, 멕시코와 브라질 같은 다른 문화권에서는 긍정적인 감정과 표현을 강조한다.[14] 집단주의와 개인주의 국가 간에는 부정적인 감정에 대한 가치관에 차이가 있을 수 있으며, 이러한 차이는 부정적인 감정이 미국인보다는 일본인의 건강에 덜 해가 될 것이라는 근거가 될 수도 있다.[15] 예를 들면 중국인들은 부정적인 감정을 항상 즐거운 것은 아니지만 미국인에 비해서 보다 유용하고 건설적인 것으로 간주한다.

감정의 기능

감정은 미스테리 같지만 직장에서는 효과적으로 기능을 발휘하는 것이 대단히 중요하다. 예를 들어 긍정적인 감정을 가진 직원은 더 높은 성과와 조직시민행동(제1장 참조)을 보이며, 이직률과 반생산적 작업행동(제3장 참조)은 더 낮은 것으로 나타났는데, 이것은 종업원들이 그들의 직무를 잘할 수 있도록 그들의 조직에 의해서 지원을 받는다고 느낄 경우에 더 그러한 것으로 나타났다.[16] 감사와 경외심 또한 조직시민행동을 긍정적으로 예측하며,[17] 이것은 다시 신뢰와 감정 표현을 증가시키는 것으로 나타났다.[18] 다음에서는 감정이 성과를 높일 수 있는지를 합리성과 윤리성이라는 두 가지 측면에서 살펴보자.

감정은 우리를 비합리적이게 하는가   여러분은 얼마나 자주 "아, 당신은 지금 감정적이 군요?"라는 말을 들어보았는가? 당신은 기분이 상했던 적이 있을 것이다. 이처럼 감정과 이성은 서로 충돌할 수 있고 감정을 드러낸다는 것은 비이성적으로 행동한다는 것을 의미하는 것처럼 보인다. 이 둘 간의 연관성에 대한 지각은 너무 강해서 일부 연구자들은 울음을 금방 터트릴 듯한 슬픔과 같은 감정을 표현하는 것은 경력에 매우 해가 되기 때문에 다른 사람이 그것을 목격하도록 하기보다는 방을 나가야만 한다고 주장한다.[19] 이러한 관점은 우리가 감정을 표현하거나 혹은 심지어 감정을 경험하는 것이 우리를 약하고 부서지기 쉬우며, 비이성적으로 보이게 할 수 있다는 것을 시사한다. 그러나 이것은 잘못된 것이다.

감정이 합리적인 사고에 중요하다는 것을 보여주는 연구 결과는 점점 더 많아지고 있다. 특히 뇌 손상에 대한 연구 결과에 따르면 우리는 감정을 이성적으로 경험할 수 있는 능력이 있다고 제안한다. 왜 그런가? 그 이유는 우리의 감정은 우리가 주변의 세상을 이해하는 방법에 대한 맥락을 제공하기 때문이다. 예를 들어 최근 연구에 따르면 부정적인 기분을 가지고 있는 개인은 행복한 분위기에 있는 사람들보다 진실한 정보를 더 잘 분별할 수 있다고 한다.[20] 그렇다면 우리는 만약 누군가가 진실을 말하는 것이 염려된다면, 기분이 좋아질 때까지 기다리거나 적극적으로 질문을 하지 말아야 하는가? 이것들은 우리의 감정 범위를 포함한 모든 요소에 따라 이득 여부가 달라진다. 그 핵심은 감정과 기분이 우리에게 미치는 영향을 인지하고, 우리의 감정적 반응을 비이성적이거나 옳지 않은 것으로 여기지 않는 것이다.

감정은 우리를 윤리적이게 하는가   최근 많은 연구에서 감정과 도덕적 태도의 관계를 연구하기 시작했다.[21] 일반적으로 의사결정과 마찬가지로 예전에는 가장 윤리적인 결정은 높은 수준의 인지적 과정에 기반을 둔 것이라고 믿었지만 도덕적 감정에 대한 최근의 연구에서는 이러한 관점에 의문을 제기한다. 많은 연구들이 우리가 도덕적 경계를 감정적이라기보다는 논리적이고 이성적인 것으로 보는 경향이 있지만, 도덕적 판단은 대부분 인지보다는 느낌에 기초를 두고 있다고 제시한다.

우리의 신념은 일정 부분 다른 사람의 지각에 영향을 미치는 동료, 관심사 및 작업집단에 의해 형성되며, 이것은 무의식적으로 공유된 감정이 '옳다'는 느낌과 반응을 가져온다. 불행히도 이런 느낌은 때로 순수한 감정적인 반응을 이성적으로 '윤리적'이라고 정당화하기도 한다.[22] 우리는 또한 외집단 구성원(자신의 집단에 소속되지 않은 다른 사람)을 심지어 우리 스스로 객관적이 되려고 노력할 때조차도 내집단 구성원보다 더 도덕적 범죄에 대해서 가혹하게 평가하는 경향이 있다.[23] 더 나아가 우리는 공정한 플레이가 되기 위해서는 외집단 구성원들이 처벌받아야 한다고 생각할 것이다.[24]

감정과 기분의 원천

"나 오늘 몸이 찌뿌둥해." 같은 말을 해본 적이 있는가? 동료나 가족에게 아무 이유 없이 잔소리를 늘어놓은 적이 있는가? 만약 그렇다면 당신은 감정과 기분이 어디서부터 오는 것인지 알고 싶어 할 것이다. 다음에서 이러한 일차적인 영향요인을 살펴보기로 한다.

성격

기분과 감정은 하나의 속성요인인데, 어떤 사람들은 다른 사람에 비해 더 자주 특정 기분이나 감정을 경험하는 성향을 타고 난다는 것이다. 또한 사람들은 동일한 감정에서도 그 강도는 다르게 경험하는데, 이러한 강도를 **정서적 강도**(affect intensity)라고 부른다.[25] 정서적 강도가 높은 사람은 긍정적 감정과 부정적 감정을 모두 깊이 있게 느낀다. 즉, 그들이 슬플 때 그들은 정말로 슬퍼하며 행복할 때에는 진정으로 행복함을 느낀다.

하루 중 시간

기분은 하루 중 시간대에 따라 다르다. 한 재미있는 연구는 전 세계에서 수백만 개의 트위터 메시지를 분석하여 패턴을 찾아냈다.[26] 연구자들은 메시지에 포함된 긍정적 정서 (행복함, 흥분, 열정)와 부정적 정서(슬픔, 분노, 불안)를 나타내는 단어들에 주목했다. 그 결과 〈도표 4-3〉에 나타난 바와 같이 긍정적인 정서의 추세를 볼 수 있다. 하루 중 기분의 변화 패턴은 대부분의 국가에서 비슷하게 나타났다. 이러한 결과는 과거 연구와 유사한 결과를 보이고 있지만 가장 큰 차이점은 저녁 시간대에 나타났다. 대부분의 연구에서 긍정적인 정서는 오후 7시 이후 감소하는 경향을 보인다고 제시하였는데, 이 연구에서는 자정 이전까지 증가하는 것으로 나타났다. 어떤 주장이 정확한지를 알기 위해서는 더 많은 연구가 필요할 것이다. 이 연구에서 부정적 정서의 추세는 과거 연구와 일관성 있게 아침에 가장 낮고, 낮에서 밤으로 갈수록 점점 더 증가하는 경향을 보였다.

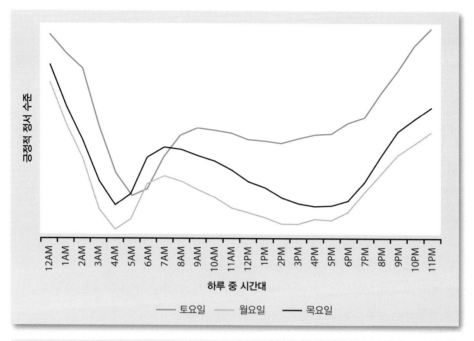

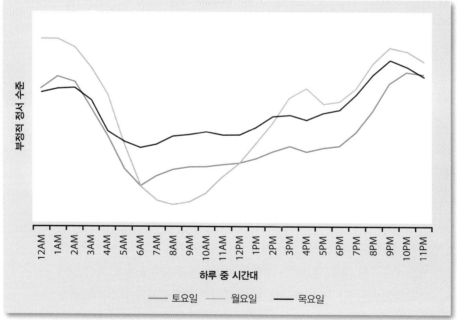

도표 4-3   트위터 메시지를 통해 평가한 미국 성인의 시간대별 기분 변화

출처 : Based on S. A. Golder and M. W. Macy, "Diurnal and Seasonal Mood Vary with Work, Sleep, and Daylength Across Diverse Cultures," *Science* 333 (2011), 1878–1881; A. Elejalde-Ruiz, "Seize the day," *Chicago Tribune* (September 5, 2012), downloaded June 20, 2013 from http://articles.chicagotribune.com/.

주 : 미국 성인들의 트위터 메시지에서 긍정적 정서(행복함, 흥분, 열정)와 부정적 정서(슬픔, 분노, 불안)를 나타내는 단어를 기초로 분석한 결과다. 도표에서 선들은 트위터상의 총 단어 중에서 이러한 기분을 보여주는 단어들의 빈도를 나타낸다.

요일

사람들은 주말에 가장 기분이 좋을까? 이것은 대부분의 문화권에서 맞는 말이다. 예를 들면 미국의 성인들은 금, 토, 일요일에 가장 높은 긍정적 정서를 경험하고, 월요일에 가장 낮은 경향을 보이는 것으로 나타났다.[27] 〈도표 4-3〉에서 보는 바와 같이 트위터 메시지 분석 결과에 따르면 다른 문화권에서도 이와 같은 결과를 보이는 것으로 나타났다. 독일과 중국인들 역시 금, 토, 일요일에 긍정적 정서가 가장 높았고, 월요일에 가장 낮은 것으로 나타났다. 그러나 이것이 모든 문화권에서 같은 결과를 보이는 것은 아니다. 도표에서 보는 바와 같이 일본인들의 경우 긍정적 정서는 금요일이나 일요일보다는 월요일에 더 높은 것으로 나타났다.

부정적 정서의 경우 대부분의 문화권에서는 월요일에 가장 높은 것으로 나타났다. 그러나 몇몇 나라에서는 부정적 정서가 일요일보다는 금요일과 토요일에 더 낮은 것으로 나타났다. 이것은 일요일은 쉬는 날이라서 즐겁지만(따라서 긍정적 정서가 높음), 앞으로 다가올 주중에 대해 약간 스트레스를 받기 때문일 것이다(따라서 부정적 정서가 높음).

날씨

당신은 섭씨 21도에 맑은 날 혹은 우중충한 날, 추운 날, 비오는 날 중 언제가 더 좋은 기분일 것 같은가? 많은 사람들은 자신의 기분이 날씨와 관계 있다고 믿고 있다. 그러나 상당히 많은 연구자들이 구체적으로 많은 연구를 해본 결과 대부분의 사람들에게 날씨는 기분에 거의 영향을 미치지 않는 것으로 나타났다.[28] 실제로는 아무런 관계가 없는 두 사건을 사람들이 연결할 때 발생하는 **착각상관**(illusory correlation)은 왜 사람들이 날씨가 좋은 날 자신의 기분이 좋다고 생각하는지를 설명해준다. 예를 들어 최근 일본과 미국의 직장인들을 대상으로 조사한 결과에 따르면 종업원들은 날씨가 좋지 않은 날이 더 생산성이 높은 것으로 나타났는데 그 이유는 기분 때문이 아니라 좋지 않은 날씨가 일에 방해되는 요소를 제거했기 때문이다.[29]

스트레스

여러분이 상상하는 바와 같이 직장에서 스트레스로 가득찬 하루 일과는(불쾌한 이메일, 임박한 마감 시한, 상사의 꾸지람 등) 기분에 부정적인 영향을 미친다. 스트레스의 효과는 시간이 지날수록 쌓여간다. 저자의 한 연구에서는 "스트레스 수준이 낮은 사건인 지속적인 다이어트도 시간이 지나면서 긴장감을 점점 증가시키는 잠재적 원인이 된다."는 결과를 제시하였다.[30] 스트레스의 수준이 올라가면 기분을 더 나쁘게 만들고, 부정적인 감정을 경험하게 된다. 우리는 가끔 스트레스를 즐기기도 하지만 우리들 대부분은 스트레스가 기분에 해를 끼친다는 것을 알고 있다. 실제로 지나치게 감정이 북받치고 스트레스가 쌓인 상황에서 우리는 문자 그대로 눈을 돌려 스트레스를 풀려고 하는 것은 자연스러운 반응이다.

수면

미국의 성인들은 30년 전과 비교하여 잠을 덜 자는 것으로 나타났다.[32] 공공 보건 전문가에 따르면 4,100만 명의 미국 근로자들의 수면 시간은 6시간 미만으로 수면 부족에 시달리고 있는 것으로 나타났다. 수면의 질은 기분과 의사결정에 영향을 미칠뿐만 아니라 피로감이 높아지고, 이로 인해 근로자들은 질병, 부상, 우울증에 빠질 가능성이 높아진다.[33] 질이 나쁘거나 부족한 수면은 또한 감정을 조절하기 어렵게 만든다. 단 하룻밤 동안 잠을 잘 못자더라도 우리가 화를 내거나 위험에 빠질 가능성은 높아진다.[34] 질 나쁜 수면은 직무 만족을 떨어뜨리고,[35] 윤리적 판단 능력을 저하시킨다.[36] 규칙적인 수면 시간을 늘려주면 창의성과 성과를 증진시킬 수 있다.

운동

우리는 기분을 개선하려면 운동을 하라는 말을 자주 듣는다. '운동요법'이 정말로 효과가 있는가? 답은 그렇다. 운동이 사람들의 긍정적 기분을 증가시킨다는 것을 보여주는 연구 결과들이 지속적으로 제시되고 있다.[37] 비록 그 효과가 엄청나게 큰 것은 아니지만 그 효과는 실의에 빠져 있는 사람에게는 강한 효과를 보이고 있다.

나이

젊은이들은 나이 든 사람들보다 더 극단적으로 긍정적 감정을 경험하는가? 놀랍게도 그렇지 않다. 나이와 만족도는 어떠한가? 삶의 만족도에 대해 살펴보면, 나이 든 사람일수록 훨씬 더 우울증과 외로움에 빠질 가능성이 높다고 가정한다. 실제로 18~94세까지의 성인들을 대상으로 조사한 결과 나이 들어갈수록 긍정적인 기분이 증가하는 것으로 나타났다. "젊은 시절이 인생에서 가장 좋은 시기라는 사람들의 생각과는 반대로 인생에 있어서 정서적인 삶의 절정기는 70세 이전에는 잘 나타나지 않을 것이다."라고 연구자인 로라 카르스텐센은 말했다.[38]

성별

많은 사람들은 남성보다는 여성이 더 감정적이라고 생각한다. 이것이 진실인가? 연구 결과에 따르면 여성이 남성보다 감정적으로 더 표현을 잘하고, 보다 강하게 감정을 느끼며, 남성보다 더 오랫동안 감정을 붙들고 있는 경향이 있고, 화를 제외한 긍정적 감정과 부정적 감정을 보다 더 자주 표현하는 경향이 있는 것으로 나타났다.[39] 37개국의 참여자를 대상으로 조사한 연구 결과에 따르면 여성들의 경우 슬픔이나 두려움 등 약한 감정을 보이는 데 비해 남성들은 분노처럼 강력한 감정의 수준이 지속적으로 더 높게 나타났다. 따라서 감정을 경험하고 표현하는 데 있어서는 어느 정도 성별에 따른 차이가 존재한다.[40]

　다음에서는 지금까지 공부한 감정과 기분에 대한 내용을 종합해 직장에서의 대응 전략을 생각해보자. 먼저 감정노동부터 살펴보자.

감정노동

모든 종업원은 자신의 일을 위해 몸과 마음을 다해 육체적 · 정신적 노동을 한다. 그러나 직무는 또한 직장에서 대인 간 상호작용을 하는 동안에 조직에서 요구하는 감정을 표현해야 하는 **감정노동**(emotional labor)을 요구한다. 감정노동은 효과적인 직무 수행의 핵심 요소이다. 우리는 항공사 승무원들이 쾌활하기를 바라며, 장례지도사들은 슬플 것으로 기대하고, 의사는 감정적으로 중립적이기를 기대한다. 그리고 당신의 상사는 당신이 동료들과 상호작용하는 동안 예의 바르고, 적대적이지 않기를 기대할 것이다.

감정 표현 조절

우리가 감정을 경험하는 방식은 분명히 우리가 그것을 보여주는 방식과 항상 같은 것은 아니다. 감정노동을 이해하기 위해 우리는 감정을 느껴진 감정과 표현된 감정 두 가지로 구분한다.[41] **느껴진 감정**(felt emotions)은 우리의 실제 감정이다. 이에 비해 **표현된 감정**(displayed emotions)은 조직이 종업원들에게 보여주기를 요구하고 직무 수행에 바람직하다고 여겨지는 감정이다. 표현된 감정은 타고나는 것이 아니라 학습된 것이며, 이것들은 느껴진 감정과 일치할 수도 있고 그렇지 않을 수도 있다. 예를 들어 미국의 작업현장에 대한 조사에서 종업원들은 전형적으로 두려움이나 분노 같은 부정적인 감정은 억누르고

행복함이나 흥분 같은 긍정적인 감정을 표현해야만 하는 것으로 기대된다고 하였다.[42]

가짜 감정을 보여주기 위해서는 실제 감정을 억눌러야 한다. **표면적 연기**(surface acting)는 내부의 감정을 숨기고 표현 규칙에 맞게 감정을 지속적으로 표현하는 것이다. 표면적 연기는 문자 그대로 자신이 그렇게 하고 싶지 않은데도 고객에게 미소를 짓는 것처럼 주어진 상황에 대해 적합한 반응을 '얼굴에 나타내는 것'이다. 또한 날마다 표면적 연기를 하는 것은 가정에 감정적 탈진과 가족 간 갈등, 불면증을 가져올 수 있으며,[43] 직장에서도 탈진을 가져오고 조직시민행동이 더 낮아지며,[44] 직무 만족을 떨어뜨린다.[45] 아마도 우리가 느끼지 못하는 것을 창의적으로 표현하는 데 드는 비용 때문에 다양한 표면적 연기를 해야 하는 사람들은 지속적으로 동일한 반응을 하는 사람들보다 훨씬 더 낮은 직무 만족과 직장 내 철회 행동을 더 많이 할 가능성이 높다.[46]

표면적인 연기를 해야 하는 종업원들에게는 쉴 수 있고 재충전할 수 있는 기회를 주는 것이 중요하다. 치어리딩 강사들이 교육 후 어떻게 그들의 휴식 시간을 사용하는지를 조사한 연구에서 휴식과 이완을 취한 사람들이 휴식 시간 동안 잡일을 한 사람들보다 더 효과적인 것으로 나타났다.[47]

내면적 연기(deep acting)는 자신의 진정한 내부 감정을 표현 규칙에 맞게 수정하는 것을 말한다. 표면적 연기는 **표현된** 감정을 다루며, 내면적 연기는 **느껴진** 감정을 다룬다. 내면적 연기는 우리가 실제 감정을 경험하기 위해 노력하기 때문에 표면적 연기에 비해 심리적 부담이 적고 따라서 감정 소진이 더 적다. 직장에서의 내면적 연기는 긍정적 영향을 미친다. 예를 들면 네덜란드와 독일의 서비스 직종 근무자들을 대상으로 연구한 결과 내면적 연기를 하도록 훈련을 받고 난 후에 훨씬 더 많은 팁을 받았다는 것을 발견했다.[48] 내면적 연기는 직무 만족 및 직무 성과와 정의 관계를 가지고 있다.[49] 감정노동을 요구하는 직무에서 상호작용을 비인격화하거나 표준화할 수 있는 종업원은 다른 일을 생각하면서 자신의 연기를 성공적으로 수행할 수 있기 때문에 감정적 충격을 피할 수 있다.[50]

감정부조화와 마음챙김

직원들이 다른 감정을 느끼는 동시에 이와 다른 감정을 표현해야 할 때 이러한 차이를 우리는 **감정부조화**(emotional dissonance)라고 부른다. 극도의 좌절감, 분노, 적개심 등의 감정은 감정적 탈진을 가져올 수 있다. 장기간의 감정부조화는 직무탈진, 직무 성과 감소, 낮은 직무 만족의 선행지표이다.[51]

감정노동과 감정부조화의 영향을 막는 것은 대단히 중요하다. 네덜란드와 벨기에의 연구에 따르면 표면적 연기는 종업원들에게 스트레스를 주지만 객관적으로 사려 깊게 감정적인 상황을 평가하는 **마음챙김**(mindfulness)은 감정적 탈진과는 부정적인 관계이고 직무 만족에는 긍정적인 영향을 미치는 것으로 나타났다.[52] 사람들이 자신이 경험한 감정을 비판단적으로 인식하면 상황을 보다 명확하게 바라볼 수 있다. 마음챙김은 감정에 대한 우리의 행동 반응을 형성하는 능력을 증가시키는 것으로 나타났다.[53]

감정노동의 개념은 직관적이고 조직적인 의미를 가진다. 다음에서 논의할 정서사건이론은 감정노동이 어떻게 직무 사건, 정서 반응, 직무 만족, 직무 성과에 연결되는지를 설명하는 데 적합한 개념이다.

정서사건이론

우리는 지금까지 감정과 기분이 우리의 개인적인 삶과 직장 생활에 있어서 중요한 부분이라는 것을 살펴보았다. 그렇다면 이것들은 어떻게 직무 성과와 직무 만족에 영향을 미치는가? **정서사건이론**(affective events theory)에 따르면 종업원들은 직장에서 일어나는 일에 감정적으로 반응하고, 이러한 반응이 직무 성과와 직무 만족에 영향을 미친다고 제시한다.[54] 회사가 구조조정을 한다는 것을 방금 알았다면, 당신은 아마도 직장을 잃을지 모른다는 걱정으로 다양한 부정적인 감정을 경험할 것이다. 이것은 당신이 어떻게 할 수 있는 일이 아니기 때문에 일을 하기보다는 불안하고 두렵고 걱정하는 데 많은 시간을 쓸 것이다. 말할 것도 없이 당신의 직무만족도 또한 낮아질 것이다.

직장에서 일어나는 일은 종업원들에게 긍정적 혹은 부정적인 감정적 반응을 유발하며, 그들의 성격과 기분에 따라 그 반응 강도는 달라진다.[55] 정서적 안정성이 낮은 사람들은(제5장 참조) 부정적인 사건에 더 강하게 반응할 수 있으며, 어떤 일에 대한 감정적 반응은 기분에 따라 달라질 수 있다. 마지막으로 감정은 조직시민행동, 조직 몰입, 노력의 수준, 이직 의도, 직장에서의 일탈 행동 등과 같은 다양한 성과 및 만족 변수에 영향을 미친다.

요약하면, 정서사건이론은 다음과 같은 두 가지 중요한 시사점을 제공한다.[56] 첫째, 직장에서 일어나는 일에 대한 감정이 어떻게 종업원들의 성과와 만족에 영향을 미치는지에 대한 소중한 통찰력을 제공한다. 둘째, 종업원들과 관리자들은 그것이 사소한 것일지라도 축적이 되기 때문에 직장에서 일어나는 감정이나 사건을 무시하지 않아야 한다는 것이다. 정서사건이론은 직장에서의 감정과 그로 인해 실제 나타나는 결과를 강조하고 있다. 감정이 직무 성과에 미치는 영향을 이해하는 데 도움이 될 수 있는 또 다른 이론은 감성지능이론으로, 이에 대해서는 다음에서 살펴보기로 한다.

감성지능

국제적인 인재 회사의 CEO인 테리 루버거는 경력의 절정에 도달했다. 그런데 왜 그녀는 그렇게 화가 나고 불행할까? 그녀의 절친한 친구는 다음과 같이 말했다. "테리. 너는 바람이 조금만 불어도 금방 부러질 것 같은 마른 나뭇가지 위에 있다는 것을 알고 있니? 너는 너무 바쁘고 일에 압도당해서 네 자신의 가치, 관심과 신념에서 멀어졌고 방금이라도 부러질 것 같은 가지에는 전혀 관심을 두지 못하고 있어."[57] 루버거에 따르면 그녀는 좌절감과 탈진을 향해 끊임없이 나아가는 그녀의 기분을 알아채지 못했다. 그녀의 직무 만족, 생산성, 관계 및 결과는 좋지 않았다. 더 좋지 않았던 것은 그녀가 완전히 탈진하기 전까지는 자신이 문제가 있다는 것을 깨닫기에 너무 바빴다는 것이다. 그녀는 "리더로서 나는 조직에서 분위기에 관심을 두고 이를 관리해야 하며 … 이것을 무시하면 그에 대한 대가를 치러야 한다는 것을 배웠다."라고 말했다.[58] 루버거는 감성지능의 중요성을 배웠다.

감성지능(emotional intelligence, EI)은 〈도표 4-4〉에서 보는 바와 같이 (1) 자기 자신 혹은 다른 사람의 감정을 인식하는 능력, (2) 이러한 감정의 의미를 이해하는 능력, (3) 자기 자신의 감정을 적절하게 조절하는 개인의 능력이다. 자기 자신의 감정을 알고 감정의 단서를 잘 파악할 줄 아는 사람들은, 예를 들면 그들이 왜 화가 났는지 그리고 어떻게 규범을 위반하지 않고 그것들을 표현할지를 잘 아는 사람들은 대부분 높은 감성지능을 가

도표 4-4
감성지능의 폭포 모델

지고 있다.[59]

　　몇몇 연구는 감성지능이 직무 성과에 중요한 역할을 한다고 제시했다. 자기공명기술 (MRI)을 사용하여 뇌 기능을 분석한 한 연구에 따르면, 전략적 의사결정 과업을 가장 잘 수행한 경영대학원생들은 의사결정 선택 과정에서 뇌의 감정센터를 잘 활용하는 것으로 나타났다.[60] 또 다른 시뮬레이션 연구에서는 자기 자신의 감정을 잘 파악하고 구분할 줄 아는 학생들은 훨씬 더 수익성이 높은 투자 결정을 하는 것으로 나타났다.[61]

　　조직행동론에서 감성지능에 대한 이해가 점점 높아지고 여러 연구에서 감성지능이 직무 성과에 중요한 역할을 한다고 제시하였지만 여전히 많은 문제에 대한 답이 해결되지 않고 있다. 그중 하나는 감성지능이 무엇을 예측할 수 있는지를 증명하는 것이다. 예를 들면 감성지능은 직무 성과와 상관관계가 있다는 증거들이 제시되었지만 그 상관관계는 높지 않고, 정서적 안정성 등과 같은 특성에 의해 많은 부분이 설명되고 있다. 둘째는 감성지능의 신뢰성에 대한 문제이다. 예를 들어 감성지능이 직무 효과성과의 상관관계가 그리 높지 않은 이유 중 일부는 그것이 측정하기 어렵기 때문이다. 즉 감성지능은 대부분 자기보고식 문항을 통해 측정되며, 이것은 당연히 객관적인 것과는 상당히 거리가 멀다.

　　이와 같은 많은 문제에도 불구하고 감성지능은 컨설팅 회사와 대중 매체에서 큰 인기를 얻고 있으며, 연구 문헌에서도 지지되는 결과들이 축적되어오고 있다. 그것이 좋든 싫든 간에 한 가지 확실한 것은 감성지능은 우리 생활의 일부라는 것이다. 다음 절에서 다룰 감정 조절은 서로 관련이 있기는 하지만 감정노동, 감성지능과는 완전히 독립적인 개념이다.[62]

감정 조절

여러분은 기분이 가라앉아 있을 때 기운을 내기 위해 자신을 격려해본 적이 있는가? 혹은 화가 날 때 자기 자신을 진정시키려 해본 적이 있는가? 만약 그렇다면 당신은 감정을 조절한 것이다. **감정 조절**(emotion regulation)의 핵심적인 개념은 여러분이 느끼는 감정을 확인하고 수정하는 것이다. 최근 연구에 따르면 감정관리능력은 직무 성과 및 조직시민행동에 대한 강력한 선행요인이라고 하였다.[63] 그러므로 우리는 조직행동론을 연구할 때 직장에서 감정 조절을 사용할 수 있는지 여부와 어떻게 사용해야 하는지에 관심을 두어야 한다. 우리는 어떤 사람들이 그것을 자연스럽게 사용하는지를 파악하는 것부터 살펴볼 것이다.

감정 조절의 영향과 결과

의심할 바 없이 모든 사람들이 감정을 능숙하게 조절하는 것은 아니다. 성격 특성에서 정서적 안정성(제5장 참조)이 더 낮은 사람일수록 그렇게 하는 것이 더 어렵고 종종 기분이 자신이 조절할 수 있는 능력의 범위를 벗어나는 것을 발견할 수 있다. 자존감이 낮은 사람들 또한 자신의 슬픈 기분을 개선하려고 시도하지 않을 것이다. 그 이유는 아마도 다른 사람들보다 자신이 기분이 좋을 자격이 있다고 생각하지 않기 때문일 것이다.[64]

직장 환경 역시 개인의 감정 조절 성향에 영향을 미친다. 일반적으로 작업집단 내 다양성은 감정 조절 가능성을 높일 것이다. 예를 들어 젊은 직원들은 그들의 작업 집단에 연장자들이 있을 경우 자신들의 감정을 더 조절할 것이다.[65] 인종의 다양성 역시 영향을 미치는데, 다양성이 낮다면 소수인종은 가능한 한 다수 인종에 '적합'하기 위해 그들의 감정을 조절할 것이다. 만약 다양성이 높고 다른 인종이 많이 있다면 다수인종은 전체 집단에 자신을 통합할 수 있도록 자신의 감정을 조절할 것이다.[66] 이것은 다양성의 긍정적인 결과, 즉 감정을 보다 의도적·효과적으로 조절하는 결과를 가져올 수 있을 것이다.

감정을 조절하는 것이 유익한 것처럼 보일 수 있지만 연구에 따르면 감정을 느끼는 방식을 변화시키는 데에는 단점이 있다. 즉 감정을 바꾸는 데에는 노력이 들어가며, 이미 감정노동에서 살펴본 바와 같이 이러한 노력은 탈진을 가져올 수 있다. 때때로 감정을 변화시키려는 시도는 실제로 감정을 더 강화시키기도 한다. 예를 들면 무서움에서 벗어나기 위해 자신에 말을 하는 것은 오히려 당신이 무서워하는 것에 더 집중하게 만들고 두렵게 할 수 있다.[67] 또다른 관점에서 다른 연구자들은 부정적인 감정 경험을 피하는 것은 긍정적인 감정을 추구하는 것보다 긍정적인 기분을 가져올 가능성이 훨씬 낮다고 한다.[68] 예를 들면 당신이 친구와 유쾌한 대화를 한다면 적대적인 동료와 불쾌한 대화를 피하는 것보다 긍정적인 기분을 경험할 가능성이 높다.

감정 조절 기법

감정 조절을 연구하는 학자들은 사람들이 자신의 감정을 바꾸기 위해 사용하는 전략을 연구한다. 감정 조절 기법 중 하나는 감정 억압으로, 이것은 문자 그대로 특정 상황에 대한 최초의 감정 반응을 차단 혹은 무시하여 억누르는 것이다. 이러한 반응은 단기적으로는 현실적인 사고를 촉진하는 것처럼 보인다. 그러나 이것은 단지 강력한 부정적 사건이 위기 상황에서 스트레스를 유발하는 감정적 반응을 보일 때만 도움이 된다.[69] 예를 들면 포트폴리오 매니저는 주식 가치의 급격한 하락에 대한 감정적 반응을 억제함으로써 어떻게 계획을 세울 것인지를 명확하게 결정할 수 있을 것이다. 위기 상황에서 사용된 억압은 개인이 감정적 사건에서 회복되는 것을 돕는 반면 일상적인 감정 조절 기법으로서 억압을 사용하는 것은 정신 능력, 감정 능력, 건강 및 인간관계에 영향을 줄수 있다.[70]

감정 조절 기법은 어려운 직장 상황에 우리가 대처할 수 있도록 도움을 주지만 연구에 따르면 그 효과는 다양한 것으로 나타나고 있다. 예를 들면 대만의 한 연구는 폭력적인 상사 밑에서 일하는 사람들은 감정적 탈진과 철회행동을 보이는 경향이 있지만 그들이 사용하는 감정 조절 전략의 정도는 다양한 차이가 있는 것으로 나타났다. 따라서 감정 조절 기법은 많은 가능성이 있지만 긍정적인 직장환경을 위한 가장 좋은 길은 긍정적인 마인드를 가진 사람을 채용하는 것이며, 관리자들이 그들의 기분, 직무 태도, 성과를 관리할 수 있도록 훈련하는 것이다.[71] 최고의 리더는 그들이 일하고 행동을 하는 만큼 감정을 잘 다스린다. 최고의 직원은 자신의 감정 조절 지식을 사용하여 언제 말하고 어떻게 효과적으로 표현할지를 스스로 결정할 수 있다.[72]

감정 조절의 윤리

감정 조절은 매우 중요한 윤리적 의미를 가지고 있다. 어떤 사람들은 감정을 통제하는 것은 일정 부분 행동을 요구하기 때문에 비윤리적이라고 주장한다. 반대로 어떤 사람들은 냉정한 관점을 가질 수 있도록 모든 감정은 통제되어야 한다고 주장한다. 두 가지 관점과 주장 사이에는 여러분이 선택해야 하는 윤리적 찬성과 반대라는 이슈가 있다. 감정 조절의 이유와 그 결과를 고려해야 한다. 여러분은 부적절하게 반응하지 않도록 감정을 조절하고 있는가? 혹은 당신이 생각하는 것을 다른 사람이 모르게 하기 위해 감정을 조절하고 있는가? 마지막으로 고려할 것은 당신은 '척하기'를 할 수 있다는 것이다. 즉 기분이 좋은 것처럼 행동함으로써 좋은 기분을 만들수도 있다는 것이다. 한 연구에 따르면 한 집단에게는 스타벅스에서 그들에게 서빙하는 바리스타와 대화만 하게 하였고, 다른 집단에는 행복한 것처럼 행동하도록 요구하였다. 그 결과 행복한 것처럼 행동한 사람들이 나중에 훨씬 더 좋은 기분이었다고 대답했다.[73]

지금까지 우리는 조직행동에서 감정과 기분의 역할을 살펴보았다. 이를 바탕으로 다음에서는 우리가 이해한 것을 보다 발전시킬 수 있도록 구체적인 적용 사례를 살펴보자.

감정과 기분을 조직행동에 적용하기

감정과 기분은 조직행동의 다양한 측면에 영향을 미칠 수 있다. 다음에서는 이에 대해 살펴보자.

선발

감성지능에 대한 연구에서 얻을 수 있는 한 가지 시사점은 고용주가 종업원을 고용할 때 특히 사회적 상호작용이 많이 요구되는 직무의 경우 감성지능을 고려해야 한다는 것이다. 실제로 많은 고용주들이 종업원을 고용하기 위해 감성지능 척도를 사용하기 시작했다. 미국 공군 선발에 대한 연구에서 가장 높은 성과를 보인 인력들은 높은 감성지능을 가지고 있었다. 이러한 결과를 활용해 공군은 선발 기준을 개정했다. 후속 연구에 따르면 높은 감성지능을 가지고 있는 사람들이 낮은 사람들에 비해 2.6배나 성공적인 것으로 나타났다.

의사결정

기분과 감정은 의사결정에서 중요한 영향을 미친다는 것을 관리자들은 알고 있어야 한다. 긍정적인 기분과 감정은 사람들이 올바른 결정을 하는 데 도움을 준다. 긍정적인 감정은 또한 문제해결 능력을 향상시키므로 긍정적인 사람들이 더 좋은 해결책을 발견한다.[74]

　조직행동 연구자들은 부정적 감정과 기분이 의사결정에 미치는 역할에 대해 계속 논의해왔다. 최근의 한 연구에서 어떤 사건으로 슬픔에 빠진 사람들은 그런 사건이 없을 때와 똑같은 결정을 내린다고 제시했지만, 어떤 사건으로 화를 내는 사람들은 항상 더 좋은 결정을 내리는 것은 아니지만 더 강한 선택을 한다고 하였다.[75] 또 다른 연구에서는 부정적인 기분에 있는 사람들이 보다 더 독창적인 사고를 반영한 선택을 하는 것을 발견했다.[76] 또 다른 연구에서는 부정적인 기분에 있는 사람들은 긍정적인 기분인 사람들보다 더 위험이 높은 선택을 하는 것으로 나타났다.[77] 이러한 연구들을 종합해보면 부정적(긍정적) 감정은 의사결정에 영향을 미치지만, 더 많은 연구가 필요한 다른 변수들이 있음을 알 수 있다.[78]

창의성

이 책에서 지금까지 살펴본 바와 같이 리더십의 목표 중 하나는 창의성을 통해 종업원들의 생산성을 극대화하는 것이다. 창의성은 감정과 기분에 의해 영향을 받지만 이들 간의 관계에 대해서는 두 가지 연구 흐름이 있다. 많은 연구자들은 좋은 기분을 가지고 있는 사람들이 나쁜 기분을 가지고 있는 사람보다 창의적이라고 주장한다.[79] 좋은 기분을 가진 사람들은 더 많은 아이디어와 대안과 독창적인 아이디어를 만들어낸다.[80] 긍정적인 기분 혹은 감정을 경험하는 사람들은 더욱 유연하고 개방적인 사고를 하며, 이것은 왜 그들이 더욱 창의적인지를 설명한다.[81] 그것이 긍정적이든 혹은 부정적이든 간에 활성화된 기분은 더욱 많은 창의성을 가져오는 반면 비활성적인 기분은 그럴 가능성이 더 낮다.[82] 예를 들면 피로감과 같은 다른 요인들이 창의성을 향상시킬 수도 있다는 것을 우리는 이전에 살펴보았다. 428명의 학생을 대상으로 한 연구에서 피곤할 때 창의적인 문제해결 과제에서 가장 좋은 성과를 낸 것으로 나타났는데, 이는 피곤이 새로운 해결책을 고려할 수 있도록 마음을 해방시켜줄 수 있음을 시사한다.[83]

동기부여

몇몇 연구에서 동기부여에 대한 감정과 기분의 중요성을 제시해왔다. 사실 혹은 거짓인지에 관계없이 성과에 대한 피드백은 사람들의 기분에 영향을 미치고, 이것은 다시 동기부여에 영향을 미친다.[84] 예를 들어 대만의 보험 모집인을 대상으로 그들의 기분을 살펴보았다.[85] 좋은 기분을 가지고 있는 모집인은 동료들에게 더욱 협조적일 뿐만 아니라 자기 자신을 더 좋게 느끼고 있었다. 이러한 요인은 높은 판매실적을 달성하게 할 뿐만 아니라 상사의 좋은 성과평가를 가져오는 것으로 밝혀졌다.

리더십

연구에 따르면 사람들을 기분 좋게 하는 것은 의미 있는 일이다. 영감적인 목표를 강조하는 리더는 종업원들로부터 더 큰 낙관주의와 열정을 끌어낼 수 있으며, 동료, 고객들과의 관계에서도 더욱 긍정적인 사회적 상호작용을 이끌어낼 수 있다.[86] 대만의 군인들을 대상으로 연구한 결과에 따르면 변혁적 리더들은 감정 공유를 통해 부하들에게 긍정적인 감정을 고취하고 높은 성과를 유도하는 것으로 나타났다.[87]

긍정적인 감정을 공유하는 리더들은 더욱 효과적인 것으로 인식되었으며, 부하들 역시 긍정적인 환경에서 더욱 창의적이다. 리더가 슬픔에 빠져 있을 때는 어떠한가? 연구에 따르면 리더가 슬픔에 빠져 있는 경우 부하들의 분석적인 성과가 증가되었는데, 이것은 부하들이 리더를 돕는 데 더 적극적으로 참여했기 때문일 것이다.[88]

고객서비스

근로자의 감정 상태는 고객서비스에 영향을 미치며, 이것은 다시 사업과 고객 만족에 영향을 미친다.[89] 이러한 결과는 주로 다른 사람의 감정을 알아채는 **감정적 감화**(emotional contagion) 때문이다.[90] 누군가 당신으로부터 긍정적인 감정을 경험하고 당신에게 웃음과 미소를 보이면 당신은 긍정적으로 반응할 것이다. 물론 그 반대인 경우도 역시 사실이다.

연구에 따르면 종업원과 고객의 감정이 일치하는 효과가 있다. 종업원과 고객의 관계에서 종업원으로부터 긍정적인 기분 혹은 감정을 인식한 고객이 더 오랫동안 쇼핑하는 것으로 나타났다. 반대로 종업원이 고객에 의해 불공정하게 대우받는다고 느낄 경우 회사에서 요구하는 긍정적인 감정을 종업원이 표현하는 것은 더 어려웠다.[91] 고품질 고객서비스는 종업원들을 종종 감정적 부조화에 빠뜨리기 때문에 직원과 조직에 피해를 줄 수 있다. 관리자들은 긍정적인 기분을 장려함으로써 부정적인 감정 전이를 막을 수 있다.

직무태도

"회사 일을 절대로 집에 가져가지 말라."라는 말은 집에 가면 회사 일은 잊어버려야 한다는 것을 의미하는가? 이것은 말하기는 쉽지만 실행은 어렵다. 좋은 소식은 회사에서의 긍정적인 기분은 일이 끝나도 유지되는 경우가 많고, 부정적인 기분은 휴식 이후 긍정적인 기분으로 회복될 수 있다는 것이다. 몇몇 연구에 따르면 직장에서 즐겁게 보낸 사람은 저녁에 집에서도 좋은 기분인 경향이 많고, 그 반대인 경우는 반대 결과를 보이는 것으로 나타났다. 다른 연구에서는 회사에서 일하던 감정을 집으로 가져가더라도 다음날이면 그 효과는 보통 사라진다는 것을 발견했다.[92] 나쁜 소식은 집에 있는 사람들의 기분이 당신의 기분에 영향을 미칠 수 있다는 것이다. 여러분이 예상한 바와 같이 부부 중 한 사람이 직장에서 부정적인 기분을 가지고 있었다면 그 기분은 저녁에 배우자에게 전이되는 것으로 나타났다.[93] 기분과 직무태도의 관계는 쌍방향이다. 즉 주중에 수행하는 일들이 기분에 영향을 미치지만 우리의 기분 역시 직무를 어떻게 보는가에 영향을 미친다.

직장에서의 일탈행동

조직에서 많은 시간을 보낸 사람이라면 누구든 규정을 위반하고, 조직이나 구성원 혹은 둘 다에게 위협적인 행동을 할 수 있다.[94] 이러한 직장에서의 일탈행동(제3장 참조)은 부정적 감정 때문일 수도 있고 다양한 형태로 나타날 수도 있다. 부정적 감정을 느낀 사람은 이로 인해 심각한 형태의 일탈행동을 할 수도 있지만, 직장에서 다른 사람을 욕하거나 인터넷을 뒤지는 등 단기적인 일탈행동을 할 가능성이 더 높은 것으로 나타났다.[95]

예를 들어 질투는 당신이 갖지 못한 좋은 자리, 큰 사무실, 더 많은 연봉 등과 같이 정말로 원하는 것을 가지고 있는 누군가를 미워할 때 일어나는 감정이며, 악의적인 일탈행동을 가져올 수 있다. 질투심을 가진 종업원은 다른 종업원을 깎아내리고 다른 사람들이 달성한 것을 모두 자기 것으로 왜곡할 수도 있다. 화가 난 사람은 자신의 나쁜 기분을 비난할 다른 사람을 찾게 되고 다른 사람의 행동을 적대적이라고 생각하며 다른 사람의 관점을 고려하지 못한다.[96] 이러한 생각이 진행되면 직접적으로 언어적 혹은 신체적 공격으로 이어질 수 있다는 것을 예측하기란 어렵지 않다.

파키스탄의 한 연구에 따르면 특히 분노는 다른 사람들에 대한 학대와 반생산적 행동 등과 같은 더욱 공격적인 일탈행동과 관련되어 있지만, 슬픔은 그렇지 않다는 것을 발견했다. 흥미롭게도 분노나 슬픔 모두 직장 내 일탈행동과 관련이 없지만 종업원들은 조직에 남아 지속적으로 다른 사람들에게 공격적인 행동을 할 수 있기 때문에 관리자들은 종업원들이 화를 내는 것을 진지하게 고려해야 한다.[97] 일단 공격이 시작되면 다른 사람이 화를 내고 공격적이게 되며, 직장에서는 일련의 부정적인 행동들이 증폭되어 나타날 것이다. 따라서 관리자들은 종업원들의 감정과 감정의 강도를 잘 측정할 수 있도록 그들과 관계를 유지할 필요가 있다.

직장에서의 안전과 부상

직장에서의 사고 증가와 부정적 감정의 관계를 연구한 결과에 따르면 고용주들은 나쁜 기분에 빠져 있는 근로자들이 위험한 업무를 하지 않도록 함으로써 종업원들의 건강과 안전을 증진할 수 있다. 나쁜 기분은 여러 가지 방식으로 직장에서의 부상에 영향을 미칠 수 있다.[98] 부정적 기분을 가지고 있는 사람은 더욱 불안해하는 경향이 있으며, 이것은 위험에 효과적으로 대응하지 못하게 할 수 있다. 항상 겁이 많은 사람은 언제 다칠지 모른다고 느끼기 때문에 안전사고에 대한 주의에 대해 비관적일 것이며, 위험한 상황에 직면할 경우 당황하거나 얼어붙을 가능성이 크다. 부정적인 기분은 또한 사람들의 마음을 다른 곳으로 흩트려놓고 이로 인해 부주의한 행동을 하게 할 가능성이 높다.

긍정적인 기분은 팀 구성원 간에 서로 전이가 되기 때문에 긍정적인 팀 구성원을 선발하는 것은 긍정적인 작업환경을 만드는 데 기여할 수 있다. 130명의 리더와 그 부하들을 대상으로 한 연구 결과 카리스마적 리더십을 가진 리더들은 감화효과를 통해 그들의 긍정적인 감정을 부하들에게 전이하는 것으로 나타났다.[99] 따라서 긍정적인 성향을 가진 구성원을 선발하는 것은 중요한 의미가 있다.

요약

감정과 기분은 둘 다 본질적으로 정서를 나타내는 유사한 개념이다. 그러나 이들은 서로 다르며, 기분은 감정에 비해 보다 일반적이고 상황과의 관련성이 더 낮다. 하루 중의 시간대, 주중의 요일, 스트레스를 주는 사건, 수면 패턴 등과 같은 많은 요인이 감정과 기분에 영향을 미친다. 조직행동론에서 감정노동, 정서사건이론, 감성지능, 감정 조절에 대한 연구는 사람들이 자신의 감정을 어떻게 다루는지를 이해하는 데 도움을 준다. 감정과 기분은 우리가 공부하는 거의 모든 조직행동론 주제와 관련이 있으며, 관리적 시사점을 제공한다.

경영자에게 주는 시사점

- 감정은 직장에서 자연스러운 부분이며, 관리를 잘한다는 것이 감정이 없는 환경을 만든다는 의미는 아니라는 것을 인식하여야 한다.
- 종업원들에게 효과적인 의사결정, 창의성, 동기부여를 장려하기 위해서는 가능한 한 진실하게 긍정적인 감정과 기분을 모델링하여야 한다.
- 직원의 긍정성을 높이기 위해서는 긍정적인 피드백을 제공하여야 한다. 물론 긍정적인 기분을 가진 성향의 사람들을 채용하는 것이 도움이 된다.
- 서비스 산업에서 긍정적인 감정을 표현하도록 장려하는 것은 고객들로 하여금 보다 긍정적인 기분을 느끼게 하고, 고객서비스를 위한 상호작용과 협상을 증진한다.
- 직장 동료와 다른 사람들의 행동을 설명하고 예측하는 능력을 의미 있게 향상하기 위해서는 감정과 기분의 역할을 이해해야 한다.

성격과 가치관

1. 성격이 무엇인지, 어떻게 측정하는지, 그리고 성격을 구성하는 요인들은 무엇인지 설명할 수 있다.
2. MBTI 모델과 빅 파이브 성격 모델의 장단점을 설명할 수 있다.
3. 심층적 자기평가, 자기감시, 그리고 적극적인 성격의 개념이 성격에 대한 이해에 어떻게 기여하는지를 설명할 수 있다.
4. 성격이 행동을 예측하는지의 여부에 상황이 어떤 영향을 미치는지를 설명할 수 있다.
5. 궁극적 가치와 도구적 가치를 비교할 수 있다.
6. 개인-직무 적합성과 개인-조직 적합성의 차이를 설명할 수 있다.
7. 홉스테드의 다섯 가지 가치 차원 구분과 GLOBE 모델을 비교할 수 있다.

성격

왜 어떤 사람들은 조용하고 수동적이며 다른 사람들은 시끄럽고 공격적일까? 특정한 직무에 더 잘 어울리는 성격이 있을까? 이러한 질문에 답하기에 앞서, 더 근본적인 질문에 답해야 할 것이다. 성격이란 무엇인가?

성격이란 무엇인가?

누군가의 성격에 대해 이야기할 때 우리는 그 사람이 어떻게 행동하고 생각하는 것으로 보이는지에 대하여 많은 형용사를 사용한다. 한 연구의 참여자들은 그들이 아는 사람들을 설명하기 위해 624개의 다른 형용사들을 사용했다.[1] 하지만 조직행동론을 공부하고 있는 우리는 개인 성격의 성장과 발전을 설명하는 전반적인 특성을 기술한다.

성격의 정의   우리의 목적을 위해서는 **성격**(personality)을 사람이 다른 사람들과 대응하고 소통하는 방식들의 총합이라고 이해하면 된다. 우리는 개인이 드러내는 측정 가능한 특성들로 성격을 설명한다.

성격에 대한 초기의 연구들은 개인의 행동을 설명하는 지속적인 특징들, 즉 수줍다, 공격적이다, 순종적이다, 게으르다, 야망이 있다, 충직하다, 소심하다 등을 구분하고 여기에 이름을 붙이고자 했다. 누군가가 많은 상황에서 특정한 특징을 드러내고, 시간이 지나도 그 특성이 유지될 때, 그것을 **성격 특성**(personality trait)이라고 부른다.[2] 어떠한 특징이 시간이 지나도 일정하게 지속될수록, 그리고 다양한 상황에서도 더 자주 일어날수록 그 특성이 그 사람을 설명하는 데 중요한 역할을 하게 된다.

성격의 측정   성격의 측정은 다양한 조직에서 점점 더 많이 사용되고 있다. 사실, 미국의 10대 기업 중 8개 기업[3], 그리고 제록스, 맥도날드, 로우스 등[4]을 포함한 미국 내 대기업 중 57%가 성격을 측정하고 있다. 드폴대학교와 같은 학교 역시 입학 과정에 성격 측정을 사용하기 시작했다.[5] 성격 측정 테스트는 고용 결정에 도움을 줄 뿐 아니라 특정 직무에 누가 가장 적합한지를 알 수 있게 해준다.[6]

측정 결과   성격을 측정하는 가장 흔한 방식은 사람들로 하여금 "나는 미래에 대해서 고민을 많이 한다."와 같은 문장에 대답하도록 하는 자기응답식 설문을 이용하는 것이다. 자신의 성격 테스트 결과가 고용 결정에 사용될 것을 아는 사람들은 스스로에 대해 알기 위해 테스트에 응할 때보다 성실함과 정서적 안정 부분에서 0.5 표준편차 정도 높게 답한다.[7] 이러한 방식의 측정이 지닌 또 다른 문제는 정확도이다. 예를 들어, 설문에 응답하는 날에 기분이 안 좋았던 응답자라면 부정확한 결과가 나올 가능성이 높다.

문화와 점수   연구 결과들은 우리가 속한 문화가 스스로를 평가하는 방식에 영향을 미친다는 사실을 보여준다. 미국이나 호주와 같이 개인주의적인 문화권의 사람들은 자기고양 경향을 보이는 반면, 대만, 중국, 한국과 같은 전체주의적 문화권의 국민들은 자기축소 경향을 보인다(제4장 참조). 개인주의적인 국가에서는 자기고양이 경력에 악영향을 미치지 않지만, 겸손을 미덕으로 생각하는 전체주의적 문화권에서는 악영향을 미치기 때문이다. 그러나 흥미롭게도, 과소평가, 즉 자기축소는 개인주의적 문화권과 전체주의

적 문화권 모두에서 경력에 해를 끼친다.[8]

자기보고와 관찰자 평가 관찰자 평가를 이용하는 조사는 성격에 대한 독립적인 평가를 가능하게 한다. 이 방식에서는 본인이 아닌 동료 근로자나 또 다른 관찰자가 평가를 내리게 된다. 자기보고와 관찰자 평가의 결과가 높은 상관관계를 보이기는 하지만[9], 자기보고 결과가 단독으로 사용될 때보다 관찰자 평가의 결과들이 성공적인 직무를 더 잘 예측한다. 모든 사람은 다른 사람의 행동에 대해 특별한 무엇인가를 말해줄 수 있으며, 따라서 자기보고와 관찰자 평가가 함께 사용될 때 다른 어떤 정보보다도 정확한 예측이 가능해진다. 이 사실이 암시하는 바는 명확하다. 중요한 고용 결정을 내릴 때에는 자기보고와 관찰자 평가를 모두 사용하라는 것이다.

성격의 결정 요인들 성격에 대한 초기의 논쟁들은 개인의 성격이 유전의 결과인지 환경의 결과인지에 초점을 맞추었다. 성격은 둘 모두의 영향을 받는 것으로 보인다. 하지만 연구 결과들은 환경의 중요성보다 유전의 중요성에 더 방점을 찍는 경향이 있다. **유전**(heredity)은 수정되는 순간에 결정되는 요소들을 의미한다. 신장, 얼굴, 성별, 기질, 근육의 구성과 반사 신경, 활력 수준, 그리고 바이오리듬 등의 요소들은 모두, 혹은 상당 부분 혈통, 즉 생물학적 부모의 유전적, 생리학적, 그리고 내재적인 심리학적 구성에 의해 결정된다. 그렇기에 유전을 강조하는 접근은 사람의 성격을 궁극적으로 설명하는 것이 염색체에 포함된 유전자 구조라고 주장한다. 그렇다고 해서 이들이 성격은 절대 변하지 않는다고 주장하는 것은 아니다. 예를 들어, 사람의 신뢰성(dependability) 점수는 젊은이들이 결혼을 하거나 경력을 쌓아가는 등 시간이 지남에 따라 상승하는 경향이 있다.[10] 하지만 신뢰성에는 여전히 큰 개인차가 존재한다. 사람들은 누구나 시간이 지남에 따라서 비슷한 정도로 변하고, 따라서 그들의 상대적인 순서는 전반적으로 유지된다.[11]

성격 이론

역사 전반에 걸쳐서 사람들은 개인이 다양한 방식으로 행동하게 만드는 요인이 무엇인지를 이해하고자 하였다. 우리의 행동 중 많은 부분은 성격에 기인하는 것으로 보이며, 따라서 성격의 요소를 이해하는 것은 행동을 예측하는 데 필요하다. 이 장에 등장하는 중요한 이론 모델들과 측정 도구들은 성격의 차원을 분류하고 공부하는 데 도움을 준다.

MBTI

MBTI(Myers-Briggs Type Indicator, 마이어–브릭스 성격 유형 지표)는 세계에서 가장 널리 쓰이는 성격 측정 도구이다.[12] 이것은 100가지 질문으로 이루어진 성격 테스트로, 사람들에게 특정한 상황에서 어떤 식으로 느끼고 행동하는지를 묻는다. 그 대답에 의하여 응답자들은 외향/내향(E/I), 감각/직관(S/N), 사고/감정(T/F), 판단/인식(J/P)으로 분류된다.

- **외향/내향**　외향적인 사람들을 활발하고 사교적이며 주장이 강하다. 내향적인 사람들은 조용하고 소극적이다.
- **감각/직관**　감각형의 사람들은 현실적이고 일상적인 것과 질서를 선호하며, 세부 사항에 집중한다. 직관형의 사람들은 무의식적인 영감에 의존하며 나무보다는 숲을 본다.
- **사고/감정**　사고형의 사람들은 문제를 해결하기 위해 논리와 분석을 사용한다. 감정형의 사람들은 개인적인 가치나 감정에 의존한다.
- **판단/인식**　판단형의 사람들은 통제력을 원하며 세상이 질서 정연하고 구조적이기를 바란다. 인식형의 사람들은 유연하고 즉흥적이다.

MBTI는 네 가지 짝에서 하나씩 고르는 방식으로 성격 유형을 설명한다. 예를 들어서, 내향/직관/사고/판단(INTJ)형인 사람은 독창적인 생각과 열정을 가진 선지자 타입이다. 그들은 의심이 많고, 비판적이며, 독립적이고, 의지가 강하며, 때로는 고집이 강하다. ENFJ 유형은 타고난 선생이며 리더이다. 그들은 관계 지향적이며, 동기가 높고, 직관적이며, 이상적이고, 도덕적이며, 친절하다. ESTJ 유형은 조직가들이다. 그들은 현실적이고, 논리적이며, 분석적이고, 결단력이 있어서 사업이나 기술직에 적합하다. ENTP 유형은 혁신적이고 개성이 강하며, 다재다능하고 사업적인 생각들을 즐긴다. 이 유형의 사람들은 어려운 문제를 해결하는 능력이 있지만, 일상적인 업무들을 경시하곤 한다.

MBTI의 문제 중 하나는 이 모델이 사람을 특정한 유형으로 분류할 수밖에 없다는 점이다. 즉, 한 사람은 외향적이거나 내향적으로 분류될 뿐이라는 점이다. 중간 지대는 존재하지 않는다. 또 다른 문제는 측정치의 신뢰도이다. 사람들이 이 평가를 여러 번 시행할때, 그들은 종종 다른 결과들을 얻곤 한다. 또한 결과의 해석이 어렵다는 문제도 존재한다. MBTI의 각 측면에는 중요도의 수준이 있으며, 측면들의 특정한 조합에는 추가적인 의미가 부여되고, 이 모든 해석에는 전문적인 해석이 필요하기 때문에 잘못된 해석의 가능성이 늘 존재한다. 마지막으로, MBTI의 결과들은 직무 성과와 전반적으로 무관하다.

빅 파이브 성격 모델

MBTI를 지지하는 실증적 증거는 없지만, 모든 성격 요소의 바탕에는 근본적인 다섯 가지 기본적인 성격 차원이 깔려 있으며, 이들이 성격 다양성의 중요한 부분을 대부분 설명한다고 주장하는 **빅 파이브 성격 모델**(The Big Five Model)은 수많은 연구 결과들의 지지를 받고 있다.[13] 이 특성 점수들은 사람들이 실제 상황에서 보이는 여러 행동을 예측하는 데 매우 유용하며[14] 시간이 지나도 일상적인 편차를 제외하면 상대적으로 변화가 적다.[15] 빅 파이브 요소들은 다음과 같다.

- **성실성**(conscientiousness)   성실성 차원은 믿을 수 있는 정도, 즉 신뢰도를 측정한다. 성실성이 높은 사람은 책임감이 있고 정리된 생활을 하며, 의지할 수 있고, 꾸준하다. 성실성이 낮은 사람들은 주의가 산만하고, 정리되지 않은 생활을 하며, 신뢰할 수 없다.

- **정서적 안정성**(emotional stability)   정서적 안정성은 스트레스를 견딜 수 있는 능력과 관련되어 있다. 정서적으로 안정적인 사람들은 차분하고, 자신감이 있으며 안정적이다. 높은 안정성 점수를 보이는 사람들은 긍정적이고 낙관적일 가능성이 더 높다. 그들은 점수가 낮은 사람들보다 전반적으로 더 행복하다. 정서적 안정성은 종종 그 반대 개념인 신경질성(neuroticism)으로 표현되기도 한다. 정서적 안정 점수가 낮은 사람, 즉 신경질성이 높은 사람은 주변을 경계하는 경향이 강하며, 스트레스의 신체적 · 정신적 효과들에 취약하다. 신경질성이 높은 사람은 불안해하고, 걱정을 많이 하며, 우울해하고 자신이 없다.

- **외향성**(extraversion)   외향성 차원은 관계에서 편안함을 느끼는 정도를 나타낸다. 외향적인 사람들은 대체로 사교적이고, 적극적이며, 붙임성이 좋다. 그들은 전반적으로 행복도가 높으며, 때로는 야망 있는 모습을 보인다.[16] 반면에, 내향적인 사람, 즉 외향성 점수가 낮은 사람은 생각이 깊고, 내성적이며, 소심하고, 조용하다.

- **개방성**(openness to experience)   개방성 차원은 관심사의 범위와 새로운 것에 매료되는 정도를 의미한다. 개방적인 사람들은 창의적이고, 호기심이 많으며, 미적 감각이 예민하다. 이 점수가 낮은 사람들은 관습적이며 일상적인 것들을 선호한다.

- **친화성**(agreeableness)   친화성은 다른 사람을 존중하는 경향을 나타낸다. 친화성이 높은 사람은 협동적이고, 따뜻하며, 타인을 신뢰한다. 친화성이 높은 사람이 그렇

지 않은 사람보다 더 행복하다고 생각할 수 있을 것이다. 그들이 실제로 더 행복하 긴 하지만, 아주 근소한 차이일 뿐이다. 사람들이 한 팀의 구성원을 선택할 때, 친화 성이 높은 사람들은 종종 1순위로 선택되곤 한다. 반면, 친화성이 낮은 사람들은 차 갑고 적대적이다.

빅 파이브 특성은 직장 내 행동을 어떻게 예측하는가

빅 파이브 성격 차원과 직장 내 업무 성과 사이에는 많은 관계가 있으며, 매일 새로운 관 계들이 밝혀지고 있다.[17] 업무 성과와 가장 관련성이 높은 특성인 성실성부터 시작하여 한 특성씩 차례로 살펴보자.

 일터에서의 성실성   성실성이 핵심이다. 연구자들이 최근에 언급하였듯이, "성실성 및 친화성과 관련된 개인적 특성은 복잡성, 훈련 정도, 경험과 무관하게 다양한 직무에서의 성공에 매우 중요하다."[18] 성실성에서 높은 점수를 보이는 근로자들은 직무와 관련하여 높은 이해도를 보이며, 이는 성실한 사람들이 더 많은 것들을 배우기 때문이고 (성실성 은 학교 성적과도 상관관계가 있다),[19] 이러한 사실은 더 훌륭한 업무 성과로 연결된다. 인도에서 이루어진 한 연구에 따르면, 폭력적인 관리에도 불구하고 성실한 사람들은 자 신의 직무 성과 수준을 유지하는 능력이 더 뛰어났다고 한다.[20]

다른 특성들과 마찬가지로, 성실성에도 함정이 존재한다. 성실성이 높은 사람들은 가 정보다 일을 우선시하고, 그 결과 직장에서의 임무와 가정에서의 임무 사이의 충돌, 즉 업무-가정 갈등을 더 많이 겪게 된다.[21] 또한 그들은 자신의 업무에 너무 집중한 나머지 조직 내에 도움이 필요한 다른 사람들을 돕지 못할 수도 있으며,[22] 변하는 분위기에 잘 적응하지 못한다. 이에 더해서, 성실한 사람들은 훈련 과정에서 복잡한 기술들을 배우는 데에 시간이 오래 걸릴 수도 있는데, 이는 그들이 배우는 것보다 성과를 내는 것에 더 집 중하기 때문이다. 마지막으로, 그들은 종종 창의적이지 못한 모습을 보이며, 이는 예술 적인 분야에서 특히 두드러진다.[23]

이러한 함정에도 불구하고, 성실성은 전반적인 업무 성과를 가장 잘 예측하는 특성이 다. 하지만 다른 빅 파이브 특성들 역시 직무 성과의 여러 측면들과 연관되어 있으며, 업무 와 삶의 다양한 요소들에 영향을 미친다. 〈도표 5-1〉이 이러한 관계들을 요약하고 있다.

일터에서의 정서적 안정성   다섯 가지 빅 파이브 요소 중, 정서적 안정성은 삶에 대한 만 족도, 직무만족도, 그리고 낮은 스트레스와 가장 강한 연관성을 보인다. 정서적 안정성

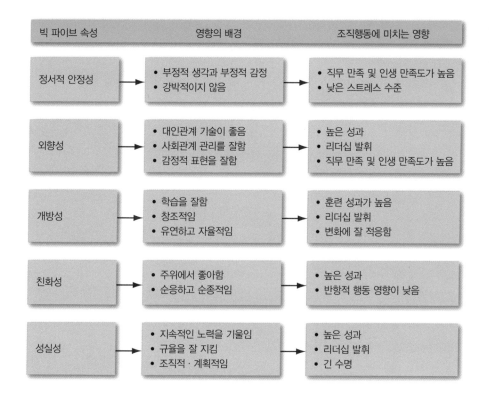

빅 파이브 속성	영향의 배경	조직행동에 미치는 영향
정서적 안정성	• 부정적 생각과 부정적 감정 • 강박적이지 않음	• 직무 만족 및 인생 만족도가 높음 • 낮은 스트레스 수준
외향성	• 대인관계 기술이 좋음 • 사회관계 관리를 잘함 • 감정적 표현을 잘함	• 높은 성과 • 리더십 발휘 • 직무 만족 및 인생 만족도가 높음
개방성	• 학습을 잘함 • 창조적임 • 유연하고 자율적임	• 훈련 성과가 높음 • 리더십 발휘 • 변화에 잘 적응함
친화성	• 주위에서 좋아함 • 순응하고 순종적임	• 높은 성과 • 반항적 행동 영향이 낮음
성실성	• 지속적인 노력을 기울임 • 규율을 잘 지킴 • 조직적·계획적임	• 높은 성과 • 리더십 발휘 • 긴 수명

이 높은 사람들은 직장에서의 예기치 못하거나 계속 변화하는 요구에 잘 적응한다.[24] 스펙트럼의 반대쪽 끝에는 이러한 요구에 대응하지 못하고 소진감을 느끼는 정서적 안정성이 낮은 사람들이 있다.[25] 이러한 사람들은 직장-가정의 갈등을 느끼는 경향이 있으며, 이는 그들의 직무 성과에 영향을 미칠 수 있다.[26]

일터에서의 외향성　외향적인 사람들은 다른 사람들과의 상호작용을 많이 필요로 하는 직종에서 훌륭한 성과를 낸다. 그들은 사회적으로 지배적인 성향을 보이며, '자신이 직접 책임을 지는' 유형의 사람들이다.[27] 외향성은 집단 내 리더십 발휘를 상당히 잘 예측할 수 있다. 외향성의 부정적인 측면은 외향적인 사람들이 내향적인 사람들보다 더 충동적이며, 결근할 확률이 더 높고, 채용 인터뷰에서 거짓말을 할 가능성이 더 크다는 점이다.[28]

일터에서의 개방성　개방적인 사람은 효과적인 리더가 될 가능성이 높으며, 모호한 상황에서 불편함을 덜 느낀다. 그들은 조직의 변화를 더 잘 받아들이며, 변화하는 상황에 더 잘 적응한다. 개방성이 직무 초기의 성과와는 연관성이 없지만, 개방적인 사람들은 시간의 흐름에 따라서 성과가 낮아질 가능성이 더 적다.[29] 또한 개방적인 사람들은 직장-가

정의 갈등을 덜 겪는다.[30]

일터에서의 친화성 사람들은 친화성이 높은 사람을 그렇지 않은 사람들보다 더 좋아한다. 친화성이 높은 사람들은 고객서비스와 같이 인간관계가 중요한 직무에 능하다. 그들은 더 순종적이고 규범을 잘 지키며, 사고를 겪을 가능성이 더 낮고, 자신들의 직무에 더 만족한다. 그들은 또한 조직시민행동(OCB, 제1장 참조)을 보임으로써 조직의 수행에 기여하기도 한다.[31] 반면에, 친화성이 낮은 사람들은 성실성이 낮은 사람들과 마찬가지로 반생산적 직무 활동(CWB, 제3장 참조)을 보일 가능성이 더 높다.[32] 낮은 친화성은 일터에서의 사고와도 연관성이 있다.[33] 마지막으로, 친화성은 직업적으로 낮은 성공(특히 낮은 임금)과 연관이 있는데, 이는 친화성이 높은 사람들이 스스로의 시장가치를 낮게 평가하며, 자신의 권리를 강하게 주장하려는 의지가 적기 때문일 수도 있다.[34]

 빅 파이브 성격 요소들은 거의 모든 문화권의 연구에서 공통적으로 나타난다.[35] 중국, 이스라엘, 독일, 일본, 스페인, 나이지리아, 노르웨이, 파키스탄, 그리고 미국에서 비슷한 결과가 나타난 바 있다. 하지만 볼리비아의 문맹 토착민들을 대상으로 이루어진 한 연구에서는 빅 파이브 성격 모델이 작고 소외된 집단의 성격을 연구할 때 잘 적용되지 않을 수도 있음을 암시했다.[36]

어둠의 세 친구

신경질성을 제외하면, 빅 파이브 성격 요소들은 모두 사회적으로 바람직하다고 여겨지는 특성들이다. 이는 사람들이 그 특성에서 높은 점수를 받는 것을 선호한다는 것을 의미한다. 이 요소들을 또한 조직 내에서 중요하게 여겨지는 결과와 가장 입증 가능한 연관성들을 보인다. 연구자들은 이에 더해서 사회적으로 **바람직하지 않은** 세 가지 특성들을 구분했으며, 이들은 우리 모두가 정도는 다르지만 어느 정도는 지니고 있고 조직 내 행동(OB)과 연관성을 보이는 특성들이다. 그것은 마키아벨리즘, 나르시시즘, 그리고 사이코패스이다. 이 요소들이 늘 동시에 발생하지는 않지만 부정적인 느낌 때문에 연구자들은 이들을 **어둠의 세 친구**(Dark Triad)라고 부른다.[37]

어둠의 세 친구라는 이름이 해롭게 들릴지도 모르겠으나, 이들은 일상적인 기능을 저해하는 임상적인 질병은 아니다. 이 특성들은 개인이 스트레스를 받는 중에 부적절한 대응을 용인할 수 없을 때 특히 강하게 나타난다. 어둠의 성격 요소가 높은 수준으로 계속 유지되면 그 사람은 자신의 직장 및 사생활에서 탈선 행동을 보일 수도 있다.[38]

마키아벨리즘 하오는 상하이 한 은행의 젊은 매니저이다. 그는 지난 4년간 세 번 승진했고, 자신의 직업을 위해 취했던 공격적인 전략에 대해 어떠한 후회도 보이지 않는다. "내 이름은 똑똑하다는 의미를 담고 있으며, 나는 실제로 그러하다. 나는 앞으로 나아가기 위해서 무엇이든지 할 것이다."라고 말하는 하오는 마키아벨리안이라고 불릴 것이다.

마키아벨리즘(Machiavellianism)이라는 성격 특성은 16세기에 어떻게 권력을 얻고 사용하는지에 관해 글을 썼던 니콜로 마키아벨리의 이름에서 따온 것이다. 마키아벨리즘이 높은 사람은 현실적이고, 감정적인 거리를 유지하며, 목적이 수단을 정당화할 수 있다고 믿는다. "효과가 있다면 무엇이든 사용하라."는 말은 마키아벨리즘의 관점과 일맥상통한다. 마키아벨리즘이 높은 사람들은 조작 행위를 더 많이 행하며, 더 많이 이기고, 다른 사람에게 설득을 잘 당하지 않지만, 마키아벨리즘이 낮은 사람보다 다른 사람들을 더 많이 설득해낸다.[39] 그들은 공격적으로 행동하며, 반생산적 직무 활동(CWB)을 보일 가능성 또한 높다. 그러나 놀랍게도 마키아벨리즘은 전반적인 업무 성과와 별다른 연관성이 없다.[40] 마키아벨리즘이 높은 직원들은 자신의 이득을 위해 다른 사람을 사용함으로써 직무에서 단기적으로는 승리를 거두지만, 장기적으로는 다른 이들에게 미움을 받기 때문에 그러한 이득들을 잃어버리게 되기 때문으로 보인다.

마키아벨리즘적인 경향에 대해서는 도덕적으로도 고려해야 할 지점들이 존재한다. 한 연구 결과에서는 마키아벨리적 구직자들은 지원 기업이 기업의 사회적 책임(CSR, 제3장 참조)에 높은 관심을 두고 있다는 사실에 긍정적인 영향을 덜 받았는데,[41] 이는 마키아벨리안들은 지속 가능성의 문제에 관심이 크게 없음을 암시한다. 또 다른 연구에서는 마키아벨리안들의 도덕적 리더십 행동들은 직원들의 직무 몰입으로 이어질 가능성이 낮았는데, 이는 직원들이 마키아벨리안들의 행동들을 꿰뚫어보고 그들의 행동이 표면적인 것에 불과하다는 사실을 눈치 챘기 때문이었다.[42]

나르시시즘 사브리나는 관심의 중심이 되는 것을 좋아한다. 그녀는 거울 속 자신의 모습을 자주 보며 미래에 대해 화려한 꿈들을 꾸고 스스로 재능이 많은 사람이라고 생각한다. 사브리나는 나르시스트이다. 이 특성은 너무 허영심이 많고 자신감이 많아서 스스로의 모습과 사랑에 빠졌던 그리스 신화의 등장 인물 나르시스에서 이름을 따왔다. 심리학에서, 나르시시즘은 스스로의 중요성에 대해 거창한 생각을 가지고 있으며, 엄청난 양의 찬양을 받고자 하며, 교만한 사람들을 설명한다. 나르시시즘 성향이 강한 사람은 종종 엄청난 성공에 대한 환상을 가지며, 자신이 처한 상황과 주변 사람들을 착취하고, 스스로 자격이 있다고 여기며, 공감 능력이 떨어진다.[43] 하지만 나르시시스트들은 극도로 예민하고 여린 사람들이 되기도 한다.[44] 그들은 또한 화를 자주 낼 수도 있다.[45]

나르시시즘이 직무 성과나 조직시민행동(OCB)과 연관성이 크게 없을 것처럼 보이지만[46] 개인주의적인 문화권에서 나르시시즘은 반생산적 직무 활동(CWB)의 가장 큰 예측변수이다. 하지만 자기 과시를 안 좋게 여기는 전체주의적 문화권에서는 이러한 현상이 나타나지 않는다.[47] 나르시시스트들은 일반적으로 자신이 맡은 직무 이상의 능력이 있다고 생각한다.[48] 자신의 수행성과에 대한 피드백을 받을 때, 그들은 자신이 스스로를 보는 방식과 맞지 않는 정보는 걸러내곤 하지만, 적절한 보상이 주어질 때 그들은 더 열심히 일한다.[49]

긍정적인 측면을 보자면, 나르시시스트들은 다른 이들보다 카리스마가 더 강한 편이다.[50] 그들은 또한 다른 분야보다 사업 분야에서 더 자주 발견된다. 그들은 리더의 자리에 오를 가능성이 높으며, (극도로 높거나 극도로 낮지 않은) 적당한 수준의 나르시시즘은 리더십 효과와 정적 상관관계가 있다.[51] 몇몇 연구 결과들은 나르시스트들이 적응력이 뛰어나며 복잡한 문제를 직면했을 때 다른 이들보다 더 좋은 결정을 내린다는 사실을 보여준다.[52] 또한 노르웨이의 은행 직원들을 대상으로 이루어진 연구에서는 나르시시즘 점수가 높은 사람들이 자신의 일을 더 즐겼다는 결과가 나타났다.[53]

사이코패스 조직행동론에서 말하는 사이코패스는 어둠의 세 요소 중 하나이지만 임상적인 정신질환을 의미하지 않는다. 조직행동론의 **사이코패스**(psychopathy)는 다른 사람에 대한 관심의 부재, 그리고 어떠한 행동이 피해를 입혔을 때 느끼는 죄책감이나 후회의 부재로 정의된다.[54] 사이코패스 경향의 측정치들은 사회 규범을 따르려는 의도, 충동성, 원하는 결과를 얻기 위해 속임수를 사용하려는 의도, 그리고 무시, 즉 다른 사람들에 대한 공감적 관심의 부재 등을 측정한다.

사이코패스 경향이 업무 행동에서 중요한지의 여부에 대해서는 연구 결과가 일관적이지 않다. 한 연구에서는 직무 성과 및 CWB가 사이코패스 경향과 연관성이 거의 없다는 결과가 나왔다. 또 다른 연구에서는 사이코패스와 깊은 연관성이 있는 반사회적 성격이 조직 내 승진과는 정적 상관이 있었지만, 직무 성공이나 성과의 다른 측면과는 관련성이 없었다.[55] 또 다른 연구 결과들은 사이코패스 성향이 영향력을 미치기 위한 (위협, 조작 등) 극단적인 전략의 사용 및 (물리적 혹은 언어적 위협과 같은) 괴롭힘 행동과 연관성이 있음을 보여주었다.[56] 사이코패스 성향이 높은 사람들이 보이는 교활함은 그들이 조직에서 권력을 차지하도록 만들어주지만 그들이 스스로나 조직을 위한 건강한 목표를 위해 그 권력을 사용하지 않도록 한다.

다른 특성들   어둠의 세 친구는 현재의 성격 연구에서 관심을 가지는 세 가지 지배적인 부정적인 성격 특성을 연구하기에 유용한 모델이지만, 연구자들은 그 외의 특성에 대해서도 탐구하고 있다. 현재 수면 위로 떠오르고 있는 한 모델은 빅 파이브에 기반을 두고 다섯 가지의 일탈적인 특성을 다룬다. 첫째, 반사회적(antisocial) 사람들은 타인에게 관심이 없고 냉담하다. 그들은 자신의 외향성을 이용하여 사람들을 매료시키지만, 폭력적인 CWB를 범하거나 위험한 결정을 내리는 경향이 높을 수 있다. 둘째, 경계성(borderline)이 높은 사람들은 자존감이 낮으며 불확실성을 많이 느낀다. 그들은 직장에서의 소통에서 예측이 힘든 행동을 보이며, 비효율적이고, 낮은 직무만족도를 보이기도 한다.[57] 셋째, 분열형(schizotypal)의 사람들은 괴팍하며, 체계적이지 않다. 직장에서 그들은 업무 스트레스에 취약하지만 높은 창의성을 보이기도 한다. 넷째, 강박적인(obsessive-compulsive) 사람들은 완벽주의자들이며, 때로는 고집스럽지만 사소한 디테일에 신경을 쓰고, 업무 윤리가 강하며, 성과를 달성하려는 동기가 높다. 다섯째, 회피성(avoidant)의 사람들은 스스로 부적절하다고 느끼며 비판을 싫어한다. 그들은 상호작용을 크게 필요로 하지 않는 환경에서만 제대로 기능할 수 있다.[58]

조직행동론에 중요한 다른 성격 요인

지금까지 다루었듯이, 성격 특성에 대한 연구들은 조직행동론에 많은 도움이 된다. 여기서는 조직 내 행동을 잘 예측할 수 있는 다른 성격 요인을 알아볼 것이다. 이들은 심층적 자기평가(core self-evaluation, CSE), 자기감시(self-monitoring), 그리고 적극성(proactive personality)이다.

심층적 자기평가

제3장에서 다루었듯이, 심층적 자기평가(core self-evaluations, CSE)는 사람들이 스스로의 능력, 가능성, 그리고 사람으로서의 가치에 대해서 지닌 핵심적인 결론이다. 긍정적인 자기평가를 하는 사람들은 스스로를 좋아하며, 자신이 효과적이고 상황에 대한 통제력이 있다고 믿는다. CSE가 낮은 사람들은 스스로를 좋아하지 않으며, 자신의 능력을

의심하고, 자신이 상황에 대한 통제력이 없다고 믿는다.[59] CSE가 높은 사람들이 자신의 직무에서 더 많은 도전들을 발견하고 더 복잡한 직무를 맡게 되기 때문에 CSE가 직무만족도와 관련이 있다는 점을 기억하자.

긍정적 자기평가를 보이는 사람들은 더 의욕적인 목표를 설정하고, 자신의 목표에 더 집중하며, 그 목표를 달성하기 위해 더 오래 노력하기 때문에 다른 이들보다 더 훌륭한 성과를 달성한다. CSE가 높은 사람들은 더 양질의 고객서비스를 제공하고, 동료들에게 인기가 더 많으며, 더 안정적으로 경력을 시작하고, 시간이 지나면 더 빨리 승진한다.[60] 그들은 자신의 일이 의미가 있고 다른 이들에게 도움이 된다고 느낄 때 특히 탁월한 성과를 낸다.[61] 따라서 CSE가 높은 사람들은 CSR이 높은 조직에서 꽃을 피운다.

자기감시

조이는 직장에서 늘 문제를 겪는다. 그녀가 능력 있고, 열심히 일하며, 생산력이 뛰어남에도 불구하고 늘 성과 평가에서 평균적인 점수를 받으며, 상사들을 짜증나게 하는 것으로 자신의 경력을 쌓아가는 것처럼 보인다. 조이의 문제는 그녀가 정치적인 능력이 부족하고 상황의 변화에 맞추어서 스스로의 행동을 조절하는 능력이 떨어진다는 점이다. 그녀는 "나는 스스로에게 솔직해요. 다른 사람들을 만족시키기 위해 나 자신을 바꾸지 않아요."라고 말한다. 그녀는 자기감시 성향이 낮은 사람이다.

자기감시(self-monitoring)는 외적·상황적 요소들에 맞추어서 스스로의 행동을 조절하는 능력을 의미한다.[62] 자기감시 능력이 높은 사람들은 상황적인 외부요인에 맞춰서 스스로의 행동을 조절하는 일에 상당한 적응력을 보인다. 이들은 외부의 신호에 무척 예민하며 다양한 상황에서 다르게 행동할 수 있어서, 때로는 공공장소에서의 모습과 개인적인 모습 사이에 엄청난 차이를 보이기도 한다. 연구 결과, 자기감시 성향이 높은 사람들은 자기감시 성향이 낮은 사람들에 비해 다른 사람들의 행동에 관심을 더 기울이며, 주변에 순응하는 능력이 더 뛰어나다고 한다.[63] 조이와 같이 자기감시 성향이 낮은 사람들은 스스로를 그런 식으로 감추지 못한다. 그들은 모든 상황에서 자신의 진정한 성향을 드러내는 경향이 있다. 따라서 그들은 정체성과 행동 사이에 높은 일관성을 보인다.

적극성

어떤 이들이 능동적으로 나서서 현재의 상황을 더 낫게 바꾸거나 새로운 상황을 만들어 나가는 모습을 본 적이 있는가? **적극적인 성격**(proactive personality)의 사람들은 상황에 대응하기만 하는 사람들과 달리 기회를 잡아내고, 진취성을 보이며, 행동을 취하고, 의미 있는 변화가 일어날 때까지 그대로 밀어붙인다.[64] 적극적인 사람들은 조직이 탐내는 다양한 긍정적인 행동을 보인다. 그들은 업무 성과 수준이 높으며[65] 관리나 감독을 크게 필요로 하지 않는다.[66] 그들은 직무 요구사항의 변화를 잘 받아들이며 스스로의 능력에 맞추어서 직무 내용을 비공식적으로 재구성할 수 있을 때 훌륭한 성과를 낸다. 적극적인 사람들은 성공적인 커리어를 쌓아가는 경우가 많다.[67]

적극적인 성격은 팀으로 구성된 업무에서 중요하기도 하다. 33개 중국 기업의 95개 R&D 팀을 대상으로 이루어진 한 연구 결과, 평균적으로 적극적인 성격의 수준이 높은 팀들이 더 혁신적이었다.[68] 적극적인 사람은 다른 팀원들과 정보를 공유할 가능성이 높으며, 이 과정을 통해 신뢰 관계를 쌓을 수 있게 된다.[69] 다른 특성과 마찬가지로, 적극적 성격 역시 상황에 의해 영향을 받는다. 중국 내 은행 지점의 팀을 대상으로 이루어진 한 연구에서는 팀의 리더가 적극적이지 않았을 경우, 그 팀의 잠재적인 적극성이 발휘되지 않거나, 더 안 좋은 경우에는 리더에 의해서 팀의 적극성이 억제되었다고 한다.[70] 적극성의 함정을 보여주는 사례는 플라망어를 사용하는 231명의 구직자를 대상으로 한 연구에서 드러났는데, 이 연구 결과에 따르면 적극적인 사람들이 구직 활동을 더 쉽게 포기했다고 한다. 실패를 마주했을 때 뒤로 물러서는 것 역시 적극성의 일면일 수도 있는 것이다.[71]

성격과 상황

앞에서 우리는 성격의 형성에서 환경보다 유전이 더 큰 역할을 한다는 내용의 연구 결과를 다루었다. 하지만 환경이 성격과 무관한 것은 아니다. 빅 파이브를 비롯한 몇몇 성격 특성들은 거의 모든 환경이나 상황에서 영향을 드러낸다. 하지만 특정한 성격 특성이 행동에 미치는 효과는 상황에 따라서 달라진다는 사실도 분명하다. 상황의 힘과 특성 활성화라는 두 이론 모델이 이 과정을 설명하는 데 도움을 준다.

상황의 힘 이론

부서에서 회의를 하는 중이라고 상상해보자. 그 상황에서 당신이 도중에 나가거나, 동료에게 소리를 지르거나, 모두에게 등을 돌릴 가능성이 얼마나 되겠는가? 아마도 아주 낮을 것이다. 이제 집에서 일을 하는 중이라고 가정해보자. 당신은 잠옷을 입거나, 음악을 듣고, 혹은 토막잠을 잘 수도 있을 것이다.

상황의 힘 이론(situation strength theory)은 성격이 행동으로 이어지는 방식은 상황의 힘에 좌우된다고 주장한다. 상황의 힘은 규범, 신호, 그리고 기준이 적절한 행동을 규정하는 정도를 의미한다. 강한 상황은 무엇이 옳은 행동인지를 알려주고, 그 행동을 취하도록 압박을 주며, 잘못된 행동을 억제한다. 반대로, 약한 상황에서는 '무엇을 하든 상관없으며', 따라서 스스로의 성격을 행동으로 표현할 수 있는 자유가 더 크다. 성격 특성들은 강한 상황보다 약한 상황에서 행동을 더 잘 예측한다.

상황의 힘을 구성하는 요소   연구자들은 조직 내 상황의 힘을 네 가지 요소로 규정했다.[72]

1. **명확성**(clarity)은 직무에 따라오는 의무 및 책임에 대한 신호들이 가용 가능하고 명료한 정도를 의미한다. 명확성이 높은 직무는 사람들이 무엇을 해야 하는지를 쉽게 파악할 수 있게 함으로써 강한 상황들을 구성한다. 예를 들어서, 관리인의 업무는 유모의 업무에 비해서 각 임무에 대해 더 높은 명확성이 있을 것이다.

2. **일관성**(consistency)은 직무에 따라오는 의무 및 책임에 대한 신호들이 일치하는 정도를 의미한다. 일관성이 높은 직무의 신호들은 모두 같은 방향의 특정한 행동들을 향하기 때문에 높은 일관성은 강한 상황들을 구성한다. 급성 환자 담당 간호사의 직무는 경영자의 직무보다 더 높은 일관성을 보일 것이다.

3. **제약**(constraints)은 결정이나 행동을 내리는 개인의 자유가 스스로 통제할 수 없는 힘에 의해 제한되는 정도를 의미한다. 제약이 많은 직무에서는 개인의 재량이 제한되기 때문에 강한 상황으로 이어진다. 은행 조사관의 업무에는 삼림 감시원의 업무보다 더 많은 제약이 따를 것이다.

4. **결과의 중요성**(consequences)은 결정이나 행동이 조직 및 조직의 구성원, 고객, 공급자 등에게 중요한 영향력을 미치는 정도를 의미한다. 중요한 결과물이 따르는 직무의 환경은 실수를 방지하기 위해 구조화되어 있을 가능성이 높기 때문에 강한 상황을 구성한다. 예를 들어서 외과의사의 직무는 외국어 강사의 직무보다 더 중요한 결과들로 이어진다.

조직의 상황   일부 연구자는 조직이란 그 정의 자체로 이미 강한 상황을 구성한다고 생각하는데, 이는 조직이 개인의 행동을 지시하는 규율, 규범, 기준을 강요하기 때문이다. 이러한 제약들은 보통 합리적이다. 예를 들어서 누구도 조직의 구성원이 성폭력을 범해도 괜찮다고 느끼거나, 미심쩍은 회계 방식을 사용하거나, 자신이 원할 때에만 출근하기를 원하지는 않을 것이다.

상황의 힘을 구성하는 요소들은 종종 조직의 규율과 가이드라인에 의해 정해지며, 그에 의해서 약간의 객관성이 더해진다. 하지만 이러한 규율에 대한 인식은 사람들이 상황의 힘에 대응하는 방식에 영향을 미칠 수 있다. 예를 들어, 평소에 자발적인 사람들은 단순한 임무에 대해서 자세히 단계적으로 서술된 명확성이 높은 설명들을 자신의 능력에 대한 불신으로 받아들일 수 있다. 규율을 따르기를 좋아하는 다른 사람은 자세한 설명을 선호할 수도 있다. 그들의 반응 그리고 그들의 직무 태도는 상황에 대한 그들의 인식을 반영한다.[73]

다양한 시스템을 관리하기 위해서 강력한 규율들을 만드는 것은 어려울 뿐 아니라 어리석은 행동이다. 요약하자면, 경영자들은 일터에서 상황의 힘이 가진 영향력을 인지하고 적절한 균형을 찾아야 한다.

특성 활성화 이론

성격과 상황의 관계를 이해하기 위한 또 다른 중요한 모델은 **특성 활성화 이론**(Trait Activation Theory, TAT)이다. TAT는 어떠한 상황, 사건, 혹은 개입이 다른 상황, 사건 혹은 개입보다 특정한 특성을 더 많이 '활성화'한다고 생각한다. TAT를 적용하면 우리는 특정한 성격에 어떠한 직무가 어울리는지를 예측할 수 있다. 예를 들어서, 수임료 기반 차등보상은 개인에 따라서 다른 반응으로 이어질 텐데, 이는 외향적인 사람들이 다른 이들, 예를 들어 개방적인 사람들보다 보상에 더 민감하기 때문이다. 반대로, 창의성을 장려하는 직업군에서는 개방성의 차이가 외향성의 차이보다 목표 행동을 더 잘 예측할 수도 있다. 구체적인 예시는 〈도표 5-2〉에서 볼 수 있다.

TAT는 또한 성격의 경향에도 영향을 미친다. 예를 들어, 최근의 한 연구에서는 온라인 학습에 참여하던 사람들의 행동이 컴퓨터로 모니터링 되었을 때 대응하는 방식에서 개인차가 발견되었다. 실패에 대한 두려움이 많은 사람들은 다른 이들보다 모니터링으로 인해서 불안을 더 많이 느꼈으며, 그 결과 다른 이들에 비해서 적게 배우게 되었다. 이 경우 (컴퓨터로 이루어지는 모니터링이라는) 환경이 (실패에 대한 두려움이라는) 특성을 활성화하였고, 이 두 가지의 결합은 직무 수행능력의 저하로 이어졌다.[74] TAT는 긍정적인 효과를 낳을 수도 있다. 한 연구 결과에 따르면, 지지적인 환경에서는 모든 사람들이 친사회적으로 행동했지만, 거친 환경에서는 친사회적인 경향을 가진 사람들만이 그렇게 행동했다.[75]

디테일을 보는 세밀함이 필요	사회적인 기술 필요	경쟁적인 직무	혁신 필요	화난 사람들에게 대응할 수 있는 능력	시간적 압박 (데드라인)
점수가 높은 직업들(여기에 나온 특성들은 이러한 직무에서의 행동을 예측한다)					
항공 교통 관제사 회계사 법률비서	성직자 치료사 수위	코치/스카웃 재무관리인 판매 대리인	연기자 시스템 분석가 광고 작가	교도관 텔레마케터 비행 승무원	방송 뉴스 분석가 에디터 비행 조종사
점수가 낮은 직업들(여기에 나온 특성들은 이 직종들에서의 행동을 예측하지 못한다)					
수목 관리원 마사지사 모델	소프트웨어 엔지니어 펌프 작업자 방송 기술자	우체국원 역사학자 핵융합 운영자	법원 속기사 기록 보관 담당자 의료 기술자	작곡가 생물학자 통계학자	피부관리 전문가 수학자 피트니스 트레이너
점수가 높은 직원들이 활성화하는 성격 특성들(즉, 행동의 예측에 있어서 해당 특성이 유용해진다)					
성실성(+)	외향성(+) 친화성(+)	외향성(+) 친화성(−)	개방성(+)	외향성(+) 친화성(+) 신경질성(−)	성실성(+) 신경질성(−)

도표 5-2 특성 활성화 이론 : 특정한 빅 파이브 특성이 중요성을 보이는 직업

주 : 플러스(+) 사인은 이 특성에서 높은 점수를 받은 사람이 이 직업에서 훌륭한 성과를 낼 것이라는 의미이다. 마이너스(−) 사인은 이 특성에서 낮은 점수를 받은 사람이 이 직업에서 훌륭한 성과를 낼 것이라는 의미이다.

상황의 힘과 특성 활성화 이론들은 유전 대 환경(Nature vs. Nurture)에 대한 토론이 실제로는 유전 그리고 환경(Nature and Nurture)으로 표현되는 것이 더 적절할지도 모른다는 사실을 시사한다. 두 요소 모두 행동에 영향을 미칠 뿐 아니라, 그 둘 사이에는 상호작용이 존재하기 때문이다. 즉, 성격과 상황은 모두 직무 행동에 영향을 미칠 수 있지만, 적절한 상황이 갖추어진다면, 행동에 대한 성격의 예측력은 더욱 강해진다.

가치관

지금까지 성격 특성에 대한 내용을 다루어보았으니, 이제는 가치관에 대해 이야기해보자. 가치관은 종종 매우 구체적이며 사람들의 행동 경향보다는 신념의 시스템을 설명한다. 어떠한 믿음이나 가치관이 사람의 성격을 반영하기도 하지만, 사람들이 늘 자신들의 가치관에 부합하는 방식으로만 행동하는 것은 아니다. 사형 제도는 옳은가, 옳지 못한가? 권력을 욕망하는 것은 옳은가, 옳지 못한가? 이러한 질문에 대한 대답에는 가치관이 담겨 있다.

가치관(values)은 '특정한 행동 방식이나 결과 상태가 개인적으로나 사회적으로 보았을 때 반대되는 행동 방식이나 결과보다 더 낫다.'는 기본적인 믿음을 반영한다.[76] 가치관에는 판단적인 요소가 들어 있다. 이는 가치관에는 무엇이 옳고, 무엇이 좋으며, 무엇이 바랄 만한지에 대한 개인의 판단이 들어 있기 때문이다. 가치관에는 내용과 강도라는 두 가지 특성이 모두 들어 있다. 내용은 행동 방식이나 결과 상태가 **중요**하다는 사실을 말한다. 강도는 그것이 얼마나 **중요한지**를 말한다. 어떤 사람의 가치들을 그 강도에 따라서 순위를 매겼을 때 우리는 그 사람의 **가치 체계**(value system)를 알 수 있게 된다. 모든 사람들은 자유, 쾌락, 자존감, 정직, 순종, 그리고 평등과 같은 가치들에 스스로가 부여하는 상대적인 가치에 따라서 구성되는 가치의 위계를 갖고 있다. 가치관은 상대적으로 안정적이며 지속적인 경향이 있다.[77]

가치관은 사람들의 태도와 동기를 이해할 수 있는 배경이 되며, 우리의 인식에 영향을 미친다. 어떤 조직에 들어갈 때 우리는 무엇이 '옳고' 무엇이 '옳지 않은지'에 대해 사전에 형성된 관념을 가지고 들어간다. 이 관념은 옳고 그름에 대한 우리의 해석, 그리고 특정한 행동이나 결과에 대한 우리의 선호를 포함한다. 그것들이 우리의 판단을 명확하게 하든지 편향되게 하든지 간에, 우리의 가치관은 일터에서 우리의 태도와 행동에 영향을 미친다.

가치관이 때로는 선택에 도움을 주지만, 때로는 객관성과 합리성을 흐리게 만들기도 한다.[78] 당신이 임금을 성과에 따라서 배분하는 것이 옳으며, 근속연수에 따라서 임금을 책정하는 것은 잘못이라는 신념을 가지고 어떤 조직에 들어갔다고 생각해보자. 입사한 조직이 성과가 아닌 근속연수를 기준으로 보상을 제공한다는 사실을 알게 된다면 어떻게 반응할 것인가? 당신은 아마도 실망할 것이다. 이로 인하여 직무에 불만족하게 되거나 '그래 봤자 돈으로 이어지지 않을 것'이기 때문에 많은 노력을 쏟지 않는 행동으로 이어질 수 있다. 당신의 가치관이 조직의 임금 정책과 일맥상통했다면 당신의 태도와 행동이 달라졌을까? 아마도 그랬을 것이다.

궁극적 가치와 도구적 가치

가치를 어떻게 분류할 수 있을까? 밀턴 로키치는 가치를 두 가지로 분류할 수 있다고 주장했다. 한 세트는 **궁극적 가치**(terminal values)이며 바람직한 결과 상태를 의미한다. 이

가치들은 사람들이 인생 전반에 걸쳐서 이루고 싶어 하는 목표들이다. 두 번째 세트는 **도구적 가치**(instrumental values)이며 바람직한 행동 방식, 혹은 궁극적 가치를 달성하기 위한 방법을 의미한다. 사람들은 누구나 결과, 즉 궁극적 가치와 방식, 즉 도구적 가치 모두에 중요성을 부여한다. 궁극적 가치에는 번영과 경제적 성공, 자유, 건강과 안녕, 세계 평화, 그리고 삶의 의미 등이 포함된다. 도구적 가치에는 자율성과 독립성, 개인적 훈련, 친절, 그리고 목표 지향성 등이 포함된다. 궁극적 가치와 도구적 가치 사이에 균형을 잡는 것은 중요하며, 이 균형을 어떻게 달성하는지를 이해하는 것 역시 중요하다.

세대별 가치관

연구자들은 미국 내 노동 인구에서 다른 세대들이 지니는 공통적인 가치관을 파악하기 위해 일터에서의 가치관을 분류하는 분석을 시도해왔다.[79] 베이비 붐 세대, X세대, 밀레니얼 세대와 같은 명칭은 아마도 당신에게 익숙할 것이며, 이들 중 몇몇은 전 세계적으로 사용되고 있다. 분류 체계가 도움이 되긴 하지만 이것들은 개인의 믿음이 아니라 전체 흐름을 나타내는 것이라는 사실을 기억할 필요가 있다.

　세대별 가치관에 대해 생각하는 일이 흥미롭긴 하지만, 이러한 분류에는 실증적인 연구 기반이 존재하지 않는다. 초기의 연구들은 방법론적인 문제 때문에 실제로 차이가 존재하는지를 정확히 감지할 수 없었다. 기존 연구에 대한 분석 결과들은 세대에 대한 일반화가 대부분 과장되었거나 잘못되었음을 시사한다.[80] 세대 간에 존재하는 실제 차이들은 세대 차이에 대한 일반적인 생각을 지지하지 않는 경우들이 많다. 예를 들어, 여가에 부여하는 가치는 베이비붐 세대에서 밀레니얼 세대에 이르면서 점점 늘어났으며 일을 중요하게 여기는 정도는 점점 줄어들었다. 그리고 밀레니얼 세대는 이전의 세대에 비해 이타적인 직무 가치를 보이지 않았다.[81] 세대에 따른 구분은 우리 자신과 다른 세대들을 더 잘 이해하는 데 도움을 줄 수 있긴 하지만, 그러한 구분의 한계 역시 인지하고 있어야 한다.

직장에서의 성격과 가치

30년 전의 기업들은 개인을 특정한 직무에 배정하는 일에 관심이 있었기 때문에 성격에 관심을 가졌다. 그러한 고민은 오늘날에는 개인의 성격과 가치관이 조직과 잘 맞는지에 대한 관심으로 확장되었다. 그 이유는 무엇일까? 오늘날의 경영자들은 특정한 직무

를 수행할 수 있는 능력보다 다양한 상황에 적응하고 조직에 계속적으로 헌신할 수 있는
직원들의 유연성에 더 관심이 있기 때문이다. 그럼에도 불구하고, 경영자들이 가장 먼저
관심을 갖는 적합성은 개인-직무 적합성이다.

개인-직무 적합성

직무의 요구사항을 개인의 성격 특성과 맞추려는 노력은, 실증적으로 입증되었으며
전 세계적으로 사용되는 이론인 존 홀랜드의 **성격-직무 적합성 이론**(personality-job
fit theory)으로 설명된다.[82] 직업 선호 조사 설문지(The Vocational Preference Inventory
questionnaire)는 160여 가지 직업들을 포함한다. 응답자들은 자신이 좋아하는 직업과 그
렇지 않은 직업을 구분하고, 그들의 응답이 모여서 성격 프로필이 구성된다. 홀랜드는
여섯 가지 성격 유형을 제시하며 직무만족도와 이직하려는 경향은 개개인이 자신의 성
격을 자신의 직무에 얼마나 잘 맞추는지에 따라서 달라진다고 하였다. 〈도표 5-3〉은 여
섯 유형들, 각각의 성격 특징들, 그리고 각각에 어울리는 직업의 예시를 보여준다.

　직무에 대한 노동자의 기대에 대해서 개인-직무 적합성이 주는 의미에는 문화적인 차
이가 있다. 개인의 의견이 경영자에 의해서 존중되고 받아들여지는 개인주의적 국가에
서는 개인-직무 적합도의 증가가 개인의 직무 만족으로 연결된다. 그러나 전체주의적
국가에서는 개인-직무 적합도가 직무 만족을 잘 설명하지 못하는데, 이는 그들이 그러
한 기대를 갖지 않고, 그만큼 적합도를 높이기 위한 노력도 하지 않기 때문이다. 그러므
로 전체주의적 문화에서 활동하는 경영자들은 개인과 직무의 적합도를 높이는 방식으로
직무를 설계함으로써 문화적 규범을 거스르지 않도록 주의해야 한다. 오히려 기존에 구
조화되어 있는 직무에 잘 들어맞는 사람을 찾기 위해 노력하는 게 낫다.[83]

개인-조직 적합성

연구자들이 사람과 조직 및 직무 사이의 적합성에 관심을 가진다는 사실은 앞에서 알아
보았다. 다이내믹하고 변화가 많은 환경을 가지며 업무를 자주 바꾸고 여러 팀을 옮겨
다닐 수 있는 구성원을 필요로 하는 조직의 경우에는 직원의 성격이 특정한 업무와 어울
리는 것보다 조직의 전반적인 문화와 어울리는 것이 더 중요하다.

　개인-조직 적합성(person-organization fit)은 사람들이 자신의 가치관과 맞는 조직에
매력을 느끼고 그러한 조직에서 일하게 될 것이며, 자신의 성격과 적합하지 않은 조직은
떠날 것이라는 이론이다.[84] 빅 파이브 이론의 용어로 예를 들자면, 외향적인 사람은 공

유형	성격 특성	관련 직업
현실적 : 기술, 힘, 조정을 요구하는 신체적 활동을 선호	수줍음, 진실된, 일관성 있는, 안정적, 수용적, 실용적	기계공, 드릴 프레스 기사, 조립 라인 작업, 농부
탐구적 : 생각, 조직, 이해를 요구하는 활동을 선호	분석적, 창의적, 호기심 많은, 독립적인	생물학자, 경제학자, 수학자, 기자
사회적 : 타인을 도와주고 개발하는 활동을 선호	사회적, 친근한, 협력적, 이해심 많은	사회사업가, 교사, 상담가, 임상심리학자
전통적 : 질서 정연하고 모호하지 않은, 규칙에 따라서 일하는 것을 선호	규칙 준수, 효율적, 실용적, 상상력 없음, 융통성 없음	회계사, 대기업 관리자, 은행창구직원. 사무직원
진취적 : 다른 사람에게 말로써 영향력을 행사하고 권력을 획득하는 활동을 선호	자신감 있는, 야심적인, 열정적인, 지배적인	법률가, 부동산 에이전트, PR 전문가, 중소기업 경영자
심미적 : 창의적 표현을 허용하는 모호하고 비체계적인 활동을 선호	상상력이 풍부한, 불규칙적, 이상적, 감정적, 비실용적인	미술가, 음악가, 작가, 실내장식가

도표 5-3 홀랜드의 성격 유형과 적절한 직업 모델

격적이고 팀 기반으로 구성된 문화에 잘 어울리고, 친회성이 높은 사람은 지지적인 조직 문화에 잘 어울리며, 개방적인 사람은 전통보다 혁신을 중요시하는 문화에 잘 어울릴 것이라는 점을 예상할 수 있다.[85] 고용 결정을 내릴 때 이러한 가이드라인을 따르는 것은 조직의 문화에 더 잘 적응할 직원을 선발할 수 있게 해줄 것이며, 이는 더 높은 직무 만족과 더 낮은 이직률로 이어질 것이다. 개인-조직 적합성에 대한 연구는 사람들의 가치관이 조직의 문화에 맞는지에 대해서도 관심을 가졌다. 적절한 조화는 직무 만족, 조직 헌신, 그리고 낮은 이직률을 예측한다.[86]

적합성을 추구하는 오늘날의 구직자들은 지원하기에 앞서 회사의 웹사이트를 방문하기 때문에, 온라인상의 조직 이미지를 관리하는 것은 조직들에게 그 어느 때보다도 중요하다. 지원자들은 조직의 철학과 정책에 대한 정보를 담고 있으면서, 편리하게 설계된 웹사이트를 선호한다. 예를 들어서 밀레니얼 세대는 일과 가정의 균형에 신경을 쓰는 것으로 보이는 조직에 긍정적으로 반응할 수도 있다. 개인-조직의 적합성을 파악하는 데 웹사이트는 매우 중요하며, 웹사이트의 스타일(사이트의 편리성)과 내용(정책)을 개선하면 더 많은 지원자들을 확보할 수 있다.[87]

다른 차원의 적합성

개인-직무 적합성과 개인-조직 적합성이 직장 내 결과를 예측하기 위한 가장 두드러지는 차원이긴 하지만, 다른 종류의 적합성들 역시 알아볼 가치가 있다. 이러한 적합성 유형에는 개인-집단 적합성과 개인-상사 적합성이 있다. 개인-집단 적합성은 팀 내부의 상호작용이 중요한 영향력을 가지는 팀 기반 구조에서 중요하다. 낮은 개인-상사 적합성은 낮은 직무만족도와 성과 저하로 이어질 수 있기 때문에, 개인-상사 적합성은 점점 더 중요한 연구 분야가 되고 있다.

때로는 적합성의 모든 차원을 광범위하게 개인-환경 적합성이라 부르기도 한다. 각 차원은 직무 태도를 예측할 수 있으며, 이는 부분적으로 문화에 기반을 두고 있다. 동아시아, 유럽, 그리고 북아메리카에서의 개인-환경 적합성에 대한 한 메타 분석의 결과에 따르면 북아메리카에서는 개인-조직 적합성과 개인-직무 적합성이 긍정적인 업무 태도를 가장 잘 예측한다고 한다. 이 차원들은 유럽에서는 영향력이 덜하며 동아시아에서는 가장 영향력이 적다.[88]

문화적 가치

상당 부분 유전적으로 결정되는 성격과 달리, 가치관은 학습된다. 가치관은 여러 세대를 거쳐서 전해지며 문화에 따라서 달라진다. 가치에 대한 문화 차이를 이해하려는 연구자들의 노력 결과, 홉스테드의 모델과 GLOBE 모델이라는 두 가지 중요한 이론 모델들이 생겨났다.

홉스테드의 모델

문화 차이를 분석하기 위한 접근 중 가장 널리 인용되는 접근은 홉스테드의 접근이다. 홉스테드는 40여 개의 국가에서 11만 6,000여 명의 IBM 직원을 대상으로 그들의 직무 관련 가치관에 대한 서베이를 실시하였으며, 경영자와 근로자들이 국가의 문화에 따른 다섯 가지 가치 차원에서 차이를 보인다는 사실을 발견했다.

- **권력 격차** 권력 격차는 국민들이 기관과 조직 내의 권력이 불공정하게 분배되어 있다는 사실을 받아들이는 정도를 **권력 격차**(power distance)라고 한다. 권력 격차가 큰 문화에서는 계급 상승을 어렵게 만드는 등급 제도나 카스트 제도처럼 권력과 부

에서 큰 불평등이 존재하고 그러한 불평등이 용인된다. 권력 격차가 작은 문화권의 사회들은 평등과 기회를 중요시한다.

- **개인주의와 전체주의**   개인주의(individualism)는 사람들이 집단의 일원보다는 개인으로 행동하기를 바라며 다른 가치보다 개인의 권리를 우선시하는 정도를 의미한다. **전체주의**(collectivism)는 사람이 자신이 속한 집단의 다른 이들이 자신을 돌봐주고 보호해줄 것이라고 믿는 끈끈한 사회구조를 강조한다. 조직행동론에서는 각각을 주로 개인주의적, 그리고 전체주의적 국가/문화의 맥락에서 사용한다.

- **남성성과 여성성**   남성성(masculinity)에 대한 홉스테드의 개념은 사회가 남성과 여성을 동등하게 보는 대신에 전통적으로 남성적이라고 여겨졌던 성취, 권력, 통제 등을 선호하는 정도를 의미한다. 남성성이 높다는 것은 그 문화가 남성과 여성에게 다른 성 역할을 부여한다는 의미이며, 남성이 지배적인 위치라는 것 또한 의미한다. **여성성**(femininity)이 높은 사회는 남성과 여성의 성 역할에 큰 차이를 두지 않으며 여자를 모든 면에서 남자와 동등하게 대우한다.

- **불확실성 회피**   국민들이 체계화되지 않은 상황보다 구조적으로 체계화된 상황을 더 선호하는 정도가 **불확실성 회피**(uncertainty avoidance)이다. 불확실성 회피가 높은 문화의 사람들은 불확실성과 모호함에 대한 불안감을 많이 느끼며, 불확실성을 줄이기 위해 법과 통제를 사용한다. 불확실성 회피가 낮은 문화의 사람들은 불확실성을 더 잘 받아들이며 규범을 덜 중요시하고, 더 많은 위험을 감수하며, 변화를 더 쉽게 받아들인다.

- **장기 성향과 단기 성향**   이 분류는 전통적인 가치에 대한 사회의 헌신 정도를 측정한다. **장기 성향 문화**(long-term orientation)의 사람들은 미래 지향적이며 검소, 근면, 전통을 중요시한다. **단기 성향 문화**(short-term orientation)의 사람들은 '지금 여기'를 중시한다. 그들은 변화를 더 쉽게 받아들이며, 헌신을 변화에 대한 장애물로 인식하지 않는다.

다양한 나라들이 홉스테드의 분류체계에서 어떤 점수를 얻을까? 〈도표 5-4〉는 현재 자료가 존재하는 국가들의 점수들을 보여준다. 권력 격차는 말레이시아에서 가장 높다. 미국은 매우 개인주의적이다. 사실, 미국은 가장 개인주의적인 나라이며 호주와 영국이 그 뒤를 바짝 쫓고 있다. 과테말라는 가장 전체주의적인 나라이다. 가장 남성성이 높은 나라는 일본이며, 여성성이 가장 높은 나라는 스웨덴이다. 그리스는 불확실성 회피 성향

국가	권력 격차		개인주의 대 집단주의		남성성 대 여성성		불확실성 회피		장기 지향 대 단기 지향	
	지수	순위	지수	순위	지수	순위	지수	순위	지수	순위
아르헨티나	49	35~36	46	22~23	56	20~21	86	10~15		
오스트레일리아	36	41	90	2	61	16	51	37	31	22~24
오스트리아	11	53	55	18	79	2	70	24~25	31	22~24
벨기에	65	20	75	8	54	22	94	5~6	38	18
브라질	69	14	38	26~27	49	27	76	21~22	65	6
캐나다	39	39	80	4~5	52	24	48	4~42	23	30
칠레	63	24~25	23	38	28	46	86	10~15		
콜롬비아	67	17	13	49	64	11~12	80	20		
코스타리카	35	42~44	15	46	21	48~49	86	10~15		
덴마크	18	51	74	9	16	50	23	51	46	10
에콰도르	78	8~9	8	52	63	13~14	67	28		
엘살바도르	66	18~19	19	42	40	40	94	5~6		
핀란드	33	46	63	17	26	47	59	31~32	41	14
프랑스	68	15~16	71	10~11	43	35~36	86	10~15	39	17
독일	35	42~44	67	15	66	9~10	65	29	31	22~24
영국	35	4~44	89	3	66	9~10	35	47~48	25	28~29
그리스	60	27~28	35	30	57	18~19	112	1		
과테말라	95	2~3	6	53	37	43	101	3		
홍콩	68	15~16	25	37	57	18~19	29	49~50	96	2
인도	77	10~11	48	21	56	20~21	40	45	61	7
인도네시아	78	8~9	14	47~48	46	30~31	48	41~42		
이란	58	29~30	41	24	43	35~36	59	31~32		
아일랜드	28	49	70	12	68	7~8	35	47~48	43	13
이스라엘	13	52	54	19	47	29	81	19		
이탈리아	50	34	76	7	70	4~5	75	23	34	19
자메이카	45	37	39	25	68	7~8	13	52		
일본	54	33	46	22~23	95	1	92	7	80	4
한국	60	27~28	18	43	39	41	85	16~17	75	5

도표 5-4　홉스테드의 국가 문화 비교

출처 : Copyright Geert Hofstede BV, hofstede@bart.nl. Reprinted with permission.

국가	권력 격차		개인주의 대 집단주의		남성성 대 여성성		불확실성 회피		장기 지향 대 단기 지향	
	지수	순위	지수	순위	지수	순위	지수	순위	지수	순위
말레이시아	104	1	26	36	50	25~26	36	46		
멕시코	81	5~6	30	32	69	6	82	18		
네덜란드	38	40	80	4~5	14	51	53	35	44	11~12
뉴질랜드	22	50	79	6	58	17	49	39~40	30	25~26
노르웨이	31	47~48	69	13	8	52	50	38	44	11~12
파키스탄	55	32	14	47~48	50	25~26	70	24~25	0	34
파나마	95	2~3	11	51	44	34	86	10~15		
페루	64	21~23	16	45	42	37~38	87	9		
필리핀	94	4	32	31	64	11~12	44	44	19	31~32
포르투갈	63	24~25	27	33~35	31	45	104	2	30	25~26
싱가포르	74	13	20	39~41	48	28	8	53	48	9
남아프리카	49	35~36	65	16	63	13~14	49	39~40		
스페인	57	31	51	20	42	37~38	86	10~15	19	31~32
스웨덴	31	47~48	71	10~11	5	53	29	49~50	33	20
스위스	34	45	68	14	70	4~5	58	33	40	15~16
대만	58	29~30	17	44	45	32~33	69	26	87	3
태국	64	21~23	20	39~41	34	44	64	30	56	8
터키	66	18~19	37	28	45	32~33	85	16~17		
미국	40	38	91	1	62	15	46	43	29	27
우루과이	61	26	36	29	38	42	100	4		
베네수엘라	81	5~6	12	50	73	3	76	21~22		
유고슬라비아	76	12	27	33~35	21	48~49	88	8		
무국경 지역										
아랍 국가	80	7	38	26~27	53	23	68	27		
동아프리카	64	21~23	27	33~35	41	39	52	36	25	28~29
서아프리카	77	10~11	20	39~41	46	30~31	54	34	16	33

도표 5-4   계속

이 가장 강했으며, 싱가포르가 가장 낮은 불확실성 회피 점수를 보였다. 홍콩은 가장 강한 장기 성향을 보였으며, 파키스탄이 가장 단기 성향이 강했다.

총 20만 명 이상의 응답자를 대상으로 이루어진 598개의 연구들이 홉스테드의 문화 가치체계와 다양한 조직 특성 사이의 관계를 개인 및 국가 수준에서 살펴보았다.[90] 전반적으로 5개의 문화 차원은 모두 비슷한 정도로 성과변수에 영향을 미치는 것으로 나타났다. 연구자들은 한 국가의 사람에게 같은 가치체계를 부여할 때보다 개인의 가치체계를 개별적으로 측정했을 때 결과변수들을 더 잘 예측한다는 사실 또한 발견했다. 종합하면, 홉스테드의 가치체계는 사람들 사이의 차이를 이해하는 데 유용한 도구임은 분명하지만, 한 국가의 사람들이 같은 가치관을 가졌다고 가정할 수는 없다.

GLOBE 모델

1993년에 시작된 GLOBE(Global Leadership and Organizational Behavior Effectiveness) 연구 프로그램은 리더십과 국가 문화에 대해 범문화적으로 이루어지는 현재 진행형 연구이다. 825개 조직과 62개 국가에서 얻은 자료를 기반으로 GLOBE 연구팀은 국가 간 문화 차이의 아홉 가지 차원을 제시하였다.[91] 권력 격차, 개인주의/전체주의, 불확실성 회피, 성차별(홉스테드의 남성성 및 여성성 개념과 유사), 미래 지향성(홉스테드의 장기 성향 및 단기 성향 개념과 유사) 등은 홉스테드의 차원과 유사하다. 가장 큰 차이는 GLOBE 모델에는 인도적 성향(사회가 이타적이고 자비로우며 친절한 사람들에게 보상을 제공하는 정도)과 실적 지향 성향(집단 구성원의 실적 증대를 장려하고 보상하는 정도) 등 추가적인 차원이 존재한다는 점이다.

홉스테드의 모델과 GLOBE 모델 비교

홉스테드의 모델과 GLOBE 모델 중 어느 모델이 더 좋은가? 대답하기 어려운 질문이며, 양쪽 모두에 옹호자들이 있다. 우리는 홉스테드의 모델이 시간의 흐름을 잘 견뎌왔고 GLOBE 모델이 그 사실을 입증하기 때문에 홉스테드의 모델에 더 무게를 두었다. 예를 들어, 조직 헌신에 대한 문헌은 두 모델의 개인주의/전체주의 차원이 비슷하게 작용한다는 사실을 보여준다. 구체적으로는, 두 모델 모두 개인주의적인 문화에서 조직 헌신이 더 낮게 나타난다는 사실을 보여주었다.[92] 두 모델은 공통점이 많으며, 각자 나름의 장점이 있다.

요약

조직행동론에서 성격은 중요한 주제이다. 성격이 모든 행동을 설명하진 못하지만, 좋은 시작점을 제공한다. 최근의 이론과 연구는 성격이 특정한 상황에서 더 영향력이 커진다는 사실을 보여준다. 빅 파이브 이론이 특히 중요한 발전이었으며, 어둠의 세 요소 및 그 외의 특성들도 중요하다. 모든 특성은 직장 행동에 대한 장점과 단점을 모두 갖고 있으며, 모든 상황에서 이상적인 성격 특성 조합은 존재하지 않는다. 성격은 사람들이 왜 어떠한 방식으로 행동하고, 생각하고, 느끼는지를 이해하도록 도울 수 있으며, 지혜로운 경영자는 그러한 이해를 바탕으로 직원을 그들의 성격에 가장 잘 어울리는 자리에 배치할 수 있다.

가치관은 종종 태도, 행동, 그리고 인식의 기저에 깔려 있으며, 그것들을 설명할 수 있게 해준다. 가치관은 조직 내 결과 변수에 영향을 미치는 다양한 차원에서 국가 간 차이를 보인다. 하지만 특정한 개인이 지는 가치관은 자신이 속한 문화권의 가치관과 일맥상통할 수도 있고 다를 수도 있다.

경영자에게 주는 시사점

- 직무 후보자들을 걸러낼 때, 당신의 조직이 중요시하는 기준에 따라서 성실성을 비롯한 빅 파이브 성격 특성들을 고려하라. 심층적 자기평가나 나르시시즘과 같은 다른 특성 또한 특정한 상황에서는 중요할 수 있다.
- MBTI에 단점이 존재하긴 하지만, 당신은 직원들이 서로를 더 잘 이해하고, 업무 팀 내 소통을 장려하고, 갈등을 줄이기 위해 MBTI를 훈련 및 개발 프로그램에 사용할 수 있다.
- 직무, 업무 팀, 그리고 조직을 평가해서 이상적인 성격 적합성을 달성하라.
- 관찰 가능한 성격 특성을 평가할 때, 상황적인 요소를 고려하고, 성격 특징을 확실히 확인하려면 상황의 힘을 줄이라.
- 사람들의 문화적 차이를 더 많이 고려할수록 그들의 업무 행동을 더 잘 이해하고 잘 작동하는 긍정적인 조직문화를 만들어갈 수 있을 것이다.

제**2**부

의사결정과 실행

지각과 개인 의사결정

1. 지각에 영향을 미치는 요소들을 설명할 수 있다.
2. 귀인이론을 설명할 수 있다.
3. 지각과 의사결정 사이의 관계를 설명할 수 있다.
4. 합리적 의사결정 모델을 제한된 합리성 및 직관에 근거를 둔 의사결정 이론과 비교할 수 있다.
5. 개인차와 조직 내 제약이 의사결정에 어떤 영향을 미치는지를 설명할 수 있다.
6. 윤리적 의사결정의 세 가지 기준을 비교할 수 있다.
7. 창의성의 세 단계 모델을 설명할 수 있다.

지각이란 무엇인가

지각(perception)이란 사람들이 환경에 의미를 부여하기 위해 감각적 인상들을 조직하고 해석하는 과정을 말한다. 사람들이 지각하는 것은 때로는 객관적인 현실과 상당히 다를 수도 있다. 예를 들어, 회사 안의 모든 직원들이 그 회사가 좋은 직무환경, 흥미로운 업무, 높은 봉급, 많은 특전들, 이해심과 책임감이 깊은 경영진 등을 고루 갖춘 훌륭한 곳이라고 생각할 수도 있겠지만, 우리 모두가 알고 있듯이 모든 직원들이 그렇게 일치된 견해를 갖는 경우는 거의 없다.

조직행동을 공부할 때 지각이 중요한 이유는 무엇일까? 사람들의 행동은 현실 자체가 아니라 현실에 대한 그들의 지각에 의해서 이루어지기 때문이다. 행동적으로 의미 있는 세상은 지각되는 대로의 세상인 것이다. 다른 말로는, 지각이 곧 사람들의 행동의 기반이 되는 진실이라는 것이다.

지각에 영향을 미치는 요소

지각을 구성하고 때로는 지각을 왜곡시키는 요소들이 몇 가지 있다. 이러한 요소들은 지각 주체(perceiver) 내부의 요소일 수도 있고, 지각되는 대상(target)의 요소일 수도 있으며, 지각이 이루어지는 상황(situation)과 관련된 요소일 수도 있다.

지각 주체   당신이 어떠한 대상을 바라볼 때, 당신의 해석은 태도, 성격, 동기, 관심사, 과거의 경험, 기대 등의 개인적인 특성에 의해서 영향을 받는다. 어떻게 보면 우리는 듣고 싶은 대로 듣고[1] 보고 싶은 대로 보는 경향이 있다. 이는 그 내용이 진실이기 때문이 아니라 그 내용이 우리의 생각과 일치하기 때문이다. 예를 들어, 연구 결과들에 따르면 관리자들은 하루 중 더 이른 시간에 일을 시작하는 직원들이 더 성실하고 따라서 그들이 더 높은 성과를 낸다고 생각한다는 사실이 드러났다. 하지만 본인이 야행성인 관리자들은 그러한 잘못된 가정을 내릴 가능성이 더 낮았다.[2] 이와 같은 태도에 의해 만들어진 지각은 객관적인 평가를 통해 교정될 수 있지만, 더 은밀하게 작용하는 다른 지각들은 그럴 기회가 없을 수도 있다. 예를 들어, 뉴욕에서 벌어진 총기 사고에 대한 관찰자들의 지각을 생각해보자. 두 명의 증인이 있었는데, 한 명은 경찰관이 도망치는 사람을 쫓아가서 사격했다고 증언했고 다른 한 명은 수갑을 찬 채로 바닥에 누워 있던 사람이 총에 맞은 것이라고 증언했다. 실제로는 그 둘 모두 상황을 잘못 인지했다. 총에 맞은 사람은 사실 망치로 경찰관을 공격하려다가 다른 경찰관의 총에 맞았던 것이다.[3]

지각 대상   지각되는 대상의 특징들 역시 우리가 지각하는 내용에 영향을 준다. 우리는 대상을 지각할 때 대상 자체만을 보지 않기 때문에 대상과 배경의 관계가 지각에 영향을 미칠 뿐 아니라 사람들의 비슷하고 가까운 것들을 한데 묶어서 생각하는 경향 역시 영향을 미친다. 우리는 여자, 남자, 백인, 흑인, 동양인 혹은 표면적으로 비슷한 특징을 지닌 다른 어느 집단(제2장 참조)의 구성원들이 그 특징과 관련이 없는 다른 측면들에서도 비슷할 것이라고 생각한다. 이러한 짐작들은 종종 해로우며, (그 기록이 잘못된 체포에 의한 것인지의 여부와 상관없이) 범죄 기록이 있는 사람에 대한 직장 내 편견은 그중 하나이다.[4] 때로는 구성원들 사이의 차이가 긍정적인 효과를 낳는 경우도 있는데, 기대와는 다른 사람에게 매력을 느끼는 경우가 한 예시이다. 예를 들어, 한 연구 결과에 따르면,

학생들은 전통적인 옷차림을 한 교수보다 티셔츠와 운동화를 착용하고 수업을 진행한 교수를 더 존경했다고 한다. 그 교수는 일반적인 수업 규범에서 벗어나는 모습을 보였으며, 개인주의자로 인식되었기 때문이다.[5]

맥락 맥락 역시 중요하다. 대상이나 사건을 인식하는 시점이 우리의 관심에 영향을 미칠 수 있으며, 장소, 밝기, 열, 혹은 상황적인 요인들 역시 우리의 지각에 영향을 미칠 수 있다. 예를 들어, 토요일 밤의 클럽에서 당신은 화려하게 치장한 사람을 인식하지 못할 수도 있다. 하지만 똑같은 사람이 월요일 오전의 경영학 수업에 그렇게 차려 입고 왔다면 분명 당신의 관심을 끌 것이다. 토요일 밤이든 월요일 아침이든 지각 주체나 지각의 대상은 동일하지만 상황이 달라진 것이다.

일반적으로 사람들은 현실에 대한 자신의 관점에 영향을 미치는 요소들을 인식하지 못한다. 사실 사람들은 그들 자신의 능력에 대한 통찰에서도 그렇게 뛰어나지 않다.[6] 다행스럽게도, 자신의 지각이 잘못될 수 있다는 사실에 대한 인식과 객관적인 측정을 통해서 지각의 왜곡을 교정할 수 있다. 예를 들어서 사람들에게 스스로의 능력의 특정한 측면들에 대해 곰곰이 생각해보도록 했을 때 그들의 자아 인식은 더 정확해졌다.[7] 이제는 다른 사람에 대한 지각이 어떻게 이루어지는지를 알아볼 것이다.

대인 지각 : 다른 사람에 대한 판단

조직행동론에서 가장 중요한 지각 개념은 **대인 지각**, 즉 사람들이 다른 사람에 대해 갖는 인식이다. 다른 사람에 대한 우리의 지각 중 많은 부분은 첫인상 및 근거가 거의 없는 작은 신호에 의해서 형성된다. 정확한 대인 지각을 방해하는 사람들의 몇 가지 성향들을 알아보자. 먼저 귀인 이론을 뒷받침하는 증거에 대해서 알아볼 것이다.

귀인 이론

책상, 기계, 건물과 같은 무생물들은 자연의 법칙에 순응하며, 그들에게는 믿음, 의도, 동기가 존재하지 않는다. 사람들은 그렇지 않다. 그래서 사람을 지각할 때는 그들의 행동 배후를 설명하고자 한다. 어떤 사람의 행동에 대한 우리의 지각과 판단은 우리가 그 사람의 내면 상태에 대해 어떻게 짐작하는지에 영향을 받는다.

귀인 이론(attribution theory)은 우리가 어떠한 행동에 부여하는 의미에 따라서 사람을 다르게 판단하는 방식을 설명한다.[8] 예를 들어서, 사람들이 당신에게 미소 지을 때 당신이 하는 생각을 살펴보자. 그들이 협조적이라고 생각하는가? 착취적이거나 경쟁적이라고 생각하는가? 우리는 미소를 비롯한 다양한 표현에 여러 가지 방식으로 의미를 부여한다.[9]

내부적 원인과 외부적 원인   귀인 이론에 따르면 우리는 다른 사람의 행동을 관찰할 때 그 행동이 내부적 원인에 의한 것인지 외부적 원인에 의한 것인지 구분하고자 한다. 그 판단은 세 가지 요소에 의해 크게 좌우된다. 이 요소들은 (1) 특이성(distinctiveness), (2) 합의성(consensus), (3) 일관성(consistency)이다. 먼저 내부적 인과와 외부적 인과의 차이를 명확히 살펴본 후에 이 요소들을 살펴보도록 하자.

내부적으로 야기된 행동들은 관찰자가 보기에 관찰되는 개인의 행동적인 통제 아래에서 이루어진 행동을 의미한다. 외부적으로 야기된 행동들은 개인의 행동이 상황에 의해서 강요된 것으로 보이는 행동을 의미한다. 직원이 지각을 했을 때, 당신은 그 결과를 그 직원이 밤새 파티를 하고 늦잠을 잤기 때문이라고 생각할 수 있다. 이것은 내부적 귀인이다. 하지만 당신이 그 직원의 지각이 교통 체증 때문이라고 생각한다면 당신은 외부적 귀인을 하는 것이다.

특이성, 합의성, 일관성   특이성은 개인이 다른 상황에서 다른 행동을 보이는지의 여부를 의미한다. 오늘 지각한 직원이 평소에도 다른 의무들을 자주 '내팽개치는' 사람인가? 여기서 알아보고자 하는 것은 해당 행동이 드문 것인지의 여부이다. 만약 그렇다면, 우리는 그 행동에 대해 외부적인 이유를 찾게 될 가능성이 높다. 그 행동이 드문 것이 아니라면, 우리는 아마도 그 행동이 내부적인 요인에 의한 것이라고 생각할 것이다.

비슷한 상황에 처한 모든 사람들이 똑같은 방식으로 반응한다면, 우리는 그 행동에 합의성이 있다고 말할 수 있다. 그 직원과 같은 길로 출근한 다른 직원들 역시 모두 지각했다면, 지각한 직원의 행동이 이 경우에 해당한다고 볼 수 있다. 귀인의 관점에서 보았을 때, 합의가 높다면 당신은 아마도 직원의 행동에 대해 외부적인 요인을 찾을 것이며, 같은 길로 출근한 다른 직원들이 모두 정시에 출근했다면 지각을 내부적인 요인으로 생각할 것이다.

마지막으로, 관찰자는 행동 주체의 행동에서 일관성을 찾고자 한다. 그 사람이 시간이 지나도 같은 방식으로 행동하는가? 몇 달 동안 한 번도 늦지 않았던 직원이 10분 지각하는 것과 일주일에 세 번씩 지각하던 직원이 10분 지각하는 것은 다르게 인식될 것이다.

행동이 더 일관적일수록, 그 행동을 내부적 귀인으로 설명하게 될 가능성이 높아진다.

〈도표 6-1〉에 귀인 이론의 요점이 요약되어 있다. 이 도표에 따르면, 케이틀린이라는 직원이 현재 맡은 업무와 비슷한 수준의 관련된 업무들에서 일정한 수준의 성과를 보이고 (낮은 특이성), 다른 직원들은 종종―더 잘하든 더 못하든―해당 업무의 수행 능력에서 케이틀린과 차이가 나며(낮은 합의성), 해당 업무에 대한 케이틀린의 성과가 시간이 흘러도 유지된다면(높은 일관성), 케이틀린의 업무를 평가하는 사람이라면 누구라도 그녀의 업무 성과에 대해서 케이틀린에게 책임을 묻게 될 것이다(내부적 귀인).

오류와 편향 오류나 편향은 귀인을 왜곡할 수 있다. 다른 사람의 행동에 대한 판단을 내릴 때 우리는 외부적 요인의 효과를 과소평가하고 내부적 요인의 효과를 과대평가하는 경향이 있다.[10] **근본적 귀인 오류**(fundamental attribution error)라 불리는 이 현상은 판매 관리자가 판매 직원들의 부족한 성과를 경쟁 업체의 혁신적인 생산과정이 아니라 직원들의 게으름 탓으로 생각하는 이유를 설명할 수 있다. 개인이나 조직은 스스로의 성공은 능력이나 노력 같은 내부적인 요인에 의한 것으로 생각하며, 실패에 대해서는 운이 좋지 않았다거나 동료들이 함께 일하기 쉽지 않았다는 등 외부적인 이유를 찾는다. 이와 비슷하게, 사람들은 모호한 정보를 상대적으로 자신에게 좋게 해석하고, 긍정적인 피드백은 받아들이며, 부정적인 피드백은 거부하는 경향이 있다. 이를 **자기고양 편향**(self-serving bias)이라 한다.[11]

자기고양 편향은 동아시아 문화권에서 덜 흔하긴 하지만, 연구 결과들은 동아시아에서도 이 편향이 작용한다는 사실을 암시한다.[12] 한 연구 결과 중국의 경영자들은 서양의

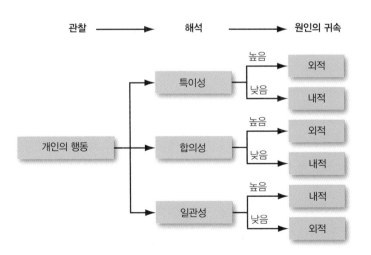

도표 6-1
귀인 이론

경영자들이 사용하는 것과 같은 특이성, 합의성, 일관성의 신호들을 사용하여 실수에 대한 책임을 측정한다고 한다. 그들은 또한 실패의 책임이 있다고 여겨지는 사람들에게 화를 내고 그들을 처벌했는데, 이는 서양의 경영자들에게서도 나타나는 반응이다. 차이가 있다면 누군가가 비난을 받아야 한다는 결론에 이르기 전에 동양권의 경영자들이 더 많은 증거를 필요로 할지도 모르겠다.

타인을 판단할 때 흔히 사용되는 지름길

타인을 판단할 때 사용되는 지름길들은 종종 정확한 직관을 빠르게 형성하고 예측을 위한 타당한 정보를 제공할 수 있다. 앞에서 보았듯이, 이러한 지름길들은 때로는 심각한 왜곡으로 이어질 수 있다. 이에 대해서 조금 더 알아보자.

선택적 지각　어떠한 사람, 물체, 혹은 사건을 두드러지게 만드는 특징은 우리가 그 특징을 인식할 가능성을 높게 만든다. 그 이유는 무엇일까? 눈에 보이는 모든 것을 소화하는 것은 불가능하기 때문이다. 우리는 특정한 자극만을 흡수할 수 있다. 따라서 당신은 당신의 차와 비슷한 차를 눈치 챌 가능성이 더 높으며, 당신의 상사는 똑같은 잘못을 하였더라도 어떤 사람은 꾸중하고 이떤 사람은 꾸중하지 않을 수도 있다. 우리 주변에서 벌어지는 모든 일을 관찰할 수 없기 때문에 우리는 **선택적 지각**(selective perception)을 사용한다. 이 선택은 무작위로 이루어지지 않는다. 우리는 우리의 관심, 배경, 경험, 태도에 맞추어서 받아들일 자극을 선택한다. 보고 싶은 것만을 보는 우리는 종종 모호한 상황에서 근거 없는 결론을 도출하곤 한다.

후광 효과　지능, 사회성 혹은 외모 등의 한 가지 특징에 의해서 누군가에 대한 인상을 결정한다면, **후광 효과**(halo effect)가 작용하고 있는 것이다.[14] 후광 효과는 쉽게 발견할 수 있다. 어떤 사람이 사교적이라는 사실을 알았다면, 그 사실에서 어떤 다른 사실을 유추하겠는가? 아마도 그 사람이 내성적이라고 생각하지는 않을 것이다. 어쩌면 당신은 그 사람이 시끄럽고, 행복하며, 위트 있다고 생각할지도 모르겠다. 사교적이라는 표현이 사실은 그러한 다른 요소들을 포함하지 않음에도 불구하고 말이다. 경영자들은 작은 신호에 전적으로 의존해서 결론을 도출하지 않도록 조심해야 한다.

대비 효과　엔터테이너 사이의 오랜 속담으로 "절대 아이나 동물이 들어간 연기 뒤에 연기하지 말라."는 말이 있다. 그 이유는 무엇일까? 청중들이 아이와 동물을 너무 좋아해서 그 뒤의 배우가 상대적으로 좋지 않게 보이기 때문이다. 이 예는 **대비 효과**(contrast effect)가 지각을 왜곡할 수 있음을 보여준다. 우리는 사람을 그 사람 자체만 보고 평가하지 않는다. 우리의 반응은 최근에 마주한 다른 사람들이 누군지에 의해 영향을 받는다.

스테레오타이핑 누군가를 판단할 때 그 사람이 속한 집단에 대한 우리의 인식에 따라서 판단을 내린다면, 우리는 **스테레오타이핑**(stereotyping)을 행하는 것이다.[15] 어떤 집단에 대한 고정관념은 매우 뿌리 깊게 박혀 있을 수 있으며 때로는 생사를 가르는 결정에 영향을 미칠 정도로 강력하다. 다양한 (강화 및 약화) 요소들을 통제한 상태에서 이루어진 한 연구는 살인 재판의 흑인 피고인이 '전형적인 흑인'의 모습에 가까운 정도가 유죄로 결정 날 때 사형 판결의 확률을 두 배로 높였다고 한다.[16] 또 다른 연구에서는 학생들이 소수자 집단보다 백인 학생에게 리더의 자질과 효과적인 리더십에 대에서 더 높은 점수를 부여하는 경향을 보였는데, 이 결과는 백인이 더 훌륭한 리더라는 고정관념을 드러낸다.[17]

우리는 셀 수 없이 많은 자극으로 가득 찬 복잡한 세상에 대응하여 결정을 빠르게 내리기 위해 고정관념이나 휴리스틱(heuristic)이라 불리는 지름길들을 사용한다. 예를 들어, 금융권에서 일하는 앨리슨에게서 미래를 예측하는 데에 도움을 받을 수 있으리라는 짐은 합리적인 짐작이다. 문제는 부적절한 일반화를 저지르거나 과도한 일반화를 저지를 때 나타난다.

지각과 개인 의사결정

사람들은 둘 이상의 대안 중에서 하나를 선택하는 행동인 의사결정을 늘 해야 한다. 이상적인 결정 과정은 객관적인 과정이 되겠지만, 사람들이 내리는 결정과 그 선택의 질은 그들의 지각에 크게 좌우된다. 개인 의사결정은 조직 내 모든 수준의 행동에서 중요한 요소이다.

의사결정은 **문제**(problem)에 대한 대응으로 생겨난다. 문제는 현재의 상황과 이상적인 상황 사이에 괴리가 존재하며, 따라서 해결책을 모색해야 함을 의미한다. 당신의 자동차가 고장 났는데, 그 차를 타야만 출근할 수 있다면 당신은 당신의 결정을 필요로 하는 문제에 직면한 것이다.[18] 불행하게도, 대부분의 문제들은 깔끔한 이름표를 달고 나타나지 않는다. 한 사람에게 문제가 되는 상황이 다른 사람에게는 만족스러운 상태이기도 하다. 한 관리자는 자기 부서의 분기별 매출이 2% 감소한 것이 재빠른 대처를 필요로 하는 심각한 문제라고 인식할 수 있으며, 다른 부서에서 그와 동등한 지위를 맡고 있는 다른 관리자는 똑같은 2%의 감소를 겪고도 그 감소가 큰 문제가 아니라고 느낄 수 있다. 이처럼 문제가 존재한다는 자각과 대처가 필요한지에 대한 결정은 지각의 문제이다.

　　모든 의사결정에는 정보를 해석하고 평가하는 과정이 필수적으로 동반된다. 우리는 일반적으로 다양한 원천에서 정보를 받으며 따라서 정보를 검열하고, 처리하고, 해석한다. 결정에서 중요한 정보는 무엇이고 중요하지 않은 정보는 무엇인가? 이에 대한 답은 우리의 지각이 제시한다. 우리는 또한 대안을 고려하고 각각의 장단점을 평가해야 한다. 이 경우에도, 우리의 지각 과정이 결과에 영향을 미친다. 마지막으로, 우리는 상황에 대한 우리의 지각이 우리의 선택에 어떻게 영향을 미치는지를 고려해야 한다. 예를 들어서, 당신은 얼마나 거절을 잘하는 사람인가? 연구 결과 사람들은 거절하는 행동을 불편하게 여기며, 많은 경우에 하나의 요구를 거절한 사람들은 그 후의 요구는 거절해서는 안된다는 느낌을 받는다. 사람들은 거절하는 것을 매우 불편해 해서 심지어 비도덕적인 행동을 하기로 동의하기도 한다. 한 연구의 학생 참여자들이 108명의 낯선 사람들에게 도서관의 책에 '피클'이라는 단어를 적어달라고 부탁했을 때, 그들 중 절반이 그렇게 했다![19]

조직 내 의사결정

경영대학원은 학생들이 합리적인 의사결정 모델을 따르도록 훈련시킨다. 그러한 합리성 모델이 도움이 되는 측면이 있긴 하지만, 사람들이 실제로 결정을 내리는 과정을 언제나 잘 설명하는 것은 아니다. 조직행동론은 앞에서 다루었던 지각의 오류에 더해서 사람들이 의사결정 과정에서 범하는 오류들을 고려함으로써 조직 내 의사결정 방식을 향상시킨다. 먼저 의사결정의 몇 가지 개념을 설명한 후에 가장 흔히 범하는 오류 몇 가지에 대해 알아볼 것이다.

합리적 의사결정 모델, 제한된 합리성, 그리고 직관

조직행동론에서 일반적으로 받아들여지며 사람들이 판단을 내릴 때 사용하는 의사결정 개념 세 가지가 있는데, 그것은 합리적 의사결정 모델, 제한된 합리성, 그리고 직관이다. 이 개념들이 타당하긴 하지만, 그럼에도 불구하고 반드시 가장 정확한 (혹은 최선의) 결정으로 이어지는 것은 아니다. 더 중요한 사실은 특정한 상황에 따라서 한 전략이 다른 전략보다 더 나은 결과로 이어지는 경우가 있다는 사실이다.

합리적 의사결정 우리는 가장 훌륭한 결정을 내리는 사람이 **합리적**(rational)이며, 자원의 제약 속에서도 지속적이며 가치를 극대화하는 선택을 한다고 생각하곤 한다.[20] 합리적인 의사결정은 여섯 단계의 **합리적 의사결정 모델**(rational decision-making model)[21]에 따라서 이루어진다(도표 6-2 참조).

합리적 의사결정 모델은 결정을 내리는 이가 필요한 모든 정보를 갖고 있으며, 관련된 정보들을 아무런 편견 없이 구분해낼 수 있으며, 가장 효용이 높은 선택을 할 것이라고 가정한다.[22] 하지만 실제로 이루어지는 대부분의 결정은 합리성 모델을 따르지 않는다. 사람들은 문제에 대한 최적의 해답이 아니어도 받아들일 만하거나 만족할 만한 수준의 해결책을 선택하곤 한다. 우리는 선택의 폭을 문제의 증상 범위와 현재 사용 가능한 대안으로 제한한다. 의사결정의 한 전문가가 말했듯이, "가장 중요한 결정은 잘 정의된 규범적 모델이 아니라 판단(judgment)에 의해 내려진다."[23] 사람들은 최적이 아닌 결정을 내리는 것에 놀랍도록 무감각하다.[24]

제한된 합리성 사람들이 합리적인 의사결정 모델에 따라서 움직이지 않는 데는 이유가 있다. 정보를 처리하는 인간의 능력에는 한계가 있기 때문에 필요한 모든 정보를 쉽게 얻을 수 있을 경우에조차도 최적의 해답을 찾기 위한 모든 정보들을 취합하는 것이 불가능하기 때문이다.[25] 복잡한 문제를 구성하고 해결할 때 완벽하게 합리적이지 못하기 때문에, 사람들은 **제한된 합리성**(bounded rationality)의 둘레 안에서 작업한다. 그들은 문제의 모든 복잡성을 포함하는 대신에 문제의 중요한 측면들만을 잡아내는 단순화된 모델을 구성한다. 이렇듯 단순화된 모델의 범주 안에서 비로소 합리적으로 행동할 수 있는 것이다.

제한된 합리성의 결과 중 하나는 적당한 선에서 만족하는 경향, 즉 (어림해 보았을 때 '충분히 좋은') 해결책을 추구하는 경향이다. 적당한 선의 해결책이 받아들일 만하지만

1단계 문제를 정의한다.
2단계 의사결정 기준을 수립한다.
3단계 기준에 가중치를 부여한다.
4단계 복수의 대안을 도출한다.
5단계 각 대안에 대해서 기준을 적용하여 등급을 매긴다.
6단계 최적 대안을 선택한다.

도표 6-2
합리적 의사결정
단계

최선이 아님에도 불구하고, 이것이 언제나 나쁜 방법인 것은 아니다. 많은 경우, 단순한 과정을 사용하는 것이 전통적인 합리적 의사결정을 사용하는 것보다 더 현명하다.[26] 합리성 모델을 사용하기 위해서는 모든 선택지에 대해서 방대한 양의 정보를 모아야 하며, 경중을 측정해야 하고, 다양한 기준에 맞추어서 가치를 계산해야 한다. 이 모든 과정에는 상당한 시간, 에너지, 그리고 돈이 소요된다. 그리고 경중과 선호에 대해 알려지지 않은 정보들이 많다면, 최대한 합리적인 모델조차도 그럴듯한 추측보다 나을 바 없을 수도 있다. 때로는 빠르고 절약적인 문제 해결 방법이 가장 좋은 선택일수도 있는 것이다.

직관 의사결정 방식 중 가장 합리적이지 못한 방식은 **직관적인 의사결정**(intuitive decision making), 즉 경험에 의하여 내리는 무의식적인 결정일 것이다.[27] 직관적인 의사결정은 의식적인 생각 밖에서 일어나며, 전반적인 연상이나 이질적인 정보들 사이의 연관성에 의지하고, 빠르게 이루어지며, 감정이 담겨 있어서 결정 과정에 감정이 개입한다.[28] 직관이 합리적이지는 않지만, 반드시 틀린 것만은 아니다. 또한 직관이 늘 합리적인 분석과 대립하는 것도 아니다. 두 방식이 서로를 보완할 수도 있다.

직관이 효과적인 의사결정에 도움을 줄 수 있을까? 연구자들 사이에도 의견이 갈리지만, 전문가들 대부분은 회의적이다. 그 이유는 직관이 측정하고 분석하기에 어렵다는 점에 일정 부분 기인한다. 한 전문가가 말했던 가장 좋은 충고는 이러한 고민을 잘 드러내 보여준다. "직관은 가설을 설립하기에는 매우 유용한 방식이 될 수 있지만, '증거'로 받아들일 수는 없다." 추측하고 어림할 때는 경험에서 나오는 느낌을 사용해도 상관없지만, 그러한 느낌은 객관적인 자료와 합리적이고 냉정한 분석의 시험을 통과해야 한다.

의사결정 과정에서 자주 나타나는 오류와 왜곡

의사결정을 내리는 사람들은 제한된 합리성 안에서 움직이지만, 그들의 판단에 체계적인 왜곡이나 오류가 개입할 여지는 많다.[30] 노력을 최소화하고 상충의 상황을 회피하기 위해 사람들은 경험, 충동, 느낌, 그리고 편리한 어림짐작에 과도하게 의존하는 경향이 있다. 지름길은 합리성을 왜곡할 수 있다. 〈도표 6-3〉은 이러한 왜곡과 오류를 피할 수 있는 몇 가지 방법을 제시한다.

과도한 확신 우리는 스스로의 능력과 다른 이들의 능력에 대해 과도한 자신감을 보이는 경향이 있으며, 이러한 왜곡을 잘 인식하지 못한다.[31] 예를 들어, 한 숫자가 취할 수 있는 범위에 대해서 90% 확신한다고 얘기한 사람들이 어림한 범위가 올바른 해답을 포함했

목표에 집중하라 목표가 없이는 합리적일 수 없다. 무슨 정보가 필요한지, 어떤 정보가 적절한지도 판단할 수 없다. 대안을 비교하여 선택하기도 어려우며, 결정을 내리고 난 후에 후회할 가능성은 매우 커진다. 분명한 목표가 있으면 적절하지 않은 대안을 초기에 제거할 수 있기 때문에 의사결정을 내리기가 쉬워진다.

기존의 신념과 상반되는 정보를 탐색하라 과도한 확신이나 맹목성 오류에 빠지지 않는 가장 좋은 방법은 기존의 신념 내지 가정과 상반되는 정보를 적극적으로 탐색하는 것이다. 오류에 빠질 수 있는 여러 가능성을 하나씩 제거함으로써 훨씬 나은 의사결정을 할 수 있게 될 것이다.

우연한 사건에 대해서 억지로 의미를 부여하지 말라 교육을 받은 사람은 어떤 현상에서든지 인과관계를 찾으려는 경향이 있다. 어떤 일이 일어나면 왜 그런지 의문을 갖는다. 타당한 이유를 찾을 수 없을 때는 억지로 이유를 만들어내기조차 한다. 세상에서 일어나는 일 중에는 우리가 통제할 수도 설명할 수도 없는 일이 있다는 사실을 인정해야 한다. 그러므로 어떤 일이 발생하면 타당한 설명을 할 수 있는 것인지 아니면 그저 우연히 동시에 발생한 것인지 질문해보아야 한다. 단순히 동시에 두 일이 일어났다고 해서 억지로 인과관계가 있다고 착각하지 않도록 주의하라.

대안의 수를 늘리라 몇 개의 대안을 탐색하든지 최종 선택은 선정된 대안 중에서 가장 좋은 것이 될 수밖에 없다. 따라서 대안의 수를 늘리는 것, 그것도 창의성을 동원해서 새로운 대안을 도출하는 것이 중요하다. 대안이 많아질수록 더 좋은 대안이 포함될 가능성이 커질 것이다.

도표 6-3
의사결정 오류의 방지 방법
출처 : S. P. Robbins, Decide & Conquer: Making Winning Decisions and Taking Control of Your Life (Upper Saddle River, NJ: Financial Times/ Prentice Hall, 2004), 81–84.

던 경우는 50%에 지나지 않았으며, 신뢰구간을 설정할 때, 전문가들도 초심자들과 별다른 차이를 보이지 못했다.[32]

지적 능력이나 대인 능력이 가장 떨어지는 사람들이 스스로의 성과와 능력을 과대평가할 가능성이 가장 높다.[33] 또한, 사업가들의 낙관주의와 그들이 진행하는 새로운 사업의 성과 사이에는 부적인 상관이 있다. 더 낙관적일수록 덜 성공하는 것이다.[34] 스스로의 아이디어에 대해 과도한 자신감을 보이는 경향은 잠재적인 문제를 해결하기 위한 계획 수립을 방해할 수 있다.

고착 편향 **고착 편향**(anchoring bias)은 초기에 접한 정보에 고착하여 그 뒤의 정보에 따라서 적절하게 조정하지 못하는 경향을 의미한다.[35] 이 장 앞에서 직원 인터뷰와 관련하여 언급하였듯이, 사람의 정신은 처음 받아들인 정보에 과도한 중요성을 부여하는 것으로 보인다. 고착의 기준점을 활용하는 것은 설득 기술이 중요한 분야, 즉 광고, 경영, 정치, 부동산, 법 등의 전문가에 의해서 널리 사용된다.

협상이 이루어질 때에는 기준점 설정이 이루어진다. 잠재적인 고용주가 당신에게 이전의 직장에서 얼마나 받았는지를 물어본다면, 당신의 대답이 고용주가 제시하는 금액의 기준점을 설정하게 될 것이다(그러니 임금 협상을 할 때 이 사실을 기억하되 기준점을 솔직한 범위 내에서 최대한 높이 설정하라). 당신의 기준점이 정확할수록, 수정 범위 역시 좁아진다. 연구 결과들은 사람들이 기준점이 설정된 이후의 수정 과정을 숫자를 반올림하는 것과 비슷하게 생각한다는 사실을 암시한다. 만약 당신이 5만 5,000달러의 임금을 제시한다면 당신의 상사는 적절한 임금의 범위로 5만 달러에서 6만 달러의 범위를 고려할 것이지만, 당신이 5만 5,650달러를 제시한다면, 당신의 상사는 가능한 값의 범위를 5만 5,000달러에서 5만 6,000달러로 생각할 가능성이 높다.[36]

확증 편향 합리적인 의사결정 과정은 사람들이 객관적으로 정보를 수집한다고 가정한다. 하지만 사람은 그렇지 않다. 우리는 선택적으로 정보를 수집한다. **확증 편향**(confirmation bias)은 선택적 지각의 한 사례를 나타낸다. 우리는 우리의 지난 선택이 옳았음을 재차 확인해주는 정보들을 찾아다니며, 그에 반하는 정보는 쉽게 무시한다.[37] 또한 우리는 우리가 이미 갖고 있는 관점을 지지하는 정보는 바로 받아들이며, 그 관점에 반하는 정보에 대해서는 의심을 품는다. 심지어 우리가 듣고자 하는 내용을 들려줄 가능성이 가장 높은 정보원을 찾는 경향 또한 있으며, 지지적인 정보에 과도한 중요성을 부여하고 반대 정보는 과도하게 경시한다. 다행스럽게도, 정확한 결정을 내려야 한다는 필요성을 크게 느끼는 사람들은 확증 편향의 영향을 덜 받는다.

가용성 편향 사람들은 차를 운전하는 것보다 비행기 타는 것을 더 무서워하는 경향이 있다. 하지만 비행기를 타는 것이 차를 운전하는 것만큼 위험했다면 만석의 747 항공기가 매주 두 대씩 추락하여 모든 승객들이 사망했을 것이다. 미디어에서는 항공기 사고에 더 많은 관심을 기울이기 때문에 우리는 비행의 위험을 과대평가하고 운전의 위험을 과소평가하게 된다.

    가용성 편향(availability bias)은 쉽게 접할 수 있는 정보에 기초하여 판단을 내리는 경향을 의미한다. 쉽게 가용할 수 있는 정보, 그리고 그와 비슷한 정보와 관련된 우리의 직접적인 경험이 합쳐지면 우리의 의사결정에 특히 강한 영향을 미친다. 또한 감정을 자극하거나, 특히 선명하거나, 상대적으로 최근에 있었던 사건들은 기억 속에서 더 쉽게 찾을 수 있게 되며, 그 결과 사람들이 비행기 추락을 겪거나, 의학적 치료의 부작용을 겪거나, 해고당하는 등 가능성이 낮은 일이 벌어질 가능성을 과대평가하게 만든다.[38] 가용성 편향은 경영자들이 직원을 평가할 때 6개월이나 9개월 전의 행동보다 최근의 행동에 더 많은 무게를 두는 이유 또한 설명해준다.

결정의 지속성 의사결정에 영향을 미치는 또 다른 왜곡은 의사결정을 지속시키려는 경향이며, 이는 종종 점점 비합리적인 이유를 들어가면서 유지된다.[40] **결정의 지속성** (escalation of commitment)은 이전의 결정이 잘못되었다는 분명한 증거가 있음에도 불구하고 그 결정을 유지하는 현상을 의미한다. 이러한 지속성은 언제 가장 많이 일어나는가? 연구 결과들에 따르면 개인이 결과에 대해서 스스로에게 책임이 있다고 생각할 때 가장 많이 일어난다고 한다. 개인적인 실패에 대한 두려움은 우리가 정보를 탐색하고 평가하는 방식에도 영향을 미쳐서 우리의 결정을 지지하는 정보만을 선택하도록 만든다. 실패로 이어지는 행동을 스스로 선택했는지 아니면 그러한 행동을 하도록 배정되었는지의 여부는 영향을 미치지 않는다. 두 경우 모두 사람들은 책임감을 느끼고 결정을 지속하고자 한다. 또한 결정의 권위를 나누는 것, 예를 들어서, 다른 이들이 우리가 내린 결정을 확인하는 경우는 더 강한 지속성으로 이어질 수 있다.[41]

결정을 지속하는 일에 대해서 근거가 없다고 생각하는 것은 흔한 일이다. 하지만 실패에도 불구하고 계속 지속하는 행동은 피라미드, 만리장성, 파나마 운하, 엠파이어스테이트 빌딩 등 인류의 역사에서 이루어진 위대한 업적으로 이어지기도 했다. 연구자들은 이미 사용된 비용, 그리고 앞으로 예상되는 비용이 지불할 가치가 있는지의 여부에 대한 지속적인 평가를 포함하는 균형 잡힌 접근을 제안한다.[42] 따라서 우리가 경계하고자 하는 것은 **자동적으로** 결정을 지속하려는 경향이다.

우연성 오류 사람들 대부분은 스스로에게 세상에 대한 통제력이 어느 정도 있다고 믿고 싶어 한다. 우연히 벌어지는 사건의 결과를 예측할 수 있다고 믿는 경향을 **우연성 오류** (randomness error)라 한다.

우연한 사건에서 의미를 도출하려 하는 행동은 의사결정에 악영향을 미칠 수 있으며, 이는 가상의 패턴이 미신이 될 때 특히 강하게 나타난다.[43] 이 현상은 ("나는 13일의 금요일에는 중요한 결정을 내리지 않는다."와 같이) 극도로 부자연스러운 방식으로 나타날 수도 있으며 (행운을 부른다고 믿는 옷을 입는 것과 같이) 과거 행동 방식의 강화로 나타날 수도 있다.

위험 회피 수학적으로 말할 때, 100달러를 걸고 50 대 50의 동전 던지기를 하는 것은 확실하게 50달러를 받는 것과 동일한 가치가 있다. 여러 반복을 거쳤을 때 이 도박의 기댓값은 두 경우 모두 50달러이다. 하지만 열성적인 도박꾼을 제외한 대부분의 사람들은 위험한 가능성을 추구하기보다는 확실한 이득을 선호한다.[44] 많은 사람에게는 200달러를 걸고 벌이는 50 대 50의 도박조차도 확실히 50달러를 받는 것보다 가치가 떨어질 수도 있다. 전자의 도박이 수학적으로는 두 배나 가치가 큼에도 불구하고 말이다! 불확실한 결과보다 확실한 결과를 선호하는 경향을 **위험 회피**(risk aversion)라고 한다.

위험 회피는 사업에서 중요한 시사점을 지닌다. 예를 들어, 수수료에 따른 차등 임금에 따라서 직원들이 지게 되는 위험을 보상하기 위해 회사들은 고정적인 임금을 받는 직원보다 수수료에 따른 차등 임금을 받는 직원에게 더 많은 임금을 지불하게 될 수도 있다. 둘째, 위험 회피 성향이 높은 직원은 혁신적인 방법을 사용하여 도전하기보다는 기존의 방식을 고수할 것이다. 과거에 효과가 있었던 방식을 유지하는 것은 위험을 최소화하지만, 동시에 정체로 이어진다. 셋째, 언젠가 사라질 수도 있는 권력을 가진 (대부분 경영자들의 권력이 그렇다) 야망 있는 사람들은 극도로 위험을 회피하는 경향이 있으며, 이는 자신이 노력해서 이룬 것들을 걸고 도박을 하고 싶어 하지 않기 때문일 것이다.[45] 임기의 종료를 앞둔 CEO들은 위험 회피 성향을 강하게 보이며, 이는 위험을 감수하는 투자 전략이 기업에게 가장 이익이 되는 경우에도 마찬가지이다.[46]

후견지명 편향   **후견지명 편향**(hindsight bias)은 이미 일어난 일의 결과에 대해서 그 결과를 정확히 예측할 수 있었다고 잘못 생각하는 경향을 의미한다.[47] 결과에 대한 피드백이 이미 주어진 상황에서 우리는 그 결과가 명백했다고 쉽게 단정 짓곤 한다.

예를 들어, 오프라인 소매싱에서 주로 영화를 대여해주던 기존의 비디오 대여 사업은 온라인 배포가 시장을 잠식해감에 따라서 붕괴했다.[48] 몇몇 이들은 블록버스터와 같은 대여 회사들이 온라인 스트리밍과 키오스크 서비스를 제공했더라면 실패를 면할 수 있었을 것이라고 말했다. 지금 시점에서 과거를 돌아보면 그 사실이 명백하게 보이며, 따라서 그것을 예상할 수 있었으리라고 생각하기가 쉽지만, 많은 전문가들은 산업의 흐름을 미리 예측하는 데 실패했다. 결정을 내리는 사람들에 대한 비판이 가치 없는 것은 아니지만[49] 블링크와 티핑 포인트의 저자인 말콤 글래드웰이 썼듯이, "사후에 명백해 보이는 것들이 사전에도 명백한 경우는 거의 없다."[50]

의사결정에 영향을 미치는 요인 : 개인차와 조직적 제약

이제 사람들의 의사결정에 영향을 미치는 요인들과 그 요인들이 오류나 왜곡에 얼마나 취약한지를 알아볼 것이다. 개인차와 조직 내 제약에 대해서 이야기할 것이다.

개인차

앞에 나왔듯이, 실제로 이루어지는 의사결정은 제한된 합리성, 빈번한 오류와 왜곡, 그리고 직관의 사용을 특징으로 한다. 성격을 비롯한 개인차 역시 합리적 모델로부터의 탈선을 낳는다.

성격　성실성의 특정한 측면들, 특히 성취 지향과 책임감은 결정의 지속성에 영향을 미친다.[51] 성취 지향적인 사람들은 실패하는 것을 싫어하고, 실패를 방지하기 바라기 때문에 한번 내린 결정을 지속하곤 한다. 책임감 있는 사람들은 조직에 가장 도움이 되는 행동을 하려는 경향이 있어서 결정의 지속성 오류를 보일 가능성이 더 낮다. 둘째, 성취 지향적인 사람들은 후견지명 오류에 더 취약한데, 이는 아마도 그들이 스스로의 행동을 정당화해야 하는 필요성을 많이 느끼기 때문일 것이다.[52] 책임감 있는 사람들이 이 오류에 면역이 있는지에 대한 연구 결과는 아직 없다.

성별　남자와 여자 중 누가 더 좋은 선택을 내릴까? 상황에 따라서 달라진다. 상황의 스트레스가 높지 않을 때에는 남자와 여자 사이에 의사결정 능력에 차이가 거의 없다. 스트레스가 높은 상황의 경우, 남자들은 더 자기중심적이 되며 더 위험 부담이 많은 결정을 내리고, 여자들은 더 공감 능력을 발휘하게 되며 더 훌륭한 의사결정을 내린다.[53]

일반적 지적 능력　일반직 시적 능력이 높은 사람들(GMA, 제5장 참조)이 정보를 더 빨리 처리할 수 있으며, 문제를 더 정확하게 해결하고, 더 빠르게 학습한다. 따라서 당신은 그들이 일반적인 의사결정 오류에 덜 취약할 것이라고 생각할지도 모르겠다. 하지만 GMA는 수많은 오류 중 몇 가지 오류를 피하는 데만 도움을 준다.[54] 고착 오류, 과도한 확신, 결정의 지속성 오류 등을 범할 확률에서 똑똑한 사람과 그렇지 않은 사람 사이에는 차이가 없다. 아마도 자신이 똑똑하다는 사실이 자신이 너무 자신만만하거나 감정적으로 방어적일지도 모른다는 가능성에 대해서는 경고를 주지 않기 때문일 것이다. 지능이 전혀 중요하지 않다는 이야기는 아니다. 의사결정에서 발생할 수 있는 오류에 대해서 한 번 경고를 들은 후에는, 더 똑똑한 사람들이 그러한 오류를 더 잘 피한다.

문화 차이　다양한 문화들은 시간 지향, 합리성에 부여하는 가치, 사람들의 문제해결 능력에 대한 믿음, 집단적인 문제 해결을 선호하는 정도 등에서 차이를 보인다. 예를 들어, 시간 지향의 차이들은 왜 이집트의 경영자들이 비슷한 지위의 미국인에 비해서 더 느리고 신중하게 결정을 내리는지를 설명해준다. 둘째, 북아메리카에서는 합리성을 중요시하지만 다른 지역에서는 그렇지 않다. 북아메리카의 경영자는 직관적인 결정을 내리면서도 서양에서는 합리성이 가치 있게 여겨지기 때문에 합리적인 방식으로 행동하는 것으로 보여야 한다는 사실을 안다. 이란과 같은 나라에서는 합리성이 다른 요소들을 압도하지 않으며, 따라서 합리적으로 보이려는 노력은 필요하지 않다.

셋째, 어떤 문화에서는 문제 해결을 강조하며, 다른 문화에서는 상황을 있는 그대로 받아들이는 것에 중점을 둔다. 미국은 전자의 경우에 해당한다. 태국과 인도네시아는 후자의 경우에 해당한다. 문제 해결에 초점을 맞추는 경영자들은 자신들이 상황을 바꿔서 이득을 얻을 수 있으며 그렇게 해야 한다고 생각하기 때문에 미국의 경영자들은 태국이나 인도네시아의 경영자들에 비해서 같은 상황을 더 일찍 문제로 규정하는 경향이 있다. 넷째, 집단주의적 국가인 일본에서의 의사결정은 개인주의적인 국가인 미국에서의 의사결정에 비해서 훨씬 더 집단 기반으로 이루어진다. 일본인들은 순응과 협동을 중요시하며, 따라서 일본의 CEO들은 중요한 결정을 내리기 전에 합의를 위한 집단 결정을 내리기 위해서 방대한 정보를 수집한다.

넛지   광고를 본 적이 있는 사람이라면 누구나 넛지 효과에 대해서 안다. 광고들은 (어떠한 제품에 대한) 우리의 지각과 (어떠한 제품을 구매하겠다는) 결정에 영향을 미치려는 가장 노골적인 형태의 시도를 대표한다. 넛지는 기업의 사회적 책임(CSR, 제3장 참조) 발전 계획의 일환으로 기업에 대한 사람들의 기대를 바꾸기 위해 사용되기도 했다.[55] 사람들이 암시에 영향을 받는 정도에서 차이를 보이긴 하지만, 사람은 누구나 넛지에 어느 정도는 영향을 받는다고 표현하는 것이 정확할 것이다.

조직적 제약

조직은 결정을 내리는 사람들에게 제약을 가할 수 있으며, 이에는 장점(오류와 왜곡을 방지)과 단점(합리적 평가를 회피)이 모두 존재한다. 예를 들어, 경영자들은 조직의 성과 평가 및 보상 체계를 반영하고, 공식적인 규율을 준수하며, 조직이 부여하는 시간 제약에 맞추기 위해서 자신들의 의사결정을 구성한다. 또한 이전의 사례가 결정에 영향을 미치기도 한다.

성과 평가 체계   경영자들은 자신들이 평가받는 기준에 영향을 받는다. 어떤 부문의 경영자가 자신이 아무런 부정적인 피드백을 듣지 않을 때 자기 관할의 생산 공장이 가장 잘 운영된다고 생각한다면, 각 공장의 공장장들은 그 경영자에게 그 어떤 부정적인 정보도 전달되지 않도록 하는 데 자신들의 시간을 상당 부분 할애하게 될 것이다.

보상 체계   조직의 보상 체계는 어떤 선택에 더 많은 개인적인 보상이 따르는지를 암시함으로써 사람들의 결정에 영향을 미친다. 예를 들어, 조직이 위험 회피에 보상을 제공한다면, 해당 조직 내 경영자들은 보수적인 결정을 내릴 가능성이 높다.

공식적인 규율   텍사스 주 산 안토니오에 위치한 타코벨의 교대 관리자인 데이비드는 자신이 업무에서 마주하는 제약들을 다음과 같이 설명한다. "제가 내리는 거의 모든 결정에 대해서는 이미 세세한 규정과 규범이 있어요. 부리토를 만드는 방법부터 화장실을 얼마나 자주 청소해야 하는지까지요. 내 직업에는 선택의 자유가 별로 없어요." 데이비드의 상황은 독특한 것이 아니다. 매우 작은 규모의 조직을 제외한 대부분의 조직에는 결정에 영향을 미치고 사람들이 원하는 방식으로 행동하도록 하기 위한 규율과 정책들이 있다. 이렇게 만들어진 조직의 매뉴얼은 개인들의 선택의 폭을 제한하게 된다.

시스템이 강제하는 시간적 제약   중요한 결정들은 거의 대부분 구체적인 데드라인에 맞추어서 내려진다. 예를 들어, 새로운 제품의 개발에 대한 보고서는 집행 위원회가 다음 달 1일 전에 볼 수 있도록 준비되어야 할 수 있다. 이러한 상황들은 종종 경영자들이 최종 결정을 내리기 전에 필요한 모든 정보를 모으는 것을 불가능하게, 혹은 아주 어렵게 만든다.

과거의 전례   의사결정은 진공 상태에서 이루어지지 않는다. 이들에는 맥락이 존재한다. 예를 들어서, 어떤 해의 예산을 책정할 때 가장 크게 영향을 미치는 요소가 지난 해의 예산이라는 사실은 널리 알려져 있다. 오늘 내려지는 결정의 많은 부분은 지난 시간 동안 내려진 결정들의 결과로 볼 수 있다.

의사결정에서의 윤리

윤리적인 고려는 모든 조직적 의사결정에서 중요하게 여겨져야 한다. 윤리적인 의사결정을 규정하는 세 가지 방식을 알아보자. 또한 거짓말이 의사결정에 어떤 영향을 미치는지에 대한 중요한 이슈 역시 다룰 것이다.

윤리적 결정의 세 가지 기준

첫 번째 윤리적인 잣대는 **공리주의**(utilitarianism)이다. 공리주의는 오로지 결과에 따라서, 이상적으로는 최대 다수에게 최대 행복을 제공하기 위한 의사결정을 내리는 방식을 제시한다.[56] 이 관점은 기업에서의 의사결정 과정을 장악하고 있으며, 효율성, 생산성, 높은 이윤 등의 목표와 일맥상통한다. 공리주의가 표면적으로 보이는 것만큼 객관적이지 않다는 사실을 기억할 필요가 있다. 한 연구 결과는 공리주의의 윤리성이 우리가 자각하지 못하는 방식으로 영향을 받는다는 사실을 드러냈다. 연구의 참가자들에게 도덕적 딜레마를 제시하였다. 기찻길 위의 육교에 있는 다섯 사람의 무게 때문에 다리가 휘어져서 기차가 그 다리 밑을 지날 수 없게 되었으며, 한 기차가 다리를 향해서 오고 있다. 주어진 선택지는 다섯 사람 모두가 사망하는 것과 가장 체중이 많이 나가는 사람 한 명을 다리 밑으로 밀어서 네 명을 구하는 두 가지이다. 미국, 한국, 프랑스, 이스라엘에서는 응답자들 중 20%가 뚱뚱한 사람을 밀치는 선택을 했으며, 스페인에서는 18%가 그러한 선택을 했다. 이 결과는 문화에 따른 공리주의적 가치관을 드러내기도 하지만, 사람들에게 자신의 모국어가 아닌 언어로 대답하도록 한 사소한 변화 하나만으로도 더 많은 사람들이 한 명을 희생하는 선택지를 고르게 되는 결과가 나타났다. 한 집단에서는 33%가 한 명을 밀치는 선택을 했고, 다른 집단에서는 44%가 같은 선택을 한 것이다.[57] 모국어가 아닌 언어로 대답하는 상황의 참가자들은 감정적인 거리를 더 많이 느껴서 공리주의적인 선택을 더 많이 한 것으로 보인다. 실용적이라고 여겨지는 선택에 대한 우리의 관점은 쉽게 변화하는 것이다.

두 번째 윤리적 기준은 권리장전에 명시되어 있는 근본적인 자유와 권리를 존중하여 의사결정을 내리는 것이다. 의사결정에서 인권을 강조한다는 것은 사생활을 보호받을 권리, 언론의 자유, 정당한 법 절차 등과 같은 개인의 기본적인 권리를 존중하고 보호하는 것을 의미한다. 이 기준은 **내부고발자**(whistle-blowers)들이 언론의 자유를 사용하여 자신이 속한 조직의 비도덕적인 행동을 언론이나 정부에 고발하는 행위를 보호해준다.[58]

세 번째 기준은 규칙을 공정하고 공평하게 적용하여 정의, 즉 이윤과 비용의 공정한 분배를 보장하는 것이다.[59] 정의를 따르는 관점은 때로는 실적에 상관없이 같은 임금을 지불하는 것이나 해고 결정을 내릴 때 나이를 중요한 기준으로 사용하는 것을 정당화하기 위해 사용된다.

적절한 기준의 선택

결정을 내리는 사람들, 특히 이윤을 추구하는 조직에서 결정을 내리는 사람들은 공리주의를 가장 선호한다. 조직과 주주들의 '최대 이윤'은 대량해고 등 문제될 여지가 있는 여러 행동들을 정당화할 수 있다. 하지만 많은 비평가들은 이 관점이 변해야 한다고 느낀다. 개인의 권리와 사회 정의에 대한 대중의 걱정은 경영자들이 공리주의가 아닌 다른 기준을 고려하는 윤리 기준을 개발해야 한다는 점을 암시한다. 개인의 권리와 사회 정의를 만족시키는 것은 효율성과 이윤을 중시하는 공리주의보다 훨씬 더 많은 애매한 상황들을 만들어내기 때문에 경영자들에게 큰 부담으로 다가온다. 하지만 가격을 높이고, 고객의 건강에 해가 될지도 모르는 상품을 판매하고, 비효율적인 공장을 폐쇄하며, 많은 직원들을 해고하고, 비용 절감을 위해 생산을 해외 이전하는 등의 행동들은 공리주의적인 관점에서는 정당화될 수 있지만 의사결정의 기준이 공리주의 하나로 충분했던 시대는 지나갔다.

이 지점에서 CSR이 긍정적인 변화를 가져오는 역할을 수행한다. 공리주의적인 이상에서 알 수 있듯이, 조직들이 대차대조표만을 보고 있을 때에는 공정하게 행동하려는 동기를 느끼지 못한다. 하지만 조직들이 지속 가능성 관련된 이슈에서 책임감 있게 행동해야 한다는 대중들의 압박은 이제 낮은 영향력을 끼치고 있다. 소비자들은 효과적인 CSR 계획들을 수행하는 기업들의 제품과 서비스를 점점 더 많이 선택하고 있고, 능력 있는 직원들은 CSR을 추구하는 조직들에 매력을 느끼며, 정부에서는 지속 가능성을 위해 노력하는 기업들에게 인센티브를 제공하고 있는 등의 변화들이 일어나고 있다. CSR은 사업의 측면에서도 합리적인 결정이 되어가고 있으며, 공리주의적인 계산에 윤리적인 고려 사항들을 포함시키고 있다.

행동 윤리

연구자들은 사람들이 도덕적 딜레마를 마주했을 때 어떻게 행동하는지를 연구하는 학문 분야인 **행동 윤리**(behavioral ethics)에 점점 더 관심을 기울이고 있다. 이 분야의 연구 결과들에 따르면, 사회나 조직에서 통용되는 도덕적 기준이 존재하고 개인적인 수준의 도덕 기준 역시 존재하지만, 사람들은 자신이 속한 조직이 내세우는 윤리적 기준을 언제나 따르는 것은 아니며 때로는 스스로의 기준을 위반하기도 한다. 우리의 윤리적 행동은 상황에 따라서 크게 달라진다.

거짓말

당신은 거짓말쟁이인가? 대부분의 사람들은 거짓말쟁이라고 불리고 싶어 하지 않을 것이다. 하지만 단순히 거짓말을 하는 사람을 거짓말쟁이라고 정의한다면, 우리 중 거짓말쟁이가 아닌 사람은 없을 것이다. 우리는 스스로에게도 거짓말을 하고 다른 사람에게도 거짓말을 한다. 우리는 의식적으로 거짓말을 하고 무의식적으로도 거짓말을 한다. 우리는 큰 거짓말을 하기도 하고 사소한 속임수를 사용하기도 한다. 거짓말은 우리가 매일 행하는 비윤리적인 행동 중 가장 빈번하게 행해지는 행동이며, 안정적인 의사결정을 위한 모든 노력에 잠재적인 위협이 된다.

사실 우리가 거짓말을 하는 이유 중 하나는 다른 사람들이 거짓말을 쉽게 판별하지 못하기 때문이다. 200여 가지의 연구에서 사람들은 오직 47%의 경우에만 거짓말을 하고 있는 사람을 올바르게 구분했으며, 이는 무작위로 고르는 것보다도 낮은 수치이다.[60] 이는 거짓말을 탐지하는 기술이 사용되었을 때도 마찬가지이다. 예를 들어서, 경찰관들은 사람들이 거짓말을 할 때 시선을 위와 오른쪽으로 돌린다는 이론을 따르는 기술을 사용한다. 불행히도, 이 기술을 시험한 연구자들은 그 기술의 기반이 되는 이론을 지지하는 증거를 찾아내지 못했다.[61]

거짓말은 의사결정에 치명적이며, 이는 거짓말을 감지하는지의 여부와는 무관하다. 사실이 왜곡되고 사람들이 자신의 행동에 대해 거짓된 동기를 제시한다면, 경영자들과 조직은 좋은 결정을 내리지 못하는 것이다. 거짓말은 윤리적으로도 큰 문제이다. 조직의 관점에서는 화려한 거짓말 탐지 기술을 도입하고 가능할 때마다 거짓말쟁이들을 잡아내려고 해도 신뢰할 수 없는 결과를 얻게 된다.[62] 가장 지속 가능한 해결책은 조직행동론을 통해서 얻을 수 있는데, 이는 조직행동론이 사람들의 일반적인 경향에 기반을 두고 거짓말을 억제하는 환경을 만들어서 거짓말을 예방하는 방식을 연구하기 때문이다.

창의성, 창의적인 의사결정, 그리고 조직 내 혁신

이론적 모델들이 종종 의사결정의 질을 높여주긴 하지만, 결정을 내리는 사람에게는 **창의성**(creativity), 즉 새롭고 유용한 아이디어들을 생각해내는 능력 역시 필요하다. 새로운 아이디어는 이전에 이루어진 행동과는 다르지만 문제를 해결하는 데 도움이 되는 생각을 말한다.

창의성은 의사결정을 내리는 사람이 다른 사람들이 발견하지 못하는 문제점을 포함하여 직면한 문제를 완전히 살피고 이해할 수 있도록 한다. 조직행동론의 모든 측면들이 복잡하긴 하지만 창의성은 특히 복잡한 주제이다. 이를 간단히 표현하기 위한 〈도표 6-4〉에는 조직 내 **창의성의 세 단계 모델**(three-stage model of creativity)이 제시되어 있다. 모델의 중심부에는 창의적인 행동이 있으며, 이에 영향을 미치는 원인(즉 창의적인 행동을 예측하게 하는 변수들)과 **효과**(즉 창의적인 행동의 결과들)가 있다.

창의적인 행동

창의적인 행동은 네 가지 단계로 나타나며, 각 단계가 다음 단계로 이어진다.[63]

1. **문제 형성**(problem formulation) 창의성을 포함하는 행동들은 모두 그 행동을 통해 해결해야 할 문제에서 시작한다. 따라서 창의적인 행동 중 문제 형성은 아직 알려지지 않은 해결책을 필요로 하는 문제나 기회를 찾아내는 단계이다.

2. **정보 수집**(information gathering) 문제가 주어졌을 때 손 닿는 곳에 해결책이 있는 경우는 거의 없으며, 더 많이 공부하고 배운 내용을 적용하기 위한 시간이 필요하다. 따라서 창의적인 행동 중 정보 수집은 지식을 탐색하고 문제를 해결하기 위한 잠재적인 해결책이 형성되기 시작하는 단계이다. 정보 수집은 혁신을 위한 기회를 구분할 수 있도록 우리를 이끌어준다.[64]

3. **아이디어 도출**(idea generation) 아이디어 도출은 관련된 정보와 지식을 동원하여 문제에 대한 잠재적인 해결책을 개발하는 단계이다. 이 행동은 혼자서 행하기도 하며, 산책을 하거나[65] 이것저것 적어보는 것이[66] 이 과정을 활성화할 수 있다. 하지만 아이디어 생산은 점점 더 집단적으로 이루어지고 있다.

4. **아이디어 평가**(idea evaluation) 마지막은 생산된 아이디어 중 선택을 하는 단계이

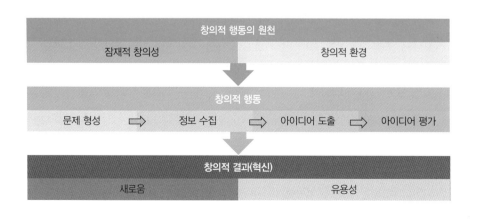

창의적 행동의 원천 / 잠재적 창의성 / 창의적 환경 / 창의적 행동 / 문제 형성 → 정보 수집 → 아이디어 도출 → 아이디어 평가 / 창의적 결과(혁신) / 새로움 / 유용성

다. 아이디어 평가는 문제에 대한 잠재적인 해결책을 평가하고 가장 좋은 아이디어를 골라내는 과정이다.

창의적인 행동의 원천

세 단계 모델의 가장 중요한 단계인 창의적인 행동을 정의하였으니, 이제 창의성의 원천을 알아보자. 그것은 잠재적 창의성과 창의적인 환경이다.

잠재적 창의성 창의적인 성격이라는 것이 존재할까? 물론이다. 과학(스티븐 호킹), 공연 예술(마사 그레이엄), 사업(스티브 잡스) 등 분야를 막론하고 창의적인 천재는 흔하지 않지만, 대부분의 사람들은 특별히 창의적인 사람들이 지닌 특성을 어느 정도는 지니고 있다. 이러한 특성을 더 많이 지닐수록 잠재적 창의성이 높다. 혁신은 조직 내 리더들이 추구하는 가장 중요한 목표 중 하나이며, 다음과 같은 요소들을 지닌다.

1. **지능과 창의성** 지능은 창의성과 연관성이 있다. 똑똑한 사람들은 복잡한 문제를 더 잘 해결하며 따라서 더 창의적이다. 하지만 그들의 창의성은 그들이 더 훌륭한 '작업 기억'을 지녔다는 사실에서 기인하기도 하는데, 이것은 그들이 주어진 문제와 관련하여 더 많은 정보를 기억해낼 수 있음을 의미한다.[67] 비슷한 맥락으로, 네덜란드에서 이루어진 최근의 한 연구 결과는 높은 인지 욕구(배우고자 하는 욕망)가 높은 창의성과 연관되어 있음을 보여주었다.[68]

2. **성격과 창의성** 빅 파이브 성격 특성 중 개방성(제5장 참조)은 창의성과 정적인 상관 관계가 있다. 개방적인 사람들은 순응하는 경향이 덜하며 독창적인 생각을 더 자주하기 때문일 것이다.[69] 창의적인 사람들이 보이는 다른 성격 특성에는 능동적인 성격, 자신감, 위험 감수, 애매함에 대한 관용, 인내심 등이 있다.[70] 희망, 자기효능감(스스로의 능력에 대한 믿음), 그리고 긍정 정서 또한 개인의 창의성을 예측한다.[71] 또한 중국에서 이루어진 연구의 결과는 심층적 자기평가가 긍정적인 사람들은 다른 이들보다 부정적인 상황에서도 창의성을 잘 유지함을 암시한다.[72] 직관에 조금 어긋나는 결과에서는 '미친 천재', 즉 정신적 질환을 가진 사람들이 부분적으로는 그들의 정신병에 의해서 엄청난 창의성을 보인다는 가설을 지지한다. 역사적으로도 분명 빈센트 반 고흐, 존 포브스 내쉬 등의 예가 존재한다. 하지만 그 반대는 사실이 아니다. 집단으로 보았을 때 어쩌면 창의적인 사람들은 일반인보다 정신병을 덜 앓고 있을 것이다.[73]

3. **전문성과 창의성** 전문성(expertise)은 창의적인 작업의 기반이며 창의적인 잠재력의 가장 중요한 예측 변수이다. 예를 들어, 영화 대본 작가이자 프로듀서이며 감독이기도 한 쿠엔틴 타란티노는 젊은 시절을 비디오 대여가게에서 일하면서 보냈으며, 그곳에서 영화에 대해 해박한 지식을 쌓았다. 다른 이들의 전문성 역시 중요하다. 주변에 사람의 네트워크가 많은 사람들은 다양한 아이디어에 더 많이 노출되며 다른 사람들의 전문성과 자원에 대한 비공식적인 접근을 더 자주 할 수 있다.[74]

4. **윤리와 창의성** 창의성이 여러 가지 바람직한 개인의 특성과 연관이 있긴 하지만, 윤리성과는 상관관계가 없다. 최근의 연구에 따르면 반칙을 하는 사람들이 어쩌면 도덕적으로 행동하는 사람들보다 더 창의적일지도 모른다. 부정직과 창의성은 어쩌면 똑같이 규범을 파괴하고자 하는 욕구에서 자라나는 것일지도 모르겠다.[75]

창의적인 환경 우리 대부분은 배우면 적용할 수 있는 창의적인 잠재력을 갖고 있지만, 창의적인 잠재력은 그 중요성에도 불구하고 그 자체만으로는 충분하지 않다. 우리는 창의적인 잠재력이 실현될 수 있는 상황을 필요로 한다. 다양한 환경적인 요소 중 가장 중요한 요소는 동기일 것이다. 당신에게 창의적이고자 하는 동기가 없다면, 당신은 아마도 창의성을 발휘하지 못할 것이다. 내적 동기, 즉 무엇인가가 흥미롭고, 흥미진진하며, 만족을 주고, 도전적이기 때문에 그 일을 하고 싶다는 욕구(제7장에서 더 자세하게 다룰 것이다)는 창의적인 결과들과 상당히 강한 상관관계를 보인다.[76] 하지만 창의적인 일을 인정하고 그에 따라서 보상을 제공하는 환경에서 일하는 것 역시 중요하다. 헬스케어 팀을 대상으로 이루어진 한 연구에서는 혁신을 적극적으로 지지하는 환경에서만 각 팀의 창의성이 혁신으로 이어졌다.[77] 조직에서는 아이디어의 자유로운 흐름을 장려해야 하며, 이에는 공정하고 건설적인 판단을 제공하는 것 역시 포함된다. 과도한 규율에서 자유로워지는 것 역시 창의성을 장려한다. 직원들은 어떤 일이 행해져야 하며 어떻게 진행해야 하는지를 결정할 수 있는 자유를 가져야 한다. 중국의 한 연구 결과에서는 구조적인 임파워먼트(업무의 구조가 직원에게 충분한 자유를 허락한다)와 심리적인 임파워먼트(개인이 결정할 수 있는 능력을 지녔다고 느끼도록 한다)가 모두 직원들의 창의성과 연관이 있음이 드러났다.[78] 하지만 슬로베니아의 한 연구에서는 다른 그 무엇보다도 성과가 가치 있게 여겨지는 경쟁적인 환경이 창의성에 방해가 된다는 사실이 드러났다.[79]

팀 역시 창의성에 중요한 영향을 미친다. 제10장에서 다루게 되겠지만, 오늘날의 업 무들은 점점 더 팀 기반으로 수행되고 있으며, 많은 사람이 다양성이 팀의 창의성을 증진시킬 것이라고 믿는다. 과거의 연구들은 다양성이 있는 팀들이 더 창의적이지는 않다는 사실을 암시했다. 하지만 최근에 네덜란드의 팀을 대상으로 이루어진 한 연구에서는 팀 구성원들이 서로를 이해하고 다른 팀 구성원들의 입장을 고려하라는 직접적인 지시를 들었을 때(관점 수용으로 불리는 활동이다)에는 다양성이 있는 팀이 그렇지 않은 팀보다 더 창의적이었다.[80] 리더십 역시 차이를 낳는다. 중국의 68개 팀을 대상으로 이루어진 한 연구 결과, 팀의 리더가 팀원에게 영감을 주고 자신감을 불어 넣어주는 사람이었을 경우에만 다양성이 팀의 창의성으로 이어졌다.[81]

창의적인 결과(혁신)

창의성에 대한 우리 모델의 마지막 단계는 결과이다. 우리는 창의적인 결과를 중요한 이해관계자들이 새롭고 유용하다고 판단하는 아이디어나 해결책으로 정의한다. 유용하지 않다면 신선함만으로는 창의적인 결과를 낳을 수 없다. 따라서 '벽을 넘어서는 특이한' 해결책은 문제 해결에 도움이 될 때에만 창의적이라고 불릴 수 있다. 해결책의 유용성은 (아이패드와 같이) 자명할 수도 있고, 초기에는 이해관계자들에 의해서만 성공적이라고 여겨질 수도 있다.[82]

어떤 조직은 직원에게서 많은 창의적인 아이니어들을 모아서 스스로를 혁신적이라고 부를지도 모른다. 하지만 한 전문가가 말했듯이, "아이디어는 사용되지 않는다면 쓸모없다." 아이디어를 결과로 이어주는 작은 기술들이 있다. 한 연구자는 한 대규모 농업회사에서 개인이 자신의 아이디어를 실제로 행하겠다는 동기가 가장 강할 때, 그리고 그 사람의 네트워킹 능력이 훌륭할 때, 창의적인 아이디어들이 실현될 가능성이 가장 높음을 발견했다.[83] 이러한 연구 결과들은 한 가지 중요한 사실을 시사한다. 그것은 창의적인 아이디어는 스스로를 실현시키지 않는다는 것이다. 창의적인 아이디어들을 창의적인 결과로 연결하는 것은 이 책에 등장하는 권력과 정치, 리더십, 동기 등 다른 개념들을 필요로 하는 사회적인 과정이다.

요약

사람들은 환경의 실제 모습이 아닌 자신이 사실이라고 인식하거나 믿는 환경의 모습에 기반을 두고 행동한다. 사람이 결정을 내리는 방식에 대한 이해는 우리가 행동을 설명하고 예측하는 데 도움을 주지만, 중요한 결정 중에서는 합리성 모델의 가정들이 적용될 수 있을 만큼 단순하고 명료하게 나타나는 결정들은 거의 없다. 사람들은 최고의 선택보다는 어느 정도 만족할 수 있는 수준의 해결책을 찾으며, 의사결정 과정에서 오류와 편견을 포함시키고, 직관에 의존한다. 경영자들은 혁신적인 의사결정을 달성하기 위해서 직원과 팀의 창의성을 장려해야 한다.

경영자에게 주는 시사점

- 행동은 지각을 따라가며, 따라서 직장에서의 행동에 영향을 미치기 위해서는 사람들이 자신의 업무를 어떻게 인식하는지를 파악해야 한다. 우리를 곤혹스럽게 하는 행동은 그 행동의 시발점이 되는 지각을 이해함으로써 설명되는 경우가 많다.

- 지각의 편향과 사람들이 종종 범하는 의사결정의 오류를 인지함으로써 더 좋은 결정을 내리도록 하라. 이러한 문제에 대해 공부하는 것이 실수를 항상 방지하지는 못하지만, 분명 도움은 된다.

- 당신이 일하고 있는 국가의 문화와 당신의 조직이 중요하게 여기는 기준에 맞춰서 당신의 의사결정 과정을 조절하라. 합리성을 중요하게 여기지 않는 나라에서 일하고 있다면, 굳이 합리적 의사결정 모델을 따르거나 당신의 결정이 합리적으로 보이게 하기 위한 노력을 해야 할 필요가 없다. 당신이 속한 조직의 문화와 어울리도록 당신의 의사결정 과정을 조절하라.

- 직관과 합리적인 분석을 함께 사용하라. 이들은 의사결정에 있어서 대비되는 접근이 아니다. 둘 모두를 사용함으로써 당신은 더 효과적인 결정을 내릴 수 있다.

- 스스로의 창의성을 높이려고 노력하라. 직면한 문제에 대해서 새로운 해결책을 적극적으로 탐색하고, 문제를 새로운 방식으로 바라보려고 시도하며, 비유를 사용하고, 창의적인 인재를 고용하라. 창의성에 방해가 될 만한 업무 및 조직 내 장애물을 제거하라.

동기부여의 개념

이 책을 읽고 나면, 당신은

1. 동기의 세 가지 주요 요소를 설명할 수 있다.
2. 초기의 동기부여 이론들을 비교할 수 있다.
3. 자기결정 이론과 목표설정 이론의 요소들을 비교할 수 있다.
4. 자기효능 이론, 강화 이론, 공정성 이론, 그리고 기대 이론 사이의 차이점을 설명할 수 있다.
5. 종업원의 직무 몰입이 경영자들에게 주는 시사점을 구분할 수 있다.
6. 오늘날의 동기부여 이론들이 서로를 보완하는 방식을 설명할 수 있다.

동기부여

어떤 사람들은 성공하기 위해 열심히 노력한다. 교과서를 읽을 때는 20분을 겨우 견디는 학생이 하루 만에 해리포터 한 권을 다 읽어내기도 한다. 이러한 차이는 상황에서 나온다. 동기부여의 개념에 대해 논의할 때에는 사람에 따라서, 또한 같은 사람이더라도 상황에 따라서 차이가 있다는 사실을 기억해야 한다.

우리는 **동기부여**(motivation)를 목표 달성을 위한 개인의 노력의 강도(intensity), 방향(direction), 그리고 지속성(persistence)을 설명하는 과정으로 정의한다.[1] 일반적인 동기부여는 어떠한 목표에 대한 동기인지와 무관하게 관심을 가지지만, 우리의 관심은 조직의 목표에 초점을 맞춘다.

강도는 누군가가 얼마나 열심히 노력하는지를 나타낸다. 사람들이 동기부여에 대해 이야기할 때 주로 집중하는 부분이 바로 강도이다. 하지만 노력이 조직에 도움이 되는 방향을 향하고 있지 않다면 높은 강도가 좋은 결과로 이어지기 어렵다. 따라서 우리는 노력의 강도뿐 아니라 노력의 질 역시 고려해야 한다. 우리가 찾고자 하는 노력은 조직의 목표와 같은 방향을 향하고 일맥상통하는 노력이다. 마지막으로, 동기부여에는 **지속성**의 차원이 포함된다. 지속성은 노력을 얼마나 오래 유지할 수 있는지를 측정한다. 동기가 있는 사람들은 목표를 달성할 때까지 지속적으로 직무에 몰두한다.

동기부여의 초기 이론

1950년에 형성된 세 가지 동기부여 이론은 아마 아직까지도 가장 잘 알려진 설명일 것이다. (뒤에 다루게 되겠지만) 오늘날에는 정확성에서 의심을 받고 있는 이 이론들은 지금 존재하는 이론의 기반을 보여주며 실무 경영자들은 아직도 이 이론들에서 만들어진 용어를 사용한다.

욕구 단계 이론

동기부여 관련 이론 중 가장 잘 알려진 이론은 에이브러햄 매슬로우의 **욕구 단계** (hierarchy of needs) 이론이다.[2] 이 이론은 사람에게는 다섯 가지 욕구의 서열이 존재한다고 주장하였다. 최근에는 여섯 번째이며 가장 높은 욕구로 내재적 욕구(intrinsic needs)가 제시되었으며, 이에 대해서 매슬로우에 의해 처음 주장되었다는 이야기가 있으나 아직 널리 받아들여지지는 않고 있다.[3] 원래의 다섯 가지 욕구는 다음과 같다.

1. **생리적 욕구** 배고픔, 목마름, 안전한 주거지, 성 관계, 그 외의 육체적인 필요들
2. **안전 욕구** 물리적, 정서적 위험으로부터의 안전 및 보호
3. **사회적 욕구** 애정, 소속감, 수용, 우정
4. **존경 욕구** 자기 존중, 독립성, 성취감 등 내적 요인들과 지위, 인정, 관심 등의 외적 요인들
5. **자아실현 욕구** 자신이 되고자 하는 그 무엇인가가 되고자 하는 욕구, 성장, 잠재 능력 실현, 성취 등

매슬로우에 따르면, 각 단계의 욕구가 충분히 만족됨에 따라서 그다음 단계의 욕구가

중요해진다. 따라서 누군가에게 동기를 부여하고 싶다면, 당신은 그 사람이 욕구의 단계 중 어느 단계에 있는지를 이해하고, 그 단계나 그다음 단계의 욕구를 만족시키는 일에 집중해야 한다. 욕구의 위계는 〈도표 7-1〉에 나타나 있다. 이 도표는 가장 널리 알려진 표이지만, 매슬로우는 오직 단계로만 각 욕구를 설명했다.

매슬로우의 이론은 오랜 시간 동안 널리 받아들여졌으며, 실무 경영자들이 이 이론을 특히 많이 사용하였다. 이 이론은 직관적으로 논리적이며 이해하기 쉽고, 이 이론을 지지하는 몇몇 연구 결과가 있었다.[4] 하지만 불행하게도, 다양한 문화에 적용될 때에는 특히 문제가 있으며[5] 대부분의 연구 결과들은 생리적 욕구에 대한 내용을 제외하고는 이 이론을 지지하지 않는다.[6] 하지만 오래된 이론, 특히 직관적으로 옳게 보이는 이론은 쉽게 사라지지 않는다. 따라서 동기부여를 논할 때는 매슬로우의 단계들이 널리 받아들여지고 있다는 사실을 인식하는 것이 중요하다.

두 요인 이론

사람과 직업의 관계는 아주 기본적이며, 직무에 대한 태도가 성공이나 실패를 결정할 수 있다고 믿었던 심리학자 프레드릭 허츠버그는 "사람들이 자신의 직업에서 무엇을 바라는가?"라는 질문에 관심을 가졌다. 그는 사람들에게 자신의 직업에 대해서 아주 **좋거나** 아주 나쁘게 느꼈던 상황을 자세히 설명하게 했다. 두 경우의 응답은 크게 달랐으며, 이 차이는 허츠버그로 하여금 **두 요인 이론**(two-factor theory)을 개발하도록 했는데, 이 이론은 **동기-위생 이론**(motivation-hygiene theory)이라고도 불린다.[7]

최근에 하버드 비즈니스 리뷰에서 극단적인 만족이나 극단적인 불만족으로 이어진 상황들에 대한 수천 가지 사건들을 구분한 설문조사 결과에 따르면[8], 관리의 질, 임

도표 7-1 매슬로우의 욕구 이론

출처 : H, Skelsey, "Maslow's Hierarchy of Needs-the Sixth Level," *Psychologist* (2014) : 982-83.

금, 회사의 정책, 물리적인 직무환경, 인간관계, 직업의 안정성 등은 위생 요인들(hygiene factors)이다. 이 요인들이 적절할 때, 사람들은 불만족하지도 않지만 딱히 만족하지도 않는다. 사람들에게 동기를 부여하고 싶다면 우리는 승진 기회, 개인적 성장 기회, 인정, 책임감, 성취 등 업무 자체나 업무에서 직접적으로 도출되는 결과들과 관련 있는 요인들을 강조해야 한다. 이들은 사람들이 내적으로 가치 있다고 생각하는 특성들이다. 허츠버그가 서로 2개의 연속선 위에 있는 두 요인을 주장했다는 사실을 기억하자. '만족'의 반대는 '만족하지 않음'이고 '불만족'의 반대는 '불만족하지 않음'이다(도표 7-2 참조).

두 요인 이론은 학계에서 거의 지지를 받지 못하고 있다. 이 이론의 비판자들은 허츠버그가 처음 사용한 방법론 및 만족이 생산성과 강하게 연관되어 있다는 등의 가정에 초점을 맞춘다. 그 후의 연구에서는 위생 요인과 동기부여 요인이 어떤 사람에게 비슷한 수준의 중요성을 지닌다면, 두 요인 모두가 그 사람에게 동기를 부여할 수 있음을 보여주었다.

많은 비판에도 불구하고, 허츠버그의 이론은 큰 영향력을 미쳐왔으며 현재도 아시아에서 이루어지는 연구에서는 널리 사용되고 있다.[9] 허츠버그의 권장사항을 접해보지 않은 경영인은 별로 없을 것이다.

맥클랜드의 욕구 이론

당신에게 총이 한 자루 있는데, 당신 앞에는 5개의 목표가 놓여 있다고 생각해보라. 각 목표는 그 앞의 것보다 더 멀리 놓여 있고 그만큼 더 맞추기 힘들다. 목표 A는 팔만 뻗으면 닿을 거리에 놓여 있다. 그 목표를 맞추었을 때의 상금은 2달러이다. 목표 B는 조금 더 멀리 있으며 4달러의 상금이 걸려 있지만, 시도하는 사람 중 80% 정도만이 목표를 명

도표 7-2
만족과 불만족에
대한 대비되는
관점들

전통적 관점

만족 〜〜〜〜〜 불만족

허츠버그의 관점

동기 요인

만족 〜〜〜〜〜 만족하지 않음

위생 요인

만족하지 않음 〜〜〜〜〜 불만족

중시킨다. 목표 C의 상금은 8달러이며 50% 정도의 사람이 표적을 맞힌다. 목표 D를 맞추는 사람은 거의 없지만, 성공하는 사람에게는 16달러가 주어진다. 마지막으로, 목표 E에는 32달러의 보상이 있지만, 그것을 달성하는 일은 거의 불가능에 가깝다. 당신이라면 어느 목표를 노리겠는가? 만약 당신이 C를 골랐다면, 당신은 성취욕이 높은 사람일 가능성이 높다. 그 이유에 대해서 알아보자.

맥클랜드의 욕구 이론(McClelland's theory of needs)은 데이비드 맥클랜드와 그의 동료에 의해 창시되었다.[10] 매슬로우의 단계와 달리, 이 욕구들은 생존과 관련된 욕구보다는 동기를 부여하는 요인에 더 가깝다. 맥클랜드가 제시한 세 가지 욕구는 다음과 같다.

- **성취 욕구**(need for achievement, nAch) 탁월해지고 싶어 하며, 기준치를 달성하고 성공하고자 하는 욕구를 나타낸다.
- **권력 욕구**(need for power, nPow) 다른 사람들로 하여금 다른 경우에는 하지 않았을 방식으로 행동하도록 만들고 싶어 하는 욕구를 나타낸다.
- **친교 욕구**(need for affiliation, nAff) 친근하고 친밀한 인간관계를 원하는 욕구를 말한다.

맥클랜드와 그 이후의 연구자들은 성취 욕구에 가장 많은 관심을 쏟았다. 성취욕이 높은 사람들은 자신의 성공 가능성을 0.5, 즉 50 대 50이라고 볼 때 가장 좋은 성과를 낸다. 그들은 오로지 운에 의지해서만 이루어지는 성공에서는 성취감을 느끼지 못하기 때문에 확률이 낮은 도박은 좋아하지 않는다. 비슷한 이유로 그들은 성공 확률이 높은 상태도 선호하지 않는데, 이는 자신들의 실력에 대한 도전이 되지 않기 때문이다. 그들은 스스로에게 어느 정도 도전이 되는 목표를 설정하기를 좋아한다. 높은 성취 욕구가 내적인 동기부여 요인으로 작용한다는 이 관점은 두 가지 문화적인 특징들을 상정하고 있다. 이 특징들은 어느 정도 수준의 위험은 받아들이는 경향(이 경우 모호함-회피가 높은 국가들은 제외된다, 제5장 참조)과 성과에 대한 관심(이 특징은 성취 지향이 강한 국가들에 적용된다)이다. 이 두 특징의 조합은 미국, 캐나다, 영국 등 영미 계열의 국가에서 주로 나타나며 칠레나 포르투갈처럼 전체주의적인 국가에서는 훨씬 약하게 나타난다.

맥클랜드의 세 가지 욕구들은 직장 내의 중요한 결과 변수와 관련이 있다. 첫째, 직무에 중간 정도의 위험성과 함께 높은 수준의 개인적 책임과 피드백이 따를 경우, 성취욕이 높은 사람들은 강한 동기를 느낀다. 둘째, 성취욕이 높은 사람이 반드시 좋은 경영자가 되는 것은 아니며, 거대한 조직에서는 특히 그렇다. 성취욕이 높은 사람들은 자신들이 개인적으로 얼마나 뛰어난지에 관심이 있으며, 다른 사람들의 수행 능력을 향상시키는 데는 관심이 없다. 셋째, 최근의 연구에 따르면 가장 효과적인 리더들은 권력 욕구와 친교 욕구가 높은 사람들이라고 한다.[11] 권력 욕구의 '거친 측면'들이 포함되고자 하는 친교 욕구에 의해서 다듬어지는 것이다.

맥클랜드의 이론에는 실증적 연구의 뒷받침이 존재하며, 다문화적 연구에서 특히 [권력 격차와 같은 문화적 차원이 고려될 때(제5장 참조)] 그러하다.[12] 첫째, 성취 욕구의 개념은 많은 연구자들의 관심을 끌었으며, 조직행동론, 심리학, 그리고 일반적인 사업 등 다양한 분야에서 받아들여졌다.[13] 둘째, 권력 욕구의 개념 역시 실증적 연구 기반이 있긴 하지만, 이 개념은 원래의 개념보다는 확장된 의미가 사람들에게 더 친숙하다.[14] 권력에 대해서는 제13장에서 더 깊게 다룰 것이다. 셋째, 친교 욕구의 개념은 튼튼한 기반이 있으며 연구 결과들에 의해서 입증되었다. 얼핏 보면 매슬로우의 사회적 욕구의 새로운 버전처럼 보일 수도 있지만, 사실 두 개념은 상당히 다르다. 많은 사람들은 인간에게 관계에 대한 욕구가 있다는 사실을 당연하게 받아들이며, 따라서 이 동기를 전혀 느끼지 않는 사람은 존재하지 않을 것이다. 넷째, 성격 특성들은 우리의 욕구 추구에도 영향을 미친다. 카메룬과 독일의 성인들을 대상으로 이루어진 최근의 연구 결과에서는 높은 신경질성(neuroticism)이 관계를 형성하려는 욕구(제5장 참조)에 제약을 걸 수 있다는 사실이 드러났다. 친화성(agreeableness)은 친교를 추구하는 경향을 강화하며, 외향성은 별다른 효과를 갖지 않는다.[15]

최근의 동기부여 이론

오늘날의 동기부여 이론들에는 한 가지 공통점이 있다. 각 이론을 지지하는 충분히 유효한 증거들을 가지고 있다는 점이다. 이 이론들이 경영자들의 동기부여를 설명하는 최근의 동향을 나타내기 때문에 우리는 이들을 '최근의 동기부여 이론'이라고 부른다. 물론 이 이론들이 의심의 여지없이 절대적으로 옳다는 의미는 아니다.

자기결정 이론

마르시아의 말을 들어보자. "참 이상해요. 저는 동물애호 단체에서 자원봉사자로 일하기 시작했어요. 사람들이 동물을 입양하는 일을 일주일에 열다섯 시간씩 도왔죠. 저는 이 일을 아주 좋아했어요. 그러던 중, 석 달 전에 그곳에서 저를 시급 11달러로 고용했어요.

제가 하는 일은 이전과 달라지지 않았는데 예전처럼 즐겁지가 않아요."

마르시아의 반응이 직관에 어긋난다고 느껴지는가? 이 현상은 설명이 가능하다. 이 현상을 설명하는 이론은 **자기결정 이론**(self-determination theory)으로, 사람들은 자신의 행동에 대해 자신이 통제력을 지니고 있다고 느끼고 싶어 하며, 따라서 예전에는 즐기면서 하던 일을 자신이 자유롭게 선택한 활동이 아닌 의무라고 느끼게 만드는 것들은 무엇이든지 동기부여에 걸림돌이 된다.[16] 이 이론은 심리학, 경영학, 교육학, 의료 연구 등 다양한 분야에서 널리 사용되고 있으며 뒤에서 다루게 될 조직적 평가(organizational evaluation)나 자기일치(self-concordance) 등의 이론이 탄생하는 기반이 되었다.

인지평가 이론 자기결정 이론에 대한 조직행동론 분야의 연구 대부분은 인지평가 이론(cognitive evaluation theory)에 초점을 맞추었다. 인지평가 이론은 업무에 따르는 외적인 보상이 업무에 대한 내적인 흥미를 감소시킨다는 내용의 최근 이론이다. 누군가가 어떠한 일을 해서 돈을 받는다면, 그 일은 자신이 원해서 하는 일이라기보다는 해야 하는 일처럼 느껴지게 되는 것이다. 자기결정 이론은 독립성에 영향을 받을 뿐 아니라 능숙함을 달성하고 다른 사람들과 긍정적인 관계를 만들고 싶어 한다고 주장한다. 이 이론의 주요 시사점들은 업무의 보상과 관련된다.

보상에 대해 자기결정 이론이 시사하는 점은 무엇일까? 사람들에게 동기를 부여하기 위해 외적인 보상을 제공할 때는 주의를 기울이는 것이 현명하며 어떤 목표를 추구할 때 (업무 자체에 대한 큰 관심과 같은) 내적 동기에 따르는 것이 외적 보상에 의해 행동하는 것보다 더 오래 지속된다는 것이다. 비슷한 맥락으로, 인지평가 이론은 외적인 인센티브를 제공하는 것이 때로는 내적 동기를 감소시킬 수 있다는 점을 시사한다. 예를 들어, 한 컴퓨터 프로그래머가 문제해결을 좋아하기 때문에 코드 작성을 가치 있게 생각하고 있다면, 매일 몇 개의 코드를 작성할 때마다 보너스를 제공하는 것은 강제적이라는 느낌을 주고, 결과적으로 그녀의 내적 동기에 악영향을 미칠 수 있다. 외적인 요인에 따라서 그녀가 작성하는 코드의 양이 늘어날 수도 그렇지 않을 수도 있는 것이다. 이 이론을 지지하는 한 메타 분석의 결과는 내적인 동기부여가 과업의 질에 기여하며, 인센티브는 업무 달성의 양에 기여한다는 것을 보였다. 내적 동기가 인센티브의 존재 유무와 무관하게 성과를 예측하긴 하지만, 그렇기 때문에 인센티브가 수행성과와 간접적인 연관이 있지 않고 (금전적 보너스 등과 같이) 직접적인 연관이 있을 때에는 예측력이 떨어질 수 있다.[17]

자기일치 최근에 나타난 자기결정 이론의 확장 이론 중 하나는 **자기일치**(self-concordance)이다. 이 이론은 사람들이 목표를 추구하는 이유가 자신들의 흥미 및 가치관과 일치하는 정도에 관심을 갖는다. 조직행동론의 연구 결과들은 내적인 이유로 업무 목표를 추구하는 사람들이 자신의 직무에 더 만족하고, 조직에 더 잘 맞는다고 생각하며, 더 훌륭한 성과를 낸다는 것을 보여준다.[18] 문화를 막론하고, 사람들이 내적인 흥미에 의해서 목표를 추구할 때 그들은 목표를 달성할 가능성이 더 높고, 목표 달성에 따른 행복감을 더 많이 느끼며, 목표 달성에 실패할 때에도 행복감을 더 많이 느낀다.[19] 그 이유는 무엇일까? 목표가 달성되었는지의 여부와는 별개로 목표를 추구하는 과정이 즐겁기 때문이다. 최근의 연구 결과에 따르면, 사람들이 자신의 업무를 내적인 동기로 좋아하지 않을 때, 의무감에 의해서 그 업무를 수행하는 사람들은 여전히 괜찮은 수준의 성과를 달성하긴 하지만, 그 과정에서 더 많은 피로감을 느낀다고 한다.[20]

이 사실들이 의미하는 바는 무엇일까? 개인의 입장에서는 외적인 보상이 아닌 다른 이유에 기반을 두고 직업을 선택해야 한다는 것을 의미한다. 조직의 입장에서는 경영자들이 외적인 인센티브뿐 아니라 내적인 보상 역시 제공해야 함을 의미한다. 경영자들은 업무를 흥미롭게 만들고, 직원들이 인정받을 수 있게 해주며, 직원들의 성장과 발전을 지지해야 한다. 자신이 하는 일이 스스로의 통제 아래 있으며, 자신의 선택에 의한 것이라고 느끼는 직원들은 업무에 대한 동기를 더 많이 느끼며 고용주에게 더 충성할 가능성이 높다.[21]

목표설정 이론

당신은 아마도 다음과 같은 정서를 많이 접해보았을 것이다. "최선을 다해라. 그것이 누군가 네게 요구하는 태도일 것이다." 하지만 "최선을 다한다."는 말이 의미하는 것은 무엇인가? 그 모호한 목표를 달성했는지를 언젠가 알 수 있긴 한 것일까? 에드윈 로크가 제시한 **목표설정 이론**(goal-setting theory)은 목표의 구체성, 도전, 그리고 피드백이 성과에 미치는 의미심장한 영향을 드러낸다. 이 이론에서는 목표를 추구하는 의도를 업무 동기부여의 주요 요인으로 상정한다.[22]

난이도와 피드백 차원   목표설정 이론에는 튼튼한 실증적 기반이 있다. 첫째, 연구 결과들은 구체적인 목표가 성과를 향상시키고, 어려운 목표들은 한 번 받아들여진 후에는 쉬운 목표보다 더 훌륭한 성과로 이어지며, 피드백의 존재가 피드백의 부재보다 더 훌륭한 성과를 낳는다는 사실을 강하게 암시한다.[23] 둘째, 목표가 더 어려울수록 성과의 수준 역시 높아진다. 한 업무가 받아들여진 후에는, 그 업무를 맡은 직원이 목표를 달성하기 위해 더 많은 노력을 쏟으리라는 사실을 예상할 수 있다. 셋째, 사람들은 자신이 목표를 향해 얼마나 잘 나아가고 있는지에 대한 피드백을 받을 때 더 좋은 성과를 낸다. 즉, 피드백이 행동을 이끈다. 하지만 모든 피드백이 동등한 효과를 보이는 것은 아니다. 직원들이 스스로의 진행상황을 돌아보고 업무 진행 자체에서 피드백을 받을 수 있는 자기피드백(self-generated feedback)은 외부에서 제시되는 피드백보다 더 효과가 크다.[24]

자신이 해내야 할 목표 설정에 직원들이 직접 참여할 수 있다면, 그들이 더 열심히 노력하게 될까? 상반된 증거들이 있다. 몇몇 경우에는 참여적으로 설정된 목표들이 더 좋은 실적으로 연결되었지만, 다른 경우에는 상사에 의해 정해진 목표에 따를 때 더 나은 성과가 나타났다. 예를 들어, 중국에서 이루어진 한 연구에서는 팀의 목표가 참여적으로 설정되었을 때 팀의 결과가 향상되었다.[25] 또 다른 연구에서는 목표 설정에 참여하는 것이 더 달성 가능한 목표의 설정으로 이어졌다.[26] 목표를 추구하는 사람이 목표 설정에 직접 참여하지 못할 때에는 목표의 의도와 중요성을 확실히 이해해야 할 필요가 있다.[27]

목표 헌신, 업무 특성, 국가 문화 목표와 성과의 관계에는 세 가지 개인적 요소들이 영향을 끼친다. 이들은 **목표 헌신, 업무 특성**, 그리고 **국가 문화**이다.

1. **목표 헌신**(goal commitment) 목표설정 이론은 개인이 목표에 헌신적이며, 목표를 낮추거나 버리지 않을 것이라고 가정한다. 개인은 (1) 자신이 목표를 달성할 수 있으며 (2) 달성하고 싶어 한다고 생각한다. 목표 헌신은 목표가 남들에게 알려져 있으며, 개인에게 내재적 통제력이 있고, 스스로 정한 목표이며, 목표가 최소한 부분적으로라도 개인의 능력에 기반을 둘 때 가장 잘 일어난다.[29]

2. **업무 특성**(task characteristics) 목표 자체가 성과에 미치는 영향은 업무가 복잡하기보다는 단순할 때, 새로운 업무보다는 경험해본 적 있는 업무일 때, 상호의존적이기보다는 독립적일 때, 그리고 달성 가능할 때 더 커지는 것으로 나타난다.[30] 상호의존적인 업무에서는 집단의 목표를 세우는 것이 더 효과적이다.

3. **국가 문화**(national culture) 목표는 다양한 문화권에서 다른 효과를 가질 수 있다. 전체주의적이고 권력 격차가 큰 문화에서는 달성 가능하고 적당한 목표가 어려운 목표보다 동기부여 효과가 더 크다.[31] 하지만 개인주의적인 문화에서보다 공동체주의적인 문화에서 집단적인 목표가 더 효과적이라는 연구 결과는 나오지 않았다(제4장 참조). 목표 설정이 문화에 따라서 달라지는 양상에 대해서는 더 많은 연구가 필요하다.

개인과 향상 초점　목표 추구 과정에서 사람들이 스스로의 생각과 행동을 통제하는 방식에 있어서 차이를 보인다는 연구 결과가 있다. 사람들은 일반적으로 두 분류 중 하나에 포함되며, 때로는 둘 모두에 포함될 수도 있다. **향상 초점**(promotion focus)을 가진 사람은 승진과 업적을 위해 노력하며, 원하는 목표에 근접할 수 있도록 돕는 상황에 접근한다. 이 개념은 제5장에서 다루었던 접근-회피 모델의 접근 측면과 비슷하다. **예방 초점**(prevention focus)을 가진 사람은 책임과 의무를 다하기 위해 노력하며 원하는 목표 달성에 방해가 되는 상황을 피하려고 노력한다. 이 개념은 접근-회피 모델의 회피 측면과 비슷하다. 두 전략 모두 목표 달성에 도움이 되는 것은 사실이지만, 목표에 접근하는 방식에서는 매우 다르다. 예를 들어, 시험을 위해 공부하는 상황을 가정해보자. 당신은 수업 내용을 읽어보는 등 향상 초점의 활동을 행할 수도 있고, 비디오 게임 등 공부에 방해가 될 행동을 지양하는 예방 초점의 활동을 할 수도 있다.

　이상적으로는 향상 초점과 예방 초점을 둘 다 갖는 것이 가장 좋을 것이다.[32] 회피(예방)적 관점을 가진 사람이 실패에 의한 업무 만족도의 감소를 더 많이 겪는다는 사실을 기억하고,[33] 달성 가능한 목표를 설정하고, 방해되는 요소들을 제거하며, 목표 달성에 실패할 가능성을 줄이기 위해 구조적인 접근을 시도하라.[34]

목표 설정의 실행　경영자들은 목표설정 이론을 어떻게 적용할까? 이 문제는 경영자 개인의 기량에 맡겨지는 경우가 많다. 어떤 경영자들은 제너럴 일렉트릭에서 '도전적 목표(stretch goals)'라 부르는 것과 같은 공격적인 실적 목표를 설정한다. 미국 보훈부 장관(그리고 P&G의 전 CEO)인 로버트 맥도널드나 베스트바이의 CEO인 유베르 졸리는 높은 수준의 목표를 요구하는 것으로 유명하다. 하지만 목표를 설정하지 않는 경영자들도 많다. 자신의 업무에 명확히 설정된 목표가 있었는지 물었을 때 소수의 응답자만이 그렇다고 대답했다.[35]

　목표 설정을 이용하는 더 체계적인 방식은 **목표에 의한 관리**(management by objectives, MBO)를 사용하는 것이다. MBO는 1970년에 선풍적인 인기를 끌었던 방식이지만 오늘날에도 사용되고 있다. MBO는 실질적이고, 입증 가능하며, 측정 가능한 목표를 참여적으로 설정하는 것을 강조한다. 〈도표 7-3〉에서 볼 수 있듯이, 조직의 전반적인 목표들이 사업부, 부서, 개인과 같이 조직의 하위 단위로 내려감에 따라 더 세부적인 목표들로 변환된다. 낮은 단위의 경영자들은 공동으로 자신들의 목표를 설정하기 때문에, MBO는 위에서 아래로뿐 아니라 아래에서 위로도 작동한다. 그 결과물은 한 단위의

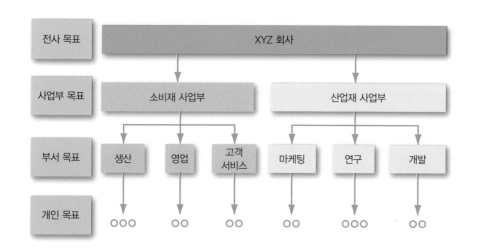

목표를 하위 단위의 목표와 연결하는 순차적 체계이다. MBO는 직원 개개인에게도 구체적인 성과 목표를 설정해준다.

MBO 프로그램의 여러 요소들은 목표설정 이론의 주장과 일맥상통한다. 다양한 사업, 헬스케어, 교육, 정부, 그리고 비영리 단체들에서 MBO 프로그램을 볼 수 있다.[36] 덴마크, 노르웨이, 그리고 스웨덴의 정부들에서는 MBO의 한 유형인 목표와 결과에 의한 관리(Management by Objectives and Results, MBOR)를 30년 째 사용해오고 있다.[37] 하지만 이러한 프로그램들의 인기가 그것들이 언제나 잘 작동한다는 사실을 의미하는 것은 아니다.[38] MBO가 실패하는 경우, 그 이유는 비현실적인 기대, 고위 경영진에서의 헌신 부족, 그리고 (능력 부족에 의해서든 원치 않아서든) 목표 달성에 따른 보상 분배의 실패에 의한 경우가 많다.

목표 설정과 윤리 목표 설정과 윤리 사이의 관계는 상당히 복잡하다. 목표 설정을 강조할 때, 그에 따라 치르게 되는 비용은 무엇일까? 이에 대한 해답은 목표 달성의 기준에서 찾을 수 있다. 예를 들어, 목표 달성이 돈과 연관되어 있다면, 우리는 돈을 버는 것에 초점을 맞추고 윤리적인 타협을 하게 될 수도 있다. 반면에, 우리가 목표를 추구할 때 우리의 시간을 어떻게 사용하는지에 대한 생각을 많이 한다면, 윤리적으로 행동할 가능성이 더 높다.[39] 하지만 이러한 결과는 우리가 시간을 어떻게 보내는지에 관련된 생각에 대해서만 제한적으로 나타난다. 만약 우리가 시간적인 압박을 느끼고 있으며 그에 대해 걱정을 하고 있다면, 시간에 대한 생각은 오히려 악영향을 낳을 수 있다. 시간의 압박은 또한 목표에 근접할수록 강해지며, 이는 목표 달성을 위하여 비윤리적인 행동을 하려는 유혹이 된다.[40] 구체적으로 말하자면, 자신이 부족해보이지 않기 위해 어떠한 임무를 완전히 파악하는 것이나 문제 방지 기술을 사용하지 않을 수도 있으며,[41] 두 행동 모두 비윤리적인 행동으로 이어질 수 있다.

최근의 기타 동기부여 이론

자기결정 이론과 목표설정 이론은 최근의 동기부여 이론 중 많은 지지를 받고 있는 이론이다. 하지만 이 주제에 대한 조직행동론의 중요한 이론이 이들만 있는 것은 아니다. 자기효능 이론, 강화 이론, 공정성/조직정의, 그리고 기대 이론은 우리의 동기부여 과정 및 경향의 다른 측면들을 보여준다.

자기효능 이론

사회인지 이론(social cognitive theory)이나 사회학습 이론(social learning theory)으로도 알려진 **자기효능 이론**(self-efficacy theory)은 자신이 임무를 수행할 수 있다고 믿는 개인의 믿음에 대한 이론이다.[42] 자기효능감이 높을수록 자신에게 성공할 수 있는 능력이 있다는 자신감이 높다. 따라서 힘든 상황이 왔을 때 자기효능감이 낮은 사람은 노력을 덜 하거나 아예 포기해 버릴 가능성이 높은 반면에, 자기효능감이 높은 사람은 도전을 이겨내기 위해 더 노력할 것이다.[43] 자기효능감은 효능감이 높은 사람들이 자신의 업무에 더 몰두하고 따라서 더 훌륭한 성과를 내며, 결과적으로 효능감이 더 높아지게 되는 선순환을 만든다.[44] 한 연구에서는 자기효능감이 주의 집중의 수준과도 연관이 있으며, 따라서 업무 성과로 이어질 수 있다는 추가적인 설명이 제시되었다.[45]

목표설정 이론과 자기효능 이론은 서로 경쟁하는 관계가 아니다. 그들은 서로를 보완한다. 〈도표 7-4〉에 나와 있듯이, 경영자에게서 어려운 목표를 부여받는 직원들은 자기효능감이 높을 것이며, 스스로의 수행에도 더 높은 목표를 설정할 것이다. 왜 그럴까? 사람들에게 어려운 목표를 부여하는 것은 그들에 대한 신뢰를 나타내기 때문이다.

자기효능감을 향상시키는 방법 자기효능 이론을 개발한 연구자인 앨버트 반두라는 자기효능감을 증대시킬 수 있는 네 가지 방법을 제시하였다.

1. 능동적 숙련
2. 대리 모델

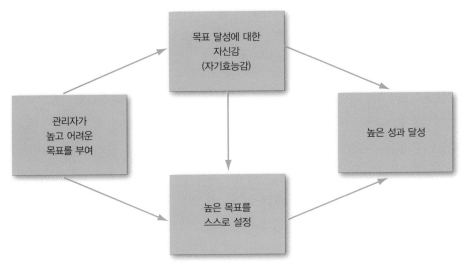

도표 7-4 목표와 자기효능감의 결합 효과

출처 : Based on E. A. Locke and G. P. Latham, "Building a Practically Useful Theory of Goal Setting and Task Motivation: A 35-Year Odyssey," *American Psychologist* 57, no. 9 (2002): 705-17.

3. 언어적 설득

4. 각성

자기효능감을 증대시키는 가장 중요한 요인은 **능동적 숙련**(enactive mastery), 즉 직무에 관련된 경험을 얻는 것이 중요하다. 두 번째 요인은 **대리 모델**(vicarious modelling)로, 다른 누군가가 업무를 수행하는 모습을 보고 자신감을 얻는 것을 말한다. 대리 모델은 당신이 관찰하는 사람이 자신과 비슷하다고 느낄 때 가장 효과적이다. 세 번째 요인은 언어적 설득(verbal persuasion)이다. 다른 누군가가 당신은 성공하기 위한 기술을 갖고 있다고 설득을 한다면 당신은 자신감을 얻을 것이다. 동기부여 연설가들이 자주 사용하는 전략이다. 마지막으로 각성(arousal)이 자기효능감을 증가시켜준다고 한다. 각성은 열기를 돋우어서 마음을 준비시켜주며, 업무가 수행 가능하다는 의지를 느끼고, 더 훌륭한 성과를 내도록 한다. 하지만 (조심스럽게 원고를 편집하는 일과 같이) 업무가 안정적이고 차분한 상태를 필요로 한다면, 각성은 업무를 서둘러 처리하게 만든다는 점 때문에 자기효능감을 향상시킴에도 불구하고 업무에 방해가 될 수도 있다.

반두라의 목록에는 지능과 성격이 빠져 있지만, 지능과 성격 역시 자기효능감을 향상시킬 수 있다.[47] 똑똑하고, 성실하며, 정서적으로 안정된 사람은 다른 이들보다 자기효능감이 높을 가능성이 매우 크며, 이에 따라서 많은 연구자들은 기존의 연구들이 주장했던 것만큼 자기효능감이 중요하지 않다고 주장하기도 했다.[48] 그들은 기존의 결과들이 유능한 사람이 자신감 있는 성격을 지닌 경우에 의한 부산물인 측면이 있다고 생각한다.

다른 사람들의 자기효능감 향상   경영자가 언어적 설득을 가장 효과적으로 사용할 수 있는 방법은 **피그말리온 효과**(Pygmalion effect)를 통하는 것이다. 피그말리온 효과는 자신이 만들어낸 동상과 사랑에 빠진 조각가(피그말리온)에 대한 그리스 신화에서 따온 이름이다. 이는 무엇인가를 믿는 것이 그것을 사실로 만들 수 있다는 **자기실현 예언**(self-fulfilling prophecy)의 한 유형이다. 이 경우에는, "어떤 사람이 기대하는 내용이 자기 실현적 예언으로 이어진다."는 현상을 설명하기 위해 사용된다.[49] 연구 결과를 소개하는 것이 이해에 도움이 될 것이다. 한 연구에서는 아이들의 IQ가 실제로는 낮은 학생부터 높은 학생까지 다양했음에도 불구하고, 교사들에게는 자신이 맡은 반 학생들의 IQ가 아주 높다고 이야기를 했다. 피그말리온 효과 이론에서 주장하는 내용처럼, 교사들은 더 똑똑하다고 생각했던 학생들과 더 많은 시간을 보냈고, 그들에게 더 도전적인 과제들을 제시했으며, 그 학생들에게 더 많은 성과를 기대했다. 이러한 행동은 모두 학생들의 자기효능감 및 성과의 향상으로 이어졌다.[50] 이 전략은 직장에서도 사용되었으며, 리더와 부하직원들 사이의 관계가 강할 때 더 효과가 증대된다는 재현 가능한 결과들이 존재한다.[51]

훈련 프로그램들은 종종 사람들이 기술을 훈련하고 발전시킬 수 있게 함으로써 능동적 숙련을 사용한다. 사실, 훈련이 효과가 있는 이유 중 하나는 훈련 과정이 자기효능감을 높여주기 때문이며, 훈련 과정에 상호작용이 포함되어 있고 피드백이 제공될 때 특히 효과가 크다.[52] 또한 자기효능감이 높은 사람들은 훈련 프로그램에서 더 많은 것을 얻는 것으로 보이며, 훈련 내용을 업무에 적용할 가능성도 더 높다.[53]

강화 이론

목표 설정은 인지적 측면에서 행동에 접근하여, 사람들의 의도가 그들의 행동을 이끈다고 주장한다. 반면에 **강화 이론**(reinforcement theory)은 행동주의적인 관점을 취하며 강화가 행동에 영향을 미친다고 주장한다. 이 두 이론은 철학적으로는 분명 대척점에 있다. 강화 이론을 주장하는 사람들은 행동이 환경에 의해서 생겨난다고 생각한다. 그들의 주장에 따르면, 내적으로 일어나는 인지적 현상에는 관심을 기울일 필요가 없다. 행동을 조정하는 것은 강화 인자들, 즉 반응에 즉각적으로 따라 제공됨으로써 특정한 행동이 반복될 가능성을 높이는 모든 결과들이다.

강화 이론은 개인의 내면 상태는 무시하며 사람이 어떤 행동을 취했을 때 무슨 일이 일어나는지에만 집중한다. 이 이론은 행동이 무엇에 의해 개시되는지에는 관심이 없기 때문에, 엄밀하게 말하자면 이 이론은 동기부여 이론이 아니다. 하지만 그럼에도 불구하고 이 이론은 행동을 통제하는 것이 무엇인지를 분석하기 위한 유용한 도구를 제공해주며, 이것이 동기부여에 대해 이야기할 때 강화 이론의 개념을 자주 고려하게 되는 이유이다.[54]

조작적 조건화/행동주의, 그리고 강화 조작적 조건화 이론(operant conditioning theory)은 강화 이론 중 경영자에게 가장 밀접한 관련성이 있는 요소일 것이며, 사람들이 특정한 행동 방식을 배우는 것은 자신이 원하는 것을 얻기 위해서나 자신이 원하지 않는 것을 피하기 위해서라고 주장한다. 반사적이거나 학습되지 않은 행동과 달리, 조작적 행동(operant behavior)은 행동의 결과에 의한 강화나 강화의 부재에 의해 영향을 받는다. 강화는 행동을 더 강하게 만들며 그 행동이 반복될 가능성을 높인다.[55]

조작적 조건화의 가장 큰 지지자들 중 한 명인 스키너는 사람들이 행동에 대해 긍정적인 강화를 받을 때 대상 행동을 할 가능성이 가장 높고, 보상은 목표 반응이 나타난 직후에 주어졌을 때 가장 효과가 있으며, 보상이나 처벌이 따르지 않는 행동은 반복될 가능성이 낮다는 사실을 밝혀냈다. 조작적 조건화는 스키너가 주장했던 **행동주의**(behaviorism)라는 더 넓은 개념의 일부였다. 행동주의는 생각이 개입하지 않는 방식으로 행동이 자극에 따라서 나타난다고 주장한다. 스키너가 주장했던 극단적인 행동주의는 행동의 원인에서 느낌, 생각, 그리고 기타 정신적인 요인들을 제외한다. 간략히 말하자면, 행동주의에 따르면 사람들은 자극과 반응을 연관시키는 방식의 학습을 하지만 그 연결에 대한 사람들의 자각은 연관성이 없다.[56]

사회학습 이론과 강화 사람들은 어떤 내용을 들어서 학습할 수도 있지만 다른 사람에게 일어나는 일을 관찰하거나 어떤 일을 직접 경험하는 것을 통해서도 학습할 수 있다. 우리가 학습하는 것 대부분은 부모, 선생, 동료, 영화, TV, 상사 등 모델들을 관찰할 때 얻어진다. 우리가 관찰과 경험을 통해서 학습할 수 있다는 관점을 **사회학습 이론**(social-learning theory)이라 부른다.[57]

사회학습 이론은 행동에 따르는 결과에 의해서 행동이 결정된다고 본다는 점에서는 조작적 조건화의 연장선에 있긴 하지만, 이 이론은 관찰을 통한 학습과 지각의 중요성 역시 인정한다. 사람들은 객관적인 결과 자체가 아니라 자신들이 결과를 지각하고 정의하는 방식에 따라서 반응한다.

공정성 이론/조직 정의

에인스리는 금융 전공의 학사 학위를 받기 위해 공부하는 학생이다. 업무 경험을 쌓고 스스로의 상품 가치를 높이기 위해 그녀는 한 제약회사 금융 부서에서의 인턴십 제안을 받아들였다. 그녀는 자신의 임금에 상당히 만족하였다. 시간당 15달러의 임금은 그녀 주변의 학생들이 여름 인턴십에서 일반적으로 받는 금액보다 컸던 것이다. 회사에서 그녀는 최근에 대학을 졸업하고 같은 부서에서 중간 관리직으로 일하고 있는 조쉬를 알게 된다. 조쉬는 시간당 30달러를 받지만 만족하지 못한다. 그는 다른 제약회사의 관리직에 비해서 그가 받는 임금이 훨씬 적다고 말한다. "이건 공정하지 않아." 조쉬는 불만을 표한다. "나는 그들만큼 열심히 일하는데 그만큼 돈을 벌지 못하고 있어. 어쩌면 나는 경쟁업체로 이직해야 할지도 모르겠어."

한 시간에 30달러를 버는 사람이 한 시간에 15달러를 받는 사람보다 만족을 덜 느끼고 동기 또한 덜 느끼는 이유는 무엇일까? 그 해답은 **공정성 이론**(equity theory), 그리고 더 광범위하게는 조직 정의에 대한 원칙에서 찾을 수 있다. 공정성 이론에 따르면, 직원들은 자신들이 자신의 업무를 통해 얻는 것들, 즉 임금, 승진, 인정, 더 좋은 자리 등의 결과를 그들이 업무에 투입한 것들, 즉 노력, 경험, 교육 등과 비교한다. 따라서 그들은 그들의 결과(outcome, O) 대 투입(input, I)의 비율을 다른 사람들, 특히 그들의 동료나 같은 직종에 종사하는 사람 등 그들과 비슷한 사람들의 비율과 비교한다. 이러한 비교가 〈도표 7-5〉에 나타나 있다. 우리의 비율이 비교 대상이 된 이들의 비율과 비슷하다고 생각한다면, 공정성이 존재하며 상황이 정당하다고 인식하게 된다.

도표 7-5
공정성 이론

비율 비교*	지각
$\dfrac{O}{I_A} < \dfrac{O}{I_B}$	과소 보상으로 불공정
$\dfrac{O}{I_A} = \dfrac{O}{I_B}$	공정
$\dfrac{O}{I_A} > \dfrac{O}{I_B}$	과대 보상으로 불공정

* $\dfrac{O}{I_A}$는 본인, $\dfrac{O}{I_B}$는 타인

공정성 이론에 따르면, 불공정성을 인식한 직원은 다음 여섯 가지 중 하나를 선택할 것이다.[58]

1. 투입의 변화(봉급이 낮으면 노력을 덜 하고, 봉급이 높으면 일을 더 한다)
2. 결과의 변화(성과급이 적용되는 직원의 경우 질을 낮추고 생산량을 늘리는 방법으로 봉급을 늘릴 수 있다)
3. 자기인식의 왜곡("나는 내가 적당한 속도로 일한다고 생각해 왔는데, 이제 보니 남들보다 열심히 일해오고 있었어.")
4. 남에 대한 인식의 왜곡("마이크의 직업은 내가 생각했던 것만큼 좋지 않은 것 같아.")
5. 비교 대상의 변경("내가 동서만큼 많이 벌지는 못하지만, 내 아버지가 내 나이였을 때보다는 훨씬 많이 벌고 있어.")
6. 현장 이탈(직무를 그만둔다)

공정성 이론은 몇 연구자들에게서는 지지를 받았지만, 모든 연구자들에게서 지지를 받지는 못하였다.[59] 하지만 공정성 이론의 모든 주장이 검증된 것은 아니었음에도 불구하고, 이 이론의 가설들은 직장 내 **조직 정의**(organizational justice), 혹은 형평에 대한 연구의 중요한 선도자가 되었다.[60] 조직 정의는 권위와 결정권이 있는 사람들이 자신들을 어떻게 대하는지에 대해서 직원들이 느끼는 방식에 전반적으로 관심을 갖는다. 대부분의 경우, 직원들이 스스로가 얼마나 공정하게 대우받고 있는지를 평가한 내용이 고려되며, 이는 〈도표 7-6〉에 나타나 있다. 이제 조직 정의와 관련된 몇 가지 주제들을 알아보자.

분배 정의   **분배 정의**(distributive justice)는 직원이 받는 봉급이나 인정과 같은 보상의 공정성에 초점을 맞춘다. 보상은 다양한 방식으로 분배될 수 있다. 예를 들어, 봉급 인상이 모든 직원에게 똑같이 돌아갈 수도 있고, 어느 직원이 돈을 가장 많이 필요로 하는지에 따를 수도 있다. 앞에서 공정성 이론을 다룰 때 언급했듯이, 직원들은 보상이 평등하게 분배될 때 가장 공정하다고 인식한다.

팀들에 대해서도 같은 논리가 적용될 수 있을까? 얼핏 보기에는 팀원들에게 보상을 동일하게 분배하여 누구도 편애받지 않도록 하는 것이 팀의 사기와 협력을 높이기 위한 최고의 방법인 것처럼 보일 것이다. 하지만 미국 하키 리그의 팀을 대상으로 이루어진 한 연구 결과는 이에 의문을 제기한다. 이 연구에서는 팀원들의 노력(경기에서 선수들이 보인 실력)에 기반을 두고 보상을 달리하는 것이 더 훌륭한 선수들을 끌어들였고, 그들

도표 7-6
조직 정의 모델

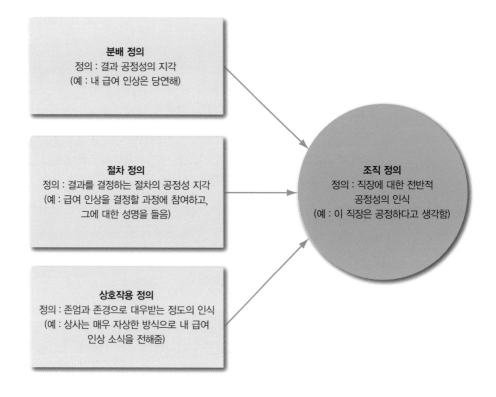

이 팀에 남아 있을 확률을 높였으며, 팀 전체의 성과를 높였다.[61]

절차 정의   직원들은 어떤 보상이 주어지는지(분배 정의)뿐 아니라 보상이 어떻게 분배되는지에 대해서도 관심을 갖는다. 분배 정의가 어떤 보상이 분배되는지에 초점을 맞추는 반면, **절차 정의**(procedural justice)는 어떻게 분배되는지에 중점을 둔다.[62] 예를 들어, 직원들은 결정 과정에 자신들의 의견이 반영될 때 절차가 더 공정하다고 인식한다. 결정이 어떻게 이루어지는지에 대해 직접적인 영향력을 갖는 것, 혹은 적어도 결정을 내리는 사람들에게 의견을 전달할 수 있게 되는 것은 통제력을 느끼게 해주고 임파워먼트를 느끼게 도와준다(임파워먼트에 대해서는 다음 장에서 더 다룰 것이다).

결과가 좋고 자신들이 원하는 것을 얻게 된다면, 사람들은 과정에 대해서 관심을 덜 기울이게 된다. 따라서 분배가 공정하다고 인식될 때에는 절차 정의의 중요성이 상대적으로 줄어든다. 사람들이 과정에 많은 관심을 갖는 것은 결과가 좋지 않을 때이다. 분배 과정이 공정하다고 인식된다면, 사람들은 좋지 않은 결과를 더 잘 납득한다.[63] 그 이유는 무엇일까? 생각해보라. 당신은 봉급 인상을 바라고 있을 때 당신의 상사가 당신은 봉급 인상을 받지 못하게 되었다고 통보한다면, 당신은 아마도 봉급 인상이 어떻게 결정되었는지를 알고 싶어 할 것이다. 상사가 능력에 따라서 결정을 내렸고, 당신의 동료가 당신보다 더 훌륭했을 뿐이라면, 동료 직원에 대한 편애로 인해 그러한 결과가 나왔을 때보다 상사의 결정을 받아들일 가능성이 더 높을 것이다. 물론, 당신이 애초에 봉급 인상을 받았다면, 해당 결정이 어떻게 내려졌는지에 대해서는 관심을 덜 갖게 된다.

정보 정의　보상과 절차에 더해서, 연구 결과들은 사람들이 다른 이들과의 상호작용에서 어떤 취급을 받는지와 관련된 두 가지 유형의 공정성에 관심을 갖는다는 사실을 드러냈다. 첫 번째는 **정보 정의**(informational justice)이다. 정보 정의는 경영자가 중요한 결정 및 조직의 중요한 일에 대한 정보를 구성원들에게 제공하는지의 여부를 반영한다. 경영자들이 구성원들에게 더 자세하고 솔직한 정보를 제공할수록, 직원들은 더 공정하게 대우받는다고 느낀다.

경영자들이 직원들에게 솔직해야 하며 조직의 중요한 일에 대해 알려줘야 한다는 사실이 당연하게 들릴 수도 있지만, 많은 경영자들은 정보를 공유하는 것을 주저한다. 안좋은 소식이 있을 때에는 특히 그러하며, 이는 소식을 전달하는 경영자와 소식을 듣는 직원들 모두에게 불편한 일이다. 나쁜 소식에 대한 설명은 사실에 대한 정당화("나는 샘에게 사무실을 주려고 결정했어, 그게 그렇게 큰일은 아니니까.")보다는 사건이 벌어진 후의 변명("이것이 좋지 않은 일임을 알고 있어. 나는 너에게 사무실을 주고 싶었지만 내가 결정할 수 있는 일이 아니었어.")의 유형일 때 더 좋은 결과를 낳는다.[64]

상호작용 정의　경영자와 직원들 사이의 상호작용과 관련된 두 번째 유형의 정의는 **상호작용 정의**(interpersonal justice)이며, 직원들이 인정과 존중을 받는지의 여부를 반영한다. 앞에서 다룬 다른 유형의 정의들과 비교했을 때, 상호작용 정의는 경영자와 직원들 사이의 일상적인 상호작용에서 발생할 수 있다는 점에서 독특하다.[65] 이와 같은 요소 덕분에 경영자는 직원들에게 공정한 대우를 받고 있다는 느낌을 줄 수 (혹은 그러한 기회를 놓칠 수) 있다. 많은 경영자들은 직원들을 정중하고 공손하게 대하는 것이 너무 '부드러우며' 더 공격적인 전략이 동기부여에 효과적일 것이라고 생각하고 그러한 전략을 사용한다. 분노와 같은 부정적인 감정을 드러내는 것이 때로는 효과적일 수도 있지만,[66] 경영자들은 종종 이러한 전략을 과도하게 사용하곤 한다. 한 예시로, 러트거스대학교 농구팀의 전 코치인 마이크 라이스는 그가 선수들을 언어적 · 신체적으로 괴롭히는 장면이 찍힌 뒤에 해고당했다.[67]

정의의 결과 정의에 대해 지금까지 다루어온 내용과는 별개로, 직원들에게 실제로는 정의가 얼마나 중요할까? 매우 중요하다. 자신들이 공정하게 대우받는다고 생각하는 직원들은 몇 가지 긍정적인 반응을 보인다. 이 장에서 다루어진 정의의 유형들은 모두 더 훌륭한 성과, 동료들을 돕는 등의 시민행동, 그리고 직무 회피 등 부정적인 업무 행동의 감소 등과 연관성이 있다. 분배 정의와 절차 정의는 업무 성과와 더 강하게 연관되어 있으며, 정보 정의와 상호작용 정의는 시민행동과 더 강하게 연관되어 있다. 심지어는 직원들의 수면의 질이나 그들의 건강과 같은 생리학적인 결과도 공정한 대우와 연관되어 있다.[68]

공정성을 향상시키려는 많은 노력에도 불구하고, 지각되는 부당함은 여전히 나타날 가능성이 높다. 공정성은 종종 주관적이다. 한 사람이 부당하다고 생각하는 상황이 다른 사람에게는 아무 문제 없을 수도 있다. 일반적으로 사람들은 자신에게 이득이 되는 분배나 절차를 공정하다고 인식한다.[69] 따라서 지각되는 부당함에 대응할 때 경영자들은 문제의 원인에 집중해서 대응해야 한다. 또한 직원들이 스스로가 부당하게 대우받았다고 느낄 때, 그들의 좌절감을 드러낼 수 있는 기회가 주어진다면 보복을 원하는 마음이 줄어든다고 한다.[70]

정의의 보장 조직 내 경영자들의 정의에 대한 지각 및 규범 존중에 영향을 미치려면 어떻게 해야 할까? 이는 각 경영자의 동기에 따라서 달라진다. 어떤 경영자들은 조직 내 정의 관련 규범에 대한 자신들의 준수 정도에 따라서 정의를 계산한다. 이러한 경영자들은 행동적인 기대를 많이 가지고 부하 직원들이 잘 순응하게 하고, 부하 직원들에게 공정하다는 이미지를 심어주거나, 공정성에 기반을 둔 규범을 만든다. 다른 경영자들은 감정적인 요인에 의해서 정의로운 결정을 내릴 수도 있다. 긍정 정서가 높고 부정 정서가 낮을 때 공정하게 행동할 가능성이 가장 높다.

조직의 입장에서는 경영자들의 행동을 통제하기 위해 정의와 관련된 강력한 가이드라인을 사용하고 싶을 수도 있지만, 이러한 정책이 늘 효과적인 것은 아니다. 경영자들에게 재량보다 제약이 더 많아지면, 정의에 대한 계산을 실행하는 경영자들은 공정하게 행동할 가능성이 더 높아지지만 자신들의 정서에 이끌렸던 경영자들은 자신들에게 더 많은 재량이 주어졌을 때 더 공정하게 행동할 수도 있다.[71]

문화와 정의 다양한 국가에서 절차적 정의에 관련해서는 비슷한 기본적인 원칙이 존중받는다. 전 세계의 직원 모두 나이에 의한 보상보다는 성과와 능력에 의한 보상을 선호

하는 것이다.[72] 하지만 투입과 보상은 다양한 나라에서 서로 다른 가치를 부여받는다.[73]

　정의에 대한 차이를 이야기할 때 홉스테드의 문화적 차원들(제5장 참조)을 사용해볼 수 있다. 32개 나라에서 19만 명 이상의 직원을 대상으로 실시한 한 방대한 연구에서는 개인주의적이고, 여성적이며, 불확실성 회피가 높고, 권력 격차가 작은 나라에서 정의에 대한 지각이 가장 중요하게 여겨졌다고 한다.[74] 조직에서는 정의에 대한 이러한 기대치에 맞추어서 그들의 프로그램을 수정할 수 있다. 예를 들어, 호주나 미국과 같이 개인주의적인 성향이 높은 국가에서는 경쟁을 유도하는 임금 시스템이나 개인의 성과에 따른 보상이 정의롭다는 느낌을 강화시킨다. 프랑스와 같이 불확실성 회피 성향이 강한 나라에서는 고정된 임금과 직원들의 참여를 독려했을 때, 직원들이 더 안정감을 느낀다. 스웨덴의 지배적인 차원은 여성성이며, 그곳에서는 관계와 관련된 문제들이 중요하게 여겨진다. 따라서 스웨덴의 조직들은 일과 가정의 균형을 도와주고 사회적으로 인정받을 수 있는 여건을 마련해주고자 한다. 반면에, 오스트리아는 권력 격차가 아주 낮은 나라이다. 오스트리아의 조직 구성원들에게는 윤리적인 기준이 정의를 인식하는 가장 중요한 기준이 될 수 있으며, 따라서 오스트리아의 조직에서는 리더와 근로자 사이의 불평등을 공개적으로 언급하고 윤리적인 리더십을 확립하고자 할 것이다.

기대 이론

현재 동기부여에서 가장 널리 받아들여지고 있는 설명 중 하나는 빅터 브룸의 기대이론이다.[75] 이 이론을 비판하는 사람들이 있긴 하지만, 대부분의 증거들은 이 이론을 지지한다.[76]

　기대 이론(expectancy theory)은 특정한 방식으로 행동하는 경향의 강도는 주어진 결과와 그 결과의 매력에 대한 우리 기대의 강도에 따라 달라진다고 주장한다. 더 구체적으로 이야기하자면, 직원들은 자신의 노력이 좋은 성과로 이어지고, 그 성과는 조직에서 부여하는 봉급의 인상과 같은 보상이나 내적인 보상으로 이어지며, 이 보상들은 자신의 개인적인 목표를 만족시키는 것으로 이어질 것이라는 믿음을 가질 때 더 많은 노력을 쏟을 동기를 얻을 것이다. 따라서 이 이론은 세 가지 관계에 초점을 맞춘다(도표 7-7 참조).

1. **노력-성과 관계**(effort-performance relationship)　어느 정도의 노력을 쏟았을 때, 그 노력이 성과로 이어질 확률에 대한 인식
2. **성과-보상 관계**(performance-reward relationship)　특정 수준의 성과를 내는 것이 바라는 결과로 이어질 것이라고 개인이 믿는 정도

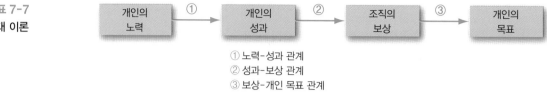

① 노력-성과 관계
② 성과-보상 관계
③ 보상-개인 목표 관계

3. 보상-개인 목표 관계(rewards-personal goals relationship) 　조직적 보상이 개인의 목표나 필요를 만족시키는 정도와 그러한 잠재적 보상이 개인에게 지닌 매력.[77]

기대 이론이 작용하는 경우에 대한 예시로, 주식 애널리스트들을 생각해보자. 그들은 주식의 미래 가격을 예상하려는 노력을 통해 먹고 살아간다. 매수, 매도, 그리고 유지에 대한 그들의 조언에 따라서 그들은 직업을 유지할 수도 있고 해고당할 수도 있다. 하지만 이 과정의 역학은 단순하지 않다. 안정적인 주식 시장에서는 오르는 주식만큼 내리는 주식이 있어야 하지만, 애널리스트들은 매도 의견을 잘 내지 않는다. 기대 이론은 이 행동에 대한 설명을 제시한다. 한 회사의 주식에 대해서 매도 의견을 내는 분석가는 예측이 맞았을 때 얻을 이득과 회사의 분노를 사는 위험성을 저울질해야 한다. 어떤 위험성이 있는가? 공적인 비난, 낙인찍기, 정보 제공 제외 등이 있을 것이다. 애널리스트들이 주식에 매수 의견을 낼 때는 이러한 희생을 감수하지 않아도 되는데, 이는 회사들이 투자자들에게 자신의 주식이 추천된다는 사실을 좋아하기 때문이다. 그러므로 이러한 구조에 의하면 매수 의견이 매도 의견보다 많을 것이라는 결과를 예상하게 되며, 이것이 매수 의견의 수가 매도 의견의 수보다 훨씬 많은 이유이다.[78]

기대 이론은 실제로 효과가 있을까? 몇몇 비판가들은 이 이론에 제한된 효용성밖에 없으며 개인들이 노력-성과와 성과-보상의 관계를 확실히 볼 수 있을 때만 효과가 있다고 주장한다.[79] 그러나 실제로 이러한 관계를 정확히 인식하는 사람은 별로 없기 때문에, 이 이론은 이상적인 면이 있다. 조직에서 나이, 노력, 기술, 직무 난이도와 같은 요소들보다 성과에 기반을 둔 보상을 제공했다면 기대 이론이 더 유효했을 것이다. 하지만 이러한 비난은 이 이론의 유효성을 깎아내리기보다는 왜 상당한 수의 직업인이 직무에 별 노력을 쏟지 않는지를 설명하는 것으로 보인다.

직무 몰입

조셉이 병원의 간호사로서 출근할 때, 그는 이 세상의 다른 모든 것들이 사라지는 것처럼 느끼고 자신의 일에 완전히 빠져든다. 그의 감정, 생각, 행동은 모두 환자를 돌보는 일에 집중한다. 심지어 그는 자신의 일에 너무 몰입한 나머지 자신이 얼마나 오래 일했는지를 잊어버리곤 한다. 이러한 완전한 헌신의 결과로 그는 다른 간호사에 비해 환자에게 더 효과적인 보살핌을 제공하며, 자신의 업무 시간을 통해 행복을 느낀다.

조셉은 높은 수준의 **직무 몰입**(job engagement)을 보인다. 직무 몰입은 업무 수행에 사용되는 직원의 물리적 · 인지적 · 정서적 에너지를 의미한다.[80] 실무 경영자들과 학자들은 직무 몰입을 유도하는 데 관심이 있으며, 단순히 업무를 좋아하거나 흥미를 느끼는 것보다 더 깊은 요인들이 성과로 이어진다고 믿는다. 연구자들은 몰입의 이러한 깊은 수준을 측정하고자 한다. 직무 몰입은 제3장에서 다루었던 직원 몰입과 연관되어 있다.

지난 30년 동안, 갤럽에서는 수백만 명의 직장인을 대상으로 몰입이 긍정적인 성과로 이어지는 정도를 연구해왔다.[81] 그 결과, 평균적인 조직에 비해서 성공적인 조직에 몰입도가 높은 직원이 훨씬 많았으며, 몰입도가 높은 직원이 많은 집단이 더 생산성이 높고, 안전 사고가 더 적으며, 이직률 역시 더 적었다는 결과를 얻었다. 학술적인 연구들 역시 긍정적인 결과를 보여준다. 예를 들어, 한 고찰에서는 몰입의 네 단계가 업무 수행능력 및 조직시민행동과(OCB, 제1장 참조) 연관되어 있음을 드러냈다.[82]

사람들이 자신의 업무에 몰입할 가능성을 높이는 것은 무엇일까? 중요한 요인 하나는 직원이 업무에 몰입하는 것이 의미 있다고 느끼는 정도이다. 이 요인은 업무의 특징 및 효과적으로 일하는 데 필요한 자원에 대한 접근성에 의해 부분적으로 결정된다.[83] 또 다른 요인은 개인의 가치관과 조직의 가치관이 일치하는 정도이다.[84] 직원들에게 사명감을 더 느끼게 하는 리더십 역시 직원들의 몰입도를 향상시킨다.[85]

최근의 동기부여 이론의 통합

여러 가지 이론을 제시한 후, 오직 한 이론만이 유효하다고 말할 수 있다면, 우리의 일이 훨씬 단순했을 것이다. 하지만 이 장에 소개된 많은 이론들은 상호보완적이다. 이제 이 이론들을 한데 묶어서 그들의 관계를 파악해보자. 이 작업을 돕기 위해, 〈도표 7-8〉에서 동기부여에 대해 우리가 이제 알고 있는 것들을 통합해서 제시했다. 이 도표의 뼈대는 〈도표 7-7〉에 나왔던 기대이론 모델이다. 〈도표 7-8〉을 자세히 살펴보자(직무 설계에 대해서는 제8장에서 더 다룰 것이다).

기회가 개인의 노력에 도움을 줄 수도 방해가 될 수도 있음을 인지하는 것부터 시작하

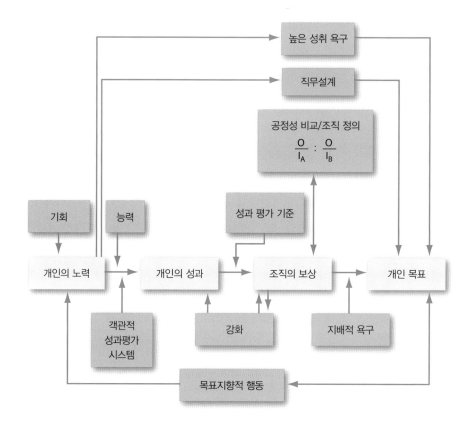

자. 좌측에 있는 개인의 노력 칸에는 개인의 목표에 그 칸으로 향하는 또 다른 화살표가 있다. 목표설정 이론에 따라서, 목표–노력 연결고리는 목표가 행동을 이끈다는 사실을 상기시켜준다.

　기대 이론은 직원들이 노력과 성과, 성과와 보상, 그리고 보상과 개인의 목표 달성 사이에 강한 관계를 인식할 때 노력을 많이 기울일 것이라는 것을 예상한다. 각각의 관계는 또한 다른 요인에 의해 영향을 받는다. 노력이 훌륭한 성과로 이어지기 위해서는 노력을 기울이는 사람이 업무를 수행할 능력이 있으며 성과 평가 시스템을 공정하고 객관적이라고 인식하고 있어야 한다. 성과–보상의 관계는 나이나 개인적 친분이 아니라 성과에 따라서 보상이 주어진다는 인식이 있을 때 강하게 나타난다. 인지평가 이론이 실제 직장에서 유효하다면, 성과에 따른 보상을 제공하는 것이 사람들의 내적 동기를 감소시킬 것으로 예상할 수 있다. 기대 이론의 마지막 연결고리는 보상–목표의 관계이다. 높은 성과에 대한 보상이 개인의 목표와 일맥상통하는 지배적 욕구들을 만족시킬 때, 동기가 높아진다.

〈도표 7-8〉을 자세히 살펴보면 이 모델이 성취에 의한 동기부여, 직무 설계, 강화, 그리고 공정성 이론/조직 정의와 같은 요소들 또한 고려했음을 알 수 있다. 성취 욕구가 높은 사람은 성과에 대한 조직의 평가나 조직적 보상에 의해 동기를 얻지 않으며, 따라서 성취 욕구가 높은 사람의 경우에는 노력에서 개인적 목표로 직접적인 연결이 성립한다. 성취 욕구가 높은 사람은 자신의 업무에 개인적 책임, 피드백, 그리고 어느 정도의 위험성이 따른다면 내적인 동기를 얻는다는 사실을 기억해야 한다. 그들은 노력-성과, 성과-보상, 혹은 보상-목표의 연결에는 큰 관심이 없다.

강화 이론은 조직의 보상이 개인의 수행을 강화한다는 사실을 포함함으로써 이 모델에 포함된다. 조직의 보상 시스템이 훌륭한 성과에 '좋은 보상을 제공한다.'는 인식을 직원들이 갖는다면, 보상이 훌륭한 성과를 강화하고 지지하게 된다. 보상은 조직 정의에 대한 연구에서도 중요한 역할을 수행한다. 사람들은 (그들의 봉급과 같이) 자신이 마주한 결과를 다른 사람이 받는 결과와도 비교하지만, 자신이 어떤 대우를 받았는지 역시 고려한다. 사람들이 보상에 실망할 때, 그들은 보상의 분배에 사용된 방식의 공정성에 대한 인식과 그들의 상사가 그들을 얼마나 생각했는지에 영향을 받는다.

요약

이 장에 소개된 동기부여 이론들은 예측력에서 편차를 보인다. 매슬로우의 단계들, 두요인 이론, 맥클랜드의 욕구 이론은 욕구에 초점을 맞춘다. 자기결정 이론과 그 외 이론들은 나름의 장점을 지닌다. 목표설정 이론은 도움이 되지만 결근, 이직률, 직무만족도를 설명하지 못한다. 자기효능 이론은 개인적 동기부여에 대한 우리의 이해를 넓혀준다. 강화 이론 또한 도움이 되지만, 직원들의 만족도나 퇴직하려는 의도는 설명하지 못한다. 공정성 이론은 조직 내 정의에 대한 연구에 불을 지폈다. 기대 이론 역시 도움이 되지만, 직원들이 결정을 내릴 때 제약을 별로 겪지 않는 상황을 가정하며, 따라서 적용 범위에 제약이 많다. 직무 몰입은 직원의 헌신을 설명하는 데 도움을 준다. 모두 합쳐졌을 때, 이 이론들은 직장에서의 동기부여에 대해 알려진 것들에 대한 이론적인 기반을 제공한다.

경영자에게 주는 시사점

• 직원에게 주어지는 외적인 보상이 강제적인 것으로 보이지 않도록 주의하고, 능력

과 관계에 대한 정보를 제공하라.

- 목표설정 이론을 고려하라. 명확하고 어려운 목표들은 많은 경우에 더 높은 생산성으로 이어진다.
- 업무의 양과 질, 노력의 지속성, 결근, 게으름, 그리고 사고율에 대해 생각할 때 강화 이론을 고려하라.
- 생산성, 만족도, 결근, 이직률을 이해하려면 공정성 이론을 참고하라.
- 기대 이론은 직원의 생산성, 결근, 이직률 등에 대한 효과적 설명을 제공한다.

동기부여 이론의 응용

1. 직무특성모델을 설명하고, 직무 환경을 바꾸어서 동기를 부여하는 방법을 설명할 수 있다.
2. 직무를 재설계하는 주요 방법들을 비교하여 설명할 수 있다.
3. 대안적 업무 설계 방식의 동기부여 효과를 설명할 수 있다.
4. 종업원 참여의 예를 들 수 있으며, 그것들이 어떻게 동기부여를 하는지 설명할 수 있다.
5. 다양한 유형의 변동급 프로그램이 어떻게 직원에게 동기를 부여할 수 있는지 설명할 수 있다.
6. 신축적인 복리후생 프로그램의 동기부여 효과를 설명할 수 있다.
7. 종업원 인정 프로그램과 같은 내적 보상이 지닌 동기부여 효과를 설명할 수 있다.

직무 환경의 변화를 통한 동기부여

업무를 구조화하는 방식이 업무 담당자의 동기부여에 미치는 영향은 보기보다 크다. **직무 설계**(job design)는 직무의 요소가 설계되는 방식에 따라서 종업원의 의욕에 미치는 영향이 달라진다고 하며, 동기부여 효과를 높이려면 이들 요소를 어떻게 변화시켜야 하는지를 알려주는 기틀이 된다. 리처드 헤크먼과 그레그 올드햄이 개발한 **직무특성모델**(job characteristics model, JCM)은 직무의 다섯 가지 차원을 다음과 같이 제시하고 있다.[1]

1. **기술 다양성**(skill variety) 어떤 직무를 수행할 때 얼마나 다양한 전문 기술과 능력을 활용하는가를 말한다. 고객의 요청을 받아서 전기 공사, 엔진 수리와 같은 육체

노동을 하는 수리업자가 수행하는 과업의 기술 다양성 수준은 매우 높다. 반면에 도장업체에서 하루에 8시간 동안 스프레이로 페인트 도포를 하는 작업자의 기술 다양성 수준은 낮다.

2. **과업 정체성**(task identity) 어떤 직무가 전체로서 완전히 구별되는 하나의 작업 단위로서 완결되는 정도를 가리킨다. 가구를 설계하고, 목재를 선택하고 그것을 조립하여 완성하는 목수의 과업 정체성은 매우 높다. 반면에 책상 다리의 완성을 위하여 선반 작업만 수행하는 사람의 과업 정체성 수준은 낮다.

3. **과업 중요성**(task significance) 어떤 직무의 수행이 다른 사람의 삶이나 작업에 영향을 미치는 정도이다. 병원의 중환자실에서 환자를 돌보는 간호사 직무의 중요성은 매우 높다. 이와 비교할 때 병원 바닥을 청소하는 직무의 중요성은 낮다.

4. **자율성**(autonomy) 어떤 직무가 그 직무를 위한 작업을 수행하는 작업자에게 작업 절차와 방법 등을 결정할 때 자유와 독립성, 재량권을 부여하는 정도이다. 상사의 허락 없이 스스로 고객과 접촉하는 방식을 결정하고 자신의 업무 일정을 수립하는 영업 관리자의 자율성은 높다. 반면에 표준화된 매출 전표를 정해진 절차에 따라서 기장해야 하는 회계직원의 직무는 상대적으로 자율성이 낮다.

5. **피드백**(feedback) 업무를 수행하는 중에 자신의 수행 성과에 대해서 직접 또는 간접적으로 정보를 얻을 수 있는 정도이다. 아이패드의 품질을 조사하고 점검하는 직무의 피드백 수준은 높다. 그러나 조립 라인에서 아이패드의 부품을 조립하는 직무의 피드백 수준은 비교적 낮다.

직무특성모델의 구성요소

〈도표 8-1〉은 직무특성모델을 잘 보여준다. 직무특성모델에 의하면, 의미를 경험할 수 있는 중요한 과업을 잘 수행함으로써 책임감을 경험하고 수행 성과에 대한 지식을 통하여 학습을 할 수 있다면 작업자는 그 직무에서 내적인 보상을 느끼게 된다. 이 세 가지 심리적 상태가 더 많을수록 종업원의 동기부여와 성과, 만족도는 높아지고, 그들의 결근율과 이직 의도는 낮아질 것이다. 〈도표 8-1〉에 제시된 바와 같이 성장 욕구가 높은 사람은 충실화 수준이 높은 직무에서 더 많은 중요 심리 상태를 경험할 것이고, 그에 대해서 더욱 긍정적으로 반응할 것이다.

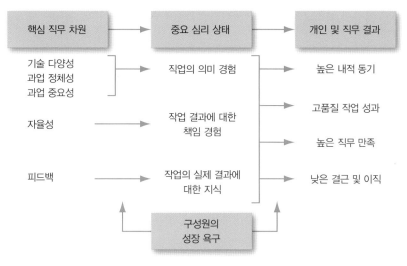

도표 8-1 직무특성모델

출처 : Hackman, J. R. & Oldham, G. R. (1975). Development of job diagnostic survey. *Journal of Applied Psychology*, 60, 159-170

직무특성모델의 효능

앞에서 언급한 직무 특성의 존재가 동기부여 수준의 제고를 통해서 더 높은 수준의 직무 만족과 조직 몰입을 불러일으킨다는 직무특성모델의 주장을 뒷받침하는 증거는 많다.[2] 한 연구는 (다른 사람의 행복에 관심이 많은) '타인 지향적인' 조직 구성원의 경우에는 내재적 직무 특성과 직무 만족 사이의 관계가 약하게 나타난다고 하였는데,[3] 이는 우리가 다른 사람을 배려할 때는 직무 특성이 직무 만족에 미치는 영향이 줄어드는 것을 의미한다. 또 다른 연구에 의하면 우리가 직무에 대해서 느끼는 심리적인 소유 의식은 우리의 동기를 증진시키는데, 특히 직무에 대한 소유 의식을 작업 집단과 공유할 때 더욱 그렇다.[4] 어떤 연구자는 직무특성모델이 가상적인 작업 환경에서도 나타나는지를 조사하였는데, 작업자들이 직접 만나지 않고 온라인상에서만 작업을 할 경우에는 의미와 책임감, 결과에 대한 지식의 경험이 잘 나타나지 않았다. 그러나 감사하게도 경영자들이 이들과 개인적 관계를 의식적으로 형성할 경우에는 이러한 영향이 줄어들고, 오히려 과업 중요성, 자율성, 피드백의 수준이 높아지는 것으로 나타났다.[5]

동기부여 잠재력 점수

우리는 직무특성모델의 다섯 차원을 **동기부여 잠재력 점수**(motivating potential score,

MPS)라는 하나의 지수로 변환시킬 수 있는데, 그 계산 방식은 다음과 같다.

$$\text{MPS} = \frac{\text{기술 다양성} + \text{과업 정체성} + \text{과업 중요성}}{3} \times \text{자율성} \times \text{피드백}$$

어떤 직무의 동기부여 잠재력이 높으려면, 의미 경험을 하게 만드는 세 요소 중 하나 이상의 수준이 높아야 하고, 자율성과 피드백은 모두 높아야 한다. 동기부여 잠재력 수준이 높은 직무라면 그 직무 담당자의 동기부여가 높고, 그 결과 만족도와 성과도 높아지고, 결근과 이직은 줄어들 것으로 기대한다. 그런데 우리는 위의 공식을 사용하는 대신에 단순히 각 특성의 수준을 더하여 동기부여 잠재력을 계산할 수 있다. 당신이 수행하는 직무를 떠올려보라. 업무를 수행하는 중에 또는 어느 일상적인 날에 다른 종류의 과업을 수행할 수 있는 기회가 있는가? 독립적으로 일을 수행할 수 있는가 아니면 상사나 동료가 끊임없이 어깨너머로 당신을 감시하고 있는가? 이에 대한 당신의 답은 당신이 수행하는 직무의 동기부여 잠재력을 나타내준다.

직무특성모델의 문화적 일반화 가능성

직무특성모델을 다른 문화권에서 검증한 연구가 몇 개 있는데, 연구 결과는 서로 일치하지 않는다. 이 모델이 (개인과 직무 사이의 관계라는) 다소 개인주의적인 특성을 지니고 있다는 점을 고려한다면, (미국과 같이, 제4장 참조) 개인주의적 문화를 지닌 나라에서 효과적인 직무 충실화 전략이 집단주의적 문화권에서는 그다지 효과가 없을 수도 있다. 매우 집단주의적 문화를 지닌 나이지리아에서 진행된 한 연구에서는 직무 차원에 따라서 동기부여 잠재력 지수의 수준은 매우 영향을 받는 것으로 나타났지만, 그 관계의 방향은 개인주의적 문화권의 나라에서 나타나는 것과 달랐다.[6] 일본과 헝가리에서 진행된 연구에서는 미국에서 내재적 동기부여 요소로서 직무 만족과 직무 몰입에 영향을 미치는 것으로 나타난 요소들이 동일한 영향을 미치는 것으로 나타났다.[7] 따라서 이에 대해서는 추가적인 연구가 필요해 보인다.

직무 재설계를 통한 동기부여

"매일 매일이 똑같았어요." 프랭크가 말했다. "조립 라인에 서서 계기판이 오기를 기다려요. 덮개를 열고 지프차 리버티에 계기판을 집어넣어요. 그러고는 전선들을 연결하죠. 이것을 하루에 여덟 시간 반복해요. 그 일을 하고 시급 24달러를 받았는데, 그것에는 별로 관심이 없어요. 미칠 것 같았거든요. 거의 1년 반 동안 그 일을 했어요. 마침내 아내에게 남은 인생을 이런 식으로 보낼 수는 없겠다고 얘기했죠. 그 조립라인에서는 내 뇌가 젤리가 되어 녹아내리는 느낌이었으니까요. 그만 두었죠. 지금은 인쇄소에서 일해요. 시급 15달러도 안 되지만, 그래도 이 말은 해야겠어요. 이 일은 아주 재미있어요. 날마다 일이 바뀌고 계속 새로운 것들을 배우고 있거든요. 매우 좋아요. 매일 아침 일하러 갈 때마다 새로운 기대를 갖게 되죠."

프랭크가 일하던 지프 공장에서의 반복적인 업무는 그에게 다양성, 독립성, 동기부여를 거의 제공하지 못했다. 반면에 인쇄소에서 그의 직무는 도전적이고 흥미롭다. 조직 관점에서 볼 때 프랭크의 첫 번째 고용주는 만족스러운 직무를 설계하지 못해서 이직을 하게 만들었다. 직무를 재설계하는 것은 실무적으로 중요한 의미를 지닌다. 이직률을 낮추고, 직무만족도를 높일 수 있는 것이다. JCM을 실제로 사용해서 동기부여 효과가 있는 직무를 설계하는 방법을 살펴보자.

직무 순환

직원들이 과도하게 일상화된 직무로 고생하고 있다면 **직무 순환**(job rotation)을 고려해 볼 수 있다. 직무 순환은 한 직무를 수행하는 직원과 동일한 수준에서 유사한 기술이 필요한 다른 직무를 수행하는 직원을 정기적으로 교대시키는 것이다[이를 위해서는 **교차 훈련**(cross-training)이 필요할 수 있다]. 제조 기업에서는 주문의 변동에 신축적으로 대처하기 위하여 직무 순환을 사용한다. 신임 관리자들을 여러 직무에 순환시킴으로써 그들로 하여금 조직 전체를 파악할 수 있게 만들 수 있다.[8] 교차 훈련을 시킬 수 있는 곳이라면, 공장이나 병원의 병동에서나 직무 순환을 사용할 수 있다. 싱가포르 에어라인에서는 매표 직원이 수하물 직원의 업무를 수행하기도 한다. 모두 교차 훈련을 받아서 상대방의 직무를 수행할 수 있기 때문이다. 이 항공사가 세계 최고의 항공사 중 하나로 평가받는 이유 중 하나가 바로 대규모의 직무 순환이다.[9]

직무 순환을 하게 되면 직무 만족과 조직 몰입이 높아진다.[10] 이탈리아와 영국, 터키에서 제시된 연구 결과를 보면 직무 순환이 제조업에서 조직의 성과를 높이는 것으로도 보고되었다.[11] 지루함을 줄여주고, 동기의 수준을 높이며, 자신의 일이 조직에게 어떻게 기여하는지도 잘 이해하게 되기 때문이다. 또한 반복 작업으로 인한 사고의 발생을 줄여주어 안전성을 높이기도 하는 것으로 주장되는데, 이에 대해서는 연구 결과가 일치하지 않아서 추가적인 연구가 필요한 상태이다.[12]

직무 순환에 단점이 없는 것은 아니다. 반복적으로 수행하는 과업은 일상이 되고 습관을 형성하여 의사결정을 자동적으로 하게 하여 효율을 높이지만, 그만큼 깊이 생각하지 않게 만든다. 직무 순환을 실시할 때마다 새로운 기술을 배울 필요가 생긴다면 훈련 비용이 증가할 수도 있다. 또한 작업자를 새로운 지위로 이동시키는 것은 그 역할의 전반적인 생산성을 떨어뜨릴 수 있다. 공동으로 수행하는 작업의 경우에는 자꾸 새로운 동료에게 적응을 하게 만드는 어려움을 줄 수도 있다. 또한 관리자들도 순환 직원들의 직무를 관리하는 일에 더 시간을 쓰게 된다.

관계적 직무 설계

직무특성모델을 기초로 하여 직무를 설계하는 것이 내재적인 동기부여 수준을 높일 가능성을 높이지만, 최근 연구자들은 **친사회적으로**(prosocially) 동기부여를 높이는 직무 설계 방안에 대해서도 관심을 갖기 시작했다. 어떻게 직무를 설계하면 (고객, 의뢰인, 환자, 종업원 등) 조직과 관련을 맺고 있는 관계자들의 복리를 증진시킬 수 있을 것인가? **관계적 직무 설계**(relational job design)라는 이 관점은 관심의 중심을 종업원이 아니라 그 종업원의 직무 수행을 통해서 영향을 받게 되는 사람들의 삶으로 옮긴다.[13] 이런 방법을 사용해서도 종업원들로 하여금 직무 수행 성과를 높이도록 동기부여를 제공하는 것이 가능하다.[14]

친사회적으로 동기부여를 높이는 직무 설계를 하는 방법의 하나는 작업자들을 그 작업의 혜택을 받는 사람들과 더 잘 연결시키는 것이다. 기업의 제품이나 서비스를 사용하여 도움을 받은 고객의 이야기를 개발하는 것이 하나의 예가 될 수 있다. 그들을 직접 만나거나 사진으로 보기만 해도 종업원들은 자신의 일이 그들에게 미치는 영향에 대해서 가시적인 느낌을 가질 수 있게 된다. 이는 고객 또는 의뢰자를 더욱 생생하게 느끼게 만들어서 자신이 수행하는 일에 더욱 신경을 쓰도록 동기를 부여한다. 나아가서 이러한 연결은 종업원들이 수혜자들의 입장을 더욱 잘 이해하도록 만들고, 더 높은 수준의 헌신을 하는 것으로 연결된다.

친사회적 동기부여에 초점을 맞추는 관계적 직무 설계는 기업의 사회적 책임 활동에 더욱 잘 부합한다. 제3장에서 살펴보았듯이 기업의 CSR 활동은 종업원들이 (홈디포의 직원들이 집 짓는 활동에 참여하는 것처럼) 직무를 수행하면서 습득한 기술을 사용하거나 (은행 직원이 해비타트 그룹에 참여하여 집을 짓는 것처럼) 기술의 사용과 관련이 없는 경우도 있지만, 어느 경우에든지 자발적으로 시간과 노력을 들이는 봉사활동을 포함한다. 이런 경우에 종업원들은 수혜자들과 만나서 교류하게 된다. 이처럼 기업에서 후원하는 자원 봉사 프로그램은 직무특성모델에서 말하는 의미성과 과업 중요성 차원을 높여주는 측면이 있는 것으로 나타났다.[15] 그러나 이러한 활동이 친사회적 측면의 동기부여 효과가 있다고는 하지만, 그것이 곧 관계적 직무 설계와 동일한 것은 아니다. 실제 직무에서 수행하는 것과 동일한 활동을 한다고 해도 자원 봉사를 통한 CSR 활동은 직무수행이 아니기 때문이다(홈디포 직원이 직무 수행 중에 집을 짓지는 않는다). 그러나 관계적 직무 설계가 CSR 활동과 연결될 가능성을 지니고 있다는 점은 부인할 수 없다.

대안적 근무 형태를 통한 동기부여

당신도 아는 바와 같이 사람에게 동기를 부여하는 방법은 매우 다양하고, 우리는 그중 일부에 대해서 논의했다. 이제 다른 접근 방법에 대해서 살펴보려고 한다. 그것은 유연시간근무, 직무 공유, 재택근무와 같이 새로운 방식의 근무 형태이다. 이러한 근무 방식은 특히 맞벌이 부부, 편부모, 또는 질병을 앓거나 고령의 가족을 돌보아야 하는 사람들에게 중요하다.

유연근무제

수잔은 전형적인 '아침형 인간'이다. 날마다 새벽 5시 정각에 에너지가 충만한 상태로 깬다. 그러나 그녀는 이렇게 말한다. "나는 저녁 7시 뉴스가 끝나면 곧 잠자리에 들어야 해요." 하트포드 파이낸셜 서비스 그룹에서 클레임 처리를 담당하는 유연 작업 스케줄은 그녀에게 안성맞춤이다. 그녀가 일하는 사무실은 아침 6시에 문을 열고 저녁 7시에 닫는다. 수잔은 이 13시간의 근무 시간대 안에서 8시간을 일한다.

수잔의 근무 형태는 **유연근무제**(flextime)의 모습을 잘 보여준다. 유연근무제로 일하는 근무자들은 일주일에 특정한 분량의 시간을 일해야 하지만, 언제 일을 하는지는 유동적이다. 〈도표 8-2〉에서 보는 것처럼 하루의 근무 시간 중에서 모두가 일을 함께 하는 공통 중심 시간이 6시간 정도 있고, 그 전후로 근무 시간을 유연하게 배치하는 것이 일반적인 형태이다. 사무실을 아침 6시에 열고 저녁 6시에 닫는다고 할 때 공통 중심 시간은 오전 9시에서 오후 3시로 정하는 식이다. 공통 중심 시간에는 모든 직원이 근무해야 하지만, 나머지 두 시간은 공통 중심 시간의 전후로 배치하면 된다. 어떤 경우에는 하루 중 초과하여 근무한 시간을 모아서 하루를 쉬는 것도 허용된다.

도표 8-2
유연시간
근무의 예

	계획 1
% 시간	100%＝주당 40시간
핵심 근무 시간	월~금 오전 9:00~오후 5:00(점심시간 1시간 포함)
근무 시작 시간	오전 8:00~9:00 사이
근무 종료 시간	오후 5:00~6:00 사이
	계획 2
% 시간	100%＝주당 40시간
핵심 근무 시간	월~목 오전 8:00~오후 6:30(점심시간 30분) 금 휴무
근무 시작 시간	오전 8:00
근무 종료 시간	오후 6:30
	계획 3
% 시간	90%＝주당 36시간
핵심 근무 시간	월~목 오전 8:30~오후 5:00(점심시간 30분) 금 오전 8:00~정오(점심시간 없음)
근무 시작 시간	월~목 오전 8:30, 금 오전 8:00
근무 종료 시간	월~목 오후 5:30, 금 정오
	계획 4
% 시간	80%＝주당 32시간
핵심 근무 시간	월~수 오전 8:00~오후 6:00(점심시간 30분) 목 오전 8:00~11:30(점심시간 없음) 금 휴무
근무 시작 시간	오전 8:00~9:00 사이
근무 종료 시간	오후 5:00~6:00 사이

유연근무제는 매우 널리 사용된다. 최근 조사에 의하면, 미국 조직 중에서 약 60%에 달하는 다수의 조직이 유연근무제를 활용한다.[16] 이것은 미국에만 국한된 현상이 아니다. 독일에서는 73%의 기업이 유연근무제를 채택하고 있고, 이러한 관행은 일본에서도 점점 널리 확산되고 있다.[17] 독일과 벨기에, 네덜란드, 프랑스에서는 법에 의해서 근로자가 육아와 같이 정당한 이유로 파트타임 근무나 유연시간 근무를 요구하였을 때 사용자가 거부할 수 없도록 되어 있다.[18]

대부분의 증거는 이 제도에 대해서 우호적이다. 아마 조직 관점에서 가장 중요한 것은 유연근무제가 수익성을 높인다는 보고일 것이다. 그러나 흥미롭게도 이 효과는 오직 유연근무제가 (조직의 이익을 위해서가 아니라) 일과 삶의 균형을 증진시키기 위한 전략으로 활용될 때에만 나타나는 것 같다.[19] 유연근무제는 결근도 줄여주는데[20], 여기에는 몇 가지 이유가 있다. 유연근무제를 사용하게 되면 직원은 개인적인 필요에 맞추어 근무 시간을 선택할 수 있어서 피로와 결근을 줄일 수 있고, 자신이 가장 생산적인 시간에 근무할 수 있게 된다. 또한 유연근무제는 근로자의 직장과 가정의 균형을 유지하도록 도와주며, 이는 직장이 '가정 친화적'인 곳으로 평가받는 데 매우 자주 사용되는 기준이기도 하다.

그러나 유연근무제를 모든 직무 또는 모든 직원에게 적용할 수 있는 것은 아니다. 특정한 시간에 반드시 자리를 지켜야 하는 서비스 직무에 대해서 이 방식을 적용할 수는 없을 것이다. 한편, 자신의 직장 생활과 가정에서의 삶을 철저하게 분리하려는 강력한 욕구가 있는 사람은 유연근무제를 원하지 않을 수도 있다. 이처럼 이 방식이 모든 사람에게 동기부여 요소가 되는 것은 아니다.[21] 영국에서 이루어진 한 연구에서는 유연근무제를 채택하고 있는 직장의 종업원들의 스트레스 수준이 낮아지지는 않는 것으로 나타났는데, 이는 유연근무제가 진정으로 일과 삶의 균형을 개선한 것이 아닐 수도 있다는 점을 시사한다.[22]

직무 공유

직무 공유(job sharing)는 둘 이상의 직원이 전통적인 주 40시간의 직무를 나누어서 담당하는 것이다. 한 사람이 8시에서 정오까지 직무를 수행하면 다른 사람이 1~5시까지 수행하거나, 둘이 8시간을 일하지만 하루씩 돌아가면서 일을 할 수도 있다. 포드사의 엔지니어인 줄리 레빈과 줄리 로코는 직무를 공유하고 있다. 그들은 가정을 돌보면서도 집중적으로 일에 투여할 수 있는 시간을 확보하여 크로스오버 차량인 익스플로러를 재설계하는 일에 참여했다. 이들은 한 명이 오후에서 저녁 시간을 담당하면, 다른 사람은 오전 근무를 담당한다. 이들은 이러한 방식의 근무에 만족하고 있다. 이들이 이런 관계를 형성하기까지는 물론 상당한 시간과 준비가 필요했다.[23]

2014년에는 미국의 큰 조직 중 약 18%만이 직무 공유를 하는 것으로 나타났는데, 이는 2008년에 29%의 수준에서 낮아진 것이다. 이것이 널리 받아들여지지 않는 이유는 직무를 공유하기에 알맞은 파트너를 찾는 일이 어렵고, 자신의 직무와 고용주에게 완전히 헌신하지 않는 사람들을 바라보는 좋지 않은 시선 때문이다. 그러나 이러한 이유로 직무 공유 제도의 사용을 중단한 것은 근시안적인 결정이다. 직무 공유는 하나의 직무에 대해서 한 명 이상의 능력을 사용할 수 있는 기회를 조직에게 제공한다. 이 방식은 숙련된 기술을 갖고 있지만, 육아를 위해서 쉬는 부모나 은퇴하여 전일제로 일하는 것이 불가능한 사람의 능력을 활용할 수 있는 기회를 열어준다.

　사용자가 직무 공유를 결정하는 이유는 경제적인 것이거나 정부 정책에 의한 경우가 많다. 한 직무를 공유하는 두 명의 파트타임 근로자를 고용하는 것이 훈련과 조정 비용, 관리 비용 등으로 인하여 한 명의 전일제 근로자를 고용하는 것에 비하여 비용이 더 들 수 있다. 한편, 미국의 건강보험법(Affordable Care Act)은 미국의 고용주들에게 전일제 근로자에게 제공해야 하는 건강 보장 의무를 회피하기 위하여 직무 공유를 더 활용하도록 유도할 소지가 있다.[25] 많은 독일 기업과 일본 기업[26]이 직무 공유를 활용하고 있는데 그 이유는 각기 다르다. 거의 100년의 역사를 갖고 있는 독일의 쿠르츠아르바이트(Kurzarbeit) 프로그램은 경제 위기가 닥쳤을 때 전일제 근로자를 파트타임 근로자로 바꾸어 직무를 공유함으로써 전체적인 고용 수준을 유지할 수 있도록 해주었다.[27]

재택근무

이 근무 형태는 대부분의 사람에게 이상적인 직무로 여겨질지도 모른다. 통근이 없고, 직무 시간은 유연하며, 입고 싶은 옷을 입은 채 근무하고, 동료들의 방해도 거의 없다. **재택근무**(telecommuting)란 회사 사무실에 연결된 컴퓨터를 이용해서 일주일에 이틀 이상을 집에서 또는 근로자가 원하는 다른 장소에서 일하는 것을 말한다.[28] 비슷한 용어인 **가상 사무실**은 상대적으로 영구적으로 집에서 일하는 것을 말한다. 집에서 근무하는 영업 관리자는 재택근무자이다. 그러나 출장을 가는 도중에 차량 안에서 작업을 하는 영업 관리자는 재택근무자가 아니다. 중요한 것은 장소가 아니라 본인의 선택 여부인 것이다.

　어떤 기업에서 재택근무를 중단했다고 할 때 뉴스가 되는 것을 보면, 대부분의 조직에서 활용하고 있을 정도로 이 근무 형태는 인기가 있다. 독일과 영국, 미국의 관리자 중 거의 50%가 재택근무를 해도 좋다는 선택권을 갖고 있다. 중국에서는 재택근무가 많이 활용되고 있지는 않지만, 증가 추세인 것은 분명하다.[29] 개발도상국에서 재택근무의 비율은 10~20% 사이이다.[30] 재택근무를 적극적으로 활용하는 조직에는 아마존, IBM, 아메리칸 익스프레스[31], 인텔, 시스코 시스템즈[32], 그리고 많은 정부기관들이 있다.[33]

　사용자의 입장에서 볼 때, 재택근무는 고립감을 증가시키고 직무 만족을 떨어뜨릴 수 있다.[34] 연구에 의하면 재택근무가 직장-가정 갈등을 줄이지는 못하는 것으로 나타났다. 이는 아마도 재택근무에 대해서 부여되는 업무량이 많아서 일을 하는 시간이 증가하였기 때문일 것이다.[35] 재택근무자는 '눈에서 보이지 않으면 마음에서도 멀어지는' 현상의 피해자가 될 수 있다. 책상에 없고, 사무실의 즉흥적인 모임에 빠지게 되며, 직장에서의 일상적인 비공식 모임에 참석하지 못하는 직원들은 '얼굴 도장 찍는' 시간이 부족하여 승진이나 임금 인상에서 불이익을 받을 수 있다.[36] CSR의 측면에서 볼 때 재택근무를 하게 되면 차량 배기가스의 배출을 줄일 수 있을 것으로 보이지만, 조사 결과를 보면 재택근무를 할 때에도 개인적인 왕래 때문에 평균적으로 하루에 45마일을 운전하는 것으로 나타났다![37]

종업원 참여 프로그램을 활용한 동기부여

종업원 참여(employee involvement and participation, EIP)[38]는 조직의 성공에 대한 직원들의 헌신을 높이기 위해 종업원들을 참여시키는 것을 말한다. 자신들에게 영향을 미치는 결정에 조직 구성원들을 참여시키고 근로환경에 대한 독립성과 자율권을 높여준다면, 조직 구성원들의 동기 수준이 높아지고, 조직에 더 헌신하며, 생산성이 향상되고, 직무만족도가 높아질 것이라는 것이다. 이러한 유익은 개인에게 한정된 것이 아니다. 팀에게 자율권을 부여할 경우에도 사기와 성과는 마찬가지로 높아진다.[39]

문화적 EIP

EIP 프로그램이 성공하려면 지역 및 국가의 규범과 맞아야 한다.[40] 공식적 위계질서를 존중하는 전통을 지닌 문화에 속하는 조직 구성원들은 EIP 프로그램을 그다지 중요하게 생각하지 않는다. 그러나 상황은 변화하고 있다. 중국의 일부 조직 구성원들은 권력 격차에 대한 생각이 점점 줄어들고 있다. 중국 근로자들을 대상으로 한 연구에서는 중국의 전통 문화를 중요하게 여기는 사람들의 경우 참여적 의사결정을 큰 혜택으로 받아들이지 않았다. 그러나 전통에 대한 존중 정도가 낮은 조직 구성원들의 경우에는 경영 참여를 하게 했을 때 만족도가 높아지고 성과도 좋아졌다.[41] 중국에서 진행된 다른 연구는 참여 프로그램이 조직 구성원들의 직업 안정에 대한 생각과 느낌을 강화시켜서 그들의 행복을 증진시키는 것으로 나타났다.[42] 이처럼 중국 안에서의 차이는 현재 중국의 문화가 변화를 겪고 있기 때문으로 볼 수 있다. 중국의 도시에서 이루어진 연구는 의사 표현과 조언을 하는 것이 실제 의사결정에 참여하는 것보다 더 높은 직무만족도를 보여주었다.[43]

종업원 참여 프로그램의 다양한 방식

종업원 참여 프로그램의 대표적 형태인 두 가지, 즉 경영 참가와 대의 참가에 대해서 자세히 알아보자.

경영 참가 모든 **경영 참가**(participative management)에 나타나는 공통적인 특징은 공동 의사결정이다. 이는 조직 내에서 더 낮은 위치에 있는 이들이 경영 의사결정에 참여할 수 있도록 허용하는 것을 말한다. 설명회나 설문조사와 같이 공식적인 형태로 이루어지기도 하고, 일상적인 조언과 같은 비공식적 형태로 이루어지기도 하는데, 신뢰와 헌신을 통하여 동기를 증진시키려는 목표를 갖는다.[44] 경영 참가는 종종 낮은 의욕과 생산성에 대한 만병통치약인 것처럼 여겨지기도 하였다. 하지만 경영 참가가 효과를 나타내기 위해서는 직원들이 참여하는 의사결정의 주제가 그들이 관심사가 되어 동기를 부여할 수 있어야 하고, 의사결정에 참가할 수 있을 정도의 능력과 지식이 직원들에게 있어야 하며, 쌍방 간에 믿음과 신뢰도 필요하다.[45]

경영 참가와 성과의 관계에 대한 연구 결과는 혼합되어 있다.[46] 경영 참가를 실시하는 조직들이 더 높은 주식 배당, 낮은 이직률, 높은 노동 생산성을 보이긴 하지만 그 크기는 별로 크지 않다. 조직 구성원 개인 수준에서 분석한 연구에 따르면 경영 참여는 생산성, 동기부여, 직무 만족 등에 대해 그렇게 효과가 크지 않다. 물론, 이것이 올바른 상황하에서 이루어지는 경영 참가가 도움이 되지 않는다는 뜻은 아니다.

 대의 참가 서유럽의 거의 모든 국가들은 회사들에게 **대의 참가**(representative participation)를 제도적으로 요구한다. 대의 참가는 소수 근로자 대표가 조직의 의사결정 과정에 참여하도록 함으로써 조직 안에서 권력을 재분배하여 노동자의 권익을 사용자가 주주의 권익과 동등하게 하는 것을 추구한다. 두 가지 가장 널리 쓰이는 형태는 경영 협의회(works councils)와 근로자 이사(board representatives) 이다. 경영 협의회는 경영자가 직원들에 대한 결정을 내릴 때 협의해야 하는 선출된 직원들의 집단이다. 근로자 이사는 회사의 이사회에 참가하며 사내 직원들의 이익을 대변하는 근로자이다. 영국과 아일랜드, 오스트레일리아, 뉴질랜드에서는 대의 참가가 유일한 종업원 참여 프로그램의 방식이었다. 이것은 단체 협약 이외의 문제에 대해서는 근로자 대표의 의견을 듣도록 하는 것이었고, 이를 위해서 모든 노동조합에서 근로자 대표를 선출하도록 했다. 그러나 최근에 와서는 근로자 대표는 노동조합원과 비조합원을 혼합하는 형태로 구성되거나, 노동조합과 별개로 운영된다.[48]

대의 참가가 종업원에게 미치는 영향은 혼재되어 있다. 대의 참가가 조직에게 차이를 가져오고 동기부여 효과를 지니려면 조직 구성원들이 자신의 이익이 대변되고 있다고 느낄 수 있어야 한다. 따라서 동기부여 수단으로서의 대의 참가는 더 직접적인 참가 방식에 비하여 효과가 떨어지는 것으로 보아야 한다.

외재적 보상을 활용한 동기부여

제3장에서 본 것처럼 급여가 직무 만족에 영향을 미치는 유일한 요소는 아니다. 그러나 급여는 사람의 동기를 불러일으키는데, 회사에서는 종종 이 중요성을 과소평가하는 것 같다. 한 연구에 의하면, 유능한 인력을 놓치는 이유가 급여라고 생각하는 **경영자가 45%**인 반면에, 최고 성과자의 71%는 이것을 가장 중요한 이유로 꼽았다.[49]

급여가 그렇게 중요하다면, 조직은 시장의 급여 수준을 선도할 것인가, 맞출 것인가, 아니면 뒤따라갈 것인가? 여기에서는 (1) 직원들에게 무엇을 지급할 것인지를 결정하는 보상 구조의 설계, (2) 어떤 방식으로 개인에게 급여를 지급할 것인지를 의미하는 다양한 보상 방식의 설계에 대해서 살펴보려고 한다.

무엇을 지급할 것인가 : 보상 구조의 설계

근로자에게 보상을 지급하는 방식에는 몇 가지가 있다. 최초에 급여 수준을 결정하는 과정은 둘 사이의 균형을 유지하는 것으로 시작한다. 하나는 **내부적 형평성**(internal equity)인데, 이것은 조직 안에서 직무를 평가하여 특정 직무의 상대적인 가치를 결정하는 것이며, 다른 하나는 **외부적 형평성**(external equity)인데 이는 산업 내 동종업체의 급여 수준과 비교한 상대적인 급여 경쟁력을 의미한다. 최선의 급여 구조는 직무가 지닌 가치에 따라서 보상하면서, 시장에 비해서는 상대적으로 경쟁력 있는 보상 수준을 설정하는 것이다.

보상 수준을 높이면 더 능력 있고 동기부여 수준이 높은 직원들이 조직에 더 오래 남아 있게 될 것이다. 126개 대기업을 대상으로 한 연구를 보면 경쟁력 있는 수준의 급여를 받고 있다고 믿는 직원들이 더 높은 의욕을 보였고, 더 생산적이었으며, 고객만족도도 높았다.[50] 하지만 인건비는 기업의 비용에서 가장 높은 비중을 차지하는 운영비이기 때문에, 너무 높은 수준의 보상을 지급하는 것은 상품이나 서비스를 너무 비싸게 만들 수 있다. 따라서 명백하게 상충 관계가 있는 급여 수준의 결정은 조직이 내려야 할 전략적인 선택이다.

월마트의 사례를 보면 급여에 대한 월마트의 전략적 결정은 잘 작동하지 않는 것 같다. 2011년 미국 내 점포의 연간 성장률은 1% 수준으로 낮아졌는데, 가장 큰 경쟁업체인 코스트코는 8% 수준으로 성장했다. 코스트코 직원의 대략적인 평균 급여는 45,000달러인데 비하여 월마트가 소속된 샘즈클럽 직원의 평균 급여는 1만 7,500달러이다. 더 많이 지급하면 더 많이 거둘 수 있다는 것이 코스트코의 전략인데, 높은 수준의 급여는 직원의 생산성을 높이고 이직률을 낮추었다. 그 이후에 월마트의 경영진이 조직 전체에 걸쳐서 급여 수준을 높이고 있는 것을 보면, 그들도 이러한 점에 동의하는 것으로 보인다.[51]

어떻게 지급할 것인가 : 직원 개인에 대한 변동급 프로그램

성과급, 업적급, 상여금, 이윤 분배, 종업원 지주제도는 모두 급여의 일부분을 개인/조직의 성과 평가에 따라서 결정하는 **변동급 프로그램**(variable-pay program)이다. 변동의 폭은 급여 전체에 해당할 정도로 클 수도 있고 작을 수도 있으며, 연간 실적에 따라서 지급되기도 하고 일정 목표 수준을 달성했을 때 지급되기도 한다. 종업원의 선택에 따르는 경우도 있지만, 채용의 조건으로 강요되기도 한다.[52] 변동급 프로그램은 주로 영업사원과 경영자에게 적용되어 왔는데, 동기부여 효과가 큰 것으로 드러나면서 최근에는 이를 적용하는 직무의 범위가 넓어지고 있다.

전 세계적으로 약 80%의 기업이 변동급 프로그램을 활용하고 있다. 미국에서는 91%의 기업이 활용한다.[53] 라틴아메리카에서도 90% 이상의 기업이 활용하는데, 이들은 급여 중 거의 18%가 변동급의 적용을 받아서 가장 높은 큰 폭의 변동폭을 보여준다. 유럽과 미국 기업의 변동폭은 그다지 크지 않아서 12% 수준이다.[54] 경영진의 급여에 대해서만 보면, 아시아 기업들의 변동급 활용이 서구 기업의 활용을 능가한다.[55]

급여와 성과 사이의 강력한 연결 관계가 모든 근로자에게서 나타나는 것은 아니다. 성과에 따른 차등 보상의 효과는 서로 다르게 나타난다. 415개의 한국 기업을 대상으로 한 조사에서는 집단을 기초로 한 성과보상 프로그램이 조직 성과에 강력한 긍정적 영향을 미치는 것으로 보고되었다.[56] 그러나 캐나다에서 이루어진 연구에서는 변동급 프로그램이 직무 만족을 높이는 것은 오직 성과뿐 아니라 노력에 대해서도 보상이 제공될 때뿐이었다.[57]

변동급 프로그램이 동기부여에 성공하는지의 여부는 비밀(secrecy)도 중요한 역할을 한다. 일부 정부기관이나 비영리조직에서는 급여의 크기를 일정 부분 공개하지만, 대부분의 다른 조직들은 급여에 대해서 비밀을 유지한다.[58] 이것은 좋을까 그렇지 않을까? 불행하게도 이것은 좋지 않다. 급여 비밀주의는 직무 성과에 좋지 않은 영향을 미친다.

더 안 좋은 것은 그 부정적인 영향이 고성과자에게서 더 크게 나타난다는 점이다. 이런 현상이 나타나는 이유는 급여가 주관적으로 결정된다는 인상을 주기 때문으로 보인다. 개인의 급여 규모가 장부에 기록되어 널리 알려질 필요는 없겠지만, 전반적인 급여 수준의 범주가 공개된다면, 근로자들은 변동급의 수준이 자신의 성과와 객관적으로 연결되는 것을 인식하게 되고, 변동급 프로그램의 동기부여 효과가 유지될 수 있다.[59]

변동급 프로그램은 동기 수준과 생산성을 높이는가? 일반적으로는 그렇다고 할 수 있다. 그러나 이것이 모두에게 그런 효과가 나타난다는 뜻은 아니다.[60] 많은 조직들이 종업원 지주제도나 상여금 제도와 같은 변동급 프로그램을 활용한다. 그렇기에 경영자는 개별적인 프로그램의 효과와 전체 프로그램이 합하여 만들어내는 효과를 점검해보아야 한다. 경영자는 근로자들의 성과-보상 기대 사이의 관계를 점검하여야 한다. 근로자들은 자신의 높은 성과가 높은 수준의 보상으로 연결된다는 것을 인식할 경우에만 동기부여 효과가 나타날 것이기 때문이다.[61]

이제 변동급 프로그램 각각에 대해서 좀더 상세히 살펴보도록 하자.

단순성과급   생산직 근로자를 대상으로 일정 생산량에 비례하여 정해진 급여를 지급하는 **단순성과급 제도**(piece-rate pay plan)는 오랫동안 널리 활용되어 왔으나, 이 방식은 산출물이 매우 유사하여 수량으로만 평가해도 좋은 경우에만 사용될 수 있다. 순수한 형태의 단순 성과급제는 기본 급여 없이 작업자의 생산량에 따라서만 급여를 제공한다. 야구장에서 땅콩과 소다를 판매하는 근로자는 단순성과급제 적용이 가능하다. 하나에 1달러짜리 땅콩 40개를 판매하면 40달러를 가져가는 것이다. 더 많이 팔수록 더 많이 번다. 이와 달리 영업팀 단위로 단순성과급을 적용할 수도 있는데, 이 경우에 경기장 전체에서 팔린 땅콩의 개수를 기준으로 하여 그 영업팀의 급여가 결정될 것이다.

단순성과급 제도는 높은 생산성과 높은 급여로 연결되는 것으로 알려져 있다. 따라서 많은 조직에서 근로자를 동기부여하기 위한 방식으로 활용된다.[62] 사실 중국의 한 대학에서는 교수들의 논문 발표에 대해서 단순성과급 제도를 적용하여 50% 이상의 연구 생산성 향상을 달성했다.[63] 개인 또는 팀 단위의 단순성과급 적용을 받는 근로자의 가장 큰 우려는 재무적인 것이다. 독일에서 이루어진 한 실험에서는 위험 회피적인 성향의 개인 중 68%가 개인적인 단순성과급을 선호하였는데, 저성과자들의 경우에는 팀 단위의 단순성과급을 선호했다. 왜 그랬을까? 연구자들의 해석은 위험 회피적이고 고성과자들은 팀 단위 성과에서는 다른 사람들의 게으름으로 인한 걱정이 있지만, 개인성과급에서는 자신들이 통제할 수 있는 요소, 즉 자신들의 성과에 근거를 둔 급여이기 때문에 그것을 선호하였다는 것이다.[64] 이것은 매우 타당한 걱정인데, 이에 대해서는 다음 장에서 살펴볼 것이다.

 조직은 사용하는 성과급 제도가 실제로 개인에게 동기부여 효과가 있는지 확인해야 한다. 유럽에서 이루어진 연구에 의하면 작업의 속도가 동료나 목표, 기계장비와 같은 내부적 요소가 아니라 고객의 요구와 같이 통제할 수 없는 외부적 요소에 의해서 결정되는 경우에는 단순성과급 제도의 동기부여 효과가 나타나지 않는다.[65] 어느 경우이든지 경영자는 근로자에게 동기부여가 되는 것이 혹시라도 생산량을 증대시키려는 시도 때문에 품질을 저하시키는 것은 아닌지도 주의를 기울여야 한다. 또한 수량에 따라서 보상을 하는 단순성과급 제도의 경우에는 작업장에서 상해가 발생할 가능성을 증가시키는 것에도 주의해야 한다.[66]

업적급　업적급(merit-based pay plan)은 업적 평가 결과에 근거를 두고 개인의 성과에 따른 보상을 하는 방식이다. 이 방식의 가장 큰 장점은 고성과자가 높은 급여 인상을 누릴 수 있다는 점이다. 제대로 설계된다면 업적급 방식은 조직 구성원들로 하여금 성과와 보상 사이에 강력한 연결관계를 인식하게 할 수 있다.[67]

많은 조직에서 시간급(salary)을 적용받는 직원을 대상으로 업적급을 활용한다. 업적급은 공공 영역으로도 서서히 확산되고 있다. 뉴욕 시의 공공 병원 시스템에서는 의사들이 얼마나 비용을 낮추고, 환자 만족을 높였으며, 의료의 질을 향상시켰는지 평가하여 급여를 지급한다.[68] 반면에 업적급이 고성과자와 저성과자를 뚜렷하게 구별하는 인상을 주지 못하는 것으로 여겨서 사용을 중단하는 조직들도 있다. 연간 평가와 급여 인상이 몇 달 뒤에야 이루어지게 되는 상황에서는 고성과자에 대한 보상의 동기부여 효과는 줄어든다. 업적급을 유지하는 조직에서도 할당에 대해서는 재고하는 중이다.[69]

직관적으로 볼 때는 매우 매력적으로 보이는 제도이지만, 업적급에는 몇 가지 한계가 있다. 그중 하나는 이것이 연간 성과 평가에 근거해서 이루어진다는 것인데, 주관적인 평가가 크게 작용한다는 점에서 타당성에 의문이 제기되곤 한다. 이것은 제2장에서 살펴본 차별의 문제로 연결될 우려도 있다. 아프리카 출신 미국인들이 백인에 비하여 낮은 성과 평가를 받고, 여성들이 남성보다 높은 평가를 받으며, 다른 모든 조건이 동일함에도 불구하고 급여 인상의 분포에서도 인종적 차이가 존재하고 있기 때문이다.[70] 다른 한계는 급여 인상의 가용 범위가 개인의 성과와는 거의 상관이 없는 경제 상황 및 다른 조건에 의해서 변동된다는 점이다. 최고 수준의 대학에서 교육과 연구 영역에서 좋은 평가를 받은 교수의 급여가 300달러 인상되었다. 왜 그랬을까? 급여 인상에 사용할 수 있는 재원규모가 매우 작았기 때문이다. 이 정도 크기의 인상이라면 성과에 따른 보상이라기보다는 생활비 증가에 대한 보전의 측면이 오히려 강하다고 보아야 할 것이다. 마지막으로 노동조합은 업적급 제도에 반대한다. 미국 교사들 중에서 업적급 적용을 받는 비중이 상대적으로 적은 것은 이 이유 때문이다. 그 대신에 모든 근로자에게 동일 수준의 인상률을 적용하는 연공급이 대세이다.

상여금 여러 직무에서 연간 **상여금**(bonus)은 전체 보상에서 큰 부분을 차지한다. 한때는 최고경영진에게만 적용되던 상여금이 이제는 조직 내 모든 계층의 직원들에게 일상적으로 제공된다. 상여금의 인센티브 효과는 업적급 방식보다 큰데, 그것은 업적급이 과거의 성과에 의해서 기준을 변화시키는 것인데 반해서 상여금은 최근 성과에 의해서 지급되기 때문이다. 업적급의 효과는 누적적으로 나타나지만, 인상의 크기는 상여금에 비하여 훨씬 작다. 경기가 좋지 않을 때 기업들은 보상비용을 줄이기 위해서 상여금을 삭감할 수도 있다. 기업에 대한 감시가 심할 때 월스트리트의 근로자들은 상여금 액수가 거의 1/3으로 줄어들었었다.[71]

상여금은 매우 뚜렷한 동기부여 효과가 있다. 최근 인도에서 진행된 연구에서는 전체 임금 중 많은 부분을 경영자와 근로자를 위한 잠재적 상여금 재원으로 유보하였을 때 생산성이 높아졌다.[72] 이 사례는 상여금의 어두운 측면도 보여준다. 이 제도는 근로자의 급여의 안정성을 크게 저해하는 것이다. 이것은 문제가 된다. 특히 근로자들이 상여금에 생계를 의존하거나 상여금의 지급을 당연한 것으로 받아들일 때는 더욱 그렇다. 하버드 경영대학원 교수인 제이 로슈는 "사람들은 상여금을 마치 해마다 당연히 지급되는 소득으로 생각하기 시작했다."고 말했다. 뉴욕에서 9,700명의 직원을 고용하고 있는 키스팬사는 연간 상여금과 소액의 업적급 인상을 결합시켰다. 키스팬사의 인사 담당 부사장인 일레인 와인스타인은 이러한 수정을 통하여 '권리 의식에서 업적 주의'로 문화를 변화시킬 수 있었다고 했다.[73]

이윤분배제 **이윤분배제**(profit-sharing plan)는 기업이 수익성을 기준으로 하여 미리 설계된 방식을 적용하여 이윤을 보상으로 분배하여 제공한다. 이때 제공되는 보상은 직접 금전으로 이루어지기도 하고, 최고경영자에게는 주식인수권의 할당으로 이루어지기도 한다. 마크 저커버그에 대한 이야기를 보면, 그는 연봉으로 1달러를 받고 성과에 따라서 주식인수권을 제공받는다. 저커버그는 주식인수권의 행사를 통하여 23억 달러의 소득을 올렸다.[74] 물론 대부분의 이윤분배제는 이 정도 규모로 이루어지지 않는다. 제이콥 루크는 13세 때에 잔디 깎는 사업을 시작했다. 그는 동생인 아이제이어와 친구 마르셀을 고용하여 야드당 이익의 25%를 그들에게 지불하였다.

　많은 연구들이 이윤분배제를 사용하는 기업의 수익성이 그렇지 않은 기업의 수익성보다 높다는 사실을 보여준다.[75] 이윤분배제는 높은 수준의 종업원 헌신으로 연결된다. 특히 작은 조직에서는 더욱 그렇다.[76] 조직 수준에서 적용되는 이윤분배제는 조직 구성원의 태도에서 긍정적인 영향을 미치는 것으로 나타났는데, 조직 구성원들은 더 높은 수준의 심리적 주인의식을 느꼈다고 보고했다.[77] 캐나다의 최근 연구는 이윤분배제가 다른 성과보상제도와 함께 사용될 때 더 높은 수준의 직무 성과로 연결되는 것을 보고했다.[78] 그러나 비영리조직이나 공공 영역과 같이 이익을 보고하지 않는 조직에서는 이윤분배제를 사용할 수 없다.

종업원 지주제도　**종업원 지주제도**(employee stock ownership plan, ESOP)는 조직 구성원들에게 회사의 주식을 시가보다 낮은 가격으로 구입할 수 있는 혜택을 회사 차원에서 제공하는 제도이다. ESOP에 대한 연구를 보면, 이 제도가 근로자의 만족과 혁신을 높이지만,[79] 직무 만족으로 연결되는 것은 그들이 심리적으로 주인의식을 경험하는 경우에 한하는 것으로 보인다.[80] 그렇다고 해도 ESOP는 결근률을 낮추거나 동기 수준을 높이지는 못하는 것으로 보이는데,[81] 그것은 근로자들에게 실제로 금전적 혜택이 주어지는 것은 오랜 후에 주식을 처분했을 때이기 때문이다. 그렇기에 근로자들에게 기업의 경영 상태에 대해서 정기적으로 정보를 제공하는 것이 필요하고 그것에 기여할 수 있는 기회를 제공하여야 개인 수준의 성과 달성을 향한 동기부여가 이루어질 수 있다.[82]

　최고경영자에게 적용되는 ESOP는 비윤리적인 행동을 줄일 수 있다. 주식을 보유한 경영자는 단기적 수익 제고를 위해서 수익의 보고를 조작할 가능성이 낮다.[83] 물론 모든 조직이 ESOP를 원하는 것은 아니며, 모든 상황에서 ESOP가 효과를 내는 것도 아니다.

복리후생을 활용한 동기부여

급여와 마찬가지로, 복리후생의 제공도 동기부여 요소가 된다. 시티그룹에 근무하는 토드는 결혼했고 3명의 자녀가 있다. 아내는 주부이다. 그의 동료인 앨리슨도 결혼했다. 그러나 그녀의 남편은 고임금을 받는 연방 정부의 공무원이다. 자녀는 없다. 토드는 가족에게 필요할 수도 있는 생명보험과 건강보험에 관심이 많다. 그러나 앨리슨은 이미 남편의 보험에 수혜자로 포함되어 있고, 생명보험도 높은 우선순위를 차지하지는 않는다. 앨리슨에게 더 관심 있는 것은 추가적인 휴가 시간과 세금 감면 혜택이 있는 연금과 같은 장기적인 재정 프로그램이다.

표준화된 복리후생 패키지로는 토드와 앨리슨의 필요를 동시에 만족시킬 가능성이 낮다. 다행히도 시티그룹은 신축적 복리후생 프로그램을 통해서 두 사람의 필요를 모두 충족시킬 수 있다.

조직의 보상은 개인의 목표와 연결되어야 한다는 기대 이론의 명제와 일관성이 있게, **신축적 복리후생**(flexible benefits) 제도는 각 근로자로 하여금 자신의 필요와 상황에 맞추어 보상 패키지를 선택할 수 있게 함으로써 보상을 개별화한다. 신축적 복리후생 프로그램은 연령과 결혼 상태, 가족의 복리후생 조건, 부양가족의 수와 연령 등에 의해서 달라질 수 있는 근로자의 필요에 부응할 수 있는 제도이다.

복리후생은 어떤 사람에게는 열심히 일하게 하는 동기부여 요소가 되지만, 다른 사람에게는 그 조직을 선택하게 되는 요소일 수 있다. 그렇다면 신축적 복리후생이 전통적인 제도보다 더 동기부여 효과가 있을까? 답하기는 어렵다. 신축적 복리후생 제도를 새로 도입한 조직에서 조직 구성원의 근속과 직무 만족, 생산성이 높아진 것으로 보고되었다. 그러나 동기부여 효과에 대해서 말하자면 이것이 높은 수준의 급여를 대체하지는 못한다.[84] 이뿐 아니라 세계적으로 점점 더 많은 조직에서 신축적 복리후생 프로그램을 도입하게 되면서 하나의 표준으로 자리 잡고 있어서, 이것이 개별적으로 동기부여 효과를 갖는 정도는 줄어들 것으로 보인다. 신축적 복리후생 프로그램에는 단점이 있다. 관리 비용이 많이 들고, 동기부여 효과가 서로 다른 것들을 확인해서 패키지로 묶는 것도 쉽지 않다.

직관적으로 신축적 복리후생 프로그램의 동기부여 효과가 있을 것으로 보이지만, 아직 이것이 전 세계적으로 활용되고 있는 것은 아니다. 중국에서는 아주 제한된 수의 기업에서만 신축적 프로그램을 제고하고 있으며,[85] 다른 아시아 국가에서도 마찬가지이다.[86] 미국에서는 거의 대부분의 기업이 제공하고 있지만, 캐나다에서 최근 이루어진 211개 기업을 대상으로 한 조사에서는 60%의 기업이 제공하는 것으로 나타났는데, 이는 2005년의 41%에서 크게 증가한 것이다.[87] 영국에서 진행된 유사한 조사에서는 거의 대부분의 대기업에서 제공하는 것으로 나타났는데, 그 내용을 보면 보충적인 의료보험

의 제공에서 동료와의 휴일 교환, 버스 여행 할인, 육아 보조 등 다양한 선택지가 포함되어 있었다.[88]

내재적 보상을 활용한 동기부여

우리는 지금까지 직무 설계 그리고 급여와 복리후생과 같은 외재적 보상을 활용하여 종업원을 동기부여 하는 것에 대하여 논의해왔다. 조직 수준에서 종업원을 동기부여 하는 방법에 이러한 것만 있는 것일까? 결코 그렇지 않다. 종업원 인정 프로그램과 같은 내재적 보상이 제공하는 동기부여 효과를 지나친다면 우리는 용서받기 힘들 것이다. 먼저 사례로부터 논의를 시작하자. 로라는 플로리다의 펜사콜라에 있는 한 패스트푸드 레스토랑에서 시간당 8.5달러를 받고 있었다. 일은 어렵지 않았지만 흥미롭지도 않았다. 그러나 로라는 자기의 직업과 상사, 그리고 회사에 대해서 열정적으로 말한다. "내가 좋아하는 것은 그 사람(상사)이 내 노력을 알아준다는 거예요. 함께 근무하는 동료들 앞에서 나를 칭찬해주거든요. 나는 지난 여섯 달 사이에 두 번이나 '이달의 사원'으로 선정되었어요. 저 벽에 걸려 있는 제 사진 보이시죠?"

로라가 알고 있는 점, 즉 종업원 인정 프로그램이 조직 구성원의 내재적 동기를 높여준다는 사실에 대해서 이제 조직들도 깨닫게 되었다. **종업원 인정 프로그램**(employee recognition program)이란 특정 조직 구성원의 기여를 공식적으로 칭찬하여 장려하는 프로그램을 말한다. 종업원 인정 프로그램은 자발적이고 사적인 감사 표시에서 공개적인 공식 프로그램을 통하여 광범위하게 적용하는 것에 이르기까지 매우 다양한 방식으로 이루어질 수 있다.

몇 해 전에 다양한 작업 조건에서 근무하는 1,500명의 근로자를 대상으로 하여 작업장에서 가장 강력한 동기부여를 하는 요소가 무엇인가 하는 조사가 이루어졌다. 그들의 답은 어떠했을까? 첫째도 인정, 둘째도 인정, 그리고 셋째도 인정이었다. 다른 연구에서 보고된 것을 보면, 단기적인 동기부여에서는 재무적 인센티브의 효과가 가장 컸지만, 장기적으로는 비금전적인 인센티브의 효과가 더 컸다.[89] 놀랍게도 종업원 인정 프로그램의 세계적인 사용이나 동기부여 효과에 대한 연구는 그다지 많지 않다. 그렇지만 적지 않은 연구는 종업원 인정 프로그램이 자기존중감과 자기유능감, 직무 만족에 영향을 미치는 것을 보고한다.[90] 내재적 동기부여의 광범위한 성과에 대한 문헌은 적지 않은 것이다.

　　종업원 인정 프로그램의 뚜렷한 장점 하나는 큰 비용이 들지 않는다는 점이다. 칭찬에는 돈이 들지 않는다![91] 재무적 보상이 따르든지 그렇지 않든지, 칭찬은 강력한 동기부여 효과를 발휘한다. 그러나 인정 프로그램의 광범위한 사용에도 불구하고, 이를 비판하는 사람들은 경영자에 의한 정치적 조작을 의심한다. 영업과 같이 객관적으로 성과 측정이 가능한 직무에 적용할 경우 인정 프로그램은 공정한 것으로 인식될 수 있다. 그러나 대부분의 직무에서는 성과의 기준이 그다지 선명하지 않기 때문에 경영자가 시스템을 자신의 기호에 맞도록 조작할 수 있다. 인정 프로그램을 남용하는 것은 프로그램의 가치를 떨어뜨리고 종업원을 비도덕적으로 대우하는 것이 된다. 그렇기에 공식적으로 인정 프로그램을 사용할 때는 공정성을 확보하기 위하여 주의를 기울여야 한다. 인정 프로그램을 사용하고 있지 않다면, 종업원들의 성과 향상 노력을 지속적으로 인정해줌으로써 종업원을 동기부여 하는 것이 중요하다.

요약

개인의 동기를 불러일으키는 요소를 이해하는 것은 조직 성과 향상에 매우 중요하다. 구성원들의 차이가 인정을 받고, 가치를 인정받는다고 느끼며, 자신의 강점과 기호에 맞는 직무를 수행할 기회를 얻은 근로자들의 동기부여 수준은 높아진다. 종업원 참가 또한 근로자들의 생산성과 업무 목표에 대한 몰입도, 동기, 나아가서 직무 만족의 수준을 높여준다. 그러나 우리는 조직이 제공하는 보상이 지닌 강력한 동기부여 효과를 간과해서는 안 된다. 급여와 복리후생, 내재적 보상은 신중하고 사려 깊게 설계되어 종업원들로 하여금 조직 성과 달성을 위하여 긍정적으로 노력하도록 만들어야 한다.

경영자에게 주는 시사점

- 개인의 차이를 인정하라. 각 조직 구성원에게 중요한 것이 무엇인지 이해하기 위하여 시간을 사용하라. 개인의 욕구에 맞추어 직무를 설계함으로써 동기부여 효과를 극대화시키기 위한 방안을 고민하라.
- 목표와 피드백을 사용하라. 조직 구성원에게 분명하고 구체적인 목표를 제시하고, 그들이 얼마나 잘하고 있는지를 알 수 있도록 피드백 정보를 제공하라.
- 종업원에게 영향을 미치는 의사결정에 그들의 참여를 허용하라. 종업원들은 업무

의 목표를 설정하고, 복리후생 패키지를 선택하며, 생산성 문제와 품질의 문제를 해결하는 데 기여할 수 있다.

- 보상을 성과와 연결시키라. 보상은 성과에 따라서 달라져야 한다. 그리고 종업원을 성과와 보상이 서로 연결되어 있다는 사실을 인식하게 되어야 한다.
- 시스템의 공정성을 점검하라. 종업원들은 자신의 개별적인 노력과 성과가 자신이 받는 급여와 보상에 어떤 차이를 가져오는지 인식할 수 있어야 한다.

제**3**부

조직 내 집단

집단행동의 이해

1. 집단의 유형을 구별할 수 있다.
2. 집단 발달의 단절균형모델을 설명할 수 있다.
3. 역할 요구가 상황에 따라 어떻게 변하는지를 설명할 수 있다.
4. 규범이 어떻게 개인행동에 영향을 미치는지를 설명할 수 있다.
5. 지위와 규모가 어떻게 집단 성과에 영향을 미치는지를 설명할 수 있다.
6. 응집력과 다양성 이슈가 집단효과성에 어떤 영향을 미치는지를 설명할 수 있다.
7. 집단 의사결정의 장단점을 비교할 수 있다.

집단과 집단 정체성

집단은 강점을 가지고 있으면서 동시에 문제점도 가지고 있다. 어떻게 하면 집단 상황에서 최대의 효과를 얻을 수 있을까? 집단의 기본 개념을 가지고 집단생활에 대해 살펴보자. 조직행동에서, **집단**(group)은 특정 목표를 달성하기 위해 함께 모여, 상호작용하고 상호의존하는, 두 명 이상의 사람들을 말한다. 집단에는 공식집단과 비공식집단이 있다. **공식집단**(formal group)은 업무와 업무 담당자가 정해져 있는 조직구조에 의해 정의된다. 공식조직에서는 구성원의 행동이 조직 목표에 의해 규정되고, 조직 목표를 지향한다. 반대로 **비공식집단**(informal group)은 공식적으로 구조화되지 않고 조직적으로 만들어지지도 않은 집단을 말한다. 작업 상황에서 비공식 집단은 사회적 교류를 위해 자연스럽게 만들어진다. 상이한 부서에서 일하는 직원들이 같이 점심을 먹거나 커피를 마시기 위해 정기적으로 만나면 이들은 비공식집단이다. 이러한 유형의 개인 간 상호작용은 비록 비공식적이기는 하지만 그들의 행동과 성과에 많은 영향을 미친다.

사회 정체성

 사람들은 흔히 자신의 집단과 관련된 일에 대해 예민하게 반응한다. 이것은 부분적으로 공유된 경험이 사건에 대한 지각을 증폭시키기 때문이다. 긍정적인 경험 공유는 집단과의 유대감을 강화한다.[1] 호주에서 수행한 연구에 따르면, 고통스러운 경험 공유도 다른 사람과의 유대감과 신뢰를 증가시킨다.[2] 스포츠 전국선수권 대회의 여파를 생각해보자. 이긴 팀을 응원한 집단은 신이 나고, 그 팀의 셔츠, 재킷, 모자가 날개 돋친 듯 팔린다. 반대로, 진 팀의 팬들은 실망하고, 당혹스럽기까지 하다. 왜 그럴까? 팬들은 스포츠 팀의 실제 성과와 아무런 관련이 없음에도 불구하고, 자아 이미지가 그 집단과 동일시될 수 있다. 어떤 집단의 성공에 개인적으로 투자를 하는 경향은 **사회 정체성 이론**(social identity theory)에서 다루어지고 있다.

 사람들은 살아가면서 많은 집단 정체성을 개발한다. 사람들은 자신이 일하는 조직, 살고 있는 도시, 직업, 종교적 배경, 인종, 젠더의 관점에서 자신을 정의할 수 있다. 시간이 지나면서, 자신이 속한 어떤 집단은 다른 집단보다 더욱 중요해질 수 있다. 로마에서 일하고 있는 미국인은 자신이 미국인이라는 것을 많이 의식하지만, 미국 털사에서 투손으로 이동할 때는 국가 정체성을 깊이 의식하지 않는다.[3] 이와 같이 사람들은 그 상황에서 가장 중요한 사회 정체성을 선택할 수 있으며, 기업가와 부모의 정체성 같이 서로 상충되는 사회 정체성을 발견할 수도 있다.[4] 직장에서, 작업집단에 대한 동일시는 조직에 대한 동일시보다 더 강하지만, 두 가지 모두가 긍정적인 태도와 행동에 중요한 역할을 한다. 조직과의 동일시 수준이 낮은 사람은 만족이 감소하고, 조직시민행동을 더 적게 하는 경향이 있다.[5]

내집단과 외집단

내집단 편애(ingroup favoritism)는 자신이 속한 집단의 구성원들을 다른 사람들보다 더 좋게 보고, 자신의 집단에 속하지 않은 사람들은 모두 똑같다고 생각할 때 발생한다. 최근 연구에 의하면, 개방성이 낮거나 친화성이 낮은 사람들이(제5장 참조) 내집단 편애의 가능성이 더 높다고 한다.[6]

내집단이 있으면, 외집단도 존재할 수밖에 없다. 외집단은 때때로 그 밖에 모든 사람이지만, 보통은 내집단 구성원이 알고 있는 확인된 집단이다. 예를 들면, 나의 내집단이 정치 정당 중 공화당이라면, 나의 외집단은 공화당이 아닌 모든 사람이 될 수 있지만, 다른 정당에 속해 있는 사람이나, 단지 민주당에 속한 사람이 될 가능성이 더 많다.

내집단과 외집단이 있을 경우, 흔히 그들 간에 적대감이 존재한다. 내집단-외집단 감정의 가장 강력한 원천의 하나는 종교관습이다. 예를 들면 한 글로벌 연구에서, 집단이 종교 의식과 논의에 깊이 빠져 있을 때, 그들은 외집단을 더욱 차별화하고, 외집단이 더 많은 자원을 가질 경우 공격적으로 반응한다.[7] 영국의 한 이슬람교 조직에 대한 연구에서 제시한 사례를 보면, 그 조직은 알카에다를 지지하고 영국의 온건파 이슬람교도를 외집단으로 간주한다. 그 알카에다 내집단은 온건파 이슬람교도들(외집단)에게 중립적이지 않다. 대신에 그 내집단은 온건파를 일탈자로 폄하하고, 외부 공격을 위협하면서 그들을 맹렬히 비난한다.[8]

집단발달 단계

기한이 정해져 있는 임시집단은 독특한 집단행동의 중단 시기(비활동 단계)를 갖는다.

1. 첫 번째 모임에서 집단은 방향을 설정한다.
2. 집단활동의 첫 번째 단계에서는 구성원들이 거의 활동하지 않는다.
3. 정확히 주어진 시간의 절반이 지나면 전환기가 시작된다.
4. 이 전환기에 급격한 변화가 일어난다.
5. 전환기 다음에는 두 번째 비활동 단계가 나타난다.
6. 집단의 마지막 모임에서는 매우 가속화된 활동이 나타난다.[9]

이러한 패턴은 〈도표 9-1〉에서 보는 바와 같이 **단절균형모델**(punctuated-equilibrium model)이라고 부른다.

이 모델의 각 단계에 대해 살펴보자. 첫 번째 모임에서는 집단의 일반적인 목적과 방향이 수립되고, 그 집단이 프로젝트를 수행하는 데 필요한 행동 패턴과 가정들이 결정된다. 때때로 이것은 집단이 형성되고 나서 처음 몇 초 안에 결정되기도 한다. 일단 집단의 방향이 결정되면, 그 방향은 고정되고, 집단활동의 전반기 동안에는 다시 검토되지 않는다. 이 시기를 비활동기라고 한다. 초기의 행동 패턴과 가정에 도전하는 새로운 통찰력

도표 9-1
단절균형모델

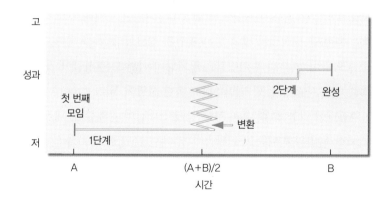

을 갖게 될지라도 정해진 행동 방식을 계속 유지하는 경향이 있다.

가장 흥미로운 발견은 집단은 정확하게 첫 번째 모임과 공식적인 마감 시간의 중간 지점에 오면 전환기를 경험한다. 그것은 한 시간이 지난 시점일 수도 있고, 6개월이 지난 시점일 수도 있다. 중간 지점은 알람시계처럼 작동하여 구성원에게 프로젝트 시간이 제한되어 있고, 이제는 움직여야 한다는 것을 인식시켜준다. 이러한 변환은 1단계 끝에 나타나고, 급격한 변화가 일어나 기존 행동 패턴을 버리고 새로운 관점을 채택한다. 변환을 통해 2단계, 새로운 균형기 또는 비활동기의 행동 방향이 설정된다. 2단계에서 집단은 변환기에 만들어진 계획을 실행한다. 끝으로, 집단의 마지막 모임에서는 일을 끝내기 위한 활동이 폭발적으로 일어난다. 요약하면 단절균형모델은 긴 비활동 기간 사이에 구성원이 시간과 마감시한을 인식할 때 촉발되는 급진적 변화가 짧게 나타나는 것으로 집단을 설명한다.

집단의 발달 단계를 설명하는 많은 모델이 있지만, 이것은 강력한 지지를 받고 있는 지배적 모델이다. 그렇지만 이 모델이 모든 집단에 적용되지 않는다는 것을 명심해야 한다. 이것은 업무 마감 시간이 정해져 있는 임시 과업집단에게 적합하다.[10]

집단 속성 1 : 역할

작업집단은 구성원의 행동을 형성하며, 집단 성과뿐만 아니라 집단 내 개인행동 대부분을 설명하는 데도 기여한다. 집단 속성에는 **역할**, **규범**, **지위**, **규모**, **응집력**, **다양성**이 있다. 우리는 다음의 절에서 이것들을 하나씩 살펴볼 것이며, 먼저 역할에 대해 알아본다.

셰익스피어에 의하면 "세계는 하나의 무대이며, 모든 남자와 여자는 단지 배우들이다."[11] 같은 비유를 사용하여 설명하면 모든 집단 구성원은 배우이고, 각각은 어떤 역할을 수행한다. 역할은 사회 단위 내에서 어떤 직위를 맡고 있는 사람에게 기대되는 행동 패턴을 의미한다. 우리는 직장과 직장 밖에서 다양한 역할을 수행한다. 그래서 행동을 이해하기 위해서는 개인이 현재 수행하는 역할을 파악하는 것이 필요하다.

빌은 피닉스에 있는 전기설비생산업체인 EMM 인더스트리의 공장장이다. 빌은 직장에서 수행해야 할 많은 역할을 가지고 있다. 예를 들면 그는 EMM 직원, 중간관리자, 전기기술자, 대변인 등의 역할을 수행한다. 직장 밖에서도 빌 패터슨은 많은 역할을 수행한다. 남편, 아버지, 가톨릭 신자, 로터리 클럽회원, 테니스 선수, 선더버드 컨트리 클럽 회원, 주택소유자 협회 회원 등이다. 이런 역할들 중 많은 것들은 양립할 수 있지만, 어떤 역할은 갈등을 유발하기도 한다. 빌의 종교활동은 해고, 필요 경비 불리기, 정부기관에 정확한 정보 제공과 관련된 의사결정을 할 때 어떤 영향을 미칠까? 빌은 최근에 승진 제안을 받았고, 그것을 받아들이면 근무지를 옮겨야 하는데, 가족들은 피닉스에 계속 살기를 원한다. 그의 직무가 요구하는 역할은 남편과 아버지로서 요구되는 역할과 조화를 이룰 수 있을까?

상이한 집단은 개인에게 서로 다른 역할을 요구한다. 빌처럼, 우리는 많은 역할을 수행하며, 그 역할에 따라 다른 행동을 한다. 그런데 우리는 각각의 역할이 요구하는 것을 어떻게 아는 것일까? 우리는 **역할 지각**을 통해 적절한 행동이 무엇인지를 파악하고, 집단의 **역할 기대**를 학습한다. 또한 우리는 **역할 갈등**을 최소화하기 위해 우리 역할의 한도를 이해하려고 한다. 역할과 관련된 차원들을 다음에서 살펴본다.

역할 지각

역할 지각(role perception)은 특정 상황에서 우리가 어떻게 해야 하는가에 대한 우리의 생각이다. 우리는 드라마 '하우스 오브 카드'로부터 정치인에 대한 인상을 형성하는 것과 같이, 주변에 있는 자극(친구, 책, 영화, 텔레비전)을 통해 역할을 지각한다. 그래서 견습 프로그램은 신참자들에게 전문가들을 지켜보게 함으로써 그들에게 기대되는 행동을 배우게 한다.

역할 기대

역할 기대(role expectation)는 특정 상황에서 당신이 해야 하는 행동에 대한 다른 사람의 믿음이다. 예를 들어 미 연방 판사는 위엄을 갖추고 예의 바르게 행동해야 하는 반면에,

미식축구 코치는 공격적이고 역동적으로 행동하고 선수들을 격려해야 한다고 사람들은 생각한다.

조직에서의 역할 기대는 **심리적 계약**(psychological contract)의 관점에서 설명할 수 있다. 심리적 계약은 직원과 고용주 간에 존재하는 암묵적 계약이다. 이 계약은 상호 기대를 제시한다.[12] 경영자에게는 직원을 공정하게 대우하고, 수용 가능한 작업 조건을 제공하고, 업무를 분명하게 전달하고, 업무 진행 상태에 대한 피드백을 제공해줄 것이 기대된다. 직원에게는 좋은 태도를 보이고, 지시를 따르고, 조직에 충성할 것이 기대된다.

경영자가 이 계약의 내용을 이행하지 않으면 어떤 일이 일어날까? 우리는 직원 성과와 만족에 대한 부정적인 효과를 기대할 수 있다. 음식점 경영자에 대한 연구에서 심리적 계약의 위반은 이직 의도를 높이는 것으로 나타났으며, 다양한 산업에서의 다른 연구도 심리적 계약의 위반이 생산성 감소, 절도 수준 증가, 이직 증가와 관련된다는 것을 보여주었다.[13]

역할 갈등

역할 갈등(role conflict)은 어떤 역할 요구를 따르게 되면 다른 역할의 수행이 어려워지는 경우에 발생한다.[14] 극단에 있는 2개 이상의 역할 기대가 상충될 수 있다. 예를 들면, 관리자인 당신이 멘토링을 했던 어떤 사람의 성과를 평가해야 한다면, 평가자와 멘토로서의 당신 역할이 서로 상충될 수 있다. 마찬가지로 상이한 집단에서의 역할 기대가 서로 상반되는 경우, 우리는 **역할 간 갈등**(interrole conflict)을 경험할 수 있다.[15] 역할 간 갈등의 예는 남편과 아버지로서의 역할 기대와 EMM사 중역으로서의 역할 기대가 서로 달랐을 때, 빌이 경험했던 일과 가정의 갈등에서 찾을 수 있다. 빌의 아내와 자녀들은 피닉스에 남기를 원하고, EMM사는 회사의 필요와 요구에 순응할 것을 기대한다. 전근을 가는 것이 빌에게는 수입과 경력 측면에서 이득이 될지라도, 이 갈등의 핵심은 가족의 역할 기대와 직장에서의 역할 기대 사이에서 선택을 해야 한다는 것이다. 참으로, 많은 연구들은 일과 가정의 갈등이 대부분의 구성원에게 심각한 스트레스를 유발하는 원천 중 하나임을 보여준다.[16]

집단 속성 2 : 규범

골프 선수들은 상대 선수가 골프를 칠 때 말을 하지 않는다는 것을 당신은 알고 있는가?

구성원은 상사를 공개적으로 비난하지 않는다는 것을 알고 있는가? 왜 그럴까? 그것은 규범 때문이다.

모든 집단에는 **규범**(norms)이 있다. 규범은 집단 구성원이 공유하고 있는 행동 기준으로, 구성원들에게 특정 상황에서 무엇을 해야 하고 무엇을 하지 말아야 하는지를 나타낸다. 집단의 리더가 자신의 견해를 구성원과 함께 공유하는 것만으로 충분하지 않다―구성원들이 리더의 관점을 채택할지라도, 그 효과는 단지 3일밖에 지속되지 못한다.[17] 집단 구성원들이 합의한 규범은 최소한의 외적인 통제로 집단 구성원의 행동에 영향을 미칠 수 있다. 규범은 집단, 공동체, 사회마다 다르지만, 이것들은 모두 규범을 가지고 있다.[18]

규범과 감정

당신은 가족 구성원의 감정, 특히 강한 감정이 어떻게 다른 구성원의 감정에 영향을 미치는지를 알고 있는가? 가족은 매우 규범적인 집단일 수 있다. 구성원이 매일 함께 일하는 과업집단도 규범적일 수 있다. 왜냐하면 빈번한 소통이 규범의 힘을 증가시킬 수 있기 때문이다. 최근 연구는 과업집단에서, 개인의 감정이 집단의 감정에 영향을 미치고, 반대로 집단의 감정이 개인의 감정에 영향을 미친다는 사실을 발견했다. 또한 연구자들은 규범이 개인과 집단의 감정 경험에 영향을 미친다는 것을 밝혀냈다. 다른 말로 하면, 사람들은 공유된 감정을 같은 방식으로 해석하게 된다는 것이다.[19] 제4장에서 제시하였듯이, 우리의 감정과 기분은 우리의 관점을 형성할 수 있으며, 그래서 집단의 규범은 집단의 태도와 결과에 강력한 영향을 미칠 수 있다.

규범과 순응

어떤 집단의 구성원인 당신은 그 집단에서 인정받기를 원한다. 그래서 당신은 집단 규범에 쉽게 순응한다. 집단이 구성원에게 개인의 태도와 행동을 바꿔 집단 규범에 순응하도록 강력한 압력을 가할 수 있다는 증거가 상당히 많다.[20]

순응(conformity)에 대한 집단 압력이 구성원의 판단과 태도에 미치는 영향은 솔로몬 애시와 다른 학자들이 수행한 연구에서 잘 보여주고 있다.[21] 애시는 7~8명의 학생들로 구성된 집단을 만들고, 두 장의 카드를 비교하게 하였다. 한 장의 카드에는 1개의 선이 그려져 있으며, 다른 카드에는 다양한 길이로 된 3개의 선이 그려져 있다. 〈도표 9-2〉에서 보듯이 3개의 선이 있는 카드에는 다른 카드에 있는 선의 길이와 동일한 선이 있다. 3개의 선 길이는 아주 명확하게 다르다. 사실, 일상적인 상황에서는 3개의 선 중에서 길이가

도표 9-2
애시 연구에서
사용된 카드의 예

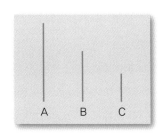

같은 선을 찾지 못할 확률은 1%도 안 된다.

　실험은 여러 차례에 걸쳐 이루어졌다. 실험에 참여한 모든 사람이 옳은 답을 말했다. 그렇지만 세 번째 실험에서 첫 실험 참여자(연구팀에 속한 사람)가 완전히 틀린 답을 말했다. 예를 들면 〈도표 9-2〉에 있는 C가 X와 길이가 같은 선이라고 대답했다. 연구팀의 일원인 그다음 실험 참여자도 똑같이 C라고 답을 했다. 실험 대상자 차례가 될 때까지 실험 참여자들은 계속 C라는 틀린 답을 말했다. 그들이 연구팀에 속하는 사람이라는 것을 알지 못하는 실험 대상자는 딜레마에 직면한다. 다른 사람이 말한 것과 다른 답을 말할 것인지 아니면 다른 사람이 말한 것과 같도록 틀린 답을 말할 것인지를 결정해야 한다.

　여러 번의 실험 결과 실험 대상자의 75%가 적어도 한 번은 집단에 순응한 답변을 했다. 즉 그들은 틀리다는 것을 알고 있으면서도 다른 집단 구성원의 대답에 일치하는 답을 말했다. 평균적으로 실험 대상자들이 집단에 순응한 정도는 37%이다. 이러한 결과는 우리가 단지 로봇에 불과하다는 것을 의미하는 것일까? 확실히 그렇지 않다. 개인은 그들이 속한 모든 집단의 압력에 순응하는가? 명확하게 아니다. 사람들은 그들의 준거집단에 가장 많이 순응한다. 한 개인이 어떤 집단의 다른 구성원을 알고 있고, 스스로를 그 집단의 구성원이라고 생각하거나 구성원이 되고 싶어 하고, 집단 구성원이 자신에게 중요한 사람이라고 느낄 때 그 집단은 준거집단이 된다.

규범과 행동

규범은 집단행동의 거의 모든 측면을 설명할 수 있다.[22] 앞에서 언급하였듯이, 작업장에 형성되어 있는 규범은 구성원의 행동에 강력한 영향을 미친다. 이러한 사실은 1924년부터 1932년 사이에 시카고에 있는 웨스턴 전기회사의 호손 공장에서 수행된 호손 연구에 의해 알려졌다.[23]

　호손 연구자들은 처음에 물리적 작업환경 특히 작업현장에 대한 조명 강도와 생산성의 관계를 조사했다. 그들이 실험집단의 조명 강도를 높였더니 실험집단과 통제집단의 생산량이 증가하였다. 그러나 조명 강도를 낮추었는데도 생산성은 계속 증가했다. 사실상 조명의 강도가 밤처럼 어두웠을 때만 실험집단의 생산성이 감소했다. 이러한 결과는 물리적 환경보다는 집단역학이 행동에 영향을 미친다는 생각을 갖게 하였다.

두 번째 실험은 근로자의 행동을 주의 깊게 관찰하기 위해 소규모 여성 집단을 기존의 계전기 조립실에서 분리시켰다. 몇 년에 걸친 관찰 결과 이 소집단의 생산량이 계속 증가했다는 것을 발견했다. 개인적 일이나 병으로 인한 결근 횟수는 기존 생산부서에 있는 여직원의 결근 횟수의 3분의 1밖에 되지 않았다. '특별' 집단으로서의 지위가 집단 성과에 상당한 영향을 미쳤다는 것이 분명하게 나타났다. 직원들은 실험집단이 되는 것이 재미있고, 자신이 엘리트 집단에 속해 있으며, 경영자가 그런 실험을 수행함으로써 직원들에 대한 관심을 보여주었다고 생각했다. 결국 조명 실험과 계전기 조립 실험에 참여한 근로자들은 그들이 받은 관심에 반응한 것이다.

뱅크배선 관찰실에서의 세 번째 연구는 임금 인센티브 제도의 효과를 확인하는 것이었다. 이 연구의 가장 중요한 발견은 근로자들이 독자적으로 자신의 생산량을 최대화하지 않는다는 것이다. 오히려 그들의 성과는 집단 규범에 의해 통제를 받았다. 구성원들은 자신의 생산량을 현저하게 증가시키면, 그들 집단의 인센티브율이 줄어들고, 기대하는 일일 생산량이 증가하거나, 해고당하거나, 느린 근로자들이 질책을 받을 것을 두려워했다. 그래서 그 집단은 너무 많지도 너무 적지도 않은 적정한 생산량을 생각해낸 것이다. 그들은 자신들의 생산량이 비슷한 수준이 될 수 있도록 서로서로 도왔다. 집단에 형성되어 있는 규범에는 '하지 마라'는 행동 규범이 많이 포함되어 있었다. 일을 너무 많이 하지 마라. 너무 적게 일하지 마라. 너의 동료를 밀고하지 마라. 집단은 규범을 위반한 구성원의 이름을 부르고, 조롱하고, 심지어 폭력을 행사하기도 함으로써 규범을 따르게 했다. 따라서 집단은 엄격하게 만들어지고 강력하게 집행되는 규범을 사용하여 능력 이하의 성과를 내도록 하였다.

긍정적 규범과 집단 결과

사회적 책임을 적극적으로 이행하는 조직의 목표는 그들의 가치가 구성원을 규범적으로 지배하게 하는 것이다. 무엇보다도 구성원이 자신의 사고를 긍정적 규범에 맞춰 조정하면, 이러한 규범은 더 강력해지고, 긍정적 영향을 미칠 가능성이 기하급수적으로 증가할 것이다. 정치적 정당성(political correctness, 차별적인 언어 사용이나 행동을 피하는 것) 규범에서도 같은 결과가 나타날 것으로 기대된다. 그런데 강력한 긍정적 규범이 집단의 결과에 미치는 효과는 무엇인가? 일반적으로 집단의 창의성을 증가시키기 위해서는 규범이 느슨해야 한다고 생각한다. 그렇지만, 젠더 다양성을 가진 집단에 대한 연구에 의하면, 강력한 정치적 정당성 규범이 집단 창의성을 증가시킨다. 왜 그럴까? 정치적 정당성이 높은 환경에 존재하는, 남성-여성의 상호작용에 대한 분명한 기대가 집단 기대에 대한 불확실성을 감소시키고,[24] 그로 인해 구성원들은 고정관념에 맞서 싸우지 않고 쉽게 창의적 아이디어를 표현할 수 있다.

 긍정적인 집단 규범은 긍정적인 결과를 낳지만, 다른 요인이 존재할 경우에만 그렇다. 예를 들어, 최근 연구에 의하면 높은 수준의 집단 외향성은 긍정적인 협력 규범이 존재할 경우 돕는 행동(helping behaviors)을 더 강하게 예측했다.[25] 규범이 강력할지라도, 모든 사람이 긍정적인 집단 규범에 동일한 영향을 받는 것은 아니다. 집단에 대한 개인의 사회 정체성 수준뿐만 아니라 개인의 성격도 고려해야 한다. 또한 독일에서 수행한 최근 연구에서는 집단에 대한 만족도가 높을수록, 집단 규범을 더 잘 따르는 것으로 나타났다.[26]

부정적 규범과 집단 결과

레브론은 자신에 대해 악의적이고 근기 없는 소문을 계속 퍼뜨리는 동료에 의해 좌절감을 느끼고 있다. 린지는 자신의 팀 동료 때문에 지쳤다. 그 동료는 어떤 문제에 직면했을 때, 그녀와 다른 동료에게 고함을 질러 그의 불만에 대한 분풀이를 한다. 그리고 미카는 고용주에게 성희롱을 당해 최근에 치과위생사 일을 그만두었다.

이 세 가지 예시의 공통점은 무엇인가? 그것들은 일탈 행동에 노출된 구성원들에 관한 것이다.[27] 제3장에서 제시한 바와 같이 반생산적인 작업 행동(counterproductive work behavior, CWB) 또는 **일탈 행동**(deviant workplace behavior)은 중요한 조직 규범을 위반하고, 그렇게 함으로써 조직과 조직 구성원의 안녕에 위협을 가하는 자발적인 행동이다. 〈도표 9-3〉은 일탈 행동의 유형과 사례를 제시한다.

일탈 행동을 조장하거나 유지하는 상황을 만들거나 용납한다고 시인하는 조직은 거의 없을 것이다. 그러나 그런 조직이 존재한다. 앞에서도 제시한 바와 같이, 작업집단은 긍정적 또는 부정적 속성을 가질 수 있다. 첫 번째, 정신병증과 공격성이 높은 작업집단처럼, 작업집단의 속성이 부정적일 때, 속임수, 무도덕성, 동료 괴롭히기 같은 부정적인 결과가 나타난다.[28] 두 번째, 구성원들은 최근 들어 상사와 동료들이 점점 더 무례해지고 다른 사람을 무시하는 행동을 더 많이 한다고 보고한다. 많은 다른 일탈 행동처럼, 직장에서의 무례는 당하는 사람들에게 많은 부정적인 결과를 가져온다.[29] 무례를 당한 사람

유형	예
생산 일탈	조기 퇴근 고의적 작업 태만 자원 낭비
재산 일탈	시설 파손 거짓말로 근로시간 늘리기 회사 물품 절도
정치적 일탈	불평등한 대우 동료 험담과 소문 유포 동료 비난
개인적 공격	성희롱 욕설 동료 물건 절도

도표 9-3 일탈 행동의 유형

출처 : Based on S. L. Robinson and R. J. Bennett, "A Typology of Deviant Workplace Behaviors: A Multidimensional Scaling Study," *Academy of Management Journal* 38, no. 2 (1995), p. 565. Copyright 1995 by Academy of Management (NY); S. H. Appelbaum, G. D. Iaconi, and A. Matousek, "Positive and Negative Deviant Workplace Behaviors: Causes, Impacts, and Solutions," *Corporate Governance* 7, no. 5 (2007), 586–598; and R. W. Griffin, and A. O'Leary-Kelly, *The Dark Side of Organizational Behavior* (New York: Wiley, 2004)."

들의 거의 반 정도가 직무를 바꾸려는 생각을 했었다고 말했으며, 실제로 12%가 그것 때문에 직장을 그만두었다.[30] 또한 1,500명 정도를 대상으로 한 연구는 이직 의도의 증가 외에도 직장에서의 무례는 심리적 스트레스와 신체 질환을 증가시킨다고 보고하였다.[31] 세 번째, 수면 부족이 일탈 행동을 유발할 수 있다. 수면 부족은 흔히 증가하는 작업 요구에 의해 야기되고, 감정과 행동의 조절을 방해한다. 조직이 최소의 비용으로 최대의 효과를 거두기 위해 구성원에게 시간 외 근무를 요구하고 있기 때문에, 조직은 간접적으로 일탈행동을 조장하고 있는 것일지도 모른다.[32]

규범과 문화

집단주의 문화의 구성원은 개인주의 문화의 구성원과는 다른 규범을 가지는가? 물론 그렇다. 그러나 한 사회에서 오랫동안 살았어도, 우리의 문화적 지향성은 변화될 수 있다. 최근 실험에서, 중립적인 실험 대상자 집단을 대상으로 역할연기 훈련을 하였다. 그 훈련은 집단주의 규범이 강조되기도 하고 개인주의 규범이 강조되기도 하였다. 그리고 나서 실험 대상자들은 스스로 과업을 선택하거나 내집단 또는 외집단 구성원에 의해 과업이 할당되었다. 개인주의 지향적인 훈련을 받은 실험 대상자는 자신의 과업을 스스로 선택하는 것이 허용될 때 더 높게 동기 유발되고, 집단주의 지향적인 훈련을 받은 실험 대상자는 내집단 구성원에 의해 과업이 할당될 때 더 높게 동기 유발되었다.[33]

집단 속성 3 : 지위, 집단 속성 4 : 규모

앞에서 역할과 규범이 집단 구성원의 행동에 영향을 미치는 것을 알아보았다. 그렇지만, 두 가지 요인만이 집단 구성원의 행동과 집단의 기능에 영향을 미치는 것은 아니다. 집단은 지위가 높은 구성원과 낮은 구성원으로 계층화되는 경향이 있다. 때때로 집단 구성원의 지위는 그 집단 밖에서의 지위를 반영하기도 하지만, 항상 그런 것은 아니다. 또한 지위는 집단의 규모에 따라서도 종종 달라진다. 이러한 요인들이 작업집단의 효능감에 어떤 영향을 주는지 살펴보자.

집단 속성 3 : 지위

지위(status), 즉 다른 사람에 의해 집단이나 집단 구성원에게 주어지고, 사회적으로 정의된 직위 또는 계급은 모든 사회에 존재한다. 규모가 아주 작은 집단에서도 시간이 지나면서 구성원의 지위에 차이가 나타난다. 지위는 중요한 동기 유발 요인이고, 사람들이 자신에게 있어야 한다고 스스로 생각하는 지위와 다른 사람이 생각하는 자신의 지위 간에 불일치를 지각할 때 지위는 심각한 행동적 결과를 초래한다.

무엇이 지위를 결정하는가 지위 특성 이론에 따르면 지위는 다음 세 가지 원천 중 하나로부터 생긴다.[34]

1. **다른 사람에게 행사할 수 있는 권력** 집단의 결과를 통제하는 사람은 집단의 자원을 통제할 가능성이 높기 때문에 높은 지위를 가진 것으로 지각되는 경향이 있다.
2. **집단 목표를 달성하는 데 기여할 수 있는 능력** 집단의 성공에 중요한 공헌을 한 사람은 높은 지위를 갖는 경향이 있다.
3. **개인의 인간적 특성** 집단에 중요한 개인적 특성(수려한 외모, 지능, 돈 또는 친절한 성격)을 가진 사람은 중요한 속성을 별로 갖지 않은 사람보다 더 높은 지위를 갖는다.

지위와 규범   지위가 규범의 힘과 순응 압력에 미치는 효과는 흥미롭다. 높은 지위의 구성원은 집단과의 동일시(사회 정체성)가 낮을 경우, 규범으로부터 이탈하는 경향이 높다.[35] 또한 그들은 자신보다 낮은 지위를 가진 다른 집단의 구성원으로부터 압력을 받지 않는다. 높은 지위의 사람은 낮은 지위의 동료보다 순응 압력에 저항을 더 많이 할 수 있다. 집단에서 중요한 사람이지만 집단의 사회적 보상을 필요로 하지 않거나 관심이 없는 사람은 순응의 규범을 무시할 수 있다.[36] 일반적으로 높은 지위의 구성원을 집단에 영입하면, 성과를 개선할 수 있지만, 어느 정도까지만 그렇다. 왜냐하면 그들이 반생산적 규범을 창출할 수도 있기 때문이다.[37]

지위와 집단 상호작용   높은 지위의 사람은 더 공격적인 경향이 있다.[38] 그들은 다른 사람에게 더 자주 말하고, 더 비난하고, 더 명령하고, 더 방해한다. 낮은 지위의 구성원은 집단 토론에 적극적으로 참여하지 않는 경향이 있다. 낮은 지위의 구성원들이 집단에 도움이 될 수 있는 전문 지식과 통찰력을 보유하고 있는 경우, 이러한 지식과 통찰력이 제대로 활용되지 못하여 전반적인 집단 성과를 약화시킬 수 있다. 그러나 높은 지위의 구성원만으로 구성된 집단이 더 좋다는 것을 의미하는 것은 아니다. 중간 정도의 지위를 가진 사람들로 구성된 집단에 높은 지위를 가진 사람이 약간 추가되는 것이 좋다. 왜냐하면 집단에 높은 지위의 구성원들이 너무 많으면 집단 성과가 약화되기 때문이다.[39]

지위 불공정성   집단 구성원들이 지위 계층이 공정하다고 믿는 것이 중요하다. 불공정성의 지각은 불균형을 야기하여 다양한 유형의 수정 행동을 시도하게 한다. 계층적인 집단은 지위가 낮은 구성원들에게 불만을 일으킬 수 있다. 집단 내 지위 차이가 크면, 구성원의 성과와 건강이 나빠지고, 지위가 낮은 구성원에게 집단을 떠나려는 의도가 높게 나타난다.[40]

지위와 낙인찍기   당신의 지위가 사람들이 당신을 지각하는 방식에 영향을 미치는 것이 분명하지만, 당신과 연관된 사람의 지위도 당신에 대한 다른 사람의 견해에 영향을 미칠 수 있다. 기존 연구들은 낙인찍힌 사람이 다른 사람까지 낙인찍히게 할 수 있다는 것을 보여준다. '연관성에 의한 낙인' 효과는 낙인찍힌 사람과 연관되어 있는 사람에 대해 부정적인 견해와 평가를 초래할 수 있다. 그들이 아주 우연히 만났고, 짧은 만남이었다고 할지라도 그렇다. 당연히 문화적 지위 차이를 만드는 많은 요인들이 애초에 아무런 영향도 미치지 않는다.

집단 지위   사람들은 이른 나이에 '우리와 그들'이라는 사고 방식을 습득한다.[41] 당신이 외집단에 속해 있다면, 당신 집단은 관련된 내집단보다 지위가 낮다는 것을 정확하게 추측해낼 수 있다. 문화적으로, 내집단은 어떤 사회에서 지배적인 힘을 가지고 있고 높은 지위가 주어지며, 그 결과 그들의 외집단에 대한 차별을 초래할 수 있다는 것을 종종 의미하기도 한다. 그런데 외집단의 지위가 더 높은 경우 낮은 지위를 가진 내집단은 지위가 높은 외집단과 경쟁하기 위해 내집단 편애성향(ingroup favoritism)을 이용하는 경향이 있다.[42] 그리고 높은 지위를 가진 집단은 낮은 지위의 집단과의 차별을 느낄 때 지위가 낮은 외집단에 대한 그들의 편견을 증가시킨다.[43] 이러한 과정을 통해 집단은 더욱 양극화된다.

집단 속성 4 : 규모

집단 규모가 집단의 행동에 영향을 미칠까? 그렇다. 하지만 그 효과는 어떤 종속변수를 가지고 조사하느냐에 따라 달라진다. 12명 이상의 사람으로 구성된 집단은 다양한 투입물을 확보하는 데 유용하다. 집단 목표가 사실을 발견하거나 아이디어를 제안하는 것이라면, 규모가 큰 것이 더 효과적이다. 어떤 일을 생산적으로 하려면 7명 정도의 작은 집단이 좋다.

집단 규모에 관한 가장 중요한 연구 결과 중 하나는 사회적 태만에 관한 것이다. **사회적 태만**(social loafing)은 혼자 일할 때보다 함께 일할 때 노력을 덜 기울이는 개인 성향을 말한다.[44] 이것은 집단 규모에 상관없이 집단 전체의 생산성이 최소한 그 집단 구성원 각자의 생산성을 합한 것과 같아야 한다는 가정에 도전하는 것이다. 이것은 조직행동론에 의미 있는 시사점을 제공한다. 경영자가 집단적 작업 상황을 활용할 경우, 개인의 노력을 확인할 수 있어야 한다. 또한 구성원의 성과 다양성(과거 성과의 차이)이 높을수록 더 많은 사회적 태만이 유발되고, 그로 인해 집단의 만족과 성과가 감소된다. 그리고 성과 다양성의 부정적인 효과는 집단이 함께 일한 기간이 길수록 더 크게 나타난다.[45]

사회적 태만은 서구에 편향된 개념이다. 이것은 미국과 캐나다와 같이 이기심이 지배하는 개인주의 문화에서 나타난다. 사회적 태만은 개인이 집단 목표에 의해 동기 유발되는 집단주의 사회에서는 흔하지 않다. 예를 들어, 미국 근로자와 중국·이스라엘(집단주의 사회)의 근로자를 비교한 연구를 보면, 중국과 이스라엘에서는 사회적 태만이 나타나지 않았으며, 실제로 혼자 하는 것보다 집단에서 일할 때 성과가 더 좋았다.

연구 결과는 개인의 직업윤리가 강할수록 사회적 태만이 나타나는 경향이 낮아진다는 것을 보여준다.[46] 또한 성실성과 친화성(제5장 참조) 수준이 높은 집단에서는 사회적 태만의 존재 여부에 상관없이, 성과가 높게 나타나는 경향이 있다.[47] 사회적 태만을 방지할 수 있는 방법에는 여러 가지가 있다.

1. 집단의 목표를 설정하여 집단이 공통 목적을 추구하게 하라.
2. 집단 간 경쟁을 증가시키라. 그러면 공유된 집단 결과에 집중하게 된다.
3. 동료 평가를 하라.
4. 높게 동기 유발되고 집단에서 일하는 것을 좋아하는 사람을 선발하라.
5. 집단 보상의 일부를 구성원 개인의 공헌도에 연계시키라.[48]

최근 연구는 개인의 인사고과 등급이 집단 구성원에게 공개되면, 사회적 태만을 제거할 수 있음을 보여준다.[49]

집단 속성 5 : 응집성, 집단 속성 6 : 다양성

집단이 원활하게 기능하기 위해서는 하나의 구성 단위로서 응집력 있게 행동해야 하지만, 모든 집단 구성원이 동일하게 생각하고 행동하지 않기 때문에 그렇게 행동하지 못한다. 집단은 다양한 배경 차이에 상관없이 구성원 모두를 포용해야 한다는 점에서, 응집성과 다양성 속성은 역할과 규범이 암묵적으로 형성되는 초기에 중요하게 다루어질 필요가 있다. 먼저 집단 응집성의 중요성에 대해서 알아보자.

집단 속성 5 : 응집성

집단마다 **응집성**(cohesiveness)은 다르다. 응집성은 집단이 서로에게 매력을 느끼고 그 집단에 머물러 있기를 바라는 정도를 말한다. 구성원들이 많은 시간을 함께 보내거나, 작은 집단 규모로 인해 상호작용이 활발하게 이루어지거나, 구성원들을 보다 친밀하게 만드는 외부 위협을 경험할 경우 작업집단의 응집성이 높아진다. 응집성은 집단 생산성과 관련되어 있기 때문에 중요하다.

응집성은 집단 생산성에 영향을 미친다. 기존 연구는 응집성과 생산성의 관계가 집단의 성과 관련 규범에 따라 달라진다는 것을 일관적으로 보여준다.[50] 품질, 생산량, 외부와의 협력에 대한 규범이 높게 형성되어 있을 경우 응집력이 높은 집단은 낮은 집단보다 더 생산적일 것이다. 그러나 응집력이 높고 성과 규범이 낮을 경우 생산성은 낮아질 것이다. 응집력이 낮고 성과 규범이 높으면 생산성은 증가하지만, 높은 응집력과 높은 성과 규범을 가지고 있는 집단보다는 낮은 생산성을 보인다. 응집력과 성과 관련 규범이 모두 낮을 경우에 생산성은 중하위권에 머무르는 경향이 있다. 이러한 결론은 〈도표 9-4〉에 요약되어 있다.

집단 응집성을 높이기 위해서 다음의 방법을 시도해볼 수 있다.

1. 집단을 작게 만든다.
2. 집단 목표에 대한 동의를 이끌어낸다.
3. 구성원들이 같이 지내는 시간을 늘린다.
4. 집단의 지위를 높이고 집단 구성원으로서의 자격을 획득하기 어렵게 만든다.
5. 다른 집단과의 경쟁을 자극한다.
6. 개인보다는 집단 단위로 보상한다.
7. 집단을 격리시킨다.[51]

집단 속성 6 : 다양성

집단의 마지막 속성은 집단 구성원의 **다양성**(diversity)이다. 이것은 집단 구성원이 서로 비슷하거나 다른 정도를 말한다. 전반적으로 기존 연구는 집단 다양성이 장단점을 모두 가지고 있다고 제시한다.

다양성은 집단 갈등을 증가시키는 경향이 있다. 이러한 경향은 특히 집단 형성 초기에 나타나며, 흔히 집단의 사기를 감소시키고 탈퇴율을 증가시킨다. 어떤 연구는 문화적으로 다양한(상이한 국가에서 온 사람들로 구성된) 집단과 동질적인(동일한 국가의 사람들로 구성된) 집단을 비교하였다. 야생 생존 훈련에서 두 집단은 모두 좋은 성과를 냈지만, 다양한 집단이 그들 집단에 덜 만족하고 응집력이 더 낮으며, 더 많은 갈등을 겪는다.[52] 구성원의 가치관이나 견해가 다른 집단은 더 많은 갈등을 경험하는 경향이 있지만, 집단

도표 9-4
응집성과 성과 규범이 생산성에 미치는 영향

이 과업에 집중하고 집단학습을 장려할 수 있는 리더가 있으면 갈등은 줄어들 수 있고, 집단 과제에 대한 논의를 강화할 수 있다.[53] 젠더 다양성도 집단이 고려해야 할 이슈가 될 수 있지만, 포용성이 중시되면 집단 갈등과 불만은 감소된다. [54]

집단 다양성의 유형 당신은 집단 다양성의 유형이 중요하다는 것을 정확하게 추측해냈을 것이다. 국적, 인종, 성별과 같이 관찰할 수 있는 특성인 표면적인 다양성은 사람들에게 기본 태도, 가치관, 견해와 같은 심층적 다양성에서 나타날 수 있는 차이를 알려준다. "인종, 성별과 같은 단순한 표면적 다양성이 실제로 팀에게 견해의 차이가 있을 것이라는 암시를 제공한다."고 주장한다.[55] 표면적 다양성은 잠재 의식적으로 팀 구성원에게 그들의 견해에 대해 더 개방적인 마인드를 가져야 한다는 신호를 보내는 것 같다.[56] 예를 들어, MBA 대학원생들에 대한 연구는 표면적 다양성이 더 높은 개방성을 이끌어낸다는 사실을 발견했다.

　심층적 다양성의 효과는 명확하지 않다. 한국에서 수행된 연구는 권력 욕구가 높은 사람과 권력 욕구가 낮은 사람을 함께 집단으로 구성하면, 비생산적인 집단 경쟁을 감소시킬 수 있으며, 성취 욕구가 비슷한 사람들로 집단을 구성하면 과업 성과가 증가된다는 것을 보여주었다.[57]

집단 다양성의 도전 구성원의 차이가 갈등을 유발할 수 있지만, 독특한 방법으로 문제를 해결할 수 있는 기회를 제공하기도 한다. 배심원단의 행동에 대한 연구는 다양한 배심원이 증거를 논의하는 과정에서 더 오래 생각하고, 더 많은 정보를 공유하고, 실수를 더 적게 한다는 것을 발견했다. 전체적으로 보아 집단에 대한 다양성의 효과는 혼재되어 있다. 단기적으로 볼 때 다양성이 있는 집단 속에서 일하는 것은 힘들다. 그렇지만 구성원들이 그들의 차이를 견뎌낼 수 있다면, 시간이 지나면서 다양성은 그들을 더 개방적이고 창의적인 사람으로 만들어 장기적으로는 더 좋은 결과를 가져올 수 있다. 그러나 긍정적 효과가 특별히 강하게 나타나는 것 같지는 않다. 한 비평가의 말에 의하면, "재무 성과의 관점에서 볼 때 다양성에 대한 기업 사례는 기존의 연구 결과를 지지하기가 어렵다."[58] 하지만 다른 연구자들은 동질성 효과의 대부분이 부정적인 것이기 때문에 간과해서는 안 된다고 주장한다.[59]

　다양성이 있는 팀(특히 표면적으로 다양한 집단)의 부정적 효과의 하나는 **의견 대립**(falutlines), 또는 지각된 분리(perceived divisions)—성, 인종, 연령, 작업 경험, 교육과 같은 개인적 차이에 의해 2개 이상의 하위집단으로 나눠지는 현상—이다.

예를 들어, 집단 A는 남자 세 명, 여자 세 명으로 구성되어 있다고 하자. 남자 세 명은 마케팅 배경과 동일한 기간의 작업 경험을 가지고 있다. 여자 세 명은 재무적 배경과 동일한 기간의 작업 경험을 가지고 있다. 집단 B도 세 명의 남자와 세 명의 여자로 구성되어 있지만, 그들은 작업 경험과 배경이 모두 다르다. 남자 두 명은 경력 직원이지만, 다른 한 명은 신입 직원이다. 여자 중 한 명은 7년 동안 그 회사에서 일했지만, 다른 두 명은 신입 직원이다. 또한 집단 B에서 두 명의 남자와 한 명의 여자는 마케팅 배경을 가지고 있지만, 나머지 남자 한 명과 두 명의 여자는 재무 분야의 배경을 가지고 있다. 따라서 집단 A에서는 남자와 여자 집단끼리 의견 대립이 초래될 수 있지만, 집단 B에서는 구성원들이 서로 다른 특성을 가지고 있어서 의견 대립이 발생하지 않는다.

의견 대립에 대한 연구에 의하면, 분열은 일반적으로 집단의 기능과 성과에 해를 끼친다. 하위집단끼리 서로 경쟁을 하게 되면, 핵심과업에 쏟아야 할 시간이 줄어들고 집단성과가 악화된다. 하위집단이 있는 집단은 더 천천히 학습하고, 더 위험한 의사결정을 하고, 덜 창조적이며, 더 많은 갈등을 경험한다. 하위집단은 서로를 신뢰하지 않는다. 마지막으로 하위집단에 대한 만족은 일반적으로 높지만, 전반적인 집단의 만족은 의견 대립이 존재할 때 더 낮아진다.[60] 그러나 스킬, 지식, 전문 기술에 관한 의견 대립은 결과지향적인 조직문화에서 긍정적으로 작용한다.[61] 더구나 강력한 의견 대립으로부터 발생하는 문제는 집단이 함께 추구하는 공동 목표가 있을 때 극복할 수 있다. 대체로 다른 하위집단 구성원들과의 협력을 강요하고, 목표 달성에 집중하면, 의견 대립을 극복할 수 있다.[62]

집단 의사결정

두 사람의 머리가 한 사람의 머리보다 낫다는 믿음은 오래전부터 많은 나라의 법률 시스템의 기본 요소로 받아들여져 왔다. 오늘날 조직의 많은 의사결정이 집단, 팀 또는 위원회에서 이루어진다. 이 절에서는 집단 의사결정의 이점과, 의사결정 과정에서 집단역학이 초래하는 문제점에 대해 제시한다. 마지막으로 집단 의사결정 기회를 최대한으로 활용할 수 있는 기법을 설명한다.

집단 의사결정 대 개인 의사결정

의사결정 집단은 조직에서 광범위하게 사용된다. 그러나 집단 의사결정이 혼자서 하는 의사결정보다 더 좋은가? 이 질문에 대한 대답은 많은 요인에 의해 달라진다. 집단은 의사결정 과정에 존재하는 여러 단계를 수행하는 데 효과적인 수단이며, 정보 획득을 위해 폭넓고 깊이 있는 투입물을 제공한다. 집단 구성원이 다양한 배경을 가지면, 도출되는 대안이 더 광범위하고, 분석이 더 비판적으로 이루어진다. 최종적인 해결안에 대한 동의가 이루어지면, 집단 의사결정 과정에 참여한 사람들은 그 해결안을 지지하고, 실행해나간다. 그렇지만 이러한 장점은 집단 의사결정 과정에서 사용한 시간, 내부 갈등, 순응 압력에 의해 상쇄될 수 있다.

그렇지만 갈등의 유형에 대한 정의가 필요하다. 한국에서의 연구는 과업에 대한 집단 갈등은 집단 성과를 증가시키며, 관계에서의 갈등은 성과를 감소시킨다고 제시한다.[63] 따라서 어떤 경우에는, 집단보다 개인이 혼자서 의사결정을 하는 것이 더 좋을 수도 있다. 이제 집단 의사결정에 대해 살펴보다.

집단 의사결정의 장점　집단은 더 완전한 정보와 지식을 창출한다. 여러 사람이 가지고 있는 자원을 함께 모음으로써 집단은 더 많은 그리고 다양한 자원을 의사결정 과정에서 활용할 수 있다. 집단은 다양한 관점을 제공하기 때문에 많은 접근 방법과 대안을 고려할 수 있다. 마지막으로 집단은 의사결정 결과에 대한 수용도가 높다. 의사결정에 참여한 집단 구성원들은 나중에 그 의사결정을 열정적으로 지지하고 다른 사람에게 그것을 받아들이도록 촉구하는 경향이 높다.

집단 의사결정의 단점　집단 의사결정은 단점도 있다. 집단 의사결정은 시간이 많이 소비된다. 왜냐하면 집단은 일반적으로 해결책을 찾는 데 더 많은 시간이 걸리기 때문이다. 집단에는 순응의 압력이 있다. 집단 구성원으로 받아들여지고 그 집단의 중요한 사람으로 여겨지고 싶은 바람이 공개적으로 반대 의견을 제시하지 못하게 할 수 있다. 집단에서의 논의가 한 사람이나 몇 명의 구성원에 의해 좌지우지될 수 있다. 집단이 능력이 낮거나 중간 정도인 구성원으로 구성된 경우 그 집단의 전반적인 효과성은 떨어진다. 개인 의사결정에서는 최종 결과에 대한 책임 소재가 명확하다. 집단 의사결정에서는 책임 소재가 분명하지 않다.

효과성과 효율　집단이 개인보다 더 효과적인지 아닌지는 효과성을 정의하는 기준에 따라 달라진다. 집단 의사결정은 일반적으로 어떤 집단에 속해 있는 평균적인 사람의 의사결정보다 더 정확하지만, 그 집단의 가장 정확한 구성원의 판단보다는 덜 정확하다.[64] 속도의 관점에서 보면 개인이 더 우수하다. 창의성이 중요할 경우 집단은 개인보다 더 효과적인 경향이 있다. 효과성이 최종 결정안에 대한 수용도를 의미한다면 집단이 더 우수하다.[65]

그러나 효과성은 효율과 함께 고려되어야 한다. 예외 없이 집단 의사결정은 같은 문제에 대한 의사결정을 혼자서 하는 경우보다 더 많은 시간을 사용한다. 그러나 상당히 많고 다양한 자료를 얻기 위해 개인 의사결정자가 자료를 검토하고 사람들과 이야기를 하는 데 많은 시간을 소비해야 하는 경우는 예외이다. 따라서 집단을 사용할 것인지의 여부를 결정하는 경우, 효과성 증가가 효율 감소를 상쇄하고도 남을 만큼 충분한지를 평가해야 한다.

집단사고

집단사고는 집단 의사결정에서 부수적으로 발생하는 현상으로, 대안을 객관적으로 평가하고 우수한 의사결정에 도달하는 집단의 능력에 영향을 미칠 수 있다. **집단사고**(groupthink)는 규범과 관련되어 있으며, 순응에 대한 집단 압력이 집단으로 하여금 흔치 않거나, 소수가 제기하거나, 일반적이지 않은 견해를 비판적으로 평가하지 못하게 하는 상황을 말한다.

집단사고   집단사고는 솔로몬 애시가 유일한 반대자에 대한 실험에서 내린 결론과 밀접하게 관련되어 있다. 지배적인 대다수의 의견과 다른 입장을 가지고 있는 개인은 그들의 실제 감정이나 신념을 억압하거나 드러내지 않거나 수정하라는 압력을 받는다. 반대하는 것이 집단 의사결정의 효과성을 개선하는 데 필요할지라도 집단 구성원으로서 우리는 반대자가 되기보다는 집단의 의견에 동조하는 것이 더 즐겁다는 것을 안다. 학습보다 성과를 더 중요시하는 집단에서 집단사고가 발생하고 다수의 의견에 동의하지 않는 사람의 의견을 억압하는 경향이 높다.[66] 집단사고는 명확한 집단 정체성이 존재하는 경우, 집단 구성원들이 보호하고 싶어 하는 집단의 긍정적 이미지가 있을 경우, 집단의 긍정적 이미지가 위협받고 있다고 지각할 경우에 가장 자주 발생한다.[67]

집단사고를 최소화하기 위해 경영자는 무엇을 할 수 있을까?[68] 우선 경영자는 집단 규모를 파악해야 한다. 어떤 마법의 숫자가 집단사고를 제거하는 것은 아닐지라도, 사람들은 집단 규모가 10명을 넘어갈 때 개인적인 책임을 덜 느끼는 경향이 있다. 경영자는 집단 리더에게 공정하게 행동하도록 격려해야 한다. 리더는 모든 구성원들의 의견을 적극적으로 듣고 자신의 견해를 밝히지 말아야 한다(특히 논의가 이루어지는 초기 단계에서). 또한 경영자는 집단 구성원 중 한 사람을 지명하여 악마의 대변자 역할을 하게 해야 한다. 이 사람은 대다수의 입장에 공개적으로 도전하고 다른 의견을 제시하는 역할을 맡 는다. 또 다른 방법은 집단을 위협하거나 정체성 보호를 강화하지 않으면서 다양한 대안 을 활발히 논의할 수 있는 방법을 사용하는 것이다. 그런 방법의 하나는 집단 구성원이 어떤 의사결정에 내재된 위험에 대해 먼저 이야기하고 나서, 그 의사결정으로부터 얻을 수 있는 이득에 대해 논의하게 하는 것이다. 구성원에게 대안의 부정적인 측면에 먼저 초점을 맞추도록 요구하면 집단은 반대되는 견해를 억압하지 않고 객관적인 평가를 할 수 있다.

집단 이동적 사고 또는 집단 양극화

집단 이동적 사고(groupshift)는 하나의 해결책을 찾기 위해 대안들을 논의하는 과정에 서 집단 구성원이 초기의 입장을 과장하는 경향을 말한다. 어떤 상황에서는 신중함이 지 배하여 보수적인 방향으로 이동하는 반면에, 다른 상황에서는 집단이 위험을 추구하는 방향으로 이동한다. 집단 구성원의 개인적 의사결정과 집단의 의사결정에는 차이가 있 다.[69] 집단에서 이루어진 논의는 구성원이 처음에 가졌던 견해를 더 극단적인 방향으로 이동시킨다. 보수적인 성향의 사람은 더 조심스럽게 되고, 공격적인 성향의 사람은 더 많은 위험을 추구한다. 집단 양극화 현상은 집단사고의 특별한 경우로 간주할 수 있다. 집단 의사결정은 논의 과정에서 개발된 지배적인 의사결정 규범 — 신중함 또는 위험 추 구 — 을 반영한다.

양극화 현상은 여러 가지로 설명할 수 있다.[70] 예를 들면 토론하면서 구성원들은 서로 편안한 사이가 되고, 그로 인해 대담한 결정을 한다. 다른 주장은 집단의 책임 분산이다. 집단 의사결정은 집단의 최종 선택에 대해 한 사람이 책임을 지지 않기 때문에 더 많은 위험을 추구할 수 있다. 또한 사람들은 외부 집단과 다르다는 것을 보여주고 싶어서 극 단적인 입장을 취하는 경우도 있다.[71] 정치 또는 사회 운동을 하는 사람들은 그들이 실제 로 대의에 전념하고 있다는 것을 보여주기 위해 더욱 더 극단적인 입장을 취한다. 반면 에 더 신중한 사람들은 자신이 얼마나 합리적인가를 보여주기 위해 온건한 입장을 취하 는 경향이 있다.

이제 집단이 의사결정하는 기법에 대해 알아본다. 이것은 집단 의사결정의 역기능적 측면을 어느 정도 감소시킨다.

집단 의사결정 기법

집단 의사결정의 가장 일반적인 형태는 **상호작용 집단**(interacting group)에서 일어난다. 이러한 집단에서는 구성원들이 직접 만나고 언어와 비언어를 사용하여 서로 의사소통을 한다. 그러나 집단사고의 논의에서 알 수 있듯이 상호작용 집단은 스스로를 검열하고 개개 구성원에게 대다수의 의견에 순응하도록 요구한다. 브레인스토밍, 명목집단 기법이 전통적인 상호작용 집단에 내재된 문제를 감소시킬 수 있다.

브레인스토밍 브레인스토밍(brainstorming)은 상호작용 집단에서 창의적인 대안을 개발하지 못하게 하는 순응 압력을 극복할 수 있다.[72] 브레인스토밍에서는 어떤 대안이든지 모두 말할 수 있으며, 대안에 대해서는 어떤 비난도 할 수 없다. 전형적인 브레인스토밍에서는 6~12명 정도의 사람이 테이블에 둘러앉는다. 그 집단의 리더는 모든 참여자들이 이해할 수 있도록 문제를 명확하게 이야기한다. 구성원은 충분한 시간을 가지고 가능한 한 많은 대안을 자유롭게 이야기한다. 어떤 비난도 허용되지 않으며, 모든 대안은 다음에 이루어질 논의와 분석을 위해 기록된다.

브레인스토밍은 아이디어를 창출해내지만 효율적인 방법은 아니다. 기존 연구는 혼자서 일하는 개인이 브레인스토밍을 하는 집단보다 더 많은 아이디어를 창출한다는 결과를 지속적으로 보여주고 있다. 이러한 현상이 나타나는 이유 중 하나는 '생산 장애(production blocking)'이다. 사람들이 어떤 집단에서 아이디어를 만들어내는 동안에 많은 사람들이 한꺼번에 말을 하게 되는데, 이것이 개인의 사고 과정을 방해하고, 심지어는 아이디어를 공유하지 못하게 한다.[73]

명목집단 기법 명목집단 기법(nominal group technique)이 더 효과적일 수 있다. 이 기법은 의사결정 과정 중에 논의나 대인 간 의사소통을 제한한다. 집단 구성원은 전통적인 회의처럼 같은 장소에 있지만, 독립적으로 행동한다. 구체적으로 어떤 문제가 제시되면 집단은 다음과 같은 단계를 거친다.

1. 구성원은 하나의 집단을 형성하지만 논의가 이루어지기 전에 독립적으로 주어진 문제에 대한 자신의 아이디어를 종이에 적는다.
2. 그다음 각 구성원은 자신의 아이디어를 발표한다. 모든 아이디어가 발표되고 플립차트나 칠판에 기록될 때까지 구성원은 테이블에 앉은 순서대로 돌아가면서 자신의 아이디어를 발표한다. 모든 아이디어가 기록될 때까지는 논의가 이루어지지 않

는다.

3. 집단은 아이디어를 논의하여 명확하게 하고, 그것을 평가한다.

4. 각 집단 구성원들은 혼자서 조용히 그 아이디어에 대해 점수를 매긴다. 총점이 가장 높은 아이디어가 최종적으로 결정된다.

명목집단 기법의 주요 이점은 집단이 공식적으로 만나지만, 전통적인 상호작용 집단에서 나타나는 것처럼 독립적인 사고를 제약하지 않는다는 데 있다. 기존 연구는 명목집단 기법이 브레인스토밍보다 더 우수하다는 것을 보여준다.[74]

의사결정 기법 각각은 장단점을 가지고 있다. 어떤 기법을 선택할 것인가는 강조하려고 하는 기준과 비용-편익의 상충 관계에 따라 달라진다. 〈도표 9-5〉에서 보는 바와 같이, 상호작용 집단은 하나의 해결책에 몰입하는 데 유용하고, 브레인스토밍은 집단 응집성을 개발하며, 명목집단 기법은 적은 비용으로 많은 아이디어를 창출할 수 있다.

요약

집단에 대한 논의로부터 여러 가지 의미를 얻을 수 있다. 첫째, 규범은 옳고 그른 것에 대한 기준을 수립함으로써 집단 구성원의 행동을 통제한다. 둘째, 지위 불공정성은 좌절을 야기하며 생산성과 조직에 남으려는 의지에 부정적인 영향을 미칠 수 있다. 셋째, 집

도표 9-5
집단 효과성 평가

효과성 기준	집단 유형		
	상호작용 집단	브레인스토밍 집단	명목집단
아이디어의 양과 질	낮음	중간	높음
사회적 압력	높음	낮음	중간
비용	낮음	낮음	낮음
속도	중간	중간	중간
과업 지향	낮음	높음	높음
대인 간 갈등 가능성	높음	낮음	중간
해결책에 대한 몰입	높음	적용 불가	중간
집단 응집력 개발	높음	높음	중간

단 성과에 대한 규모의 영향은 집단이 수행하는 과업 형태에 따라 달라진다. 넷째, 응집성은 집단의 성과 관련 규범에 따라 집단의 생산성 수준에 영향을 미칠 수도 있고 그렇지 않을 수도 있다. 다섯째, 다양성이 집단 성과에 미치는 효과는 일관적이지 않다. 어떤 연구는 다양성이 성과에 도움이 될 수 있다고 제시하는데, 다른 연구는 도움이 되지 않는다고 제시한다. 여섯째, 역할 갈등은 직무 긴장감과 직무 불만을 유발한다.[75] 집단은 긍정적인 조직 결과와 적절한 의사결정을 위해 조심스럽게 관리될 수 있다. 다음 장에서 이러한 결론에 대해 좀 더 깊이 있게 살펴볼 것이다.

경영자에게 주는 시사점

- 집단은 조직에서의 개인 행동에 긍정적으로 또는 부정적으로 많은 영향을 미칠 수 있음을 인식해야 한다. 따라서 역할, 규범, 응집성에 대해 특별한 관심을 기울여야 한다. 이것들이 집단 내에서 어떻게 작동하는지를 이해하는 것은 집단이 어떻게 행동하는지에 대해 이해하는 것과 같다.
- 일탈 행동의 가능성을 줄이기 위해서는 집단 규범이 반사회적 행동을 지지하지 않도록 해야 한다.
- 집단에서의 지위 측면에 관심을 가져야 한다. 낮은 지위의 사람들은 집단 토론에 적극 참여하지 않기 때문에 구성원들 간의 지위 차이가 많이 나는 집단은 낮은 지위의 구성원들이 공헌할 수 있는 기회를 제한하고 그들의 잠재력을 발휘하지 못하게 한다.
- 진상조사 활동에서는 대규모 집단을 활용하고 행동 지향적 과업에서는 소규모 집단을 활용하라. 대규모 집단을 사용할 경우 개인 성과를 측정할 수 있는 지표를 마련하라.
- 종업원의 만족을 높이기 위해서는 그들의 직무 역할을 명확하게 지각할 수 있도록 해야 한다.

10

작업팀

이 책을 읽고 나면, 당신은

1. 조직에서 팀의 인기가 지속되는 이유를 분석할 수 있다.
2. 집단과 팀을 비교할 수 있다.
3. 팀의 다섯 가지 유형을 비교할 수 있다.
4. 효과적인 팀의 특성을 설명할 수 있다.
5. 조직이 어떻게 팀 플레이어를 만들어낼 수 있는지를 설명할 수 있다.
6. 팀 대신 개인을 활용해야 하는 경우를 설명할 수 있다.

왜 팀의 인기가 높아지는 것일까

왜 팀은 인기가 있을까? 간단히 말하면, 팀이 효과적이라고 믿기 때문이다. 포브스의 발행자인, 리처드 칼가아드는 "프로젝트와 동료들에게 헌신하는 사람들로 구성된 팀은 훌륭한 개인보다 우수한 성과를 낼 것이다."라는 글을 썼다.[1] 어떤 경우에는 그가 옳다. 팀은 때때로 개인이 달성할 수 없는 업적을 달성할 수 있다.[2] 팀은 전통적인 부서나 영구적 집단보다 변화하는 상황에 더 유연하게 대응한다. 팀은 신속하게 사람들을 모으고 배치하고 초점을 다시 맞추고 해산할 수 있다. 팀은 조직을 민주화시키고 구성원의 몰입을 증가시키는 데 효과적인 방법이다. 마지막으로 기존 연구에 의하면, 팀에서의 몰입은 개인으로서 우리가 생각하는 방식에도 긍정적인 영향을 미쳐서 개인적 의사결정에 대해서도 협력적 사고방식을 갖게 한다.[3]

조직이 팀을 도입했다는 사실이 팀이 항상 효과적이라는 것을 의미하는 것은 아니다. 인간인 팀 구성원은 유행과 군중심리에 의해 흔들릴 수 있다. 어떤 상황이 그들의 잠재력에 영향을 미칠까? 어떻게 구성원은 함께 일하는가? 우리 모두가 팀을 좋아하는가? 아마도 그렇지 않을 수 있다. 이 질문에 대답하기 위해 우선 작업집단과 팀의 차이를 알아보자.

집단과 팀의 차이

집단과 팀은 다르다. 제9장에서 우리는 목적을 달성하기 위해 함께 모여, 상호작용하고 상호의존하는, 둘 이상의 사람들을 **집단**으로 정의하였다. **작업집단**(work group)은 각자의 책임 영역에서 일을 하는 데 도움이 되는 정보를 공유하고 의사결정을 하기 위해 상호작용하는 집단을 말한다.

작업집단은 협력이 요구되는 공동작업을 수행할 필요가 없거나 기회가 없다. 그래서 작업집단의 성과는 모든 집단 구성원들의 개별적인 공헌을 단순히 합한 것이다. 투입량의 합보다 더 큰 성과 수준을 창출하는 시너지 효과가 없다. 작업집단은 상호작용이나 상호의존성이 있을지라도, 일을 하는 개인들의 집합이다.

작업팀(work team)은 조정을 통해 긍정적인 시너지를 창출한다. 작업팀에서 이루어지는 개인들의 노력은 개인 투입량의 합보다 더 많은 성과를 달성한다.

작업집단과 작업팀 모두에서 구성원들에게 기대되는 행동, 집단적 표준화 노력, 적극적인 집단역학, 의사결정이 흔히 나타난다. 또한 둘 모두에게 아이디어를 창출하고, 자원을 함께 이용하고, 또는 작업 스케줄과 같은 실행계획을 조정하는 행동이 요구될 수 있다. 그렇지만 작업집단의 경우 이러한 활동들은 집단 밖에 있는 의사결정자를 위한 정보 수집으로 제한되어 있다. 작업집단에서는 의사결정권이 있는 관리자의 지시에 따라 각자의 역할을 수행한다.

반면에 작업팀은 작업집단에 포함되는 하위 유형으로 인식되기도 하는데, 팀에서는 어떤 목적을 함께 달성하기 위해 구성원들이 상호작용하며, 그래서 공생관계를 형성한다. 작업집단과 작업팀이 어떤 상황에서는 같은 개념으로 사용될지라도 두 집단의 차이를 명확하게 인식하고 있어야 한다. 〈도표 10-1〉은 작업집단과 작업팀의 차이를 보여준다.

이러한 정의는 많은 조직들이 최근 작업 프로세스를 팀 단위로 재설계하는 이유를 명확하게 해준다. 경영자들은 조직 성과를 향상시킬 수 있는 긍정적인 시너지를 찾고 있

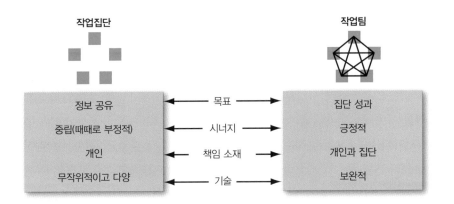

다. 팀 도입은 조직이 투입량을 증가시키지 않고도 더 좋은 결과를 가져올 수 있는 잠재력을 창출한다. 그렇지만 잠재력임을 유의해야 한다. 긍정적인 시너지 효과를 얻을 수 있는 팀은 저절로 만들어지는 것이 아니다. 집단을 팀으로 부른다고 해서 자동적으로 성과가 증가하는 것이 아니다. 이 장 후반에서 언급하겠지만, 효과적인 팀은 어떤 공통 특성을 가지고 있다. 경영자가 팀을 사용하여 조직 성과를 향상시키려면, 팀이 이러한 특성을 가지고 있어야 한다.

팀 유형

팀은 제품 생산, 서비스 제공, 거래 협상, 프로젝트 조정, 조언 제공, 의사결정 등 다양한 일을 할 수 있다.[4] 이 절에서는 조직에서 가장 많이 볼 수 있는 네 가지 팀 유형인 문제해결팀, 자기관리팀, 기능횡단팀, 가상팀을 설명할 것이다(도표 10-2 참조). 그리고 나서 우리는 멀티팀 시스템을 논의할 것이다. 이것은 '팀들로 구성된 팀'을 활용하는 것으로, 작업의 복잡성이 증가함에 따라 점차 널리 사용되고 있다.

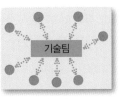

문제해결팀   자기관리팀   기능횡단팀   가상팀

문제해결팀

품질통제팀(quality-control team)은 오랫동안 사용되어 왔다. 이것은 원래 제조공장에서 가장 흔히 볼 수 있는 유형으로, 정기적으로, 때로는 매주 또는 매일 만나 제품의 품질 기준과 생산 문제에 대해 논의하는 영구적인 팀이다. 품질통제팀의 사용은 의료 분야와 같은 다른 영역으로 확장되었으며, 그곳에서는 환자관리서비스를 개선하기 위해 사용되었다. **문제해결팀**(problem-solving team)은 그들의 제안을 단독으로 실행할 권한이 없지만, 그 제안이 채택되어 실행되면 상당한 개선을 이끌어낼 수 있다.

자기관리팀

앞에서 논의한 바와 같이 문제해결팀은 단지 제안만을 한다. 어떤 조직에서는 해결책의 제안뿐만 아니라 그것을 실행하고 결과에 대해 완전한 책임을 질 수 있는 팀을 만든다. **자기관리팀**(self-managed work team)은 관련성이 높거나 상호의존적인 직무를 수행하는 사람들로 구성되며(보통 10~15명), 전에는 감독자가 맡았던 책임 대부분을 맡아 수행한다.[5] 전형적으로 이 팀은 작업을 계획하고 일정표를 작성하며, 구성원들에게 과업을 할당하고, 운영 결정을 하고, 문제에 대한 조치를 취하고, 공급자와 고객과 함께 일한다. 완전한 자기관리팀은 팀 구성원을 스스로 선발하고, 구성원들이 서로의 성과를 평가한다. 감독자 직위의 중요성은 줄어들며 심지어 없어지기도 한다.

　자기관리팀의 효과성에 대한 연구 결과가 획일적으로 긍정적인 것은 아니다. 어떤 연구에 의하면, 팀 촉진 행동이 보상받는 정도에 따라 효과성이 높기도 하고 낮기도 하다. 예를 들어 45명의 자기관리팀에 대한 연구는 월급과 같은 경제적 보상이 팀 동료의 투입물에 의해 결정된다는 것을 구성원이 인지하고 있는 경우, 개인 성과와 팀 성과 모두가 개선된다는 것을 밝혀냈다.[6]

　두 번째 연구 영역은 자기관리팀의 효과성에 대한 갈등의 영향이다. 어떤 연구는 자기관리팀은 갈등이 있을 때, 효과적이지 않다는 것을 보여준다. 논쟁이 일어나면, 구성원들은 흔히 협력을 멈추고 권력 투쟁을 하게 되어, 집단 성과가 감소한다.[7] 그렇지만, 다른 연구는 팀 구성원이 다른 구성원에 의해 당황하거나, 거절되거나, 응징당하지 않을 것이라는 확신이 있는 경우, 다른 말로 하면 그들이 심리적 안정감을 느끼는 경우 갈등은 유익할 수 있으며, 팀 성과를 향상시킬 수 있다.[8]

　세 번째로, 자기관리팀이 구성원 행동에 미치는 효과에 대한 연구가 수행되었다. 이에 대한 연구 결과는 혼재되어 나타났다. 어떤 연구에서는 팀에서 일하는 구성원이 다른 개인보다 직무만족도가 높을지라도, 그들은 때때로 높은 결근율과 이직률을 보이는 것으로 나타났다. 더구나 영국 기업에서 수행된 노동생산성에 대한 대규모 연구에서는 팀을 사용하면 개인의 (그리고 전반적인) 노동생산성이 개선될지라도, 자기관리팀이 의사결정 권한이 적은 전통 팀보다 더 우수한 성과를 낸다는 주장을 지지하는 증거가 나타나지 않았다.[9]

기능횡단팀

스타벅스는 인스턴트 커피 Via를 개발하기 위해 생산부, 글로벌 PR부, 글로벌 커뮤니케이션부, 마케팅부 직원들로 구성된 팀을 만들었다. 이 팀은 생산과 유통 측면에서 비용-효과적인 제품을 개발하고, 긴밀하게 통합된 다면적인 전략을 사용하여 제품을 시장에 광범위하게 알렸다.[10] 이것은 **기능횡단팀**(cross-functional team)을 사용한 사례이다. 이 팀은 어떤 과업을 완수하기 위해 동일한 계층에 있지만 직무 영역이 서로 다른 사람들이 모여 함께 일한다.

　기능횡단팀은 조직의 다양한 영역에서 온 사람들이 정보를 교환하고, 새로운 아이디어를 개발하고 문제를 해결하며, 복잡한 프로젝트를 조정하는 데 효과적인 방법이다. 그렇지만, 조정의 필요성 때문에 기능횡단팀을 관리하는 것은 쉽지 않다. 왜 그런가? 첫째, 기능횡단팀의 구성원은 대체로 동일한 직급에 있기 때문에 상이한 전문 지식이 요구되면 권력 이동이 발생하고 이로 인해 리더십의 모호성이 유발된다. 따라서 지나친 갈등 없이 권력 이동이 일어나려면 그 전에 신뢰 분위기가 개발되어야 한다.[11] 둘째, 구성원들이 다양성과 복잡성 속에서 일하는 방법을 배워야 하기 때문에, 팀 형성 초기 단계가 흔히 길다. 셋째, 특히 상이한 경험과 관점을 가진 사람들 사이에 신뢰와 팀워크를 구축하는 데도 시간이 걸린다.

　요약하면, 전통적인 기능횡단팀의 강점은 다양한 배경과 상이한 스킬을 가진 사람들의 협력적 노력이다. 팀 구성원들이 가진 독특한 관점들이 모두 고려될 때, 기능횡단팀은 매우 효과적일 수 있다.

가상팀

앞에서 제시한 팀 유형은 얼굴을 맞대고 일을 한다. **가상팀**(virtual team)은 공동 목표를 달성하기 위해 물리적으로 떨어져 있는 구성원들을 연결하기 위해 컴퓨터 기술을 사용한다.[12] 가상팀은 구성원들이 근처에 있든 다른 대륙에 떨어져 있든 상관없이, 광역 네트워크, 회사 소셜미디어, 화상회의, 이메일과 같은 의사소통 연결장치를 사용하여 온라인에서 함께 일한다. 오늘날 거의 모든 팀이 적어도 작업의 일부를 원격으로 수행한다.

가상팀은 사무실에서 면대면으로 일하는 팀과는 다르게 관리되어야 한다. 그 이유는 부분적으로 가상팀의 구성원들이 전통적인 위계구조에서처럼 상호작용하지 않기 때문이다. 상호작용의 복잡성 때문에, 기존 연구에서는 가상팀의 공유된 리더십이 팀 성과를 상당히 강화하는 것으로 나타났다. 하지만 공유된 리더십(shared leadership)은 아직 개발단계에 있는 개념이다.[13] 효과적인 가상팀이 되기 위해서 경영자는 (1) 구성원 사이에 신뢰를 형성해야 한다, (2) 팀의 진행 상황이 자세히 추적 관찰되어야 한다(그래서 팀이 목표를 상실하지 않고, 팀 구성원이 '사라지지 않게' 해야 한다), (3) 팀의 노력과 결과가 조직 전체에 공개되어야 한다(그래서 팀의 존재를 알 수 있도록 해야 한다).[14]

멀티팀 시스템

앞에서 제시한 팀의 유형은, 그들의 활동이 광범위한 조직 목표와 연결되어 있을지라도, 전형적으로 작고 독립적으로 운영되는 팀이다. 하지만 과업이 점점 복잡해지면, 팀의 규모도 흔히 커진다. 팀 규모가 커지면 조정 요구도 증가하여, 다른 구성원의 영입이 도움이 되기보다는 해를 끼치는 티핑포인트를 창출한다. 이러한 문제를 해결하기 위해, 조직은 **멀티팀 시스템**(multiteam systems)을 사용한다. 이것은 상위의 목표를 공유하는 상호의존적인 2개 이상의 팀을 모아 놓은 것이다. 다른 말로 하면, 멀티팀 시스템은 '팀들로 구성된 팀'이다.[15]

멀티팀 시스템을 이해하기 위해, 대형 교통사고가 발생한 후 이루어지는 대응들을 상상해보자. 응급의료서비스팀이 가장 먼저 대응을 하며, 부상자를 병원으로 이송한다. 그러고 나면 응급실팀이 부상자를 치료하고, 회복실로 보낸다. 응급서비스팀, 응급실팀, 회복실팀은 엄밀히 말하면 독립되어 있지만, 그들의 활동은 상호의존적이고, 한 팀의 성공은 다른 팀의 성공에 의해 영향을 받는다. 왜? 그 팀 모두는 생명을 구한다는 상위의 목표를 공유하기 때문이다.

규모가 작은, 전통적인 팀을 효과적으로 만드는 요인들이 반드시 멀티팀 시스템에 적용되는 것은 아니며, 오히려 멀티팀의 성과를 방해할 수도 있다. 어떤 연구는 멀티팀 시스템이 '경계 역할자(boundary spanners)'를 가지고 있을 때 더 우수한 성과를 낸다는 것을 보여주었다. 경계 역할자는 멀티팀을 구성하는 개별 팀들 간의 노력을 조정하는 직무를 수행한다. 그래서 경계 역할자가 있으면, 조정 요구가 감소하고, 팀 구성원들에게 요구되는 의사소통량도 줄어들어 성과에 도움이 된다.[16] 멀티팀 시스템의 리더십도 독립된 팀과는 많이 다르다. 모든 팀의 리더십이 팀 성과에 영향을 미치지만, 멀티팀 리더는 팀을 지휘하면서 동시에 팀 간의 조정을 촉진해야 한다. 기존 연구는 조직 리더들의 관심과 참여가 많았던 팀이 더 많은 권한위임을 받았다고 느꼈고, 그로 인해 팀이 더 효과적으로 그들의 문제를 해결할 수 있었다는 것을 보여주었다.[17]

일반적으로 멀티팀 시스템은 팀이 효과적으로 작동하기에는 너무 커지거나, 팀들이 독특한 기능을 가지고 있어서 서로 조정이 필요할 경우에 최선의 선택이 될 수 있다.

효과적인 팀의 창출

팀은 흔히 의도적으로 창출되지만, 때때로 유기적으로 진화한다. 유기적인 진화의 예로서 지난 5년 동안 팀이 만들어지는 과정을 살펴보자. 팀 형성은 프리랜서에서부터 시작되었다. 프리랜서로 일하는 것은 전형적으로 자신의 분야에서 매우 전문화되어 있고, 단기적으로 조직에 전문적 지식을 제공할 수 있는 사람들이 혼자서 활동하는 것이다. 프리랜서는 자신을 조직에 효과적으로 홍보하기가 어렵고, 조직도 그들의 요구에 적합한 프리랜서를 발견하기 어렵다. 이러한 문제를 해결하기 위해 프리랜서는 보완적인 전문성을 가진 다른 프리랜서들과 함께 팀을 형성하여 잘 짜여진 작업 단위임을 고객에게 보여준다. 이렇게 팀 기반 접근법은 매우 성공적인 것으로 입증되었다.[18]

팀 효과성과 관련된 요인을 밝히려는 노력이 많이 이루어졌다. 기존 연구들은 지금까지 제시되었던 요인들을 정리하여 통합 모델을 제시하였다.[19] 〈도표 10-3〉은 팀을 효과적으로 만드는 요인을 요약한 것이다. 이것은 제9장에서 제시하였던 많은 집단 개념에 기초하고 있다.

효과적인 팀을 구성하는 요인은 세 가지로 분류할 수 있다. 첫 번째 요인은 팀을 효과적으로 만드는 자원과 **상황적** 영향 요인이다. 두 번째 요인은 팀 **구성**에 관련된 것이다. 마지막으로 **프로세스** 요인은 팀 내부에 존재하는 요인이다. 다음에서 이 요인들을 각각 살펴볼 것이다.

상황 요인 : 어떤 요인이 팀 성공을 결정하는가

팀 성과와 가장 중요하게 관련이 있는 네 가지 상황 요인은 **충분한 자원, 리더십과 구조, 신뢰 분위기, 팀 공헌도를 반영하는 성과 평가와 보상 시스템**이다.

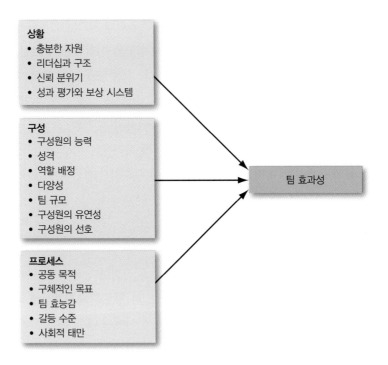

충분한 자원   팀은 큰 조직 시스템의 한 부분이다. 모든 작업팀은 존속하기 위해 집단 밖에 있는 자원에 의존한다. 자원 부족은 직무를 효과적으로 수행하고 목표를 달성할 수 있는 팀 능력을 감소시킨다. 중요한 자원에는 시기 적절한 정보, 적절한 설비, 충분한 인력 지원, 격려, 경영지원이 있다.

리더십과 구조   팀이 누가 무엇을 하는지에 대해 동의하지 못하고, 모든 구성원이 팀 업무를 함께 수행하지 못하면, 팀은 제대로 기능할 수 없다. 작업의 세부 사항과, 이것들을 어떻게 결합하여 개인의 스킬과 연결시킬 것인지에 대한 동의를 이끌어내려면, 리더십과 구조가 필요하다. 물론 리더십이 항상 필요한 것은 아니다. 자기관리팀에서는 팀 구성원이 전통적으로 경영자가 맡았던 많은 임무를 수행한다. 경영자는 팀 (내부보다는) 외부를 관리하는 임무를 수행한다.

앞에서 언급한 바와 같이, 리더십은 멀티팀 시스템에서 특히 중요하다. 멀티팀에서는 리더가 팀에게 권한을 위양하고, 촉진자의 역할을 수행하여 팀들이 서로 대립하기보다는 함께 일할 수 있게 만드는 것이 필요하다.[20]

신뢰 분위기   신뢰는 리더십의 기초를 형성한다. 신뢰는 팀에게 리더의 목표와 결정을 수용하고 그것에 전념하도록 만든다. 효과적인 팀의 구성원은 그들의 리더를 신뢰한다.[21] 또한 그들은 서로를 신뢰한다. 팀 구성원 간의 신뢰는 협력을 촉진하고, 서로의 행동에 대한 감시 필요성을 줄여주고, 다른 사람들이 자신들을 이용하지 않을 것이라는 신념으로 구성원들을 결속시킨다. 팀 구성원들은 팀의 다른 구성원을 신뢰할 수 있다고 믿을 때 위험을 추구하고 약점을 드러낸다. 팀의 전반적인 신뢰 수준도 중요하지만, 신뢰가 팀 구성원들 사이에 확산되는 방식도 또한 중요하다. 팀 구성원들 간의 비대칭적이고 불균형적인 신뢰 수준은 전반적으로 높은 신뢰 수준이 가져오는 성과 이점을 감소시킨다. 그런 경우, 연합체가 형성되어, 하나의 팀으로 기능하기가 어려워진다.[22]

신뢰는 팀 구성원의 행동에 대한 지각에 영향을 미쳐 팀 효과성을 저해하기도 한다. 예를 들어, 싱가포르에서의 한 연구는 신뢰가 높은 팀에서, 개인은 자신의 아이디어의 개인적 소유권을 주장하고 방어하는 경향이 낮지만, 여전히 개인적 소유권을 주장하는 사람은 팀 구성원들로부터 기여도가 낮은 사람으로 평가받는다.[23] 이러한 팀 '징계'는 분노를 표출하는 것으로 부정적인 관계, 갈등 증가, 성과 감소를 유발한다.

성과 평가와 보상 시스템 개인적인 성과 평가와 인센티브는 고성과 팀의 개발을 방해한다. 그래서 개인의 공헌도를 평가하고 보상하는 것과 함께, 경영자는 하이브리드 성과 시스템을 활용해야 한다. 이 시스템은 개인의 공헌을 인정해주는 개인적 요소와 긍정적인 팀 결과를 인정해주는 집단 보상을 통합시킨다.[24] 집단 기반 평가, 이익 분배, 소집단 인센티브, 기타 다른 시스템 변경이 팀 노력과 몰입을 강화할 수 있다.

팀 구성

미국의 중소기업청의 책임자인 마리아 콘트레라스 스위트는 팀을 구성할 때, 지혜, 유연성, (진실성 있는) 배려 등 여러 가지 자질을 가진 사람들을 찾는다고 말한다. 이것들은 좋은 자질이지만, 팀을 구성할 때 고려해야 하는 전부는 아니다.[25] 팀 구성 요인에는 팀이 어떻게 구성되어야 하는지와 관련된 변수들—팀 구성원의 **능력**과 **성격**, **역할 배정**, **다양성**, **문화 차이**, **팀 규모**, 팀워크에 대한 **구성원의 선호도**—이 포함된다.

구성원의 능력 때때로 평범한 선수들로 구성된 운동팀이 훌륭한 코치, 결정력, 정확한 팀워크 때문에 우수한 선수들이 모인 집단을 이기는 경우가 있다. 하지만 그런 경우는 흔치 않기 때문에 뉴스거리가 된다. 팀 성과는 부분적으로 구성원 개인의 지식, 기술, 능력에 의해 결정된다.[26] 그러나 능력은 구성원들이 무엇을 할 수 있고, 그들이 팀에서 얼마나 효과적으로 일할 수 있는지를 제한한다.

팀 구성원의 능력에 대한 연구들은 팀 구성과 성과에 대해 흥미로운 결론을 제시하였다. 첫째, 조립라인을 리엔지니어링하는 것과 같은 복잡한 문제를 해결해야 하는 경우, 우수한 능력을 가진 팀(대부분 똑똑한 사람들로 구성된 팀)이 능력이 낮은 팀보다 일을 더 잘한다. 우수한 능력을 가진 팀은 변화하는 상황에 잘 적응한다. 그들은 새로운 문제에 적응하기 위해 기존의 지식을 효과적으로 활용할 수 있다.

마지막으로, 팀 리더의 능력이 중요하다. 똑똑한 팀 리더는 영리하지 못한 팀 구성원이 어떤 과업과 씨름하고 있을 때 그들을 돕는다. 리더는 혼자서도 팀 목표 달성에 기여할 수 있다. 그러나 똑똑하지 않은 리더는 우수한 능력을 가진 팀의 효과를 상쇄시킬 수 있다.[27]

성격   제5장에서 제시하였듯이 성격은 개인의 행동에 중요한 영향을 미친다. 빅 파이브 성격 모델에서 확인된 몇몇 차원이 팀 효과성과 관련되어 있다.[28] 특히 성실성이 팀에게 중요하다. 성실한 구성원은 다른 팀 구성원을 잘 도와주며, 그들의 도움이 정말로 필요한 때를 잘 안다. 또한 싱실한 넘은 다른 이점도 가지고 있다―한 연구에 의하면, 체계성, 성취 지향, 인내와 같은 행동 성향이 높은 수준의 팀 성과와 관련되어 있다.[29]

팀은 개인의 성격에 근거하여 효과적으로 구성할 수 있다. 어떤 조직이 4명으로 구성된 20개 팀을 만들어야 하는데, 40명은 매우 성실한 사람이고 40명은 성실하지 않은 사람들이라고 가정해보자. 조직은 (1) 매우 성실한 사람으로 구성된 10개 팀과 성실하지 않은 사람으로 구성된 10개 팀을 형성하는 것이 더 좋을까, 아니면 (2) 각 팀을 성실한 사람 2명과 성실하지 않은 사람 2명으로 구성하는 것이 더 좋을까? 놀랍게도 기존 연구는 (1)번 안이 최선의 선택이라고 제시한다. 전체 성과는 10개의 성실한 팀과 10개의 성실하지 않은 팀으로 형성한 조직에서 더 높을 것이다. 이것은 매우 성실한 사람들로 구성된 팀은 높은 집단 성과 목표를 설정하고 유지하지만, 성실성이 다양한 사람들로 구성된 팀은 매우 성실한 사람들이 달성할 수 있는 최고의 성과에 도달하지 못하기 때문이다. 대신에 집단 표준화 현상(또는 단순한 짜증)이 상호작용을 복잡하게 만들고, 매우 성실한 구성원에게 그들의 기대 수준을 낮추게 함으로써 집단 성과에 악영향을 미치게 된다.[30]

다른 특성들은 어떨까? 구성원의 개방성이 높은 팀에서 성과가 더 우수한 경향이 있으며, 건설적인 과업 갈등이 그 효과를 강화하는 것으로 나타났다. 개방적인 팀 구성원은 서로 의사소통을 잘하며, 더 많은 아이디어를 제안한다. 그래서 개방적인 사람들로 구성된 팀들이 더 창조적이고 혁신적이다.[31] 또한 과업갈등이 정서적 안정성이 높은 팀의 성과를 강화한다.[32] 갈등 자체가 팀의 성과를 개선하는 것이 아니라, 개방성과 정서적 안정성을 가진 팀이 갈등을 잘 관리하고, 그것을 성과 개선에 이용할 수 있는 것이다. 팀 구성원이 가지고 있는 최소 수준도 또한 중요하다. 친화성이 부족한 구성원이 팀에 한 명이라도 포함되어 있으면, 팀 성과는 악화되고, 친화성의 개인적 차이가 큰 집단에서는 성과가 감소된다. 외향성의 효과에 대한 연구 결과는 명확하지 않지만, 한 연구는 팀에서의 외향성 수준이 평균 이상일 때, 부분적으로 협력적 분위기 속에서, 돕는 행동을 증가시킬 수 있다고 제시하였다.[33] 따라서 팀의 전반적인 성격 특성과 마찬가지로, 개인의 성격 특성도 팀에게 중요하다.

역할 배정 팀은 다양한 요구 사항을 가지고 있어서, 그 다양한 역할 모두를 확실하게 수행할 수 있도록 구성원을 선발해야 한다. 21년 동안 778개 야구팀을 대상으로 조사한 연구는 역할을 적절하게 배정하는 것이 중요하다는 것을 강조한다.[34] 알다시피 많은 경험과 스킬을 가진 구성원들로 구성된 팀이 더 좋은 성과를 낸다. 그렇지만 팀의 작업 흐름을 관리하는 역할과 모든 작업 프로세스의 중심이 되는 역할(야구의 경우, 투수와 포수)을 맡은 사람의 경험과 스킬이 특히 중요하다.[35] 다른 말로 하면 가장 능력 있고 경험 있는 성실한 구성원에게 팀에서 가장 중요한 역할을 맡겨야 한다는 것이다.

우리는 아홉 가지 팀 역할을 제시할 수 있다(도표 10-4 참조). 성공적인 작업팀은 구성원의 스킬과 선호도에 근거하여 이 역할들을 수행할 구성원들을 선발한다(많은 팀에서 개인은 다양한 역할을 수행한다). 팀 구성원이 함께 일을 잘하도록 하기 위해 경영자는 각각의 사람이 팀에 가져올 수 있는 개인적 장점을 이해하고, 자신의 장점을 알고 있는 구성원을 선발하여, 그들이 선호하는 스타일에 적합한 업무를 맡겨야 한다.

구성원의 다양성 제9장에서 집단에 대한 다양성 효과에 대해 설명하였다. 팀 다양성이 팀 성과에 어떤 영향을 미칠까? **조직 인구통계학**(organizational demography)에서는 작업 단위(집단, 팀 또는 부서)의 구성원들이 공통의 인구통계학적 특성(연령, 성, 교육 수준, 근속 기간)을 공유하고 있는 정도를 연구 주제로 다루고 있다. 조직 인구통계학은 연령이나 입사 일자와 같은 속성이 이직률을 예측하는 데 유용하다고 제시한다. 이것의 논리는 다음과 같다. 이직률은 상이한 경험을 가진 사람들로 구성된 집단에서 높게 나타난다. 왜냐하면 의사소통이 어렵고 갈등이 많이 발생하기 때문이다. 갈등이 증가하면 멤버십에 대한 매력이 떨어지고, 그로 인해 구성원들이 집단을 탈퇴하는 경향이 높아진다.

도표 10-4
팀 구성원의 역할

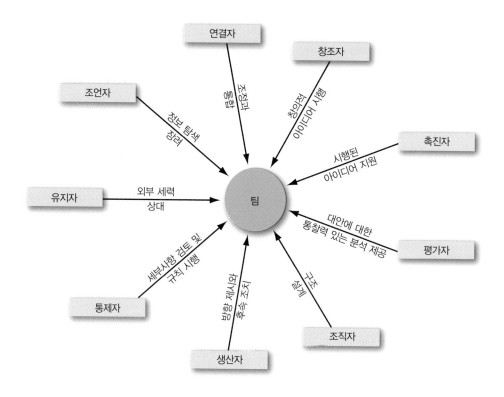

또한 권력 투쟁에서 진 사람들은 자발적으로 또는 강제로 집단을 떠나는 경향이 있다.[36] 결론은 다양성이 팀 성과에 부정적인 영향을 미친다는 것이다.

　우리의 대부분은 다양성이 좋은 것이라는 낙관적인 생각을 가지고 있다 — 다양성을 가진 팀은 상이한 관점으로 인해 이득을 볼 것이고 일을 더 잘할 것이다. 그렇지만 기존 연구를 메타분석한 2개의 논문은 인구통계학적 다양성이 팀 성과와 관련이 없다는 것을 보여준다.[37] 반면, 세 번째 리뷰 논문은 인종과 젠더의 다양성이 실제로 팀 성과와 부정적인 관계를 가졌다고 제시하였다. 다른 연구들은 혼합된 결과를 보여준다. 젠더와 인종의 다양성은 백인 또는 남성이 지배하는 직업에서는 부정적인 영향을 미치지만, 인구통계학적으로 균형을 이룬 직업에서는 다양성이 그리 문제가 되지 않는다. 기능과 교육과 전문지식에서의 다양성은 집단 성과와 긍정적인 관련성을 갖지만, 이러한 효과는 작으며 상황에 따라 달라진다.

 문화적 차이　우리는 팀 다양성 연구를 여러 가지 측면에서 살펴보았다. 그러나 국가 차이에 의해 유발된 다양성은 어떤가? 기존 연구는 문화적 다양성이, 적어도 단기적으로는 팀 프로세스를 방해한다고 제시한다.[38] 그러나 좀 더 깊이 생각해보자. 문화적 지위의 차이점은 어떤가? 논쟁의 여지가 있지만, 높은 문화적 지위를 가진 사람은 일반적으로 그들 국가의 주류 또는 지배 민족집단에 속한다. 예를 들어, 영국의 연구자들은 문화적 지위 차이가 팀 성과에 영향을 미친다는 사실을 제시하였는데, 문화적 지위가 높은 구성원이 낮은 구성원보다 더 많은 팀에서 성과가 개선되었다.[39] 이것은 다양성이 있는 팀은 그들 국가의 높은 문화적 지위를 가진 집단으로 구성되어야 한다는 것을 제시하는 것이 아니라, 다양성이 있는 집단 상황에서 사람들이 어떻게 그들의 문화적 지위와 동일시하는지에 대해 이해해야 한다는 것을 시사한다.

일반적으로 문화적 다양성은 다양한 관점을 필요로 하는 과업에서는 유용할 수 있다. 그러나 문화적으로 이질적인 팀은 서로 함께 일하는 방법을 배우기 어렵고, 또 문제를 해결하기가 더 어렵다. 좋은 소식은 이러한 어려움이 시간이 지나면서 해소된다는 것이다.

팀 규모 대부분의 전문가는 팀을 작게 만드는 것이 집단 효과성 개선에 중요하다는 것에 동의한다.[40] 아마존의 최고경영자 제프 베조스는 '피자 두 판' 원칙을 사용한다. 그는 "팀 전체를 먹이는 데 피자 두 판 이상이 들면, 그 팀은 너무 큰 것이다."라고 말한다.[41] 심리학자 조지 밀러는 이상적인 팀 규모에 대해 "7±2가 가장 좋다."라고 주장했다.[42] 작가이면서 포브스의 발행자인 리치 칼가아르드에 의하면, "팀의 규모 증가와 성공 가능성 증가 간에는 상관관계가 거의 없다. 왜냐하면 팀 규모가 증가하면 사람들 간의 잠재적 연결고리도 기하급수적으로 증가하여 의사소통이 복잡해지기 때문이다.[43]

일반적으로 말하면 가장 효과적인 팀의 인원은 5~9명이다. 전문가들은 과업을 수행하는 데 필요한 최소한의 사람들만으로 팀을 구성할 것을 제안한다. 불행히도 경영자들은 팀을 너무 크게 만들고 있다. 다양한 관점과 스킬을 개발하는 데는 최소한 4명이나 5명만 있으면 된다. 팀 구성원이 추가되면 조정 문제가 기하급수적으로 증가할 수 있다. 팀 구성원이 너무 많으면 응집성과 공동책임감이 감소하고, 사회적 태만이 증가하며, 구성원들의 의사소통이 줄어준다. 대규모 팀의 구성원은 특히 시간적 압력을 받고 있을 때, 서로 조정하는 데 어려움을 겪는다. 작업 단위가 커지고 팀 노력이 필요하다면, 그 집단을 여러 하위 팀으로 만드는 것을 고려해야 한다.[44]

구성원의 선호 모든 구성원이 팀 플레이를 잘하는 것은 아니다. 선택할 수 있다면 많은 구성원들은 팀에서 빠지려고 할 것이다. 혼자 일하고 싶어 하는 사람들이 팀에서 함께 일하면 팀 사기와 개인 만족이 크게 하락할 수 있다.[45] 이것은 팀 구성원을 선발할 때 개인의 능력, 성격, 기술뿐만 아니라 선호도를 고려해야 한다는 것을 시사한다. 성과가 우수한 팀은 집단으로 일하는 것을 좋아하는 사람들로 구성되어 있다.

프로세스

팀 효과성과 관련된 마지막 요인은 프로세스 변수들이다. 프로세스 변수들에는 **공동 목적에 대한 구성원들의 몰입, 구체적인 팀 목표 설정, 팀 효능감, 갈등 수준, 사회적 태만**이 있다. 이것은 대단위 팀과 상호의존성이 높은 팀에서 특히 중요하다.[46]

프로세스가 팀 효과성에 왜 중요한가? 팀은 구성원의 투입물 합보다 더 많은 산출물을 창출해야 한다. 〈도표 10-5〉는 집단 프로세스가 어떻게 집단의 실제 효과성에 영향을 미칠 수 있는지를 보여준다.[47] 팀은 흔히 연구 실험실에서 사용된다. 왜냐하면 연구자 모두가 독립적으로 일할 때보다 팀으로 일할 때 여러 사람들이 가진 다양한 스킬을 이용하여 더 의미 있는 연구를 할 수 있기 때문이다. 즉 팀은 긍정적인 시너지를 만들어내고, 팀의 프로세스 이득이 프로세스의 손실을 초과한다.

공동 계획과 목적 효과적인 팀은 팀 미션을 분석하고, 그 미션을 달성하기 위해 목표를 개발하며, 그 목표를 달성하기 위한 전략을 수립한다. 우수한 성과를 일관적으로 내는 팀은 무엇을 어떻게 해야 하는지를 명확하게 알고 있다.[48] 이것은 당연하게 들리지만, 많은 팀이 이 기본적인 과정을 무시한다. 또한 효과적인 팀은 **성찰**(reflexivity)을 한다. 이것은 그들의 목적을 되돌아보고, 필요할 때 조정하는 것을 의미한다. 팀은 좋은 계획을 가져야 하지만, 상황이 변하면 계획을 변경하려는 의지를 가지고 있어야 하고, 또 할 수 있어야 한다.[49] 흥미롭게도 어떤 연구는 성찰을 잘하는 팀이 팀 구성원들 간에 상충되는 계획과 목표가 있을 때 적응을 더 잘할 수 있다고 제시한다.[50]

구체적인 목표 성공적인 팀은 공동 목적을 구체적이고, 측정할 수 있고, 현실적인 성과 목표로 전환한다. 구체적인 목표는 명확한 의사소통을 촉진한다. 또한 그것은 팀이 목표 달성에 집중할 수 있게 도와준다. 그리고 개인 목표에 대한 연구와 마찬가지로 팀 목표도 도전적이어야 한다. 어렵지만 달성할 수 있는 목표는 설정된 목표 기준에 맞춰 팀 성과를 증가시킨다. 예를 들어 양에 대한 목표는 양을 증가시키는 경향이 있고, 속도에 대한 목표는 속도를 증가시키는 경향이 있으며, 정확성에 대한 목표는 정확성을 높여준다.[51]

도표 10-5
집단 프로세스의 효과

잠재적 집단 효과성 + 과정 이익 - 과정 손실 = 실질적인 집단 효과성

팀 효능감   효과적인 팀은 자기 확신을 가지고 있다. 그들은 성공할 것이라고 믿는다. 이것을 **팀 효능감**(team efficacy)이라고 한다.[52] 성공을 경험한 팀은 미래에도 성공할 것이라는 신념을 갖게 되고, 그 결과 더 열심히 일하려는 동기가 유발된다. 더구나 구성원들이 가진 개인적 역량에 대해 서로 잘 알고 있는 팀은 팀 구성원들의 자기효능감과 개인적 창의성 간의 연관성을 강화할 수 있다. 그 이유는 구성원들이 정통한 의견을 팀 동료로부터 효과적으로 구할 수 있기 때문이다.[53] 팀 효능감을 증가시키기 위해서 경영자가 무엇을 할 수 있을까? 두 가지 방법을 사용할 수 있다. 하나의 방법은 팀이 작은 성공을 경험하도록 도와주는 것이고, 다른 방법은 구성원의 전문적 기술과 대인 간 기술을 개선할 수 있는 훈련을 제공하는 것이다. 팀 구성원의 능력이 커질수록 팀이 높은 자신감을 갖게 되고, 그 자신감을 실현시킬 수 있는 능력을 개발할 가능성이 더 높아진다.

팀 정체성   제9장에서 사람들의 삶에 사회 정체성이 중요한 역할을 한다는 것을 설명하였다. 사람들은 그들이 소속해 있는 집단과 감정적으로 연결될 때, 그들은 집단과의 관계에 투자를 하는 경향이 있다. 이것은 팀에서도 마찬가지이다. 예를 들어, 네덜란드 병사에 대한 연구에 의하면, 팀에 소속감을 느끼고 팀 구성원으로부터 존중받는 사람은 그들의 팀을 위해 더 열심히 일하는 경향이 있다. 그들은 병사들로 이미 그들의 팀에 헌신하도록 요구받았을지라도 그렇다. 그러므로 개인의 특정한 기술과 능력을 인식하는 것뿐만 아니라 존중감과 소속감을 느낄 수 있는 분위기를 창출함으로써, 리더와 구성원은 긍정적인 **팀 정체성**(team identity)을 촉진하고 팀 성과를 개선할 수 있다.[54]

조직 정체성도 중요하다. 팀은 진공 상태에서 거의 활동하지 않는다. 흔히 팀은 다른 팀과 상호작용하면서 팀 간의 협력을 이끌어낸다. 긍정적인 팀 정체성을 가지고 있지만, 긍정적인 조직 정체성이 없는 개인은 그들의 팀에 고착되어 조직 내 다른 팀과 협력하지 않을 수 있다.[55]

팀 응집성   실제로 '손발이 척척 맞는' 팀 구성원이 있었는가? 이것은 팀 구성원들이 서로 연결되어 있다는 느낌을 갖는 것이다. **팀 응집성**(team cohesion)은 구성원들이 서로에게 감정적 애착을 느끼고, 그들의 애착 때문에 팀을 위해 열심히 일하려는 동기가 유발되는 것을 의미한다. 팀 응집성은 팀의 성과를 예측하는 데 유용한 도구이다. 예를 들어 중국에서 수행된 대규모 연구에 의하면, 응집성이 높고 복잡한 과업을 수행하는 팀에서는 승진, 보상, 훈련 등에 대한 투자가 수익성이 좋은 팀 창의성을 창출한다. 반면에 응집성이 낮고 단순한 과업을 수행하는 팀에서는 인센티브가 팀 창의성을 유발하지 않는다.[56]

팀 응집성은 팀 성과에 영향을 미치는 강력한 요인으로, 응집성이 낮아지면, 성과도 낮아진다는 것을 예측할 수 있다. 팀 구성원 간의 나쁜 관계는 응집성을 감소시킨다. 이러한 효과를 줄이기 위해 팀은 높은 수준의 상호의존성과 양질의 대인 간 상호작용을 조성해야 한다.

정신 모델 효과적인 팀은 정확한 **정신 모델**(mental model), 즉 팀의 업무 수행 방법에 대한 팀 구성원의 지식과 신념을 공유한다(팀의 사명과 목표가 팀이 효과적이기 위해 필요한 것이라면, 정신 모델은 팀이 작업을 어떻게 수행할 것인가에 관한 것이다).[57] 팀 구성원이 잘못된 정신 모델을 가지고 있어서, 팀이 극심한 스트레스를 받는 경우, 팀 성과가 나빠진다.[58] 65개 팀 인지 연구들에 대한 리뷰 논문은 공유된 정신 모델을 가진 팀이 더 많은 상호작용을 하고, 동기유발이 더 많이 되고, 작업에 대한 긍정적인 태도를 더 많이 갖고, 객관적으로 평가된 성과가 더 높게 나타난다는 것을 발견했다.[59] 그렇지만 팀 구성원들이 어떻게 업무를 수행해야 하는지에 대해 다른 생각을 가지고 있다면, 그 팀은 무엇을 해야 하는가에 집중하기보다는 일하는 방법을 기지고 싸울 것이다.[60]

병원의 마취팀은 공유된 정신 모델을 가지고 행동하는 팀이라고 할 수 있다. 스위스에서 수행된 연구에 의하면, 마취팀은 수술 중에 두 가지 독특한 유형의 메시지를 전달한다—서로의 행동을 말하면서 모니터링하는 것(비난하는 것이 아니라 사건을 음성으로 기록하는 것)과 '수술실에 말하기("환자의 혈압이 떨어지고 있다."는 말과 같이 모든 사람에게 공지하는 것)'. 이 연구 결과에 의하면, 성과가 우수한 팀과 성과가 낮은 팀 모두가 동일하게 이러한 방식을 사용하여 소통한다—성과에 중요한 것은 공유된 정신 모델을 유지하기 위한 의사소통 순서였다. 성과가 우수한 팀은 모니터링 대화를 하고 나서 지원과 지시를 하고, 수술실 대화를 하고 나서 팀 대화를 한다.[61] 메시지는 단순해 보인다—팀이 수술하는 동안에 공유된 정신 모델을 유지하고 일어나는 일들을 대화로 공유하는 것이다!

갈등 수준 갈등은 팀 성과와 복잡한 관계를 가지며, 항상 나쁜 것만은 아니다(제14장 참조). 관계 갈등(대인 간 불화, 긴장, 다른 사람에 대한 원한에 근거한 갈등)은 거의 항상 역기능적으로 작용한다. 그렇지만 비일상적 활동을 수행하는 팀에서 과업 내용에 대한 구성원 간 의견 차이(**과업갈등**이라고 함)는 토론을 자극하고, 문제와 선택안에 대해 비판적으로 평가하게 하고, 보다 우수한 팀 결정을 내릴 수 있게 한다. 중국에서 수행된 연구에 따르면, 팀 수행의 초기 단계에서는 중간 정도의 과업갈등이 팀 창의성과 긍정적으로 관련되어 있지만, 매우 낮은 수준과 매우 높은 수준의 과업갈등은 팀 성과와 부정적으로 관련되어 있음을 제시하였다.[62] 다시 말하면 팀이 초기에 어떻게 창의적 과업을 수행할 것인가에 대한 의견 충돌이 너무 많거나 너무 없으면 성과가 저하될 수 있다.

사회적 태만 앞에서 제시한 대로 팀 구성원들은 개인의 공헌도를 확인할 수 없을 때 사회적 태만 행동을 하고 집단 노력에 편승할 수 있다. 효과적인 팀은 구성원들에게 팀의 목적, 목표, 접근 방법에 대해 개인적으로 그리고 집단적으로 책임을 지게 함으로써 이러한 경향을 없앤다.[63] 그러므로 구성원들은 개인적으로 책임을 져야 할 것과 집단이 공동으로 책임져야 할 것을 명확하게 이해해야 한다.

팀 플레이어로의 전환

지금까지 팀의 가치와 인기에 대해 알아보았다. 그러나 많은 사람들은 본래 팀 플레이어가 아니며, 많은 조직이 역사적으로 개인 업적을 중요시해 왔다. 팀은 집단주의 성향이 높은 국가에 적합하다. 만약 대부분 개인주의 사회에서 태어나서 성장한 사람들로 구성된 조직에서 팀 제도를 도입한다면 어떠한 결과가 나타날까? 다음에서 조직의 팀 빌딩 단계를 살펴보자.

선발 : 팀 플레이어 고용

어떤 사람들은 이미 효과적인 팀 플레이어가 될 수 있는 인간관계 기술을 가지고 있다. 팀 구성원을 고용할 때 지원자가 직무를 수행하는 데 필요한 기술을 가지고 있는지를 평가하는 것뿐만 아니라 팀에서의 역할을 제대로 수행할 수 있는지를 확인해야 한다.[64] 팀을 창설하는 것은 흔히 최고의 인재를 고용하고 싶은 충동을 뿌리치는 것을 의미한다. 예를 들어, 뉴욕 닉스 프로농구팀은 카멜로 앤서니에게 높은 보수를 제공한다. 왜냐하면 그는 팀을 위해 많은 득점을 올리기 때문이다. 그러나 통계자료는 그가 그 리그에서 높은 보수를 받고 있는 다른 선수들보다 골대를 향해 더 많은 슛을 한다는 것을 보여주는데, 이것은 팀 동료를 위한 슛은 적다는 것을 의미한다.[65] 개인적 특질은 어떤 사람이 다양성이 있는 팀에서 일을 더 잘할 수 있게 만든다. 어려운 퍼즐을 맞추기를 좋아하는 사람들로 구성된 팀은 연령과 교육 배경의 다양성으로부터 유발되는 다양한 관점을 효과적으로 이용하는 경향이 있다.[66]

훈련 : 팀 플레이어 양성

훈련 전문가는 구성원들에게 팀워크가 제공하는 만족감을 경험하게 하는 훈련을 시행한다. 워크숍은 구성원들이 문제 해결, 의사소통, 협상, 갈등 관리, 코칭 기술을 개선하는데 도움이 된다. 예를 들어 로레알은 성공적인 판매팀은 능력이 뛰어난 판매사원의 고용 이상의 것을 필요로 한다는 것을 알게 되었다. "지금까지 최고 판매팀의 많은 구성원들은 훌륭한 전문 기술과 실행 기술 때문에 승진했었다."라고 로레알의 판매 담당 수석 부사장 데이비드 월드덕이 말했다. 집중적인 팀 훈련을 시행한 후에 월드덕이 말하기를 "우리는 독립적으로 일하는, 서류상의 팀이 더 이상 아니다. 지금 우리 팀에서는 집단역학(group dynamics)이 정말로 잘 이루어지고 있다."[67] 효과적인 팀은 하루 아침에 개발되지 않는다. 시간이 걸린다.

보상 : 우수 팀 플레이어에게 인센티브 제공

전통 조직의 보상 시스템은 경쟁보다 협력적 노력을 장려하기 위해 재설계되어야 한다.[68] 홀마크 키드사는 기본적인 개인별 인센티브 시스템에 팀 목표 달성도에 기초한 연간 상여금(annual bonus)을 추가하였다. 홀푸드는 성과연계보상의 대부분이 팀 성과에 근거한다. 그 결과, 팀은 새로운 구성원을 신중하게 선발하여 팀 효과성(그리고 팀 보너스)에 기여할 수 있도록 한다.[69] 가능한 한 빨리 협력적인 분위기를 팀에 조성하는 것이 가장 좋다. 앞에서 지적한 대로, 경쟁적 시스템에서 협력적 시스템으로 전환하였다고 해서, 팀이 즉각적으로 정보를 공유하는 것은 아니며, 여전히 형편없는 의사결정을 서둘러 내리는 경향을 보인다.[70] 경쟁적 집단에 전형적으로 나타나는 낮은 신뢰가 보상 시스템이 변했다고 해서 높은 신뢰로 쉽게 전환되지는 않을 것이다. 새로운 동료를 훈련시키고, 팀 동료와 정보를 공유하고, 팀 갈등의 해결을 돕고, 팀이 필요로 하는 부족한 기술을 배워, 팀 구성원으로서 효과적으로 일한 사람에게 승진, 급여 인상, 다른 형태의 인정이 주어져야 한다. 이것은 개별적인 공헌을 무시해야 한다는 것이 아니다. 더 정확히 말하면, 개별적인 공헌과 팀에 대한 사심 없는 공헌이 균형을 유지해야 한다는 것이다.

마지막으로 구성원들이 팀워크로부터 얻을 수 있는 내재적 보상을 잊어서는 안 된다. 팀은 동지애를 제공한다. 성공적인 팀의 일원이 되는 것 자체가 흥미와 만족을 준다. 자신과 팀 동료가 개인적으로 발전할 수 있는 기회는 구성원에게 매우 만족스럽고 보람 있는 경험이 될 수 있다.

유의점 : 팀이 항상 옳은 것은 아니다

팀워크는 개별적 작업보다 더 많은 시간과 자원을 필요로 한다. 팀은 의사소통의 필요성을 증가시키고, 갈등을 관리해야 하고, 회의를 개최해야 한다. 그래서 팀을 사용함으로써 얻을 수 있는 이익이 비용을 초과해야 하며, 이것이 항상 가능한 것은 아니다.[71] 집단의 직무를 팀으로 수행하는 것이 더 효과적인지를 어떻게 알 수 있을까? 팀이 적합한지를 알아보기 위해 당신은 다음의 세 가지 테스트를 해볼 수 있다.[72] 첫째, 둘 이상의 사람이 작업할 때 더 잘할 수 있는가? 이것에 답할 수 있는 좋은 기준은 작업의 복잡성과 상이한 관점의 필요성이다. 다양한 투입을 필요로 하지 않는 단순한 과업은 개별적으로 하는 것이 아마도 더 좋을 것이다. 둘째, 그 직무가 공동 목적과 목표를 통해 개별 목표의 총합보다 더 많은 결과를 창출해낼 수 있는가? 많은 신차 판매서비스 부서는 고객서비스담당자, 기술자, 부품 전문가, 영업사원을 연결하는 팀을 만들었다. 그런 팀은 고객 요구를 적절히 충족시켜야 하는 공동 책임을 더 잘 관리할 수 있다.

마지막 방법은 집단 구성원들이 상호의존적인지를 결정하는 것이다. 과업 간 상호의존성이 존재하는 경우(전체의 성공이 각각의 성공에 의해 결정되고 각각의 성공은 다른 사람의 성공에 의해 결정되는 경우), 팀을 사용하는 것이 효과적이다. 예를 들어 축구는 명백한 팀 스포츠이다. 성공은 상호의존적인 선수들 간에 많은 조정을 필요로 한다. 반대로 릴레이 경기를 제외하고, 수영팀은 실제로 팀이 아니다. 그들은 개별적으로 행동하는 개인들의 집단이다. 그들의 성과는 단지 개인 성과의 총합으로 결정된다.

요약

작업현장에 팀을 도입하려는 움직임만큼 직무에 영향을 미친 것은 없었다. 팀 단위 직무 수행 방식은 구성원들에게 다른 사람들과 협력하고, 정보를 공유하고, 차이를 비교하고, 개인의 이익보다 팀의 이익을 우선시할 것을 요구한다.

문제해결팀, 자기관리팀, 기능횡단팀, 가상팀 및 멀티팀 시스템의 차이점에 대한 이해는 팀 기반 작업에 적절한 유형을 결정하는 데 도움을 준다. 성찰, 팀 효능감, 팀 정체성, 팀 응집성, 정신 모델과 같은 개념들이 팀 상황, 구성, 프로세스와 관련된 주요 이슈들을 보여준다. 팀이 적절하게 기능하기 위해서는 팀 플레이어의 고용, 훈련, 보상에 주의 깊은 관심을 기울여야 한다. 여전히 효과적인 조직은 업무를 효율적으로 수행하는 데 팀이 항상 최선의 방법은 아니라는 것을 인식한다. 조직 행동에 대한 신중한 분별과 이해가 필요하다.

경영자에게 주는 시사점

- 효과적인 팀은 충분한 자원, 효과적인 리더십, 신뢰 분위기, 팀 공헌도를 반영하는 성과 평가와 보상 시스템을 가지고 있다. 이러한 팀의 구성원은 기술적 지식뿐만 아니라 적절한 자질과 기술을 가지고 있다.
- 효과적인 팀은 소규모로 구성되는 경향이 있다. 그들의 구성원은 다양한 역할 요구를 충족할 수 있고, 집단의 일원이 되는 것을 좋아한다.
- 효과적인 팀은 팀 능력을 믿고 공동 목적과 계획에 헌신하는 구성원을 가지고 있으며, 무엇을 달성해야 하는지에 대한 공유된 정신 모델을 가지고 있다.
- 효과적인 팀 플레이어로 만들기 위해서는 인간관계 기술을 가진 사람을 선발하고, 팀워크 기술을 개발하기 위해 훈련시키고, 협력적 노력에 대해 보상해야 한다.
- 팀이 항상 필요하다고 가정해서는 안 된다. 상호의존성이 과업 수행에 도움이 되지 못하면, 개별적으로 일하는 것이 더 좋은 선택이다.

의사소통

의사소통

의사소통은 매우 중요하다. 어떤 집단이나 조직도 구성원들이 의미를 공유하지 않으면 존재할 수 없다. 이 장에서, 우리는 의사소통과 효과적인 의사소통 방식을 알아본다.

의사소통(communication)은 의미의 전달과 이해를 모두 포함해야 한다. 의사소통은 단순한 의미 전달 이상의 것이다. 즉 의미가 이해되어야 한다. 그래서 우리는 의사소통을 통해 정보와 아이디어를 전달할 수 있다. 완전한 의사소통은 송신자가 의도한 마음 속 이미지(mental picture)와 동일하게 수신자가 이해하도록 어떤 생각을 전달하는 것이다. 그러나 실제로 완전한 의사소통은 이루어질 수 없다. 의사소통의 기능과 과정에 대한 이해는 조직행동에서의 긍정적인 변화를 이끌어낼 수 있다.

의사소통의 기능

의사소통은 집단 또는 조직에서 다섯 가지 주요 기능, 즉 행동 관리, 피드백, 감정 공유, 설득 및 정보 교환을 제공한다.[1] 집단이나 조직에서 일어나는 거의 모든 의사소통은 이러한 기능을 한 가지 이상 수행하며, 다섯 가지 중 어느 것도 다른 것보다 더 중요한 것은 없다.

행동 관리   의사소통은 구성원의 행동을 여러 가지 방식으로 관리하는 역할을 한다. 조직에는 구성원이 따라야 할 권한계층과 공식 지침이 있다. 구성원이 그들의 직무기술서를 따르거나 기업의 정책을 준수하는 경우, 의사소통은 관리 기능을 수행한다. 비공식적 의사소통도 행동을 통제한다. 작업집단이 너무 많이 생산한 (그래서 다른 구성원들을 나쁘게 보이게 하는) 구성원을 놀리거나 괴롭힐 경우, 그들은 비공식적으로 의사소통하고 있으며, 그 구성원의 행동을 관리하는 것이다.

피드백   의사소통은 구성원에게 무엇을 해야 하는지, 얼마나 잘하고 있는지, 성과를 어떻게 개선할 수 있는지를 분명하게 말함으로써 피드백을 제공한다. 우리는 제7장의 목표 설정이론에서 피드백의 효과에 대해 이미 살펴보았다. 목표 수립, 진행 상황에 대한 피드백, 의도한 행동에 대한 보상은 모두 의사소통을 필요로 하며, 동기 유발을 자극한다.

감정 공유   작업집단은 많은 구성원들이 사회적 상호작용을 하는 곳이다. 작업집단 내 의사소통은 구성원이 만족과 좌절을 보여주는 기본 메커니즘이다. 의사소통은 느낌을 감정적으로 공유하게 하고, 사회적 욕구를 충족시켜준다. 예를 들어, 2015년 미주리주, 퍼거슨에서 백인 경찰관이 비무장한 흑인에게 총을 쏜 사건 이후, 소프트웨어 엔지니어 칼 존스는 자신의 회사에 있는 동료와 이야기를 하면서 자신의 감정을 전달하고 싶어 했다. 두 번째 사례로, 스타벅스는 인종 차별에 대해 대화를 시작할 수 있도록 직원들에게 "모든 인종이 다함께(Race Together)"라는 문구를 커피잔에 새겨 넣게 하였다. 두 사례 모두 초기 의사소통은 어색하였다. 스타벅스는 커피를 제공하면서 인종 차별에 대해 고객과 소통하는 것이 어색하여 그 캠페인을 중단하였지만, 존스와 동료들은 감정 공유를 통해 견실한 관계를 구축하였다.[2]

설득   감정 공유와 같이, 설득도 상황에 따라 좋을 수도 있고 나쁠 수도 있다. 즉, 리더가 조직의 사회적 책임 활동에 작업집단이 참여하도록 설득하거나, 반대로, 조직의 목표 달성을 위해 법을 위반하도록 설득하는 경우, 그 결과는 다르다. 이것은 극단적인 예이지만, 설득이 조직에 유익할 수도 있고 해가 될 수도 있다는 것을 명심하는 것이 중요하다.

정보 교환 의사소통의 마지막 기능은 의사소통을 촉진시키기 위한 정보 교환이다. 의사소통은 대안을 확인하고 평가하는 데 필요한 자료를 전달함으로써 개인과 집단이 의사결정에 활용할 정보를 제공한다.

의사소통 과정

의사소통이 일어나려면 어떤 목적, 즉 송신자가 수신자에게 전달하려는 메시지가 있어야 한다. 송신자는 메시지를 코드화하고(상징적인 형태로 변환), 어떤 매체(채널)를 통해 수신자에게 전달하고, 수신자는 이 메시지를 해독한다. 이러한 과정을 통해 한 사람에게서 다른 사람에게로 의미가 전달된다.[3]

〈도표 11-1〉은 **의사소통 과정**(communication process)을 제시하고 있다. 이 모델은 (1) 송신자, (2) 부호화, (3) 메시지, (4) 채널, (5) 해독, (6) 수신자, (7) 소음, (8) 피드백으로 구성되어 있다.

송신자는 생각을 부호화하여 메시지를 만든다. 메시지는 송신자가 **부호화**하여 만든 실제 생산물이다. 사람들이 말할 때 바로 그 말이 메시지이다. 글로 쓰면, 그 글이 메시지이다. 사람들이 제스처를 하면 팔의 움직임과 표정이 메시지이다. **채널**은 메시지가 전달되는 매체를 말한다. 송신자는 공식 채널을 사용할 것인지, 비공식 채널을 사용할 것인지를 선택한다. 조직은 공식 채널을 구축하며, 이 채널을 통해 구성원의 업무와 관련된 메시지를 전달한다. **공식 채널**(formal channel)은 조직의 명령계통과 일치한다. 인간적 메시지나 사회적 메시지와 같은 형태의 메시지는 조직의 **비공식 채널**(informal channel)을 이용한다. 비공식 채널은 자연스럽게 만들어지며, 개인이 선택할 수 있다.[4] 수신자는 메시지를 받는 사람이다. 수신자는 메시지를 받으면 우선 메시지 안에 있는 상징들을 이해할 수 있는 형태로 전환한다. 이 단계를 메시지 해독이라고 한다. 소음은 메시지가 명확

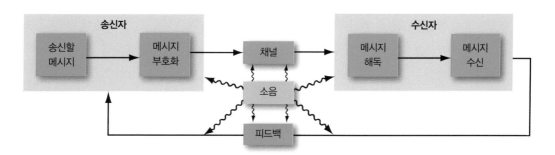

도표 11-1 의사소통 과정

하게 전달되는 것을 방해하는 의사소통의 장애 요인을 말한다. 소음의 원천에는 지각적 문제, 정보 과중, 해석하기 어려운 어의, 문화적 차이가 있다. 의사소통 과정의 마지막 연결은 피드백 고리이다. 피드백은 메시지를 원래의 의도대로 전달하는 데 성공했는지를 점검하는 것이다. 이것은 수신자가 메시지를 이해했는지의 여부를 결정한다.

의사소통의 방향

의사소통은, 공식적인 소집단 네트워크나 비공식적인 그레이프바인(244쪽 참조)을 통해, 수직적 또는 수평적으로 이루어질 수 있다. 수직적 의사소통은 하향적 의사소통과 상향적 의사소통으로 분류된다.[5]

하향적 의사소통

집단이나 조직의 한 계층에서 아래 계층으로 이루어지는 의사소통을 **하향적 의사소통**이라고 한다. 집단의 리더와 경영자는 목표를 부과하고, 작업을 지시하고, 정책과 절차를 알리고, 관심을 가져야 할 문제를 지적하고, 피드백을 제공하기 위해 하향적 의사소통을 사용한다.

하향적 의사소통에서는 정보의 전달 방식과 상황이 매우 중요하다. 우리는 나중에 의사소통 방법에 대해 더 자세히 제시하겠지만, 하향적 의사소통의 사례로 업적평가를 살펴보자. 카니발 크루즈 라인의 최고경영자인 앨런 버클류는 "업적 평가를 할 때 당신은 부하직원과 직접 만나서 평가하기를 원할 것이다."라고 말한다. 샘소나이트의 최고경영자도 동의한다. "전화회담은 면대면 상호작용을 대체할 수 없다." 자동화된 업적 평가는 부하직원과 논의 없이 평가를 하게 한다. 그것은 효율적이지만, 성장, 동기 유발, 관계 구축을 위한 중요한 기회를 놓치게 한다.[6] 일반적으로 직접적이고 개인화된 의사소통을 적게 하는 구성원은 메시지의 의도를 정확하게 이해하지 못하는 경향이 있다. 가장 훌륭한 의사소통자는 하향적 의사소통의 이유를 설명할 뿐만 아니라 그들이 관리하는 부하직원들로부터 의견을 들으려고 한다.

상향적 의사소통

상향적 의사소통은 집단이나 조직의 하위계층에서 상위계층으로 이루어진다. 상향적 의사소통은 상위계층에 피드백을 제공하고, 목표 달성 정도를 알리고, 현재의 문제를 보고

하기 위해 사용된다. 상향적 의사소통은 경영자들에게 부하직원들이 직무, 동료, 조직 전반에 대해 어떻게 느끼고 있는지를 알려준다. 경영자들은 또한 상황을 개선하기 위한 아이디어를 얻기 위해 상향적 의사소통을 이용한다.

경영자의 직무 책임이 확대됨에 따라 상향적 의사소통은 점점 더 어려워진다. 왜냐하면 경영자들은 일이 너무 많고 쉽게 주의가 분산되기 때문이다. 효과적으로 상향적 의사소통을 하기 위해서는 길게 설명하지 말고 짧게 요약하여 소통하고, 실행 가능한 아이템을 가지고 당신의 보고 내용을 뒷받침해주고, 상사의 관심을 확실하게 이끌어낼 수 있는 안건을 준비해야 한다.[7] 그리고 특히 당신이 관리자에게 환영받지 못할 내용을 전달하고 있다면, 조심스럽게 말해야 한다. 예를 들어, 당신이 업무량을 줄이려고 한다면, 당신의 업무 과중 문제 또는 그 업무에 대한 경험 부족에 대한 조언을 구하는 동안에 '할 수 있다.'는 태도를 보여주어야 한다.[8] 당신의 전달 방식은 소통 내용만큼 중요할 수 있다.

수평적 의사소통

동일한 작업집단의 구성원 사이에서, 동일한 계층에 있는 여러 작업집단의 구성원 사이에서, 기타 수평적으로 대등한 사람들 사이에서 의사소통이 이루어질 때 이것을 **수평적 의사소통**이라고 한다.

수평적 의사소통은 시간을 절약하고 조정을 촉진하기 위해 필요하다. 어떤 경우에는 수평적 관계를 공식적으로 인정한다. 더 흔하게, 수평적 의사소통은 수직적 계층을 축소하고 행동을 촉진하기 위해 비공식적으로 만들어진다. 그래서 경영자의 관점에서 볼 때 수평적 의사소통은 좋을 수도 있고 나쁠 수도 있다. 모든 의사소통이 공식적인 수직 구조를 통해서만 이루어지면 정보를 효율적으로 전달할 수 없기 때문에, 상사가 인지하고 지원해주는 수평적 의사소통은 유용할 수 있다. 그러나 수직적인 공식 채널이 파괴되었을 경우, 구성원이 상사의 상사 또는 주변 사람에게 가서 일을 처리하는 경우, 상사가 자신도 모르게 어떤 일이 취해지거나 의사결정이 내려졌다는 것을 알게 되는 경우, 수평적 의사소통은 역기능적인 갈등을 유발할 수 있다.

공식적인 소집단 네트워크

공식 조직의 네트워크는 아주 복잡하고, 수백 명의 사람이 연결되어 있고, 6단계 이상의 계층으로 구성되기도 한다. 우리는 이 네트워크를 5명으로 구성된 세 가지 소집단, 즉 사슬형, 바퀴형, 완전연결형으로 압축하여 간단하게 설명한다(도표 11-2 참조).

도표 11-2
소집단 네트워크
유형

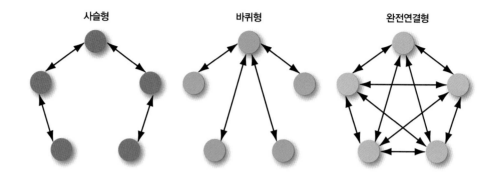

사슬형 네트워크는 공식적인 명령계통을 따른다. 이 네트워크는 계층형 조직에서 찾아볼 수 있는 의사소통 채널과 유사하다. 바퀴형 네트워크에서는 중심 인물을 통해 집단의 의사소통이 이루어진다. 이것은 강력한 리더가 이끄는 팀에서 볼 수 있는 의사소통 네트워크와 비슷하다. 완전연결형 네트워크는 모든 집단 구성원이 서로 적극적인 의사소통을 한다. 완전연결형 네트워크는 모든 집단 구성원이 자유롭게 행동하고 리더의 역할을 수행하는 사람이 없는 자기관리팀에서 볼 수 있다. 오늘날 많은 조직은 스스로를 완전연결형이라고 생각하는 경향이 있다. 이것은 모든 사람이 서로 소통할 수 있다는 것을 의미하지만 때때로 그렇지 못한 경우도 있다.

〈도표 11-3〉에서 보여주듯이 각 네트워크의 효과성은 사람들이 관심을 가지고 있는 기준에 따라 달라진다. 바퀴형 구조는 리더의 출현을 촉진하고, 완전연결형 네트워크는 구성원의 높은 만족을 추구할 경우 가장 효과적이며, 사슬형은 정확성이 가장 중요할 때 효과적이다. 〈도표 11-3〉은 모든 상황에 적합한 네트워크 유형은 존재하지 않는다는 결론을 제시한다.

도표 11-3
소집단 네트워크와
효과성 기준

기준	사슬형	바퀴형	완전연결형
속도	중간	빠름	빠름
정확성	높음	높음	중간
리더의 출현	중간	높음	없음
구성원 만족	중간	낮음	높음

그레이프바인

집단이나 조직에 존재하는 비공식적인 의사소통 네트워크를 **그레이프바인**(grapevine)이라고 한다.[9] 그레이프바인이 비공식적으로 형성된 것일지라도, 그것은 여전히 구성원이나 취업 지원자가 정보를 얻을 수 있는 주요 원천이다. 글래스도어와 같은 웹사이트에서의 비공식적인 평가 외에도, 동료로부터 얻은 비공식적인 회사 정보도 취업 지원자가 어떤 조직에 입사할 것인지를 결정하는 데 중요한 영향을 미친다.[10]

그레이프바인은 집단이나 조직의 의사소통 네트워크를 형성하는 중요한 부분이다. 그것은 구성원의 욕구를 충족한다. 예를 들어, 잡담은 정보를 공유하는 사람들 사이에 친밀감과 우정을 싹뜨게 한다. 하지만 기존 연구는 잡담이 흔히 외집단(outgroup)에 속한 사람을 희생시키면서 그렇게 한다고 제시하고 있다.[11] 또한 그레이프바인은 경영자들에게 조직의 사기를 느끼게 해주고, 구성원들이 중요하다고 생각하는 이슈와 갈등을 유발하는 이슈를 알려준다. 구성원의 사회적 네트워크에 의해 퍼지는 소문들을 연구하면, 경영자는 긍정적인 정보와 부정적인 정보가 어떻게 조직에서 흘러 다니는지에 대해 많은 것을 배울 수 있다.[12] 더구나 경영자는 어떤 사람이 스몰 토커(small talker, 사소하고 관련이 없는 이슈들에 대해 정기적으로 소통하는 사람들)인지를 주목함으로써 영향력 있는 사람(많은 네트워크를 가지고 있고 동료에 의해 신뢰를 받는 사람)을 확인할 수 있다.[13] 스몰 토커는 영향력을 갖는 경향이 있다. 한 연구는 스몰 토커들의 영향력이 커서, 정리해고 중에도 그들의 일자리를 유지하는 경향이 매우 높다는 것을 보여주었다.[14] 따라서 그레이프바인은 조직에 의해 어떤 제재나 통제를 받지 않지만, 경영자는 그것을 이해하면 조금은 활용할 수 있다.

의사소통 방법

집단 구성원은 서로 의미를 어떻게 전달하는가? 그들은 구두, 문서, 비언어로 의사소통한다. 의사소통 방법에 대한 선택은 지각자가 메시지에 반응하는 방식을 강화하거나 손상시킬 수 있다. 의사소통 유형에 따라 선호되는 방법이 다르다. 우리는 가장 최근의 주장과 활용에 대해서 살펴볼 것이다.

구두 의사소통

메시지를 전달하는 주요 수단은 구두에 의한 의사소통이다. 연설, 공식적인 일대일 면담과 집단면담, 비공식적인 소문이나 그레이프바인이 구두 의사소통의 대표적인 예이다.

　구두 의사소통의 장점으로 **속도**, **피드백**, **교환**을 들 수 있다. 속도 측면에서 살펴보면, 언어메시지는 금방 전달되고 반응을 빠르게 받을 수 있다. 한 전문가의 말에 의하면 "꾸준히 면대면 의사소통을 하는 것이 여전히 구성원에게 정보를 전달하고, 정보를 전달받는 최선의 방법이다."[15] 수신자가 받은 메시지가 불확실할 경우 신속한 피드백은 송신자에게 그 사실을 바로 알려주고, 바로 수정할 수 있게 한다. 불행히도, 우리는 보통 듣는 데 서투르다는 것을 인정해야 한다. 연구에 의하면, 사람들은 적극적으로 경청하거나 오랫동안 듣고 있으면 탈진하는 경향(listener burnout)이 있어서, 다른 사람의 말을 잘 듣지 않고 성급히 조언을 하려고 한다. "남의 말을 잘 들어주는 사람은 다른 사람의 문제를 해결하고 대화를 짧게 하려는, 그들의 타고난 성향을 극복한다."고 그레이엄 보디 교수는 말했다.[16] 적극적 경청은 집중을 방해하는 요인을 제거하고, 말하는 사람에게 몸을 기울이고, 눈을 맞추고, 다른 말로 바꾸어 표현하고, 계속 말하도록 장려하는 것으로,[17] 우리에게 더 많은 것을 배우게 하고, 우리가 진실되고 판단하지 않는다는 믿음을 구축하는 데 도움을 준다.[18] 구두 의사소통을 통해 사람들은 사회적·문화적·감정적 요소들을 교환한다. 우리가 문화적 경계를 초월하여 사회적 정보를 의도적으로 공유하는, 문화 간 사회적 교환(cultural social exchange)은 개인들이나 팀들 사이에서 신뢰, 협력, 동의를 이끌어낼 수 있다.[19]

　구두 의사소통의 단점은 메시지가 많은 사람을 거쳐 전달될 때 나타난다. 메시지가 여러 사람을 거쳐갈수록 의사소통의 왜곡이 더 커진다. 당신이 '전화' 게임을 한 적이 있다면 이 문제를 쉽게 알 수 있다. 각 사람은 메시지를 자기 방식대로 해석한다. 그 메시지가 목적지에 도착하면, 메시지가 단순하고 쉬운 것일지라도, 메시지의 내용이 처음과 아주 다르다. 따라서 구두 의사소통의 '사슬'은 조직에서 효과적인 방법이라기보다는 일반적으로 골칫거리가 되는 경향이 있다.

문서 의사소통

문서 의사소통은 메모, 편지, 팩시밀리, 전자메일, 메신저, 정기간행물, 문자나 상징을 통해 메시지를 전달하는 기타 장치 등을 포함한다. 문서 의사소통의 이점은 어떤 문서작성 방식이 사용되느냐에 따라 달라진다. 오늘날 비즈니스에서 일반적으로 사용하는 문서 의사소통은 편지, 파워포인트, 이메일, 인스턴트 메시지, 문자 메시지, 소셜미디어, 앱, 블로그를 통해 이루어진다. 어떤 방식은 디지털이나 종이에 기록되어 오랫동안 저장할 수 있지만, 어떤 방식은 매우 빠르게 정보를 교환할 수 있다는 이점을 가지고 있다. 단점 또한 문서작성 방식에 따라 다르다. 우리는 뒤에서 좀 더 자세하게 살펴볼 것이다.

비언어 의사소통

사람들은 언어 메시지를 전달할 때마다 비언어 메시지도 전달한다.[20] 때때로 비언어만으로 의사소통을 하여 강력한 비즈니스 메시지를 전달하기도 한다. 따라서 비언어 의사소통, 즉 신체 동작, 말의 억양이나 강조, 표정, 송신자와 수신자 간의 공간적 거리 등을 살펴보지 않고는 의사소통을 완전하게 설명할 수 없다.

모든 신체 동작은 어떤 의미를 가지고 있으며, 우연히 일어난 것이 아니다(어떤 것은 무의식적으로 일어나기도 한다). 사람들은 신체 언어를 이용하여 현재의 상태를 보여준다. 예를 들어, 우리는 신뢰성을 보여주기 위해 미소를 짓고, 접근 가능함을 보여주기 위해 팔짱을 풀고, 권위를 보여주기 위해 서 있는다.[21]

회의에 참석하지 않았거나 비디오로 그 회의를 보지 않고 단지 회의록만 읽는 경우, 사람들은 그 회의에서 나온 이야기를 제대로 파악하지 못한다. 왜 그럴까? 비언어 의사소통에 대한 기록이 없고, 단어나 문장을 말하면서 사용했던 억양이 기록되지 않기 때문이다. 억양은 메시지 의미를 변화시킬 수 있다. 표정도 의미를 전달한다. 억양과 함께 표정은 분노, 공격성, 두려움, 부끄러움 등을 보여줄 수 있다.

공간적 거리도 의미를 가지고 있다. 사람들 간에 적절하다고 생각되는 거리는 대체로 문화적 규범에 따라 달라진다. 유럽 국가에서 사업 파트너들이 유지하는 거리는 북미 국가 대부분에서는 친밀함을 느끼는 거리이다. 어떤 사람이 적절한 거리라고 생각하는 것보다 더 가까이에 서 있을 경우 그것은 공격성 또는 성적 관심을 표시하는 것일 수도 있다. 일반적인 경우보다 더 멀리 떨어져 있다면 말하고 있는 내용에 대해 관심이 없거나 불쾌하다는 것을 의미하는 것일 수 있다.

의사소통 경로의 선택

왜 사람들은 하나의 의사소통 경로를 선택하는가? 매체 풍부성 모델은 경영자가 어떻게 경로를 선택하는지를 설명하는 데 도움을 준다.[22]

경로 풍부성

경로에 따라 정보를 전달하는 능력이 다르다. 어떤 경로는 (1) 동시에 많은 정보를 다루고, (2) 신속한 피드백을 용이하게 하고, (3) 매우 개인적이라는 점에서 **풍부한** 정보를 전달한다. 또 어떤 경로는 이러한 요인들이 부족하여 전달하는 정보가 **빈약**하다. 면대면 대화는 의사소통 에피소드당 가장 많은 정보—다양한 정보(말, 자세, 표정, 제스처, 억양), 즉각적인 피드백(언어와 비언어), 같이 있음으로 인한 개인적 접촉—를 전달하기 때문에 **경로 풍부성**(channel richness)에서 가장 높은 점수를 받는다. 높은 경로 풍부성을 가진 다른 매체의 예로는 화상회의, 전화통화, 생중계 연설, 음성메일이다. 메모, 편지, 녹화된 연설, 이메일뿐만 아니라 공식보고서와 게시판과 같은 비개인적 문자 매체는 정보 풍부성에서 가장 낮은 점수를 받았다.[23]

요약하면 풍부한 매체는 우리에게 관찰할 기회를 제공한다. 의사소통의 무의식적인 측면은 메시지를 완전하게 이해하는 데 도움을 준다. 무의식적인 측면이 없으면, 우리는 송신자의 감정과 태도를 추론할 수 있는 다른 단서를 찾아야 한다.

의사소통 방법의 선택

경로의 선택은 메시지가 일상적인지 아니면 비일상적인지에 따라 달라진다. 일상적인 메시지는 이해하기 쉽고 모호성이 적다. 풍부성이 낮은 경로가 그것을 효율적으로 전달할 수 있다. 비일상적인 메시지는 복잡하고 오해의 가능성이 많다. 경영자는 풍부한 경로를 선택하여 그것들을 효과적으로 전달할 수 있다.

구두 의사소통 선택   수신자가 이해했는지를 확인하려면, **구두 의사소통**이 좋은 선택이다. 예를 들어, 신제품에 대한 마케팅 계획은 고객들과 함께 작업을 하여 당신이 제안한 각각의 아이디어에 대한 그들의 반응을 조사하는 것이 필요하다. 또한 수신자가 선호하는 의사소통 방식을 고려해야 한다. 어떤 사람은 서면으로 작성된 내용에 집중을 잘하지만, 어떤 사람은 토론을 더 좋아한다. 예를 들면, 당신의 관리자가 당신에게 미팅을 요구한다면, 당신은 미팅 대신에 이메일 교환을 요구하려고 하지 않는다. 작업 환경의 속도도 중요하다. 일이 빠르게 진행되는 작업장에서는 방문 미팅(pop-by meetings)을 많이 사용하지만, 빡빡한 일정을 가진 팀 프로젝트는 예정된 스카이프 화상회의를 사용하여 빠르게 진행한다.

면대면 의사소통의 대부분은 바로 전달되기 때문에, 의사소통 방법을 선택할 때 당신의 말하기 능력도 고려해야 한다. 기존 연구는 목소리가 당신이 말하는 내용보다 두 배나 더 중요하다고 제시한다. 명료하고 적당한, 좋은 말소리는 당신의 경력에 도움이 될 수 있다. 크거나, 심문하는 듯하거나, 짜증스럽거나, 미성숙하거나, 가성이거나, 숨소리가 섞이거나, 단조로운 목소리 톤은 당신의 경력에 방해가 될 수 있다. 목소리가 문제라면, 당신의 작업팀이 그 문제를 당신이 인지할 수 있도록 도와 변화할 수 있게 하거나, 발성 지도자의 도움을 받아 해결할 수 있다.[24]

문서 의사소통 선택 문서 의사소통은 일반적으로 복잡하고 장황한 의사소통에서 가장 신뢰할만한 방법이다. 예를 들어, 두 문장의 글이 10분 동안의 전화통화를 대신할 수 있을 때, 단문 메시지가 가장 효율적인 방법이 될 수 있다. 그러나 문서 의사소통은 감정 표현에 한계가 있다는 것을 명심해야 한다.

문서 의사소통은 당신이 정보를 눈으로 보고, 입증하고, 기록하기를 원할 때 선택하라. 비즈니스에서 편지는 주로 네트워킹과 기록을 목적으로 사용되며, 본인의 서명이 필요한 경우에 이용한다. 또한 입사면접 후에 지원자에게 손으로 쓴 감사편지를 보내는 것은 결코 잘못된 선택이 아니며, 손으로 쓴 편지봉투는 흔히 행정직원들이 개봉하지 않고 수신자의 책상에 바로 올려놓는다. 일반적으로, 인스턴트 메시지는 전문적인 내용일 경우에만 회신해야 하고, 환영받을 수 있다고 판단되는 메시지만을 보내야 한다. 대화 내용은 나중에 참고하기 위해 저장할 수 없다는 것을 기억하라. 문자 메시지는 저렴하게 보내고 받을 수 있고, 고객이나 경영자와 신속한 의사소통을 위해 사용한다면 비즈니스에 도움이 된다. 그렇지만 어떤 사용자 그리고 경영자는 문자 메시지가 거슬리고 주의를 산만하게 만든다고 생각하며, 그래서 먼저 통신규칙(protocols)을 설정한다. 소셜미디어는 판매 분야, 즉 기업 대 개인(B2P)과 기업 대 기업(B2B)에서 유용하다. 예를 들어, 화상회의 회사인 PGi사의 영업 담당자는 트윗덱(TweetDeck)을 통해 어떤 최고경영자가 웹 화상회의에 대한 좌절을 트윗하였다는 것을 알고 나서 그 잠재 고객과 즉각적으로 연결함으로써 매우 빠르게 판매를 성사시켰다.[25] 마지막으로 블로그의 사용, 글쓰기, 댓글 달기를 줄여라. 이것은 당신이 생각한 것보다 더 많이 공개되어 있어서 구글과 같은 검색엔진을 통해 당신 이름으로 당신이 쓴 글이 쉽게 발견될 수 있다.

비언어 의사소통 선택 의사소통은 비언어적인 측면에 주의를 기울이는 것이 중요하다. 송신자의 말 그대로의 의미뿐만 아니라 비언어적 단서를 찾아야 한다. 당신은 특히 메시지 간에 모순되는 내용을 감지해야 한다. 예를 들어 자신의 손목시계를 자주 보는 사람은 그녀가 실제로 무엇을 말하고 있는지에 상관없이 대화를 종료하고 싶어 한다는 메시지를 주고 있는 것이다. 말로는 신뢰한다는 메시지를 표현하면서, 비언어적으로는 '나는 당신을 신뢰하지 않는다.'라고 읽히는 상충된 메시지를 전달하면, 우리는 다른 사람에게 잘못된 정보를 주게 된다.

정보 보안

정보 보안은 의뢰인, 고객 및 구성원에 대한 개인정보를 가진 거의 모든 조직에서 매우 중요한 문제가 되었다. 조직은 병원의 환자 자료와 같이 보호해야 할 전자 정보, 파일 캐비닛 속에 있는 문서정보, 구성원에게 전달한 정보에 대한 보안에 신경을 쓰고 있다. 대부분 기업은 구성원의 인터넷 사용, 이메일 기록을 적극적으로 감시하고 있으며, 어떤 기업은 비디오 감시 시스템을 사용하고, 전화통화 내용도 녹음하고 있다. 그러한 방법은 아무리 필요하다고 할지라도, 구성원의 인권을 침해할 수 있다. 조직은 정보 보안정책을 수립하는 데 구성원을 참여시키고, 그들의 개인정보가 어떻게 사용하는지에 대한 통제권 일부를 제공함으로써 구성원의 우려를 줄일 수 있다.[26]

설득적 의사소통

우리는 지금까지 다양한 의사소통 방법에 대해 살펴보았다. 이제는 의사소통 기능의 하나인 설득으로 관심을 돌려, 청중을 설득시키는 메시지의 특성에 대해 살펴보자.

자동처리와 통제처리

설득의 과정을 이해하기 위해서 우선 우리가 정보를 처리하는 방식 두 가지를 알아보자.[27] 당신이 마지막으로 탄산음료를 구매했을 때를 생각하라. 당신은 조심스럽게 브랜드를 살펴보았는가? 아니면 가장 매력적인 광고를 한 탄산음료를 선택했는가? 우리가 정직하다면, 화려한 광고, 기억하기 쉬운 슬로건이 소비자인 우리의 선택에 영향을 미친다는 것을 인정할 것이다. 우리는 흔히 정보를 자동처리 한다. **자동처리**(automatic processing)는 증거와 정보를 깊이 생각하지 않고, 제6장에서 언급한 것과 같이 휴리스틱을 사용하여 처리하는 것이다. 자동처리는 시간과 노력이 적게 들어서, 관심 없는 설득 메시지를 처리하는 데 유용하다. 이것의 단점은 귀엽거나 매력적인 사진과 같은 다양한 속임수에 의해 우리가 쉽게 속아 넘어간다는 것이다.

이제 살 집을 선택한 때를 생각해보자. 아마도 당신은 그 지역에 대해 잘 아는 전문가를 찾아 가격에 대한 정보를 수집하고, 전세와 매매에 따른 비용과 편익을 고려했을 것이다. 당신은 노력이 필요한 **통제처리**(controlled processing)를 한 것이다. 이것은 사실, 수치, 논리를 이용하여 증거와 정보를 상세하게 검토하는 것이다. 통제처리는 노력과 에너지를 필요로 하며, 그래서 통제처리에 시간과 노력을 투자한 사람을 속이는 것은 어렵다. 그러면 무엇이 사람들에게 자동처리 또는 통제처리를 하게 하는가? 이제 청중이 사용할 정보처리 형태를 결정하는 요인에 대해 살펴보자.

관심 수준 사람들이 설득 메시지를 자동처리할 것인지 아니면 통제처리할 것인지를 가장 잘 예측할 수 있는 요인 하나가 메시지에 대한 관심 수준이다.[28] 관심 수준은 어떤 의사결정이 당신의 삶에 미칠 영향을 반영한다. 사람들이 의사결정의 결과에 관심이 많으면, 그들은 정보를 주의 깊게 처리하는 경향이 있다. 그래서 사람들은 상대적으로 사소한 결정(어떤 음료를 마실 것인지에 대한 결정)보다 중요한 사항에 대한 결정을 할 때 더 많은 정보를 수집하는 것 같다.

사전 지식 어떤 주제 영역에 대해 잘 알고 있는 사람들은 통제처리 전략을 사용하는 경향이 높다. 그들은 특정한 행동방침에 대한 찬성 또는 반대에 대한 다양한 주장에 대해 이미 충분히 생각했기 때문에, 매우 훌륭하고 사려 깊은 이유가 제시되지 않는 한 그들의 입장을 쉽게 바꾸지 않을 것이다. 반면에 어떤 주제에 대해 잘 모르는 사람들은, 많은 증거도 없이 제시된 상당히 피상적인 논쟁에 의해서도, 쉽게 그들의 생각을 변경할 수 있다. 그래서 더 많은 정보를 가지고 있는 청중을 설득시키기가 더 어려운 경향이 있다.

성격 당신은 어떤 영화를 볼 것인지를 결정하기 전에, 항상 최소한 5개 정도의 영화를 검토하는가? 당신은 동일한 스타와 감독이 만든 영화를 조사할 수도 있다. 그렇다면 당신은 아마도 높은 **인지 욕구**(need for cognition)를 가지고 있는 것이다. 이것은 증거와 사실에 의해 설득되는 경향이 있는 사람들의 성격 특성이다.[29] 인지 욕구가 낮은 사람은 자동처리 전략을 사용하는 경향이 있어서, 직관과 감정에 의존하여 설득 메시지를 평가한다.

메시지 특성 사람들이 자동처리 전략을 사용할지, 아니면 통제처리 전략을 사용할지에 영향을 미치는 다른 요인은 메시지 자체의 특성이다. 상대적으로 정보가 빈약한 의사소통 경로(사용자가 메시지의 내용을 가지고 상호작용할 기회가 거의 없는 경로)를 통해 제공된 메시지는 자동처리 전략을 사용하게 한다. 반대로 풍부한 의사소통 경로를 통해 제공된 메시지는 통제처리 전략을 더 많이 사용하게 한다.

메시지의 조정

가장 중요한 시사점은 당신의 설득 메시지는 청중이 사용할 정보처리 형태에 맞추어야한다는 것이다. 청중이 설득 메시지의 주제에 관심이 없을 때, 그들이 잘 알지 못할 때, 그들의 인지 욕구가 낮을 때, 정보가 상대적으로 빈약한 경로를 통해 전달될 때, 그들은 자동처리 전략을 사용할 가능성이 더 높을 것이다. 이러한 경우에는 정서를 더 많이 자극하고, 긍정적인 이미지를 통해 당신이 선호하는 결과를 얻을 수 있는 메시지를 사용하라. 반면에 청중이 어떤 주제에 관심이 많을 때, 그들의 인지 욕구가 높을 때, 정보가 풍부한 경로를 통해 전달될 때는 당신의 메시지가 정당함을 입증할 합리적인 주장과 증거에 초점을 맞추는 것이 좋다.

효과적인 의사소통 장애 요인

효과적인 의사소통을 방해하거나 왜곡하는 장애 요인이 많이 있다. 이 장애 요인들을 인식하고 제거하는 것이 필요하다. 이 절에서는 중요한 장애 요인을 중심으로 살펴본다.

여과

여과(filtering)는 정보가 수신자에게 호의적으로 보이도록 송신자가 그 정보를 의도적으로 조작하는 것을 말한다. 예를 들어 어떤 경영자가 그의 상사가 듣고 싶어 한다고 생각하는 정보만을 그 상사에게 말하고 있다면, 그는 정보를 여과하고 있는 것이다.

조직의 수직적 계층 수가 많을수록 정보가 여과될 기회가 더 많다. 지위 차이가 있는 상황에서도 여과가 발생할 것이다. 나쁜 소식을 전달하는 것에 대한 두려움과 상사를 즐겁게 해주고 싶은 마음과 같은 요인이 흔히 상사가 듣고 싶어 하는 것만을 말하게 하며, 결국 상향적 의사소통을 왜곡시킨다.

선택적 지각

선택적 지각은 의사소통 과정에서 수신자가 자신의 욕구, 동기, 경험, 배경, 기타 개인 특성에 근거하여 선택적으로 보고 듣기 때문에 중요하다. 또한 수신자는 메시지를 해석하는 과정에서 자신의 관심과 기대를 투영한다. 예를 들어, 여성들이 경력보다는 가정을 더 중요시한다고 생각하는 채용 면접관은, 어떤 여성 취업지원자들이 실제로 그렇게 생각하든 안하든 상관없이, 면접할 때 그러한 특성을 보려는 경향이 있다. 제6장에서 제시한 바와 같이, 사람들은 현실을 보지 않는다. 사람들은 보는 것을 해석하고, 그것을 현실이라고 부른다.

정보 과중

개인은 정보를 처리할 수 있는 능력을 가지고 있다. 처리해야 할 정보량이 처리 능력을 초과할 때 **정보 과중**(information overload)이 발생한다. 정보 과중을 관리하는 것이 개인이나 조직에 중요한 과제가 되고 있다. 사람들이 분류하고 활용할 수 있는 정보보다 더 많은 정보가 주어질 때 무슨 일이 일어나는가? 사람들은 정보를 선택하거나, 무시하거나, 빠뜨리거나, 잊어버리는 경향이 있다. 사람들은 정보가 과중된 상황이 끝날 때까지 처리를 미루기도 한다. 여하튼 정보 과중은 정보 손실과 효과적이지 못한 의사소통을 초래한다. 이것 때문에 정보 과중에 대한 관리는 더욱 중요해진다.

더 일반적으로는, 인텔 연구가 보여준 바와 같이 정보 기술에 자주 접속하지 않는 것이 현명할 것이다. 어느 신문 기사의 표현에 의하면, 끊임없이 들어오는 이메일로 인해 자신이 해야 할 일을 계속 변경하는 것을 피하라.[30] 근본적인 방법 하나는 당신이 접속하는 장치의 수를 제한하는 것이다. 예를 들면, 쿠어스 양조회사의 임원, 프리츠 반 파센은 자신의 데스크톱 컴퓨터를 버리고 모바일 장치만을 사용하였다. 일라이 릴리는 영업팀에게 노트북과 기타 장치 대신에 아이패드만을 사용하게 하였다. 이러한 조치로 인해 두 사례 모두에서 생산성이 증가되었다.[31]

감정

사람들은 동일한 메시지를 화가 나 있거나 정신이 혼란스러울 때 받은 경우와 행복할 때 받은 경우에 다르게 해석한다. 예를 들면 긍정적인 기분을 가진 사람은 설득력 있는 메시지를 읽은 후 자신의 견해에 대한 확신이 더 높아진다. 그래서 논리적인 주장(well-crafted arguments)은 긍정적인 기분을 가진 사람에게 더 강력한 영향을 미친다.[32] 부정적인 기분을 가진 사람은 메시지를 더 자세하게 살펴보는 경향이 있는 반면에, 긍정적인 기분을 가진 사람은 있는 그대로 정보를 받아들이는 경향이 있다.[33] 승리감이나 우울감과 같은 극단적인 감정은 효과적인 의사소통을 방해하는 경향이 있다. 그런 경우 사람들은 합리적이고 객관적인 사고 과정을 무시하고 감정적으로 판단한다.

언어

동일한 언어로 의사소통하고 있을 때조차 단어가 갖는 의미는 사람에 따라 각기 다른 의미를 갖는다. 연령과 상황이 그런 차이를 만드는 가장 중요한 요인이다.

예를 들어, 기업 컨설턴트인 마이클 실러는 열다섯 살 된 딸에게 친구들과 함께 어디에 가려고 하는지를 물어보면서, 딸에게 "너는 너의 ARAs를 인식하고, 그것에 근거하여 평가할 필요가 있다."라고 말했다. 이 말을 하자, 딸은 "자신을 우주에서 온 사람인 것처럼 쳐다보았다."고 실러는 말했다.[34] [ARA는 의무(accountability), 책임(responsibility), 권한(authority)을 의미한다.] 기업 용어가 생소한 사람은 ARA와 같은 약어, *deliverables*(프로젝트 수행의 결과물)와 같은 단어, *get the low-hanging fruit*(가장 쉬운 것부터 먼저 하라) 같은 문구를 보면, 부모들이 10대의 은어를 들으면 이해하지 못하는 것처럼, 잘 몰라서 당황하게 된다.[35]

침묵

침묵이나 의사소통 부재는 정보의 부재로 정의되기 때문에 무시하기가 쉽다. 이것은 잘못된 생각이다. 침묵 자체는 어떤 주제에 관심이 없거나 다룰만한 능력이 없다는 것을 전달하는 메시지일 수 있다. 또한 침묵은 단순히 정보 과중의 결과일 수도 있고, 어떤 답을 생각하면서 지체되는 시간일 수도 있다. 어떤 이유든지 간에, 기존 연구는 침묵을 지키고 의사소통을 하지 않는 경우가 흔하게 발생하고 문제를 야기한다고 제시한다.[36] 어떤 조사는 경영자의 85% 이상이 상당히 관심 있는 이슈에 대해서도 침묵을 지킨 적이 있었다고 보고했다.[37] 침묵은 조직에 해를 끼칠 수 있다. 구성원의 침묵은 지속적으로 나타나는 운영상의 문제에 대해 경영자가 알지 못한다는 것을 의미한다. 또한 경영자의 침묵은 구성원들을 당황스럽게 한다. 차별, 성희롱, 부패, 비행에 대한 침묵은 최고경영자가 문제 행동을 제거하기 위한 조치를 취할 수 없다는 것을 의미한다.

의사소통에 대한 불안

전체 인구의 5~20% 정도가 **의사소통에 대한 두려움**(communication apprehension) 또는 사회적 갈등으로 어려움을 겪고 있다.[38] 이러한 사람들은 구두나 문서에 의한 의사소통 또는 두 가지 모두에서 과도한 긴장과 갈등을 경험한다.[39] 그들은 다른 사람 얼굴을 보고 말하는 것을 매우 힘들어하거나, 그들이 전화를 사용해야 할 때 심하게 불안해한다. 그래서 그들은 전화통화가 더 빠르고 적절할지라도 메모나 팩스를 사용하여 메시지를 전달한다.

구두 의사소통에 대해 불안해하는 사람은 가르치는 일을 피하려고 한다. 그 일은 구두 의사소통이 중요하게 요구되는 직업이기 때문이다.[40] 그렇지만 거의 모든 직무는 어느 정도 구두 의사소통을 필요로 한다. 더 큰 문제는 구두 의사소통을 염려하는 사람은 직무가 요구하는 의사소통을 왜곡하여 의사소통의 필요성을 최소화한다는 것이다. 그래서 어떤 사람이 직무를 효과적으로 수행하는 데 많은 의사소통이 필요하지 않다고 말함으로써 구두 의사소통을 심하게 제한하고 그러한 행동을 합리화하는 것에 유의해야 한다.

거짓말

효과적인 의사소통의 마지막 장벽은 거짓말이다. 어떤 것을 거짓말이라고 하느냐에 대한 정의는 사람마다 다르다. 예를 들어 어떤 사람은 실수에 대한 정보를 의도적으로 숨기는 것을 거짓말이라고 하고, 어떤 사람은 상황을 모면하기 위해 그 실수에서 자신의 역할을 적극적으로 부인하는 것을 거짓말이라고 한다. 거짓말에 대한 정의는 윤리학자와 사회과학자들 사이에서 합의되지는 않았지만, 많은 사람들이 거짓말을 한다는 것은 누구도 부인할 수 없는 사실이다. 사람들은 하루에 한두 번씩 거짓말을 하고, 어떤 사람은 상당히 많은 거짓말을 한다.[41] 대기업에서도 매일 발생하는 거짓말의 양이 엄청나다. 연구 결과는 사람들이 만나서 거짓말을 하는 것보다 전화로 거짓말을 하는 것을 더 편안해하며, 종이에 거짓말을 쓰는 것보다는 이메일로 거짓말을 하는 것을 더 편안해한다는 것을 보여준다.[42]

문화적 요인

효과적인 의사소통은 최상의 조건에서도 어렵다. 문화 간 차이는 의사소통 문제를 증가시킬 수 있다. 어떤 문화에서는 잘 이해되고 수용되는 제스처가 다른 문화에서는 의미가 없거나 불쾌감을 일으킬 수 있다. 불행히도 기업들 중 18%만이 문화가 다른 구성원과 의사소통하는 방법을 문서로 기록해 놓았으며, 단지 31%가 기업 메시지를 다른 문화에서 사용하기에 적합하게 만들 것을 요구한다.

문화장벽

연구자들은 문화 간 의사소통에서 나타나는 언어 관련 문제점을 여러 가지 제시하였다.

첫 번째는 어의에 의한 장벽이다. 단어는 사람에 따라 다른 의미를 지닌다. 이것은 특히 국가 문화가 다른 사람들에게 그렇다. 어떤 단어의 경우 문화가 다른 곳에서는 번역하기 어렵다. *sisu*라는 핀란드 말은 배짱(guts), 또는 끈질긴 인내심(dogged persistence)과 비슷한 의미를 지니지만, 영어로 정확히 번역할 수 없다. 러시아의 신자본주의자들은 영국이나 캐나다의 자본가와 의사소통하기 어려울 수 있다. 왜냐하면 효율, 자유시장, 규제와 같은 영어 단어를 직접 러시아말로 번역할 수 없기 때문이다.

두 번째는 단어의 함축적 의미에 의한 장벽이다. 단어들은 언어에 따라 그 의미가 달라진다. '하이(hai)'라는 일본 단어는 '네'로 번역되지만, 그것이 함축하고 있는 의미는 '네, 동의합니다.'가 아니라 '네, 듣고 있습니다.'이기 때문에 미국인 경영자와 일본인 경영자 간의 협상이 어려울 수 있다.

세 번째는 억양 차이에 의한 장벽이다. 어떤 문화에서는 언어가 공식적인 것이지만, 다른 문화에서는 언어를 비공식적인 것으로 여긴다. 또한 어떤 문화에서는 억양이 상황에 따라 달라진다. 사람들은 집, 직장, 사회적 상황에서 다르게 말한다. 공식적인 스타일이 기대되는 상황에서 개인적이고 비공식적인 스타일로 말하는 것은 부적절할 수 있다.

네 번째는 갈등을 받아들이는 정도와 갈등을 해결하는 방법에 의한 차이이다. 개인주의 문화에서 온 구성원은 직접적인 갈등을 더 편안하게 생각하는 경향이 있으며, 반대하는 이유를 공개적으로 밝힌다. 집단주의적인 사람은 갈등을 단지 암묵적으로만 인정하고, 감정이 고조되는 논쟁을 피하려는 경향이 있다. 집단주의자들은 개인주의자들보다 갈등의 원인을 더 많이 상황으로 귀인하고, 관계를 개선하기 위한 솔직한 사과를 필요로 하지 않는 반면에, 개인주의자들은 갈등에 대한 책임을 받아들이는 말을 명확하게 하고 관계를 개선하기 위해 사과를 공개적으로 하기를 원한다.

문화적 상황

사람들이 의사소통을 통해 전달받는 의미에 대해 상황이 영향을 미치는 정도는 문화마다 다르다.[43] 중국, 한국, 베트남, 사우디아라비아와 같은 **고맥락 문화**(high-context culture)에서는 사람들이 주로 비언어와 미묘한 상황적 단서에 의존하여 다른 사람과 의사소통을 하고, 개인의 공식 지위, 사회계층, 평판이 의사소통에 상당히 중요한 영향을 미친다. 말하지 않은 것이 말하는 것보다 더 중요할 수 있다. 반대로 유럽과 북미 사람들은 **저맥락 문화**(low-context culture)를 가지고 있다. 그들은 의미를 전달하기 위해 주로 말을 사용한다. 신체 언어나 공식 직함은 말과 글에 비하면 덜 중요하다(도표 11-4 참조).

고맥락 문화 ↑
　중국
　한국
　일본
　베트남
　아랍
　그리스
　스페인
　이탈리아
　영국
　북아메리카
　스칸디나비아
　스위스
저맥락 문화 ↓
　독일

도표 11-4
**고맥락 문화와
저맥락 문화의 국가**

상황적 차이는 실제로 의사소통 관점에서 상당히 많은 것을 의미한다. 고맥락 문화에서의 의사소통은 상대방에 대한 신뢰를 나타낸다. 자유스럽고 일상적인 대화가 사실상 관계를 형성하고 신뢰를 창출하는 데 중요하다. 구두에 의한 동의는 고맥락 문화에서는 강력한 약속을 의미한다. 연령, 근속 기간, 조직에서의 서열 등이 매우 중요하며, 사람들의 신용에 많은 영향을 미친다. 그래서 경영자는 지시를 하기보다는 '제안'을 한다. 반대로 저맥락 문화에서는 글로 정확하게 작성되고 형식에 맞는 문서가 법적 효력을 갖는다. 저맥락 문화에서는 솔직함을 중요시한다. 이러한 문화는 경영자들에게 의도한 의미를 솔직하고 정확하게 전달할 것을 요구한다.

문화적 지침

이 문화 간(intercultural)의 비즈니스 커뮤니케이션으로부터 얻을 수 있는 것이 많다. 우리 모두는 문화적으로 형성된 상이한 관점을 가지고 있다. 우리는 서로 다르기 때문에 우리가 효과적으로 의사소통을 하면 서로 도와 가장 창조적인 대안을 개발할 수 있다.

이 문화 의사소통 연구 전문가인 프레드 카스미르에 따르면, 우리는 흔히 우리 문화 밖에 있는 사람들과 의사소통을 잘하지 못한다. 왜냐하면 사람들은 자신의 문화적 기원에 근거하여 일반화를 하는 경향이 있기 때문이다. 이것은 의식하지 못한 채 일어날 수 있으며, 특히 관찰 가능한 특성에 근거하여 추정할 경우 재앙을 가져올 수도 있다. 예를 들어, 우리는 서로 다른 민족적 배경을 가지고 있으며, 어떤 사람이 우리의 신체적 특성과 유사한 사람들의 문화에 근거하여 우리를 부르면 불쾌해진다. 또한 다른 사람에게 문화적으로 민감한 시도는 흔히 미디어에 의해 전파된 선입견에 근거한다. 이 선입견은 일반적으로 정확하지 않거나 현재 관련성이 없다.

카스미르의 지적에 의하면, 사람들이 완전하게 이해해야 할 문화가 너무 많고, 그들은 자신의 문화도 다르게 해석하기 때문에, 문화 간 의사소통은 감수성과 공통 목표 추구에 근거하여 이루어져야 한다. 그는 '제3의 문화'를 임시로 만드는 것이 이상적이라고 밝혔다. 집단은 각 구성원이 선호하는 소통문화를 통합하려고 할 때 제3의 문화를 만들 수 있다. 개인의 차이를 인정하는 이 하위문화의 규범은 효과적인 의사소통의 공통 기반을 형성한다. 효과적으로 소통하는 이 문화 집단은 매우 생산적이고 혁신적일 수 있다.

상이한 문화에서 온 사람들과 의사소통할 때 어떻게 하면 해석의 오류를 줄일 수 있을까? 카스미르와 다른 전문가들은 다음과 같은 제안을 한다.

1. **너 자신을 알라** 너 자신의 문화 정체성과 편견을 인정하는 것이 다른 사람의 독특한 관점을 이해하는 데 중요하다.
2. **상호존중, 공정성, 민주주의 분위기를 조성하라** 평등하고 서로 배려하는 환경을 분명하게 수립하라. 이것은 개인의 문화적 규범을 초월하는 '제3의 문화'가 되어 효과적인 이 문화 간 소통을 가능하게 할 것이다.
3. **당신의 해석이 아니라 사실을 말하라** 어떤 사람이 한 말과 행동에 대한 해석과 평가는 관찰된 상황보다는 관찰자의 문화와 배경에 의해 더 많은 영향을 받는다. 당신이 사실만을 말하면, 당신은 다른 사람의 해석으로부터 이득을 얻을 기회를 가질 것이다. 관련된 모든 문화를 고려해서 상황을 관찰하고 해석할 충분한 시간을 가질 때까지 판단을 보류해야 한다.
4. **다른 사람의 관점을 고려하라** 메시지를 보내기 전에 수신자의 입장에서 생각하라. 수신자가 가지고 있는 가치관, 경험, 준거 기준이 무엇인가? 수신자는 어떤 교육과 양육을 받았으며, 어떤 배경을 가지고 있는가? 우선 다른 사람을 있는 그대로의 모습으로 보려고 하라. 그리고 잠재적 갈등이 일어날 때마다 협력적 문제해결 방법으로 접근하라.
5. **집단의 정체성을 적극적으로 유지하라** 모든 문화의 경우처럼, 효과적인 이 문화 간 의사소통을 위해 공통 기반으로 '제3의 문화'를 형성하는 것은 시간이 걸리고 관리가 필요하다. 그 집단의 구성원들에게 공통 목표를 추구하고, 상호 존중하고, 개인적으로 선호하는 소통 방식에 적응해야 한다는 것을 상기시켜야 한다.[44]

요약

당신은 아마도 이 장에서 의사소통과 구성원 만족 간에 관련성이 있다는 것을 발견했을 것이다. 불확실성이 적을수록 만족이 높아질 것이다. 왜곡, 모호성, 언어와 비언어 메시지 간의 비일관성 모두가 불확실성을 증가시키고, 만족을 감소시킨다. 의사소통 방법에 대해 세심한 주의를 기울이면, 수신자가 메시지를 더 올바르게 해석할 수 있다.

경영자에게 주는 시사점

- 당신의 의사소통 방식이 부분적으로 의사소통의 효과성을 결정한다는 것을 기억하라.
- 당신의 메시지가 이해되었는지를 확인하기 위해 피드백을 받아라.
- 문서 의사소통은 구두 의사소통보다 더 많은 오해를 유발할 수 있음을 기억하라. 가능한 한 대면미팅을 통해 구성원과 의사소통하라.
- 청중과 메시지 유형에 적절한 의사소통 전략을 사용하라.
- 젠더와 문화와 같은 의사소통 장애 요인을 유념하라.

제**4**부

협상력과 정치

리더십

1. 리더십 특성이론의 결론을 요약할 수 있다.
2. 행동이론의 핵심 주장과 주요 한계를 확인할 수 있다.
3. 리더십 상황이론을 비교할 수 있다.
4. 현대 리더십 이론을 기술하고, 기본적인 이론과의 관계를 제시할 수 있다.
5. 윤리적 조직 형성에 리더가 어떤 역할을 하는지를 설명할 수 있다.
6. 리더가 어떻게 신뢰 구축과 멘토링을 통해 조직에 긍정적인 영향을 미칠 수 있는지를 설명할 수 있다.
7. 리더십에 대한 도전을 확인할 수 있다.

리더십 특성이론

우리는 **리더십**(leadership)을 비전이나 목표를 달성하도록 집단에게 영향력을 발휘할 수 있는 능력으로 정의한다. 그러나 모든 리더가 경영자는 아니다. 또한 모든 경영자가 리더는 아니다. 조직의 공식 구조 밖에서 영향력을 행사하는 비공식적 리더십은 때때로 공식적인 영향력보다 더 중요하다. 어떤 사람을 리더로 만드는 것은 무엇일까? 역사 속에서 강력한 리더는 그들의 특성을 바탕으로 기술되어 왔기 때문에, 리더십 연구는 리더와 비리더를 구분하는 성격, 사회적, 신체적 또는 지적 특성을 확인하기 위해 노력하였다. 이 장에서 제시하는 바와 같이, 리더십을 분석하기 위해 사용한 접근 방법은 다양하다. 그 개념들 중 어느 것도 상호 배타적이지 않다는 것을 명심하라. 사실, 연구는 아직까지 어떤 변수들이 결합하여 최고의 리더십을 만들어내는지에 대해 명확하게 제시하지 못하고 있다. 그러나 우리는 이것에 대해 알아보려고 한다.

리더십 특성 이론(trait theories of leadership)은 빅 파이브와 같은 성격(제5장 참조)을 포함한 개인적 자질과 특성에 초점을 맞추어 2개의 결과(리더십 출현과 리더십 효과성)를 예측한다. 최근의 문헌에 기초하여, 우리는 성격 특성과 리더십에 대한 2개의 결론을 제시한다. 첫 번째, 특성이 리더십을 예측할 수 있다. 두 번째, 특성은 효과적 리더와 비효과적 리더를 구분하는 것보다 리더와 리더십의 출현을 예측하는 데 유용하다.[1] 개인이 적절한 특성을 보여주고, 다른 사람이 그 사람을 리더로 생각한다는 사실이, 그 사람이 집단의 목표를 달성하는 데 효과적이고 성공적으로 해냈다는 것을 반드시 의미하는 것은 아니다. 그렇긴 하지만, 특성과 리더십 간에는 밀접한 관련성이 있다.

리더십의 성격 특성

위대한 리더는 어떤 특성을 가지고 있을까? 일반적으로 사람들과 함께 있기를 좋아하고 자기 주장을 할 수 있고(외향성), 규율을 잘 준수하고 자신이 한 약속을 지킬 수 있고(성실성), 창조적이고 유연한(개방성) 사람이 리더십을 발휘할 때 유리하다. 다음에서 이것에 대해 자세히 살펴보자.

빅 파이브 성격 　성격 특성을 조사한 연구자들은 일관적으로 외향성이 효과적 리더를 예측하는 가장 중요한 특성이라는 것을 발견한다.[2] 그렇지만 외향성은 때때로 리더의 효과성보다는 리더의 출현 방식과 더 밀접한 관련성을 갖는다. 사교적이고 지배적인 사람은 집단 상황에서 앞으로 나서기를 좋아하여 리더로 인식될 가능성이 높지만, 효과적인 리더는 지배하려 하지 않는다. 어떤 연구는 공격성(외향성의 한 차원)에 매우 높은 점수를 받는 리더가 약간 높은 리더보다 덜 효과적이라는 것을 발견했다.[3] 그래서 외향성은 효과적인 리더십을 예측할 수 있지만, 그 관계는 외향성의 독특한 차원에 기인할 수 있다.

친화성과 정서적 안정성은 리더십을 예측하지 못하지만, 성실성과 개방성은 외향성만큼 높지 않을지라도 리더십, 특히 리더 효과성을 예측할 수 있다. 예를 들어, 어떤 연구는 성실성이 높은 최고경영진이 그들의 리더십을 통해 조직 성과에 긍정적인 영향을 미쳤다는 것을 보여주었다.[4] 성실성과 외향성은 리더의 자기효용감과 긍정적으로 관련되어 있고(제7장 참조),[5] 사람들은 올바른 방향으로 가고 있다고 확신하는 사람을 따를 가능성이 높기 때문에, 성실하고 외향적인 사람이 리더가 되는 경향이 있다.

부정적인 성격 특성 　마키아벨리즘, 나르시시즘, 사이코패스와 같은 부정적인 성격 특성 (the Diak-Side personality traits)은 어떤가(제5장 참조)? 연구는 이것들이 모두 리더십에 나쁜 것은 아니라고 제시한다. 유럽과 미국에서 수행한 연구는 규준 점수(중간 점수) 정도의 부정적인 성격 특성이 적절하며, 낮은 점수와 높은 점수는 비효과적인 리더십과 관련되어 있음을 보여주었다. 더구나, 이 연구는 높은 정서적 안정성이 비효과적인 행동을 강화시킨다고 제시하였다.[6] 그렇지만, 부정적인 성격과 정서적 안정성에 대한 높은 점수는 리더십의 출현에 기여할 수 있다. 다행스럽게도, 이 연구와 다른 국제 연구에 의하면, 자아 인식과 자기조절 스킬을 개발하는 것이 그들의 부정적인 성격의 영향을 통제하는 데 도움이 될 수 있다.[7]

감성지능과 리더십

효과적인 리더십을 설명하는 다른 특성은 앞에서 제시한 감성지능이다. 제4장에서 논의한 바와 같이, 감성지능의 핵심 요소 하나는 공감(empathy)이다. 공감을 잘하는 리더는 다른 사람의 욕구를 파악하고, 부하직원이 하는 말(그리고 하지 않는 말)을 듣고, 다른 사람의 반응을 읽을 줄 안다. 감정을 효과적으로 표현하고 관리하는 리더는 우수한 성과를 낸 사람에게는 진실된 공감과 열광을 표현하고, 성과를 내지 못한 사람에게는 화를 냄으로써 부하직원의 감정에 쉽게 영향을 미친다는 것을 알게 될 것이다.[8] 감성지능과 리더십 효과성 간의 관련성은 좀 더 구체적으로 연구될 가치가 있다.[9] 최근 연구는 인지적 능력과 성격의 영향을 고려한 후에도 감성지능이 높은 사람이 리더가 될 가능성이 더 높다는 것을 보여주었다.[10]

행동 이론

특성 이론이 리더십을 예측하는 데 도움을 주지만, 리더십을 완전하게 설명하지는 못한다. 성공적인 리더는 효과적인 리더십을 발휘하기 위해 무엇을 하는가? 상이한 유형의 리더 행동이 동일하게 효과적인가? 다음에서 논의하는 행동 이론은 리더십의 차원을 정의하는 데 기여한다. 이것을 조사하는 다른 방법은 행동 이론의 효용성을 조사하는 것이다. 특성 이론은 리더십에 적합한 사람을 선발하는 토대를 제공한다. 반대로 **리더십의 행동 이론**(behavioral theories of leadership)은 리더가 되도록 사람들을 훈련시킬 수 있다는 것을 시사한다.

　　가장 포괄적인 행동 이론은 오하이오주립대학의 연구에 의해 제시된 것이다.[11] 이 연구는 리더 행동을 구성하는 독립된 차원을 찾기 위해 수행되었으며, 수많은 차원으로부터 리더십 행동 대부분을 설명하는 두 가지 차원, 구조 주도와 배려를 도출하였다.

구조 주도

구조 주도(initiating structure)는 리더가 목표 달성을 위해 자신의 역할과 부하직원의 역할을 정의하고 구조화하는 정도를 말한다. 그것은 작업, 작업 관계, 목표를 조직화하려는 행동을 포함한다. 구조 주도가 높은 리더는 특정 과업을 부하직원에게 할당하고, 성과 기준을 명확하게 설정하고, 마감 시간을 강조한다. 리더십 문헌 조사에 따르면, 구조 주도가 높은 수준의 집단/조직 생산성, 긍정적인 성과 평가와 밀접하게 관련되어 있다.

배려

배려(consideration)는 어떤 사람의 직무 관계에서 상호 신뢰, 부하직원의 아이디어와 감정 존중이 이루어지는 정도를 말한다. 배려가 높은 리더는 개인적 문제를 가진 부하직원을 도와주고, 친절하고 접근하기가 쉬우며, 모든 부하직원을 동등하게 대우하고, 감사와 지지를 표현한다(인간 지향적). 우리 대부분은 배려하는 리더와 함께 일하기를 원한다—작업장에서 구성원의 동기를 가장 많이 유발시키는 요인에 대해 질문했을 때 미국 근로자의 66%가 감사(appreciation)라고 대답하였다.[12] 어떤 조사에서도 배려가 높은 리더의 부하직원들이 그들의 직무에 더 만족하고, 더 많이 동기 유발되고, 리더를 더 많이 존경하는 것으로 나타났다.

문화적 차이

행동 이론 연구에서 혼합된 결과가 나타나는 이유는 부분적으로 부하직원의 선호도, 특히 문화적 선호도 때문이다. GLOBE 프로그램으로 수행한 연구—제5장에서 언급되었던 바와 같이, 62개국, 825개 조직의 1만 8,000명의 리더를 대상으로 수행한 연구—는 구조 주도와 배려에 대한 선호도에서 국제적 차이가 존재함을 보여주었다.[13] 이 연구에 의하면, 배려가 높은 리더는 브라질과 같이, 일방적인 의사결정을 선호하지 않는 문화적 가치를 가진 나라에서 성공한다. 브라질 경영자가 말하길 "우리는 독자적인 결정을 내리고 집단에 참여하지 않고 혼자 행동하는 리더를 좋아하지 않는다. 그것이 우리들의 특징이다." 그래서 브라질에서 팀을 관리하는 미국 경영자가 효과적인 리더십을 발휘하기 위해서는 높은 배려 행동—팀 지향적이고, 참여적이고, 인간적인 행동—을 보여주는 것이 필요하다. 반대로 프랑스 사람은 리더에 대해 더 관료적인 견해를 가지고 있으며, 리더에게 인간적이고 배려심이 많은 사람이 되기를 기대하지 않는다. 그래서 구조 주도 (상대적으로 과업지향적)가 높은 리더는 프랑스에서 일을 가장 잘할 것이고, 상대적으로 독재적인 의사결정을 할 수 있다. 배려 점수가 높은 경영자(인간 지향적)는 자신의 방식이 프랑스에서는 역효과를 일으킨다는 것을 알게 될 것이다. 다른 문화에서는 두 차원이 모두 중요할 수도 있다. 예를 들어, 중국 문화는 예의 바르고 배려하고 이기적이지 않은 행동을 강조하지만, 성과 지향성도 높게 나타난다. 따라서 중국에서 효과적인 경영자가 되기 위해서는 배려와 구조 주도가 모두 중요할 것이다.

상황 이론

강인한 정신을 가진 리더는 어려움에 처한 회사를 맡아 경영 위기를 극복하였을 때 많은 추종자를 얻는 것 같다. 그렇지만 리더십의 성공을 예측하는 것은 몇몇의 영웅 사례를 발견하는 것보다 훨씬 복잡하다. 또한 극히 어려운 상황에서 작동하는 리더십 스타일이 반드시 장기적인 성공으로 이어지지 않는다. 연구자들이 상황의 영향을 조사할 때 a 상황에서는 리더십 스타일 x가 적합하고, 리더십 스타일 y는 b 상황에서 더 적합하고, 리더십 스타일 z는 c 상황에 더 적합한 것으로 나타났다. 그러면 a, b, c는 어떤 상황인가? 우리는 다음 절에서 상황변수를 제시한 피들러 모델을 살펴본다.

피들러의 상황 모델

최초의 리더십 상황 모델은 프레드 피들러(Fred Fiedler)에 의해 개발되었다.[14] **피들러 상황 모델**(Fiedler contingency model)에 의하면 효과적인 집단 성과는 리더가 부하직원과 상호작용하는 스타일과 상황 호의성(상황이 리더에게 통제권과 영향력을 주는 정도)이 부합될 때 나타난다. 이 모델에서는 개인의 리더십 스타일이 변하지 않는다고 가정한다.

　첫 번째 단계로, **가장 좋아하지 않는 동료**(Least Preferred Co-worker, LPC) 설문지를 통해 어떤 사람이 과업 지향적인지 또는 관계 지향적인지를 확인한다. 이 설문지는 응답자에게 같이 일했던 동료들을 생각하고, 그중에서 가장 함께 일하고 싶지 않았던 한 사람을 평가하게 한다. 당신이 가장 함께 일하기 싫은 동료를 비교적 호의적으로 표현하면(LPC 점수가 높음), 당신은 관계 지향적인 사람이다. 반대로 가장 일하고 싶지 않은 동료를 비교적 비호의적으로 기술하였다면(LPC 점수 낮음), 당신은 생산성에 주로 관심을 갖고 있고, 과업 지향적인 사람이다.

LPC 점수가 나오면, 리더십 효과성을 위해 조직 상황과 리더 스타일 간의 적합성을 찾아야 한다. 그 상황은 세 가지 상황 요인으로 평가할 수 있다.

1. **리더-구성원 관계**(leader-member relation)   부하직원이 리더에 대해 확신, 신뢰, 존경심을 가지고 있는 정도
2. **과업 구조**(task structure)   직무수행 절차가 정해져 있는 정도(구조화되거나 비구조화되어 있는 정도)
3. **직위 권력**(position power)   리더가 고용, 해고, 훈련, 승진, 임금 인상과 같은 변수에 영향력을 행사할 수 있는 정도

이 모델에 따르면, 과업 구조가 높을수록, 절차가 더 많아지고, 직위 권력이 강할수록, 리더의 통제력은 더 커진다. 호의적인 상황은 〈도표 12-1〉에 제시된 그림의 왼쪽에 있다. 가장 호의적인 상황(리더가 가장 많은 통제력을 갖는 상황)의 예로는 급여관리자를 들 수 있다. 그 사람은 부하직원으로부터 존경과 신뢰를 받고(좋은 리더-구성원의 관

도표 12-1
피들러 모델의
연구 결과

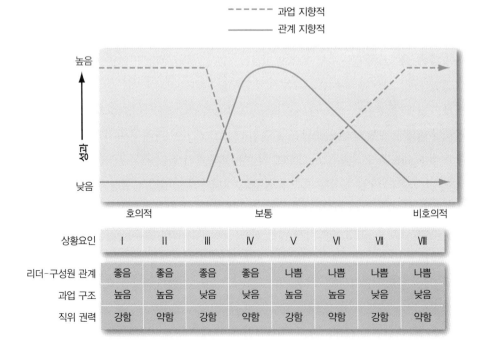

상황요인	I	II	III	IV	V	VI	VII	VIII
리더-구성원 관계	좋음	좋음	좋음	좋음	나쁨	나쁨	나쁨	나쁨
과업 구조	높음	높음	낮음	낮음	높음	높음	낮음	낮음
직위 권력	강함	약함	강함	약함	강함	약함	강함	약함

계), 명확하고 구체적인 활동─임금 계산, 서류 검토, 보고서 정리─을 하며(높은 과업 구조), 부하직원에게 보상과 처벌을 할 수 있는 재량권이 많다(강한 직위 권력). 그림의 오른쪽에 위치하는 비호의적 상황은 유나이티드 웨이(미국의 자선단체)에서 모금활동을 하는 자원봉사팀의 팀장일 것이다. 팀원들은 자원봉사자들로 구성되어 있고, 그들은 팀장을 별로 좋아하지 않는다. 이 직무에서는 리더의 통제력이 거의 없다(낮은 리더-구성원 관계, 낮은 과업 구조, 낮은 직위 권력). 상황의 호의성이 I, II, III, VII, 또는 VIII인 경우에는 과업지향적 리더가 더 우수한 성과를 낸다. 관계지향적 리더는 중간 정도로 호의적인 상황인 IV, V, VI에서 우수한 성과를 낸다.

피들러 모델에 대한 전반적인 타당성을 검증한 연구들은 초기에 이 모델을 지지하는 상당한 증거를 제시했지만, 최근에는 거의 연구되지 않는다. 이것은 우리가 고려해야 할 어떤 통찰력을 제공하지만, 이것을 실제로 활용하는 데는 문제가 있다.

상황적 리더십 이론

상황적 리더십 이론(situational leadership theory, SLT)은 부하직원들에게 초점을 맞춘다. 이 이론에서 성공적인 리더십은 부하직원의 **성숙도**(readiness), 즉 부하직원이 특정 과업을 달성하려는 의지가 있고, 또 달성할 수 있는 정도에 적합한 리더십 스타일을 선택하는 것에 의해 결정된다. 리더는 부하직원의 성숙도에 따라 네 가지 행동 중 하나를 선택해야 한다.

부하직원이 어떤 과업을 할 수 있는 **능력**이 없고, 하려는 **의지**도 없으면, 리더는 명확하고 구체적으로 지시해야 한다. 그들이 **능력**은 없지만, **의지**가 있으면, 리더는 부하직원에게 결여된 능력을 보충하기 위해 과업지향적으로 행동해야 하고, 동시에 리더가 바라는 대로 부하직원이 행동하도록 하기 위해서는 관계지향적인 행동을 보여주어야 한다. 부하직원이 **능력**이 있지만, **의지**가 없으면, 리더는 지원적이고 참여적인 스타일을 사용해야 한다. 부하직원들이 **능력**도 있고 **의지**도 있으면, 리더는 할 일이 별로 없다.

상황적 리더십 이론은 직관적으로 이해할 수 있다. 그것은 부하직원의 중요성을 인정하고, 리더가 부하직원의 제한된 능력과 동기를 보충할 수 있다는 논리를 기반으로 한다. 그러나 이 이론을 검증하고 지지하려는 연구 노력은 일반적으로 실망스럽다.[15] 왜 그런가? 그것은 모델 자체가 모호하고 일관적이지 않은 부분이 있고, 연구방법론에서도 문제를 가지고 있기 때문이다. 그래서 직관적인 이해와 대중적인 인기에도 불구하고, 현재 이 이론에 대한 지지는 주의가 필요하다.

경로-목표 이론

경로-목표 이론(path-goal theory)은 로버트 하우스가 구조 주도와 배려에 대한 연구와 동기부여의 기대이론을 기반으로 개발하였다.[16] 경로-목표 이론에 의하면, 리더의 직무는 부하직원에게 목표를 달성하는 데 필요한 정보, 지지 또는 기타 자원을 제공하는 것이다(경로-목표 용어는 효과적인 리더가 부하직원이 작업 목표에 도달하는 경로를 명확하게 해주고, 장애요인을 제거하여 목표를 좀 더 쉽게 달성할 수 있도록 해준다는 것을 의미한다). 이 이론은 다음의 사항을 예측한다.

- 지시적 리더십은 구조화되어 있고 잘 정리되어 있는 과업보다 모호하거나 스트레스를 유발하는 과업에서 구성원의 만족을 높게 한다.
- 지원적 리더십은 구성원이 구조화된 과업을 수행하고 있는 경우 높은 성과와 만족을 이끌어낸다.
- 지시적 리더십은 우수한 능력이나 많은 경험을 가진 구성원들에게는 필요 없는 것으로 지각되는 경향이 있다.

물론, 이것은 단순화시킨 것이다. 리더십 스타일과 상황의 연결이 개별적이고 변덕스러울 수 있다. 어떤 과업은 스트레스를 유발하면서 구조화가 잘되어 있고, 구성원도 어떤 과업에서는 능력이 우수하고 경험이 많지만, 다른 과업에서는 그렇지 않다. 다른 연구에서는 목표에 초점을 맞추는 리더십이 성실성과 정서적 안정성이 낮은 부하직원에게 높은 감정적 탈진을 유발할 수 있다고 밝혔다.[17] 이것은 목표를 설정하는 리더가 성실한 부하직원에게는 더 높은 성과를 달성하도록 하지만, 성실하지 않은 부하직원에게는 스트레스를 유발한다는 것을 시사한다.

상황적 리더십 이론처럼, 경로-목표 이론도 특히 목표 달성 관점에서 직관적으로 이해할 수 있다. 또한 상황적 리더십 이론처럼, 이 이론도 실제 조직 현장에 적용하기 어렵지만, 리더십의 주요 역할을 조사하는 데는 유용한 개념적 틀이 될 수 있다.[18]

리더-참여 모델

마지막으로 다루는 상황 이론은 리더가 의사결정 하는 방식이 리더가 무엇을 결정하느냐 만큼 중요하다고 주장한다. **리더-참여 모델**(leader-participation model)은 리더십 행동과 부하직원의 의사결정 참여를 연결시킨다.[19] 경로-목표 이론처럼, 이 이론도 리더 행동이 과업 구조(일상적, 비일상적 또는 중간)에 따라 달라져야 한다고 제시하지만, 모든 리

더십 행동을 포괄하지 않으며, 부하직원이 참여하는 의사결정 유형 중 어떤 유형이 가장
좋은지를 제안하지 않는다. 이 이론은 상황과 부하직원의 동의를 가장 잘 이끌어낼 수
있는 리더십 행동을 이해할 수 있는 토대를 제공한다.

어떤 리더십 학자의 말에 의하면, "리더는 진공 상태에서 존재하지 않는다." 리더십
은 리더와 부하직원 간의 공생관계이다.[20] 그러나 우리가 제시한 이론들은 리더가 동일
한 스타일로 그의 작업집단에 있는 모든 사람을 대한다고 가정한다. 집단에서 당신의 경
험을 생각해보라. 리더가 자주 부하직원들을 다르게 대하는가? 그것은 흔하게 일어나는
일이다.

현대 리더십 이론

리더는 조직과 구성원에게 중요하다. 리더십에 대한 이해는 지속적으로 진화해간다. 현
대 이론은 리더가 출현하고, 영향을 미치고, 구성원과 조직을 이끌어가는 독특한 방식을
발견하기 위해 이루어진 연구들을 토대로 개발되었다. 현재 가장 중요하게 제시되는 이
론들을 살펴보자.

리더-구성원 교환 이론

당신이 아는 리더에 대해 생각해보자. 그 리더가 총애하는 부하직원들과 내집단을 형성
하고 있는가? 당신이 이 질문에 대해 '네'라고 대답했다면, 당신은 **리더-구성원 교환 이
론**(leader-member exchange, LMX)을 알고 있는 것이다.[21] LMX는 시간 제약 때문에 리
더가 부하직원들의 일부와 특별한 관계를 형성한다고 주장한다. 이 부하직원들은 리더
의 내집단(ingroup)을 구성한다. 내집단은 신뢰를 받고, 리더의 관심을 많이 받으며, 특
별한 대우를 받는 경향이 있다. 다른 부하직원들은 외집단(outgroup)이 된다.

LMX 이론에 의하면, 리더는 부하직원과 상호작용하는 초기에 암묵적으로 부하직원
들을 '내집단'이나 '외집단'으로 분류하며, 그 관계는 시간이 경과해도 상대적으로 안정
적이다. 리더들은 보다 친밀한 연결 관계를 원하는 부하직원에게 보상을 해주고, 그것을
원하지 않는 부하직원에게는 벌을 주면서 LMX를 형성한다.[22] LMX 관계가 변하지 않고
그대로 유지되려면, 리더와 부하직원이 그 관계에 투자를 해야 한다.

리더가 각각의 범주에 속하는 사람들을 어떻게 선택하는지는 명확하지 않지만, 외집
단보다 내집단의 구성원들이 리더와 비슷한 인구통계학적 특성, 태도, 성격적 특성을

더 많이 가지고 있거나 더 높은 역량을 보유하고 있다는 증거가 제시되고 있다(도표 12
-2).[23] 리더와 부하직원은 같은 여성 또는 남성일 경우에 성이 다른 경우보다 더 친밀한
관계(높은 LMX)를 형성하는 경향이 있다.[24] 리더가 선택을 하지만, 부하직원의 특성이
그 선택 결정을 주도한다.

LMX 이론을 검증한 연구는 일반적으로 이 이론을 지지하고 있다. 이들 연구는 리더
가 부하직원을 차별한다는 실제적인 증거를 제시한다. 이러한 차별은 우발적으로 이루
어진 것이 아니다. 내집단에 속하는 부하직원이 더 높은 성과 평가를 받고, 협력적인 행
동 또는 조직시민행동을 더 많이 하고, 상사에 대한 만족도가 더 높다고 보고한다.[25]

포르투갈과 미국에서 수행된 한 연구는 리더가 조직의 가치관과 정체성을 구현하는
것으로 보일 경우 LMX가 조직에 대한 부하직원의 헌신과 밀접하게 관련되어 있음을 밝
혀냈다.[26] 다른 연구는 LMX 관계에서 가족 친화적인(일과 삶의 균형을 유지하도록 부하
직원을 돕는 것) 리더의 부하직원이 더 많은 몰입을 하고 우수한 성과를 보인다고 제시
하였다.[27] 이러한 연구 결과는 자기충족적 예언의 관점에서 볼 때 그리 놀랄 일은 아니다
(제6장 참조). 리더는 최고의 성과를 낼 것이라고 기대되는 사람들에게 자신의 자원을 투
자한다. 내집단 구성원들이 유능하다고 믿는 리더는 그들을 그렇게 대우하고, 자기도 모
르게 자기예언을 충족시키는 것이다.

내집단이 받은 긍정적 결과 때문에, 내집단과 외집단에서 모두 LMX의 부정적인 효과
가 나타난다는 것을 보여주는 연구들도 있다. 예를 들어, 터키에서의 연구는 관계 측면
에서 리더가 부하직원들을 차별할 때(어떤 부하직원은 매우 좋은 리더-구성원 교환관계
를 가지고 있고, 다른 부하직원은 나쁜 관계를 갖는다), 내집단과 외집단 구성원 모두가
더 부정적인 작업 태도를 보이고, 더 높은 수준의 이탈 행동(withdrawal behavior)을 보인

도표 12-2
리더-구성원
교환 이론

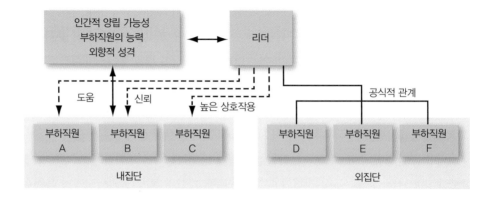

다.[28] 중국과 미국에서 수행한 연구는 리더십의 차별 행동이, 특히 팀 구성원이 긴밀하게 함께 일할 경우 팀 신뢰와 절차 공정성 지각을 해친다고 제시하였다.[29] 다른 연구는 내집단에 속하는 팀 구성원들의 성과는 증가하지만, 팀 전체적으로는 LMX 환경에서 조정이 잘 안 되고 전반적인 성과가 떨어진다는 것을 보여주었다.[30] 단합이 잘되는 팀은 지원적인 환경을 제공함으로써 신뢰와 자기효능감을 유지하도록 외집단 구성원을 도와준다.[31] 그러나 이것은 흔히 구성원과 리더의 관계를 손상시킨다.

카리스마적 리더십

리더는 태어난다고 생각하는가, 만들어진다고 생각하는가? 사실 어떤 개인은 리더십 직위을 가지고 태어나기도 하고 (포드와 힐튼과 같은 성을 가진 가족 상속자의 경우처럼), 과거의 업적으로 인해 리더십 직위가 부여되기도 하고(노력하여 최고경영자로 승진하는 것처럼), 리더로 비공식적인 인정을 받기도 한다(트위터 시작 시점에 거기에 있어서 모든 것을 알고 있는 직원처럼). 그러나 여기에서는 리더십 역할 수행에 필요한 요소에 대해 이야기하지 않는다. 대신에 우리는 위대한 리더를 비범하게 만드는 요인에 초점을 맞춘다. 두 현대 리더십 이론인 카리스마적 리더십과 변혁적 리더십이 주장하는 위대한 리더에는 공통점이 있다. 이 이론들은 리더를 말, 아이디어, 행동을 통해 부하직원에게 영감을 불어넣어 주는 사람으로 간주한다.

카리스마적 리더십의 정의 사회학자인 막스 베버는 카리스마('선물'을 의미하는 그리스어)를 개인 성격의 한 특성으로 정의하였다. 그는 카리스마를 가진 사람은 보통 사람과 구별되고, 초자연적, 초인간적 또는 최소한 특별히 예외적인 힘이나 자질을 가지고 태어난다고 보았다. 카리스마는 보통 사람들이 가질 수 없는 것이며, 신성하거나 모범적인 것으로 간주하였고, 이것을 가지고 있는 사람을 리더로 여겼다.[32]

조직행동론 관점에서 카리스마적 리더십을 다룬 최초의 연구자는 로버트 하우스이다. 그의 **카리스마적 리더십 이론**(charismatic leadership theory)에 따르면, 부하직원은 어떤 행동들을 보았을 때 그것을 영웅적 또는 비범한 리더십 능력으로 귀인하고, 이 리더에게 권력을 주는 경향이 있다.[33] 카리스마적 리더십의 특성을 밝히기 위한 많은 연구가 시도되었다. 그들은 비전을 가지고 있고, 그 비전을 달성하기 위해 기꺼이 개인적 위험을 추구하려고 하며, 부하직원의 욕구에 대해 민감하고 평범하지 않은 행동을 보여준다(도표 12-3 참조).[34] 그리스에서 수행된 최근 연구는 카리스마적 리더십이 부하직원들에

1. **비전 수립과 명확화** : 현상 유지보다는 더 좋은 미래를 제시하는 비전—이상화된 목표로 표현된 비전— 을 가지고 있으며, 구성원들이 이해할 수 있는 용어로 비전의 중요성을 설명할 수 있다.
2. **개인적 위험** : 비전 달성을 위해 기꺼이 개인적 위험을 추구하고, 높은 비용을 부담하며, 자기 희생을 한다.
3. **부하직원 욕구에 대한 세심함** : 다른 사람의 능력을 지각할 수 있고, 그들의 욕구와 느낌에 반응할 수 있다.
4. **관습을 따르지 않는 행동** : 새롭고 규범에 얽매이지 않는 행동을 한다.

도표 12-3 카리스마적 리더의 주요 특성

출처 : Based on J. A. Conger and R. N. Kanungo, *Charismatic Leadership in Organizations* (Thousand Oaks, CA: Sage, 1998), p. 94.

게 공유된 집단 정체성을 갖게 함으로써 부하직원의 조직 동일시(조직 몰입)를 증가시킨다고 제시하였다.[35] 다른 연구는 카리스마적 리더십이 부하직원의 직무 만족에 영향을 준다는 것을 보여주었다.[36]

카리스마적 리더는 타고나는가 아니면 만들어지는가 카리스마적 리더는 이러한 특성을 가지고 태어나는가? 아니면 사람들이 학습을 통해 카리스마적 리더가 될 수 있는가? 둘다 맞다.

사람들은 카리스마적 리더의 특성을 가지고 태어난다. 사실 일란성 쌍둥이에 대한 연구는 그들이 다른 집에서 성장하고 만난 적이 없을지라도 카리스마적 리더의 척도에 대한 점수가 비슷하다는 것을 발견했다. 성격도 또한 카리스마적 리더십과 관련되어 있다. 카리스마적 리더는 외향적이고, 자신감이 있으며, 성취 지향적이다.[37] 미국 대통령 버락 오바마, 빌 클린턴, 로널드 레이건과 영국 수상 마거릿 대처의 재임 시절을 생각해보자. 당신이 그들을 좋아하든 싫어하든 간에, 그들 모두는 카리스마적 리더의 특성을 가지고 있기 때문에 흔히 비교된다.

연구에 의하면, 카리스마적 리더십은 세계적인 리더에게만 해당되는 것이 아니라, 우리 모두가, 우리의 한계 내에서, 카리스마적 리더십 스타일을 개발할 수 있다. 당신이 리더십 역할을 적극적으로 수행하려면, 목표 달성을 위한 당신의 비전을 부하직원들에게 자연스럽게 전달해야 한다.[38] 카리스마적인 분위기를 개발하기 위해, 열광을 불러일으키기 위한 촉매제로 당신의 열정을 사용하라. 활기찬 목소리로 말하고, 눈 마주침과 표정으로 당신의 메시지를 강화하라. 부하직원의 감정을 이용하여 그들의 잠재력을 끄집어내고, 그들을 고무시키는 유대감을 창출하라. 기억하라, 열정은 전염된다.

카리스마적 리더는 어떻게 부하직원에게 영향을 미치는가 카리스마적 리더는 실제로 부하직원에게 어떻게 영향을 미치는가? 우선 리더가 호소력 있는 **비전**(vision)을 명확하게 표현함으로써 영향을 미친다. 비전은 목표 달성을 위한 장기적인 전략으로, 조직의 현재와 더 좋은 미래를 연결시킨다. 바람직한 비전은 시대와 상황에 적합하며, 조직의 독특성을 반영한다. 부하직원들은 리더가 얼마나 열정적으로 소통하느냐뿐만 아니라 호소력 있는 메시지에 의해 고무된다.

비전은 **비전 선언문**(vision statement)으로 만들어져야 한다. 이것은 조직의 비전이나 사명을 공식적으로 표현한 것이다. 카리스마적 리더는 부하직원에게 중요한 목표와 목적을 각인시키기 위해 비전 선언문을 사용한다. 이 리더들은 또한 협력과 상호 지원의 분위기를 형성한다. 그들은 높은 성과 기대와 부하직원들이 그것을 달성할 수 있다는 믿음을 전달하여 부하직원의 자부심과 자신감을 형성한다. 말과 행동을 통해, 리더는 새로운 가치관을 전달하고, 모범을 보여 부하직원이 따라하게 한다. 마지막으로 카리스마적 리더는 비전에 대한 확신과 용기를 보여주기 위해 감정을 불러일으키고 흔히 관습에 얽매이지 않는 행동을 한다.

기존 연구에 의하면, 카리스마적 리더십은 부하직원들이 리더가 전달하는 감정을 받아들이게 한다.[39] 어떤 연구는 구성원이 카리스마적 리더십 밑에서 일할 때 개인적 소속감을 더 강하게 느끼고, 이로 인해 돕는 행동과 순응지향적 행동을 기꺼이 하려고 한다고 제시하였다.[40]

효과적인 카리스마적 리더십은 상황에 따라 달라지는가 카리스마적 리더십은 많은 상황에서 긍정적인 영향을 미친다. 그렇지만, 이러한 효과를 강화하거나 어느 정도 제한하는 부하직원과 상황 특성이 있다.

카리스마적 리더십을 강화하는 요인 하나는 스트레스이다. 사람들은 위기를 인지할 때, 스트레스를 받을 때, 자신의 삶에 대해 불안감을 가지고 있을 때, 카리스마적 리더십을 쉽게 받아들이는 경향이 있다. 위기 상황에서는 대담한 리더십이 필요하다고 생각하기 때문에 사람들은 카리스마적 리더십을 더 잘 받아들인다. 또한 사람들이 심리적으로 각성되어 있을 때는, 실험실 연구에서조차도, 카리스마적 리더들에게 더 많이 호응한다.[41]

어떤 성격의 사람은 카리스마적 리더십에 특히 민감하다.[42] 예를 들어 자신감이 결여되어 있고 자신의 가치에 대해 의문을 가지고 있는 사람들은 독자적인 행동 방식이나 사고 방식을 갖기보다는 리더의 방향을 받아들이는 경향이 높다. 이러한 사람들에게 있어 상황은 리더의 카리스마적 특성보다 훨씬 덜 중요하다.

카리스마적 리더십의 문제점 불행히도 실제보다 과장된 카리스마적 리더가 반드시 최상의 조직 이익을 위해 행동하는 것은 아니다.[43] 이와 관련하여, 연구들은 자기애가 강한 사람이 카리스마적 리더십과 연관된 행동을 더 많이 한다는 것을 보여주었다.[44] 많은 카리스마적(그러나 부패한) 리더들은 개인적 이익을 위해 조직의 목표를 희생시켰다. 예를 들어, 엔론, 타이코, 월드콤, 헬스사우스의 리더들은 개인 이익을 위해 조직의 자원을 거리낌 없이 사용하였고, 법과 윤리를 위반하며 주가를 올리고, 그런 다음 개인의 스톡옵션을 팔아 수백만 달러를 벌었다. 아돌프 히틀러와 같이, 어떤 카리스마적 리더는 파멸을 초래할 수 있는 비전을 추구하도록 부하직원을 설득하는 데 아주 능숙하다. 카리스마가 권력이라면, 그 권력은 좋은 일을 위해 쓰일 수도 있고, 나쁜 일을 위해 쓰일 수도 있다.

카리스마적 리더십이 효과적이지 않다고 말하는 것은 아니다. 전반적으로 카리스마적 리더십은 효과적이다. 그러나 카리스마적 리더가 항상 답은 아니다. 성공은 어느 정도 상황과 리더의 비전에 의해 결정되며, 결과를 감시할 수 있는 조직의 견제와 균형 시스템에 의해서도 영향을 받는다.

거래적 리더십과 변혁적 리더십

카리스마적 리더십 이론은 리더를 신뢰하도록 부하직원을 고무시키는 리더의 능력을 다룬다. 반대로 피들러의 상황모델, 상황적 리더십 이론, 경로-목표 이론은 거래적 리더에 관한 것이다. **거래적 리더**(transactional leaders)는 역할과 과업 요구를 명확하게 함으로써 부하직원이 수립된 목표를 달성할 수 있도록 지도한다. 연구의 흐름 하나는 거래적 리더와 변혁적 리더를 구별하는 데 초점을 맞추고 있다.[45] **변혁적 리더**(transformational leader)는 부하직원들에게 개인 이익보다 조직 이익을 우선시하도록 영감을 불어넣어 준다.[46] 버진 그룹의 리처드 브랜슨은 변혁적 리더의 좋은 예이다. 그는 부하직원 개개인의 관심사와 욕구에 관심을 갖고, 기존 문제를 새로운 방식으로 바라보게 도와줌으로써 이슈에 대한 부하직원들의 인식을 변화시키고, 집단 목표를 달성하는 데 많은 노력을 기울이도록 부하직원을 자극하고 고무시킨다. 연구에 의하면, 부하직원이 고객이나 다른 수혜자와의 직접적인 상호작용을 통해 그들 업무의 긍정적인 영향을 볼 수 있을 때, 변혁적 리더십이 가장 효과적이다.[47] 〈도표 12-4〉는 거래적 리더십과 변혁적 리더십의 구분할 수 있는 특성을 간단하게 제시한 것이다.

거래적 리더십과 변혁적 리더십은 상호 보완적이다. 그것들은 일을 해나가는 데 있어서 서로 상충되는 접근방법이 아니다.[48] 최고의 리더는 거래적이면서 변혁적인 리더이

거래적 리더

보상연계 : 노력에 대한 보상을 계약하고, 우수한 성과에 대한 보상을 약속하며, 업적을 인정하는 것

예외에 의한 관리(적극적) : 규칙과 기준에서 일탈하는지를 관찰하고, 조사하고, 수정 조치를 취함

예외에 의한 관리(수동적) : 기준을 충족하지 않았을 경우에만 개입함

자유방임 : 책임을 포기하고, 의사결정을 회피함

변혁적 리더

이상화된 영향력 : 비전과 사명감을 제시하고, 자부심을 심어주고, 존경과 신뢰를 얻음

영감에 의한 동기 유발 : 높은 기대를 전달하고, 노력을 집중시키기 위해 상징을 사용하고, 주요 목표를 단순하게 표현함

지적 자극 : 지성, 합리성, 신중한 문제 해결을 장려함

개인화된 배려 : 개인적인 관심을 보이고, 부하직원들을 개별적으로 대하고, 코치하고 조언함

도표 12-4 거래적 리더와 변혁적 리더의 특성

출처 : Based on A. H. Eagly, M. C. Johannesen-Schmidt, and M. L. Van Engen, "Transformational, Transactional, and Laissez-faire Leadership Styles: A Meta-Analysis Comparing Women and Men," *Psychological Bulletin* 129, no. 4 (2003), 569–591; and T. A. Judge and J. E. Bono, "Five Factor Model of Personality and Transformational Leadership," *Journal of Applied Psychology* 85, no. 5 (2000), 751–765."

다. 변혁적 리더십은 거래적 리더십 위에 있는 개념이고, 거래적 리더십이 만들어낼 수 있는 것 이상의 수준으로 부하직원의 노력과 성과를 이끌어낸다. 그러나 거래적 리더십은 변혁적 리더십이 할 수 있는 것 이상으로 하지는 못한다. 그래서 당신이 좋은 거래적 리더이지만 변혁적 리더의 특성을 가지고 있지 않다면 당신은 보통의 리더가 될 것이다.

리더십 종합 모델 〈도표 12-5〉는 **리더십 종합 모델**(full range of leadership model)을 보여준다. 자유방임은 가장 소극적이고, 그래서 효과가 가장 낮은 리더의 행동이다.[49] 예외에 의한 관리는 리더가 주로 정상적인 작업 절차에 예외적인 문제가 발생할 때, 리더십을 발휘하며, 그래서 리더십의 발휘가 종종 늦어져서 효과적이지 못하다. 보상연계 리더십은 구성원의 노력에 대해 사전에 정해진 보상을 제공하는 것으로, 효과적인 리더십 스타일이 될 수 있지만, 구성원이 주어진 임무 이상으로 일하게 하지는 못한다.

나머지 네 가지 리더십 스타일—변혁적 리더십의 모든 측면—만이 리더가 부하직원에게 기대 이상의 성과를 도출하고 조직을 위해 개인 이익을 초월하도록 동기부여 할 수 있다. 개별화된 배려, 지적 자극, 영감에 의한 동기 유발, 이상화된 영향력 모두가 근로자들로부터 많은 노력, 높은 생산성, 높은 사기와 만족, 높은 조직 효과성, 낮은 이식률, 낮은 결근율, 높은 조직 적응력을 이끌어낼 수 있다. 이 모델에 의하면, 리더가 네 가지

도표 12-5
리더십 종합 모델

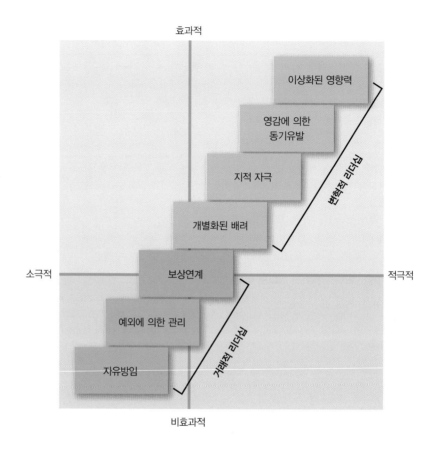

변혁적 리더 행동을 적절하게 사용할 때 일반적으로 가장 효과적이다.

  변혁적 리더십의 작동 원리 변혁적 리더가 경영하는 기업에서는 책임이 분권화되어 있고, 경영자들은 위험을 추구하는 경향이 높고, 보상계획이 장기적인 결과에 연계되어 있는데, 이 모든 것들이 조직의 기업가 정신을 촉진한다.[50] 변혁적 리더십이 작동하는 방법에는 다른 것도 있다. 중국의 정보기술 근로자에 대한 연구에 의하면, 권한을 위임하는 리더십 행동이 구성원들에게 긍정적인 자기통제감을 갖게 하여 업무 창의성을 증가시킨다.[51] 독일의 다른 연구에서는 변혁적 리더십이 근로자의 창의성에 긍정적인 영향을 미친다는 것을 발견하였지만, 리더는 근로자의 창의성을 떨어뜨리는, 의존적인 리더 관계를 조심해야 한다고 제시하였다.[52]

  변혁적 리더가 경영하는 기업에서는 흔히 조직 목표에 대해 최고경영진의 합의가 잘 이루어지며, 그로 인해 우수한 조직 성과를 이끌어낸다.[53] 이스라엘 군대에서 비슷한 결과가 나타났는데, 그 군대의 변혁적 리더는 집단 구성원 간의 합의를 이끌어내어 성과를

개선하였다.[54]

변혁적 리더십의 평가　변혁적 리더십은 상이한 직무 수준과 상이한 직업(학교 교장, 교사, 해군 지휘관, 목사, 경영자협회 회장, 사관생도, 노동조합 사무장, 영업사원)에서 상당한 지지를 받고 있다. 일반적으로, 조직은 변혁적 리더가 경영할 때 우수한 성과를 낸다. 예를 들어, 연구개발 회사에 대한 연구에 의하면, 프로젝트 리더가 변혁적 리더십에서 높은 점수를 받는 팀이 1년 후에 더 우수한 제품을 개발했으며, 5년 후에 더 높은 수익을 창출해냈다.[55] 변혁적 리더십에 대한 117개 논문을 고찰한 연구는 변혁적 리더십이 부하직원 개인 성과, 팀 성과 및 조직 성과와 긍정적으로 관련되어 있음을 제시하였다.[56]

　변혁적 리더십의 효과는 상황에 따라 달라질 수 있다. 일반적으로 변혁적 리더십은 대기업보다는 소규모 개인 기업의 성과에서 더 큰 영향을 미친다.[57] 또한 변혁적 리더십의 효과는 업무를 팀 수준에서 평가하는지, 개인 수준에서 평가하는지에 따라서도 달라질 수 있다.[58] 개인 중심의 변혁적 리더십은 부하직원에게 권한을 위양하여 아이디어를 개발하고, 부하직원의 능력을 강화하고, 그들의 자기효능감을 증가시킨다. 팀 중심의 변혁적 리더는 집단 목표, 공유된 가치관과 신념, 통일된 노력을 강조한다. 그러나 변혁적 리더십이 실패할 염려가 없는 것은 아니다. 예를 들어, 중국에서의 연구에 의하면, 팀 상황에서 구성원의 집단 동일시는 변혁적 리더십의 효과를 무효화시킨다.[59]

변혁적 리더십 대 거래적 리더십　우리는 변혁적 리더십이 바람직한 조직 결과를 많이 산출해낸다는 것을 알았다. 변혁적 리더십과 거래적 리더십을 비교한 연구들은 거래적 리더십보다 변혁적 리더십이 낮은 이직률, 높은 생산성, 구성원의 낮은 스트레스와 탈진, 높은 만족과 더 강하게 관련되어 있음을 보여준다.[60] 그렇지만 변혁적 리더십 이론은 완벽하지 않다. 리더십 종합 모델은 거래적 리더십과 변혁적 리더십의 특성을 명확하게 구분하고 있는데, 변혁적 리더십의 특성이 효과적 리더십에 모두 존재하지 않을 수도 있다. 그리고 리더십 종합 모델과 반대로, 변혁적 리더십의 네 가지 특성이 항상 거래적 리더십보다 더 효과적인 것은 아니다. 보상연계 리더십, 즉 리더가 구성원이 달성한 목표에 근거하여 보상을 제공하는 것도 때때로 효과적이다. 더 많은 연구가 필요하지만, 지지를 받고 있는 일반적인 결론은 변혁적 리더십이 올바르게 사용된다면 바람직하고 효과적이라는 것이다.

변혁적 리더십 대 카리스마적 리더십　변혁적 리더십과 카리스마적 리더십을 살펴보면, 우리는 어떤 공통점을 찾을 수 있다. 다른 점도 있다. 카리스마적 리더십은 리더가 의사소통하는 방식(그들이 열정적이고 역동적인가?)을 더 많이 강조하는 반면에, 변혁적 리더십은 그들이 의사소통하고 있는 내용에 더 많이 초점을 맞춘다(비전은 호소력 있는가?). 여전히 이 이론들은 차이점보다는 같은 점이 더 많다. 두 이론 모두 부하직원을 고무시키는 능력에 초점을 맞추고, 때때로 동일한 방식을 사용한다. 이것 때문에 어떤 연구자들은 두 개념이 어느 정도 상호 호환이 가능하다고 믿는다.

책임감 있는 리더십

많은 이론들이 효과적인 리더십에 대해 설명하고 있지만, 그것들은 윤리와 신뢰의 역할을 명확하게 다루지 않는다. 어떤 사람은 리더십을 완성하기 위해 신뢰와 윤리가 필수적이라고 주장한다. 여기에서 우리는 윤리적 조직을 형성하는 데 필요한 리더 역할을 명확하게 제시하는 개념들을 살펴본다. 우리가 앞에서 제시한 이론과 이것은 상호배타적인 개념이 아니지만(변혁적 리더십은 또한 책임감 있는 리더십이 될 수 있다), 대부분의 리더는 일반적으로 하나의 유형이 다른 유형보다 더 강하게 나타난다.

진성 리더십

진성 리더십(authentic leadership)은 리더의 윤리적 측면에 초점을 맞춘다. 진성 리더는 자신에 대해 잘 알고, 자신의 신념이 무엇인지를 알고 있으며, 그 가치관과 신념에 따라 공개적이고 솔직하게 행동하는 사람이다. 그들의 부하직원은 그들을 윤리적인 사람이라고 생각한다. 진성 리더십이 가지는 기본 특성은 신뢰이다. 진성 리더는 정보를 공유하고, 개방적인 의사소통을 장려하며, 그들의 이상을 고수한다. 그 결과, 사람들은 그들을 신뢰한다. 이러한 행동과 관련된 개념은 진정성의 다른 특성인 겸손이다. 연구에 의하면, 겸손한 리더는 부하직원에게 자기개발을 위해 성장 과정을 이해할 수 있도록 도와준다.[61]

진성 리더십은 특히 최고경영진들이 공유할 때 기업 성과를 높이는 긍정적인 효과를 창출할 수 있다.[62] 변혁적 리더나 카리스마적 리더는 비전을 가지고 설득력 있게 전달할 수 있지만, 때때로 그 비전이 잘못되거나(히틀러의 경우처럼), 리더가 자신의 욕구나 즐거움에 더 많은 관심을 갖기도 한다(타이코의 전 CEO인 데니스 코즐로브스키, 엔론의 전 CEO인 제프 스킬링, 갤리언 그룹의 창업자인 라지 라자라트남).[63] 진성 리더는 이러한 행동을 보여주지 않는다. 또한 그들은 기업의 사회적 책임(CSR, 제3장 참조)을 장려하는 경향이 있다.

윤리적 리더십

리더십은 가치 중립적인 개념이 아니다. 리더십의 효과성을 평가할 때, 우리는 리더가 추구하는 목표의 내용뿐만 아니라 목표를 달성하기 위해 사용한 수단을 고려한다. 모든 구성원에 대한 윤리적 기대를 창출하는 데 있어서 리더의 역할은 중요하다.[64] 최고경영자는 윤리적 문화를 형성하고, 하위계층의 리더에게 윤리적 지침에 따라 행동하도록 기대하기 때문에, 최고경영자의 윤리적 리더십은 직속 부하직원뿐만 아니라 지휘체계 아래의 모든 구성원들에게 영향을 미친다.[65] 매우 윤리적이라고 평가되는 리더는 조직시민행동(OCBs, 제1장 참조)을 더 많이 하고, 기꺼이 문제를 리더에게 이야기하는 부하직원을 갖는 경향이 있다.[66] 또한 연구는 윤리적 리더십이 대인 간 갈등을 감소시킨다는 것을 보여주었다.[67]

윤리와 진성 리더십은 밀접한 관련성을 가지고 있다. 부하직원을 윤리적이고 진실되게 다루는 리더 ─ 공정성 있고, 정직하고 정확한 정보를 빈번하게 제공하는 리더 ─ 가 더 효과적인 것으로 여겨지고 있다.[68] 변혁적 리더십은 부하직원들이 생각하는 방식을 변화시키기 때문에 윤리적 의미를 가지고 있다. 카리스마도 윤리적 요소를 가지고 있다. 비윤리적인 리더는 부하직원에 대한 권력을 강화하고 자신의 목적을 달성하기 위해 자신의 카리스마를 사용한다. 윤리적 리더십과 카리스마적 리더십을 통합하기 위해, 학자들은 **사회회된 카리스마적 리더십**(socialized charismatic leadership) 개념 ─ 리더가 윤리적 행동을 통해(자기 중심적이 아닌) 타인 중심적 가치관을 전달하는 것 ─ 을 제시하였다.[69] 이러한 리더들은 자신의 말과 행동을 통해 자신의 가치관과 일치하는 가치관을 부하직원들에게 갖게 할 수 있다.[70]

조직의 모든 구성원이 윤리적 행동에 대한 책임을 가지고 있을지라도, 조직의 윤리적 행동을 향상시키려는 많은 활동은 리더에게 초점을 맞춘다. 최고경영진이 조직의 윤리적 분위기를 결정하기 때문에, 그들은 높은 윤리적 기준을 설정하고, 자신의 행동을 통해 그 기준을 보여주어야 하며, 권력을 남용하지 말고 다른 사람에게 진정성을 장려하고 보상해주어야 한다. 기존 연구에서 최상위 계층의 리더가 보여준 역할은 조직 전체 경영자에게 긍정적인 영향을 미쳐 윤리적으로 행동하게 하고, 집단 수준의 윤리적 행동을 강화하는 분위기를 조성하는 것으로 나타났다. 그 연구는, 특히 윤리적 규제가 적은 산업에서 활동하는 조직이 윤리적 리더십 훈련 프로그램에 투자해야 한다고 제안하였다. 문화적 가치를 통합하는 리더십 훈련 프로그램은 특히 해외업무를 담당하거나 다문화 작업팀을 관리하는 리더들을 위해 개발되어야 한다.[71]

섬기는 리더십

학자들은 최근 **섬기는 리더십**(servant leadership) 연구를 통해 새로운 관점의 윤리적 리더십을 제시하였다.[72] 섬기는 리더는 자신의 이익을 넘어서서 생각하고, 부하직원이 성장하고 발전하도록 도와줄 수 있는 기회에 집중한다. 경청, 공감, 설득, 청지기 정신 실천, 부하직원의 잠재력 개발 등이 섬기는 리더의 특징적 행동이다. 섬기는 리더십은 다른 사람의 욕구를 충족시켜주는 것을 중요시하기 때문에, 이에 대한 연구는 주로 부하직원의 안녕에 미치는 결과에 초점을 맞춘다. 놀랄 것도 없이, 126명의 CEO들을 대상으로 한 연구는 섬기는 리더십과 나르시시즘 특성 간의 부정적인 관계를 보여주었다.[73]

섬기는 리더십의 효과는 무엇인가? 첫째, 123명의 관리자를 대상으로 한 연구에 의하면, 섬기는 리더십은 관리자에 대한 높은 헌신, 자기효능감, 공정성 지각을 야기하는데, 이것들은 모두 조직시민행동과 관련된 것이다.[74] 섬기는 리더십과 부하직원의 조직시민행동 간 관계는 부하직원에게 성실하고 책임감 있는 행동이 장려되는 경우에 더 강하게 나타난다.[75] 둘째, 섬기는 리더십은 팀 효능감(team potency, 팀이 평균 이상의 스킬과 능력을 가지고 있다는 믿음)을 증가시키며, 이로 인해 높은 수준의 집단 성과가 나타난다.[76] 셋째, 전국적인 대표 표본을 대상으로 한 연구는 성장과 발전에 대한 관심이 높은 시민행동과 관련되어 있으며, 높은 수준의 창조적 성과와도 연결된다고 제시하였다.[77] 다른 연구에서는 섬기는 리더십과 그로 인해 형성되는 서비스 문화가 구성원의 직무 성과와 창조성을 유발하고, 이직 의도를 낮추는 것으로 나타났다.[78]

 섬기는 리더십이 더 많이 나타나고 더 효과적인 문화가 있다.[79] 예를 들어 리더의 이미지를 그려달라고 요청했을 때 미국의 실험 대상자들은 집단 앞에 서 있는 리더를 그리는 경향이 있다. 그 리더는 앞에서 부하직원에게 명령을 내린다. 싱가포르 사람들은 집단 뒤에 서 있는 리더를 그렸다. 그는 집단의 뒤에서 집단의 견해를 모으고 통합하는 행동을 더 많이 한다. 이것은 동아시아 사람들이 섬기는 리더를 더 좋아하며, 섬기는 리더십은 이런 문화에서 더 효과적이라는 것을 제시한다.

긍정적 리더십

앞에서 논의한 이론들을 통해 우리는 좋은 리더십, 나쁜 리더십, 평범한 리더십에 대해 배울 수 있었다. 이제는 긍정적인 리더십 환경을 의도적으로 개발하는 것에 대해 생각해보자.

신뢰

신뢰(trust)는 다른 사람이 기회주의적으로 행동하지 않을 것이라는 긍정적 기대감을 말한다. 다시 말하면, 당신이 어떤 이득을 얻기 위해 다른 사람에게 의지해야 하는 상황에서, 다른 사람의 행동이 장기적으로 당신에게도 이익이 될 것이라는 신념과 기대를 가지고 있을 때, 바로 신뢰가 존재하는 것이다.[80] 당신이 완벽하게 그 상황을 통제하지 못할지라도, 다른 사람이 당신을 위해 행동할 것이라고 기꺼이 믿는다. 리더를 신뢰하는 부하직원들은 리더의 행동을 기꺼이 따르고, 그들의 권리와 이익이 훼손되지 않을 것이라고 확신한다.[81] 당신도 예상할 수 있듯이, 변혁적 리더십은 부하직원으로부터 더 높은 수준의 신뢰를 이끌어내며, 그들의 신뢰는 높은 팀 자신감과, 궁극적으로 우수한 팀 성과와 연결된다.[82] 신뢰는 리더십의 기본 속성이다. 신뢰가 깨지면 집단성과에 심각한 해를 끼칠 수 있다.[83]

신뢰의 결과 상사와 부하직원 간의 신뢰는 많은 긍정적 결과를 야기한다. 연구에서 제시된 결과 몇 가지를 제시하면 다음과 같다.

- **신뢰는 위험을 추구하게 한다** 구성원이 어떤 일을 하는 일상적인 방법을 이탈하거나, 새로운 방향에 대한 상사의 말을 받아들일 때마다 그들은 위험을 추구하고 있는 것이다. 두 경우에 신뢰 관계가 그런 도약을 가능하게 할 수 있다.
- **신뢰는 정보 공유를 촉진한다** 경영자가 구성원들의 아이디어를 공평하게 들어주고, 적극적으로 변화를 추구한다는 것을 보여줄 때 구성원은 기꺼이 자신의 의견을 말한다.[84]
- **신뢰하는 집단이 더 효과적이다** 리더가 집단에 신뢰 분위기를 형성할 때 구성원들은 서로 도와주려고 하고 서로를 위해 추가적인 노력도 기꺼이 기울이며, 이로 인해 신뢰가 더 증가한다.
- **신뢰는 생산성을 강화한다** 상사를 신뢰하는 구성원은 높은 성과 평가를 받는다. 이것은 생산성이 높아졌다는 것을 반영한다.[85]

신뢰 형성 어떤 특성이 리더가 신뢰할만하다고 믿게 만드는가? 연구는 세 가지 요인, 즉 진실성, 자비심, 능력을 제시한다(도표 12-6 참조).[86]

진실성(integrity)은 정직과 신뢰성을 나타낸다. 570명의 사무관리직 근로자들에게 리더십과 관련된 속성 28가지를 제시하였을 때, 그들은 정직을 가장 중요한 것으로 평가하

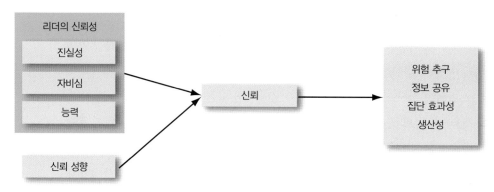

도표 12-6 조직의 신뢰 모델

였다.[87] 또한 진실성은 행동과 말의 일관성을 유지하는 것을 의미한다.

자비심(benevolence)은 리더가 부하직원의 이익과 자신의 이익이 일치하지 않을지라도, 부하직원의 이익을 염두에 두는 것을 의미한다. 배려와 지원적 행동은 리더와 부하직원 사이의 정서적 유대감을 갖게 한다.

능력(ability)은 기술과 대인관계 측면에서 개인이 가지고 있는 지식과 스킬을 말한다. 지조가 있고 최선의 의도를 가진 사람이라고 할지라도, 그 사람의 능력을 믿지 못하면 의존하지 않는 경향이 있다.

신뢰 성향 신뢰 성향(tust propensity)은 특정 구성원이 어떤 리더를 신뢰할 가능성을 나타낸다. 어떤 사람은 다른 사람을 신뢰할 수 있다고 쉽게 믿는 경향이 있다.[88] 신뢰 성향은 성격 중 친화성과 밀접하게 연결되어 있으며, 자부심이 낮은 사람은 다른 사람을 신뢰하는 경향이 낮게 나타난다.[89]

신뢰와 문화 신뢰는 모든 문화에서 똑같은가? 신뢰의 기본 정의에 근거하면, 확실히 그렇다. 그렇지만 회사의 경우, 고용관계에 대한 신뢰는 문화마다 매우 다른 인식을 바탕으로 형성될 수 있다. 예를 들어, 최근 대만에서 수행된 연구에 의하면, 구성원은 자비를 베풀고 윤리적인 가부장적 리더십에 대해 높은 신뢰를 보여준다.[90] 가부장주의(paternalism)에 대한 긍정적인 반응은, 위계 구조와 관계에서 유교적 가치관이 지배적으로 나타나는, 대만의 집단주의적 문화에서 독특하게 나타나는 것일 수 있다. 개인주의 사회에서(제4장 참조) 가부장적 리더십은 자신이 계층적 가족 작업집단의 일원으로 여겨지는 것을 원치 않는, 많은 구성원을 괴롭힐 것이다. 대신에 개인주의 문화의 구성원은 리더의 지원과 일관성의 정도에 따라 신뢰를 형성한다.

시간의 역할 우리는 어느 정도의 기간 동안 사람의 행동을 관찰하고 나서 그 사람을 신뢰하게 된다.[91] 신뢰를 이끌어내기 위해, 리더는 신뢰가 중요한 상황에서, 다시 말하면 그들이 기회주의적으로 행동할 수 있고, 구성원의 기대를 저버릴 수 있는 상황에서 진실하고, 자비롭고, 능력이 있다는 것을 보여줄 필요가 있다. 두 번째, 신뢰는 역량을 보여줌으로써 그 능력 범위에서 신뢰를 얻을 수 있다. 세 번째, 전 세계 100개 기업에 대한 연구에 의하면, 리더는 의사소통 스타일을 하향적인 지시에서 지속적인 조직 대화(organizational dialogue)로 변경함으로써 신뢰를 형성할 수 있다. 마지막으로 리더는 정기적으로 대인 간 대화(interpersonal conversations)를 나누어야 하고, 이 대화는 친밀하게, 쌍방향으로, 모든 구성원이 참여하여, 전략적 목표와 연계된 하나의 의제를 가지고 전개되어야 한다.[92]

신뢰 회복 구성원과의 심리적 계약을 위반하여 신뢰할만한 리더가 아니라는 것을 보여준 경영자는 구성원에게 직무 만족 감소, 조직 몰입 감소, 이직 의도 증가, 조직시민행동 감소, 업무 성과 감소가 나타난다는 것을 알게 될 것이다.[93] 리더와의 관계 질(LMX)이 낮은 부하직원들이 신뢰를 배신한 리더에 대해 부정적으로 평가하는 경향이 특히 높다.[94]

신뢰가 깨어지면 다시 회복할 수 있지만 어떤 상황에서만 가능하며, 위반의 형태에 따라 달라진다.[95] 그 이유가 능력 부족이라면, 더 잘했어야 했음을 인정하고 사과하는 것이 최선이다. 진실성 결여가 문제일 때는 사과만으로는 충분하지 않다. 위반을 했음에도 불구하고, 책임을 인정하거나 부정하는 어떤 말도 하지 않는 것은 신뢰 회복에 결코 효과적인 전략이 아니다. 신뢰는 위반자의 신뢰할만한 행동을 일관성 있게 보여줄 때 회복될 수 있다. 그렇지만 위반자가 속임수를 쓰면, 신뢰는 완전히 회복될 수 없으며, 사과, 약속 또는 일관성 있는 신뢰 행동을 해도 소용이 없다.[96]

멘토링

리더는 흔히 미래 리더를 육성해야 할 책임을 갖는다. **멘토**(mentor)는 경험이 적은 구성원(후배)을 후원하고 지원하는 선임 구성원이다. 성공적인 멘토는 훌륭한 교사이다. 그들은 아이디어를 명확하게 제시하고, 경청하고, 후배의 문제에 공감한다. 멘토링 관계는 경력 개발과 사회심리적 기능을 수행한다.[97]

조직의 모든 구성원이 멘토링 관계에 참여하는가? 불행히도 그렇지 않다. 그렇지만 연구는 멘토링 프로그램이 멘토와 후배에게 모두 유익하기 때문에 고용주는 이 프로그램을 시행해야 한다는 것을 지속적으로 제시하고 있다. 예를 들어 한국의 연구 결과를 보면, 멘토링은 멘토에게 높은 수준의 변혁적 리더십을 발휘할 수 있게 하고, 멘토와 후배 모두의 조직 몰입과 안녕을 증가시켰다.[98]

당신은 멘토링이 보상과 직무 성과와 같은 객관적인 결과를 얻는 데 가치가 있다고 가정할지 모르지만, 연구는 멘토링을 통해 얻는 이득은 주로 심리적인 것이라고 제시한다. 따라서 멘토링은 경력 성공에 영향을 미칠 수 있지만, 능력과 성격과 같은 요인만큼은 아니다. 멘토를 갖는 것이 기분을 좋게 할 수 있지만, 훌륭한 멘토인지 아닌지는 당신의 경력에 그리 중요한 것 같지 않다. 더 정확하게 말하면, 멘토십은 당신에게 자신감을 불어넣어줄 것이다.

리더십 이해에 대한 도전

경영 컨설턴트인 짐 콜린스가 말하길, "1500년대에는 사람들이 이해하지 못하는 모든 사건을 신의 뜻으로 돌렸다. 왜 농사를 망쳤을까? 신 때문에. 왜 그 사람이 죽었을까? 신 때문에. 지금은 모든 것을 리더십으로 설명한다." 이것이 경영 컨설팅을 하면서 관찰한 결과일지 모르지만, 조직의 성공 또는 실패의 대부분은 리더십의 영향력 밖에 있는 요인에 의해서도 영향을 받는다. 때때로 주어진 시간에 처한 상황이 좋았는지 나빴는지의 문제인 경우도 있다. 이 절에서는 리더십의 가치를 인정하는 기존 믿음에 도전하는 이론을 설명한다.

귀인으로서의 리더십

앞에서 설명한 것처럼 귀인 이론은 사람들이 인과관계를 파악하는 방법을 조사한다. **리더십 귀인 이론**(attribution theory of leadership)에 의하면, 리더십은 사람들이 다른 사람에 대해 행한 귀인에 불과하다.[99] 우리는 리더를 머리가 좋고, 외향적이고, 말도 잘하고, 적극적이며, 사려 깊고, 근면한 사람이라고 생각한다.[100] 조직 수준에서도 우리는 옳든 그르든 간에, 리더를 극히 나쁘거나 극히 우수한 성과에 대해 책임을 지는 사람으로 생각하는 경향이 있다.[101]

리더에 대한 구성원의 지각이 리더 능력의 효과성에 강력한 영향을 미친다. 첫째, 128개 미국 기업에 대한 연구에 의하면, 최고경영자의 카리스마에 대한 지각이 객관적인 기업 성과를 이끌어내지 못하지만, 기업 성과는 카리스마의 지각에 영향을 미친다.[102] 둘째,

리더가 스스로를 어떻게 평가하는지에 관계없이, 리더 행동을 어떻게 지각하느냐에 따라 구성원들은 실패에 대한 책임을 리더에게 돌리기도 하고 그렇지 않기도 한다.[103] 셋째, 서부 유럽, 미국, 중동에서 온 종업원 3,000명 이상을 대상으로 한 연구에서, 일반적으로 리더십을 '낭만적으로 묘사하는' 사람들은 자신의 리더를 변혁적 리더라고 믿는 경향이 있다.[104]

귀인 이론에 따르면 업적을 쌓기보다는 리더라는 인상을 보여주는 것이 중요하다. 자신이 똑똑하고, 인간적이고, 말을 잘하고, 적극적이고, 열심히 일하고, 일관성 있는 사람이라는 인식을 심어줄 수 있는 리더는 상사, 동료, 부하직원이 그들을 효과적인 리더로 여길 가능성을 증가시킬 수 있다.

리더십 대체요인과 중화요인

많은 상황에서 리더의 행동은 별 영향을 미치지 못한다고 제시하는 이론이 있다.[105] 경험과 훈련은 리더의 지지나 조직구조를 설계하는 능력의 필요성을 **대체**(substitutes)할 수 있다. 비디오게임 제조업체인 밸브 코퍼레이션, 고어텍스 제조업체인 고어사, 협업 소프트웨어 회사인 깃허브와 같은 조직은 리더와 경영자를 없애는 실험을 하고 있다. 상사가 없는 작업 환경에 대한 관리는 동료에 대한 책임(accountablity to coworkers)을 통해 이루어진다. 동료는 팀 구성과 때때로 보수를 결정한다.[106] 명시적으로 공식화된 목표, 엄격한 규칙과 절차, 응집력 있는 작업집단도 공식적인 리더십을 대체할 수 있는 반면에, 조직의 보상에 대한 무관심은 리더십의 효과를 중화시킬 수 있다. **중화요인**(neutralizers)은 리더의 행동이 부하직원의 성과에 어떤 영향도 미치지 못하게 만든다(도표 12-7 참조).

때때로 대체요인과 중화요인 간의 차이를 구별하기 어려운 경우도 있다. 내가 내재적으로 즐거운 과업을 수행하고 있다면, 이 이론은 과업 자체가 충분한 동기를 제공하기 때문에 리더십이 그리 중요하지 않을 것이라고 예측한다. 이 경우에 내재적으로 즐거운 과업은 리더십의 효과를 중화시키는 것인가? 아니면 그것을 대체하는 것인가? 아니면 모두 다? 또한 리더십의 대체요인(종업원 특성, 과업 특성 등)이 성과에 중요하지만, 그렇다고 리더십이 성과와 무관하다는 것은 아니다.[107] 리더 행동만이 구성원들의 목표 달성에 영향을 미칠 수 있다는 생각은 단순한 것이다. 우리는 구성원의 성과와 만족에 영향을 미치는 다양한 변수—태도, 성격, 능력, 집단 규범 등—를 제시하였다. 리더십은 전체 조직행동 모델에서 제시되는 여러 독립변수 중 하나일 뿐이다.

특성	관계 지향적 리더십	과업 지향적 리더십
개인 특성		
경험/훈련	효과 없음	리더십 대체
전문 성향	리더십 대체	리더십 대체
보상에 대한 무관심	리더십 중화	리더십 중화
직무 특성		
매우 구조화된 과업	효과 없음	리더십 대체
피드백 제공	효과 없음	리더십 대체
내재적인 만족 제공	리더십 대체	효과 없음
조직 특성		
명확하고 공식화된 목표	효과 없음	리더십 대체
엄격한 규칙과 절차	효과 없음	리더십 대체
응집력 있는 작업집단	리더십 대체	리더십 대체

도표 12-7 리더십의 대체요인과 중화요인

Source: Based on S. Kerr and J. M. Jermier, "Substitutes for Leadership: Their Meaning and Measurement," *Organizational Behavior and Human Performance* (December 1978), p. 378.

온라인 리더십

당신은 어떻게 당신과 물리적으로 떨어져 있고, 컴퓨터로 의사소통하는 사람을 이끌어가는가? 이 질문은 조직행동의 연구자들에게 거의 관심을 받지 못했다.[108] 그러나 오늘날의 경영자와 부하직원은 지리적인 근접성보다 네트워크를 통해 연결되는 경우가 점점 더 많아지고 있다.

온라인 리더는 디지털 메시지를 사용하여 어떤 행동을 유발시키고 싶은지에 대해 깊이 생각해보아야 한다. 그들은 여러 가지 도전에 직면하는데, 그중에서 가장 중요한 것은 신뢰를 형성하고 유지하는 것이다. 서로의 의도를 잘 알고 있고 다른 사람이 원하는 것을 공감할 때 나타나는, **정체성 기반 신뢰**(identification-based trust)는 직접적인 상호작용 없이는 형성하기가 어렵다.[109] 그리고 온라인에서는 협상 당사자들의 신뢰 수준이 낮기 때문에 협상을 하기가 어렵다.[110]

우리는 다음과 같은 잠정 결론을 내린다. 디지털 메시지를 통해 지지, 신뢰, 영감을 전달하고, 다른 사람의 메시지에 있는 감정을 정확히 읽을 수 있는 능력이 좋은 리더십 스킬에 곧 포함될 것이다. 전자 의사소통에서 작문 스킬은 확대된 인간관계 스킬이라고 할 수 있다.

요약

리더십은 집단행동을 이해하는 데 중요하다. 리더는 목표 달성을 위해 나가야 할 방향을 제공하는 사람이기 때문이다. 따라서 무엇이 좋은 리더를 만드는지를 아는 것은 집단 성과를 개선하는 데 유용할 것이다. 빅 파이브 성격 개념에 근거한 연구는 성격과 리더십 간에 강력하고 일관된 관계를 보여준다. 행동 이론의 주요 공헌은 리더십을 과업 지향적 (구조 주도) 리더십과 종업원 지향적(배려) 리더십으로 집약시켰다는 것이다. 리더가 활동하는 상황을 고려함으로써 상황 이론은 행동 이론을 개선시키려고 했다. 현대 리더십 이론은 리더십 효과성을 이해시키는 데 많은 공헌을 했으며, 윤리와 긍정적 리더십에 대한 연구가 앞으로 기대된다.

경영자에게 주는 시사점

- 최대의 리더십 효과성을 얻기 위해서는 구조 주도와 배려 차원에 대한 당신의 선호가 당신의 집단역학, 문화에 부합되어야 한다.
- 변혁적 리더십 특성을 가지고 있고, 다른 사람이 장기적인 비전을 달성할 수 있도록 영향을 미치는 데 성공한 지원자를 고용하라. 성격 검사를 통해 외향성, 성실성, 개방성이 높은 지원자를 찾을 수 있다. 이 특성들은 리더십에 대한 준비도를 나타낸다.
- 리더십의 효과성을 증가시키기 위해 윤리적이고 신뢰할만한 경영자를 고용하고, 조직의 윤리적 기준에 맞춰 기존의 경영자를 훈련시키라.
- 조직이 점차 불안정해지고 불확실해질수록, 관료적인 규칙을 대신하여 신뢰의 강한 결속력이 구성원에 대한 기대와 관계를 규정하기 때문에, 부하직원과 신뢰관계를 형성해야 한다.
- 공식적인 교육 과정, 워크숍, 멘토링과 같은 리더십 훈련 프로그램에 대한 투자를 고려하라.

권력과 정치

이 책을 읽고 나면, 당신은

1. 리더십과 권력을 비교할 수 있다.
2. 권력의 다섯 가지 원천을 설명할 수 있다.
3. 권력 관계에서 의존성의 역할을 설명할 수 있다.
4. 권력이나 영향력 획득 방법과 그것이 효과적인 상황을 설명할 수 있다.
5. 권력 남용의 원인과 결과를 설명할 수 있다.
6. 조직에서 정치가 어떻게 작동하는지를 기술할 수 있다.
7. 정치적 행동의 원인, 결과 및 윤리를 설명할 수 있다.

권력과 리더십

우리는 흔히 존경심을 가지고 권력에 대해 추상적으로 이야기한다. 조직행동에서 **권력**(power)은 A가 바라는 대로 B가 행동하도록 B의 행위에 A가 영향을 미칠 수 있는 능력을 말한다.[1] 따라서 어떤 사람은 권력을 가지고 있지만 사용하지 않을 수 있다. 이것은 영향을 미칠 수 있는 능력 또는 잠재력이다. 이러한 권력은 **의존성**(dependence)에 의해 결정된다. A에 대한 B의 의존성이 클수록 그들의 관계에서 A의 권력은 더 커진다. 의존성은 B가 지각하는 대체수단과 A가 통제하는 자원을 B가 중요시하는 정도에 따라 달라진다. 어떤 사람이 당신이 원하는 것을 통제하고 있을 때만 당신에 대해 권력을 가질 수 있다. 만약 당신이 대학 학위를 원하고, 그것을 받기 위해서는 어떤 과정을 이수해야 하고, 지금 당신의 담당 교수가 그 과정을 가르치는 유일한 사람이라면, 그 사람은 당신에 대해 권력을 갖는다. 왜냐하면 당신이 선택할 수 있는 대안은 매우 한정되어 있으며, 당신은 학점을 받는 것이 매우 중요하기 때문이다. 비슷하게 부모가 제공하는 학자금으로 대학을 다니고 있다면, 당신은 아마도 부모가 당신에 대해 권력을 갖는다는 것을 인정할 것이다. 그러나 학교를 졸업하고, 직장을 갖고, 많은 급여를 받고 있다면, 당신 부모의 권력은 상당히 감소한다.

제12장에서 제시한 리더십과 권력을 비교하면 두 개념이 밀접하게 관련되어 있음을 알 수 있다. 리더는 집단 목표를 달성하기 위한 방법으로 권력을 사용한다. 리더십과 권력 사이에 어떤 차이가 있는가? 권력은 목표의 양립성을 필요로 하지 않는다. 단지 의존성만을 필요로 한다. 반면에 리더십은 리더와 부하직원의 목표가 서로 양립해야 한다. 두 번째 차이는 영향력의 방향과 관련된다. 리더십은 부하직원에 대한 하향적 영향에 초점을 맞춘다. 리더십은 수평적 영향력과 상향적 영향력을 중요하게 다루지 않는다. 권력은 모든 방향의 영향력을 고려한다. 세 번째 다른 점은 대부분 리더십 연구가 스타일을 강조한다는 것이다. 그것은 다음과 같은 질문에 대한 답을 추구한다. 리더가 얼마나 지원적이어야 하는가? 의사결정을 할 때 부하직원을 얼마나 참여시켜야 하는가? 반대로 권력에 대한 연구는 순응하게 하는 방법에 초점을 맞추는 경향이 있다. 마지막으로, 리더십은 리더 개인의 영향력에 초점을 맞추는 반면에, 권력에 대한 연구는 개인뿐만 아니라 집단이 다른 개인이나 집단을 통제하기 위해 권력을 사용할 수 있다는 것을 인정한다.

권력 상황이 존재하려면, 어떤 사람이나 집단이 다른 개인이나 집단이 중요시하는 자원을 통제할 수 있어야 한다. 이것은 리더십이 확립된 상황에서 일반적으로 볼 수 있다. 그렇지만 권력 관계는 삶의 모든 영역에서 나타날 수 있고, 권력은 다양한 방식으로 획득될 수 있다. 다음에서 다양한 권력 원천에 대해 알아보자.

권력의 원천

권력은 어디에서 오는가? 무엇이 개인이나 집단에게 다른 개인이나 집단에 대한 영향력을 갖게 하는가? 이 장에서는 권력의 원천을 공식적 권력과 개인적 권력으로 분류하고 이것을 다시 세분하여 그 답을 찾아본다.[2]

공식적 권력

공식적 권력(formal power)은 조직에서의 개인 직위에 근거한다. 공식적 권력은 벌을 주거나 보상을 줄 수 있는 능력, 공식적 권한으로부터 생길 수 있다.

강압적 권력　**강압적 권력**(coercive power)은 순응하지 않을 경우 발생하는 부정적인 결과에 대한 두려움에 기반을 둔다. 강압적 권력은 고통을 주거나, 이동을 제한하거나, 생리적 욕구나 안전 욕구의 충족을 보류시키는 것과 같은 물리적 제재를 가하거나 제재하겠다고 위협할 수 있다.

　조직 수준에서 A가 B를 해고, 정직, 강등시킬 수 있다면, A는 B에 대해 강압적 권력을 갖는다. A가 B에게 B가 하고 싶지 않은 작업활동을 맡기거나, B가 당혹스럽게 느끼는 방법으로 B를 다룰 수 있다면, A는 B에 대해 강압적 권력을 갖는다. 또한 강압적 권력은 핵심 정보를 제공하지 않음으로써 생기기도 한다. 조직에서 다른 사람이 필요로 하는 자료나 지식을 가지고 있는 구성원은 다른 사람이 그들에게 의지할 수 있게 만들 수 있다.

보상적 권력　강압적 권력과 반대의 개념이 **보상적 권력**(reward power)이다. 사람들은 자신에게 이익이 되기 때문에 순응한다. 다른 사람이 중요하게 여기는 보상을 제공할 수 있는 사람은 다른 사람에게 권력을 갖게 된다. 이러한 보상은 재무적인 것(단위 시간당 임금, 승급, 보너스)일 수도 있고 비재무적인 것(인정, 승진, 흥미로운 작업 배정, 호의적인 동료, 선호하는 직무나 판매 영역으로의 이동)일 수도 있다.[3]

합법적 권력　공식적 집단과 조직에서 **합법적 권력**(legitimate power)은 일반적으로 하나 이상의 권력 기반을 제공한다. 이것은 조직에서의 구조적 직위에 의해 발생하는 것으로 조직의 자원을 통제하고 사용할 수 있는 공식적인 권한을 의미한다.

　합법적 권력은 강압적 권력과 보상적 권력보다 더 넓은 개념이다. 특히 합법적 권력은 어떤 사람이 갖는 직위 권한을 구성원이 수용함으로써 형성되는 권력이다. 권력은 계층의 개념과 밀접하게 관련되어 있다. 그래서 조직도에서 어떤 리더 밑에 선이 길게 그려진 경우, 사람들은 그 리더가 막강한 권력을 가졌다고 생각한다.[4] 학교 교장, 은행장, 또는 육군 대위가 말할 때, 교사, 은행원, 중위는 그들의 말에 일반적으로 순응한다.

개인적 권력

인텔에서 매우 유능하고 생산적인 칩 디자이너는 대부분 권력을 가지고 있지만, 그들은 경영자도 아니고 공식적 권력도 가지고 있지도 않다. 그들이 가진 것은 **개인적 권력**(personal power), 즉 개인의 독특한 특성으로부터 나오는 권력이다. 개인적 권력의 두 가지 원천에는 전문 지식, 존경과 호감이 있다. 개인적 권력은 공식적 권력과 상호배타적이지 않지만, 독립적으로 작용할 수 있다.

전문적 권력 **전문적 권력**(expert power)은 전문지식, 특수 기술 또는 지식을 가지고 있음으로 인해 생기는 영향력이다. 직무가 점점 더 전문화됨에 따라 사람들은 목표 달성을 위해 전문가들에게 더 많이 의존한다. 의사들이 전문지식을 가지고 있고, 그로 인해 전문적 권력을 가지고 있다는 사실을 일반적으로 인정하고 있다. 그래서 우리 대부분은 의사의 충고를 따른다. 컴퓨터 전문가, 세무회계사, 경제학자, 산업심리학자, 기타 전문가들도 전문 지식으로 인해 권력을 행사할 수 있다.

준거적 권력 **준거적 권력**(referent power)은 매력적인 자원이나 개인적 특성을 가지고 있는 사람에게 생긴다. 내가 당신을 좋아하고 존중하고 존경할 경우, 나는 당신을 즐겁게 해주고 싶어 하기 때문에 당신은 나에게 권력을 행사할 수 있다.

  준거적 권력은 다른 사람에 대한 존경과 그 사람처럼 되고 싶은 소망으로부터 나온다. 이러한 준거적 권력으로 인해 유명 인사들이 상업광고에서 제품을 설명하는 대가로 수백만 달러를 받을 수 있는 것이다. 마케팅 연구에 의하면, 르브론 제임스와 톰 브래디와 같은 사람은 당신이 스포츠화와 신용카드를 선택하는 데 영향을 미칠 수 있는 권력을 갖고 있다. 조금만 연습하면 당신과 나도 그 유명인사처럼 부드럽게 제품 구입을 권유할 수 있지만, 소비자는 당신이나 나와 동일시하지 않는다. 어떤 사람은 공식적인 리더십 직위를 갖지 않아도 카리스마 넘치는 역동성, 호감, 감정적 호소력 때문에 준거적 권력을 가지고 다른 사람에게 영향력을 행사한다.

어떤 권력 원천이 가장 효과적인가

세 가지 공식적 권력(강압적, 보상적, 합법적 권력)과 두 가지 개인적 권력(전문적, 준거적 권력)을 비교한 연구는 개인적 권력이 가장 효과적이라고 제시한다. 전문적 권력과 준거적 권력은 구성원의 상사에 대한 만족, 조직 몰입, 성과와 긍정적으로 관련되어 있는 반면에, 보상적 권력과 합법적 권력은 이러한 결과 변수들과 관련이 없는 것으로 나타났다. 공식적 권력의 하나인 강압적 권력은 구성원의 만족과 몰입, 성과를 감소시킬 수 있다.

스티브 스타우트의 회사 트랜슬레이션을 생각해보자. 그 회사는 대중스타와, 브랜드를 알리기를 원하는 기업을 연결해준다. 스타우트는 저스틴 팀버레이크와 맥도날드, 비욘세와 타미힐피거, 제이 지와 리복을 연결해주었다. 스타우트의 사업은 준거적 권력을 활용한 것이다. 유명한 회사들의 성공은, 회사 제품을 구매하는 대중이 그 회사의 모델과 동일시하고 모방하려고 하며, 그래서 그들이 대변하는 브랜드를 아주 좋게 생각할 것이라는 스타우트의 기대를 입증해준다. 스타우트는 청년문화에 접근하기 위해 예술가와 연주자의 신뢰성, 그들의 준거적 권력을 이용한 것이다.[5]

의존성 : 권력의 핵심

권력의 가장 중요한 측면은 그것이 의존성에 의해 결정된다는 것이다. 여기에서 우리는 권력을 좀 더 명확하게 이해하기 위해 의존성 개념에 대해서 살펴본다.

일반적 의존 원칙

일반 원칙 — A에 대한 B의 의존성이 클수록, B에 대한 A의 권력이 커진다 — 을 가지고 시작해보자. 당신만이 통제할 수 있는 어떤 것을 다른 사람이 필요로 하면, 그들은 당신에게 의존하게 되고, 그로 인해 당신은 그들에 대해 권력을 갖게 된다.[6] 속담에도 있듯이, "장님의 나라에서는 애꾸눈이 왕이다!" 그러나 어떤 것이 풍부하게 존재하는 경우에는 그것을 소유함으로써 권력을 증가시키지는 못한다. 따라서 당신이 선택할 수 있는 대안을 늘리면, 당신에 대한 다른 사람의 권력은 줄어들 것이다. 그래서 대부분의 조직이 단 하나의 공급업체와 거래하지 않고 다양한 공급업체를 개발하는 것이다. 또한 사람들도 그 이유 때문에 재정적 독립을 열망한다. 독립은 다른 사람이 기회와 자원에 대한 우리의 접근을 제한시킬 수 있는 권력을 감소시킨다.

무엇이 의존성을 창출하는가

의존성은 당신이 통제하는 자원이 중요하고, 희귀하고, 대체할 수 없을 때 증가한다.[7]

중요성 아무도 당신이 가진 것을 원치 않으면, 의존성은 생기지 않는다. 그렇지만, 중요성 정도는 생존을 위해 자원이 꼭 필요한 경우에서부터 유행이나 편의성 때문에 그 자원이 필요한 경우까지 다양하다.

희귀성   우리는 고용 상황에서 희귀성과 의존성의 관계를 볼 수 있다. 노동력의 공급이 수요에 비해 상대적으로 적으면, 근로자들은 채용 후보자가 풍부한 직업의 근로자보다 훨씬 더 좋은 임금과 복리후생을 협상할 수 있다. 예를 들어 대학 행정가는 오늘날 영어 강사를 찾는 데 어려움이 없다. 왜냐하면 공급이 많고 수요가 적기 때문이다. 반대로 네트워크 시스템 분석가 시장에서는 수요가 많고 공급이 제한적이어서 사람을 구하기가 어렵다. 그로 인해 컴퓨터 공학 교수들은 교섭력이 커져서 더 높은 보수, 적은 수업량 및 기타 복리후생을 협상할 수 있다.

대체 불가능성   어떤 자원에 대한 뚜렷한 대체재가 적을수록, 그 자원을 통제하는 사람의 권력은 커진다. 예를 들어, 교수들의 연구업적을 중요시하는 대학에서 교수가 연구업적을 통해 인정을 많이 받을수록, 다른 대학도 연구업적이 우수한 교수를 원하기 때문에 그 교수의 통제력이 더 커진다.

사회적 관계망 분석 : 자원 평가 도구

사회적 관계망 분석은 조직 내에서 자원의 교환과 의존성을 평가할 수 있는 도구이다.[8] 이 방법은 조직 구성원들 사이에서 이루어지는 의사소통의 패턴을 조사하여 사람들 사이에서 정보가 어떻게 흘러가는지를 확인한다. 사회네트워크 또는 전문적 관심사를 공유하는 사람들 간의 연결망에서, 각 사람 또는 집단은 하나의 개체(node)라고 부르고, 개체들 간의 연결을 관계(ties)라고 부른다. 개체들이 자주 의사소통을 하거나 자원을 교환할 경우, 그들은 매우 강하게 연결되어 있다고 말한다. 서로 직접적인 의사소통을 하지 않는 다른 개체들은 중간 개체를 통해 자원을 교환한다. 다시 말하면 어떤 개체는 연결되지 않은 개체들 사이에서 중개인으로서 행동한다. 사회적 관계망에서 개인들 사이의 연결 관계를 그림으로 제시한 것이 소시오그램(sociogram)이다. 이것은 비공식적인 조직도라고 할 수 있다. 공식적인 조직도는 조직에서 권한이 어떻게 흘러가는지를 보여주는 반면에, 소시오그램은 자원이 어떻게 흘러가는지를 보여준다는 점이 다르다. 〈도표 13-1〉은 소시오그램의 예를 보여준다.

네트워크는 권력 역학을 창출할 수 있다. 중개인의 위치에 있는 사람은 더 많은 권력을 갖는 경향이 있다. 왜냐하면 그들은 독특한 자원을 다른 집단으로부터 확보하고 이용할 수 있기 때문이다. 다른 말로 말하면, 많은 사람은 중개인에 의존하며 그래서 중개인은 더 많은 권력을 갖게 된다. 예를 들어 기업의 사회적 책임(CSR) 의식 같은 조직문화

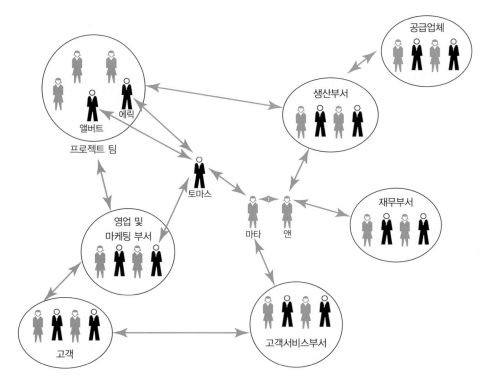

의 변화는 흔히 개인들이 연결된 하나의 집단에서 시작되며, 시간이 지나면서 변화 강도가 높아지고 중개인을 통해 다른 연결집단으로 서서히 전파된다.[9] 영국 국립건강서비스센터의 자료는 조직의 변화를 추진해나가는 임무를 맡은 변화담당자가 사회관계망에서 정보중개인이라면, 성공할 가능성이 더 높다는 것을 보여준다.[10] 그렇지만 이러한 기능에는 대가가 따른다. 어떤 연구는 자문 네트워크의 중심에 있는 사람이 회사를 그만 두는 경향이 더 높은데, 그것은 아마도 그들이 보상 없이 너무 많은 일을 하기 때문일 수 있다고 제시하였다.[11]

조직에서 사회적 관계망을 분석하는 방법에는 여러 가지가 있다.[12] 어떤 조직은 이메일 흐름이나 부서 간에 공유하는 서류를 추적한다. 이러한 빅데이터 방법은 개인이 정보를 어떻게 교환하는지에 대한 객관적인 정보를 쉽게 수집할 수 있다. 다른 조직은 인적자원 정보시스템으로부터 정보를 수집하여 상사와 부하직원이 서로 어떻게 상호작용하는지를 분석한다. 이러한 자료원천은 자원과 권력이 어떻게 흘러가는지를 보여주는 소시오그램을 만들어낸다. 그리고 나서 리더는 많은 집단에 가장 강력한 영향력을 행사하는 중개인을 찾아 그 사람을 핵심 인물로 관리할 수 있다.

권력 획득 방법

사람들은 권력 원천을 구체적인 행동으로 옮기기 위해 어떤 **권력 획득 방법**(power tactics)을 사용하는가? 사람들은 상사, 동료, 또는 부하직원에게 영향을 미치기 위해 어떤 방법을 사용하는가? 연구들은 아홉 가지 권력 획득 방법을 제시하였다.[13]

- **합법성** 권한이 있는 직위에 의존하거나 어떤 요구가 조직의 정책이나 규칙에 따른 것이라는 사실을 강조한다.
- **합리적 설득** 요구가 합리적이라는 것을 보여주기 위해 논리적 주장과 사실적 증거를 제시한다.
- **영감을 통한 호소** 목표 대상자의 가치, 필요성, 희망, 열망에 호소함으로써 감정적 몰입을 유발한다.
- **자문** 계획을 어떻게 달성할 것인지를 결정할 때 목표 대상자를 참여시킴으로써 그의 지지를 증가시킨다.
- **교환** 요구에 따르는 대가로 목표 대상자에게 혜택이나 호의를 제공한다.
- **인간적 호소** 우정 또는 충성에 근거하여 순응을 요구한다.
- **아첨** 요구하기 전에 아부, 칭찬, 또는 우호적인 행동을 한다.
- **압력** 경고, 반복된 요구, 위협을 사용한다.
- **연합** 목표 대상자를 설득하여 동의를 얻어내기 위해 다른 사람의 도움을 요청하거나 다른 사람의 지지를 이용한다.

권력 획득 방법의 사용

어떤 방법은 일반적으로 다른 방법보다 더 효과적이다. 합리적 설득, 영감을 통한 호소, 자문이 가장 효과적이다. 특히 상대방이 의사결정 과정에 매우 많은 관심을 가지고 있을 때 그렇다. 압력은 역효과를 내는 경향이 있고, 아홉 가지 방법 중 가장 효과가 적다.[14] 선택한 방법이 양립 가능하다면, 동시에 또는 연속적으로 두 가지 이상의 방법을 사용함으로써 성공 가능성을 증가시킬 수 있다.[15] 아첨과 합법성을 함께 사용하면, 부정적인 반응을 감소시킬 수 있지만, 그것은 단지 상대방이 의사결정 과정에 관심을 갖지 않거나 정책이 일상적인 경우에 그렇다.[16]

임금 인상을 얻어내는 가장 효과적인 방법을 생각해보자. 당신은 합리적인 설득 방법—당신의 급여를 동료의 급여와 비교하는 방법을 알아내거나, 경쟁적인 직무 제의를 받아들이거나, 당신의 성과를 입증할 수 있는 객관적인 결과를 보여주거나, Salary.com과 같은 연봉계산 사이트를 이용하여 같은 직업에 종사하는 다른 사람의 연봉과 비교하는 방법—으로 시작할 수 있으며, 당신이 발견한 내용을 상사와 공유할 수 있다. 이러한 방법이 좋은 결과를 가져올 수 있다. 돈 자고다 협회의 부회장인 키티 더닝은 자신이 매출을 증가시켰다는 수치를 상사에게 이메일로 보내면서 16%의 급여 인상을 제안했다.[17]

그러나 권력 획득 방법의 효과성은 영향력의 방향과 대상에 의해 달라진다.[18] 〈도표 13-2〉에서 보는 바와 같이, 합리적 설득은 조직의 모든 상황에서 효과적으로 사용될 수 있는 유일한 방법이다. 영감을 통한 호소는 부하직원에게 하향적으로 영향을 미치는 데 효과적이다. 압력은 하향적인 영향만을 미칠 수 있다. 인간적 호소와 연합의 사용은 수평적으로 영향력을 행사하려고 할 때 가장 효과적이다. 권력 획득 방법의 효과성에 영향을 미치는 다른 요인으로는 권력 획득 방법들의 사용 순서, 그 방법을 사용하는 기술, 조직문화를 들 수 있다.

일반적으로 인간적 호소, 영감을 통한 호소, 합리적 설득, 자문과 같은 개인적 권력에 의존하는 '부드러운' 방법으로 시작하는 것이 효과적일 것이다. 이것이 실패하면 교환, 연합, 압력과 같이 '더 강경한' 방법을 사용할 수 있다. 그것은 공식적 권력을 강조하고 더 많은 비용과 위험을 수반한다.[19] 부드러운 방법 하나를 사용하는 것이 강경한 방법 하나를 사용하는 것보다 더 효과적이고, 2개의 부드러운 전략을 결합하거나, 하나의 부드러운 전술과 합리적 설득을 함께 사용하는 것이 강경한 방법을 한 가지 또는 결합하여 사용하는 것보다 더 효과적이다.[20]

권력 획득 방법의 효과성은 청중에 따라서도 달라진다.[21] 특히 부드러운 권력 획득 방법에 순응하는 경향이 있는 사람들은 생각을 더 많이 하고, 내재적으로 동기 유발되며,

상향적 영향	하향적 영향	수평적 영향
합리적 설득	합리적 설득	합리적 설득
	영감을 통한 호소	자문
	압력	아첨
	자문	교환
	아첨	합법성
	교환	인간적 호소
	합법성	연합

도표 13-2
영향력 방향에 적합한 권력 획득 방법

자신감이 높고, 통제에 대한 욕구가 크다. 강경한 권력 획득 방법에 순응하는 경향이 있는 사람들은 더 행동 지향적이고, 외재적으로 동기 유발되며, 자기 생각대로 하기보다는 다른 사람과 함께 일하는 것에 더 중점을 둔다.

권력 획득 방법에 대한 문화적 선호

사람들이 선호하는 권력 획득 방법은 국가에 따라 다르게 나타난다.[22] 개인주의 국가의 사람은 권력을 개인화된 개념으로 보고, 개인적 목적을 달성하기 위해 사용할 수 있는 합법적인 수단으로 간주한다. 반면에 집단주의 국가의 사람들은 권력을 사회적 개념으로 보고, 다른 사람을 돕는 합법적 수단으로 생각한다.[23] 미국 경영자는 합리적인 호소를 선호하는 반면에, 중국 경영자는 연합 기법을 선호한다.[24] 이성에 기반한 합리적 호소는 미국 사람이 다른 사람에게 영향을 미치고 차이점을 극복하기 위해 직접 대결과 합리적 설득을 선호하는 것과 일치하는 반면에, 연합 기법은 중국 사람이 어렵거나 논쟁의 여지가 있는 요청을 하기 위해 흔히 간접적인 접근방법을 이용하는 것과 일치한다.

권력 획득 방법의 적용

정치적 기술(political skill), 또는 자신의 목표를 달성하기 위해 다른 사람에게 영향을 미칠 수 있는 능력은 사람마다 다르다. 정치적으로 노련한 사람은 권력 획득 방법 모두를 효과적으로 사용한다. 또한 정치적 기술은 개인이 중요한 조직 성과에 책임을 져야 하는 경우와 같이 이해관계가 관련되어 있을 때 더 효과적이다. 마지막으로 정치적으로 노련한 사람은 아무도 모르게 자신의 영향력을 행사할 수 있다. 정치적 기술을 남모르게 사용하면 정치적인 사람으로 인식되지 않기 때문에, 그것이 효과성을 높이는 핵심요소로 작용한다.[25] 그들은 절차적 정의와 분배적 정의의 수준이 낮은 환경에서 자신의 정치적 기술을 사용한다. 개방적이고 공정하게 규칙이 적용되고, 편애와 편견이 없는 조직에서는 정치적 기술이 직무 성과 평가에 부정적으로 작용한다.[26]

마지막으로 우리는 조직마다 문화가 현저하게 다르다는 것을 알고 있다. 어떤 문화는 따뜻하고 여유가 있고 지원적인 반면에, 다른 문화는 공식적이고 보수적이다. 또한 조직문화에 따라 적절하다고 여기는 권력 획득 방법이 다르다. 어떤 문화는 참여와 자문을 장려하고, 어떤 문화는 합리적 설득을 장려하고, 어떤 문화는 여전히 압력에 의존한다. 조직문화에 부합되는 사람은 더 많은 영향력을 획득하는 경향이 있다.[27] 특히 외향적인 사람은 팀 지향적 조직에서 더 많은 영향력을 갖는 경향이 있으며, 매우 성실한 사람은 기술적 과업을 혼자서 수행하는 것에 가치를 두는 조직에서 영향력이 더 크다. 조직문화에 적합한 사람은 성공에 가장 중요하다고 여기는 영역에서 좋은 성과를 내기 때문에 영향력을 갖는다. 따라서 조직 스스로가 허용 가능한 권력 획득 방법을 결정하게 되는 것이다.

권력은 어떻게 사람들에게 영향을 미치는가

지금까지 우리는 권력이 무엇이고, 어떻게 획득되는지를 논의하였다. 그러나 다음의 중요한 질문에 대한 답을 아직 얻지 못했다. 권력은 부패하는가?

권력이 부패한다는 확실한 증거가 있다. 권력은 사람들에게 다른 사람의 욕구나 목표보다 자신의 이익을 더 우선시하게 한다. 이런 일이 왜 일어나는가? 흥미롭게도, 권력을 가진 사람들은 개인적 이익을 챙길 수 있기 때문에 권력은 사람들에게 자신의 이익에 관심을 갖게 만든다. 또한 권력은 사람들이 자신의 내부 감정이나 충동에 의해 행동할 수 있는 자유를 주기 때문에, 자신의 목표와 관심을 더 중요하게 여기게 한다. 권력은 개인에게 다른 사람을 객관화시키고(다른 사람을 그들의 중요한 목표를 달성하는 도구로 여김), 관계를 중요하지 않는 것으로 여기게 하는 경향이 있다.[28]

또한 권력을 가진 사람은 그들의 역량에 대한 위협에 특히 부정적으로 반응한다. 권력 있는 지위의 사람은 가능한 한 그 권력을 장악하려고 하며, 자신의 권력이 위협받으면 그것을 유지하기 위한 행동을, 다른 사람에게 해를 끼치는 아니든 상관없이, 기꺼이 한다. 권력이 있는 사람은 도덕적 해이 문제(이득에 대해서는 보상을 받지만 손실에 대해서는 처벌을 별로 받지 않기 때문에 헤지펀드 매니저가 다른 사람의 돈으로 더 많은 위험을 추구하는 경우처럼)에 직면했을 때 자기 이익을 위한 결정을 내리는 경향이 있다. 권력을 가진 사람은 다른 사람을 폄하하는 경향이 높다. 또한 권력은 지나치게 자신만한 의사결정을 내리게 한다.[29]

권력 변수

앞에서 논의한 내용을 보면, 권력은 우리에게 어떤 부정적인 영향을 미치고 있는 것 같다. 그러나 그것이 결코 이야기의 전부는 아니다. 권력은 그것보다 훨씬 더 복잡하다. 그것이 모든 사람에게 동일한 영향을 미치지 않으며, 권력의 긍정적인 효과도 있다. 이것들에 대해 차례로 살펴보자.

첫째, 권력의 부정적인 효과는 권력 행사자의 성격에 의해 좌우된다. 연구가 제시하는 바에 의하면, 당신이 불안해하는 성격을 가지고 있다면, 권력은 당신을 부패하게 하지 않는다. 왜냐하면 당신은 권력을 사용하는 것이 자신에게 이득이 된다고 생각하지 않기 때문이다.[30] 둘째, 권력의 부패는 조직 시스템에 의해 억제될 수 있다. 예를 들어, 어떤 연구에 의하면 권력은 사람들에게 이기적으로 행동하게 하지만, 그런 행동에 대한 책임을 져야 하는 경우, 사람들은 이기적인 행동을 하지 않는다. 셋째, 우리는 권력의 부정적인 효과를 감소시킬 수 있는 방법을 가지고 있다. 어떤 연구는 권력을 가진 사람에게 단순하게 감사를 표현하는 것만으로도 우리에 대한 공격적인 행동을 줄일 수 있다는 것을 보여주었다. 마지막으로, 권력이 없는 사람은 조그만 권력이라도 생기면 그것을 남용한다는 말을 알고 있는가? 낮은 지위에 있는 사람이 권력을 갖게 되는 경우가 권력을 남용할 가능성이 가장 높다는 점에서 볼 때, 이것은 어느 정도 일리가 있다. 왜 이런 일이 생길까? 낮은 지위의 사람들은 종종 모욕감을 느끼고 위협을 당하기도 하는데, 그로 인해 야기되는 분노가 나중에 권력이 생기면 그것을 부정적인 방식으로 사용하게 하는 것 같다.[31]

당신도 알다시피, 어떤 요인은 권력의 부정적인 효과를 조절할 수 있다. 그러나 긍정적인 효과도 있다. 권력은 목표 달성을 위해 활력을 불어넣고 동기를 유발할 수 있다. 또한 권력은 다른 사람에게 도움을 주려는 동기를 강화할 수 있다. 예를 들어 어떤 연구는 사람이 권력을 가지고 있다고 느낄 때, 다른 사람을 돕고 싶은 소망이 실제 작업행동으로 전환된다는 것을 발견했다.[32]

이러한 연구는 권력에 대한 중요한 통찰력을 제공한다. 권력은 부패하기보다는 우리가 중요시하는 것을 할 수 있게 한다는 것이다. 이 추론을 지지하는 다른 연구는 권력이 윤리적 정체성(어떤 사람의 정체성에서 윤리가 중요한 정도)이 약한 사람에게서는 이기적인 행동을 유발한다는 것을 보여주었다. 강한 윤리적 정체성을 가진 사람의 경우에는 권력이 그들의 윤리의식을 강화하고 기꺼이 윤리적 행동을 하게 한다.[33]

성희롱 : 직장 내 불평등한 권력

성희롱(sexual harassment)은 상대방 의사에 반하는 성과 관련된 언동으로, 개인의 고용에 영향을 미치거나 적대적인 작업환경을 창출하는 활동으로 정의된다. 미국 고용평등위원회(EEOC)에 따르면, 성희롱은 어떤 사람들이 불쾌한 성적 접촉을 하고, 성적 관계를 강요하고, 근무 중에 성에 관련된 언어적 · 신체적 행위를 하여 업무 성과를 떨어뜨리거나 위협적, 적대적 또는 모욕적인 작업환경을 조성하는 것이다.[34] 성희롱에 대한 정의는 나라마다 다를지라도, 대부분의 국가는 근로자를 보호하기 위해 정책을 적어도 어느 정도 가지고 있다. 그렇지만 정책이나 법의 준수 여부는 다른 문제이다. 고용평등기회법안은 파키스탄, 방글라데시, 오만에서도 제정되었지만, 연구에 의하면 그것이 잘 실행되지 않는다.[35]

일반적으로, 남성 중심 사회에서 성희롱이 더 빈번하게 나타난다. 예를 들어, 파키스탄에서의 연구는 여성 근로자의 93%가 성희롱을 당했다고 제시하였다.[36] 상가포르에서는 남녀 근로자의 54%가 성희롱을 당했다고 보고했다.[37] 미국과 어떤 다른 나라에서는 성희롱 비율은 일반적으로 낮지만, 여전히 골치 아픈 문제이다. 조사에 의하면, 미국 여성 1/4과 남성의 10%가 성희롱을 당했다.[38] EEOC 자료는 성희롱이 감소하고 있음을 보여준다. 현재 성희롱 클레임은 모든 차별 클레임의 10%를 차지하며, 1990년대 중반에는 이 비율이 20%였다. 이 중에서 남성이 제기하는 클레임은 1997년 11%에서 현재 17.5%로 증가하였다.[39] 성희롱은 어떤 유형의 직무에서 일하는 여성에게 불균형적으로 더 많이 나타난다. 예를 들어, 식당업에서 수행된 연구는 여성 종업원의 80%가 동료나 고객으로부터 성희롱을 당했고, 남성 종업원은 70%가 성희롱을 당했다고 보고했다.[40]

핵심은 적대적인 작업환경으로부터 구성원을 보호할 책임은 경영자에게 있다는 것이다. 경영자가 구성원이 성희롱을 당하고 있다는 것을 인식하지 못할 수 있지만, 그것을 인식하지 못했다는 것이 경영자와 조직을 보호해주지 않는다. 경영자가 성희롱에 대해 알 수 있었다고 수사관이 믿는 경우에는 경영자와 회사 모두가 법적 책임을 질 수 있다.

정치 : 권력 사용

사람들이 모여 집단을 형성하면 권력이 사용될 것이다. 사람들은 영향력을 행사하고, 보상을 얻고, 경력을 발전시킬 수 있는 틈새를 찾으려고 한다. 개인 이익을 위해 자신의 권력을 사용할 때 그들은 **정치**를 하는 것이다. 정치적 기술이 뛰어난 사람들은 권력 원천을 효과적으로 사용하는 능력을 가지고 있다.[41] 정치는 불가피한 것이 아니다. 그것은 필수적이다.

정치적 행동의 정의

조직정치(organizational politics)에 대한 정의는 많다. 그것들은 모두 조직의 의사결정에 영향을 미치는 권력 사용이나 조직으로부터 제재를 받지 않는 이기적 행동에 초점을 맞추고 있다.[42] 여기에서는 조직에서의 정치적 행동을 다음과 같이 정의한다. **정치적 행동**(political behavior)은 공식적 역할은 아니지만, 조직 내에서 이해 득실에 영향을 미치거나 미치려고 하는 활동을 말한다.[43]

이러한 정의는 사람들이 조직정치에 대해 이야기할 때 그들이 의미하는 핵심 요소를 포함한다. 정치적 행동은 명시화된 직무 요구를 넘어서는 것이다. 그 행동은 자신의 권력 기반을 사용하려는 시도가 있어야 한다. 그것은 의사결정을 위해 사용되는 목표, 기준 또는 과정에 영향을 미치려는 노력을 포함한다. 우리의 정의는 광범위해서 의사결정자로부터 입수한 핵심 정보 통제, 연합 형성, 고발, 고충 신고, 소문 퍼트리기, 매스컴에 비밀정보 유출, 상호이익을 위해 조직 내 다른 구성원과 부탁 주고받기, 또는 특정 개인이나 결정안에 대해 찬성하거나 반대하기 위한 로비활동 등과 같은 다양한 정치적 행동을 포함한다. 이러한 측면에서 볼 때, 정치적 행동은 흔히 부정적이지만, 항상 그런 것은 아니다.

정치의 현실

경험이 많은 경영자들과의 인터뷰를 보면, 대부분의 경영자가 정치적 행동이 조직 생활의 중요한 부분이라고 생각한다.[44] 많은 경영자들은 정치적 행동이 다른 사람에게 직접적인 해가 되지 않는다면 정치적 행동의 사용은 윤리적이고 필요하다고 말한다. 그들은 정치를 필요악이라고 설명하고, 정치적 행동을 사용하지 않는 사람은 업무를 수행하기가 어려울 것이라고 믿는다. 또한 대부분의 사람들은 정치적 행동을 효과적으로 사용하도록 훈련받은 적이 없다고 말한다. 그런데 왜 정치가 존재해야 하는 것일까? 정치가 없는 조직은 있을 수 없는 것일까? 이것은 **가능하다**. 즉, 조직의 모든 구성원이 동일한 목표와 관심을 가지고 있다면, 조직의 자원이 풍부하다면, 성과 결과가 완전히 명확하고 객관적일 경우에 가능하다. 그러나 우리가 생활하는 조직 세계는 이와는 다르다.

아마도 조직정치를 초래하는 가장 중요한 요인은 제한된 자원을 배분하는 데 사용되는 '사실'의 대부분이 다양하게 해석될 수 있다는 것이다. 예를 들어, 언제 성과 기반 보수를 지급하는가? 무엇이 **좋은** 성과인가? 무엇이 **충분한** 개선인가? 무엇이 불만족스러운 직무를 구성하는가? 어떤 메이저리그의 야구팀 감독은 0.400의 기록을 가진 타자는 우수한 선수이고, 0.125의 타자는 형편없는 선수라는 것을 알고 있다. 야구 천재가 아니더라도 0.400의 타자는 메이저리그에서 뛰어야 하고, 0.125의 타자는 마이너리그로 보내져야 한다는 것을 알 수 있다. 그러나 당신이 0.280과 0.290의 기록을 가진 타자를 선택해야 한다면 어떻게 할 것인가? 이때는 객관적이지 않은 요인이 작동하게 된다—야구장 지식, 태도, 잠재력, 집단에서의 수행 능력, 팀에 대한 충성 등. 경영 의사결정은 0.125와 0.400의 타자들보다 0.280과 0.290의 타자들 간의 선택과 더 유사하다. 이와 같이 조직생활에서 광범위하게 나타나는, 모호한 중간 영역—사실이 제공하는 의미를 명확하게 해석할 수 없는 경우—에서 정치가 많이 나타난다.

마지막으로 대부분의 의사결정은 모호한 상황—사실이 거의 객관적이지 않고 해석하기 나름인 상황—에서 이루어지기 때문에 조직의 구성원은 그들의 목표와 이익을 위해 가능한 한 모든 영향력을 사용할 것이다. 그리고 그것은 **정치공작**(politicking)이라는 활동을 유발한다. 어떤 사람이 '조직의 이익을 위해 쏟은 이타적인 노력'이 다른 사람에게는 '개인의 이익을 얻으려는 노골적인 시도'로 보일 수 있다.[45]

정치적 행동의 원인과 결과

지금까지 조직에서 일어나는 정치에 대해 살펴보았다. 여기에서는 이러한 행동의 원인과 결과를 알아보자.

정치적 행동을 유발하는 요인

모든 집단 또는 조직이 똑같이 정치적인 것은 아니다. 예를 들어 어떤 조직에서는 정치 행동이 공공연하게 이루어지고 만연되어 있는 반면 다른 조직에서는 정치 행동이 결과에 미미한 영향만을 미친다. 이러한 차이가 왜 나타나는 것일까? 최근 연구는 정치적 행동을 유발시키는 많은 요인들을 밝혀냈다. 어떤 요인들은 조직 구성원들이 가지고 있는 독특한 자질로부터 유발되는 개인적 특성과 관련된 것이고, 다른 요인들은 조직의 문화나 내부 환경과 관련된 것이다. 〈도표 13-3〉은 어떻게 개인적 요인과 조직적 요인이 정치적 행동을 증가시키고, 조직의 구성원과 집단에게 호의적인 결과(보상 증가와 처벌 회피)를 제공할 수 있는지를 보여준다.

개인적 요인　연구자들은 성격 특성, 욕구 등과 같은 개인적 요인이 정치적 행동과 관련되어 있음을 밝혀냈다. 성격 특성 관점에서 볼 때 자기감시를 잘하고, 통제 위치가 내부에 있고, 높은 권력 욕구(제7장 참조)를 가진 구성원이 정치적 행동을 하는 것으로 나타났다. 자기감시를 잘하는 사람은 잘하지 못하는 사람보다 사회적 단서에 민감하고, 사회

도표 13-3
정치적 행동의
원인과 결과

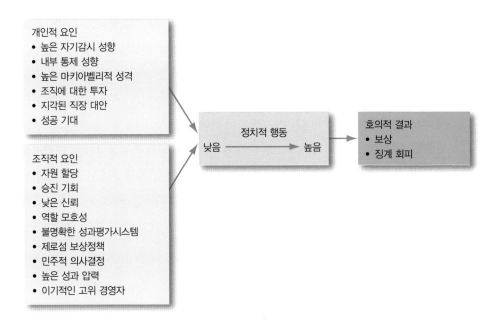

개인적 요인
• 높은 자기감시 성향
• 내부 통제 성향
• 높은 마키아벨리적 성격
• 조직에 대한 투자
• 지각된 직장 대안
• 성공 기대

조직적 요인
• 자원 할당
• 승진 기회
• 낮은 신뢰
• 역할 모호성
• 불명확한 성과평가시스템
• 제로섬 보상정책
• 민주적 의사결정
• 높은 성과 압력
• 이기적인 고위 경영자

정치적 행동
낮음 → 높음

호의적 결과
• 보상
• 징계 회피

적 순응을 잘하고, 정치적 행동을 잘하는 경향이 있다. 내부 통제 위치를 가진 사람은 주변 환경을 자신이 통제할 수 있다고 믿기 때문에 자신의 이익을 위해 적극적으로 행동하고, 상황을 조작하려는 성향을 보인다. 마키아벨리즘이 강한 사람, 즉 조작하려는 의지와 권력에 대한 욕망이 많은 사람이 자신의 이익을 증진시키기 위한 수단으로 조직정치를 쉽게 사용한다는 사실은 놀라운 일이 아니다.

개인이 조직에 투자한 정도, 지각된 대체안, 성공에 대한 기대가 비합법적인 정치행동을 하는 정도에 영향을 미친다.[46] 사람들이 미래에 조직으로부터 받을 혜택이 많다고 생각할수록 퇴출될 경우 잃게 되는 것이 더 많아지기 때문에 비합법적인 수단을 사용할 가능성이 낮다. 반대로 선택할 수 있는 취업 기회가 많은 사람―양호한 구직 시장, 또는 희귀한 기술이나 지식 보유, 탁월한 평판, 영향력 있는 조직 외부인과의 접촉―은 비합법적인 정치행동을 할 가능성이 높다.

마지막으로, 어떤 개인은 단지 정치적 행동을 잘하기 때문에 그것을 한다. 그런 개인은 대인 간 상호작용을 잘 이해하고, 상황적 요구에 그들의 행동을 맞추고, 네트워킹에 뛰어나다.[47] 이런 사람들은 흔히 정치적 노력에 대해 간접적인 보상을 받는다. 예를 들어 중국 남부에 있는 한 건설회사에서 수행한 연구는 정치적 스킬이 우수한 부하직원이 상사로부터 포상 추천을 받을 가능성이 더 많으며, 정치적 성향이 있는 상사가 정치적 스킬이 우수한 부하직원에게 긍정적으로 반응하는 경향이 있음을 밝혔다.[48] 세계의 여러

나라에서 수행된 다른 연구도 높은 수준의 정치적 스킬이 높은 직무 성과 인식과 관련 있다는 것을 보여주었다.[49]

조직적 요인 개인적 차이가 정치적 행동에 영향을 미치지만, 어떤 상황과 문화가 정치를 증진시킨다는 증거가 더 강력하게 제시되고 있다. 특히 조직 자원이 감소하고 있을 때, 기존의 자원 패턴이 변하고 있을 때, 승진 기회가 있을 때 정치적 행동이 나타나는 경향이 있다.[50] 자원이 감소되면, 사람들은 가진 것을 보호하기 위해 정치적 행동을 한다. 또한 조직의 모든 변화, 특히 조직 내 자원의 획기적인 재분배를 의미하는 변화는 갈등을 자극하고 정치적 행동을 증가시킨다.

낮은 신뢰, 역할 모호성, 불확실한 성과평가시스템, 제로섬(승자-패자) 보상분배제도, 민주적 의사결정, 높은 성과 압력, 이기적인 경영자들이 있는 문화에서 정치적 행동이 나타날 가능성이 높다.[51] 정치적 활동은 구성원의 공식적 역할이 아니기 때문에 역할 모호성이 클수록, 구성원들은 아무도 모르게 정치적 활동을 더 많이 할 수 있다. 역할 모호성은 구성원에게 요구되는 행동이 명확하지 않다는 것을 의미한다. 이런 상황에서는 구성원의 정치적 행동의 범위와 기능에 대한 제약이 적다.

제로섬 접근 방법 조직문화가 제로섬 또는 승자-패자의 접근 방법을 강조할수록 구성원에게 정치적 행동에 대한 동기가 더 많이 유발된다. **제로섬 접근 방법**(zero-sum approach)에서는 보상이 고정되어 있는 것으로 간주하기 때문에 한 개인이나 집단이 확보한 이득은 다른 개인이나 집단을 희생시키고 얻은 것이다. 내가 이기면 다른 사람은 져야 한다! 임금 인상액에서 1만 5,000달러가 5명의 구성원들에게 분배되어야 한다면, 3,000달러 이상을 받는 구성원은 다른 구성원들로부터 그만큼을 빼앗아온 것이다.

조직 간 요인 조직 사이의 관계에서도 정치적 힘이 작용하는데, 조직의 문화에 따라 정치적 행동의 효과가 다르게 나타난다.[52] 한 연구에 의하면, 매우 정치적인 환경을 가진 두 조직이 서로 상호작용할 경우, 그들 간의 정치적 상호작용은 협력적 프로젝트 수행에 해를 끼친다. 반면에, 내부 정치 행동이 적은 기업들이 서로 상호작용하면, 그들 간의 논쟁은 협력적 프로젝트 수행에 방해가 되지 않는다. 이 연구는 기업이 내부 정치 행동을 많이 하는 조직과 제휴를 맺을 때는 조심해야 한다는 것을 보여준다.

조직정치에 대한 대응 방법

정치적 기술이 그리 뛰어나지 않거나 정치게임을 하고 싶어 하지 않는 대부분의 사람에게는, 직무 만족 감소, 갈등과 스트레스 증가, 이직률 증가, 성과 감소와 같은 부정적인 결과가 나타나는 경향이 높다. 그러나 강력한 증거는 조직정치에 대한 지각이 직무 만족과 부정적인 관련성을 갖는다는 것을 보여준다.[53] 정치적 행동은 구성원의 성과 하락을 초래할 수 있다. 아마도 그것은 구성원이 정치적 환경은 불공정하다고 지각하고, 그로 인해 구성원의 동기가 저하되기 때문일 것이다.[54] 정치적 행동이 통제할 수 없을 만큼 많아지면, 구성원들이 직장을 그만둘 수도 있다는 것은 놀라운 일이 아니다.[55] 정치적 행동의 부정적 효과는 대부분의 문화에서 보편적으로 나타나는 것 같다. 나이지리아에서 수행된 최근 연구에서 두 기관의 구성원은 자신의 작업환경이 정치적이라고 생각할 때 높은 직무 불안을 느끼고, 동료를 도우려 하지 않는 경향을 보인다. 나이지리아와 같은 개발도상국의 작업환경이 아마도 더 애매모호하고, 그래서 더 정치적일지라도, 정치적 행동의 부정적 결과는 미국과 동일하게 나타난다.[56]

정치적 행동의 효과를 고려할 때 명심해야 할 사항이 몇 가지 있다. 첫째, 조직정치와 성과의 관계는 개인이 조직정치의 '방법'과 '이유'에 대해 이해하고 있는 정도에 의해 조절되는 것으로 나타났다. 연구자들이 지적한 바에 의하면, "누가 의사결정에 대한 책임을 가지고 있고, 그들이 왜 의사결정자로 선택되었는지를 명확히 이해하고 있는 사람이 조직의 의사결정 과정을 이해하지 못하는 사람보다, 그들이 어떻게 그리고 왜 그렇게 행동했는지를 더 잘 이해한다."[57] 정치를 잘하고 이에 대한 이해도가 높은 사람은 정치적 행동을 기회로 보기 때문에 성과가 증가하는 경향이 있다. 그러나 구성원의 이해도가 낮을 경우 그들은 조직정치를 위협으로 간주할 가능성이 높으며, 그로 인해 조직정치는 직무 성과에 부정적인 영향을 미칠 것이다.[58]

둘째, 조직에서의 정치적 행동은 윤리적 리더십의 효과를 조절한다.[59] 연구에 의하면 남성 직원은 윤리적 리더십에 더 즉각적으로 대응하고, 정치적 행동과 윤리적 리더십 수준이 모두 높을 때 가장 많은 시민행동을 보여준다. 반대로 여성 직원은 윤리적이고 비정치적인 환경에서 시민행동을 가장 많이 하는 경향을 보인다.

셋째, 구성원은 조직정치를 위협으로 간주할 때 흔히 **방어 행동**(defensive behaviors) ─ 행동, 비난 또는 변화를 피하기 위한 반응적이고 보호적인 행동 ─ 을 한다[60](도표 13-4는 방어 행동의 예를 보여준다). 단기적으로 볼 때 구성원은 방어 행동이 자신의 개인적 이익을 보호해준다고 생각할 수 있지만, 장기적으로는 방어 행동이 그것을 악화시킨다. 계속

회피 행동

원칙 고수하기 : 어떤 일에 대해 다음과 같이 말하면서 당신의 책임을 엄격히 해석한다. "규칙에 의하면…" 또는 "이것이 우리가 따라야 하는 방법이다."
책임 전가하기 : 과업이나 의사결정의 실행 책임을 다른 사람에게 전가한다.
모르는 척하기 : 거짓으로 모르거나 할 수 없는 것처럼 함으로써 바람직하지 않은 과업을 피한다.
잡아늘이기 : 수행하는 과업을 지연시키는 것이다.
둘러대기 : 개인적으로는 거의 아무것도 하지 않았지만, 공개적으로는 지원한 것처럼 행동하는 것이다.

비난 회피

드러내기 : 이것은 비난을 피할 수 있는 좋은 방법이다. 이것은 완벽하고 철저하다는 이미지를 심어주기 위해 활동을 정확하게 설명하려는 행동을 말한다.
조심하기 : 비호의적으로 보이는 상황을 피하는 것이다. 이러한 행동에는 성공 가능성이 높은 프로젝트만을 수행하고, 위험이 있는 의사결정은 상사의 승인을 받아 실행하고, 자신의 의견을 약하게 표현하고, 갈등 시 중립적인 입장을 취하는 것 등이 있다.
정당화하기 : 부정적인 결과에 대한 자신의 책임을 줄이기 위해 설명을 하거나 사죄하여 후회하고 있음을 보여주는 것이다.
책임 전가 : 부정적인 결과를 책임이 없는 외부 요인의 탓으로 돌리는 것
허위 진술하기 : 왜곡, 윤색, 기만, 선택적 설명, 판단 흐리기 등을 통해 정보를 조작하는 것이다.

변화 회피

예방하기 : 위협적인 변화가 일어나지 않도록 하는 것이다.
자기 보호하기 : 자신이 통제하고 있는 정보나 기타 자원을 지킴으로써 변화 과정에서 자신의 이익을 보호하는 방식으로 행동하는 것이다.

방어 행동을 하는 사람들은, 결국에는 방어 행동만이 그들이 할 수 있는 유일한 행동 방법이라는 것을 알게 된다. 그때가 되면, 그들은 동료, 상사, 부하직원, 고객들의 신뢰와 지원을 잃어버린다.

인상 관리

사람들은 다른 사람이 자신을 어떻게 지각하고 평가하는지에 대해 계속 관심을 갖는다. 예를 들어 북미 사람들은 다이어트, 헬스클럽, 화장품, 성형수술에 수백만 달러를 쓴다. 그렇게 함으로써 다른 사람들에게 매력적으로 보이려는 것이다. 조직에서 다른 사람들에게 긍정적으로 지각되는 것은 여러 가지 이점을 제공한다. 예를 들어 인상 관리는 회사에 취직하는 데 도움이 될 수 있으며, 입사한 후에는 호의적인 평가를 받고, 높은 임금 인상, 빠른 승진을 얻어내는 데도 기여할 수 있다. 개인이 인상을 통제하려고 시도하는

동조

인정받기 위해 다른 사람의 견해에 동의하는 것은 환심을 사려는 것이다.

예 : 어떤 관리자가 상사에게 "서부 지역 지점들에 대한 조직 개편 계획은 옳습니다. 저는 전적으로 동의합니다."라고 말한다.

호의

어떤 사람으로부터 인정을 받기 위해 그 사람에게 선심 쓰는 것은 환심을 사려는 것이다.

예 : 영업사원이 장래 고객에게 "저에게 오늘 밤 극장표가 두 장 있는데 저는 갈 수가 없어요. 가지세요. 대신에 나중에 저랑 이야기할 시간 좀 내주세요."라고 말한다.

해명

심각한 곤경에서 빠져나오기 위해 그 상황을 야기한 사건에 대해 설명하는 것은 방어적 인상 관리 기법이다.

예 : 판매관리자는 상사에게 "우리는 그 신문에 광고를 제때 내지 못했습니다. 그러나 어떻든 그 신문의 광고에 대해 반응하는 사람이 아무도 없습니다."라고 말한다.

사과

바람직하지 않은 사건에 대한 책임을 인정하고, 동시에 그 행동에 대한 용서를 구하는 것은 방어적 인상 관리 기법이다.

예 : 상사에게 부하직원이 "죄송합니다. 보고서를 작성하면서 실수를 했습니다. 용서해주십시오."라고 말한다.

자기 자랑

자신의 장점은 강조하는 반면 자신의 결점을 경시하고 자신의 업적에 대한 관심을 불러일으키는 것은 자기 중심적 인상 관리 기법이다.

예 : 한 영업사원이 그의 상사에게 말하기를, "매트는 3년 동안 그 거래를 성사시기려고 했지만 성공하지 못했습니다. 나는 그 일을 6주 만에 해냈습니다. 나는 우리 회사에서 최고의 해결사입니다."

강화

자신이 한 일을 조직의 다른 사람이 생각하는 것보다 더 가치가 있다고 주장하는 것은 자기 중심적 인상 관리 기법이다.

예 : 잡지기자가 편집자에게 말하기를, "이 유명인사의 이혼을 다룬 나의 기사 때문에 판매 부수가 많이 올랐어."(그 기사가 연예 섹션에서 단지 3쪽 분량밖에 안 될지라도)

아첨

자신을 지각력 있고 호감 가는 사람으로 보이게 하려고 다른 사람의 장점을 칭찬하는 것은 공격적 인상관리 기법이다.

예 : 신입 영업사원은 동료에게 "고객의 불만을 그렇게 잘 처리하다니! 나는 그 일을 당신만큼 잘 처리할 수 없을 거예요."라고 말한다.

실례

필요한 것보다 더 많은 노력을 함으로써 자신이 얼마나 헌신적이고 열심히 일하는지를 보여주는 것은 공격적인 인상관리 기법이다.

예 : 어떤 구성원은 늦게까지 일했을 때 자신이 얼마나 오랫동안 일했는지를 상사가 알 수 있도록 자신의 컴퓨터로 이메일을 보낸다.

도표 13-5 인상 관리 기법

출처 : Based on B. R. Schlenker, *Impression Management* (Monterey, CA: Brooks/Cole, 1980); W. L. Gardner and M. J. Martinko, "Impression Management in Organizations," *Journal of Management*, June 1988, p. 332; and R. B. Cialdini, "Indirect Tactics of Image Management Beyond Basking" in R. A. Giacalone and P. Rosenfeld (eds.), *Impression Management in the Organization* (Hillsdale, NJ: Lawrence Erlbaum, 1989), pp. 45–71.

과정을 **인상 관리**(impression management, IM)라고 한다.[61] 그 예가 〈도표 13-5〉에 제시되어 있다.

  인상 관리 기법의 효과성을 검증한 대부분의 연구는 인상 관리를 두 가지 결과, 인터뷰 성공과 성과 평가와 연결시켰다. 이것에 대해 각각 살펴보자.

인터뷰와 인상 관리   기존 연구를 보면, 입사 지원자들은 대부분 인터뷰를 하면서 인상 관리 기법을 사용하고, 그것이 결과에 영향을 미친다.[62] 상이한 인상 관리 기법이 인터뷰에서 얼마나 효과적인지를 이해하기 위해, 한 연구는 수천 개의 채용면접에서 얻은 자료를 정리하여, 인상 관리 기법을 외모 지향적 노력(전문가처럼 보이려는 노력), 명시적 전술(면접관에게 아부하거나 자신의 업적을 자랑하는 것), 언어적 암시(긍정적인 용어를 사용하고 일반적인 열정을 보여주는 것)로 집단화하였다.[63] 모든 차원에서, 인상 관리가 사람들의 성과를 예측할 수 있는 강력한 요인으로 나타났다. 그렇지만 반전이 있다. 면접이 잘 구조화되었을 경우(면접관의 질문이 미리 작성되어 있고, 지원자의 자질에 초점이 맞추어진 면접을 의미함), 인상 관리의 효과는 상당히 약하게 나타난다. 인상 관리와 같은 조작적 행동은 모호하고 비구조화된 면접에서 효과를 보이는 경향이 있다.

성과 평가와 인상 관리   성과 평가에서는 결과가 조금 다르게 나타난다. 아첨은 성과 평가와 긍정적으로 관련되어 있다. 이것은 상사에게 아첨하는 사람이 더 높은 성과 평가를 받는다는 것을 의미한다. 그렇지만 자기 자랑은 반대의 결과를 보인다. 자기 자랑을 하는 사람은 실제로 낮은 성과 평가를 받는 것 같다.[64] 이것을 뒷받침해주는 중요한 연구 결과가 있다. 정치적 기술이 높은 사람은 인상 관리를 이용하여 높은 성과 평가를 받을 수 있는 반면, 정치적 기술이 낮은 사람은 인상 관리의 시도로 피해를 보는 경향이 있다.[65] 다른 연구는 760개의 이사회를 조사하였는데, 현 이사회 구성원에게 아첨하는 사람(이사의 의견에 동의하고, 같은 태도와 견해를 가졌다는 것을 암시하고, 그 이사를 칭찬하는 사람)은 이사회에 계속 남아 있을 가능성이 높아진다는 사실을 발견했다.[66] 다른 연구에서는, 인턴들이 높은 수준의 정치적 스킬을 가지고 있지 않은 한, 상사에게 아부하는 인턴은 항상 환영받지 못하는 것으로 나타났다. 정치적 스킬을 가진 인턴들이 아첨을 하면, 상사로부터 호감을 많이 얻고, 높은 성과 평가를 받는다.[67]

문화와 인상 관리   정치 반응에 대한 우리의 결론이 세계적으로 타당한가? 예를 들면 이스라엘 사람이 미국 사람과 동일한 방법으로 조직정치에 대해 반응할까? 조직정치 반응에 대해 내린 우리의 결론은 대부분 북미에서 수행된 연구에 기초한다. 다른 나라를 포함한 몇 개의 연구는 우리의 결론에 약간의 수정이 필요함을 제시한다.[68] 미국 문화와 중국 문화(중국, 홍콩, 대만)의 경영자들을 대상으로 한 연구는 중국 문화의 경영자보다 미국 경영자들이 자문, 영감을 통한 호소와 같은 '부드러운 설득'이 더 효과적인 방법이라고 평가했다.[69] 이러한 연구 결과는 개인주의적인 국가와 집단주의적인 국가에서 인사 관리 기법의 효과성이 다를 수 있음을 시사한다. 다른 연구에 의하면 효과적인 미국 리더는 집단 구성원의 개인적 목표와 그들의 업무에 초점을 맞춤으로써, 영향력을 획득하는 반면(분석적 접근 방법), 영향력 있는 동아시아 리더는 집단 구성원들 사이의 관계와 리더 주변에 있는 사람들의 요구 충족에 초점을 맞춘다(통합적 접근 방법). 앞으로 이 영역에 대한 연구가 필요하다.[70]

정치적 행동의 윤리

윤리적 정치 행동과 비윤리적 정치 행동을 구분할 수 있는 명확한 방법이 없을지라도, 우리가 고려해야 하는 몇 가지 질문이 있다. 예를 들면 정치적 행동을 해서 무엇을 얻으려고 하는 것인가? 사람들은 때때로 어떤 충분한 이유 없이 정치적 행동을 한다. 메이저 리그의 농구선수인 알 마틴은 서던캘리포니아대학교에서 미식축구를 했다고 주장했지만, 그것은 사실이 아니었다. 마틴은 미식축구 선수가 아니라 농구선수였기 때문에 이런 거짓말을 통해 얻어지는 것이 아무것도 없다. 이와 같은 명백한 거짓말은 인상 관리의 극단적인 예라고 할 수 있지만, 우리 대부분은 호의적인 인상을 만들기 위해 정보를 왜곡한다. 그렇게 하기 전에 사람들은 그런 위험을 무릅쓸만한 가치가 있는지를 생각해봐야 할 것이다. 두 번째 질문은 다음과 같다. 정치적 행동을 통해 얻는 이익과 다른 사람에게 끼치는 손해(또는 잠재적 손해)의 균형을 어떻게 맞출 것인가? 어떤 프로젝트에서 다른 사람이 기여한 업적을 가로채는 것보다 상사에게 잘 보이기 위해 그를 칭찬하는 것이 아마도 덜 해로울 것이다.

마지막으로 정치적 행동이 공정성과 정의의 기준을 따르는가? 때때로 정치적 행동의 비용과 이익을 계산하기 어렵지만, 그것의 윤리성은 명확하다. 부서장이 총애하는 부하직원의 성과는 좋게 평가하고 싫어하는 부하직원의 성과는 나쁘게 평가하며, 이 평가 결과를 이용하여 총애하는 직원의 급여는 많이 인상하고 싫어하는 직원의 급여는 전혀 인상하지 않은 것을 정당화하였다면, 부서장은 싫어하는 직원을 불공정하게 다룬 것이다.

불행히도 권력이 있는 사람은 자신의 이기적인 행동을 조직 이익의 관점에서 능숙하게 설명할 수 있다. 또한 그들은 불공정한 행동을 공정하다고 설득력 있게 주장할 수 있다. 권력이 있고, 조리 있게 이야기할 수 있고, 설득력 있는 사람은 비윤리적인 행동을 성공적으로 해낼 수 있기 때문에 윤리적인 실수를 하기 쉽다. 조직정치의 윤리적 딜레마에 빠졌을 때 정치적 행동을 하는 것이 위험을 무릅쓰고 할 만한 가치가 있는지, 그 과정에서 피해를 보는 사람이 있는지를 고려해보자. 당신이 강력한 권력 원천을 가지고 있을 경우 권력이 부패할 수 있다는 것을 인식하라. 권력이 없는 사람은 일반적으로 이용할 수 있는 정치적 재량권이 없기 때문에 윤리적으로 행동하기가 더 쉽다는 것을 기억하라.

정치적 경력의 도식화

앞에서 살펴본 바와 같이 정치는 정치인에게만 해당되는 것은 아니다. 당신도 조직에서 우리가 제시한 몇 가지 가시적인 방법을 사용하여 정치적 행동을 할 수 있다. 그렇지만 그것들은 모두 적용 방식이 다르다.

권력과 정치적 행동을 이해하는 데 가장 유용한 방법의 하나는 경력의 관점에서 생각하는 것이다. 당신의 야망은 무엇인가? 당신이 그것을 성취하는 데 도와줄 수 있는 힘을 가진 사람이 누구인가? 그 사람과 당신의 관계는 어떠한가? 이 질문에 대한 답을 얻기 위해 정치 지도를 사용할 수 있다. 이것은 낭신의 경력을 위해 의지해야 하는 사람과의 관계를 그려보는 데 도움을 줄 수 있다. 〈도표 13-6〉은 정치 지도를 나타낸 것이다.[71] 이것에 대해 살펴보다.

당신의 미래 승진이 직속 상사인 제이미를 포함한 다섯 사람에게 달려 있다고 가정하자. 도표에서 볼 수 있듯이, 당신은 제이미와 친밀한 관계를 갖는다(그렇지 않으면 당신이 곤경에 처할 수도 있다). 또한 당신은 재무부서의 잭과도 친밀한 관계를 갖는다. 그렇지만, 다른 사람하고는 별로 가까운 관계가 아니거나(레인), 전혀 알지 못한다(지아, 마티). 이 지도는 이 사람에 대한 영향력을 확보하고, 그들과 친밀한 관계를 갖기 위한 계획을 수립하는 것이 필요함을 분명하게 보여준다.

사람들에게 영향력을 행사하는 최선의 방법 하나가 간접적으로 영향을 미치는 것이다. 제이미와 친구로 지내고 있는 그의 동료인, 마크와 테니스 게임을 한다면 어떻게 될까? 많은 경우에, 마크에게 영향을 미치면 제이미에게도 영향을 미칠 수 있다. CJ의 블로그에 들어가서 글을 게시하는 것은 어떨까? 당신은 다른 네 명의 의사결정자와 그들의 네트워크에 대해 비슷한 분석을 완성할 수 있다.

이 모든 것이 당신에게 다소 권모술수처럼 보일 수도 있다. 그렇지만 한 사람만이 승

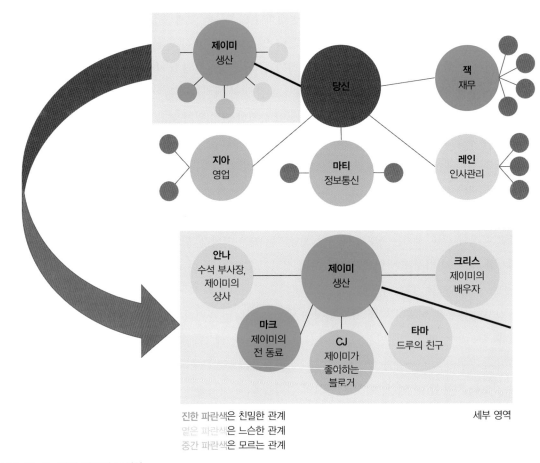

진한 파란색은 친밀한 관계
옅은 파란색은 느슨한 관계
중간 파란색은 모르는 관계

세부 영역

도표 13-6 정치 지도의 도식화

출처 : Based on D. Clark, "A Campaign Strategy for Your Career," *Harvard Business Review*, November 2012, 131-134.

진을 하고, 당신의 경쟁자들이 그들 자신의 지도를 가지고 있다는 것을 기억하라. 이 장의 앞부분에서 말했듯이, 권력과 정치는 조직생활의 일부분이다.

요약

사람들은 직무와 조직에서 무력한 존재가 되는 것을 좋아하지 않는다. 사람들은 다양한 권력 원천에 다르게 반응한다. 전문적 권력과 준거적 권력은 개인적 자질로부터 나온다. 반대로 강압적·보상적·합법적 권력은 조직적 요인에 의해 생긴다. 특히 역량이 중요한 영향력 원천이 되고 있어서, 이것을 권력 원천으로 사용하면 집단 구성원에게서 높은 성과를 이끌어낼 수 있다.

효과적인 경영자는 조직의 정치적 특성을 수용한다. 어떤 사람은 다른 사람보다 정치적으로 더 기민하다. 이것은 그들이 기본적인 정치를 인식하고 있으며, 인상 관리를 할 수 있다는 것을 의미한다. 정치적으로 순진하거나 미숙한 사람보다 잘하는 사람이 더 높은 성과 평가를 받고, 그로 인해 더 많은 급여를 받고 더 빠른 승진을 할 것으로 예상된다. 또한 정치적으로 영민한 사람은 더 높은 직무 만족을 보여주고, 직무 스트레스 요인을 잘 중화시킬 수 있다. 정치 지도는 사람과의 관계를 도식화하여 긍정적인 정치 기회를 확인할 수 있게 한다. 마지막으로 권력과 정치는 윤리적인 고려가 필요하다. 조직에서 윤리적인 문제를 고려해야 하는 현실을 받아들이는 것은 윤리적 의식과 행동에 대한 책임을 받아들이는 것이다.

경영자에게 주는 시사점

- 권력을 최대화시키기 위해 당신에 대한 다른 사람의 의존성을 증대시키라. 예를 들어, 당신은 상사가 필요로 하고, 다른 것으로 대체할 수 없는 지식이나 기술을 개발함으로써 상사에 대한 권력을 증가시키라.
- 당신만이 권력 기반을 구축하는 것이 아니다. 다른 사람들은, 특히 부하직원과 동료들이 그들에 대한 당신의 의존성을 증가시키려고 하는 반면에 당신은 그것을 최소화하고 당신에 대한 그들의 의존성을 증가시키고 있다.
- 구성원들이 무력감을 느끼는 위치, 즉 그들에게 기대되는 성과 수준이 그들의 자원과 능력을 능가하는 위치에 있게 하지 말라.
- 정치적인 프레임워크 속에서 행동을 평가함으로써, 다른 사람의 행동을 예측하고, 당신과 부서에 이로운 정치 전략을 수립하는 데 그 정보를 사용할 수 있다.
- 정치적 스킬이 미숙한 사람이나 정치적 게임을 하려고 하지 않는 사람들은 조직정치에 대한 지각이 직무 만족과 성과를 감소시키고, 갈등과 이직률을 증가시킨다는 것을 고려하라. 따라서 당신이 조직정치에 능숙하면, 정치적 상식의 중요성을 이해할 수 있도록 다른 사람을 도와주라.

갈등과 협상

1. 갈등의 세 가지 유형과 발생 장소를 설명할 수 있다.
2. 갈등의 과정을 설명할 수 있다.
3. 분배적 협상과 통합적 협상을 비교할 수 있다.
4. 5단계 협상 프로세스를 적용할 수 있다.
5. 개인 차이가 협상에 어떻게 영향을 미치는지 설명할 수 있다.
6. 사회적 요인이 협상에 어떻게 영향을 미치는지 설명할 수 있다.
7. 제3자 협상의 역할과 기능을 평가할 수 있다.

갈등의 정의

갈등에 대한 정의가 부족한 것은 아니지만[1], 공통적인 생각은 갈등은 차이 혹은 반대에 대한 지각이라는 것이다. 갈등을 인지하지 못한다면 갈등은 존재하지 않는다는 것에 일반적으로 다들 동의한다. 또한 갈등 과정이 시작되기 위해서는 반대 혹은 양립할 수 없는 것 등과 같은 일정 형태의 상호작용이 필요하다.

우리는 **갈등**(conflict)을 한 당사자가 관심을 가지고 있는 것에 대해 다른 당사자가 부정적인 영향을 미치거나 부정적인 영향을 미치려고 한다는 것을 지각할 때 시작되는 과정이라고 폭넓게 정의할 수 있다. 이 정의는 지속적인 상호작용에 있어서 불일치가 발생하는 시점이 있음을 의미한다. 또한 사람들이 조직에서 경험하는 목표의 상충, 사실에 대한 해석 차이, 기대한 행동과의 불일치 등과 같이 폭넓은 갈등을 포함한다. 이 정의는 공개적으로 나타나는 폭행에서부터 미묘한 형태의 의견 불일치까지 전 범위의 갈등 수준을 포함하고 있다.

갈등에 대한 현대의 관점은 그 효과에 따라 갈등 유형을 구분한다. **기능적 갈등**(functional conflict)은 집단의 목표를 지원하고 성과를 향상시켜주는 건설적인 갈등이다. 예를 들어, 생산성을 가장 효율적으로 개선하기 위해 작업팀 구성원 간의 토론에서 각자 고유의 시각에 대해 논의하고 공개적으로 비교하면 기능적일 수 있다. 집단의 성과를 저해하는 갈등은 파괴적 혹은 **역기능적 갈등**(dysfunctional conflict)이다. 현재 팀에서 해야 할 일에서 벗어나기 위해 개인적으로 노력하는 것은 역기능적인 갈등이다. 〈도표 14-1〉

도표 14-1
갈등의 수준

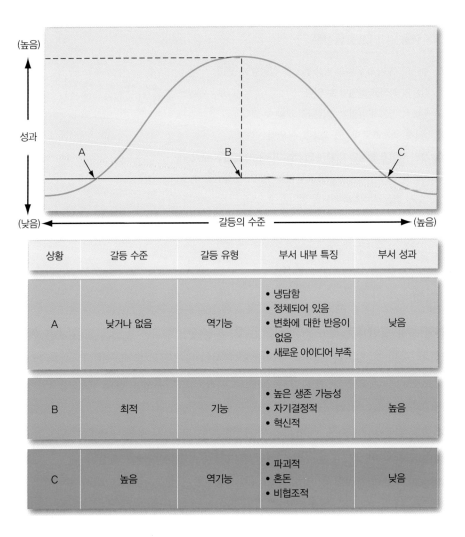

상황	갈등 수준	갈등 유형	부서 내부 특징	부서 성과
A	낮거나 없음	역기능	• 냉담함 • 정체되어 있음 • 변화에 대한 반응이 없음 • 새로운 아이디어 부족	낮음
B	최적	기능	• 높은 생존 가능성 • 자기결정적 • 혁신적	높음
C	높음	역기능	• 파괴적 • 혼돈 • 비협조적	낮음

은 갈등 수준의 효과를 보여준다. 서로 다른 갈등의 유형을 이해하기 위해서 우리는 갈등의 유형과 발생 장소에 대해서 살펴볼 것이다.

갈등의 유형

갈등을 이해하는 한 가지 방법은 불일치 유형을 파악하거나 그 갈등이 무엇에 대한 것인지를 파악하는 것이다. 목표에 대한 불일치인가? 서로에게 잘못된 방식으로 비위를 거슬리는 사람에 대한 것인가? 아니면 일을 처리하는 가장 좋은 방법에 대한 것인가? 비록 각 갈등은 고유한 것이지만 연구자들은 갈등을 관계갈등, 과업갈등, 과정갈등 등 세 가지로 분류했다. **관계갈등**(relationship conflict)은 대인관계에 초점을 둔다. **과업갈등**(task conflict)은 일의 내용과 목표와 관련되어 있다. **과정갈등**(process conflict)은 일을 처리하는 방식에 대한 것이다.

관계갈등 관계갈등에 대한 연구에 따르면 직장에서 일어나는 관계갈등은 거의 항상 역기능적이라는 것을 보여준다. 왜 그럴까? 관계갈등에 본질적으로 내재되어 있는 대인 간 마찰과 적대성이 성격상의 차이를 증폭시키고 서로에 대한 이해를 떨어뜨리며 이것은 다시 조직 내에서 일을 완수하는 것을 어렵게 만든다. 세 가지 유형의 갈등 중 관계갈등은 사람들에게 가장 심리적 탈진을 가져오는 것 같다. 이것들은 성격을 중심으로 나타나는 경향이 있기 때문에 여러분은 관계갈등이 얼마나 파괴적일지 알 수 있다. 어쨌든 우리는 동료의 성격을 바꿀 수 없으며, 자신의 행동방식에 반대하는 사람들을 비판하는 것에 대해 일반적으로 공격적인 태도를 취한다.

과업갈등 관계갈등이 역기능적이라는 것에 학자들은 동의하지만 과업갈등과 과정갈등이 기능적인지에 대해서는 여전히 동의가 이루어지지 않고 있다. 초기 연구에서는 집단 내 과업갈등은 더 높은 성과와 상관관계가 있다고 제시하였으나 116개의 연구를 검토한 결과 과업갈등은 본질적으로 집단의 성과와는 관계가 없음이 발견되었다. 그러나 보다 정밀한 분석 결과 최고경영진에서의 과업갈등은 성과와 긍정적인 관계가 있지만 조직의 하위층에서의 과업갈등은 집단의 성과와 부정적인 관계가 있는 것으로 나타났다. 이것은 아마도 최고경영진의 경우 갈등이 자신의 조직 내 역할에 위협이 되지 않는 것으로 느끼기 때문일 것이다. 이 연구에서는 또한 다른 유형의 갈등이 동시에 발생하는지 여부가 중요하다는 것을 발견했다. 만약 과업갈등과 관계갈등이 동시에 발생하면 과업갈등은 보다 부정적이었고, 과업갈등 자체만으로는 보다 긍정적일 가능성이 높았다. 다른 학자들은 갈등의 강도가 더 중요하다고 주장해왔다. 만약 과업갈등의 강도가 매우 낮다면 사람들은 이슈에 대해 실제로 관여하거나 대처하지 않지만, 과업갈등의 강도가 매우 높은 경우에는 내분은 곧 관계갈등을 만들어낼 것이다. 그러므로 중간 수준의 과업갈등이 최적이다. 이러한 주장을 뒷받침하는 중국에서의 한 연구에 따르면 초기 발전단계에서의 중간 수준의 과업갈등은 집단의 창의성을 증가시켰지만, 높은 수준의 과업갈등은 팀의 성과를 감소시키는 것으로 나타났다.[2]

　마지막으로 팀원들의 성격이 중요하다. 한 연구에 따르면 팀원들이 평균적으로 보통 이상의 개방성과 정서적 안정성을 가지고 있을 경우 과업갈등이 집단 성과를 보다 더 증진할 수 있는 것으로 나타났다. 그 이유는 개방적이고 정서적으로 안정된 팀이 과업갈등을 관계갈등으로 변질시키기보다는 다양한 관점과 아이디어들을 문제해결에 도움되도록 집중할 수 있기 때문이다.

과정갈등　과정갈등은 어떨까? 연구자들은 과정갈등은 위임과 역할에 관한 것임을 발견했다. 위임에 대한 갈등은 흔히 일부 구성원들이 회피하는 것을 인식하는 것과 관련이 있으며, 역할에 대한 갈등은 일부 구성원들에게 소외감을 느끼게 할 수 있다. 그러므로 과정갈등은 흔히 매우 개인화되고 신속하게 관계갈등으로 전환된다. 물론 무언가를 어떻게 하는 것에 대해 논쟁하는 것과는 달리 실제로 그것을 하는 데에는 시간이 걸린다는 것도 사실이다. 우리 모두는 역할과 책임에 관한 논쟁이 더 이상 진전이 없는 집단의 일원이었던 적이 있을 것이다.

갈등의 소재

갈등을 이해하는 또 다른 방법은 그 소재 혹은 갈등이 발생한 틀을 살펴보는 것이다. 이것 역시 세 가지가 있다. **쌍방갈등**(dyadic conflict)은 두 사람 간의 갈등이다. **집단 내 갈등**(intragroup conflict)은 한 집단이나 팀 내에서 일어나는 갈등이다. **집단 간 갈등** (intergroup conflict)은 집단 혹은 팀 간에 발생하는 갈등이다.

　관계갈등, 과업갈등, 과정갈등에 대한 거의 모든 문헌들은 집단 내 갈등을 다루었다. 이것은 집단과 팀이 흔히 특정 과업을 수행하기 위해 존재한다는 점을 감안하면 충분히 이해할 수 있다. 그러나 이것이 갈등의 상황과 결과에 대해 우리가 알아야 할 모든 것을 반드시 알려주는 것은 아니다. 예를 들면 집단 내 갈등이 팀의 성과에 긍정적인 영향을 미친다는 연구들이 있지만 중요한 것은 그 팀이 실수를 용인하고 모든 팀 구성원들이 서로를 지원해주는 지원적인 분위기를 가지고 있는 것이다.[3] 그러나 이러한 개념이 집단 간 갈등의 효과에도 적용 가능할까? NFL 풋볼을 생각해보자. 우리가 말했듯이 팀이 적응하고 성장하기 위해서는 특히 팀 구성원들이 서로를 지원하는 경우에는 아마도 집단 내에 많지는 않지만 어느 정도 갈등이 있는 것이 팀 성과에 도움이 될 것이다. 그러나 한 팀의 구성원들이 다른 팀의 구성원들을 지원할 수 있을까? 아마도 그렇지 않을 것이다. 실제로 집단이 서로 경쟁하여 한 팀만 이길 수 있다면 갈등은 피할 수 없을 것이다. 그럼에도 불구하고 이것은 반드시 관리되어야 한다. 집단 간 격렬한 갈등은 집단 구성원들에게 상당한 스트레스를 줄 수 있고, 그들이 상호작용하는 방식에도 영향을 미칠 수 있다. 예를 들어 한 연구에서는 팀 간에 갈등 수준이 높은 경우 구성원들은 팀 내 규범에 순응하는 데 집중하는 것을 발견했다.[4]

집단 간 갈등에 있어서 특정 개인이 가장 중요하다는 것을 알게 되면 놀랄 것이다. 집단 간 갈등에 초점을 둔 한 연구에서는 집단 내 개인의 직위와 개인이 집단 간 갈등을 관리하는 방식 간에 상호작용이 있다는 것을 발견했다. 집단에서 상대적으로 주변에 있는 구성원들은 그들의 집단과 다른 집단 간의 갈등을 더 잘 해결하는 것으로 나타났다. 그러나 이것은 주변인이 여전히 자신의 집단에 책임감을 가지고 있을 때에만 나타났으며, 그 효과는 쌍방갈등과 혼합될 수 있는 것으로 나타났다.[5] 따라서 작업집단에서 핵심 구성원이 되는 것이 반드시 다른 집단과의 갈등을 관리할 수 있는 가장 최적의 사람이 되게 해주는 것은 아니다.

전체적으로 기능적 갈등과 역기능적 갈등을 이해하기 위해서는 갈등의 유형뿐만 아니라 갈등이 어디에서 일어나는지 아는 것이 필요하다. 관계갈등, 과업갈등, 과정갈등의 개념은 집단 내 혹은 쌍방갈등을 이해하는 데 도움이 되는 반면 집단 간 갈등의 효과를 설명하는 데에는 별로 유용하지 못하다. 그렇다면 우리는 어떻게 갈등을 생산적인 것으로 만들 수 있을까? 다음에서 살펴볼 갈등의 과정에 대한 이해는 통제 가능한 변수에 대한 통찰력을 제공해줄 것이다.

갈등 과정

갈등 과정(conflict process)은 〈도표 14-2〉에서 보는 바와 같이 5단계, 즉 (1) 잠재적 대립 혹은 상충, (2) 인지와 개인화, (3) 의도, (4) 행동, (5) 결과로 구성되어 있다.

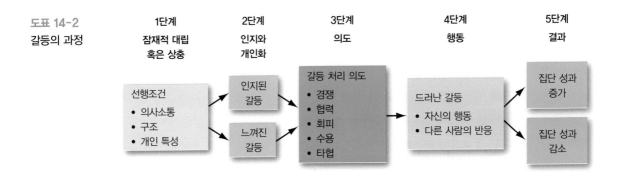

도표 14-2
갈등의 과정

1단계 잠재적 대립 혹은 상충	2단계 인지와 개인화	3단계 의도	4단계 행동	5단계 결과

1단계 : 잠재적 대립 혹은 상충

갈등 과정에서의 첫 단계는 갈등을 유발할 수 있는 조건이 있어야 한다. 그것들이 직접적으로 갈등을 유발하지는 않더라도 갈등이 표면화되기 위해서는 그중 하나라도 있어야 한다. 여기서는 이러한 조건들을 세 가지, 즉 의사소통, 구조, 개인 특성으로 분류하였다.

의사소통 의사소통은 갈등의 원천이 될 수 있다.[6] 의사소통 과정에서 나타나는 의미 해석상의 어려움, 오해, 의사소통 채널에서의 '소음' 등으로 인해 문제가 나타날 수 있다(제11장 참조). 전문용어, 불충분한 정보 등의 요인들은 의사소통의 장애물이자 갈등을 일으키는 잠재적인 신행조건이 된다. 또한 의사소통이 너무 적거나 많을 경우에도 갈등 발생 가능성이 증가한다. 의사소통의 증가는 어느 시점까지는 분명 순기능적으로 작용하지만 그 시점을 넘으면 과도한 의사소통으로 갈등을 유발할 가능성이 높아진다.

구조 구조에는 집단의 규모, 구성원에게 할당된 과업의 전문화 정도, 관할 영역의 명확성, 구성원과 목표의 부합성, 리더십 스타일, 보상 시스템, 집단 간의 의존성 등과 같은 변수들이 포함된다. 집단이 클수록, 집단의 활동이 전문화될수록 갈등이 나타날 가능성은 높아진다. 근속연수와 갈등은 반비례 관계인데 이것은 조직에 오래 근무할수록 갈등이 나타날 가능성이 더 낮다는 것을 의미한다. 따라서 갈등이 발생할 가능성은 집단의 구성원이 조직에 새로 온 경우와 이직률이 높을 때에 가장 높다.

개인 특성 갈등을 유발하는 마지막 범주로 개인 특성을 들 수 있는데, 여기에는 개인의 성격, 감정, 가치관 등이 포함된다. 까다롭고, 신경질적이고, 자기감시적인 특성(제5장 참조)이 높은 사람들은 다른 사람과 더 자주 다투는 성향이 있고, 갈등이 발생한 경우에도 잘 대응하지 못한다.[7] 감정은 직접적으로 다른 사람을 지향하지 않은 경우에도 갈등을 일으킬 수 있다. 예를 들어 눈코 뜰 새 없이 바쁜 출근길에서 화가 난 채 회사에 들어

선 종업원은 아침 9시 회의에 그 감정을 그대로 가지고 올 수 있다.[8] 또한 가치와 선호의 차이 역시 갈등을 증폭할 수 있다. 예를 들어 한국에서의 한 연구에 따르면 집단 구성원들은 그들이 원하는 목표 달성도가 다를 경우 더 많은 과업갈등이 나타나며, 집단 구성원들이 원하는 수준의 대인관계 친밀도 수준이 서로 다를 경우 더 많은 관계갈등이 나타났고, 집단 구성원들이 권력에 대한 욕구가 유사하지 않을 경우 지위에 대한 갈등이 더 많이 나타나는 것으로 밝혀졌다.[9]

2단계 : 인지와 개인화

1단계에서 제시된 조건이 어느 한쪽에 부정적인 영향을 미치면, 잠재된 대립 또는 상충은 2단계에서 현실로 나타난다.

갈등의 정의에서 살펴본 바와 같이, 갈등이 현실화되려면 한 사람 이상의 당사자들이 선행 조건이 있음을 인지해야 한다. 그렇지만 갈등이 **인지된 갈등**(perceived conflict)이 되었다고 해서 그것이 개인화되었다는 것을 의미하지는 않는다. 갈등이 **느껴진 갈등**(felt conflict)이 되었을 때 비로소 감정이 개입되며, 당사자들은 불안, 긴장, 좌절, 적대감 등을 경험한다.

당사자들의 갈등이 무엇에 대한 것인지가 결정되는 2단계는 갈등의 이슈가 정의되기 때문에 중요하다.[10] 갈등의 정의는 가능한 해결책의 윤곽을 그려줄 수 있기 때문에 중요하다. 대부분의 경우 사람들은 대인관계에 있어서 상대방이 경쟁자라는 명확한 표시가 없는 한 기본적으로 협동전략을 사용하는 경향이 있다. 그러나 만약 의견 불일치가 제로섬 상황의 급여에 대한 것이라면(즉 상대의 급여가 오르려면 나의 급여 인상이 적다는 것을 의미), 갈등이 윈윈 상황(총 급여액이 증액되어 둘 다 더 많은 급여를 받을 수 있는 경우)이 될 수 있는 경우에 비해 훨씬 더 타협할 가능성이 적어질 것이다.

둘째, 감정은 지각을 형성하는 데 중요한 역할을 한다.[11] 부정적 감정은 이슈를 지나치게 단순화하고, 신뢰를 잃게 하며, 다른 사람들의 행동에 대해 부정적인 해석을 하게 한다.[12] 이와는 대조적으로 긍정적인 감정은 문제 요소들 간에 존재할 수 있는 관계를 파악하고, 폭넓은 관점에서 상황을 바라보고 혁신적인 해결책을 개발하도록 해준다.[13]

3단계 : 의도

의도(intention)는 사람들의 지각, 감정과 밖으로 드러난 행동 사이에서 작용한다. 의도는 어떤 방향으로 행동하려는 의사결정이다.[14] 의도와 행동 사이에는 차이가 있기 때문에 행동이 항상 개인의 의도를 정확하게 반영하는 것은 아니다.

독단성(자신의 만족과 관심사를 충족하려는 정도)과 **협력성**(상대방의 관심사를 충족시켜주려는 정도)이라는 두 차원을 사용하여 우리는 다섯 가지 갈등처리 의도를 구분했다. 구체적으로는 (1) **경쟁**(독단적이고 비협력적), (2) **협력**(독단적이고 협력적), (3) **회피**(비독단적이고 비협력적), (4) **수용**(비독단적이고 협력적), (5) **타협**(독단성과 협력성 차원에서 중간 범위)이다.[15]

의도가 항상 변하지 않는 것은 아니다. 갈등이 진행되는 동안 당사자가 상대방의 관점에서 생각하거나 다른 사람의 행동에 감정적으로 반응한다면 의도는 달라질 수 있다. 사람들은 일반적으로 다섯 가지 갈등처리 의도 중에서 선호하는 것이 있다. 우리는 지적 특성과 성격 특성을 잘 조합함으로써 그 사람의 의도를 예측할 수 있다.

1. **경쟁** 어느 한 사람이 갈등 상태에 있는 상대방에게 미치는 영향은 전혀 고려하지 않고, 자신의 이익을 추구할 때 그 사람은 **경쟁**(competing)하고 있다. 우리는 자원이 부족할 경우 훨씬 더 경쟁하는 경향이 있다.

2. **협력** 갈등 당사자들 각자가 서로의 관심사를 모두 만족시키려고 할 때, 그들은 협력하여 서로에게 이익이 되는 결과를 찾는다. **협력**(collaborating)에서는 당사자들이 상이한 관점에 순응하기보다는 차이를 명확하게 함으로써 문제를 해결하려 한다. 예를 들면 만약 당신이 서로의 목표를 달성할 수 있는 원원 해결책을 찾고 있다면 협력을 하고 있는 것이다.

3. **회피** 어떤 사람이 갈등이 존재한다는 것을 인지하고 있지만 그것을 피하거나 억누르고 있을 수 있다. 예를 들어 갈등을 무시하려고 노력하거나 자신의 의견에 동의하지 않는 사람을 피하려고 하는 경우는 **회피**(avoiding)에 해당된다.

4. **수용** 어느 한쪽이 자신의 이익보다는 상대방의 이익을 우선시하여 상대방을 달래고, 관계를 유지하기 위해 기꺼이 자기 희생을 감수하는 경우이다. 이러한 행동을 **수용**(accommodating)이라고 한다. 예를 들어 자신의 의견이 따로 있음에도 불구하고 다른 사람의 의견을 지지하는 경우가 수용이다.

5. **타협** **타협**(compromising)에서는 승자도 없고 패자도 없다. 대신 갈등의 목적을 기꺼이 분배하여 양 당사자가 자신의 이익을 충족하기에는 불충분한 해결책을 수용하려 한다. 따라서 타협에서 두드러지는 특징은 각 당사자가 무엇인가를 어느 정도 포기할 의도

가 있다는 것이다.

많은 연구에서 위의 네 가지 행동의 효과를 분석한 결과 수용과 협력은 모두 우수한 집단 성과와 관련이 있었지만, 회피와 경쟁 전략은 낮은 집단 성과에 유의한 영향을 미치는 것으로 나타났다.[16] 이러한 효과는 거의 관계갈등의 효과만큼 크다. 이것은 갈등의 존재나 문제를 일으키는 갈등의 유형뿐만 아니라 사람들이 갈등에 반응하는 방식과 갈등이 일어나는 과정을 관리하는 방식을 보여준다.

4단계 : 행동

4단계는 역동적인 상호작용 과정이다. 예를 들어 당신이 나에게 뭔가를 요구하면 나는 거기에 논쟁으로 반응한다. 그러자 당신이 나를 위협하고 내가 위협으로 반박한다. 〈도표 14-3〉은 갈등 행동을 시각화한 것이다. 갈등의 각 행동 단계는 이 도표를 기본으로 하고 있다. 연속선상의 아랫부분은 지각, 오해, 의견 차이이다. 이것들은 미묘하고, 간접적이고, 고도로 통제된 형태의 긴장이 될 수 있다. 예를 들면 학생이 교수의 강의에 대해 질문을 제기하는 것을 들 수 있다. 갈등은 고도로 파괴적이 될 때까지 강도가 높아질 수 있다. 파업, 폭동, 전쟁은 분명 최상위 범위에 해당된다. 연속선에서 최상위 수준에 도달한 갈등은 대부분 거의 항상 역기능적이다. 기능적 갈등은 전형적으로 연속선의 아랫부분에 자리한다.

갈등을 겪으면 의도는 특정한 행동으로 전환될 가능성이 높다. **경쟁**은 팀 구성원들을 이기기 위해 적극적으로 노력하게 하며, 서로 협력 없이 목표를 달성하기 위한 개인의 노력을 더욱 강화한다. **협동**은 팀의 다른 구성원들과 다양한 해결책을 찾게 하며, 가능한

도표 14-3 갈등의 역동적 상승

출처 : P. T. Coleman, R. R. Vallacher, A. Nowak, and L. Bui-Wrzosinska, "Intractable Conflict as an Attractor: A Dynamical Systems Approach to Conflict Escalation and Intractability," *The American Behavioral Scientist 50*, no. 11 (2007): 1545-75; K. K. Petersen, "Conflict Escalation in Dyads with a History of Territorial Disputes," *International Journal of Conflict Management* 21, no. 4 (2010): 415-33.

한 모든 당사자들을 만족시킬 해결책을 찾도록 한다. 회피는 이슈에 대한 토의 거부, 집단 목표 달성 노력 축소 등과 같은 행동이다. 수용하는 사람들은 갈등의 이슈보다 그들의 관계를 더 우선시하며, 다른 사람의 의견을 듣고 때때로 그들과 함께 하위집단으로 행동한다. 마지막으로 타협은 모두가 똑같은 행동을 한다면 합의가 이루어지기를 바라면서 양 당사자 모두 자신의 이익을 어느 정도 희생할 것을 기대한다.

만약 갈등이 역기능적이라면 당사자들은 그것을 줄이기 위해 무엇을 할 수 있을까? 반대로 갈등이 너무 낮아서 갈등을 높여야 한다면 어떤 대안들이 있을까? 이러한 물음은 우리에게 **갈등 관리**(conflict management) 기법을 고려하게 한다. 우리는 이미 갈등 처리 의도에서 몇 가지 방법들을 살펴보았다. 이상적인 조건하에서는 사람들의 의도가 그에 적절한 행동으로 전환되어야 한다.

5단계 : 결과

갈등 당사자 간의 행동-반응 상호작용은 여러 가지 결과를 가져온다. 〈도표 14-1〉에서 보는 바와 같이 이러한 결과는 갈등이 집단성과를 개선시킬 경우 순기능적일 수 있고, 집단성과를 저해하는 경우에는 역기능적일 수 있다.

순기능적 결과　의사결정의 질을 개선하고, 창의성과 혁신을 촉진하고, 집단 구성원 사이에 관심과 호기심을 불러일으키고, 문제를 드러내고 긴장을 완화시킬 수 있는 매체를 제공하고, 자기평가와 변화를 촉진하는 경우, 갈등은 건설적이다. 경비한 갈등은 또한 활력을 북돋우는 감정을 불러일으켜 집단 구성원들로 하여금 보다 적극적으로 일에 참여할 수 있도록 한다.[17]

갈등은 집단사고를 방지할 수 있다(제9장 참조). 갈등은 집단이 관련 대안이나 약점을 충분히 고려하지 않은 채 근거가 부실한 가정을 기초로 했을 결정을 수동적으로 인가하도록 내버려 두지는 않는다. 갈등은 현재 상태에 도전하며, 새로운 아이디어를 창출하고 집단 목표와 활동에 대한 재평가를 촉진하며, 변화에 대응하는 능력을 강화한다. 그리고 상위 목표에 초점을 둔 공개토론은 이러한 기능적 결과를 만들어낼 가능성이 더 높다. 극단적으로 양극화되어 있는 집단은 그들의 근본적인 불일치를 효과적으로 관리하지 못하고 차선책을 수용하는 경향이 있거나 갈등을 함께 해결하려 하기보다는 결정을 피하는 경향이 있다.[18] 다양한 현장에서의 연구 결과는 적극적인 토론이 순기능을 한다는 것을 확인시켜주고 있다. 또한 작업 방식과 경험에 있어서 차이가 많은 팀 구성원들은 서

로 더 많은 정보를 공유하는 성향을 가지고 있다.[19]

역기능적 결과   갈등이 집단 혹은 조직의 성과에 미치는 파괴적인 결과는 일반적으로 잘 알려져 있다. 예를 들면 통제되지 않는 반대는 불만을 가져오고, 그 불만은 공동의 연결 관계를 약화시키며 결국에는 집단이 해체되는 결과를 불러온다. 또한 많은 연구에서 역기능적인 갈등이 어떻게 집단의 효과성을 떨어뜨리는지를 제시하고 있다.[20] 이처럼 바람직하지 않은 여러 가지 결과로는 빈약한 의사소통, 집단 응집성 저하, 구성원들 간의 내분으로 인한 집단 목표 경시 등을 들 수 있다. 모든 형태의 갈등은 그것이 순기능적인 다양성이라고 하더라도 집단 구성원의 만족과 신뢰를 떨어뜨리는 것으로 나타났다.[21] 적극적인 토론이 구성원 간의 공개된 갈등으로 바뀔 경우 구성원 간의 정보 공유는 현저히 감소되는 것으로 나타났다.[22] 최악의 경우 갈등은 집단의 기능을 못하게 하거나 생존을 위협할 수 있다.

갈등 관리   비생산적인 갈등을 최소화하는 열쇠 중 하나는 실제로 의견 차이가 있음을 인식하는 것이다. 명백한 갈등의 대부분은 사람들이 똑같은 일반적인 행동 방식을 말할 때 서로 다른 용어를 사용하기 때문이다. 예를 들면 마케팅 부서의 구성원은 유통 문제에 초점을 두는 데 비해 생산 부서의 구성원은 본질적으로는 똑같은 문제를 공급사슬관리에 초점을 두고 말할 것이다. 성공적인 갈등 관리는 이처럼 다양한 접근법을 인지하고 이슈보다는 관심사에 초점을 두고 공개적이고 솔직한 토론을 하도록 장려함으로써 문제를 해결하는 것이다. 또 다른 접근법은 상대 집단으로 하여금 해결책에 있어서 그들에게 가장 중요한 한 부분을 제시하게 하고 최상의 만족을 얻기 위해서 서로 어떻게 할 것인가에 집중하는 것이다. 양쪽 모두 자신이 원하는 것을 다 얻지는 못하겠지만 자신의 안건 중 가장 중요한 부분은 얻을 수 있다.[23] 셋째, 갈등을 성공적으로 해결하는 집단은 의견 차이를 공개적으로 토론하고 갈등이 발생할 때 그것을 관리할 준비가 되어 있다.[24] 공개토론은 당면 문제에 대한 공감대를 더 쉽게 만들어주고 집단으로 하여금 상호 수용 가능한 해결책을 찾도록 해준다. 넷째, 관리자들은 갈등 해결에 있어서 공동의 관심사를 강조할 필요가 있는데, 그 이유는 서로 의견이 다른 집단이 자기 집단의 관점에 너무 얽매이지 않도록 하고 갈등을 개인화하지 않도록 하기 위해서이다. 협동적 갈등 스타일을 가지고 전체 집단 목표에 강한 확신을 가지고 있는 집단은 경쟁적인 스타일을 가지고 있는 집단에 비해 보다 효과적이다.[25]

문화의 영향 갈등 해결 전략에 있어서 나라별 차이는 주로 집단주의와 개인주의 성향 및 동기에 의해 나타난다(제4장 참조). 집단주의 문화는 사람들이 사회적 상황을 깊이 있게 생각하는 데 비해 개인주의 문화는 자율권을 가지고 있는 것으로 본다. 그 결과 집단주의는 관계를 유지하고 개인보다는 전체 집단의 이익을 추구하는 경향이 더 크며 의견 차이를 해결하는 데 있어서도 간접적인 방법을 선호한다. 연구에 따르면 중국의 첨단기술 기업의 최고경영진은 타협과 회피보다는 협력을 더 선호하는 것으로 나타났다. 집단주의는 논쟁 해결에도 제3자를 통해 관심을 밝히고 노력하는 데 비해 개인주의는 의견 차이를 보다 직접적이고 공개적으로 대면하는 것을 더 선호한다.

문화권 간의 협상은 신뢰가 이슈가 될 수 있다.[26] 인도와 미국의 협상자들에 대한 연구 결과 문화권 간의 협상 상대에 대해서는 신뢰가 낮은 것으로 나타났다. 낮은 신뢰 수준은 당사자들이 서로 정보를 공개하거나 요청하지 않기 때문에 공통 관심사를 발견할 가능성이 더 낮았다. 또 다른 연구에서는 중국과 미국의 협상가 모두 자신의 문화권에서 협상 파트너를 선호하는 내집단 선호 편견이 있다는 것이 밝혀졌다. 중국 협상자의 경우 많은 책임이 필요할 경우에 이것이 더 사실인 것으로 나타났다.

 지금까지 갈등의 성격, 원인, 결과를 살펴보았기 때문에 이제 우리는 갈등을 해결하는 협상으로 주세를 바꾼다.

협상

협상은 집단과 조직 내 거의 모든 사람들의 상호작용 속에 스며들어 있다. 가장 명확한 예는 경영진과의 노사관계 협상이다. 그리 명확하지 않은 협상으로는 경영자와 종업원, 동료, 상사 간의 협상, 영업사원과 고객 간의 협상, 구매 담당자와 공급업자 간의 협상 등을 들 수 있다. 그리고 미묘한 협상이 있는데, 예를 들면 한 종업원이 미래의 호의를 담보로 몇 분간 동료를 도와주는 경우이다. 오늘날 느슨하게 구조화된 조직에서 직접적인 권한 관계가 아니고 심지어 상사가 서로 다른 팀원과 일할 기회가 많은 구성원들에게 협상 기술은 매우 중요하다.

협상(negotiation)은 두 사람 이상의 당사자들이 희소한 자원을 어떻게 할당할지를 결정하는 과정으로 정의할 수 있다.[27] 우리는 일반적으로 협상 결과를 자동차 가격 협상과 같은 일회성 경제적 용어로 생각하지만, 조직에서의 모든 협상은 협상자 간의 관계뿐만 아니라 자신에 대해 느끼는 방식에도 영향을 미친다.[28] 상대방과 얼마나 상호작용을 하느냐, 때로는 사회적 관계를 유지하고 윤리적으로 행동하는 것 또한 각 협상에서의 직접적인 결과만큼이나 중요하다. 여기서는 협상과 교섭(bargaining)이란 용어를 같은 의미로 사용하고 있음을 주목하기 바란다.

협상 전략

협상에는 일반적으로 두 가지 접근방법, 즉 분배적 협상과 통합적 협상이 있다.[29] 〈도표 14-4〉에서 보는 바와 같이 이 둘 간에는 목표, 동기, 초점, 관심사, 정보 공유, 관계의 지속성 등에서 차이가 있다. 다음에서는 각각에 대해서 살펴보고 차이점을 찾아보기로 하자.

분배적 협상 당신은 온라인에서 정말로 좋아 보이는 중고자동차 광고를 본다. 당신은 그 자동차를 보러 간다. 그것은 완벽한 차이고, 당신은 그 차를 갖고 싶다. 두 사람은 가격을 놓고 협상을 한다. 이러한 상황의 협상을 **분배적 협상**(distributive bargaining)이라고 한다. 이 협상의 두드러진 특징은 제로섬 조건(한 사람이 이익을 보면 다른 사람은 손해를 본다)에서 이루어진다는 점이다(제13장 참조). 당신이 자동차 가격을 많이 깎을수록 당신에게 이익이 되고, 반대로 판매자가 당신에게서 더 많이 받아내면, 당신은 그만큼 손해를 본다. 따라서 분배적 협상의 본질은 고정된 크기의 몫에서 누가 얼마만큼을 가져가느냐를 놓고 협상한다는 것이다. **고정된 몫**(fixed pie)이라는 것은 분배되어야 할 재화나 서비스의 총량을 의미한다. 몫이 고정되어 있거나 당사자들이 그렇다고 믿는 경우에는 분배적 협상을 하는 경향이 있다.

분배적 협상의 본질은 〈도표 14-5〉에 나타나 있다. A와 B는 협상의 당사자이다. 이들

협상의 특징	분배적 협상	통합적 협상
목표	가능한 한 많은 파이를 차지	파이를 확대해 양 당사자 만족
동기	승-패	승-승
초점	위치(이 문제에 대해서는 이 점 이상은 갈 수 없다)	관심(이 문제가 당신에게 왜 그렇게 중요한지 설명할 수 있는가?)
관심사	서로 반대	서로 일치
정보 공유	낮음(정보를 공유하면 상대방이 이익을 차지할 것임)	높음(정보를 공유하면 서로의 이익을 만족시킬 수 있는 방법을 찾을 수 있음)
관계의 지속성	단기	장기

도표 14-4
분배적 협상과
통합적 협상

도표 14-5
협상의 영역

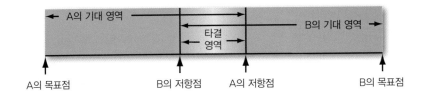

- A의 기대 영역 → | ← 타결 영역 → | ← B의 기대 영역 →

A의 목표점   B의 저항점   A의 저항점   B의 목표점

은 각각 자신이 달성하고자 하는 **목표점**을 가지고 있다. 또한 각자는 수용할 수 있는 최소의 결과를 나타내는 **저항점**도 가지고 있다. 저항점 아래로 내려가면 자신들에게 유리하지 않은 타협안을 수용하기보다는 협상을 깨뜨린다. 양 당사자의 저항점 사이에 있는 영역이 바로 각자의 기대 영역이다. A와 B의 기대 영역이 겹쳐지는 경우에는 양 당사자의 기대가 충족될 수 있는 타결 영역이 존재한다.

당신이 분배적 협상에 참여할 경우 취할 수 있는 최선의 방법은 먼저 공격적으로 제안을 하는 것이다. 먼저 제안을 한다는 것은 힘을 보여주는 것이고, 힘을 가지고 있는 사람들은 회의에서 먼저 말을 꺼내고 먼저 제안을 하는 경향이 있으며, 그로 인해 유리한 위치를 차지할 수 있다. 이 전략이 좋은 전략이 되는 또 다른 이유는 제6장에서 언급한 고착의 편견(anchoring bias) 때문이다. 사람들은 초기 정보에 집착하는 성향이 있다. 일단 고착점이 결정되면 그 이후에 새로운 정보가 들어오더라도 적절하게 조정하지 못한다. 능숙한 협상자는 먼저 고착점을 설정하며, 협상에 대한 많은 연구 결과에서도 그러한 고착점은 그것을 설정한 사람에게 호의적인 결과를 가져온다는 것을 보여주고 있다.[30]

통합적 협상 제이크는 짐 웨틀과 랜스 로슨이 소유하고 있는 시카고의 고급 부티크이다. 사업 초기에 웨틀과 로슨은 많은 신진 디자이너들로부터 수백만 달러의 물품을 조달했다. 그들은 많은 디자이너들이 선불을 요구하지 않으면서 제이크로 물건을 보낼 만큼 돈독한 신뢰관계를 구축했다. 그러나 2008년 경기 침체로 제이크는 재고를 처리하기 어려웠고, 디자이너들은 납품한 상품의 대금을 받지 못했다. 많은 디자이너들이 대금을 늦게 받더라도 기꺼이 계속 일하기를 원했지만 웨틀과 로슨은 그들의 요구에 응하지 않았다. 정두리라는 디자이너는 "그렇게 오랫동안 우리를 지지해준 사람들에게 친숙함을 느낀다. 그들이 자금 흐름에 문제가 있다고 하더라도 늘 그랬던 것처럼 그들 곁에 있을 것이다"[31]라고 말했다. 정씨의 태도는 통합적 협상을 보여준다. 분배적 협상과는 대조적으로 통합적 협상은 원원 해결책을 만들 수 있는 하나 이상의 해결책이 있다는 것을 가정하고 있다. 물론 제이크사의 사례에서 보는 바와 같이 통합적인 협상은 양 당사자가 함께 노력을 해야만 한다.

협상 방법 선택 조직 내 행동의 관점에서 볼 때 다른 통합적 협상은 장기적인 관계를 형성하기 때문에 분배적 협상보다 더 바람직하다. 통합적 협상은 협상자들을 결속시켜주고 그들이 승리했다는 느낌을 갖고 협상 테이블을 떠날 수 있게 해준다. 그러나 분배적 협상은 어느 한쪽을 패자로 남겨둔다. 이로 인해 지속적으로 함께 일을 해야 할 사람들에게 적대감을 만들고 분열을 심화시키는 경향이 있다. 연구에 따르면 협상이 반복적으로 이루어진 경우 실패한 당사자가 협상 결과에 대해 긍정적인 감정을 느낄 경우에는 이후의 협상에서 보다 협동적으로 참여할 가능성이 높은 것으로 나타났다.

그러면 왜 조직에서 우리는 통합적 협상을 찾아보기가 어려운가? 이에 대한 답은 통합적 협상의 성공 조건을 살펴보면 알 수 있을 것이다. 이러한 조건에는 당사자들 간의 정보 공개, 관심사에 대한 솔직한 표현, 상대방의 욕구와 신뢰에 대한 민감성, 유연한 태도 등이 포함된다. 이러한 조건이 조직 내에 갖추어지기가 쉽지 않기 때문에 협상은 종종 어떤 희생을 치르더라도 이겨야 한다는 쪽으로 진행된다.

원원 합의를 도출하려는 협상에서 가장 큰 적은 타협과 순응이다. 타협과 순응은 둘 다 통합적 협상에 대한 압박감을 떨어뜨리기 때문이다. 결국 당신 또는 당신의 상대방이 쉽게 무너지고, 어느 쪽도 타결에 도달하기 위한 창의적인 노력을 하지 않게 된다. 누가 오렌지를 차지할 것인가를 놓고 두 자매가 다투는 고전적인 예를 생각해보자. 그들은 모르지만, 한 명은 오렌지 주스를 원하는 반면 다른 한 명은 케이크를 만들기 위해 오렌지 껍질을 원한다. 만약 한 명이 간단히 포기하고 다른 한 명에게 오렌지를 준다면 그들은 오렌지를 원하는 이유를 물어보지 않게 될 것이고, 그 결과 그들은 원원 해결책(그들이 오렌지의 서로 다른 부분만을 필요로 할 수 있다는 것)을 결코 발견하지 못할 것이다.

협상 과정

〈도표 14-6〉은 단순화된 협상 과정 모델을 보여주고 있다. 이 모델은 협상을 다음과 같이 5단계로 보고 있다. (1) 준비와 계획, (2) 기본 규칙 정의, (3) 명료화와 정당화, (4) 협상과 문제해결, (5) 종결과 실행이 그것이다.[32]

준비와 계획 이것은 협상 과정에 있어서 가장 중요한 부분일 수 있다. 협상을 시작하기 전에 먼저 준비를 해야만 한다. 갈등의 성격이 무엇인가? 이러한 협상을 하게 된 역사적 배경이 무엇인가? 누가 참여하고 그들은 갈등을 어떻게 지각하고 있는가? 그리고 나서

도표 14-6
협상 과정

준비와 계획

↓

기본 규칙 정의

↓

명료화와 정당화

↓

협상과 문제해결

↓

종결과 실행

당신의 목표를 고려하되, '가장 좋은 결과'에서 '수용할 수 있는 최소 범위'까지의 결과를 서면으로 작성해야 한다. 만약 당신이 델컴퓨터사의 공급 관리 담당자이고, 키보드 공급자로부터 상당 수준의 원가절감을 얻어내는 것이 목표라면 다른 이슈에 의해 본질을 흐리지 말고 협상에서 그 목표를 달성하는 데에만 집중해야 한다. 다음으로 상대방의 목표는 무엇인지를 생각해보아야 한다. 그들에게 중요한 무형의 혹은 숨겨진 관심사는 무엇인지? 어느 정도에서 그들이 기꺼이 타결하고자 할 것인지? 상대방이 기꺼이 포기할 수 있는 것은 무엇인지 등에 대해 신중하게 생각해야 한다. 협상이 시작되기 전에 핵심 이슈에 대한 상대방의 의지를 과소평가한 사람들은 결국 더 낮은 결과를 얻게 된다.[33]

일단 정보를 수집했으면 전략을 개발하는 데 사용해야 한다. 전략의 한 부분으로서 당신과 상대방 입장에서의 **BATNA**(Best Alternative To a Negotiated Agreement, 협상 결과에 대한 최고 대안)를 결정해야만 한다. 당신의 BATNA는 협상의 결과를 수용할 수 있는 최저 수준을 결정하는 것이다. 당신의 BATNA보다 높은 제안은 그것이 어떤 것이든 막다른 곤경에 처하는 것보다는 좋은 결과이다. 반대로 만약 당신이 상대방의 BATNA보다 더 매력적인 제안을 할 수 없다면 당신의 협상 노력은 결코 성공할 수 없을 것이다.

거의 모든 경우 우수한 대안을 가진 당사자는 협상을 더 잘할 수 있기 때문에 전문가들은 협상에 들어가기 전에 자신의 BATNA를 확고히 하라고 조언한다.[34] 따라서 당신의 입장을 지원할 만한 사실과 증거를 가지고 반박할 준비가 되어 있어야 한다. 이러한 일반적인 규칙과는 다른 재미있는 사례가 있는데, 협상안에 대한 어떤 대안도 없는 협상자의 경우 협상이 깨지더라도 어떤 일이 일어날지 전혀 생각조차 못해봤기 때문에 종종 협상을 깨트린다는 것이다.[35]

기본 규칙 정의　일단 계획과 전략을 세웠다면 상대방과 함께 협상의 기본 규칙과 절차를 결정할 준비가 되어 있는 것이다. 누가 협상을 할 것인가? 어디에서 할 것인가? 시간 제약은 얼마나 되는가? 협상 주제의 범위는 어디까지인가? 만약 협상이 교착 상태에 빠지면 어떠한 절차를 따를 것인가? 이 단계에서 양 당사자는 최초 제안 혹은 요구사항을 교환할 것이다.

명료화와 정당화　최초의 입장을 서로 교환하고 나면, 양 당사자는 서로 자신의 원래 요구사항을 설명하고, 확대하고, 명료화하고, 보강하고, 정당화한다. 이 단계에서는 서로 대립할 필요는 없다. 오히려 그것이 왜 중요한지, 어떻게 해서 이러한 초기 요구사항을 제시하게 되었는지 등에 대한 정보를 상대방에게 제공하고 알려줄 수 있는 기회이다. 또한 자신의 입장을 지지하는 데 도움이 될 만한 문서나 자료를 제공한다.

협상과 문제해결　협상 과정의 핵심은 합의안을 끌어내기 위해 서로 간에 실제로 의견을 주고받는 것이다. 여기서 양 당사자들의 양보가 필요하다. 협상 결과로 인한 관계 변화를 고려해야 한다. 만약 협상에서 당신이 '승리'할 수는 있지만 상대방이 적대감을 갖거나 분노하게 한다면 보다 타협적인 스타일을 추구하는 것이 더 현명할 것이다. 만약 관계를 유지하는 것이 당신에게 더 큰 손해가 된다면 보다 공격적인 스타일을 고려할 수 있다. 협상의 어조가 얼마나 중요한지에 대한 예를 들면, 채용 협상 과정에 만족감을 느끼는 사람들은 실제 협상 결과에 관계없이 그들은 직무에 더 만족하고 1년 후의 이직률 역시 더 낮은 것으로 나타났다.[36]

종결과 실행　협상 과정의 마지막 단계는 협의안을 공식화하고 실행과 모니터링에 필요한 절차를 만드는 것이다. 노사협상, 부동산 임대협상 등 주요 협상에서는 공식적인 계약서에 구체적인 사항들을 새겨 넣는 것이 필요하다. 또 다른 경우 협상 과정은 악수를 나누는 것으로 종결되기도 한다.

협상의 효과성에 있어서 개인차

어떤 사람은 다른 사람에 비해 협상을 더 잘하는가? 이에 대한 답은 복합적이다. 사람들이 얼마나 효과적으로 협상을 하는가에 영향을 미치는 네 가지 요인이 있는데, 성격, 기분/감정, 문화, 성별이다.

협상에서의 성격 특성   만약 상대방의 성격을 안다면 그 사람의 협상 전술을 예측할 수 있을까? 성격과 협상 결과 간에는 약하기는 하지만 관련성이 있기 때문에 그 답은 잘해야 '약간'이다.[37] 대부분의 연구는 다음과 같은 명백한 이유로 빅 파이브 성격의 친화성에 초점을 두고 있다. 즉 친화성이 높은 사람들은 보다 협동적이고, 순응적이며, 친절하고 갈등을 회피하는 성향이 있기 때문이다. 우리는 그러한 특징들이 친화성이 높은 사람들로 하여금 협상에서 특히 분배적 협상에서 쉽게 희생양이 될 수 있다고 생각할지도 모른다. 그러나 연구 결과에 따르면 친화성은 전반적으로 협상 결과와는 관련성이 약하다.

자기효능감(제7장 참조)은 일관성 있게 협상 결과와 관련되어 있는 개인차 변수 중 하나이다.[38] 이것은 상당히 직관적인 발견이다. 즉 협상 상황에서 스스로 성공적이라고 믿는 사람들이 보다 효과적으로 협상을 수행하는 것은 놀랄만한 일이 아니다. 더 강력한 주장을 내세우는 사람들은 자신의 입장에서 물러설 가능성이 낮고, 다른 사람을 위협하는 자신감을 보여줄 가능성이 있다. 비록 그 정확한 메커니즘은 명확하지 않지만 협상가들이라면 협상 테이블로 가기 전에 자신감을 채우기 위해 노력하는 것이 훨씬 도움이 될 것이다.

협상에서의 기분/감정   기분과 감정이 협상에 영향을 미칠까? 그렇다. 그러나 영향을 미치는 방식은 감정뿐만 아니라 협상이 이루어지는 상황에 따라 달라진다. 예를 들어 상대방에게 분노를 표출하는 협상가는 양보를 얻어낼 수 있는데, 그 이유는 상대방이 화난 협상가로부터 더 이상 양보를 얻어낼 수 없다고 믿기 때문이다. 그러나 이러한 결과를 좌우하는 한 가지 요소는 권력이다. 즉 적어도 상대방과 같은 정도의 권력이 있는 경우에만 협상에서 화를 내야 한다. 만약 당신의 권력이 적은데도 불구하고 실제로 화를 낸다면 상대방으로부터 '강경한 반응'을 유발할 것이다.[39] 거짓으로 화를 내거나 연기하는 것은 효과적이지 않지만 실제로 화를 내는 것은 효과적이다(제4장 참조).[40] 복수의 칼날을 갈기보다는 과거에 분노를 표출한 역사가 있는 사람은 상대방이 그 사람을 '거친 사람'으로 인식하기 때문에 더 많은 양보를 얻어낼 수 있다.[41] 분노에는 문화적 맥락이 있다. 예를 들어 한 연구에 따르면 동양인들은 분노를 표출하는 것을 거부한다는 고정관념 때문에 동아시아 사람들이 분노를 표출할 경우에 미국이나 유럽 사람들이 분노를 표출하는 것보다 더 많은 양보를 얻어내는 것으로 나타났다.[42]

　　협상과 관련이 있는 또 다른 감정은 낙담이다. 일반적으로 상대방으로부터 낙담을 인식한 협상가는 더 많은 것을 내어준다. 불안 또한 협상에 영향을 미친다. 예를 들면, 한 연구 결과에서는 개인이 협상에 대해 불안감을 느낄수록 상대방을 더 많이 속이려 하는 것으로 나타났다.[43] 또 다른 연구에서는 불안감을 느낀 협상가는 협상 결과에서 낮은 성과를 내며, 상대의 제안에 더 빨리 반응하고, 협상 과정에서 빠져나가며 그 결과 좋지 않은 결과를 얻었다.[44] 예측 불가능한 감정 역시 결과에 영향을 미친다. 연구에 따르면 긍정적, 부정적 감정을 예측할 수 없는 방식으로 표현하는 협상가는 이러한 행동이 상대방으로 하여금 통제할 수 없다는 느낌을 갖게 하기 때문에 더 많은 양보를 이끌어 낼 수 있는 것으로 나타났다.[45] 한 협상가는 다음과 같이 말했다. "당신은 그동안 해왔던 것과 같은 방식으로 뭔가에 반응할 것입니다. 그런데 완전히 새로운 것이 나타나면 갑자기 방향을 바꾸어 다시 집중해야만 합니다."[46]

협상에서의 문화 차이　다른 문화권의 사람들은 다르게 협상을 할까? 간단히 말하면 분명한 답은 '그렇다'이다. 일반적으로 사람들은 서로 다른 문화권보다는 같은 문화권 내에서 더 효과적으로 협상한다. 예를 들면 콜롬비아인은 스리랑카인보다는 콜롬비아인과 더 나은 협상을 하기 쉽다.

　　문화 간 협상을 성공적으로 하기 위해 특히 중요한 것은 협상자가 매우 높은 개방성을 가지고 있어야 한다는 것이다. 이것은 교차 문화 간 협상을 위해서는 높은 개방성을 가진 협상가를 선택하는 것이 좋은 전략이며, 이것은 상대방에 대해 연구하는 경향을 방해하는 경향이 있는 시간 압박과 같은 요인들을 피하는 데 도움이 된다.[47] 둘째, 감정은 문화적으로 민감하기 때문에 협상가들은 특히 교차 문화 간 협상에 있어서 감정적 역동성을 알아야 한다. 예를 들어 동아시아 문화권의 사람들은 협상에서 자신의 이익을 얻기 위해 분노를 사용하는 것은 합법적인 전략이 아니므로 상대방이 화를 내면 협조를 거부한다.[48]

협상에서의 성별 차이　조직행동론에는 남녀 차이가 없는 영역이 많이 있다. 그러나 협상은 여기에 해당되지 않는다. 남성과 여성이 다르게 협상한다는 것은 상당히 확실하다. 즉 남성과 여성은 협상 상대방을 서로 다르게 대하며, 이러한 차이는 협상 결과에 영향을 미친다.

　　잘 알려진 고정관념은 남성들보다 여성이 협상에 더 협력적이고 우호적이라는 것이다. 비록 논쟁의 여지는 있지만 여기에는 약간의 장점이 있다. 남성은 지위, 권력, 인정

받는 것 등에 대해 더 높은 가치를 두는 경향이 있는 반면, 여성은 열정과 이타주의에 더 높은 가치를 부여하는 경향이 있다. 또한 여성은 남성에 비해 관계에 대한 성과를 더 중시하는 경향이 있으며, 남성은 여성에 비해 경제적 결과를 중시하는 경향이 있다.[49]

이러한 차이는 협상 행동과 협상 결과에 모두 영향을 미친다. 남성에 비해 여성은 덜 독단적이고 자신의 이익 추구가 더 낮고 보다 수용적인 태도로 행동하는 경향이 있다. 선행연구를 고찰한 한 연구에서는 "여성은 남성에 비해 협상을 주도하는 것을 더 싫어하며, 협상을 하더라도 요구사항은 적고 상대방의 제안을 더 기꺼이 수용하며 상대방에게 보다 관대한 요구를 한다."고 결론을 내렸다.[50] 카네기멜론대학교의 MBA 학생들을 대상으로 이루어진 연구에서 남성들은 첫 번째 제안을 협상하는 과정에서 그들 시간의 57%를 쏟아 부은 반면 여성은 4%만을 사용하는 것을 발견했다. 그 결과는? 초임 연봉에서 4,000달러의 차이가 있었다.[51]

종합적으로 선행연구를 검토한 한 연구에 따르면 남성이 여성보다 협상에서 항상 더 좋은 결과를 달성하는 것은 아닌 것으로 나타났다. 실제로 어떤 상황에서는 남성과 여성이 거의 비슷한 결과를 내거나 여성이 남성에 비해 더 좋은 성과를 달성하기도 하였으며, 누군가를 대신하여 협상을 할 경우에는 여성과 남성 모두 거의 비슷한 결과를 내는 것으로 나타났다.[52] 바꾸어 말하면 모든 사람들은 자기 자신을 위해 협상하는 것보다 다른 사람을 위해 협상하는 것을 더 잘한다는 것이다. 협상의 예측 가능성을 높여주는 요인들은 또한 성별에 따른 차이를 줄여주는 경향이 있다. 협상의 타결 범위가 명확하게 설정되어 있을 경우 남성과 여성 모두 비슷한 성과를 보였다. 또한 남성과 여성 모두 협상 경험이 많은 경우에는 거의 비슷한 성과를 보였다. 이 책의 저자들은 조건이 잘 정의되지 않은 모호한 상황에서 경험이 부족한 협상가들의 경우 고정관념이 더 큰 영향을 미칠 수 있으며, 성과에서 성별 차이가 더 커질 수 있다는 것을 제시하였다.

사회적 맥락에서 협상

우리는 지금까지 다른 개인들과는 분리되어 당사자들이 서로 한 번 만나서 진행하는 협상에 대해 주로 논의해왔다. 그러나 조직에서는 많은 협상이 자연스럽게 공개적으로 이루어진다. 작업집단에서 누가 지루한 일을 맡아야 하는지를 파악하는 경우, 외국 여행 기회를 얻기 위해 상사와 협상을 하거나 프로젝트에 더 많은 돈을 요청하는 경우에는 협상에 대한 사회적 요소가 존재한다. 이 경우 당신은 아마도 이미 알고 있는 사람과 협상하고 계속해서 함께 일을 할 것이고, 협상과 그 결과는 여러 사람들이 이야기를 나눌 주제가 될 것이다. 따라서 현실에서의 협상을 이해하기 위해서는 평판과 관계 등과 같은 사회적 요인을 고려해야만 한다.

평판

당신의 평판은 다른 사람들이 당신에 대해 생각하고 말하는 방식이다. 이것을 협상과 관련 시키면 평판이 있다는 것은 뭔가를 신뢰할 수 있다는 것을 의미한다. 간단히 말해 협상 과정에서 신뢰는 양 당사자에게 모두 이익이 되는 다양한 형태의 통합적 협상전략을 형성할 수 있도록 문을 열어준다.[53] 신뢰를 구축하는 가장 효과적인 방법은 반복적인 상호작용에서 정직하게 행동하는 것이다. 그러면 다른 사람들은 많은 다른 결과를 가져올 수 있는 다양한 제안을 툭 터놓고 편안하게 할 수 있을 것이다. 이것은 양 당사자들이 서로의 이익을 유지하면서 그들에게 가장 중요한 것을 달성하기 위해 함께 노력하도록 하기 때문에 원원 결과를 달성하는 데 도움을 준다.

때때로 우리는 다른 사람들의 특성에 대한 입소문을 근거로 사람들을 신뢰하거나 불신한다. 어떤 특성이 신뢰할 만한 평판을 얻는 데 도움을 줄까? 그것은 능력과 성실성의 결합이다.[54] 높은 자신감과 인지능력을 갖춘 협상가는 협상 상대방에 의해 더 유능하다고 여겨진다.[55] 그들은 또한 상황과 자원을 보다 정확하게 파악하고 교착 상태를 해결할 창의적인 해결책을 제안할 경우 보다 신뢰할 수 있다고 여겨진다. 성실성에 대한 높은 평판을 가진 사람들 역시 협상에서 보다 효과적이다.[56] 그들은 약속을 잘 지키고, 정보를 정확하게 제공할 것이라고 여겨지며, 그 결과 다른 사람들은 협상 과정에서 그들의 약속을 보다 더 잘 수용하게 된다. 이것은 신뢰가 없는 사람의 경우 달성할 수 없는 것들에 대해 협상가들에게 많은 선택권을 제공한다. 마지막으로 높은 평판을 가지고 있는 사람들은 많은 사람들이 좋아할 뿐만 아니라 많은 친구들과 동맹을 가지고 있으며, 즉 바꾸어 말하면 사회적 자원을 가지고 있고, 이것은 그들에게 협상에 있어서 더 많은 이해력을 제공할 것이다.

관계

반복적인 협상에는 평판 이상의 것이 있다. 반복적인 협상에서 사회적·대인관계적 요소는 개인 스스로 자신의 가치가 좋다는 것을 초월하여 전체적인 관점에서 상대방 및 관계에 무엇이 최선인가를 생각할 수 있게 해준다.[57] 신뢰를 기반으로 형성된 반복적인 협상은 현재의 호의나 양보에 대한 보답으로 더 큰 양보나 제안이 이루어질 수 있기 때문에 선택 영역을 확장할 수 있다.[58] 반복적인 협상은 또한 통합적 문제해결을 촉진한다. 이것은 사람들이 그들의 협상 파트너를 오랜 시간에 걸쳐 보다 개인적인 방식으로 보고 감정적 유대관계를 공유하기 때문에 나타난다.[59] 반복적 협상은 또한 신뢰성이 구축되었기 때문에 보다 통합적인 접근을 실행할 수 있게 해준다.[60]

제3자 협상

지금까지 우리는 직접적인 협상에 대해서 논의해왔다. 그러나 때로는 개인이나 집단의 대표가 직접적인 협상을 통해 그들의 차이점을 해결하지 못하고 교착 상태에 봉착하는 경우가 있다. 이 경우 그들은 해결책을 찾기 위해 제3자의 도움을 받을 수 있을 것이다. 여기에는 세 가지 기본적인 제3자 역할이 있는데, 중개, 중재, 조정이다.

중개자(mediator)는 중립적인 제3자로서 추론과 설득, 대안 제시 등을 통해 협상안 도출을 용이하게 해주는 사람이다. 중개자는 노사관계 협상과 민사법상의 분쟁에 널리 활용된다. 그들의 전반적인 효과는 상당히 인상적이다. 예를 들어 고용평등위원회(EEOC)의 경우 중개를 통해 분쟁이 해결되는 비율이 72.1%에 이른다고 보고했다.[61] 그러나 중개의 성공 여부를 결정하는 핵심요인은 상황이다. 즉 갈등 당사자들이 협상할 의욕이 있고 갈등을 해결하겠다는 의지가 있어야만 한다. 뿐만 아니라 갈등의 강도가 너무 높아서도 안 되며, 중개가 가장 효과적인 것은 중간 정도의 갈등이 있는 경우이다. 마지막으로 중개가 효과적이기 위해서는 중개자에 대한 지각이 중요하다. 즉 중개자가 중립적이고 비강압적인 것으로 인식되어야만 한다.

중재인(arbitrator)은 협약을 지시할 수 있는 권한을 가진 제3자이다. 중재는 양 당사자의 요청에 의해 자발적으로 이루어질 수도 있고, 법률이나 계약에 의해 강제적으로 이루어질 수도 있다. 중개에 비해 중재의 가장 큰 장점은 분쟁이 항상 해결된다는 것이다. 단점이 있다면 그것은 얼마나 힘들게 중재가 이루어졌는가라는 것에 달려 있다. 만약 어느 한쪽이 일방적으로 패배했다는 느낌을 받으면 그 당사자는 불만족할 것이고, 언젠가는 또 다시 갈등이 나타날 것이다.

조정자(conciliator)는 협상자와 상대방 간에 비공식적인 의사소통 고리를 제공하는 신뢰할 수 있는 제3자를 말한다. 이러한 역할은 첫 번째 '대부' 영화에서 로버트 듀발에 의해 유명해졌다. 돈 콜레오네의 양자이자 변호사로서 듀발은 콜레오네와 다른 마피아 가족들 간에서 중간 역할을 했다. 중개와 조정의 효과성을 비교하는 것은 두 가지가 상당히 많은 부분이 중복되기 때문에 어려운 것으로 밝혀졌다. 실제로 조정자는 전형적으로 단순히 커뮤니케이션을 담당하는 것 이상의 역할을 한다. 그들은 또한 사실을 발견하고 메시지를 해석하며 분쟁 당사자들이 합의를 도출하도록 설득하는 역할을 하기도 한다.

요약

많은 사람들이 갈등은 집단과 조직의 성과를 떨어뜨린다고 가정하지만, 이러한 가정은 상당히 잘못된 것이다. 갈등은 집단이나 부서에 대해 건설적일 수도 있고 파괴적일 수도 있다. 건설적이기에는 갈등의 수준이 너무 높을 수도 있고 너무 낮을 수도 있다. 양 극단은 성과에 방해가 된다. 최적 수준의 갈등은 정체를 예방하고, 창의성을 자극하며, 긴장을 완화시켜주고, 조정활동을 파괴하거나 방해하지 않으면서도 변화의 불씨를 지펴준다.

경영자에게 주는 시사점

- 비상시, 사람들이 좋아하지 않는 행동을 실행해야 할 때(원가 절감, 싫어하는 규칙을 적용하거나 훈련할 때), 이슈가 조직의 복지에 중요할 때에는 권위주의적인 관리 스타일을 선택해야 한다. 다른 사람이 참여하고 생산적으로 행동할 수 있도록 가능한 한 논리적으로 의사소통해야 함을 명심해야 한다.
- 당신의 목적이 학습일 경우, 다른 관점을 가진 사람들의 통찰력을 얻고자 하거나 하나의 합의안으로 관심사들을 통합하여 몰입을 얻으려 할 때, 관계에 방해가 되는 감정을 처리하며 일할 필요가 있을 경우에는 통합적 해결책을 사용한다.
- 자신의 잘못을 발견한 경우, 타당성을 보여줄 필요가 있을 경우, 듣는 것이 더 좋은 자리인 경우, 자신보다 상대방에게 그 이슈가 더 중요한 경우, 상대방을 만족시키고 협력을 유지하기 위해, 나중의 이슈를 위해 사회적 신임을 얻기 위해, 졌을 때 손실을 최소화하기 위해, 실수로부터 학습할 수 있는 기회를 주려고 할 경우에 수용을 통해 신뢰를 구축한다.
- 목표가 중요하지만 더 공격적인 접근법으로 인한 혼란을 가져올 만큼 가치 있는 것은 아닐 경우, 상대방이 동등한 권력을 가지고 있고 서로 양보할 수 없는 목표를 추구하는 경우, 복잡한 이슈에 대해 일시적인 해결책이 필요할 경우 타협을 고려해야

한다.

- 분배적 협상은 논쟁을 해결할 수는 있지만 단기적이고 대결 관계에 있기 때문에 어느 한쪽 혹은 양쪽 모두의 만족도를 떨어뜨린다. 이에 비해 통합적 협상은 모든 당사자가 만족할 수 있는 결과를 제공하고 지속적인 관계를 구축한다.

제5부

조직 시스템에 대한
방향, 이해, 변화

조직구조의 기초

이 책을 읽고 나면, 당신은

1. 조직구조의 일곱 가지 핵심 요소를 파악할 수 있다.
2. 기능식 구조, 사업별 구조, 매트릭스 구조의 특징을 파악할 수 있다.
3. 가상조직구조, 팀 구조, 원형 구조의 특징을 파악할 수 있다.
4. 다운사이징이 조직구조와 종업원에게 미치는 영향을 설명할 수 있다.
5. 유기적 구조와 기계적 구조 모델의 근거를 비교할 수 있다.
6. 각기 다른 조직구조의 조직행동론적 의미를 분석할 수 있다.

조직구조란 무엇인가

다른 작업 조건이 어떻게 사람들의 행동에 영향을 미치는지 알고 있었는가? 우리는 모든 상황이 똑같이 효과적인 조직행동을 유도하는 것은 아님을 알고 있다. 세심한 분석 결과 조직구조는 행동에 커다란 영향을 미친다는 것이 밝혀졌다. **조직구조**(organizational structure)란 직무나 과업을 공식적으로 어떻게 나누고, 묶고, 조정할 것인가를 결정한다. 조직구조를 설계할 때 경영자들이 고려할 일곱 가지 핵심 요소들이 있다. 이러한 요인들은 작업 전문화, 부서화, 명령체계, 통제 범위, 집권화와 분권화, 공식화, 경계 확장 등이다.[1] 〈도표 15-1〉을 보면 조직구조 설계를 위한 중요 질문에 대한 답으로 이러한 요인들이 제시되어 있다. 다음에서는 이와 같은 요소들에 대해서 설명해보기로 하자.

핵심 질문	제공되는 답
1. 활동을 어느 정도나 분리된 직무로 나눌 수 있는가?	작업 전문화
2. 어떤 기준을 가지고 직무를 그룹화할 것인가?	부서화
3. 개인과 집단은 누구에게 보고하도록 해야 하나?	명령체계
4. 관리자가 효율적·효과적으로 지시할 수 있는 사람은 몇 명이나 되는가?	통제 범위
5. 의사결정 권한은 어디에 둘 것인가?	집권화와 분권화
6. 종업원과 관리자들에게 적용할 규칙과 절차는 얼마나 만들어야 하는가?	공식화
7. 다른 부서의 사람들과 정기적으로 상호작용할 필요가 있는가?	경계 확장

작업 전문화

20세기 초반 헨리 포드는 대량 생산라인에서 자동차를 생산해냄으로써 갑부가 되었다. 모든 작업자들은 조수석 문짝을 다는 것과 같이 구체적이고 특정한 일을 할당받았다. 직무를 표준화된 작은 과업으로 쪼개놓았기 때문에 계속해서 신속하게 일을 되풀이 할 수 있고, 이렇게 함으로써 포드는 비교적 제한된 기술을 가지고 있는 종업원들로 하여금 매 10초마다 자동차를 한 대씩 생산할 수 있다. **작업 전문화**(work specialization) 혹은 분업화는 어떤 조직의 활동들을 독립적인 작은 일로 나누는 것을 의미한다. 즉, 작업 전문화의 본질은 하나의 직무를 여러 단계로 나누고 이렇게 분리된 일을 독립적인 개인들이 완성하는 것이다. 그러한 의미에서 개인은 전체적으로 활동을 하는 것이 아니라 어떤 활동의 특정 부분에 전문화를 하는 것이다. 종합하면, 전문화는 종업원들의 기술을 가장 효율적으로 활용할 수 있을 뿐만 아니라 반복을 통해 그러한 기술을 성공적으로 개선할 수 있는 수단이다.

1960년대까지는 전문화의 효과가 끝없이 지속될 수 있는 것처럼 생각했었다. 그러나 곧이어 인간적인 측면의 비경제성이 나타나기 시작했다. 즉 지루함, 피로, 스트레스, 낮은 생산성, 조잡한 품질, 높은 결근율, 이직 등이 전문화의 이점을 훨씬 상쇄하는 것으로 나타났다(도표 15-2 참조). 이와 같은 상황에서 경영자들은 직무활동의 범위를 좁게 하기보다는 넓게 확장함으로써 생산성을 증가시킬 수 있다. 이외에도 종업원들이 다양한

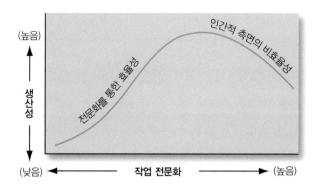

도표 15-2
작업 전문화의
효율성과 비효율성

활동을 하게 하고, 작업 전체를 완결지을 수 있도록 해주고, 비슷한 기술을 가진 사람들을 팀으로 구성함으로써 종업원들의 만족을 높임과 동시에 더 높은 생산성을 달성할 수 있다.

오늘날 대부분의 경영자는 특정 직무에 있어서 전문화를 통해 얻을 수 있는 경제성과 함께 지나친 전문화로 인해 나타나는 문제점을 인식하고 있다. 직무역할을 구체적인 과업이나 프로젝트로 쪼갤 수 있다면 전문화가 가능하다. 여러분이 짐작하는 바와 같이 전문화는 제조업에서 흔히 사용되지만 제조업이 아니더라도 특히 직무 공유나 시간제근무가 널리 활용되는 곳에서는 새로운 이점을 얻을 수 있다.[2] 아마존의 Mechanical Turk 프로그램, 탑코더사 등은 프로그래밍, 자료처리 혹은 평가 작업을 전 세계 네트워크를 통해 아주 작은 단위로 세분화하고 그 결과를 조합하는 프로그램 관리자를 활용함으로써 초전문화(microspecialization)라는 새로운 트렌드를 만들어냈다.[3] 이처럼 과거의 전문화는 제조 과업을 동일한 공장 내에서 구체적인 세분화된 일로 나누는 것에 초점을 두었지만 오늘날의 전문화는 기술, 전문성 및 지역에 따라 복잡한 과업을 현명하게 나누어준다. 그러나 핵심 원칙은 똑같다.

부서화

작업 전문화를 통해 구성원들이 해야 할 일을 나누어주었다면, 이러한 일을 함께 묶어서 공통적인 과업으로 조정될 수 있게 해야 한다. 이처럼 일을 함께 묶어주는 것을 **부서화**(departmentalization)라고 부른다.

기능별 부서화   부서화 방법으로 가장 잘 알려진 것은 기능(function)에 따라 부서를 묶는 것이다. 생산부서 관리자는 공장을 엔지니어링, 회계, 제조, 인사관리, 구매 등으로 나누어 조직화할 수 있다. 병원을 예로 들면 연구, 외과, 중환자실, 원무과 등으로 나눌 수 있다. 이와 같이 기능에 따라 부서화하는 경우 얻을 수 있는 가장 큰 장점은 전문가들을 함께 묶어줌으로써 효율성을 얻을 수 있다는 점이다.

제품별 혹은 서비스별 부서화 우리는 또한 조직이 생산하는 제품이나 서비스 유형에 따라 직무를 부서화할 수도 있다. P&G의 경우 타이드, 팸퍼스, 차민, 프링글스 등으로 조직을 구분하고 있는데, 각 제품에 대해서는 임원 한 사람이 전적인 책임을 지고 있다. 이때의 가장 큰 장점은 특정 제품이나 서비스와 관련된 모든 활동에 대한 책임이 한 명의 관리자에게 부여되기 때문에 성과에 대한 책임을 명확하게 할 수 있다는 것이다.

 지역별 부서화 어떤 기업이 **지리적 기준**이나 영역에 따라서 부서화를 했다면, 영업조직을 예로 들면, 서부, 남부, 중서부, 동부 지역 등과 같이 지역에 따라 부서가 나누어질 것이다. 이러한 방법은 고객이 넓은 지역에 다양하게 흩어져 있고 해당 지역의 고객들이 유사한 욕구를 가지고 있을 경우에 적절한 방법이다. 이러한 이유 때문에 도요타는 관리구조를 지역별 구조로 변경했으며, CEO인 아키오 토요타는 "그렇게 함으로써 보다 나은 제품을 개발하고 제공할 수 있을 것이다."라고 말했다.[4]

프로세스 및 고객별 부서화 프로세스에 따라서 부서화를 하는 방법은 고객뿐만 아니라 제품에도 사용될 수 있다. 만약 당신이 운전면허를 발급받기 위해 면허발급장에 가보았다면, 면허증을 발급받기까지 여러 부서를 거쳤을 것이다. 일반적으로 응시자는 다음과 같은 3단계를 거치며, 각 단계는 서로 다른 부서에서 담당한다. 첫 번째 단계는 차량부서의 검사 단계, 두 번째는 면허부서에의 면허시험 단계, 세 번째는 재무부서의 요금 지급 단계 등이다. 부서화의 마지막 방법은 조직이 원하는 특정 고객에 따라 고객별로 부서를 묶는 방법이다.

조직행동에 대한 시사점 흥미롭게도 조직은 항상 처음 채택한 부서화의 기준을 유지하지는 않는다. 예를 들어 마이크로소프트사는 수년간 고객을 기반으로 일반 소비자, 대기업, 소프트웨어 개발자, 중소기업 등으로 나누어 고객별 부서화를 사용해왔다. 그러나 2013년 6월 CEO인 스티브 발머가 전 종업원에게 보낸 서한에서 그는 지속적인 혁신을 촉진할 필요성을 지적하며 기능별 부서화로 재구조화할 것을 발표했다. 이에 따라 새로운 부서는 엔지니어링, 마케팅, 사업개발, 전략 및 연구, 재무, HR, 법무 등과 같이 전통적인 기능에 따라 부서화되었다.[5]

발머는 마이크로소프트의 조직구조 변화가 "고객, 개발자, 핵심적인 혁신 파트너들과의 상호작용 방식을 바꿔 보다 일관성 있는 메시지와 제품군을 제공할 것"이라고 기대했다.[6] 이 교재에서 살펴본 바와 같이 의도적인 조직 변화가 조직의 목표와 잘 정렬되면 특히 강력한 리더의 목표와 잘 정렬되고, 그러한 변화를 잘 실행할 경우에는 보다 성공적인 개선이 이루어질 가능성이 높다. 그러나 마이크로소프트의 경우 그 결과는 아직 알 수 없고, 강력한 리더인 발머는 2개월 후 은퇴를 발표했으며(공식적으로 그는 2014년에 마이크로소프트를 떠남), 변화는 계속 진행되었다. 마이크로소프트는 1년이 채 안되어 리더십과 팀 구조의 변화를 더 시도하였고 계속해서 조직 개편으로 어려움을 겪었다.[7]

명령체계

명령체계라는 개념이 한때 조직 설계의 토대라고 여겨졌지만 최근에는 중요성이 점차 낮아지고 있다. 그러나 아직까지 경영자라면 특히 사람들이 신속하게 의사결정권자에게 의존해야 하는 생사의 상황을 다루는 산업에서는 그 의미를 심사숙고해야 한다. **명령체계**(chain of command)는 조직의 상층부에서 최하층까지 뻗어 있는 권한의 라인을 말하며 누가 누구에게 보고할 것인가를 나타내준다.

권한　이와 같은 명령체계는 권한과 **명령의 통일성**에 대한 논의 없이는 설명할 수 없다. **권한**(authority)은 명령을 내리고 명령받은 사람이 복종하도록 하는 관리 직위에 본질적으로 내포되어 있는 권리를 말한다. 조직은 원활한 조정을 위해 각 명령체계에 관리자 직위를 두고 있고, 각 관리자들은 자신의 책임을 수행할 수 있도록 일정한 권한을 가지고 있다.

명령의 통일성　**명령의 통일성**(unity of command)은 권한 라인이 깨지지 않는다는 것을 의미한다. 즉, 부하직원은 자신을 직접적으로 담당하는 오직 한 명의 상사만 있어야 한다는 것이다. 만일 명령의 통일성이 깨지면 종업원들은 종종 여러 명의 상사들로부터 상충된 요구나 우선순위에 대한 문제를 겪게 된다. 이러한 상황은 여러 명의 상사에 대한 종업원의 책임을 조직도상에서 점선으로 나타내는 경우에 종종 볼 수 있다.

조직행동에 대한 시사점　시대가 바뀜에 따라 조직 설계에 대한 기본적인 생각들도 바뀌어 왔다. 권한계층의 맨 밑에 있는 종업원들이라도 30여 년 전에는 최고경영진들만 볼 수 있었던 자료에 눈 깜짝할 사이에 접속할 수 있고, 과거에는 경영진이 가지고 있던 의사결정 권한이 현장작업자들에게 대부분 위양되고 있다. 자기기관리팀(self-managed teams)과 기능횡단팀(cross-functional teams) 및 여러 명의 상사가 있는 새로운 조직구조들이 만들어지면서 권한과 명령의 통일성이란 개념 역시 중요성은 낮아지고 있다. 그러나 많은 조직들은 여전히 이와 같은 명령체계를 강조함으로써 높은 생산성을 달성할 수도 있다. 실제로 1,000명 이상의 관리자를 대상으로 조사한 결과 그들 중 59%는 "우리 회사 조직도에는 상상의 라인이 있고, 전략은 이러한 라인에 있는 사람들에 의해 만들어지고 그 라인 아래에 있는 사람들에 의해서 전략이 실행된다."는 말에 동의하는 것으로 나타났다.[8] 그러나 이 조사에서는 하위계층 종업원들의 경우 의사결정을 지나치게 계층에 의존하기 때문에 조직 전체적인 전략에 대한 합의나 적극적인 지원 수준이 낮아서 실천이 어렵다는 것을 발견했다.

통제 범위

관리자 한 사람이 직접 효율적으로 관리할 수 있는 부하는 몇 명이나 될까? **통제 범위**(span of control)는 조직의 계층과 관리자의 수를 나타낸다. 다른 조건이 같다면 통제의 범위가 더 넓을수록 계층 수는 더 적고, 한 계층의 더 많은 종업원들이 있으며, 조직은 더 효율적이라고 할 수 있다.

약 4,100명의 종업원으로 구성된 2개의 조직이 있다고 가정해보자. 한 조직은 통제의 범위가 4명이고 다른 조직은 8명이다. 〈도표 15-3〉에서 보는 바와 같이 통제의 범위가 더 넓은 경우가 계층이 2개 적고, 관리자의 수도 약 800명이 적다. 만약 관리자 한 명당 연봉이 5만 달러라고 한다면 통제의 범위가 넓은 조직은 연간 4,000만 달러를 절약할 수

도표 15-3
통제 범위에 대한 비교

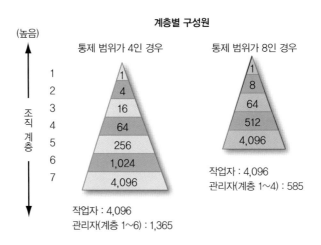

있을 것이다. 이와 같이 통제의 범위가 넓을 경우 비용 측면에서는 훨씬 더 효과적이다. 그러나 통제의 범위가 넓어지면 일정 시점부터 관리자들은 종업원에게 필요한 리더십과 지원을 충분히 제공하지 못하고 이로 인해 효과성이 떨어지고 구성원의 성과에 문제가 발생한다.

통제의 범위가 작은 경우에도 장점은 있다. 통제 범위를 5~6명으로 작게 하는 경우에는 모호성을 최소화할 수 있지만, 이 경우에는 다음과 같은 세 가지 단점이 있다. 첫째, 관리 계층이 증가되므로 비용이 많이 든다. 둘째, 수직적 의사소통을 복잡하게 만든다. 계층이 추가됨으로 인해 최고경영진과는 더 멀어지고 의사결정 속도는 더 느려진다. 마지막으로 엄격한 감독이 이루어지고 종업원들의 자율성을 떨어뜨린다.

최근은 통제의 범위를 다소 넓게 가져가는 추세이다. 이렇게 통제 범위가 넓어지고 있는 것은 각 기업에서 이루어지고 있는 원가 절감, 간접비 절감, 신속한 의사결정, 종업원에 대한 임파워먼트, 유연성을 높이고 고객에게 더 가까이 가기 위한 일련의 노력과 일관성이 있다. 그러나 통제 범위가 넓어짐으로써 나타날 수 있는 문제를 예방하기 위해서는 종업원 훈련에 많은 투자를 해야 한다. 종업원들이 자신이 해야 할 일뿐만 아니라 동료 및 주위에서 일어나는 문제를 잘 알고 있다면 통제의 범위가 넓어지더라도 관리자들은 이를 충분히 관리할 수 있을 것이다.

집권화와 분권화

집권화(centralization)라는 말은 의사결정 권한이 조직의 한 점에 집중되어 있는 정도를 말한다. **집권화**되어 있는 조직에서는 최고경영진이 의사결정을 하고, 하위 관리자들은 단지 최고경영진의 지시를 수행한다. 이와 반대로 **분권화된 의사결정**(decentralized decision making)은 사건이 일어나는 현장과 가장 가까운 곳에 있는 관리자나 작업집단에게 의사결정 권한이 주어진다. 집권화의 개념은 오직 공식적인 권한, 즉 직위에 내재되어 있는 권리만 포함한다.

조직행동에 대한 시사점   집권화되어 있는 조직은 분권화되어 있는 조직과는 본질적으로 구조적 특징이 다르다. 분권화되어 있는 조직에서는 문제해결을 위한 행동이 신속하게 이루어지고, 보다 많은 사람들이 의사결정에 필요한 정보를 제공하며, 종업원들은 자신의 작업 조건에 영향을 미치는 의사결정으로부터 소외되어 있다는 느낌을 덜 받는다. 집권화와 분권화의 효과는 다음과 같이 예측할 수 있다. 집권화된 조직의 경우 수행 오류(잘못된 선택)를 피하는 데 더 적합하지만, 분권화된 조직은 누락 오류(기회를 놓침)를 피하는 데 더 적합하다.[9]

　경영자들은 최근 들어 조직을 보다 유연하고 빨리 반응하도록 하기 위해 행동이 일어나는 현장에 더 가깝고 최고경영진보다는 문제에 대한 세부적인 지식이 더 많은 하위 관리자들에게 의사결정권을 분권화하는 추세를 보이고 있다. 예를 들어 시어스, JC페니 등은 매장 관리자들에게 상품을 선택할 수 있도록 상당한 재량권을 부여함으로써 다른 경쟁업체에 비해 효과적으로 경쟁할 수 있도록 하고 있다. 이와 유사하게 P&G는 기존 계층과는 독립적으로 신제품 개발에 대한 많은 의사결정을 임파워먼트된 소집단에게 맡김으로써 시장에서 신제품의 비율을 신속하게 높일 수 있었다.[10] 창조성과 관련하여 핀란드의 많은 조직을 대상으로 조사한 결과에 따르면 여러 지역에서 분권화된 연구개발실을 운영하는 기업은 연구 개발을 한곳에 집중시켜 놓은 기업보다 훨씬 더 많은 혁신을 만들어내는 것으로 나타났다.[11]

　해외 지사가 있는 경우 각 지역에서 이익을 낼 수 있는 기회와 고객 기반, 특정한 법률 문제에 대응할 수 있도록 분권화된 의사결정이 필요하지만, 각 지역 관리자들의 책임을 총괄할 수 있도록 집권화 역시 요구된다. 이 둘 간의 관계에서 균형을 잘 유지하지 못할 경우에는 조직뿐만 아니라 외국 정부와의 관계에도 해가 될 것이다.[12]

공식화

공식화(formalization)란 조직 내 직무(job)가 표준화되어 있는 정도를 말한다. 만약 공식화가 매우 높다면 그 직무 담당자는 자신이 무엇을 언제 어떻게 할지 등을 결정할 수 있는 재량권이 최소화되어 있으며, 일관되고 균일한 산출물을 만들어낼 수 있다. 이런 조직에는 명확한 직무기술서와 많은 규칙 및 작업 공정에 대한 절차가 잘 정의되어 있다. 공식화는 종업원들이 다른 방식으로 행동할 수 있는 가능성을 제거할 뿐만 아니라 아예 다른 대안을 고려할 필요가 없게 한다. 반대로 공식화가 낮은 경우 직무행동은 상대적으로 프로그램화되어 있지 않고 종업원들은 업무에서 자유 재량권을 충분히 행사할 수 있다.

　공식화 정도는 조직 내부뿐만 아니라 외부 조직과의 관계에서도 다양하게 나타날 수 있다. 중국의 94개 첨단 기술 기업을 대상으로 조사한 연구에 따르면 공식화는 분권화된 구조에서 팀의 유연성에 해를 끼치는 것으로 나타났으며, 이에 따라 직무가 본질적으로 상호작용이 필요하거나 유연성과 혁신성이 필요한 곳에서는 공식화가 제대로 작동하지 않는다고 하였다.[13] 예를 들어 각 대학교수를 대상으로 신간 서적을 알리기 위해 전화를 하는 출판사 직원은 매우 높은 직무 자율권을 가지고 있다. 이들은 일반적인 판매 지침만 가지고 있을 뿐 그들의 행동을 제한하는 규칙이나 절차는 거의 없고, 향후 출간될 타이틀에서 강조할 사항과 주간 판매보고서만 제출하면 된다. 그러나 이와는 반대로 동일한 출판사에 근무하는 사무직원이나 편집 일을 수행하는 직원들은 오전 8시까지 출근해야 하며 경영진이 만들어 놓은 일련의 절차에 따라 정확하게 일을 수행해야만 한다.

경계 확장

우리는 조직이 잘 정의된 과업구조와 권한 체계를 만드는 방법을 설명했다. 이러한 시스템은 특정 과업을 위한 통제와 조정을 용이하게 하지만 한 조직 내에 너무 많은 부서가 있다면 집단을 가로질러 조정하는 것은 재앙이 될 수도 있다. 구획화를 극복하고 조직구조의 긍정적인 요소들을 유지하기 위한 한 가지 방법은 경계 확장 역할을 장려하거나 창출하는 것이다.

경계 확장(boundary spanning)은 개인이 한 조직 내에서 공식적으로 할당된 집단의 경계 밖에 있는 사람들과 관계를 형성할 때 일어난다. IT 팀과 자주 관계를 맺고 있는 인적자원관리 임원은 R&D 팀의 한 사람이 생산팀에서 아이디어를 실행하는 것과 마찬가지로 경계 확장에 참여하고 있다. 이러한 활동은 공식적 구조가 지나치게 엄격해지지 않도록 도와주며 조직과 팀의 창의력을 향상시킨다.[14]

조직은 조직구조 전반에 걸쳐 경계 확장 활동을 용이하게 하는 공식적인 메커니즘을 활용할 수 있다. 한 가지 방법은 공식적인 연결 역할을 할당하거나 조직 내 다른 부서의 사람들로 구성된 위원회를 만드는 것이다. 개발활동 또한 경계 확장을 용이하게 할 수 있다. 회계, 마케팅 등 여러 부서에서 다양한 경험을 가지고 있는 종업원은 경계 확장에 참여할 가능성이 더 높다.[15] 많은 조직들이 직무순환 프로그램 등과 같은 이런 종류의 긍정적인 관계를 위한 무대를 제공하기 위해 노력하고 있으며, 이를 통해 신입사원들이 조직 내 다른 부서를 더 잘 이해하도록 해준다. 경계 확장의 마지막 방법은 조직의 전체 목표와 공유된 정체성에 집중하도록 하는 것이다.

경계 확장 활동은 조직 내뿐만 아니라 조직 간 관계에서도 일어날 수 있다. 외부 지식 원천으로부터 정보를 수집하는 것은 특히 경쟁에서 뒤지지 않기 위해 도전이 필요한 고도로 혁신적인 산업에서는 특히 중요하다. 방대한 내부 커뮤니케이션을 장려하는 조직의 경우 특히 긍정적인 결과가 강하게 나타났다. 이것은 바꾸어 말하면 외부 경계 확장은 내부 경계 확장이 함께 이루어질 때 가장 효과적이다.[16]

일반적인 조직구조 설계

조직 설계는 많은 이름으로 알려져 있으며, 작업 방식의 변화에 대응하여 끊임없이 진화해왔다. 여기서는 먼저 일반적인 조직구조의 세 가지, 즉 단순 구조, 관료제, 매트릭스 구조에 대해서 살펴보기로 한다.

단순 구조

작은 소매상점, 정열적인 기업가가 운영하는 전자회사, 조종사들이 파업 중인 항공회사 상황실 간의 공통점은 무엇인가? 답은 아마도 이들 세 조직 모두 단순 구조를 사용한다는 것이 될 것이다.

단순 구조(simple structure)는 부서화 정도가 낮고, 통제 범위가 넓고, 한 사람에게 권한이 집권화되어 있고, 공식화가 거의 되어 있지 않다. 단순 구조는 납작한(flat) 조직구조로 수직적 계층은 보통 두세 개로 이루어져 있으며, 종업원들 간의 관계 역시 느슨하게 이루어져 있고, 한 사람에게 의사결정 권한이 집중되어 있다. 대부분의 기업들은 단순 구조로 시작하며, 휴대폰 앱 개발회사처럼 수명이 짧은 많은 혁신적인 기술 기반 기업들은 작은 규모를 유지한다.[17]

잭 골드가 소유자이자 경영자인 소매점을 생각해보자. 그는 다섯 명의 판매사원과 계산원 한 명을 고용하고 있고, 주말과 휴일에는 임시직을 사용하지만 섬포를 운영하는 것은 잭이다. 이런 형태가 전형적인 단순 구조이지만 대기업의 경우 위기 상황에서 자원을 집중하기 위해 조직구조를 일시적으로 단순화하기도 한다.

단순 구조의 장점은 단순함에 있다. 즉, 빠르고, 유연하고, 유지 비용이 적게 들고, 책임 소재가 명확하다. 그러나 가장 큰 단점은 공식화가 낮고, 높은 집권화로 인해 최고경영자에 대한 정보 과부하가 발생하기 때문에 조직이 커질수록 단순 구조는 점점 적합성이 떨어진다는 것이다. 경영자 한 사람이 모든 의사결정을 하다보면 점점 의사결정이 느려진다. 이러한 결과는 많은 소규모 기업에서는 일어나지 않는다. 조직구조를 변화시키지 않거나, 정교화하지 않은 기업들은 종종 방향성을 잃고 결국에는 무너지는 경우가 많다. 단순 구조의 또 다른 약점은 모든 것을 최고경영자 한 사람에게 의존한다는 점이다. 예를 들어 최고경영자가 아플 경우 말 그대로 조직의 정보 및 의사결정 능력이 정지될 수 있다.

관료제

표준화! 이것이야말로 모든 관료제의 핵심 개념이라고 할 수 있다. 당신이 거래하고 있는 은행, 옷을 사는 백화점, 세금을 거두고 건강에 대한 규제안을 마련하고 화재를 예방하는 정부 기관들을 한번 살펴보라. 이들은 모두 조정과 통제를 위해 표준화된 작업절차에 의존하고 있다.

관료제(bureaucracy)는 전문화와 엄격한 공식적 규칙과 규제, 기능별 부서화, 높은 집권화, 좁은 통제 범위, 명령체계에 따른 의사결정 등을 통해 매우 일상적인 과업을 수행하는 것이 특징이다. 관료제는 앞서 설명한 부서화를 가장 강력하게 통합한다.

관료제란 용어는 많은 사람들에게 좋지 않은 단어로 생각된다. 그러나 관료제는 다음과 같은 장점을 가지고 있다. 관료제의 가장 큰 장점은 표준화된 활동을 효율적으로 수행할 수 있다는 것이다. 전문가들을 기능별로 분류하여 한곳에 모아둠으로써 규모의 경제 효과를 얻을 수 있고, 인력이나 장비가 중복되는 것을 최소화할 수 있으며, 종업원들이 모두 '동일한 언어'를 사용한다. 더욱이 관료제는 관리자의 역량을 대체해주는 규칙과 규정으로 인해 재능이 다소 떨어지는(따라서 더 적은 비용으로) 중간관리자나 하위관리자들로도 조직을 잘 꾸려갈 수 있다. 따라서 최고경영진 아래에 혁신적이고 경험 많은 의사결정자가 있어야 할 필요가 거의 없다.

한 회사에서 네 명의 경영진이 나누는 대화를 들어보라. "우리가 여기서 물건을 생산하지 않으면 당신은 아무것도 할 수 없다는 것을 알아?"라고 생산 담당 임원이 말을 한다. 그러자 연구개발부장은 "아니지! 우리가 디자인을 안 하면 아무것도 할 수 없지!"라고 말한다. 이 말을 들은 마케팅 담당 임원은 "무슨 소리 하는 거야? 우리가 물건을 팔지 않으면 아무것도 할 수 없어!"라고 소리친다. 이에 격분한 회계담당 임원은 "너희들이 무엇을 디자인하고, 만들어서 판매하든 상관없이 우리가 **결과를 정산하지** 않으면 아무것도 알 수 없어!"라고 말한다. 이들의 대화는 관료적 전문화는 개별 부서의 관점이 조직 전체 목표와 서로 상충할 가능성이 있음을 잘 보여준다.

관료제의 또 다른 주요 약점은 우리가 익히 경험하고 있는 바와 같이 규칙을 따라야 한다는 일종의 강박관념 같은 것을 가지고 있다는 것이다. 규칙에 딱 들어맞지 않는 어떤 문제가 발생한 경우라도 규칙을 수정할 여지는 거의 없다. 이처럼 관료제는 구성원들이 해결해야 하는 문제가 과거에 이미 경험한 것이고, 사전에 의사결정 규칙이 프로그램화되어 있는 경우에만 효율적이다. 관료제는 다음과 같이 기능별 구조와 사업별 구조라는 두 가지 유형이 있다.

기능별 구조 **기능별 구조**(functional structure)는 종업원을 비슷한 전공, 역할, 과업에 따라 집단으로 묶는다.[18] 생산, 마케팅, 인적자원관리, 회계부서로 구성된 조직구조가 한 예이다. 이러한 구조는 사업 기회에 신속하게 대응할 수 있도록 진화하고 있음에도 불구하고 많은 대기업들은 이러한 구조를 활용한다. 그리고 여기에는 다양성이 높은 부서에서 일하는 것보다는 훨씬 용이하게 전문성을 얻을 수 있는 장점이 있다. 종업원들 역시 자신의 전문분야를 따라 조직도의 상단까지 도달하는 명확한 경력경로를 통해 동기를 부여받을 수 있다.

기능별 구조는 조직이 하나의 제품 혹은 서비스에 집중할 경우에 잘 작동한다. 그러나 계층을 따라 의사소통이 이루어지기 때문에 엄격하고 공식적인 의사소통이 이루어진다. 여러 부서 간의 조정 역시 문제가 되며, 부서 내에서 그리고 부서 간의 내분 역시 동기부여를 떨어뜨리는 결과를 가져온다.

사업별 구조 **사업별 구조**(divisional structure)는 종업원을 제품, 서비스, 고객 혹은 지리적 시장 영역별로 묶어주는 방법이다.[19] 사업별 구조는 고도로 부서화되어 있다. 이 구조의 유형은 그들의 사업 유형에 의해 알 수 있다. 즉 **제품 혹은 서비스 조직구조**(사료 생산업체의 경우 고양이, 강아지, 조류 사료 등), **고객별 구조**(병원의 경우 외래환자, 입원환자, 약국 등), **지리적 구조**(유럽, 아시아, 남미 등) 등과 같다.[20]

사업별 구조는 기능별 구조와는 반대의 장점과 단점을 가지고 있다. 즉 사업별 구조는 각 부서 고유의 업무를 수행하면서도 예산목표, 신제품 개발 및 시장 출시 등을 제때에 달성할 수 있도록 각 부서들 간의 조정을 용이하게 한다. 또한 제품과 관련된 모든 활동에 대한 책임 소재가 명확하지만 기능 중복과 비용이 문제가 된다. 때때로 이것은 도움이 된다. 예를 들면 스페인과 중국에 사업부를 가지고 있다면 새로운 시장에 맞는 마케팅 전략이 필요하다. 두 지역의 마케팅 전문가들은 각 지역의 문화에 적합하게 마케팅 캠페인을 수행할 수 있을 것이다. 그러나 서로 다른 두 나라에 마케팅 기능을 담당하는 종업원을 둠으로써 비용은 증가한다. 그 이유는 다른 두 지역에서 기본적으로 동일한 과업을 수행하기 때문이다.

매트릭스 구조

매트릭스 구조는 광고대행사, 우주항공기업, 연구개발실험실, 건설회사, 병원, 정부기관, 대학, 경영컨설팅업체, 엔터테인먼트회사 등에서 발견할 수 있으며, 두 가지 부서화 형태인 기능별 구조와 제품별 구조를 결합한 것이다.[21] ABB, 보잉, BMW, IBM, P&G 등에서는 매트릭스 구조를 사용한다.

매트릭스 구조의 가장 뚜렷한 특징은 명령의 통일성이라는 개념을 위반하고 있다는 점이다. 매트릭스 조직에 속해 있는 구성원들은 2명의 상사를 가지고 있다. 하나는 기능 부서의 관리자이고, 다른 하나는 제품 부서의 관리자이다.

〈도표 15-4〉는 어느 경영대학에서 사용하고 있는 매트릭스 구조이다. 학문 분야별로는 회계, 의사결정과 정보시스템, 마케팅 등과 같이 기능별로 분류되어 있다. 여기에 구체적인 프로그램(말하자면 제품)이 분류되어 있다. 따라서 매트릭스 구조에 속해 있는 구성원들은 이중의 보고체계를 가지며, 즉 기능 부서와 제품 부서의 2개 부서에 소속된다. 예를 들어, 학부에서 회계를 가르치는 교수는 학장에게 보고를 할 뿐만 아니라 회계 분야의 총책임자에게도 보고를 해야 한다.

매트릭스 구조의 장점은 조직이 다수의 복잡하고 상호의존적인 활동을 해야 할 경우 조정을 원활하게 할 수 있다는 점이다. 매트릭스 구조는 관료제의 병폐를 줄일 수 있다. 즉, 이중 보고체계로 인해 각 부서의 구성원들이 조직의 전체적인 목표보다 자기 부서의 목표를 더 중요하게 여기는 경향을 줄여줄 수가 있다.[22]

매트릭스 구조의 주요 단점은 혼란이 초래될 수 있고, 권력 투쟁이 나타날 수도 있으며, 구성원들이 많은 스트레스를 받을 수 있다는 점 등을 들 수 있다.[23] 명령의 통일성이라는 개념이 무너지게 되면 누구에게 보고해야 할지 모르는 애매한 일들이 상당히 증가하게 될 것이고, 이로 인해 기능관리자와 제품관리자 간에 갈등과 권력 투쟁이 나타날 수 있다.

프로그램 / 학문 분야	학부	석사과정	박사과정	연구과정	최고경영자 과정	평생교육
회계						
재무						
의사결정 및 정보시스템						
경영관리						
마케팅						

도표 15-4
경영대학의
매트릭스 구조

조직구조의 새로운 선택 대안

납작한 구조를 지향하는 최근 추세에 따라 많은 조직이 계층의 수를 줄이고 조직의 경계를 개방하는 것을 강조하는 새로운 방안을 연구해왔다.[24] 다음에서는 이러한 새로운 조직구조 중 가상조직(virtual structure)과 팀 구조(team structure), 원형 구조(circular structure)에 대해 살펴볼 것이다.

가상조직

빌려 쓸 수 있는 것을 소유하고 있어야 할 이유가 있을까? 이 질문은 **가상조직**(virtual structure)의 본질적인 속성을 잘 나타내고 있는 말이다. 흔히 네트워크 조직(network structure) 또는 **모듈형 조직**(modular structure)으로도 불리는 가상조직은 주요 기능을 외주화(outsourcing)하고 핵심영역만 남아 있는 소규모 조직을 말한다.[25] 가상조직은 매우 집권화되어 있지만 부서는 거의 없거나 부서화되어 있지 않다.

〈도표 15-5〉는 주요 기능을 모두 외부에 아웃소싱하고 있는 가상조직을 보여주고 있다. 조직의 핵심 부분은 소수의 경영진들로 구성되어 있으며, 이들은 조지 내부에서 해야 할 일을 직접적으로 감독하는 일과 외부에서 수행되는 생산, 유통 및 기타 필요한 기능을 담당하는 다른 조직과의 관계를 조정하는 역할을 수행하고 있다. 그림에서 점선으로 그려진 것들은 계약에 의해서 관계가 유지되고 있다는 것을 나타낸다. 근본적으로 가상조직의 경영자는 컴퓨터 네트워크와 같은 연결 방법을 사용하여 외부와의 관계를 조정하고 통제하는 데 그들 시간의 대부분을 사용한다.

도표 15-5
가상조직의 구조

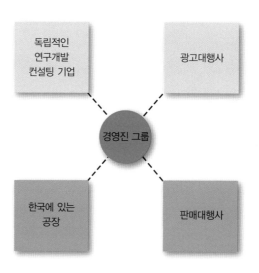

가상조직의 가장 큰 장점은 유연성인데, 혁신적인 아이디어는 있지만 자금이 부족한 사람들로 하여금 대기업과 성공적으로 경쟁할 수 있게 해준다. 이 구조는 또한 사무실과 계층을 제거함으로써 많은 돈을 절약할 수 있다.[26] 한편 가상조직의 인기가 높아짐에 따라 점점 더 가상조직의 약점이 분명하게 드러나고 있다.[27] 가상조직은 지속적인 유출입과 재조직화가 일어나며, 이것은 곧 역할, 목표, 책임이 명확하지 않다는 것을 의미하고, 이러한 특성은 정치적 행동이 나타날 수 있는 무대를 제공한다. 구성원들 간의 낮은 상호작용으로 인해 조직문화나 목표에 대한 공감대가 낮다. 지리적으로 멀리 떨어져 있고, 간헐적으로 의사소통을 하는 팀 구성원들은 정보와 지식을 공유하기가 어렵고, 이로 인해 혁신과 반응 속도가 느려진다. 아이러니하게도 몇몇 가상조직은 정교한 커뮤니케이션 시스템과 협력 네트워크를 갖추고 있는 조직보다 훨씬 더 적응력과 혁신성이 떨어진다.

팀 구조

팀 구조(team structure)는 명령체계를 체거하고 부서를 권한이 부여된 팀으로 대체하고자 한다.[28] 이 구조는 수직적·수평적 경계뿐만 아니라 회사와 고객, 공급자 간의 외부 경계를 제거한다.

수직적 경계를 제거함으로써 조직의 계층은 납작해지고, 직위와 직급도 최소화된다. 최고경영진, 중간관리자, 감독자, 작업자를 포함한 모든 계층을 가로지르는 계층횡단팀, 참여적인 의사결정, 동료와 상사 및 하급자가 모두 평가하는 360도 평가 시스템 등이 사용될 수 있다. 예를 들어 세계에서 가장 큰 보청기 제조업체인 덴마크의 오티콘 A/S는 계층의 흔적을 모두 없애버렸다. 모든 구성원들은 똑같은 이동 워크스테이션에서 작업하고 있으며, 기능이나 부서가 아니라 프로젝트 팀을 통해 작업을 조정한다.

팀 구조가 온전히 작동한다면 지리적 장벽을 무너뜨릴 수 있을 것이다. 오늘날 대부분의 미국 기업들은 스스로를 팀 중심의 글로벌 기업으로 생각한다. 코카콜라, 맥도날드와 같은 많은 기업들이 미국 내에서뿐만 아니라 해외에서 사업을 하고 있으며, 몇몇 기업들은 그들의 구조에 지리적 영역을 통합하기 위해 고군분투하고 있다. 또 다른 경우 팀 구조는 필요에 따라 접근할 수 있다. 중국의 경우 그들이 보유한 자원으로는 예상 수요를 충족할 수 없음을 알고 이에 대응하기 위해 오일 및 석유 산업에서 5년 동안 93개의 회사를 합병했고 각각의 합병회사는 새로운 팀으로 통합하였다.[29] 여기서 팀 구조는 지역을 조직구조상의 문제가 아니라 전술적·물류상의 문제로 간주하기 때문에 이에 대한 해결책을 제공해준다. 요컨대 그 목표가 문화적 장벽을 무너뜨리고 기회를 열어 놓는 것일 수도 있다.

일부 조직은 종업원과 그들의 고객 혹은 공급자를 포함하여 팀을 만들기도 한다. 예를 들어 허니웰인터내셔널은 공급자로부터 중요 부품의 안정적 공급을 위해 엔지니어 중 일부와 공급업체의 관리자를 파트너로 지정한다.

원형 구조

양궁 표적에 그려져 있는 동심원을 생각해보자. 한 가운데에는 임원이 있고, 그것을 중심으로 바깥쪽 원에는 기능별로 분류된 매니저들이 있으며, 그다음 원에는 전문가들, 그리고 마지막에는 종업원들이 있다. 이러한 구조를 **원형 구조**(circular structure)라고 한다.[30] 이러한 조직은 무정부 상태처럼 보이는가? 실제로 여기에는 계층이 여전히 존재하며, 최고경영진은 조직의 가장 중심에서 비전을 밖으로 전파하는 역할을 한다.

원형 구조는 창조적인 기업가에게 직관적인 호소력을 가지고 있으며, 일부 소규모 혁신 기업들 역시 이러한 구조를 주장한다. 그러나 현재의 많은 혼합형 접근에서는 종업원들이 누구에게 보고할 것인지, 누가 책임자인지에 대해 명확하지 않은 경향이 있다. 그럼에도 불구하고 우리는 여전히 원형 구조가 널리 보급될 것으로 생각한다. 그 이유는 예를 들면 기업의 사회적 책임과 같은 비전을 널리 확산하는 데 이러한 방법이 직관적인 호소력을 가지고 있기 때문이다.

날씬한 조직 : 다운사이징

지금까지 살펴본 새로운 조직 형태의 목표는 날씬하고, 집중화되어 있고 유연한 조직을 만들어서 민첩성을 높이려는 것이다. 다운사이징(downsizing)은 사업부 매각, 지점 폐쇄, 인력 감축 등을 통해 유연한 조직을 만들기 위한 체계적인 노력이다. 그러나 실제로 그럴 가능성이 있기는 하지만 다운사이징이 반드시 사무실을 물리적으로 축소하는 것을 의미하는 것은 아니다.

일부 기업들은 그들의 핵심역량에 모든 노력을 기울이기 위해 다운사이징을 했다. 아메리칸 익스프레스는 지난 10년간 이를 위해 일련의 정리해고를 실시했다. 즉 2001년에는 7,700건, 2002년 6,500건, 2008년에는 전체 인력의 10%에 해당되는 7,000건, 2009년에는 4,000건이었다. 2013년에는 남아 있는 인력의 8.5%에 해당되는 5,400개의 일자리를 축소함으로써 10년 만에 가장 많은 인력 감축이 있었다. 그리고 2015년에는 추가로

4,000개의 일자리 축소가 예정되어 있었다. 이와 같은 해고는 고객의 선호 변화에 대응하기 위한 재구조화가 동반되었으며, 개인적인 고객서비스를 제공하는 것에서 벗어나 온라인 고객서비스를 지향해 왔다. CEO인 켄 셔놀트에 따르면 "우리 산업과 사업은 지속적으로 기술에 의해 변화되어 왔다. 이러한 변화로 인해 우리는 우리 조직과 비용 구조를 발전시킬 필요가 있었고 그러한 기회를 잡아야만 했다."라고 말했다.[31]

날씬한 조직이 가지고 있는 장점에도 불구하고 다운사이징이 조직 성과에 미치는 영향은 여전히 논란이 되고 있다. 작업인력의 규모를 줄이면 즉각적으로 엄청난 인건비를 줄임으로써 긍정적인 성과를 얻을 수 있다. 또한 기업은 다운사이징을 통해 전략적 초점을 개선함으로써 주식 가격에 긍정적인 영향을 미칠 수 있다. 한 예를 들면 러시아의 GAZ(Gorky Automobile Factory)는 회장인 보 앤더슨이 몇 년 동안 전체 인력의 절반에 해당되는 5만 명의 종업원을 해고한 다음 해에 이익을 냈다.[32] 한편 구조를 재설계하지 않고 단지 인력만을 삭감한 기업들은 대부분 이익과 주식 가격이 떨어진다. 문제가 되는 것은 다운사이징이 종업원의 태도에 미치는 영향이다. 남아 있는 종업원들은 자신의 미래에 대해 걱정하고, 조직에 대한 몰입도가 이전보다 낮아질 것이다. 스트레스와 병으로 인한 결근은 늘어나고, 업무에 대한 집중력과 창의성은 떨어질 것이다. 다운사이징은 또한 자발적 이직을 가져오고 이로 인해 핵심인력을 잃는 경우도 있다. 그 결과 날씬한 조직이 아니라 병든 조직이 될 수도 있다.

요약하면, 그들 스스로 조직을 날씬하게 만들려는 조직은 그들이 다운사이징 과정에서 조심스럽게 인원을 감축하고 사람에 더 투자하고, 더 많이 소통하며, 종업원 참여를 유도하고, 떠난 사람들을 지원하는 것 등을 통해 종업원들을 도와주는 한, 더욱 민첩하고, 효율적이고, 생산적인 조직이 될 수 있다.

조직구조는 왜 다른가

우리는 지금까지 다양한 형태의 조직구조를 살펴보았다. 〈도표 15-6〉은 앞으로의 설명을 위해 두 가지 극단적인 조직구조를 그려놓은 것이다. 이 중에서 좌측의 모형은 **기계적 모델**(mechanistic model)이다. 이 모델은 일반적으로 관료제와 같은 말로 쓰이며, 고도로 표준화된 작업절차, 높은 공식화, 많은 계층을 가지고 있다. 우측의 모형은 **유기적 모델**(organic model)이다. 이 모델은 납작한 조직구조, 의사결정을 위한 공식 절차가 거의 없고, 많은 의사결정자들이 있으며 유연한 업무 처리를 선호한다.[33]

기계적 모델

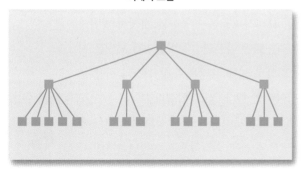

유기적 모델

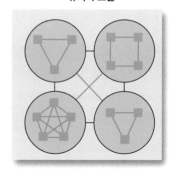

- 높은 전문화
- 엄격한 부서화
- 명확한 명령체계
- 좁은 통제 범위
- 집권화
- 높은 공식화

- 기능횡단팀
- 계층횡단팀
- 자유로운 정보 흐름
- 넓은 통제 범위
- 분권화
- 낮은 공식화

도표 15-6 기계적 모델과 유기적 모델

이 두 모델을 마음속에 두고 다음과 같은 몇 가지 질문에 대한 답변을 찾아보기로 하자. 왜 어떤 조직에서는 기계적 특징이 더 많고, 다른 조직에서는 유기적 특징이 더 많게 조직을 설계하는가? 어떤 요인들이 조직을 설계하는 데 영향을 미치는가? 다음에서 우리는 조직구조 설계에 영향을 미치는 주요 원인과 결정요인을 살펴보고자 한다.[34]

조직전략

조직구조는 목적 달성의 수단이고, 목적은 조직의 전반적인 전략에서 도출되기 때문에 구조는 전략을 따라야 한다는 것은 매우 논리적이라고 할 수 있다. 만약 경영진이 조직 전략을 상당 부분 수정했다면 조직구조 역시 그러한 변화에 맞춰 수정되어야 한다. 예를 들어 최근 연구에 따르면 조직문화 요소가 기업의 사회적 책임 추진 성공에 영향을 미치는 것으로 나타났다.[35] 만약 문화가 조직구조에 의해 뒷받침된다면 그 계획들은 적용될 수 있는 명확한 경로를 가질 가능성이 높다. 현재의 전략적 틀은 대부분 혁신, 저원가, 모방이라는 세 가지 차원과 이것을 가장 잘 수행할 수 있는 조직구조를 설계하는 데 초점을 맞추고 있다.[36]

혁신전략 신제품이나 새로운 서비스를 얼마나 도입할 것인가? **혁신전략**(innovation strategy)은 의미 있고 독창적인 혁신을 추구하는 전략이다. 분명 모든 기업들이 혁신을 추구하는 것은 아니다. 3M, 애플 컴퓨터 등과 같은 기업들이 혁신전략을 추구하고 있지만, 막스앤스펜서와 같은 보수적인 소매 기업은 혁신전략을 추구하지 않는다. 혁신적인 기업은 최고의 역량을 갖춘 후보자들을 유인하고 종업원들이 기꺼이 위험을 감수할 수 있도록 동기를 부여하기 위해 경쟁력 있는 임금과 다양한 혜택을 제공하려 한다. 약간 기계적인 구조는 실제로 혁신에 도움을 줄 수 있다. 잘 만들어진 커뮤니케이션 채널, 장기적인 몰입을 높이려는 정책, 명확한 권한 체계 등은 모두 급속한 변화가 부드럽게 진행될 수 있도록 해준다.

저원가전략 **저원가전략**(cost-minimization strategy)을 추구하는 조직은 원가를 철저하게 통제하고 불필요한 비용 발생을 억제함으로써 제품의 기본 가격을 낮추기 위해 노력한다. 이러한 전략은 월마트나 일반적인 식료품 판매자들이 추구한다. 저원가를 추구하는 조직은 대개 구성원들의 몰입을 증진하는 정책이 더 적다.

모방전략 **모방전략**(imitation strategy)을 따른 조직은 위험은 최소화하되 이익 창출 기회는 극대화하려고 하며, 혁신적인 기업에 의해 시장이나 제품이 검증된 이후에 신제품이나 새로운 시장에 뛰어든다. 유명 디자이너의 스타일을 모방하여 패션 제품을 대량생산하는 업체가 이러한 전략을 사용하며, 휴렛 팩커드나 캐터필러 등도 이러한 전략을 사용한다. 이들은 작고 혁신적인 경쟁자들이 새로운 시장의 가능성을 증명한 뒤에 비로소 우수한 제품을 가지고 그들을 따라간다. 이탈리아의 소규모 패셔너블 노트 메이커인 몰스킨 SpA는 모방전략을 사용하는 기업이지만 전 세계에 걸쳐 더 많은 소매점을 오픈하는 것을 추구하는 것과 같이 다른 방식을 사용하고 있다. 즉 그들은 살바토레 페라가모 SpA, 브루넬로 쿠치넬리 등과 같은 대규모의 성공적인 패션기업의 확장전략을 모방하고 있다.[37]

구조적 적합성 〈도표 15-7〉은 각 전략에 가장 적합한 조직구조의 대안을 보여주고 있다. 혁신가에게는 유기적 구조의 유연성이 필요하며(앞에서 살펴본 바와 같이 기계적 구조의 일부 요소들을 물론 사용할 수 있음), 저원가전략 추구자는 기계적 구조의 효율성과 안정성이 필요하다. 모방전략 추구자는 이 두 구조를 결합하여 사용한다. 그들은 현재 활동 영역에서의 엄격한 통제와 저원가를 유지하기 위해 기계적 구조를 사용하지만 새로운 기회를 추구하기 위해서는 유기적인 하위 조직을 만들어낸다.

전략	구조적 선택안
혁신	유기적 : 느슨한 구조, 낮은 전문화, 낮은 공식화, 분권화
저원가	기계적 : 엄격한 통제, 방대한 작업 전문화, 높은 공식화, 높은 집권화
모방	기계적 · 유기적 : 유연성과 엄격함을 혼합, 현행 활동에 대한 엄격한 통제, 새로운 기회를 위한 느슨한 통제

조직규모

조직규모는 조직구조에 중요한 영향을 미친다. 2,000명 이상의 종업원을 가지고 있는 대규모 조직들은 소규모 조직에 비해 전문화 정도가 높고, 더 많은 부서와 수직적 계층, 규칙과 규정을 가지고 있다. 그러나 조직규모가 커짐에 따라 규모의 중요성은 점점 더 줄어든다. 왜 그런가? 그 이유는 일단 조직이 2,000명 이상의 규모가 되고 나면 그 조직은 이미 상당히 기계적인 조직구조가 되어 버린다. 여기에 추가적으로 500명이 더 늘어난다고 해서 기존의 기계적인 조직구조에 그다지 영향을 미치지는 못하기 때문이다. 그러나 현재 300명밖에 안 되는 조직에 추가로 500명이 더 늘어난다면 소식구조는 훨씬 더 기계적인 구조로 변하게 될 것이다.

기술

기술(technology)은 조직이 투입물을 산출물로 변환하는 방식을 말한다. 모든 조직은 재무자원, 인적자원, 물적자원을 제품이나 서비스로 변환하는 기술을 최소한 하나 이상 가지고 있다. 예를 들어 중국의 가전회사인 하이얼은 대량으로 제품을 생산하기 위해 조립라인을 사용하는데, 이 공정은 새로운 고객과 신제품 설계에 대응할 수 있도록 보다 유연하고 혁신적인 구조를 제공한다.[38] 또한 대학교는 이미 잘 알려져 있는 공식적인 강의 방법에서부터 사례분석, 실험, 프로그램화된 학습방법 등과 같이 다양한 교수학습 기술을 사용한다. 어쨌거나 조직구조는 그들이 사용하는 기술에 적합해야만 한다.

환경

환경(environment)은 공급자, 고객, 경쟁자, 공공 압력단체 등과 같이 조직구조에 영향을 미칠 수 있는 외부 제도나 세력을 말한다. 동태적인 환경은 안정적인 환경에 비해 경영자들에게 훨씬 더 많은 불확실성을 준다. 주요 시장 영역의 불확실성을 줄이기 위해 경영자들은 위협 요인을 파악하고 반응할 수 있도록 구조를 확대하려고 노력한다. 예를 들어 펩시, 사우스웨스트항공 등을 포함하여 대부분의 기업들은 블로그에 올라오는 부정적인 정보에 대응하기 위해 소셜 네트워킹을 담당하는 부서를 두고 있다. 그 외에 다른 기업들과 전략적 제휴를 맺을 수도 있다.

　모든 조직의 환경은 세 가지 차원, 즉 용량, 변동성, 복잡성을 가지고 있다.[39] 다음에서는 이들 각각에 대해 살펴보기로 한다.

용량　용량(capacity)은 환경이 조직의 성장을 지원할 수 있는 정도를 말한다. 자원이 많고 성장하는 환경은 조직이 상대적으로 어려운 시기에 처했을 때 도움을 줄 수 있는 잉여자원을 만들어낼 수 있다.

변동성　변동성(volatility)은 환경이 얼마나 불안정한지를 나타내는 정도이다. 예측할 수 없이 많은 변화가 일어나는 역동적 환경에서는 관리자들이 정확하게 예측하기 어렵다. 정보기술이 급격하게 변화하고 있기 때문에 조직의 많은 환경은 훨씬 더 변동성이 높다.

복잡성　마지막으로 복잡성(complexity)은 환경 요소들 사이의 이질성과 집중도를 말한다. 담배 산업과 같이 단순한 환경은 생산 방법, 경쟁 및 규제 압력 등이 상당 기간 동안 변하지 않기 때문에 동질적이고 집중도가 높다. 그러나 통신 산업과 같이 환경 요소들이 이질적이고 흩어져 있는 환경은 복잡하고 다양한 수많은 경쟁자들을 가지고 있다.

3차원 모델　〈도표 15-8〉은 위의 세 가지 차원에 따라 환경에 대한 정의를 정리한 것이다. 여기서 화살표는 높은 불확실성을 의미한다. 그러므로 자원이 희소하고, 동태적이며 복잡한 환경에 있는 조직은 예측 가능성이 매우 낮고, 실수에 대한 여지가 적고, 지속적

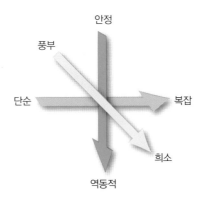

도표 15-8
환경의 세 가지 차원

으로 감시해야 할 환경요소가 다양하기 때문에 매우 높은 불확실성에 직면한다.

　환경에 대한 이 세 가지 차원의 정의로부터 우리는 환경의 불확실성과 조직구조의 정렬에 대해 몇 가지 일반적인 결론을 내릴 수 있다. 즉, 자원이 희소하고, 역동적이고, 복잡성이 높은 환경일수록 조직구조는 더 유기적이어야 하며, 자원이 풍부하고, 안정적이며, 단순한 환경에서는 기계적인 조직구조가 더 바람직하다는 것이다.

제도

조직구조 형성에 영향을 미치는 또 다른 요인은 제도이다. **제도**(institutions)는 적절한 행동을 할 수 있도록 가이드라인을 제공하는 문화적 요인이다.[40] 제도이론은 많은 조직이 유사한 구조를 갖도록 하는 몇 가지 힘을 설명하고 있는데, 이는 지금까지 설명한 이론과는 달리 반드시 적응해야만 하는 것은 아닌 압력에 초점을 두고 있다. 사실 많은 제도이론 학자들은 기업의 행동방식이 때로는 성과를 지향하는 것처럼 보이지만 실제로는 의심할 여지없는 사회적 규범과 관습을 따른다는 것을 강조한다.

　가장 분명한 제도적 요인은 규제에 의한 압력에서 비롯된다. 예를 들어 정부 계약하에 있는 특정 산업은 명확한 보고 관계가 설정되어 있고 정보 통제가 엄격하게 이루어진다. 때때로 단순한 관성이 조직의 형태를 결정하는데, 예를 들면 기업은 특별한 이유 없이 그냥 예전부터 해왔던 방식이기 때문에 특정 방식의 조직구조를 사용할 수도 있다. 권력 격차가 큰 문화권에 있는 조직은 엄격한 권한관계를 가진 조직구조를 가질 수 있는데 그 이유는 그 문화권에서는 그것이 합당한 것으로 여겨지기 때문이다. 어떤 사람들은 일본 조직의 적응성 문제를 권한 관계 유지를 위한 제도적 압력 탓으로 돌리기도 한다.

　때로 조직은 일시적인 유행이나 추세를 따라 특정 구조를 갖기 시작한다. 조직은 더 좋은 성과를 내기 위해 필요해서가 아니라 투자자들에게 잘 보이기 위해 성공적인 다른 기업을 모방할 수도 있다. 최근 많은 기업들은 구글과 같은 회사의 유기적 구조를 모방하기 위해 노력했지만 그러한 것들은 그들의 작업환경에 잘 맞지 않는다는 것만을 발견했을 뿐이다. 제도적 압력은 종종 당연한 것으로 여겨지기 때문에 구체적으로 그것을 파악하는 것은 어렵다. 그렇다고 해서 그것이 강력하지 않다는 것을 의미하지는 않는다.

조직 설계와 종업원의 행동

우리는 앞에서 조직구조는 구성원에게 중요한 영향을 미칠 수 있다고 하였다. 구체적으로 그러한 영향들은 무엇인가?

기존 연구 결과들을 살펴보면 (일반화할 수 없다는) 상당히 명확한 결론을 얻을 수 있다. 모든 종업원들이 유기적 구조하에서의 자유와 유연성을 좋아하는 것은 아니다. 다른 구조에서는 다른 요인들이 중요한 요인으로 나타날 수 있다. 고도로 공식화되고, 구조화된 기계적 구조에서는 공식적인 정책과 절차의 공정성(조직 정의) 수준이 만족을 예측하는 매우 중요한 요인이다. 반면에 보다 인간적이고 적응적인 유기적 구조에서 종업원들은 대인 간의 정의(interpersonal justice)를 보다 더 중요한 것으로 생각한다.[41] 어떤 사람들은 과업이 표준화되어 있고, 모호성이 최소화되어 있는 기계적 구조하에서 가장 생산성이 높고 만족을 느낀다. 따라서 조직구조가 종업원 행동에 미치는 영향에 대해서는 개인 차이를 고려해야만 한다. 이를 위해서는 작업 전문화, 통제 범위, 집권화, 예측 가능성과 자율성뿐만 아니라 특정 문화에 대해 종업원들이 어떠한 선호도를 갖는지 살펴볼 필요가 있다.[42]

작업 전문화

연구결과에 따르면 일반적으로 작업 전문화는 종업원의 생산성 증가에는 공헌하지만 직무 만족을 감소시킨다고 알려져 있다. 그렇다고 해서 작업 전문화가 끊임없이 생산성을 높일 수 있는 원천은 아니다. 반복직이고 한정적인 업무로 인해 나타나는 인간적인 측면의 비경제성이 작업 전문화를 통해 얻을 수 있는 경제성을 넘어서면 문제가 발생하고 생산은 내려간다. 이러한 현상은 특히 작업인력의 교육 수준이 높고, 내적인 보상을 받을 수 있는 일을 원할수록 과거 어느 때보다도 더 빨리 작업 전문화로 인해 생산성에 문제가 발생하게 될 것이다. 생산성이 떨어질 경우 기업은 관리 감독을 강화하겠지만, 작업과 책임을 재조정하는 것이 더 좋은 방법일 수 있다.[43]

통제 범위

아직까지는 통제의 범위와 종업원 성과 간의 관계를 지지할 만한 명확한 증거는 없다고 말하는 것이 아마도 더 적절할 것이다. 직관적으로 생각해보면 통제의 범위가 넓을수록 감독과의 거리는 멀어지고, 개인이 주도적으로 행동할 수 있는 기회가 많아지기 때문에 더 높은 성과가 나타날 것으로 생각하기 쉽다. 그러나 실제 연구에서는 이러한 생각을 지지할 만한 근거들이 발견되지 않고 있다. 어떤 사람들은 혼자 내버려 두는 것을 더 좋아하는 반면 다른 사람들은 필요할 때면 언제든지 상사를 찾아볼 수 있는 안정성을 더 좋아한다. 제12장에서 살펴보았던 몇 가지 리더십 상황이론과 마찬가지로 우리는 종업원의 경험과 능력, 과업의 구조화 정도 등이 통제 범위가 성과와 직무 만족에 미치는 영향을 설명할 수 있는 요인이라고 생각할 수 있다. 그러나 몇몇 연구 결과를 살펴보면 관리자의 직무 만족은 감독하는 직원의 수가 많아질수록 높아진다는 증거를 제시하고 있다.

집권화

집권화와 직무 만족 간의 관계에 대해서는 상당히 많은 증거가 있다. 일반적으로 집권화가 낮을수록 자율권이 더 높다. 그리고 자율권은 직무 만족과 정(+)의 관계를 가지고 있다. 그러나 여기에도 어떤 종업원은 자유를 가장 중요시하는 데 비해 다른 사람은 자율적인 환경에서 좌절하게 하는 모호성을 겪을 수도 있다.

예측 가능성과 자율성

우리는 여기서 사람들은 종업원을 무작위로 선택하지 않는다는 명백한 통찰력을 얻을 수 있다. 그들은 개인의 특성에 가장 적합한 조직에 지원하고, 선발되고, 남는다는 것이다.[44] 예측 가능성을 선호하는 지원자는 기계적 조직구조를 찾아 입사하고 싶어 할 것이고, 자율권을 선호하는 지원자는 유기적인 조직구조를 가진 회사를 선호할 것이다. 따라서 선발과정이 개인적인 특징과 조직의 특징을 적절하게 매칭시켜줄 때 조직구조가 종업원의 태도에 미치는 영향은 의심할 여지없이 줄어든다. 더욱이 유능한 종업원들은 극적인 변화를 할 경우 이직할 가능성이 있기 때문에 그들 조직구조의 고유한 정체성을 수립하고, 촉진하고, 유지하기 위해 노력해야만 한다.[45]

국가 문화

연구에 따르면 국가 문화가 조직구조에 대한 선호에 영향을 미치는 것으로 나타났다.[46] 그리스, 프랑스, 대부분의 라틴아메리카 국가들과 같이 권력 격차가 높은 문화의 사람들로 구성된 조직은 권력 격차가 낮은 국가의 사람들로 구성된 조직에 비해 종업원들이 훨씬 더 기계적 조직구조를 수용하는 경향이 높다. 그러므로 조직구조가 종업원의 성과와 만족도에 어떻게 영향을 미칠 것인가를 예측하기 위해서는 개인 차이와 함께 문화적인 차이를 고려해야만 한다.

마지막으로, 조직구조 설계의 변화 양상은 개인의 경력 경로 발전에 영향을 미친다. 일본, 영국, 미국 관리자를 대상으로 연구한 결과 다운사이징과 혼합형 조직구조를 경험한 종업원들은 그들의 미래 경력에 대한 전망이 위축될 것으로 생각하는 것으로 나타났다. 이것이 옳지 않을 수도 있겠지만 그들의 사고방식은 조직구조가 종업원들의 행동에 영향을 미치는 것으로 생각하고, 따라서 조직구조는 신중하게 설계되어야 한다는 것을 의미한다.[47]

요약

이 장의 주제는 조직의 내부 구조가 구성원의 행동을 예측하고 설명하는 데 기여한다는 것이다. 즉 개인과 집단 요인 외에도 사람들이 일을 하고 있는 구조적 관계가 종업원들의 태도와 행동에 영향을 미친다는 것이다. 이러한 주장의 근거는 무엇인가? 조직구조가 종업원들에게 모호성을 줄여주고, "내가 해야 할 일이 무엇인가?", "어떻게 일을 해야 하는가?", "누구에게 보고해야 하는가?", "문제가 생기면 누구에게 가야 하는가?" 등과 같은 문제를 명확하게 해주며, 이것이 그들의 태도를 형성하고, 높은 성과를 달성하도록 촉진하고 동기부여를 해주기 때문이다.

경영자에게 주는 시사점

- 전문화는 운영의 효율성을 높일 수 있지만 과도한 전문화는 불만족과 동기부여 감소를 가져올 수 있다.
- 종업원의 권한과 자율권을 지나치게 제한하는 엄격한 계층을 만들지 않도록 주의해야 한다.
- 조직구조에 유연한 작업장을 추가하기 전에 원격근무의 장점과 단점 간에 균형을 유지해야 한다.
- 비용 절감을 위해서는 조직 규모를 다운사이징하고 핵심역량에 집중해야 한다. 그러나 다운사이징은 종업원에게 심각한 부정적 영향을 미칠 수 있기 때문에 꼭 필요한 경우에만 해야 한다.
- 조직구조를 설계할 때에는 환경의 희소성, 역동성, 복잡성, 기계적 · 유기적 요소의 균형을 고려해야 한다.

조직문화

조직문화란 무엇인가

한 기업의 임원에게 조직문화가 무엇이라고 생각하는지를 물었다. 그는 포르노의 정의에 대해 "그것을 정의할 수는 없지만 보면 알 수 있다."라는 한 대법관의 답변과 본질적으로 똑같은 대답을 했다. 우리 모두는 우리가 경험한 조직에 대한 본질을 설명하는 것이 어렵다는 것을 느꼈을 것이다. 전반적인 분위기는 행동에 강력한 영향을 미친다. 다음에서 우리는 이러한 현상에 대한 변수를 통해 조직행동의 중요한 요소를 살펴보기로 한다.

조직문화의 정의

조직문화(organizational culture)는 한 조직을 다른 조직과 구분할 수 있도록 해주는 것으로서 구성원들이 가지고 있는 공유된 의미 시스템을 말한다.[1] 조직문화의 본질을 잘 포

착할 수 있는 일곱 가지 주요 특징은 다음과 같다.[2]

1. **혁신과 위험 감수**(innovation and risk taking) 종업원들에게 혁신적이 될 것과 위험을 감수하도록 격려하는 정도

2. **세부사항에 대한 집중**(attention to detail) 종업원들에게 세부사항에 대해 정확성과 분석, 관심을 집중하도록 하는 정도

3. **결과 지향**(outcome orientation) 결과를 달성하는 데 사용된 기법이나 과정보다는 그 결과나 산출물 자체에 초점을 맞추는 정도

4. **사람 지향**(people orientation) 의사결정 결과가 조직 내 구성원들에게 미치는 영향을 고려하여 의사결정을 하는 정도

5. **팀 지향**(team orientation) 작업 활동이 개인보다는 팀을 중심으로 조직화되는 정도

6. **공격성**(aggressiveness) 구성원들이 편안하게 지내기보다는 공격적이고 경쟁적인 정도

7. **안정성**(stability) 조직 활동이 성장보다는 현상 유지를 더 강조하는 정도

이들 각각의 특징들은 낮음에서 높음 수준까지 연속선상에 존재한다. 조직의 강점을 평가하는 것은 구성원들이 조직에 대해 가지고 있는 이해, 작업 방식과 행동 방식에 대한 공감대의 근거를 제공한다. 조직문화는 구성원들이 그것을 좋아하는지의 여부를 말하는 것이 아니라 그들이 조직의 특징을 어떻게 지각하는가에 대한 것이다. 말하자면 서술적인(descriptive) 용어이다. 조직문화에 대한 연구는 종업원들이 그들의 조직을 어떻게 보는지를 측정하기 위해 노력해왔다. 즉, 팀워크를 장려하는가? 혁신에 대해 보상을 하는가? 이에 비해 직무 만족은 종업원들이 조직의 기대, 보상 관행 등을 어떻게 느끼고 있는가를 측정하는 **평가적** 용어이다. 서로 다른 조직문화를 가진 두 회사에 대한 비교는 〈도표 16-1〉을 참조하라.

조직은 모두 동일한 문화를 가지고 있는가

조직문화는 조직 구성원들이 가지고 있는 공통적인 지각을 나타낸다. 따라서 조직문화는 서로 다른 배경을 가지고 있거나 다른 직급에 있는 구성원들이 비슷한 용어로 조직문화를 설명할 경우에만 유효하다.[3]

지배적인 문화(dominant culture)는 조직 구성원들 대다수가 공유하고 있는 **핵심 가치**(core values)를 나타내며, 조직의 독특한 특징을 제공한다.[4] 그것이 바로 예를 들어 자포

조직 A

이 조직은 제조회사이다. 관리자가 모든 의사결정에 대한 문서작업을 전적으로 수행해야 하며, '유능한 관리자'는 그들의 제안을 지원할 수 있는 세부 데이터를 제공할 수 있는 사람이다. 중대한 변화나 위험을 초래하는 창의적인 결정은 권장되지 않는다. 프로젝트에 실패한 관리자는 공개적으로 비판을 받고 처벌을 받기 때문에 현재 상태에서 크게 벗어난 아이디어는 실행하지 않으려고 한다. 한 하위 관리자는 회사에서 자주 사용되는 문구를 인용해 "고장나지 않았으면 고치지 마라!"라고 말했다.

이 회사에는 수많은 규칙과 규정이 있으며, 종업원들은 이것을 따라야 한다. 관리자들은 종업원들이 잘못하는 게 없는지 확인하기 위해 긴밀하게 감독한다. 경영진은 종업원의 사기나 이직에 미치는 영향을 개의치 않고 높은 생산성에만 관심을 보인다.

작업활동은 개인을 중심으로 이루어진다. 명확한 부서 구분과 권한 체계가 있고, 종업원들은 자기 부서 혹은 명령체계 이외의 다른 종업원들과 공식적으로 접촉하는 것을 최소화해야 한다. 비록 급여 인상과 승진 결정에는 연공이 가장 중요한 요인이기는 하지만 성과 평가와 보상은 개인의 노력에 초점을 두어 이루어진다.

조직 B

이 조직 역시 제조회사이다. 그러나 여기 경영진은 위험 감수와 변화를 장려하고 보상한다. 합리적인 의사결정뿐만 아니라 직관에 의한 의사결정 역시 가치 있게 생각한다. 경영진은 신기술에 대한 실험과 혁신적인 제품을 정기적으로 도입한 역사에 대해 자부심을 가지고 있다. 좋은 아이디어를 가진 관리자나 종업원들은 '실행'을 하도록 장려된다. 그리고 실패는 '학습을 위한 경험'으로 여겨진다. 이 회사는 고객의 욕구 변화에 신속하게 대응하여 시장을 주도하는 것에 자부심을 갖고 있다.

종업원들이 지켜야 할 규칙과 규정은 거의 없고, 경영진은 종업원들이 열심히 일하고 신뢰할 수 있다고 믿기 때문에 감독은 느슨하게 이루어진다. 경영진은 높은 생산성에 관심을 갖고 있지만 이것은 직원들을 올바르게 대함으로써 달성된다고 믿는다. 이 회사는 일하기 좋은 회사라는 평판을 자랑스럽게 생각한다.

직무활동은 작업팀을 중심으로 이루어지며, 팀 구성원들은 기능과 권한 계층을 가로질러 다양한 사람들과 상호작용하도록 장려된다. 종업원들은 팀 간의 경쟁에 대해 긍정적으로 이야기한다. 개인과 팀 모두 목표를 가지고 있고, 상여금은 이러한 성과 달성도를 기준으로 주어진다. 종업원들은 목표달성 수단을 선택하는 데 있어서 상당한 자율권을 가지고 있다.

스 문화는 고객서비스와 신속성, 효율성을 가치 있게 여기는 것이며, 이것들은 자포스의 경영진과 종업원들의 행동을 설명한다.[5]

대규모 조직은 지배적인 문화 외에도 동일한 부서 혹은 지역에서 집단 구성원들이 직면하는 공통적인 문제나 경험에 대응하는 **하위문화**(subculture)가 발전하는 경향이 있다. 대부분의 대기업은 지배적인 문화(dominant culture)와 함께 많은 하위문화를 가지고 있다.[6] 예를 들어 구매부서는 적극성 등과 같은 지배적인 문화의 핵심가치에 위험 감수 등과 같은 구매부 구성원들만 독특하게 공유하고 있는 하위문화를 가지고 있을 것이다. 만일 조직이 오직 하위문화로만 구성되어 있다면 지배적인 조직문화의 힘은 매우 낮아질 것이다. 이것은 공유된 의미라는 개념으로서의 조직문화가 행동의 기준과 지침을 제공하는 잠재적인 수단이 될 수 있기 때문이다.

강한 문화와 약한 문화

강한 문화와 약한 문화를 구별하는 것은 가능하다.[7] 만약 대부분의 종업원들이 조직의 사명과 가치에 대해 똑같은 의견을 가지고 있다면 강한 문화이며, 종업원들의 의견이 매우 다양하다면 약한 문화이다.

강한 문화(strong culture)는 조직의 핵심가치가 강하게 그리고 널리 공유되어 있다는 것을 의미한다.[8] 핵심가치를 수용하고, 핵심가치에 대한 몰입도가 높은 구성원이 많을수록 문화는 더 강하고 구성원에게 미치는 영향도 커진다. 이처럼 높은 수준의 공유도와 강도는 종업원의 행동을 높은 수준으로 통제를 할 수 있는 내부 분위기를 만든다. 노드스톰의 종업원들은 자신에게 무엇을 기대하는지 명확하게 알고 있으며, 이러한 기대는 그들의 행동에 중요한 영향을 미친다.

강한 문화는 조직의 대표성이 무엇인가에 대해 높은 의견 일치를 보이기 때문에 종업원들의 이직률을 낮추어준다. 이처럼 목적에 대한 구성원들의 의견 일치는 응집력과 충성심, 조직 몰입을 가져오며, 이는 다시 종업원들이 조직을 떠나려는 성향을 낮추어준다.[9]

문화와 공식화

우리는 앞에서 높은 공식화는 예측 가능성, 질서, 일관성을 가져온다는 것을 알았다. 강한 문화는 행동을 비슷하게 만든다. 그러므로 우리는 공식화와 문화는 같은 목적지를 향한 두 가지 서로 다른 길이라고 할 수 있다. 조직문화가 강할수록 경영진이 종업원들에게 행동 지침을 제공하는 공식적인 규칙과 규정을 만들 필요가 줄어든다. 그러한 지침은 종업원들이 조직의 문화를 수용할 때 내부화될 것이다.

문화의 역할은 무엇인가

다음에서는 문화의 기능과 역할을 조직 분위기, 윤리, 지속가능성, 혁신과 연계하여 살펴보기로 하자. 그리고 문화가 언제 자산으로, 어느 때에 부담으로 작용하는지를 살펴보기로 하자.

문화의 기능

문화는 게임 규칙을 정해준다. 첫째, 문화는 경계를 정의하는 역할을 한다. 즉, 조직을 서로 구분 지어주는 역할을 한다. 둘째, 조직 구성원들에게 정체성을 심어주는 역할을 한다. 셋째, 개인적인 이익보다는 더 큰 것에 몰입할 수 있도록 촉진해준다. 넷째, 사회시스템의 안정성을 높여준다. 문화는 구성원들이 말하고 행동하는 것에 대한 적절한 표준을 제공함으로써 조직을 하나로 묶어주는 사회적인 접착제라고 할 수 있다. 마지막으로, 문화는 구성원의 행동과 태도를 안내하고 형성해주는 의미 부여와 통제 메커니즘으로서의 기능을 수행한다. 조직행동론에서 우리는 이 마지막 기능에 특별히 관심을 가진다.[10]

공식적인 규칙과 규정에 의해 뒷받침되는 강한 문화는 종업원들이 비교적 통일성 있고 예측 가능한 방식으로 행동할 수 있도록 해준다. 분권화된 조직을 지향하는 오늘날의 추세 속에서 문화는 과거 어느 때보다 중요성이 높아지고 있지만 아이러니하게도 그로 인해 강한 문화를 만드는 것은 더욱 어려워지고 있다. 공식적인 권한과 통제시스템이 분권화를 통해 줄어들 경우 **공유된** 의미로서의 문화는 모든 사람들이 같은 방향을 지향하도록 해준다. 그러나 팀에 속한 종업원들은 전체로서의 조직의 가치보다는 그들이 속한 팀과 가치에 대해 더 높은 충성을 보일 것이다. 더욱이 면대면 접촉이 많지 않은 가상조직의 경우 공통적인 규범을 만든다는 것은 매우 어렵다. 혁신적인 조직에서는 공동의 목표와 우선순위에 대해 끊임없이 소통하는 강한 리더십이 특히 더 중요하다.[11]

개인과 조직의 적합성(fit), 즉 종업원 혹은 지원자의 태도와 행위가 문화와 양립할 수 있는 정도는 누가 회사에 취직하고, 좋은 성과 평가를 받는지, 누가 승진하는지에 크게 영향을 미친다. 디즈니 테마파크에서 일하고 있는 종업원들이 모두 매력적이고, 깔끔하고, 환한 미소를 짓고 있다는 것은 우연의 일치가 아니다. 디즈니는 이러한 이미지를 유지할 수 있는 종업원들을 선발하는 것이다.

문화는 분위기를 만든다

만약 당신이 적극적인 태도를 가지고 최선을 다하도록 격려하는 동료들과 일을 해보았거나 당신의 의욕을 저하시키는 맥 빠진 팀에서 일해본 경험이 있다면 분위기의 효과를 이미 체험해본 셈이다. **조직분위기**(organizational climate)는 조직과 작업환경에 대한 구성원들의 공유된 지각을 말한다.[12] 문화의 이러한 측면은 조직 수준에서는 팀 정신과 같다. 모든 사람들이 무엇이 중요한지, 얼마나 일이 잘되고 있는지에 대해 전반적으로 동일한 느낌을 가지고 있다면 이러한 태도의 효과는 개인의 합보다 더 큰 효과를 가져 올

것이다. 십여 개의 서로 다른 표본을 대상으로 메타분석을 실시한 연구에서 심리적 분위기는 개인 수준의 직무 만족, 직무몰입, 조직몰입, 동기와 강한 관련성을 갖는 것으로 나타났다.[13] 또한 긍정적인 작업 분위기는 높은 고객 만족과 재무 성과와도 관련이 있다.[14]

분위기와 관련하여 혁신, 창의성, 커뮤니케이션, 따뜻함과 지원, 몰입, 안전, 정의, 다양성, 고객서비스 등 십여 가지의 차원들이 연구되어 왔다.[15] 관리자가 조직 설계 및 팀 구성 계획을 개선하는 데 사용할 수 있는 많은 연구 결과들이 있다. 예를 들어 다양성 분위기는 종업원들이 그들의 인구통계적 배경에 관계없이 동료들과 편안하게 협력할 수 있을 것이다. 분위기는 다른 분위기와 상호작용하여 행동을 만들어낼 수 있다. 예를 들어 임파워먼트 분위기는 개인의 책임감 분위기와 함께 더 높은 조직성과를 달성할 수 있게 해준다.[16] 분위기는 또한 사람들의 습관에도 영향을 미친다. 만약 안전에 대한 긍정적인 분위기를 가지고 있다면 사람들이 평상시에 안전에 대해 별로 생각하지 않는다 하더라도 모든 사람들이 안전장비를 착용하고 안전수칙을 따를 것이다. 실제로 많은 연구에서 안전 분위기가 직무상 부상 건수를 줄여주는 것으로 나타났다.[17]

문화의 윤리적 차원

조직문화는 공개적으로 윤리적인 목표를 추구하지 않을 때에도 윤리 지향성에서는 중립적이지 않다. 시간이 지남에 따라 옳고 그른 것에 대한 공유된 지각인 **윤리적 작업 분위기**(ethical work climate, EWC)는 조직 분위기의 일부로 발전한다. 윤리적 작업 분위기는 조직의 실제 가치를 반영하며 구성원들의 윤리적 의사결정을 형성한다.

연구자들은 조직문화의 윤리적 차원을 측정하기 위해 윤리적 분위기 이론(ethical climate theory, ECT)과 윤리적 분위기 지수(ethical climate index)를 개발했다.[18] 윤리적 분위기 이론이 찾아낸 아홉 가지의 분위기 중 다섯 가지가 조직에서 널리 활용되는데, 이 것들은 도구성, 배려, 독립성, 법률과 규정, 규칙 등이다. 각각은 조직과의 관계에서 관리자와 종업원들의 일반적인 사고방식, 기대, 가치를 설명한다. 예를 들어 **도구성** 윤리적 분위기에서 관리자는 종업원(회사)들이 자기 이익(이기주의)에 의해 동기부여된다는 가정을 바탕으로 의사결정이 이루어질 것이다. **배려** 분위기에서는 반대로 관리자들은 그들의 결정이 가능한 최대의 이해관계자(종업원, 고객, 공급자)에게 긍정적인 영향을 미칠 것이라는 기대하에 활동할 것이다.

독립성 분위기에서는 각자 개인적인 도덕적 관념에 의존하여 그들의 행동을 지시한다. **법률과 규정** 분위기는 관리자와 종업원이 규범에 대한 전문적인 행동강령과 같이 외부의 표준화된 도덕적 나침반을 사용하도록 요구하는 반면, **규칙 분위기**는 조직의 정책 매뉴얼 등과 같은 내부의 표준화된 기대에 의해 운영되는 경향이 있다. 조직은 비즈니스 라이프사이클을 거치면서 서로 다른 범주를 거쳐 발전하는 경우가 많다.

조직의 윤리적 분위기는 개별 구성원들이 행동해야 한다고 느끼는 방식에 강력하게 영향을 미치기 때문에 연구자들은 분위기의 유형으로부터 조직의 성과를 예측할 수 있었다.[19] 예를 들어 도구성 분위기는 종업원과 회사의 자기 이익에 호소를 함에도 불구하고 종업원의 직무 만족, 조직 몰입과 부(-)의 관련성이 있고, 이직 의도, 직장에서의 괴롭힘, 일탈행동과 정(+)의 관련성이 있다. 배려와 규칙 분위기는 더 높은 직무 만족을 가져올 수 있다. 배려, 독립성, 규칙, 법률과 규정 분위기는 종업원의 이직 의도, 직장 내 괴롭힘과 역기능적 행동을 감소시킨다. 연구 결과 윤리적 문화는 장기적 관점에서 종업원, 주주 및 지역사회를 포함한 다양한 이해관계자들의 권리를 균형 있게 유지한다. 관리자들은 위험 감수와 혁신을 도모하고, 무모한 경쟁에 참여하는 것을 자제하고, 달성하고자 하는 목표가 아니라 그것을 어떻게 달성하는지에 대해 주의를 기울이도록 한다.

문화와 지속가능성

이름에서 알 수 있는 바와 같이 **지속가능성**(sustainability)은 관행을 지원하는 도구나 구조들이 프로세스에 의해 손상되지 않기 때문에 오랜 시간 동안 유지될 수 있는 관행을 말한다.[20] 한 조사에 따르면 대다수의 경영진은 지속가능성을 미래 성공의 중요한 요인으로 보고 있음을 발견했다.[21] 지속가능 경영의 개념은 환경운동의 기원을 가지고 있기 때문에 자연환경과 조화를 이루는 프로세스를 장려한다. **사회적으로 지속가능한 관행**은 시간이 지남에 따라 사회 시스템이 조직의 행동에 의해 영향을 받는 방식, 그리고 변화하는 사회 시스템이 조직에 영향을 미치는 방식을 다룬다.

예를 들어 호주의 농부들은 물 사용 효율성을 높이고, 토양 침식을 최소화하고, 농장 사업의 장기적인 생존을 보장하는 경작 및 수확 방법을 시행하기 위해 공동으로 노력해왔다.[22] 완전히 다른 맥락에서 3M은 자원 보존, 환경에 최소한의 영향을 미치는 제품을 만든다는 문화 원칙에 기반을 둔 혁신적인 오염 방지 프로그램을 운영하고 있으며, 환경에 미치는 영향을 개선하기 위해 규제기관들과 협력하고 있다.[23]

진정으로 지속가능한 사업을 창출하기 위해서는 조직이 장기적인 문화를 개발하고 그 가치를 실행해야 한다.[24] 즉 지속가능성을 창출하기 위해서는 지속가능한 시스템이 필요하다. 한 직장을 대상으로 연구한 결과에 따르면 에너지 소비를 줄이려는 회사는 단순히 절약의 중요성에 대한 자료를 발행하는 것보다는 집단 피드백을 사용하는 것이 더 중요하다는 것을 발견했다.[25] 즉 에너지 절약에 대해 이야기하고 조직문화에 가치를 구축하는 것은 종업원들의 행동 변화에 긍정적인 결과를 가져왔다. 우리가 살펴본 다른 문화적 관행과 마찬가지로 지속가능성을 키우기 위해서는 시간과 노력이 필요하다.

문화와 혁신

가장 혁신적인 기업은 개방적, 비전통적, 협력적, 비전 주도적이며 가속화된 문화를 특징으로 한다.[26] 신생기업은 일반적으로 작고, 민첩하며 생존과 성장을 위한 문제해결에 집중하기 때문에 종종 혁신적인 문화를 가진다. 최근 스포티파이가 인수한 디지털 음악의 리더인 에코 네스트를 살펴보자. 신생 기업인 에코 네스트는 자유롭고, 유연하며, 개방적인 회사였고, 그들은 심지어 사용자들을 위한 음악 앱 'hack'의 날을 주최하고, 조직 내에서 음악 문화를 육성하고자 하였다.[27] 스포티파이 문화의 특징이기도 한 이 모든 것들은 흠잡을 데 없이 매끄럽게 잘 맞았다.[28] 비슷한 조직문화로 인해 에코 네스트와 스포티파이는 창업 단계에서의 혁신을 계속할 수 있었다.

창업 단계의 반대편에 있는, 포브스지에 따르면 세계에서 가장 혁신적인 100대 기업 중 하나인 30년 역사를 가진 인튜이트를 살펴보자. 인튜이트 종업원들은 색다르고 창조적으로 생각하는 법을 가르쳐주는 워크숍에 참석한다. 세션을 통해 관리자들은 인형을 통해 이야기를 나누고, 시제품 앱을 컵케이크와 함께 팔기 위해 빵 판매를 실시했다. 이 문화는 개방적인 책임감을 강조한다. "나는 어느 날 한 고위 간부가 더 좋은 방법을 가지고 있는 누군가 때문에 지난 9개월 동안 그가 실행해왔던 아이디어를 다시 검증받는 것을 보았다. 그는 모든 사람들 앞에 나서서 이렇게 말했다. "이것은 내 잘못이다. 나는 내 가설을 보다 일찍 점검했어야만 한다."라고 린 스타트업의 저자인 에릭 리스는 말했다. 기업가를 위한 컨설턴트로서 리스는 오래된 소프트웨어 기업은 그 문화 때문에 신생기업과 마찬가지로 혁신적이라고 한다.[29]

알렉시온 제약 역시 포브스가 선정한 가장 혁신적인 기업 중 하나로 인튜이트와 마찬가지로 일반적인 혁신 라이프 사이클 단계를 오랫동안 운영해 왔다. 그러나 인튜이트와는 달리 생명을 살리는 의약품을 제조하는 이 회사는 경영진의 허튼소리는 거의 없다. 알렉시온의 끊임없는 혁신의 핵심은 배려의 문화이고, 이것은 환자 수가 매우 적고, 개발 비용은 엄청나고 성공 확률이 낮을 때조차 희귀 질병으로 인한 희생자를 구할 수 있는 의약품 개발을 추진하도록 해준다.[30]

자산으로서 문화

논의한 바와 같이 조직문화는 긍정적이고 윤리적 환경을 제공하고 혁신을 장려할 수 있다. 문화는 또한 여러 가지 방식으로 조직의 이익에 중요한 영향을 미친다.

강력한 한 가지 예를 차일드넷에서 찾아볼 수 있다. 차일드넷은 플로리다에 있는 비영리 아동복지 기관으로 위탁아동 중 한 명이 사라진 2000년부터 CEO가 FBI로부터 사기와 위조 혐의로 기소되어 해고된 2007년까지 조직문화는 '암울'한 것으로 묘사되었다. "우리는 일자리를 유지할 수 있을지 혹은 누가 인수할 것인지 알지 못했다."라고 종업원인 매기 틸렐리는 말했다. 그러나 조직문화를 변화시키기 위한 집중적인 노력 끝에 차일드넷은 4년 만에 플로리다에서 가장 우수한 기관으로 선정되었으며, 2012년에는 인력관리의 옵티마 상을 수상했다. 차일드넷은 조직문화가 어떻게 결과에 긍정적인 영향을 미치는지를 보여주지만, 디시 네트워크는 특정 문화를 산업 혹은 조직에 매칭시키는 방법을 잘 보여준다. 디시 네트워크는 모든 측면에서 성공한 사례로, 미국 위성 TV 업체 중 두 번째로 큰 회사이며, 창립자인 찰리 에르겐을 세계에서 가장 부유한 사람 중 하나로 만들었다. 디시 네트워크는 최근에 미국에서 가장 일하기 나쁜 회사로 선정되었으며, 종업원들은 그 이유를 에르겐이 만들고 강요한 꼼꼼한 관리 문화 때문이라고 말했다. 종업원들은 힘든 초과근무 강요, 근무시간을 분 단위로 기록하는 지문 인식, 공개적인 질책(대부분 에르겐으로부터), 경영진의 거들먹거림과 불신, 분기별 대량 해고, 집에서 일하지 않는 것 등에 대해서 이야기했다. 한 종업원은 온라인을 통해 다음과 같이 말했다. "당신은 유독한 환경의 일부입니다…. 당신의 재능을 나쁜 것보다는 좋은 것을 위해 쓸 수 있는 직업을 찾으세요."

부담으로서의 문화

문화는 조직 몰입을 증진시키고, 종업원 행동을 일관성 있게 만든다. 이것은 분명히 조직에 좋은 결과를 가져다줄 것이다. 문화는 종업원들에게도 일을 어떻게 해야 하는지, 무엇이 더 중요한지를 알려주기 때문에 중요하다. 그러나 우리는 문화가 가져올 수 있는 특히 강한 문화가 조직의 효과성에 미칠 수 있는 잠재적인 역기능에 대해서도 관심을 가져야 한다. 한때 최고의 컴퓨터 제조업체로 잘 알려진 휴렛 팩커드는 최고경영진의 역기능, 종업원의 이탈, 잃어버린 창조력, 노력에 대한 비인정 및 양극화로 인해 급속도로 시장점유율과 이익을 잃었다.[31] 다음에서는 이처럼 부정적인 조직문화의 신호인 주요 요소들 몇 가지를 제도화부터 살펴보기로 한다.

제도화 조직이 **제도화**(institutionalization)가 되면, 즉 생산하는 물건이나 서비스보다 조직 자체를 더 중요시하게 되면 그 조직은 창업자나 구성원과는 별도로 자체의 삶을 시작하게 된다.[32] 제도화된 조직은 원래 설립 목적과 더 이상 관계가 없더라도 사업 활동을 멈추려 하지 않는다. 수용 가능한 행동양식들 대부분이 구성원들에게 명확하게 인식되고, 이것이 전적으로 부정적인 것은 아니지만 의문시되거나 분석되어야 할 행동과 습관들이 당연한 것으로 여겨져 때로는 혁신을 방해하고 조직문화 그 자체를 유지하는 것을 목적으로 할 수 있다.

변화에 대한 장벽 공유된 가치가 조직의 효과성과 더 이상 일치하지 않을 때 문화는 부담이 될 수 있다. 이것은 조직의 환경이 급격히 변화할 때 이미 굳어진 문화가 더 이상 적절하지 않을 때 대부분 나타난다.[33] 안정적인 환경에서 조직의 자산이었던 종업원들의 행동 일관성은 조직에 짐이 될 수 있고 변화에 대한 대응을 어렵게 한다.

다양성에 대한 장벽 조직문화로 인해 나타나는 다양성에 대한 많은 장벽이 있다. 인종, 나이, 성별, 장애, 혹은 기타 특징들이 대다수의 조직 구성원들과 다른 사람을 채용할 경우 역설이 나타난다.[34] 경영진은 이들이 작업장에 가져올 수 있는 이러한 차이를 지원하는 증거들을 보여주고 싶지만 조직에 적응하기를 원하는 신입사원들은 조직의 핵심 문화 가치를 받아들여야 한다. 신속하게 동화되려는 욕구는 다양성을 가로막는 장애물 중 하나이다. 둘째, 다양한 행동과 독특한 강점들은 사람들이 동화되면서 점차 줄어들기 때문에 그들이 효과적으로 다양성의 장점을 제거하려고 할 경우에는 강한 문화가 부담이 될 수 있다. 셋째, 편견을 용인하고 지지하거나 차이에 둔감한 강한 문화는 기업의 공식적인 다양성 정책을 훼손할 수 있다.

강화되는 역기능 우리는 지금까지 긍정적인 가치와 태도를 중심으로 전반적으로 결집되는 문화에 대해 살펴보았다. 이러한 합의는 강력한 추진력을 창출할 수 있다. 그러나 기업에서 부정적인 태도와 역기능적인 경영 시스템을 중심으로 이루어지는 결집 역시 강력한 하향력을 가져올 수 있다. 수백 개 지역의 병원산업 종업원 수천 명을 대상으로 연구한 결과 각 지역의 조직문화가 낮거나 직무 만족이 낮은 경우에는 전반적으로 긍정적인 조직문화에 관계없이 이직률이 높은 것으로 나타났다.[35] 이 책을 통해 살펴본 바와 같이 낮은 직무 만족과 높은 이직률은 조직 어딘가에서 역기능이 있음을 의미한다. 집단의 부정적인 태도는 부정적인 결과에 더해져 개인에 대한 문화의 영향을 강력하게 한다.

인수합병에 대한 장벽   역사적으로 볼 때 경영진이 인수합병을 결정할 때 핵심요인은 재무적 성과와 제품의 시너지이다. 최근에는 문화의 양립 가능성이 주요한 관심사가 되고 있다.[36] 다른 조건이 모두 같다면 합병이 실제로 효과를 발휘할 수 있는지는 두 조직의 문화가 얼마나 잘 조화를 이루느냐에 달려 있다. 이들이 조화가 잘 이루어지지 않을 경우 두 회사의 조직문화는 새로운 조직에 대한 골칫거리가 된다. 예를 들어 베인앤드컴퍼니가 수행한 연구에 따르면 70%의 인수합병이 주주들의 가치를 높이는 데 실패했음을 발견했고, 헤이그룹의 연구에서는 유럽에서 이루어진 합병의 90% 이상이 재무 목표를 달성하는 데 실패한 것으로 나타났다.[37] 이와 같이 저조한 성공률을 감안할 때 딜로이트 컨설팅사의 로렌스 치아는 "가장 큰 실패 원인 중 하나는 사람이다. A라는 회사의 사람들과 B라는 회사의 사람들이 일하는 방식이 서로 다르다…. 공동 목표를 찾을 수가 없다."라고 말했다. 문화 충돌 역시 AOL 타임워너의 문제의 원인 중 하나라고 제기되었다. AOL과 타임워너 간에 2001년에 이루어진 1,830억 달러짜리 합병은 미국 역사상 최대 규모였지만 그 결과는 재앙으로 끝났다. 단 2년 만에 주가는 90%가 하락했고 새 회사는 미국 역사상 최대 규모의 재무적 손실을 기록했다.

문화의 형성과 유지

한 조직의 문화는 아무런 근거도 없이 툭 튀어나오는 것이 아니며, 일단 한번 만들어지면 좀처럼 사라지지도 않는다. 어떤 요소들이 문화의 형성에 영향을 미치는가? 무엇이 이렇게 만들어진 문화를 강화하고 유지시켜주는가?

문화는 어떻게 만들어지는가

한 조직이 가지고 있는 현재의 관습과 전통, 일반적인 일 처리 방식 등은 주로 과거에 어떻게 일을 했고 그런 시도가 얼마나 성공적이었는가와 관련되어 있다. 이것은 조직문화의 궁극적인 원천은 창업자라는 생각을 하게 한다.[38] 창업자는 조직이 어떻게 되어야 할 것인지에 대한 비전을 가지고 있으며, 초기의 작은 조직 규모는 그러한 비전을 모든 구성원들에게 쉽게 심어줄 수 있게 한다.

문화는 세 가지 방식으로 만들어진다.[39] 첫째, 창업자는 자신과 똑같은 방식으로 생각하는 사람을 직원으로 채용하고 유지한다. 둘째, 창업자는 자신의 생각과 느낌을 종업원들에게 주입하고 사회화시킨다. 마지막으로, 창업자의 행동 자체가 종업원들로 하여금 그러한 행동을 받아들이고 창업자의 신념과 가치, 가정을 내면화하도록 장려한다. 조직이 성공하면 창업자의 성격이 문화로 체화된다. 예를 들어 한국의 재벌 그룹 중 하나인 현대의 용감하고 경쟁적이며, 잘 훈련되어 있고 권위주의적인 특성들은 창업자인 정주영 회장을 설명하는 특징과 동일한 것들이다. 조직문화 형성에 지속적으로 영향을 미친 다른 창업자로는 마이크로소프트사의 빌 게이츠, 이케아의 잉그바르 캄프라드, 사우스웨스트항공사의 허브 켈러허, 페덱스의 프레드 스미스, 버진그룹의 리처드 브랜슨 등을 들 수 있다.

문화를 생생하게 유지하기

일단 문화가 만들어지고 나면 조직 내 관행은 종업원들에게 비슷한 경험을 제공함으로써 그것을 유지한다.[40] 선발과 성과평가 기준, 교육 및 개발 활동, 승진 절차 등을 통해 조직문화에 적합한 사람은 지원하고 보상을 해주고, 조직문화를 거부하는 사람들에게는 벌칙을 주거나 심지어는 쫓아내기도 한다. 조직문화를 유지하는 데 특히 중요한 역할을 하는 세 가지는 선발 관행과 최고경영자의 행동, 사회화 방법이다. 다음에서 이들 세 가지를 살펴보자.

선발 선발의 명확한 목표는 일을 성공적으로 수행할 수 있는 지식과 기술, 능력을 가진 사람을 선별하여 고용하는 것이다. 누구를 채용할 것인가에 대한 최종적인 결정은 후보자가 조직에 얼마나 잘 적응할 수 있을 것인가에 대한 의사결정자의 주관적인 판단에 의해 크게 영향을 받기 때문에 조직의 가치와 많은 부분에서 일관성을 가지고 있는 사람을 채용하게 된다.[41] 선발 과정은 응모자에게 조직에 대한 정보를 제공한다. 이를 통해 자신의 가치와 조직의 가치가 다르다는 것을 인식한 사람은 지원자 집단에서 스스로 빠져 나올 수 있다. 따라서 선발 과정은 고용주와 지원자들이 부적합을 피하고, 조직의 핵심 가치를 공격하거나 훼손할 수 있는 사람은 제외시킴으로써 조직의 문화를 유지할 수 있게 해주는 쌍방향적인 과정이다.

최고경영자 최고경영자의 행동은 조직문화에 영향을 미치는 중요한 요소이다.[42] 그들의 말과 행동을 통해 경영진은 위험을 감수하는 것이 바람직한 것인지, 부하들에게 어느 정도나 자율권을 주어야 할 것인지, 적절한 복장이 무엇이고 어떤 행동을 해야 보상을 받고, 승진할 수 있는지 등과 같은 규범을 설정한다.

사회화　모집과 선발이 아무리 잘되었다고 하더라도 신입사원들에게는 조직문화에 적응할 수 있도록 도움이 필요하고, 그러한 도움을 **사회화**(socialization)라고 한다.[43] 사회화는 일자리가 기대와 다를 때 종업원들이 겪는 문제를 완화하는 데 도움을 줄 수 있다. 예를 들어 클리어 채널커뮤니케이션즈, 페이스북, 구글 및 다른 기업들은 사회화 활동을 담당하고, 맞춤형 오리엔테이션 프로그램을 설정하고 바로 해야 할 업무를 할당해주는 '동료 코치'를 포함하여 신선한 신입사원 적응 프로그램을 채택하고 있다. 하버드대학교 연구원인 프란체스카 지노는 "우리가 사람들의 개인적인 정체성을 강조하고 그들 스스로를 더 많이 보여줄 수 있게 할 때 그들은 직무에 더 만족하고 더 좋은 결과를 만들어 낼 수 있다."라고 말했다.[44]

　사회화는 사전사회화 단계, 직접대면 단계, 변형 단계라는 3단계 과정으로 생각할 수 있다.[45] 이러한 과정은 〈도표 16-2〉에서 보는 바와 같이 신입사원의 작업 생산성, 조직 목표에 대한 헌신 의지, 그리고 조직에 남아 있으려는 결정에 영향을 미친다.

1. **사전사회화 단계**(prearrival stage)　사전사회화 단계에서 개인은 일과 조직에 대한 일련의 가치, 태도, 기대를 가지고 조직에 들어온다는 것을 인식한다. 예를 들어 경영대학의 가장 큰 목적 중 하나는 경영학 전공 학생들을 기업이 원하는 태도와 행동을 갖추도록 사회화하는 것이다. 시장에서 강력한 지위를 가지고 있는 우량 기업에 들어간 신입사원은 그곳에서 어떻게 일할 것인지에 대한 자신의 가정을 가지고 있을 것이다.[46] 예를 들어 대부분의 신참자들은 나이키는 역동적이고 활기찬 회사이고, 증권회사는 압력과 보상이 높을 것이라고 기대한다. 그들이 조직에 들어오기 전에 얼마나 정확하게 조직문화를 판단했는지, 얼마나 적극적인 성격인지가 그들이 새로운 문화에 잘 적응할 수 있는지를 예측해주는 핵심 요인이다.[47]

2. **직접대면 단계**(encounter stage)　선발과정은 예비 종업원에게 조직 전체에 대한 정보를 제공하는 데 도움이 된다. 조직에 들어가면서 신입 구성원은 직접대면 단계에 들어가게 되며, 이 단계에서 직무, 동료, 상사, 조직 전반에 대한 자신의 기대와 현

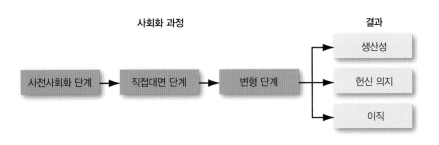

사회화 과정　　　　　　　　　　　　　　　　　결과　　　　　　　　도표 16-2
사회화 모델

사전사회화 단계 → 직접대면 단계 → 변형 단계 → 생산성 / 헌신 의지 / 이직

실이 다를 수 있다는 가능성에 직면하게 된다. 만일 그러한 기대가 상당히 정확했다면 직접대면 단계는 단순히 이전에 알고 있던 것들을 확실하게 해준다. 그러나 이런 경우는 많지 않다. 극단적인 경우 신입사원은 환상에서 깨어나 사직을 할 수도 있다. 적절한 모집과 선발은 동료와 친구들이 신입사원들로 하여금 '요령을 학습'하도록 도와주는 것과 같이 조직 내에서 우호적인 관계를 강화함으로써 그러한 결과가 나타나지 않도록 해야만 한다.[48]

3. **변형 단계**(metamorphosis stage) 마지막으로 신입사원은 직접대면 단계에서 발견된 문제를 해결함으로써 스스로 변화하거나 앞으로 나아가 **변형 단계**에 들어간다. 다음의 〈도표 16-3〉은 변형을 가져오도록 고안된 대안들이다. 대부분의 연구 결과는 크게 두 부류의 사회화 방법이 있음을 제시하고 있다. 경영진이 공식적, 집단적, 고정적, 연속적인 사회화 프로그램에 의존하고 박탈을 강조할수록 신입사원들 간 차이점은 줄어들고 예측 가능한 표준 행동으로 대체가 될 것이다. 이러한 **제도적 관**

도표 16-3
사회화 전략

공식적 대 비공식적 : 신입직원들이 작업현장을 벗어나 종업원으로서의 역할에 대한 교육을 더 많이 받을수록 사회화는 더 공식화된다. 구체적인 오리엔테이션이니 훈련프로그램들이 그 예가 될 수 있다. 비공식적인 사회화는 신입직원을 직무에 직접 배치하며, 이에 대해 특별한 관심이나 주의를 두지 않는 방법이다.

개인적 대 집단적 : 신입직원을 개인적으로 사회화할 수도 있다. 특히 전문직의 경우 이러한 방법을 많이 사용한다. 이와 반대로 신병훈련소처럼 모든 신입직원들을 함께 모아 두고 똑같은 경험을 통해 사회화할 수도 있다.

고정적 대 변동적 : 신입직원이 외부인에서 내부인으로 전환될 수 있도록 하는 시간 스케줄을 말한다. 고정적인 스케줄은 예를 들면 순환 교육 프로그램과 같은 표준화된 전환단계를 마련해두고 있다. 회계법인이나 법률회사에서 파트너가 될 수 있는지를 결정하기 전에 사원 직급에서 보내는 8~10년간의 수습 기간이 여기에 해당된다. 변동적인 스케줄은 전환에 대한 구체적인 시간계획을 사전에 알려주지 않는 경우이다. 변동적인 스케줄하의 전형적인 승진체계는 그 사람이 준비될 때까지 다음 단계로 승진시켜주지 않는 것과 같다.

연속적 대 임의적 : 연속적인 사회화는 신입직원을 훈련하고 격려시킬 수 있는 역할 모델을 사용하는 것이 특징이다. 도제제도와 멘토링 프로그램이 대표적인 예이다. 이에 비해 임의적인 사회화에서는 역할모델을 의도적으로 두지 않는다. 신입직원들이 스스로 일을 처리하도록 내버려 두는 방법이다.

인증적 대 박탈적 : 인증적 사회화는 신입직원의 자질과 자격이 직무를 성공적으로 수행하는 데 필수적인 요소로 생각하며, 따라서 이들의 자질과 자격을 파악하고 지원해주는 방식이다. 이에 비해 박탈적 사회화는 모집된 사람들에 대해 어떤 딱지나 속성을 제거해주는 방법이다. 예를 들어 대학 내 남학생 및 여학생 단체는 그들에게 적절한 역할을 형성하도록 박탈적 사회화를 통해 '맹세'하게 한다.

행은 경찰서, 소방서, 규칙과 명령이 중요한 다른 조직에서 흔히 사용된다. 반면에 비공식적, 개인적, 변동적, 무작위적이고 인증을 강조하는 프로그램은 신입사원들의 역할과 일하는 방식에 혁신적인 감각을 넣어주게 될 것이다. 연구개발, 광고, 영화제작 등과 같은 창의적인 분야에서는 이와 같은 개인적 관행에 의존하게 된다. 대부분의 연구에서는 고도의 제도적 관행은 개인-조직 적합성과 높은 수준의 헌신 의지를 촉진하지만 개인적 관행은 혁신 역할을 증가시킨다는 결과를 제시하고 있다.[49]

연구자들은 처음 몇 달 동안 몇 번에 걸친 측정을 통해 종업원의 태도가 어떻게 사회화 과정 동안 변하는지를 조사했다. 몇몇 연구에서는 신입사원들의 경우 '허니문'과 '숙취 효과'라는 패턴이 있음을 밝혀냈다. 즉, 초기 적응 기간 동안 이상적인 희망이 조직생활이라는 현실을 만나 직무 만족이 떨어지는 현상을 보이는 것으로 나타났다.[50] 모든 사람들이 '일상적인 일'로 돌아감에 따라 신입사원들은 처음 몇 주가 지나면 직무에 대해 상사와 동료로부터 받는 사회적 지원 수준이 점점 줄어드는 것을 느낄 것이다.[51] 시간이 지남에 따라 신입사원들은 역할 갈등과 역할 과부하가 일어날 수 있고, 이러한 역할 관련 문제를 가장 많이 경험한 사람일수록 조직에 대한 헌신 의지와 만족도는 가장 많이 떨어질 것이다.[52] 신입사원들에게 있어서 초기의 적응 기간은 적어도 단기적으로는 요구와 어려움이 증가하는 것을 의미할 수도 있다.

요약 : 조직문화는 어떻게 형성되는가

〈도표 16-4〉는 조직문화가 어떻게 형성되고 유지되는가를 요약한 것이다. 최초의 문화는 창업자의 철학에서 나오며 이것은 기업이 성장하면서 채용 기준에 강력한 영향을 미친다. 사회화의 성공 여부는 선발 과정에서 신입사원의 가치와 조직의 가치가 잘 매치되는 정도와 사회화 방법에 대한 최고경영진의 의지에 의해서 결정된다. 최고경영자의 행동은 수용 가능한 행동과 그렇지 않은 행동이 무엇인지를 포함하는 전반적인 분위기를 설정하고, 종업원들은 그러한 문화를 유지하고 영속화한다.

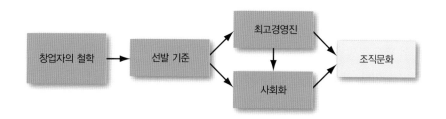

도표 16-4
조직문화는 어떻게 형성되는가

구성원들은 문화를 어떻게 배우는가

문화는 다양한 형태로 구성원들에게 전달되며, 대표적인 것으로는 일화, 의식, 상징물과 언어 등을 들 수 있다.

일화

헨리 포드 2세가 포드 자동차의 회장으로 있는 동안 오만한 경영진들에게 포드가 해주었다는 다음과 같은 이야기를 듣지 못한 관리자들은 거의 없을 것이다. "이 빌딩에 붙어 있는 것은 내 이름일세." 이 말이 전하는 메시지는 분명한 것이다. 즉, 헨리 포드 2세가 회사를 경영하고 있다는 것이다.

오늘날 나이키에서는 많은 임원들이 회사의 스토리텔러로서 그들의 많은 시간을 보낸다.[53] 그들은 공동창업자(오리건대학교의 육상코치)인 빌 보워먼이 더 좋은 신발을 만들기 위해 고무를 아내의 와플기계에 쏟아 부었다는 이야기를 들려주면서 나이키의 혁신 정신을 말한다. 신입사원들은 오리건의 육상 스타인 스티브 프리폰테인이 육상을 프로 스포츠로 만들고 더 나은 장비를 얻기 위해 얼마나 열심히 노력했는지를 들으면서 운동 신수들에 대한 나이키의 헌신을 배운다.

이와 같은 일화는 많은 조직에서 전해지고 있으며, 과거와 현재를 연결해주고, 현재의 관행을 정당화해준다. 이러한 이야기들은 대부분 조직의 창업자에 대한 사건, 규칙을 깨뜨린 이야기, 무일푼에서 부자로 성공한 이야기, 인력 감축에 대한 이야기, 종업원들에 대한 재배치, 과거의 실수에 대한 대응, 조직의 대처 방안 등에 대한 내용을 포함하고 있다.[54] 종업원들 또한 사회화 과정에서 첫 번째 출근한 날, 다른 사람들과의 초기 상호작용, 조직 생활에 대한 첫인상을 포함하여 조직과 어떤 것이 맞고 어느 것이 맞지 않았는지 등에 대한 자신의 이야기를 만든다.[55]

의식

의식(rituals)은 어떤 목표가 가장 중요한지, 어떤 사람이 중요한 사람이고 어떤 사람이 그렇지 않은지 등과 같은 조직의 핵심적인 가치를 표현하고 강화하는 반복적으로 일어나는 일련의 활동을 말한다.[56] 일부 기업들은 그들의 문화 가치를 지원하는 비전통적인 의식을 가지고 있다. 포춘지가 선정한 일하기 좋은 100대 기업 중 하나인 킴튼 호텔 & 레스토랑은 눈 가리고 침대 정리하기, 눈 가리고 진공청소기 경주 등을 포함한 하우스키핑

올림픽과 같은 전통을 바탕으로 고객 중심의 문화를 유지한다.[57] 마케팅 회사인 유나이 티드 엔터테인먼트 그룹의 직원들은 1년에 몇 번씩은 저녁 늦게 도착해서 다음날 새벽까 지 비일상적인 시간에 일을 한다. CEO인 재러드 모지스는 창의성 문화를 지원하기 위 해 이렇게 한다. 그는 "사람들의 내부시계(생체시계)를 흩트려 놓으면 뭔가 재미있는 아 이디어가 나옵니다."라고 말한다.[58]

상징물

회사 본사의 레이아웃, 최고경영진이 사용하는 자동차의 종류, 전용 항공기를 가지고 있 는지의 여부 등은 물질적인 **상징물**(material symbols)의 몇 가지 예이다. 기타 사무실의 크기, 가구의 우아함, 특권 및 복장 등도 포함될 수 있다.[59] 이와 같은 물질적인 상징물 들은 종업원들에게 누가 중요한 사람이고, 최고경영진이 원하는 수준의 평등주의가 어 느 정도인지, 적절하다고 판단되는 행위의 유형(예를 들면, 위험감수, 보수주의, 권위주 의, 참여주의, 개인주의 등)이 무엇인지 등을 전달해주는 역할을 한다.

물질적 상징물을 의도적으로 사용하는 한 가지 예는 텍사스 전기 회사인 다이너지다. 다이너지의 본사는 전형적인 본사 운영 방식과는 다르다. 고위 임원진조차도 개인 사무 실이 거의 없다. 공간은 기본적으로 칸막이로 이루어진 공간, 공용 공간, 회의실로 구성 된다. 이러한 비공식성은 종업원들에게 다이너지가 개방성, 평등성, 창조성, 유연성을 중시한다는 것을 알려준다. 일부 조직은 최고경영진에게 운전기사가 딸린 고급 리무진 과 전용 항공기를 제공하지만 다른 CEO들은 스스로 회사 차를 운전하고 이코노미석을 이용해 여행을 한다. 시카고의 티셔츠 메이커인 스레드리스와 같은 일부 기업들의 '무엇 이든 해봐.'라는 분위기는 종업원들의 창의성 문화를 강조하는 데 도움이 된다. 스레드 리스의 회의는 개조된 페덱스 창고에 주차된 에어스트림 캠프에서 개최되며, 반바지에 샌들을 신은 종업원들은 각 팀이 선택한 디스코 볼과 야한 장식이 특징인 탁 트인 공간 에서 일한다.[60]

일부 문화는 그들의 환경에 적합한 혜택을 제공한다. 예를 들면, 구글의 보체 코트, 팩 트셋 리서치의 파이, 치즈, 컵케이크 트럭, 소프트웨어 설계사인 오토데스크의 강아지를 사무실에 데려오기, SAS의 무료 건강 클리닉, 마이크로소프트의 오가닉 스파, 어드벤처 용품 전문기업인 REI의 무료 장비 대여 등과 같은 혜택을 들 수 있다. 다른 기업들은 리 더와 함께 혹은 리더가 없이 창의적으로 생각할 수 있는 시간을 제공함으로써 그들의 문 화 가치를 전달한다. 예를 들어 바이오테크 산업의 리더인 제네테크와 많은 최상위 기업들은 유급 안식년을 제공한다. 제네테크는 모든 종업원들에게 6년마다 6주간의 유급 휴가를 제공하며, 이를 통해 평등한 문화와 혁신적인 문화를 지원한다.[61]

언어

많은 조직과 부서는 구성원들이 문화를 파악하고, 그것을 수용했음을 증명하고, 보존하는 데 도움을 주는 언어를 사용하고 있다. 독특한 용어는 장비, 상사, 핵심인물, 공급자, 고객 또는 사업과 관련된 제품을 설명하는 데 사용된다. 신입사원들은 흔히 수많은 약어나 은어로 인해 당황하기도 하지만 이러한 용어는 습득되고 나면 주어진 문화 또는 하위문화의 구성원들을 묶어주는 공통분모로서의 역할을 한다.

조직문화에 대한 영향

앞에서 살펴본 바와 같이 조직문화는 창업자에 의해 결정되며, 그 이후에는 변화시키는 것이 종종 어렵다. 이상적인 시나리오는 강력한 창업자(혹은 창업자)가 사전에 신중하게 조직문화 계획을 만드는 것이다. 드물기는 하지만 조직문화는 시간이 지남에 따라 유기적으로 성장한다. 우리는 문화 발전이 종업원을 통해 지속적으로 진행되는 것으로 생각할 경우 다음에서 살펴보는 바와 같이 환경의 윤리적, 긍정적, 영성적 측면을 향상시킬 수 있는 방법을 생각해볼 수 있을 것이다.

윤리적 문화

산업과 문화의 차이에도 불구하고 윤리적 조직문화는 공통의 가치와 프로세스를 공유한다.[62] 따라서 경영자는 다음과 같은 원칙을 고수함으로써 보다 윤리적 문화를 창출할 수 있다.[63]

- **눈에 띄는 역할 모델이 된다** 종업원들은 적절한 행동 기준이 무엇인가를 알기 위해 최고경영자의 행동을 자세하게 관찰하지만, 모든 사람들이 윤리적 분위기에 긍정적으로 영향을 미칠 수 있는 역할 모델이 될 수 있다. 긍정적인 메시지를 전달하라.
- **윤리적 기대를 알려준다** 리더십 역량을 발휘할 때마다 조직의 핵심 가치를 표명하는 윤리 규정과 종업원들이 따라야 하는 판단 규칙을 공유함으로써 윤리적 모호성을 최소화해야 한다.

- **윤리 교육을 제공한다** 조직의 행동의 표준을 강화할 수 있고, 어떤 행동이 허용되는지 명확히 하고, 윤리적 딜레마를 해결할 수 있는 세미나, 워크숍 및 훈련 프로그램을 마련하라.
- **윤리적인 행동은 공개적으로 보상하고 비윤리적인 행동은 처벌한다** 조직의 윤리 규정에 비추어 부하들의 의사결정을 평가하라. 목적뿐만 아니라 수단까지도 검토해야 한다. 윤리적으로 행동하는 사람들은 보상하고, 비윤리적인 행동에 대해서는 처벌해야 한다.
- **보호 메커니즘을 제공한다** 모든 사람들이 윤리적인 딜레마에 대해 토론할 수 있고, 비난받지 않고 비윤리적인 행동을 보고할 수 있는 공식적인 메커니즘을 찾아라. 여기에는 윤리에 대한 상담 제도, 옴부즈맨, 연결 역할을 수행하는 윤리 담당관 등이 포함된다.

광범위하게 긍정적이고 윤리적인 분위기를 만드는 것은 최고경영진에서 시작해야만 한다.[64] 한 연구에서는 최고경영진이 윤리적 가치를 강력하게 강조할 경우 하위 관리자들이 보다 더 윤리적인 리더십을 발휘하는 경향이 있는 것으로 나타났다. 이러한 긍정적이고 윤리적인 태도는 현장의 종업원들에게까지 내려가 일탈행위가 일어나지 않고 더 많은 협동과 지원이 이루어지도록 한다. 몇몇 다른 연구 결과 역시 동일한 결론을 발견했다. 즉 최고경영진의 가치는 종업원들의 윤리적 행동에 대한 좋은 예측요인이다. 감사인이 포함된 한 연구에서는 비윤리적으로 행동하는 조직 리더로부터의 지각된 압력은 비윤리적 행동 의도를 증가시키는 것으로 나타났다.[65] 분명히 잘못된 유형의 조직문화는 종업원의 윤리적 행동에 부정적인 영향을 미친다. 마지막으로 자기 부서의 윤리적 가치와 비슷한 윤리적 가치를 가지고 있는 종업원은 승진할 가능성이 더 높고, 따라서 윤리적 문화는 아래에서 위로도 흘러간다고 생각할 수 있다.[66]

긍정적인 문화

얼핏 보기에 긍정적인 문화를 만드는 것은 희망이 없는 초보자 혹은 딜버트* 스타일의 음모처럼 들릴 것이다. 그러나 여기서 살펴보게 될 이러한 트렌드는 조직행동에 대한 이론과 현장의 실무가 융합되고 있는 신호라고 우리는 믿고 있다. **긍정적 조직문화**(positive

---

* 작가인 스콧 아담스에 의해 창조된 만화 주인공이며, 대기업 엔지니어로서 회사 생활에서 겪는 여러 가지 이야기를 통해 대기업 문화를 풍자하면서 신랄하게 비판한다. – 역주

organizational culture)는 종업원의 장점 만들기를 중시하고, 처벌보다는 보상, 개인의 활력과 성장을 강조한다.[67] 다음에서 이러한 내용을 살펴보자.

종업원의 장점 만들기   비록 긍정적 조직문화가 문제를 무시하는 것은 아니지만 긍정적 조직문화는 종업원들이 어떻게 그들의 장점을 극대화할 수 있느냐를 강조한다. 경영학의 대가 피터 드러커는 "대부분의 미국인들은 자신의 장점이 무엇인지를 잘 모른다. 만약 그들에게 물으면 그들은 멍한 눈으로 주관으로 대답을 하겠지만 그것은 틀린 답이다."라고 말했다. 당신의 장점이 무엇인지 알고 있는가? 그것을 발견하고 가장 잘 활용할 수 있도록 도와주는 조직문화가 좋은 것이 아니겠는가?

처벌보다는 보상하기   비록 많은 조직들이 임금, 승진 등과 같이 외재적 보상에 집중하고 있지만 그들은 종종 칭찬과 같은 작고 값싼 보상의 힘을 잊어버린다. 긍정적인 조직문화 만들기의 일부분은 '옳은 일을 하고 있는 종업원을 찾아내는 것'에 있다. 많은 관리자들은 종업원들이 칭찬을 타성으로 여기거나 칭찬을 가치 있게 생각하지 않기 때문에 칭찬을 보류한다. 종업원들은 일반적으로 칭찬을 요구하지 않고, 관리자들 또한 칭찬에 실패했을 때의 비용을 인식하지 못한다.

활력과 성장을 강조하기   자기 자신을 단순한 도구나 조직의 한 부품으로 생각하는 종업원들로부터 최상의 결과를 얻어낼 수 있는 조직은 없을 것이다. 긍정적인 문화는 직무와 경력 간의 차이를 인식하고 종업원들이 조직의 효과성에 공헌하도록 지원하는 것뿐만 아니라 종업원들이 개인적으로나 전문적으로나 보다 효과적인 사람이 될 수 있도록 조직이 할 수 있는 것이 무엇인지에 관심을 가진다.

외부맥락 인식하기   긍정적인 문화는 만병통치약인가? 비록 많은 회사들이 긍정적인 조직문화의 특징을 가지고 있지만 언제 어떻게 그것이 잘 작동하는지에 대해서는 아직 명확하지 않다.

　　모든 국가 문화가 미국 문화에서처럼 긍정성에 가치를 두는 것은 아니며, 심지어 미국의 문화에서도 어디까지 긍정적인 문화를 추구해야 하는지에 한계가 존재한다. 그러한 한계는 산업과 사회에 따라 규정될 필요가 있다. 예를 들어 영국의 보험회사인 애드미럴은 콜센터에 오락부를 만들어서 시 쓰기, 축구, 밤으로 하는 영국의 컨커 게임, 화려한 옷 입기 등을 추진하고 있는데, 이러한 것들은 보다 신중함을 중요시하는 산업과는 충돌할 것이다. 이러한 긍정적 문화를 추구하는 것이 강압적인 것으로 보이기 시작하는 것은 언제인가? 한 비평가는 "긍정주의의 사회적 정설을 촉진하는 것은 특정한 바람직한 상태나 특징에 초점을 두는 것이지만 그렇게 함으로써 틀에 맞지 않은 사람들을 비난할 수 있다."[68]라고 말했다. 요약하면, 긍정적인 문화를 만드는 것이 이익이 될 수 있지만 조직은 더욱 더 객관적이기 위해 노력해야 하며 효과성을 지나쳐 그것을 추구해서는 안 된다는 것이다.

영성적 문화

사우스웨스트 항공, 휴렛 팩커드, 포드, 맨스웨어하우스, 타이슨푸드, 웨더릴 어소시에이트, 톰스오브메인의 공통점은 무엇인가? 그들은 직장에서의 영성을 포용해가는 많은 조직들 중 일부이다.

영성이란 무엇인가 직장에서의 영성은 종교적인 것이 아니다. 신이나 신학에 대한 것이 아니다. **직장의 영성**(workplace spirituality)은 사람들이 사회라는 맥락 속에서 의미 있는 일을 통해 성장하는 내적인 삶을 살고 있음을 인식하는 것이다.[69] 영성적 문화를 지원하는 조직은 사람들이 그들의 일에서 의미와 목적을 찾고, 사회의 일원으로서 다른 사람들과 소통하고자 한다는 것을 인식한다. 지금까지 다루었던 많은 주제들(즉 직무 설계에서부터 기업의 사회적 책임에 이르기까지)은 조직의 영성 개념에 잘 부합한다. 어떤 회사가 스타벅스가 하는 것처럼 제3세계 공급자들에게 지역사회 발전을 촉진하기 위해 그들 제품에 공정하게 시장가격 이상으로 지불하겠다는 약속을 강조하거나, 인터스테이트 배터리가 하는 것처럼 종업원들에게 이메일을 통해 공동으로 기도와 영감을 주는 메시지를 공유하도록 장려할 때에 보다 영성적인 문화를 장려할 수 있다.[70]

왜 지금 영성인가 제4장 감정에 대한 논의에서 살펴본 바와 같이 합리성의 신화는 잘 운영되는 조직은 사람들의 감정을 제거한다고 가정했다. 완벽하게 합리적인 모델에서는 종업원들의 내적인 삶에 대한 관심이 아무런 역할을 하지 못했다. 그러나 우리가 감정을 공부함으로써 조직행동론에 대한 우리의 이해를 높인 것과 마찬가지로 영성에 대한 인식은 종업원들의 행동을 보다 더 잘 이해하도록 도움을 줄 수 있다.

물론 종업원들이 항상 내적인 삶을 가지고 있는 것은 아니다. 그렇다면 왜 일에서 의미와 목적을 찾는 현상이 지금 이 순간에 표면화되었는가? 우리는 그 이유를 다음 〈도표 16-5〉에서 요약 제시하였다.

도표 16-5
**영성에 대한 관심이
증가하는 이유**

- 영성은 격동적인 삶에 대한 압박감과 스트레스를 줄여줄 수 있다. 한부모 가정, 지리적 이동성, 임시적인 직무, 사람들 간에 거리를 두게 하는 신기술 등 현대적인 라이프스타일은 많은 사람들이 느끼는 공동체의 부족을 강조하고 몰입과 연결의 필요성을 증가시킨다.

- 공식적인 종교는 많은 사람들에게 효과가 없었고, 그들은 계속해서 부족한 믿음을 대체하고, 커지는 공허감을 채워줄 무엇인가를 찾아야 한다.

- 직무 요구는 많은 사람들의 삶에서 직장이 차지하는 비중이 가장 지배적이도록 만들었지만 그들은 여전히 일의 의미에 의문을 가지고 있다.

- 사람들은 개인적인 삶의 가치와 전문가로서의 삶의 가치를 통합하고 싶어 한다.

- 보다 많은 사람들이 더 많은 물질을 추구할수록 그것을 충족하지 못한다는 사실을 알게 되었다.

영성적인 조직의 특징 직장에서의 영성 개념은 우리가 이전에 살펴본 가치, 윤리, 동기부여, 리더십으로부터 도출될 수 있다. 비록 연구가 초기 단계에 머물러 있지만 몇몇 문화적 특징들은 영성조직에서 두드러지게 나타나고 있다.[71]

- **자비심** 영성적인 조직은 다른 사람에 대한 친절과 종업원 및 조직의 다른 이해관계자들의 행복을 중요시한다.
- **강한 목적의식** 영성적인 조직은 의미 있는 목적을 중심으로 그들의 문화를 구축한다. 비록 이윤이 중요하기는 하지만 그것이 일차적인 가치는 아니다.
- **신뢰와 존경** 영성적인 조직은 상호 신뢰, 정직, 개방성이 특징이다. 종업원들은 각 개인의 존엄성에 따라 존중받고 가치 있게 다루어진다.
- **개방성** 영성적인 조직은 종업원들의 유연한 사고와 창의성을 가치 있게 생각한다.

조직에서 영성 성취하기 많은 조직들의 영성에 대한 관심이 증가하고 있지만 원칙을 실천하는 데 있어서는 어려움을 겪고 있다. 일과 삶의 균형을 지원하는 것을 포함하여 몇 가지 유형의 실천은 직장 내 영성을 촉진할 수 있다.[72] 리더들은 내적 동기부여를 촉진할 수 있는 가치, 태도, 행동을 제시하고, 일을 통한 소명의식을 보여줄 수 있다. 둘째, 종업원들이 자신의 일이 목적의식을 어떻게 제공하는지를 생각하도록 장려함으로써 영성적 직장이 되는 데 도움을 줄 수 있다. 이것은 우리가 제17장에서 살펴볼 주제인 집단상담과 조직개발을 통해 진행될 수 있다. 셋째, 타코벨, 스틸디스틸 등을 포함하여 많은 기업들이 종업원들에게 회사에 속한 목사들의 상담 서비스를 제공한다. 회사의 많은 목사들은 마켓플레이스 체플렌 USA 등과 같은 기관에 의해 고용되었지만 R.J. 레이놀즈 토바코, 타이슨 푸드 등과 같은 일부 기업들은 사목들을 직접 채용한다. 종종 성직자로 선임된 사목을 직장에 둔다는 것에는 논쟁의 여지가 있지만, 그들의 역할은 영성을 높이는 것이 아니라 이미 기독교 신앙을 가지고 있는 직원들에 대해 봉사하는 인적자원관리부서를 돕는 것이다.[73] 다른 종교의 리더들에게도 유사한 역할이 분명히 장려되어야 한다.

영성에 대한 비판 조직에서의 영성운동에 대한 비판은 다음과 같은 세 가지에 집중되어 있다. 첫째는 과학적 근거에 대한 의문이다. 직장에서의 영성에 대한 연구는 거의 없으며, 직무순환에서부터 명상센터에서의 휴양까지 영적인 것으로 파악될 만큼 그 범위가 매우 넓게 정의되고 있다. 둘째, 영성에 대한 강조는 분명 다른 종업원들을 불편하게 한다. 비평가들은 세속적인 기관, 특히 기업에서 직원들에게 영적인 가치를 부과해서는 안된다고 주장한다.[74] 이러한 비판은 영성이 종교와 신을 직장으로 가져올 경우 의심할 여지없이 맞는 말이다. 그러나 목표가 종업원들로 하여금 그들의 직장 생활에 있어서 의미와 목적을 찾도록 도와주는 데 한정된다면 그러한 비판은 덜할 것이다. 마지막으로 영성과 이윤이 양립 가능한 목표인지는 경영자와 투자자들에게는 중요한 관심사가 된다. 증거가 비록 제한적이기는 하지만 그들은 양립 가능하다. 한 연구에 따르면 종업원에게 영적 발전 기회를 제공하는 조직은 그렇지 않은 조직에 비해 성과가 높은 것으로 나타났다.[75] 다른 연구에서는 조직에서의 영성은 창의성, 종업원의 만족도, 직무몰입, 조직몰입과 정의 관계에 있는 것으로 나타났다.[76]

글로벌 맥락

우리는 제5장에서 집단주의와 개인주의, 권력 격차 등과 같은 글로벌 문화 가치에 대해 살펴보았다. 여기서는 초점을 보다 좁게 하여 조직문화가 어떻게 글로벌 상황에 의해 영향을 받는지에 초점을 두었다. 조직문화는 국가의 경계를 초월할 만큼 매우 강력하다. 그렇지만 그것이 국가의 문화와 지역의 문화를 무시해야 하거나 무시할 수 있다는 것을 의미하지는 않는다.

미국 관리자들이 할 수 있는 일차적인 것은 문화적으로 민감해지는 것이다. 미국은 사업과 문화에서 지배적인 힘을 가지고 있고, 그러한 영향력으로 인해 명성을 얻고 있다. "우리는 전 세계를 통틀어 오만한 사람들이고, 전적으로 자기중심적이며 목소리가 큰 사람들처럼 보인다."라고 미국의 한 임원은 말한다. 미국의 경영자들이 문화적 민감성을 가지는 방법은 여러 가지가 있는데, 여기에는 낮은 목소리 톤으로 말하기, 천천히 말하기, 경청, 종교와 정치에 대한 토론은 피하기 등이 있다.

윤리적 행동 관리는 국가의 문화가 기업문화와 마찰을 일으킬 수 있는 영역 중 하나이다.[77] 미국 관리자들은 보이지 않는 시장의 힘을 높이 평가하며, 이윤 극대화가 기업 조직의 도덕적 의무라고 보고 있다. 이러한 세계관은 뇌물, 정실주의, 개인적인 관계를 기반으로 한 계약 등을 매우 비윤리적인 것으로 본다. 그들은 이윤 극대화를 중요하게 생각하기 때문에 여기서 벗어난 어떠한 행동도 부적절하거나 부패한 행동으로 여긴다. 이와는 대조적으로 개발도상국가의 관리자들은 윤리적 결정은 사회적인 환경 속에서 만들어진다고 믿고 있다. 가족과 친구에게 특별한 호의를 베푸는 것은 적절할 뿐만 아니라 심지어 윤리적인 책임이라고 볼 수도 있다는 것이다. 여러 국가의 관리자들은 또한 자본주의를 회의적으로 보고 있으며, 이윤 극대화를 제한하겠지만 노동자의 이익과 주주의 이익을 같은 선상에서 이해해야 한다고 생각한다. 다국적 조직문화를 창조하는 것은 전통적으로 경쟁하는 국가의 종업원들 간에 분쟁을 일으킬 수 있다. 한 국가의 조직이 해외 활동을 위해 근로자를 채용할 때 경영진은 조직문화의 여러 측면들을 표준화할 것인지 여부를 결정해야만 한다.

요약

〈도표 16-6〉은 조직문화의 영향을 보여준다. 종업원들은 위험 감수 정도, 팀 강조, 개인에 대한 지원 등과 같은 요인을 기초로 조직에 대한 주관적인 인식을 형성한다. 이러한 전반적인 인식은 실제로 조직문화 또는 성격을 나타내며, 종업원의 성과와 만족에 영향을 미치는데, 더 강한 문화일수록 더 큰 영향을 미친다.

도표 16-6
조직문화가 어떻게 종업원들의 성과와 만족에 영향을 미치는가

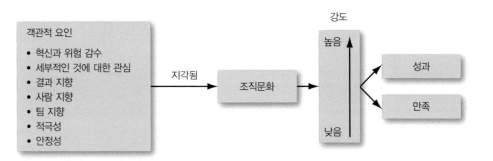

경영자에게 주는 시사점

- 한 조직의 문화는 상대적이지만 단기적으로는 고정되어 있음을 깨달아야 한다. 변화에 영향을 미치기 위해서는 최고경영진의 몰입과 장기적인 전략계획이 필요하다.

- 개인의 가치와 조직의 가치가 일치하는 사람을 고용하라. 즉 이러한 종업원들은 조직에 몰입하고 만족을 유지할 것이다. 놀라운 것은 아니지만 '부적합'은 매우 높은 이직률을 가져온다.

- 종업원의 성과와 사회화는 그들이 무엇을 해야 하는지, 무엇을 하면 안 되는지를 아는 정도에 달려 있음을 이해해야 한다. 종업원들을 잘 훈련시키고 그들의 직무 역할 변화에 대한 정보를 제공해야 한다.

- 당신은 문화가 여러분을 형성하는 만큼 때로는 당신의 작업 환경 문화를 형성할 수 있다. 모든 관리자들은 특별히 윤리적 문화를 형성하는 데 일정 역할을 할 수 있으며, 긍정적인 조직문화를 창출하는 데 있어서 영성과 그 역할을 고려해야 한다.

- 당신 회사의 조직문화는 다른 나라로 '이전' 가능하지 않을 수도 있음을 인식해야 한다. 새로운 계획이나 제안을 해외에 도입하기 전에 당신 조직의 규범이 문화적으로 관련성이 있는지를 이해해야 한다.

조직 변화와 스트레스 관리

이 책을 읽고 나면, 당신은

1. 변화와 계획된 변화의 요인을 비교할 수 있다.
2. 변화에 대한 저항의 원천을 제시할 수 있다.
3. 조직 변화의 관리에 대한 네 가지 주요 접근법을 비교 설명할 수 있다.
4. 변화를 위한 문화를 만들어내는 세 가지 방법을 제시할 수 있다.
5. 작업 스트레스에 대한 환경적·조직적·개인적 요인뿐만 아니라 개인 차이와 문화적 차이의 역할을 파악할 수 있다.
6. 작업 스트레스의 생리적·심리적·행동적 증상을 파악할 수 있다.
7. 작업 스트레스 관리를 위한 개인적·조직적 접근을 설명할 수 있다.

변화

만약 우리가 조직행동의 긍정적인 결과를 실현하기 원한다면, 이것이 결국은 이 교재 전체의 목적이지만, 우리는 조직생활의 두 가지 실체인 변화와 스트레스에 대한 이해가 필요하다. 먼저 종종 스트레스 증가를 가져오는 변화에 대해 살펴보자. 다음에서 살펴보겠지만 변화는 반응적이든 계획적이든 다양한 요인에 의해 일어난다.

변화의 힘

"변화 아니면 죽음!"이라는 말은 오늘날 전 세계 경영자들에게 경쟁적인 구호가 되었다.

변화는 종종 다음과 같은 여섯 가지 차원 중 하나 혹은 그 이상을 따라 일어난다.

1. **노동인력의 특성 변화** 거의 모든 조직이 다문화적인 환경, 인력 구성의 변화, 이민, 아웃소싱에 적응해야만 한다.

2. **기술** 기술은 지속적으로 직무와 조직을 변화시키고 있다. 가까운 미래에 현재의 사무실에 대한 생각들이 구시대의 개념이 될 것이라고 상상하기란 어렵지 않다.

3. **경제적 충격** 커다란 경제적 충격 역시 조직에 영향을 미친다. 2007년부터 2009년까지 엄청난 경기 침체 동안 수백만 명이 일자리를 잃었고, 집값은 극적으로 하락했으며, 메릴린치, 컨트리와이드 파이낸셜, 아메리퀘스트 등과 같이 미국에서 널리 알려진 기업들이 사라지거나 합병되었다. 많은 나라에서 회복이 이루어졌고, 그와 함께 새로운 일자리와 투자가 이루어졌다. 그리스와 스페인 등과 같은 다른 나라들은 경제 기반을 확보하기 위해 고전하고 있으며, 그리스와 스페인의 많은 조직들의 생존 가능성은 제한적이다.

4. **경쟁이 달라지고 있다** 대양을 건너오는 경쟁자들이 옆 동네에서 오는 것만큼이나 쉬워졌다. 성공적인 조직은 발 빠르게 움직일 수 있으며 신제품을 신속하게 개발하고 그것을 새빨리 시상에 내놓을 수 있는 능력을 가지고 있다. 바꾸어 말하면 그들은 매우 유연하고, 그에 따라 융통성이 있고, 반응이 빠른 노동 인력이 필요하다.

5. **사회 추세** 사회 추세는 정태적으로 남아 있지 않는다. 낯선 사람이었던 소비자들이 이제는 대화방과 블로그를 통해 만나고 제품 정보를 공유한다. 그러므로 조직은 지속적으로 변화하는 사회 추세에 민감하게 제품과 마케팅 전략을 조정해야 한다. 소비자, 종업원, 조직의 리더들은 환경 문제에 더욱 민감해졌다. '녹색'이라는 말이 이제는 급속하게 선택이 아닌 기본이 되어가고 있다.

6. 글로벌화를 강력하게 옹호하는 사람들조차 세계 정세가 최근에 어떻게 변화할지에 대해서는 상상조차 하지 못했다. 우리는 세계 시장을 놀라게 한 커다란 금융위기, 중국의 영향력과 권력의 극적인 상승, 아랍 세계 각국 정부의 강력한 개혁을 목격했다. 선진국에서 비즈니스 분야, 특히 은행과 금융 산업은 새로운 감시 체제 아래에 놓여 있다.

반응적 변화 대 계획된 변화

변화(change)는 단순히 뭔가를 다르게 만드는 것이다. 그러나 적극적으로 대처하는 상황만이 **계획된 변화**(planned change)라고 할 수 있다. 많은 변화는 말하자면 종업원의 요구에 직접적으로 대응하는 것들이다. 일부 조직은 모든 변화를 우발적으로 일어나는 것처럼 다룬다. 이 장에서 우리는 변화를 의도적이고, 목표 지향적인 활동으로 다룬다.

계획된 변화의 목표는 무엇인가? 첫째, 환경 변화에 적응할 수 있도록 조직의 능력을 증진하는 것이다. 둘째, 종업원의 행동을 변화하는 것이다.

조직에서 변화 행동을 관리하는 책임자는 누구인가? 답은 **변화담당자**(change agents)이다.[1] 이들은 다른 사람들은 아직 파악하지 못한 조직의 미래를 바라보며, 이러한 비전을 개발하고 실행하도록 동기부여 할 수 있다. 변화담당자는 관리자 혹은 관리자가 아닐 수도 있으며, 현재 또는 신규 종업원일 수도 있고 또는 외부의 컨설턴트일 수도 있다.

변화에 대한 저항

우리의 자아(ego)는 약하고 때로는 변화를 위협으로 본다. 심지어 종업원들은 변화가 필요하다는 자료를 보고난 뒤에도 지금 상태가 괜찮고 변화가 필요하지 않다는 것을 제시할 수 있는 자료를 찾아서 그 자료에 집착하는 경향이 있다.[2] 변화에 대해 부정적인 감정을 가지고 있는 종업원은 변화에 대해 생각하지 않고, 병가를 내거나 이직을 함으로써 대응한다. 이러한 모든 반응들은 조직의 활력 에너지가 가장 필요할 때 그것을 약화시킬 수 있다.[3] 변화에 대한 저항은 단지 조직의 하위계층에서 나오는 것은 아니다. 많은 경우 상위계층 관리자들이 부하직원에 의해 제시된 변화에 저항하며, 특히 이들 리더들이 즉각적인 성과에 초점을 두는 경우에는 더 그렇다.[4] 반대로 리더들이 숙련과 탐색에 초점을 두는 경우 그들은 부하들의 변화에 대한 제안을 보다 더 잘 듣고 채택할 것이다.

변화에 대한 저항은 그것이 공개적인 토론과 논쟁을 가져올 수 있다면 긍정적인 것이 될 수 있다.[5] 이러한 반응은 일반적으로 반감이나 침묵에 비해 훨씬 더 좋은 것이며, 조직 구성원들이 변화 과정에 참여한다는 것을 나타내주며, 변화담당자에게 변화의 노력을 설명할 수 있는 기회를 제공한다. 변화담당자들은 조직의 다른 구성원들의 선호에 맞게 변화의 방향을 수정하기 위해 변화에 대한 저항을 모니터링 할 수 있다.

변화에 대한 저항이 항상 표준화된 방식으로 표면으로 나타나는 것은 아니다. 저항은 명확하게 나타날 수도 있고, 암묵적일 수도 있고, 즉각적으로 나타날 수 있고 나중에 나타날 수도 있다. 불평이나 태업, 파업 등과 같이 명백하고 즉각적인 저항은 경영진이 관리하기 쉽다. 가장 큰 문제는 암묵적이거나 나중에 나타나는 저항을 관리하는 것이다.

조직에 대한 충성심 또는 동기 상실, 실수 또는 결근 증가 등과 같은 반응은 매우 미묘하고 그래서 그것들이 무엇인지 인식하기가 매우 어렵다. 나중에 나타나는 행동은 또한 변화와 반응 간의 연결을 흐리게 하고, 때로는 몇 주일, 몇 달 혹은 몇 년 뒤에 나타날 수도 있다. 또는 별 영향력이 없는 작은 하나의 변화가 초기 변화에 대한 저항이 지연이 되고 점점 쌓여서 결국에는 낙타의 등을 휘게 하는 마지막 지푸라기가 될 수도 있다.

〈도표 17-1〉은 변화에 대한 저항의 주요 요인을 원천에 따라 분류하고 있다. 개인적인 원천은 지각, 성격, 욕구 등과 같은 인간의 기본적인 특성에 기인한 것이며, 조직적인

도표 17-1
**변화에 대한
저항의 원천**

개인적인 원천

습관 : 인생에 있어서 복잡한 일에 대응하기 위해 인간은 모두 습관이나 프로그램화되어 있는 반응을 사용한다. 그런데 변화에 직면하게 되면 이와 같이 늘 익숙한 방식으로 반응하려는 성향이 저항의 원천이 되는 것이다.

안정성 : 안정성에 대한 욕구가 강한 사람들은 변화가 자신의 안전을 위협한다고 생각하기 때문에 변화에 저항할 가능성이 높다.

경제적 요인 : 해야 할 일이 달라졌거나 작업하는 방식이 달라진 경우 소득 감소에 대한 두려움이 나타날 수 있다. 그 이유는 사람들이 새로운 일이나 새로운 작업방식으로는 예전만큼 잘할 수 없나고 생각할 가능성이 많기 때문이며, 이러한 현상은 임금이 생산성과 밀접하게 연계되어 있는 경우에 더욱 강하게 나타난다.

모르는 것에 대한 두려움 : 변화는 우리가 잘 모르는 것을 모호함과 불확실함으로 바꾸어 놓는다.

선택적 정보 처리 : 사람들은 자신이 지각한 것을 보호하기 위해 선택적으로 정보를 처리한다. 즉, 자신이 듣고 싶은 것만 듣고, 자기가 만들어놓은 세계에 도전하는 정보는 무시해 버린다.

조직적 원천

구조적 타성 : 조직은 안정성을 유지하기 위해 선발과정, 공식화된 규정 등과 같은 메커니즘을 가지고 있다. 조직이 변화에 직면할 경우 이와 같은 구조적 타성은 안정성을 유지하려는 균형추로 작용한다.

한정된 변화 범위 : 조직은 상호의존적인 하위시스템으로 구성되어 있다. 다른 것에 영향을 미치지 않으면서 어느 하나만 변화시킬 수는 없는 것이다. 따라서 하위 시스템에서의 제한적인 변화는 보다 더 큰 시스템에 의해서 무효화될 가능성이 크다.

집단의 타성 : 설령 개인이 자신의 행동을 변화시키기를 원한다고 해도 집단의 규범이 이를 제약할 수도 있다.

전문성에 대한 위협 : 조직의 패턴이 달라지면 전문가 집단의 전문성이 위협을 받을 수 있다.

기존의 권력관계에 대한 위협 : 의사결정 권한을 다시 편성한다는 것은 조직 내에서 오랫동안 형성되어 온 권력관계를 위협할 수 있다.

원천은 조직 자체의 구조적 특성에 기인한 것이다.

변화에 대한 저항 극복

변화담당자가 변화에 대한 저항을 다루는 데 있어서 도움이 될 만한 여덟 가지 전술이 있다.[6] 다음에서는 이에 대해 살펴보자.

의사소통　변화의 시대에는 그 어느 때보다 커뮤니케이션이 더 중요하다. 독일 기업을 대상으로 한 연구에서는 주주들에게만 정보를 제공하기보다는 주주, 종업원, 지역사회, 고객 등 다양한 이해관계자의 관점에서 균형을 취한다는 근거를 전달할 때 변화가 가장 효과적인 것으로 나타났다.[7] 필리핀의 변화하는 조직에 대한 다른 연구에서는 공식적인 정보세션은 변화에 대한 종업원들의 불안감을 줄여주었고, 변화에 대한 고품질의 정보를 제공함으로써 그들의 변화에 대한 몰입이 높아지는 것으로 나타났다.[8]

참여　우리가 변화에 대한 의사결정 과정에 참여한 경우 변화에 저항하기는 어렵다. 만약 참여자가 의미 있는 공헌을 할 만큼 전문성을 가지고 있다면 이들의 참여로 저항은 줄고 몰입과 의사결정의 질은 높아질 것이다. 그러나 이러한 장점과는 달리 좋지 않은 해결책이 나오거나 많은 시간이 소요되는 등의 부정적인 측면도 있다.

지원과 몰입 만들기　관리자나 종업원들이 변화에 대한 몰입이 낮을 경우 그들은 현상 유지를 선호하고 변화에 저항한다.[9] 종업원들은 또한 조직 전체에 대해 몰입할 때에 변화를 더 수용한다.[10] 따라서 종업원들에게 열정을 불어 넣어주고 전체 조직에 몰입을 강조하는 것은 그들이 현상을 유지하기보다는 변화에 감정적으로 몰입할 수 있도록 도움을 준다. 종업원들이 변화에 대한 두려움과 불안이 높을 경우에는 상담 및 치료, 새로운 기술에 대한 교육훈련 또는 단기적인 휴가 등을 통해 그들이 적응하는 데 도움을 줄 수 있다.

긍정적인 관계 개발　사람들은 변화를 실행하는 관리자를 신뢰할 경우 기꺼이 변화를 수용하는 경향이 있다.[11] 합병을 경험한 네덜란드의 대규모 주택회사 235명의 종업원을 대상으로 조사한 결과에 따르면 상사와 보다 긍정적인 관계를 가지고 있고, 작업환경이 발전을 지원한다고 느낀 사람들은 변화 과정에 대해 보다 긍정적인 것으로 나타났다.[12] 사회적 맥락을 고려할 경우, 다른 연구에서는 일반적으로 변화에 저항하는 사람들일지라도 그들이 동료로부터 지원을 받고, 환경이 위험을 감수할 만큼 안전하다고 느낄 때에는 새로운 아이디어와 다른 생각을 기꺼이 수용하는 것으로 나타났다.[13] 또 다른 연구에서는 변화에 대한 저항 성향이 있는 사람들은 변화담당자를 신뢰할 경우 변화에 대해 긍정적으로 생각하는 것으로 나타났다.[14]

공정한 변화 실행   조직이 부정적인 효과를 최소화할 수 있는 한 가지 방법은 변화가 공정하게 실행되도록 하는 것이다. 제7장에서 살펴본 바와 같이 절차적 공정성은 종업원들이 결과를 부정적인 것으로 지각하는 경우 특히 중요하므로 종업원들이 변화의 이유를 알고 실행이 공정하고 일관성 있게 이루어졌다고 지각하게 하는 것이 중요하다.[15]

조종과 임명   조종(manipulation)은 은밀하게 영향력을 미치려는 시도를 말한다. 어떤 것을 더 매력적으로 보이도록 사실을 왜곡하고 정보를 감추는 것, 종업원들이 변화를 수용할 수 있도록 거짓 소문을 퍼뜨리는 것 등은 모두 조종의 예이다. 반면에 임명(cooptation)은 조종과 참여를 결합한 방법이다. 즉 저항하는 집단의 리더에게 핵심적인 역할을 맡겨 그 사람을 매수함으로써 더 좋은 해결책을 발견하기 위해 조언을 듣기보다는 그들로부터 동의를 얻으려는 방법이다. 조종과 임명 모두 반대파로부터 지원을 얻어내는 데 상대적으로 비용이 적게 드는 방법이지만 만약 그들이 속았거나 이용당했다고 느낄 경우 커다란 후폭풍을 몰고 올 수 있다. 이러한 사실이 일단 발각되고 나면 변화담당자의 신뢰는 땅에 떨어질 것이다.

변화를 수용하는 사람 선발   연구에 따르면 **변화를 쉽게 수용하고 이에 적응하는 능력**은 성격과 관련이 있다. 즉, 어떤 사람들은 다른 사람에 비해 변화에 대해 보다 긍정적인 태도를 가지고 있다.[16] 그러한 사람들은 경험에 대해 개방적이고 변화에 대한 긍정적인 태도를 가지고 있으며 기꺼이 위험을 감수하고 행동 역시 유연성을 가지고 있다. 이것은 보편적인 것처럼 보인다. 미국, 유럽, 아시아 지역의 관리자를 대상으로 연구한 결과 긍정적인 자아 개념과 위험에 대한 내성이 높은 사람들의 경우 조직 변화에 보다 더 잘 적응하는 것으로 나타났다. 258명의 경찰관을 대상으로 한 연구에서는 높은 성장욕구 강도, 내적인 통제감, 내적인 동기부여를 가지고 있는 사람들은 조직 변화 노력에 대해 보다 긍정적인 태도를 가지고 있는 것으로 나타났다.[17] 일반적인 정신능력이 높은 사람들은 또한 작업현장에서 변화에 대해 보다 더 잘 학습하고 적응한다.[18] 결론적으로, 조직은 변화를 수용할 준비가 되어 있는 사람들을 선발함으로써 변화를 촉진할 수 있다는 것을 보여주는 인상적인 증거들이 있다.

강요 마지막 전술은 **강요**로, 저항하는 사람에게 직접적인 위협이나 힘을 사용하는 것이다. 만약 경영진이 정말로 임금 삭감을 수용하지 않는 사람들이 일하는 공장을 폐쇄하기로 결정했다면 그 회사는 강요를 사용하고 있다. 또 다른 예를 들면 이동 배치의 위협, 승진 차단, 부정적인 성과 평가, 형편없는 추천서 등을 들 수 있다. 강요는 일부 저항자들에게 어떤 힘이나 압력을 가할 수 있을 때 가장 효과적이다. 예를 들면 한 종업원의 이동 배치 요구가 공개적으로 거부되었다면 승진을 차단하겠다는 위협은 다른 종업원들의 마음속에 실제로 일어날 가능성이 있는 것으로 여겨질 것이다. 강요의 장점과 단점은 조종과 임명의 것과 거의 비슷하다.

변화의 정치

변화에 대한 정치를 언급하지 않고 저항에 대한 논의를 끝낼 수는 없을 것이다. 변화는 항상 현상을 위협하기 때문에 본질적으로 정치적 활동을 의미한다고 할 수 있다.

정치는 변화의 원동력이 외부의 변화 관리자, 현재 상황에 많이 투자하지 않은 신입 종업원, 혹은 핵심 권력구조에서 약간 떨어져 있는 관리자들로부터 오는 경향이 있다. 한 조직에서 오랜 시간을 보내고 계층에서 높은 자리를 차지하고 있는 관리자는 흔히 변화에 대한 주요 걸림돌이 된다. 물론 여러분이 추측하는 바와 같이 이처럼 오랫동안 권력을 가지고 있는 사람들은 변화가 필요할 때 점진적으로 변화를 추진하는 경향이 있다. 급진적인 변화는 흔히 너무 위협적인 것으로 생각한다. 이것은 이사회가 왜 급진적이고 신속한 변화를 위한 새로운 리더십을 위해 종종 외부에서 후보자를 물색하는지에 대한 이유를 설명해준다.[19]

조직 변화 관리에 대한 접근

이제 우리는 변화관리에 대한 몇 가지 접근법-레빈의 고전적인 3단계 변화과정 모델, 코터의 8단계 계획, 행동연구, 조직개발 등에 대해서 살펴보자.

레빈의 3단계 모델

쿠르트 레빈은 조직의 성공적인 변화를 위해서는 현재 상태에 대한 **해빙**(unfreezing), 원하는 상태로의 **변화**(movement), 새로운 변화가 지속될 수 있도록 **재동결**(refreezing)하는 과정이 필요하다고 하였다[20](도표 17-2 참조).

현재 상태는 말 그대로 균형 상태라고 말할 수 있다. 이러한 균형 상태를 변화시키기 위해서는, 즉 개인과 집단의 변화에 대한 저항을 모두 극복하기 위해서는 다음과 같은 세 가지 방식으로 해빙이 이루어져야 한다(도표 17-3 참조). 첫째, 현재 상태로부터 행동을 멀어지게 하는 힘인 추진력(driving force)을 증가시킨다. 둘째, 기존의 균형 상태에서 변화하는 것을 방해하는 힘인 억제력(restraining force)을 감소시킨다. 마지막으로 앞의 두 가지 방법을 조합하여 사용하는 것이다. 과거에 성공적이었던 기업은 사람들이 변화의 필요성에 의문을 제기하기 때문에 억제력을 만날 가능성이 높다.[21]

일반 변화 단계가 시작되면 추진력을 계속 유지하는 것이 중요하다. 점진적으로 변화를 만들어가는 기업보다 전체적으로 일사분란하게 변화를 신속하게 수행하는 조직이 훨씬 더 성공적이다. 일단 변화가 실행되었다면 새로운 상태가 시간이 지나도 지속적으로 유지될 수 있도록 재동결이 필요하다. 바로 이 마지막 단계가 없다면 변화는 결국 아주 짧은 기간 동안만 그 효과를 미칠 것이고, 종업원들은 이전의 균형 상태로 다시 돌아가게 될 것이다. 따라서 재동결의 목적은 추진력과 억제력의 균형을 맞추어 새롭게 변화된 상태를 안정화하는 것이다.

코터의 변화 실행을 위한 8단계 계획

존 코터는 레빈의 3단계 모델을 바탕으로 보다 구체적으로 변화 실행 방법을 제시하였다.[22] 코터는 관리자들이 변화를 시도할 때 저지르는 공통적인 실수를 살펴보았다. 그들은 다음과 같은 실수 중 하나 혹은 그 이상을 범한다. 여기에는 변화의 필요성에 대한 긴

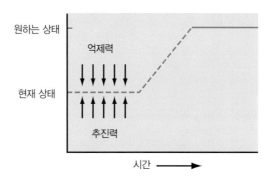

박감 조성, 변화 과정을 관리할 연합 형성, 변화에 대한 비전 구축 및 효과적인 전달, 조직문화에 변화를 연결하는 것 등을 들 수 있다. 그들은 또한 비전 달성을 가로막는 장애물을 제거하지 못하거나 단기적이고 달성 가능한 목표를 제공하는 것 등을 하지 못할 수도 있다. 마지막으로 그들은 너무 성급하게 승리를 선언하기도 한다.

코터는 이러한 문제를 극복하기 위해 순차적인 8단계를 수립했으며, 그들이 제시한 내용은 〈도표 17-4〉에 나타나 있다. 여기서 코터의 처음부터 4번째 단계까지는 레빈의 해빙 단계에 해당되는 설명이며, 5, 6, 7단계는 변화 단계이고, 마지막 단계는 재동결 단계이다. 따라서 코터의 공헌은 관리자와 변화담당자들에게 변화를 성공적으로 실행할 수 있는 가이드라인을 제공한 것이다.

행동연구

행동연구(action research)는 체계적인 자료 수집에 기초한 변화 과정이며, 분석된 자료가 나타내는 것을 기초로 변화 행동을 선택하는 것이다.[23] 행동연구의 가치는 계획된 변화 관리를 위한 과학적 방법론을 제공하는 데 있다. 행동연구는 5단계로 구성되어 있는데(이것들이 과학적 방법과 얼마나 밀접하게 관련 있는지에 주목하라), 진단, 분석, 피드백, 행동, 평가이다.

행동연구는 최소한 두 가지 이상의 이점을 제공한다. 첫째, 문제에 집중한다. 변화담당자는 객관적으로 문제를 찾고, 문제 유형이 무엇인가에 따라 변화행동 유형이 결정된다. 행동연구의 두 번째 이점은 저항을 낮추어준다는 것이다. 행동연구는 그 과정에서

---

1. 변화의 필요성을 위해 변화하지 않으면 안 되는 이유를 근거로 긴박감을 조성하라.
2. 변화를 주도할 수 있는 충분한 힘을 가진 사람과 연합을 형성하라.
3. 변화를 제시할 수 있는 새로운 비전을 만들고 비전을 달성할 수 있는 전략을 만들라.
4. 비전을 조직 전체에 전달하라.
5. 변화에 대한 장애물을 제거함으로써 비전을 달성하도록 권한을 부여하고 위험 감수와 창조적 문제해결을 장려하라.
6. 새로운 비전을 향해 조직이 나아갈 수 있도록 단기적인 '성공'을 계획하고 만들고 보상하라.
7. 실행을 공고히 하고, 변화를 재평가하며, 새로운 프로그램을 적절히 조정하라.
8. 새로운 행동과 조직의 성공 간의 연계관계를 보여줌으로써 변화를 강화시키라.

도표 17-4 코터의 변화 실행을 위한 8단계 계획

출처 : Based on M. du Plessis, "Re-implementing an Individual Performance Management System as a Change Intervention at Higher Education Institutions Overcoming Staff Resistance," *Proceedings of the 7th European Conference on Management Leadership and Governance*, 2011, 105–15.

종업원들이 철저하게 참여하기 때문에 변화에 대한 저항이 감소한다. 일단 종업원들이 적극적으로 피드백 단계에 참여하게 되면 변화과정은 전형적으로 그 자체의 추진력을 갖게 된다.

조직개발

조직개발(organizational development, OD)은 조직의 효과성과 종업원의 복지를 개선하려는 일련의 변화 방법을 말한다.[24]

조직개발 방법은 인간과 조직의 성장, 협동적이고 참여적인 과정, 질문을 통한 문제 해결을 중요시한다.[25] 오늘날의 조직개발은 사람들이 환경을 바라보는 주관적인 관점을 강조한다는 점에서 포스트모더니즘 철학에 많은 부분을 의지하고 있다. 변화담당자가 조직개발을 주도하지만 특히 협동을 더 많이 강조한다.

변화를 위해 적용할 수 있는 조직개발 기법이나 개입방법은 무엇인가? 다음에서는 여섯 가지 기법에 대해서 살펴보기로 하자.

감수성 훈련   **감수성 훈련**(sensitivity training), 실험실 훈련, 대면집단, T그룹 등 다양한 명칭은 모두 비구조화된 집단 상호작용을 통해 행동을 변화시키려 했던 초기 방법을 지칭한다.[26] 다양성 훈련, 경영진 코칭, 팀 빌딩 훈련 등과 같은 현재의 조직개입 기법들은 이와 같은 초기의 조직개발 기법으로부터 만들어진 것들이다.

서베이피드백   조직 구성원들이 가지고 있는 태도를 평가하는 수단 중의 하나로, 구성원들의 지각 차이를 밝혀내고, 이러한 차이를 해결하는 것이 바로 **서베이피드백**(survey feedback) 접근이다.[27] 기본적으로 전략적 조사를 통해 수집된 자료는 문제를 파악하고 토론을 촉진하는 데 사용된다.

서베이피드백 접근법은 의사결정자가 종업원들의 조직에 대한 태도 관련 정보를 지속적으로 알 수 있게 해주는 데 도움이 될 수 있다. 그러나 사람들은 서베이에 응답할 때 많은 요인에 의해서 영향을 받기 때문에 이로 인해 조사 결과를 신뢰하지 못할 수도 있다. 둘째, 많은 사람들이 응답하지 않는 것은 조직의 역기능 혹은 직무 만족이 떨어져 있음을 시사한다. 그러므로 서베이피드백 접근을 사용하고자 하는 관리자는 조직의 현재 사건과 종업원들의 응답률을 모니터링 해야 한다.

과정자문법   관리자들은 흔히 자기 부서의 성과가 개선될 수 있을 것이라는 느낌을 갖고 있지만, 무엇이 개선될 수 있고 또 어떻게 개선할 수 있는지 파악하지 못한다. **과정자문법**(process consultation, PC)의 목적은 외부 컨설턴트가 고객, 보통 관리자들에게 이들이 해결해야만 하는 사건을 인지하고, 이해하고, 과정에 따라 해결할 수 있도록 도와주는 것이다.[28] 이러한 사건에는 작업흐름, 부서 구성원 간의 비공식적 관계, 조직 내에서의 공식적인 커뮤니케이션 채널 등이 포함된다.

과정자문법은 대인관계 문제를 해결함으로써 조직 효과성이 개선될 수 있다는 가정을 하고 있고, 몰입을 강조한다는 측면에서 감수성 훈련과 유사하다. 그러나 과정자문법은 감수성 훈련에 비해 과업 지향적이며, 컨설턴트는 직접 조직의 문제를 해결하지는 않지만 무엇을 개선할 것인지 함께 진단을 하고 난 이후에 고객이 자신의 문제를 직접 해결할 수 있도록 안내하거나 코치를 한다. 따라서 고객은 자신의 부서에서 과정 분석에 필요한 기술을 개발할 수 있고, 컨설턴트가 떠난 이후에도 오랫동안 기술을 사용할 수 있다. 고객은 진단 및 대안 개발 과정에 모두 적극적으로 참여하기 때문에 과정과 해결책에 대해 깊이 이해하게 되고, 선택한 행동계획에 대한 저항은 줄어든다.

팀 빌딩 이 책 전체를 통해 수도 없이 말한 것처럼, 과업을 달성하기 위해 팀제에 의존하는 조직이 점점 더 많아지고 있다. **팀 빌딩**(team buildings)은 팀 구성원 간의 신뢰와 개방성을 높이고, 조정노력을 개선하고 팀의 성과를 높이기 위해 고도의 상호작용 집단 활동을 사용한다.[29]

팀 빌딩 활동에는 전형적으로 목표 설정, 팀 구성원 간 인간관계 개선, 각 구성원의 역할과 책임을 명확하게 하기 위한 역할 분석, 팀 프로세스 분석 등이 포함된다. 여기에는 팀이 직면한 구체적인 문제와 개발하고자 하는 목적에 따라 어떤 활동을 특별히 더 강조하거나 다른 활동을 제외할 수도 있다. 그러나 기본적으로 팀 빌딩은 신뢰와 개방성을 높이기 위해 구성원 간에 고도의 상호작용을 활용한다. 최근 조직은 팀과 팀 빌딩에 더 많이 의존하고 있으며 중요한 주제이다.

집단 간 개발 조직개발의 주요 관심 영역은 집단 간에 존재하는 역기능적인 갈등이다. **집단 간 개발**(intergroup development)은 집단이 서로에 대해 가지고 있는 태도, 상동적 태도, 지각 등을 변화시키고자 한다. 여기서 훈련은 인구 특성의 차이에 초점을 두지 않는다는 점을 제외하면 다양성 훈련과 매우 유사하며, 한 조직에 있어서 직업, 부서, 혹은 부문 간의 차이에 초점을 두고 있다. 집단 간 관계를 개선하기 위한 몇 가지 접근법 중 가장 인기 있는 방법은 문제해결을 강조하는 기법이다.[30] 각 집단은 독립적으로 만나서 자기 자신을 어떻게 인식하고 있는지, 다른 집단을 어떻게 인식하고 있는지, 그리고 다른 집단은 그것을 어떻게 인식하고 있다고 생각하는지 등에 대해서 목록을 작성한다. 그리고 나서 이렇게 작성된 목록을 집단 간에 서로 공유하고 유사점과 차이점을 토론하며 문제의 원인을 찾는다.

일단 불일치의 원인이 파악되고 나면 집단 간 관계 개선을 위한 해결책을 공동으로 개발하는 통합 단계로 들어간다. 서로 갈등이 있는 집단을 대표하는 구성원들로 만들어진 하위집단을 만들어 보다 깊이 있는 진단을 해볼 수도 있고, 이를 통해 관계를 개선할 수 있는 가능한 대안 등을 수립할 수도 있다.

호의적 질문 대부분의 조직개발 접근법은 문제 중심적이다. 즉, 문제를 파악하고 이에 대한 해결책을 찾는다. 그러나 **호의적 질문**(appreciative inquiry, AI) 기법은 긍정적인 측면을 강조한다.[31] 해결할 문제를 찾기보다는 조직 고유의 품질과 특별한 강점을 추구하며, 이것이 구성원들로 하여금 성과를 개선토록 할 수 있다. 즉 호의적 질문은 문제가 아니라 조직의 성공에 초점을 두고 있다.

호의적 질문의 프로세스는 기본적으로 4단계로, 발견, 꿈꾸기, 설계, 운명으로 구성되어 있으며, 흔히 2~3일간의 대규모 집단 회의를 통해서 이루어지고, 이러한 전 과정은 잘 훈련된 변화담당자에 의해서 감독된다. **발견**(discovery) 단계에서는 구성원들이 무엇을 조직의 장점이라고 생각하는지를 찾아내는 단계이다. 종업원들은 조직이 일을 최고로 잘한다고 느낀 횟수가 몇 번인지 또는 언제 특히 자신의 직무에 만족감을 느끼는지 등과 같은 질문에 대답을 해야 한다. **꿈꾸기**(dreaming) 단계에서는 5년 후 조직이 어떻게 될 것인지 등과 같이 발견 단계에서 얻은 정보를 사용하여 조직의 미래를 그려본다. **설계**(design) 단계에서 참가자들은 조직이 어떻게 보이고 어떠한 특징을 갖추어야 할 것인지 등과 같은 공통 비전을 찾는다. 네 번째 단계에서 참가자들은 조직이 어떻게 그 꿈을 이루어갈 것인지, 조직의 **운명**(destiny)을 정의하며, 실행계획을 작성하고, 실천 전략을 개발한다.

변화를 위한 문화 만들기

우리는 조직이 변화에 어떻게 적응할 수 있는지 살펴보았다. 그러나 최근 몇몇 조직행동론 학자들은 보다 적극적인 접근법, 즉 조직이 어떻게 문화를 변형시켜 변화를 포용할 수 있을 것인지에 초점을 두고 있다. 다음에서는 세 가지 접근법, 즉 역설 관리, 혁신적인 문화 고취와 학습조직 만들기에 대해 살펴보기로 한다. 우리는 또한 조직 변화와 스트레스에 관한 이슈를 다룰 것이다.

역설 관리하기

관리자들은 역설 이론으로부터 몇 가지 교훈을 배울 수 있다.[32] **역설 이론**(paradox theory)은 경영에 있어서 핵심적인 역설은 조직에 궁극적으로 최적인 상태는 없다는 것이다.[33] 역설적인 상황에서 우리는 다양한 행동 코스들 간에 균형이 필요하다. 여기에는 시간이 지남에 따라 변화하는 우선순위에서 균형점과 동태적 균형을 찾기 위한 지속적인 과정이 있다. 예를 들면 때때로 조직은 과거의 성공과 그것이 어떻게 이루어졌는지를 학습하는 것이 필요하지만, 다른 경우에는 뒤돌아보는 것이 발전을 방해하는 것이 될 수도 있다. 전체적으로 생각하고 역설적인 요인들 간에 균형을 잡는 것의 중요성을 인식한 관리자는 특히 그들이 관리하고 있는 사람들을 적응력 있고 창조적인 행동을 하도록 유도하는 데 더 효과적이라는 증거가 있다.[34]

혁신적인 문화 격려하기

어떻게 하면 보다 더 혁신적인 조직이 될 수 있는가? 비록 보증된 공식은 없지만 혁신적인 조직에 대한 연구를 할 때면 반복적으로 나타나는 어떤 특징들, 즉 구조, 문화, 인적자원관리 정책 등이 있다. 먼저 혁신이 무엇을 의미하는지부터 명확하게 정리해보자.

혁신의 정의 변화는 어떤 것을 다르게 만드는 것이다. **혁신**(innovation)은 제품, 프로세스 혹은 서비스를 새로 시작하거나 개선하는 데 적용되는 보다 특화된 변화이다.[35] 따라서 모든 혁신은 변화를 의미하지만 모든 변화가 반드시 새로운 아이디어를 도입하거나 중요한 개선을 가져오는 것은 아니다. 혁신은 태블릿처럼 점진적 개선에서부터 닛산의 전기자동차인 리프처럼 급진적인 혁신까지 범위가 다양하다.

혁신의 원천 구조적 변수(structural variables)는 혁신의 잠재적인 원천 중 하나이다.[36] 구조와 혁신의 관계를 포괄적으로 고찰한 결과 다음과 같은 결론을 내리고 있다.[37]

1. **유기적 구조** 유기적 구조는 수직적 차별화, 공식화, 집권화가 낮기 때문에 혁신의 채택을 용이하게 해주는 유연성, 적응성, 상호교류 등을 촉진시켜준다.

2. **경영진의 긴 재직 기간**   경영자의 재직 기간은 업무를 어떻게 완수하고 바람직한 결과를 어떻게 달성할 것인지에 대한 정당성과 지식을 제공한다.

3. **여유 자원**   풍부한 여유 자원을 가지고 있다는 것은 조직이 혁신을 지원할 수 있고, 혁신을 제도화하고, 실패를 흡수할 수 있는 비용을 감당할 수 있다는 것이다.

4. **부서 간 활발한 커뮤니케이션**[38]   이러한 조직은 부서 간 경계를 넘어서 상호작용을 용이하게 해주는 위원회, 태스크포스, 기능횡단팀 및 기타 메커니즘을 많이 사용한다.

 맥락과 혁신   혁신적인 조직은 비슷한 문화를 가지고 있는 경향이 있다. 그들은 실험을 장려하고 성공과 실패에 모두 보상을 한다. 그러나 불행하게도 너무나도 많은 조직들이 성공했을 경우보다는 실패를 하지 않았다는 것에 대해서 보상을 해준다. 그러한 문화는 위험을 감수하거나 혁신을 추구하려는 의지를 말살시킨다. 혁신적인 조직은 구성원들의 훈련과 개발을 적극적으로 촉진하는 정책을 가지고 있으며, 그렇게 함으로써 그들은 현재의 높은 직무 안전성을 제공함으로써 종업원들로 하여금 실수를 하더라도 해고에 대한 두려움을 주지 않고, 변화의 챔피언이 되도록 격려한다. 이러한 관행은 작업집단에도 잘 적용되어야 한다. 중국의 첨단기술 회사에서 200개의 서로 다른 팀에 속한 1,059명을 대상으로 연구한 결과, 종업원의 몰입을 강조하는 작업시스템은 팀의 창의성이 높은 것으로 나타났다.[39] 이러한 효과는 동료들 간에 응집력이 높은 팀일수록 더 높은 것으로 나타났다.

아이디어 챔피언과 혁신   일단 새로운 아이디어가 개발되고 나면, **아이디어 챔피언**(idea champions)은 혁신이 성공적으로 실행될 수 있도록 적극적이고 열정적으로 알리고, 지원을 받아내고, 저항을 극복한다.[40] 챔피언들은 공통적으로 매우 높은 자신감, 인내심, 에너지, 위험 선호 성향을 가지고 있다. 또한 그들은 변혁 추구 리더십과 관련된 특징을 가지고 있다. 그들은 혁신의 가능성과 미션에 대한 강한 개인적 신념을 바탕으로 다른 사람에게 영감을 불어넣고 에너지를 불어 넣어준다. 상황 또한 아이디어 챔피언들의 변화의 세력에 영향을 미친다. 예를 들면 기업가들의 변화에 대한 열정은 그들의 창의적 정체성이 발전할 수 있도록 작업 역할과 사회적 환경이 그들을 격려할 때 가장 크다.[41] 반대로 창의적인 사람들을 일상적인 관리와 행정을 하게 하는 작업역할은 변화에 대한 열정과 성공적인 실행을 감소하게 할 것이다. 아이디어 챔피언들은 다른 사람들의 헌신을 얻어내는 데 능숙하고, 그들의 직무는 상당한 의사결정의 재량권을 제공해야만 한다.

이러한 자율권은 그들로 하여금 맥락이 지원적일 때에 혁신을 도입하고 실행할 수 있도록 도와준다.[42]

성공적인 아이디어 챔피언은 문화에 따라 서로 다르게 행동할까? 답은 그렇다.[43] 일반적으로 집단주의 문화권의 사람들은 혁신 노력에 대해 기능횡단적인 지원에 호소하는 것을 선호한다. 권력 격차가 큰 문화권의 사람들은 일을 시작하기 전에 혁신적인 활동을 승인할 수 있는 권한이 있는 사람들과 밀접하게 일하는 것을 더 선호한다. 불확실성 회피 성향이 더 높은 사회일수록 더 많은 챔피언들이 혁신을 개발하기 위해 조직 규칙과 절차 내에서 행동해야만 한다.

학습조직 만들기

조직이 적극적으로 변화를 관리하는 또 다른 방법은 지속적으로 성장하는 문화를 만드는 것, 즉 학습조직이 되는 것이다.[44]

학습조직은 무엇인가 개인이 학습을 하는 것과 마찬가지로 조직 역시 학습한다. **학습조직**(learning organization)은 지속적으로 변화하고 적응하는 능력을 가지고 있다. DLOQ(Dimensions of the Learning Organization Questionnaire)는 학습조직 원칙에 대한 몰입 정도를 평가하기 위해 국제적으로 채택된 설문지이다.[45]

〈도표 17-5〉는 학습조직의 다섯 가지 기본 차원을 요약한 것으로, 먼저 사람들이 낡은 사고방식을 버려야 하고, 서로가 열린 마음으로 학습해야 하며, 조직이 실제로 어떻게 작동하는지 이해하고, 모든 사람들이 동의할 수 있는 계획 혹은 비전을 형성하고, 그러한 비전을 달성할 수 있도록 함께 협력해야 한다는 것이다.[46]

---

1. 모든 사람들이 동의할 수 있는 공유 비전이 있어야 한다.
2. 사람들이 낡은 사고방식과 문제해결 혹은 그들의 직무에 사용하는 표준화된 절차를 버려야 한다.
3. 구성원들은 조직의 프로세스, 활동, 기능, 상호관계 시스템의 일부분으로서 환경과의 상호작용 등 모든 것을 생각해야 한다.
4. 사람들은 비판이나 처벌의 두려움 없이 수직적·수평적 경계를 가로질러 공개적으로 서로 커뮤니케이션해야 한다.
5. 사람들은 조직의 공유 비전 달성을 위해 개인적인 이익과 제각각인 부서의 이익을 협력하는 데 승화시켜야 한다.

도표 17-5 학습조직의 특징

출처 : Based on P. M. Senge, *The Fifth Discipline: The Art and Practice of the learning Organization* (New York: Doubleday, 2006).

학습 관리하기 조직을 학습조직으로 만들기 위해 관리자는 무엇을 할 수 있는가? 여기에 몇 가지 제안이 있다.

- **전략을 수립하라** 경영진은 변화, 혁신, 지속적인 개선에 대한 몰입을 명확하게 해야 할 필요가 있다.
- **조직구조를 재설계하라** 공식적인 구조는 학습에 심각한 걸림돌이 될 수 있다. 조직구조를 납작하게 만들고, 부서를 줄이거나 결합하고, 기능횡단팀을 활용하여 상호의존성을 강화하고 경계를 줄이라.
- **조직문화를 재형성하라** 학습조직이 되기 위해 관리자는 그들의 행동이 위험을 감수하고 실수를 인정하는 것이 바람직하다는 것을 보여주어야 한다. 이것들은 기회를 잡고 실수를 하는 사람들에게 보상을 한다는 것을 의미한다. 경영진은 기능적 갈등을 조장할 필요가 있다.

조직 변화와 스트레스

직장생활에서 스트레스를 받는 시간을 생각해보라. 교통체증으로 회사에 늦는 것처럼 직장에 넘치는 일상직인 스트레스 요인을 살펴보자. 직장에서 기억에 남을 만큼 스트레스를 많이 받고 스트레스가 지속되는 시간은 언제인가? 많은 사람들에게 있어서 스트레스는 조직 변화로 인해 야기된다.

당연히 리더십의 역할 또한 중요하다. 한 연구에 따르면 변혁적 리더는 종업원들의 정서 형성에 영향을 미침으로써 그들이 변화에 몰입하고 그것을 스트레스로 여기지 않도록 할 수 있다고 하였다.[47] 또 다른 연구에서는 새로운 제안을 계획하기 전에 변화에 대한 긍정적인 성향은 조직 변화를 거칠 때 종업원들의 스트레스를 줄여주고, 그들의 긍정적인 태도를 증가시킬 수 있다고 하였다. 관리자들은 지속적으로 종업원의 자기효능감, 변화 관련 태도를 증가시키기 위해 노력할 수 있고, 이러한 긍정적인 변화 성향을 만들어 내기 위해 상황에 대한 지각된 통제를 만들 수 있다. 예를 들어 자기효능감을 증가시키기 위해 그들은 역할 명확화와 지속적인 보상을 사용할 수 있고, 새로운 프로세스의 계획에서부터 적용하기까지 종업원들의 지각된 통제를 증진할 수도 있다.[48] 다른 연구에서는 변화 기간 동안 종업원에 대한 커뮤니케이션의 양을 늘릴 필요가 있으며, 사회적 지원을 제공함으로써 종업원들의 심리적 평온을 평가하고 증진시키며, 종업원들의 감정적 자기조절 기법을 훈련시킬 필요가 있다고 하였다.[49] 이러한 방법들을 통해 관리자는 종업원들이 그들의 스트레스 수준은 낮게, 몰입은 높은 수준으로 유지하도록 도움을 줄 수 있다.

일에서의 스트레스

친구들은 과거 어느 때보다 많은 업무량과 긴 업무 시간으로 스트레스를 받는다고 말한다. 부모들은 오늘날 낮은 직무 안정성을 걱정하며 예전에는 대기업에 취직하면 평생 고용을 보장받을 수 있었다는 사실을 추억하기도 한다. 종업원들은 직장과 가족에 대한 책임 간의 균형을 유지하는 것이 스트레스라고 불평한다. 종업원지원프로그램(employee assistance program, EAP)의 선두주자인 로텐베르그 인터내셔널의 해리스는 종업원들은 과거 어느 때보다 정신 이상을 겪고 있으며 전문가의 도움이 필요하다고 하였다.[50] 〈도표 17-6〉에서 보는 바와 같이 대부분의 사람들에게 일은 실제로 인생에 있어서 가장 중요한 스트레스의 원천이다. 스트레스의 원인은 무엇이고 그 결과는 무엇인가? 그리고 스트레스를 줄이기 위해 개인과 조직이 할 수 있는 것은 무엇인가?

스트레스는 무엇인가

스트레스(stress)는 개인이 원하는 것과 관련된 기회, 요구 또는 자원을 접할 때, 그리고 그러한 결과가 불확실하면서도 중요하다고 생각되는 역동적인 상황이다.[51] 비록 스트레스가 일반적으로 부정적인 측면에서 이야기되고 있지만 스트레스는 또한 긍정적인 목적을 가지고 있다. 많은 전문가들은 과도한 업무 부담과 마감 시한으로 인한 압박감이 업

어떤 영역이 인생에서 가장 많은 스트레스를 야기하는가?

영역	가장 많은 스트레스의 원인
재무적인 걱정	64%
일	60%
가족에 대한 책임	47%
건강에 대한 염려	46%

도표 17-6 일은 스트레스의 주요 원천이다

출처 : "Stress in America: Paying with Our Health," American Psychological Association, February 4, 2015, http://www.apa.org/news/press/releases/stress/2014/stress-report.pdf.

무의 질과 만족감을 높이는 긍정적인 도전으로 본다. 그러나 상황이 부정적일 때, 스트레스는 해롭고, 불편하게 혈압을 높이고, 논리적으로 생각하고 말하기 위해 고심하는 동안 불규칙한 심장 리듬을 형성하여 진행을 방해할 수 있다.[52]

스트레스 요인   연구자들은 업무 부담, 과업 완수의 압력, 긴박한 시간 등과 같은 **도전적 스트레스 요인**(challenge stressors)은 관료주의, 조직정치, 직무책임에 대한 혼란 등과 같이 목표 달성을 저해하는 **방해적 스트레스**(hindrance stressors)와는 상당히 다르다고 주장했다. 비록 연구가 이제 막 시작되었지만 초기의 연구 결과들은 도전적인 스트레스 요인은 방해적 스트레스 요인보다 긴장감이 낮다는 것을 제시하고 있다.[53]

연구자들은 도전적 스트레스 요인과 방해적 스트레스 요인의 효과를 차별화하기 위해 노력해왔다. 조직의 지원 수준이 높은 경우 도전적인 스트레스의 증가는 역할 관련된 성과가 더 높은 것으로 나타난 반면, 조직의 지원 수준이 낮을 경우에는 그렇지 않은 것으로 나타났다.[54] 또한 도전적인 스트레스는 지원적인 작업환경에서는 직무 성과를 증진시키는 데 비해 방해적 스트레스는 모든 작업환경에서 직무 성과를 떨어뜨리는 것으로 나타났다.[55]

요구와 자원   일반적으로 스트레스는 **요구**(demands) 및 **자원**(resources)과 관련되어 있다. 요구는 개인이 작업현장에서 경험하는 책임감, 압박감, 의무감, 불확실성 등이다. 자원은 개인의 통제 범위 내에서 요구사항을 해결하는 데 사용할 수 있는 것들이다. 다음에서는 요구-자원 모델이 무엇인지를 살펴보자.[56]

학교에서 시험을 볼 때 혹은 직장에서 연말에 성과를 평가할 때 사람들은 기회와 성과에 대한 압박감으로 인해 스트레스를 느낀다. 좋은 성과 평가를 받은 경우에는 승진할 수도 있고, 더 많은 책임, 더 높은 봉급을 받을 수도 있을 것이다. 그러나 평가 점수가 낮은 경우에는 승진을 못할 것이고, 극단적으로 성과가 낮은 경우에는 해고의 원인이 될 수도 있을 것이다. 여기서 요구에 대응할 수 있는 자원이 있다면, 예를 들어 평가에 미리 준비가 되어 있거나 이것이 세상의 종말이 아니라는 관점을 두거나, 사회적 지원을 받을 수 있다면 스트레스를 적게 느낄 것이다. 실제로 마지막 자원인 사회적 지원은 다른 무엇보다 지속적으로 중요한 요인이 될 수 있다. 최근 연구에 따르면 감정적 지원을 받은 사람들은 스트레스 수준이 낮고, 스트레스로부터 우울함을 덜 느끼며, 스트레스를 줄일 수 있도록 라이프스타일을 변화시킬 가능성이 더 높은 것으로 나타났다.[57] 전반적으로 요구-자원의 관점에서 볼 때 스트레스에 대응힐 수 있는 자원을 가지고 있나는 것은 요

구로 인한 스트레스 증가를 상쇄시킬 만큼 중요하다.[58]

알로스태시스   지금까지 논의한 바에 따르면 사람들은 요구가 자원과 완벽하게 매치되는 안정적인 상태를 추구한다는 인상을 가질 수 있을 것이다. 초기의 연구들이 그와 같은 **항상성** 혹은 안정적인 균형 관점을 강조하는 경향이 있었지만, 이제는 하나의 이상적인 상태는 존재하지 않는다는 것이 분명해졌다. 대신 요구가 변하고, 자원도 변하기 때문에 불균형의 변화를 설명하는 시스템인 **알로스태틱** 모델에 대해 논의하는 것이 보다 정확하다.[59] 우리는 **알로스태시스**(allostasis)를 통해 우리의 행동과 태도 변화에 따른 안정성을 발견하기 위해 노력한다. 이 모든 것들은 알로스태틱 부하 혹은 우리에게 주어진 자원하에서 스트레스 요인의 누적 효과에 달려 있다.[60] 예를 들어 만약 당신이 자신의 능력에 대해 자신감을 가지고 있고, 다른 사람으로부터 많은 지지를 받는다면 당신은 긴장감을 느끼고 대응할 수 있는 자원을 보다 더 잘 동원할 수 있는 의지가 증가할 것이다. 이것은 알로스태틱 부하가 너무 크지 않은 상황이다. 다른 경우 알로스태틱 부하가 너무 크고 오래가면 우리는 심리적 혹은 생리적 스트레스 증상을 경험할 것이다.

일에서의 스트레스의 잠재적 원천

무엇이 스트레스의 원인인가? 3만 5,000명 이상의 사람들로부터 얻은 반응을 메타분석한 결과에 따르면 역할 모호성, 역할 갈등, 역할 과부하, 직무 불안정성, 환경 불확실성, 상황의 제약 등이 모두 직무 성과와 부정적인 관계에 있는 것으로 나타났다.[61] 이것을 보다 자세하게 살펴보기 위해 〈도표 17-7〉에 제시한 모델을 살펴보자.

환경적 요인   환경의 불확실성은 조직구조 설계에 영향을 미칠 뿐만 아니라 그 조직에 속해 있는 종업원들의 스트레스 수준에도 또한 영향을 미친다. 실제로 불확실성은 사람들이 조직 변화에 대응하기 가장 어려운 문제이다.[62] 여기에는 세 가지 유형의 환경 불확실성이 있는데, 경제적, 정치적, 기술적 불확실성이다.

　비즈니스 사이클의 변화는 **경제적 불확실성**을 만들어낸다. 예를 들어 경기가 위축되었을 때 사람들은 직무 안정성에 대한 불안감이 높아진다. **정치적 불확실성**은 아이티나 베네수엘라 등과 같은 나라의 종업원들에 비해 북미 지역 사람들에게는 스트레스를 주지 않는 경향이 있다. 그 이유는 명확히 미국과 캐나다는 더욱 안정적인 정치 시스템을 가지고 있으며, 질서 정연하게 변화가 실행되기 때문이다. 그러나 모든 나라에서 정치적 위협과 변화는 스트레스를 유발할 수 있다. 혁신은 종업원들의 기술과 경험을 매우 짧은

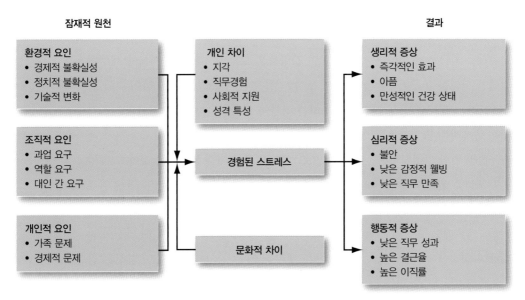

도표 17-7 스트레스 모델

시간에 낡은 것으로 만들 수 있기 때문에 새로운 컴퓨터 프로그램, 로보틱스, 자동화 등을 유지하는 것과 같은 **기술적 변화**는 직장에서 많은 사람들에게 매우 도전적인 것이며, 스트레스를 야기할 수 있다.

조직적 요인 조직 내에서 스트레스를 야기하는 요인은 끝이 없다. 실수를 피하거나 제한된 시간에 과업을 완수해야 하는 압박감, 과중한 업무 부담, 요구사항이 많고 둔감한 상사, 함께 일하기 싫은 동료 등은 몇 가지 예이다. 우리는 이러한 요인들을 세 가지, 즉 과업, 역할, 대인 간 요구로 분류했다.

1. 과업 요구 과업 요구는 개인의 직무와 관련되어 있다. 여기에는 자율권, 과업 다양성, 자동화 정도 등을 포함한 직무 설계, 물리적인 작업 배치 등이 포함된다. 작업장에서의 스트레스와 가장 일관성 있게 관련된 한 가지 요인은 해야 할 일의 양이며, 그다음이 흐릿한 마감 시한이다.[63] 사람들이 많은 방이나 소음과 방해물이 많은 잘 보이는 위치에서 일하는 것 역시 불안과 스트레스를 증가시킨다. [64]

2. 역할 요구 역할 요구는 조직에서 수행하는 각 역할의 기능에 따라 그 사람에게 부여되는 압박감과 관련이 있다. 역할 갈등은 화해 혹은 만족하기 어려운 기대를 만들어 낸다. 역할 과부하는 종업원에게 너무 많은 것을 기대할 때 나타난다. 역할 모호성은 역할 기대가 분명하게 이해되지 않는다는 것을 의미하며, 종업원은 무엇을

해야 할지 모른다는 것을 의미한다. 불행히도 고정된 작업시간 혹은 과도한 직무 책임감 등과 같이 그들의 역할에 의해 제약이 많은 상황에 직면한 사람들은 휴식 등과 같이 스트레스 수준을 줄일 수 있는 대응행동을 적극적으로 수행하지 못한다.[65]

3. **대인 간 요구** 대인 간 요구는 다른 종업원에 의해 만들어지는 압박감이다. 일부 압박감은 예측되었지만 최근의 많은 연구는 싸움, 괴롭힘, 무례함, 인종차별, 성희롱 등을 포함한 동료와 상사의 부정적인 행동은 특히나 직장에서의 스트레스와 강하게 관련되어 있는 것으로 나타났다.[66] 대인 관계의 학대는 생리적인 영향을 미칠 수 있으며, 한 연구는 통제된 환경에서의 부당한 대우가 스트레스 반응에 관여하는 호르몬인 코르티솔의 방출을 유발한다는 것을 발견했다.[67] 또한 오랜 시간 동안 다양한 원천으로부터의 차별이라는 사회적 풍토를 경험한 사람들은 복지 수준 기반의 차이를 고려한 이후에도 심리적 긴장 수준이 더 높은 것으로 나타났다.[68]

개인적 요인 전형적인 사람은 일주일에 40~50시간을 일할 것이다. 그러나 일주일에 다른 120시간 이상 동안 마주치는 경험과 문제는 직무에 영향을 미칠 수 있다. 직장에서의 스트레스 요인의 마지막 범주는 가족 문제와 개인의 경제적 문제를 포함한 종업원의 개인적인 삶의 요인들이다.

전국적인 조사 결과 사람들은 가족을 사랑한다는 것을 지속적으로 보여준다. 가족 문제는 심지어 좋은 것들이라도 개인에게 큰 영향을 끼치는 스트레스를 유발할 수 있다. 가족 문제들은 흔히 직장에서의 갈등과 밀접한 관련이 있다.

재무 자원으로 인한 **개인의 경제적** 문제들은 스트레스를 유발하고 직장에서 주의를 딴 데로 돌린다. 소득 수준에 상관없이, 어떤 사람들은 돈 관리를 잘 못하거나 수입 능력을 초과하는 욕구와 필요성을 가지고 있다. 최근 연구에 따르면 연간 5만 달러 미만의 사람들이 더 많은 스트레스를 경험하는 것으로 나타났지만, 연간 10만 달러를 버는 사람들 역시 2만 달러를 받는 사람들만큼 재정 문제를 처리하는 데 어려움이 있는 것 같다.[69]

가산적인 스트레스 요인 스트레스 요인을 개별적으로 검토할 때 스트레스가 부가적인 현상, 즉 쌓여간다는 사실을 간과하기 쉽다.[70] 새로운 스트레스 요인이 지속적으로 증가함에 따라 사람들의 스트레스 수준은 높아진다. 단일 스트레스 요인은 그 자체만으로는 상대적으로 중요하지 않을 수 있지만, 이미 높은 스트레스 수준에 새로운 스트레스가 추가되면 너무 많아질 수 있다. 개인이 겪고 있는 스트레스 총량을 평가하려면 그 사람의 스트레스의 근원과 심각도를 모두 합산해야 한다. 이것이 쉽게 정량화되거나 관찰될 수 없으므로, 관리자는 특히 조직적 요인으로부터 발생할 수 있는 잠재적인 스트레스를 인식해야 한다. 많은 종업원들은 배려하는 관리자에게 직장에서 느끼는 스트레스를 기꺼이 표현할 것이다.

스트레스에 있어서 개인 차이

어떤 사람들은 스트레스가 많은 상황에서도 번창하는 데 비해 다른 사람들은 스트레스에 압도당한다. 무엇이 사람들의 스트레스에 대처하는 능력 차이를 가져오는가? 어떤 개인적인 변수가 잠재적인 스트레스 요인과 실제 경험하는 스트레스 간의 관계를 조절하는가? 여기에는 네 가지 변수, 즉 최소한 지각, 직무경험, 사회적 지원, 성격 특성이 있다.

지각 제6장에서 우리는 직원들이 현실 그 자체가 아니라 현실에 대한 자신의 지각에 반응한다는 것을 보여주었다. 따라서 지각은 잠재적인 스트레스 조건과 그에 대한 종업원의 반응 사이의 관계를 조절할 것이다. 한 사람에게 해고는 직업을 잃는다는 두려움을 갖게 하지만, 다른 사람은 많은 해직 수당을 받고 새로운 사업을 시작할 기회로 간주할 수도 있다. 따라서 스트레스 잠재력은 객관적인 조건에 놓여 있는 것이 아니라 오히려 그러한 조건에 대한 종업원의 해석에 달려 있다.

직무경험 직무경험은 직장 스트레스와 부정적으로 관련되는 경향이 있다. 왜 그런가? 두 가지 설명이 제시되었다.[71] 첫째, 선택적 철회이다. 자발적 이직은 스트레스를 많이 경험하는 사람들 중에서 더 많이 일어난다. 따라서 조직에 오래 머물러 있는 사람들은 스트레스에 대한 저항성이 있거나 조직의 스트레스 특성에 대한 내성이 강한 사람들이다. 둘째, 사람들은 궁극적으로는 스트레스를 다루는 대응체계를 개발해낸다. 이것은 시간이 걸리기 때문에 조직의 고위 구성원들이 스트레스에 전적으로 적응할 수 있고 또 스트레스를 덜 받게 된다.

사회적 지원 동료 혹은 상사와의 친분 관계, 즉 **사회적 지원**은 스트레스의 영향을 완화할 수 있다.[72] 이것은 스트레스에 대한 문헌에서 가장 잘 설명되고 있는 관계 중 하나이다. 사회적 지원은 긴장을 완화시켜주며, 심지어는 긴장감이 높은 직무의 부정적인 효과를 완화시켜준다.

성격 특성 직무에서 나타나는 스트레스 증상은 개인의 성격으로부터 나타날 수도 있다.[73] 아마도 스트레스에 대한 연구에서 가장 널리 연구된 **성격 특성**은 신경증이며, 이에 대해서는 제5장에서 살펴보았다. 예상한 바와 같이 신경증적인 사람들은 심리적 긴장을 경험하는 경향이 더 많다.[74] 신경증적인 사람들은 그들의 작업환경에서 스트레스 요인을 발견할 가능성이 더 높다는 증거가 제시되었고, 따라서 그들은 환경이 더 위협적이라고 믿는다. 그들은 또한 덜 적응적인 대응 메커니즘을 선택하는 경향이 있고, 문제를 해결하려고 시도하기보다는 문제를 회피하는 방법에 더 의존한다.[75]

문화적 차이

연구 결과 스트레스를 유발하는 직무 조건은 문화에 따라 약간의 차이가 있다. 한 연구에 따르면 미국 종업원들은 통제력 부족으로 인해 스트레스를 받았지만 중국의 종업원들은 직무 평가와 훈련 부족으로 인해 스트레스를 받는다고 하였다. 그러나 스트레스에 대한 성격의 효과가 문화에 따라 다르게 나타나는 것은 아니다. 헝가리, 이탈리아, 영국, 이스라엘, 미국의 근로자에 대한 한 연구에 따르면 A형 성격 특성(제5장 참조)은 여러 나라에 걸쳐 똑같이 스트레스를 잘 예측했다.[76] 20개국 5,270명의 관리자를 대상으로 한 조사에서 미국, 캐나다, 영국과 같은 개인주의 국가의 사람들은 아시아와 중남미의 집단주의 국가의 사람들보다 가족들의 간섭으로 인해 더 높은 스트레스를 경험했다고 한다.[77] 이러한 이유에 대해 저자들은 집단주의 문화에서 시간 외 근무를 하는 것은 가족을 돕는 희생으로 여겨지기 때문이며, 반면에 개인주의 문화에서는 이것이 가족과는 관계 없이 개인적인 성취의 수단으로 여겨지기 때문이라고 제시하였다.

　스트레스 요인은 다른 국가의 종업원들 사이에서 지각된 스트레스와 긴장과 관련이 있다는 증거가 있다. 다시 말해서 스트레스는 모든 문화권의 종업원들에게 똑같이 나쁘다는 것이다.[78]

스트레스의 결과

〈도표 17-7〉에서 보는 바와 같이 스트레스는 고혈압, 위궤양, 과민성, 일상적인 의사결정 장애, 식욕 부진, 사고 경향성 등과 같이 여러 가지 방법으로 나타난다. 이러한 증상은 일반적으로 생리적, 심리적, 행동적 증상이라는 세 가지 범주로 분류할 수 있다.

생리적 증상　스트레스에 대한 초기의 관심은 대부분 생리적인 증상에 초점을 두고 있는데, 그 이유는 주로 보건의료 분야의 전문가들에 의해서 이 주제가 연구되었기 때문이다. 이들의 연구는 스트레스가 신진대사를 변화시키고, 심박 수와 호흡수 및 혈압을 증가시키고, 두통, 심장 발작 등을 일으킬 수 있다는 결론을 내렸다.

 최근에는 스트레스가 보다 해로운 다른 생리적 효과가 있을 수 있다는 증거가 명확히 제시되었다. 영국에서 실시된 장기간의 연구에 따르면 직무에서의 긴장은 더 높은 수준의 관상동맥 질환과 관련 있는 것으로 나타났다.[79] 덴마크의 서비스직 종사자를 대상으로 이루어진 또 다른 연구에서는 작업팀에서의 높은 수준의 심리적 탈진은 질병으로 인한 높은 결근율과 유의한 관련이 있는 것으로 나타났다.[80] 많은 다른 연구들 역시 작업 스트레스와 다양한 나쁜 건강 지표와는 비슷한 결과를 보여주고 있다.

심리적 증상 직무 불만족은 스트레스의 명백한 원인이다. 그러나 스트레스는 다른 심리 상태, 예를 들면 긴장감, 불안감, 과민성, 지루함, 할 일을 미루는 버릇 등으로 나타나기도 한다. 오랜 시간 동안 종업원들의 생리적 반응을 추적한 한 연구는 업무 과부하로 인해 발생한 스트레스는 낮은 감정적 복지와 관련되어 있는 것을 발견했다.[81]

요구가 서로 충돌하는 다수의 직무나 의무, 권한, 책임감이 무엇인지 명확하지 않은 직무는 스트레스와 불만족을 모두 증가시킨다.[82] 마찬가지로 사람들이 자기가 맡은 일의 속도를 통제하지 못할수록 더 큰 스트레스와 불만족을 느낀다. 다양성, 중요성, 자율권, 피드백, 정체성이 낮은 직무는 스트레스를 만들어내고 직무에 대한 만족감과 참여를 떨어뜨린다.[83] 그러나 모든 사람들이 자율권에 대해서 똑같은 방식으로 반응하지는 않는다. 예를 들어 통제의 소재가 외부에 있는 사람들의 경우 직무에 대한 통제감을 높여주면 스트레스와 탈진을 경험하는 성향이 높아진다.[84]

행동적 증상 행동과 스트레스에 대한 연구가 여러 국가에 걸쳐 오랫동안 이루어졌으며, 그 관계는 비교적 일관성 있게 나타나고 있다. 행동과 관련된 스트레스 증상에는 생산성 감소, 결근과 이직 증가, 개인의 식사습관 변화, 흡연과 음주량 증가, 말이 빨라지거나 조급해하는 증상, 수면장애 등이 모두 포함된다.[85]

상당히 많은 연구에서 스트레스와 성과의 관계를 조사했다. 한 연구에 따르면 높은 감성지능(제4장 참조)을 가진 사람은 성과에 대한 직무 스트레스의 영향을 완화시킬 수 있다고 하였다.[86] 따라서 이 모델은 차이를 연구할 수 있는 좋은 중립적 출발점이 될 수 있다.

스트레스 관리

종업원과 경영진은 직무에서 수용 가능한 스트레스 수준이 무엇으로 구성되는지에 대해 서로 다른 개념을 가지고 있을 것 같다. 경영진이 보기에 '아드레날린을 분비하게 하는 긍정적인 자극'이 종업원에게는 '과도한 압박'으로 보일 수 있다. 이러한 점을 마음에 두고 다음에서는 스트레스 관리에 대한 개인적 · 조직적 접근법에 대해서 살펴보자.[87]

개인적 접근

종업원은 자신의 스트레스를 줄이는 개인적인 책임을 질 수 있고, 책임을 져야만 한다. 스트레스를 줄이는 데 효과적이라고 증명된 개인적인 전략에는 시간관리기법, 신체적 운동, 이완기법 훈련, 사회적 지원 네트워크 등이 포함된다.

시간관리기법   많은 사람들은 자신의 시간 관리를 잘 못하고 있다. 조직화를 잘하는 종업원은 조직화를 잘하는 학생과 마찬가지로 조직화를 잘하지 못하는 사람보다 두 배 정도의 성과를 달성할 수 있다. 시간관리기법은 즉각적인 목표에 노력을 집중하고 즐겁지 않은 과업을 하더라도 동기부여를 강화함으로써 지연을 최소화하는 데 도움을 줄 수 있다.[88]

신체적 운동   의사들은 과도한 수준의 스트레스를 다루는 방법으로 에어로빅, 산책, 조깅, 수영, 자전거 타기 등과 같이 경쟁적이지 않은 신체적 운동을 추천했다. 이러한 활동들은 스트레스에 대한 해로운 생리적 반응을 줄여주고 스트레스에서 보다 빨리 회복할 수 있게 해준다.[89]

이완기법   사람들은 명상, 최면, 심호흡 등과 같은 **이완기법**을 통해 스스로 긴장을 완화할 수 있다. 이 기법의 목적은 모든 에너지를 근육의 긴장을 푸는 데 집중함으로써 깊이 있는 신체적 이완 상태에 도달하는 것이다.[90] 하루에 15~20분 정도의 깊이 있는 이완은 긴장을 줄이고 평화로운 감각을 제공해줄 뿐만 아니라 심장 박동수, 혈압, 기타 생리적 요인에 있어서 상당한 변화를 가져온다. 점점 더 증가하고 있는 연구 결과에 따르면 반복적인 간격으로 일터에서 단순히 휴식을 취하는 것만으로도 심리적 회복을 촉진하고 스트레스를 현저하게 줄이고 직무 성과를 증진할 수 있으며, 이러한 효과는 이완기법을 함께 적용할 경우 더 커진다고 하였다.[91]

사회적 지원 네트워크   앞에서 언급한 바와 같이 친구, 가족 또는 직장 동료와 이야기를 나누는 것 역시 과도한 스트레스에 대한 출구가 될 수 있다. 사회적 지원 네트워크를 확장하는 것은 당신의 문제를 들어줄 사람과 그 상황에 대해 보다 객관적인 관점을 제공할 수 있는 누군가를 얻는다는 것을 의미한다.

조직적 접근

스트레스를 유발하는 여러 요인, 특히 과업과 역할 요구는 경영진에 의해 통제되므로 수정이나 변화가 가능하다. 고려할 수 있는 전략에는 인력 선발과 배치 개선, 목표 설정, 직무 재설계, 종업원의 참여, 커뮤니케이션 개선, 안식년 제도, 기업의 웰니스 프로그램 등 다양한 방법들이 있다.

선발과 배치 어떤 직무는 다른 직무에 비해 스트레스가 더 많지만 앞에서 살펴본 바와 같이 스트레스 상황에 대한 개인의 반응에는 차이가 있다. 경험이 적거나 통제의 위치가 외부에 있는 사람은 스트레스를 더 많이 받는 경향이 있다. 따라서 선발과 배치 결정 과정에서는 이러한 사실을 고려해야만 한다. 분명한 것은 경영자가 오직 경험이 있고 통제의 위치가 내부에 있는 사람만을 채용해서는 안 되지만, 그러한 사람들은 스트레스가 많은 직무에 더 잘 적응하고 직무 역시 보다 효과적으로 수행한다는 점이다. 이와 유사하게 훈련은 개인의 자기효능감을 증가시킬 수 있고, 그로 인해 직무에서의 긴장감을 줄여줄 수 있다.

목표 설정 제7장에서 살펴본 바와 같이 사람들은 구체적이고 도전적인 목표를 가지고 있으며 진행 경과에 대한 피드백을 받을 경우 더 높은 성과를 낸다. 목표는 스트레스를 줄일 수 있을 뿐만 아니라 동기를 제공하기도 한다.[92] 자신의 목표에 깊이 몰입하고 일의 목적을 알고 있는 종업원은 스트레스를 방해 요인이라기보다는 도전으로 인식하기 때문에 스트레스를 덜 경험한다. 구체적인 목표는 달성 가능한 성과가 어느 정도인지를 명확하게 해준다. 또한 목표에 대한 피드백은 실제 직무 성과에 대한 불확실성을 줄여준다. 그 결과 종업원들의 좌절과 역할 모호성, 스트레스는 줄어든다.

직무 재설계 직무 재설계는 종업원에게 보다 많은 책임감, 의미 있는 일, 자율권, 피드백을 제공함으로써 종업원들의 작업활동에 대한 통제감을 증가시키고 다른 것에 대한 의존성을 줄여줌으로써 스트레스를 줄여주는 역할을 한다. 그러나 모든 종업원이 충실화된 직무를 원하는 것은 아니다. 성장 욕구 강도가 낮은 종업원에게 적합한 직무는 책임이 낮고 전문화가 잘되어 있는 직무일 것이다. 만약 종업원이 구조화되어 있고 반복적인 일을 좋아한다면 기술 다양성을 줄임으로써 불확실성과 스트레스 수준을 낮출 수 있을 것이다.

종업원 참여   역할 스트레스는 종업원들이 목표, 기대, 그들이 어떻게 평가를 받을 것인지 등에 대한 불확실성을 느끼게 하기 때문에 상당히 큰 해가 될 수 있다. 이러한 종업원들에게는 그들의 직무 성과에 직접적으로 영향을 미치는 의사결정에 대한 발언권을 줌으로써 경영진은 종업원의 통제감을 높이고 역할 관련 스트레스를 낮출 수 있다. 따라서 종업원들에게 권한 부여가 높아지면 심리적 긴장이 줄어든다는 증거가 명확하기 때문에 경영진은 의사결정에 있어서 **종업원의 참여**를 늘리는 것을 고려해야 한다.[93]

커뮤니케이션   종업원과 공식적인 **의사소통**을 증가시키는 것은 역할 모호성과 역할 갈등을 줄임으로써 종업원의 불확실성을 감소시켜준다. 지각이 스트레스와 반응의 관계를 조절하는 중요한 역할을 한다는 점에서 경영진은 효과적인 의사소통을 종업원의 지각을 형성하는 수단으로 활용할 수 있다. 종업원이 요구, 위협, 기회로 생각하는 것은 사실 종업원의 해석이며, 그러한 해석은 경영진과의 의사소통에서 제시된 상징이나 행동에 의해 영향을 받을 수 있다.

종업원 안식년제도   일부 종업원은 광적인 속도의 작업에서 가끔 벗어날 필요가 있다. 제넨테크, 아메리칸익스프레스, 인텔, 제너럴 밀스, 마이크로소프트, 모닝스타, 드림웍스 애니메이션 및 어도비시스템 등과 같은 기업들이 장기간의 자발적 휴가를 제공하기 시작했다.[94] 몇 주에서 수 개월에 이르는 이 안식년은 탈진할 가능성이 있는 종업원들을 부활시키고 젊어지게 할 수 있다.

기업의 웰니스 프로그램   우리의 마지막 제안은 조직에서 지원하는 **웰니스 프로그램** (wellness program)이다. 이 프로그램은 일반적으로 종업원들에게 금연, 절주, 체중 감량, 올바른 식습관, 정기적인 운동 프로그램 개발 등을 돕기 위한 워크숍 형태로 제공되며, 종업원들의 종합적인 신체적 · 정신적 상태에 초점을 둔다.[95] 어떤 프로그램들은 또한 종업원들의 심리적 건강에 도움을 준다. 웰니스 프로그램을 포함하여 스트레스 해소에 도움을 주기 위한 36개 프로그램에 대한 메타분석 결과 그러한 방법들은 종업원들에게 스트레스를 받는 상황을 다시 인식하고 적극적인 대응전략을 사용함으로써 스트레스를 상당 부분 줄여주는 것으로 나타났다.[96] 대부분의 웰니스 프로그램은 종업원들은 자신의 신체와 정신건강에 대해 개인적인 책임을 져야 한다고 가정하고 있으며, 조직은 단지 이를 위한 하나의 수단에 불과하다고 보고 있다.

웰니스 프로그램을 도입한 대부분의 회사는 상당한 이익을 얻었다. 존슨앤존슨은 웰빙 프로그램을 통해 10년 동안 2억 5,000만 달러의 의료비를 절감했으며, 연구 결과에 따르면 효과적인 웰니스 프로그램을 통해 대부분의 조직에서 이직률이 크게 감소한 것으로 나타났다.[97] 미국의 노동 및 보건복지부의 지원으로 이루어진 다른 연구에서는 조직의 웰니스 프로그램은 건강상 위험 요인이 적은 건강한 직원을 만들어낸다고 하였다.[98]

요약

이 교재 전반에 걸쳐 변화의 필요성이 설명되었다. 예를 들어, 태도, 동기부여, 작업 팀, 커뮤니케이션, 리더십, 조직 구조, HR 관행 및 조직문화에 대해 생각하라. 변화는 각 장의 토론에 있어서 없어서는 안 될 부분이었다. 만약 환경이 완전히 정태적이라면, 종업원들의 기술과 능력이 항상 최신 상태이고, 진부해지지 않고 내일이 항상 현재와 정확히 일치한다면 조직 변화는 관리자와 관련성이 거의 없을 것이다. 그러나 현실 세계는 급변하고 있으며, 경쟁력을 유지하려면 조직과 구성원 모두 역동적으로 변화해야 한다. 이러한 모든 변화에 대처하는 것은 스트레스의 원인이 될 수 있지만, 효과적인 관리를 통해 도전은 참여와 자기 실현을 향상시켜 이 교재에서 살펴본 바와 같이 조직행동 연구의 주요 목표 중 하나인 높은 성과를 가져올 수 있다.

경영자에게 주는 시사점

- 관리자로서 당신은 당신 조직의 변화담당자라고 생각해보자. 당신은 의사결정과 역할 모델적인 행동이 조직의 변화 문화를 형성하는 데 도움이 될 것이다.
- 경영 방침 및 관행은 변화하는 환경 요인에 대해 조직이 학습하고 적응하는 정도를 결정할 것이다.
- 약간의 스트레스는 좋다. 직장에서 자율성과 책임감에 의한 도전이 증가하면 어느 정도 스트레스를 받게 되지만, 성취감과 충족감을 높일 수 있다. 반면에 관료주의와 대인 관계 갈등 같은 방해적 스트레스 요인은 전적으로 부정적이며 제거해야 한다.
- 작업 부담을 종업원에게 정확하게 맞추고, 스트레스 대응 자원을 제공하고, 그들의

고민에 응답함으로써 종업원들에게 유해한 스트레스를 완화할 수 있다.

● 성과 저하, 이직률 증가, 건강 문제로 인한 결근 증가 및 참여가 감소할 경우 당신은 종업원들의 극심한 스트레스를 파악할 수 있을 것이다. 그러나 이러한 증상이 가시적으로 나타날 때쯤이면 그들에게 도움을 주기에는 너무 늦을 수 있으므로 초기의 지표에 주의를 기울이고 사전에 예방 조치를 취해야 한다.

책의 끝은 일반적으로 저자에게 있어서 독자와 같은 의미를 지니며, 성취감과 안도감을 줄 것이다. 우리 모두 조직행동의 필수적인 개념에 대한 여행을 마쳤다는 것에 기뻐하며, 이 여행은 우리가 어디에 있고, 그것들의 의미가 무엇인지를 밝힐 수 있는 좋은 시간이었다.

이 책의 근본 주제는 직장에서 일하는 사람들의 행동은 우발적인 행동이 아니라는 것이다. 종업원들은 복잡한 주체이지만, 그럼에도 불구하고 그들의 태도와 행동은 어느 정도 정확성을 갖고 설명하고 예측할 수 있다. 조직행동에 대한 우리들의 접근법은 분석 수준을 세 가지, 즉 개인 수준, 집단 수준, 조직 수준으로 나누어 살펴보는 것이었다.

우리는 개인 수준에서 시작했고, 왜 개인은 그렇게 행동하는지를 이해하는 데 공헌하는 주요한 심리적 연구 결과들을 살펴보았다. 우리는 종업원들 간에 많은 개인적 차이가 체계적으로 분류되어 이름이 붙여질 수 있고, 따라서 일반화가 가능하다는 것을 발견했다. 예를 들면, 보수적인 성격을 가지고 있는 개인은 탐구적 성격을 가지고 있는 개인보다 특정 직무에 더 잘 맞는다는 것을 알게 된 것이다. 그러므로 종업원들을 성격 유형과 양립할 수 있는 직무에 배치하면 그들은 더 높은 성과를 내고 더 많이 만족할 것이다.

다음 분석은 집단 수준에서 이루어졌다. 집단행동에 대한 이해는 사람들은 혼자일 때보다 집단으로 모일 경우 다르게 행동할 수 있기 때문에 우리가 알고 있는 개인에 대한 것에 단순히 집단에 속한 구성원들의 숫자를 곱한 것 이상으로 훨씬 더 복잡하다고 주장했다. 우리는 역할, 규범, 리더십 스타일, 권력 관계, 그리고 유사한 집단 요인들이 종업원의 행동에 어떻게 영향을 미치는지를 살펴보았다.

마지막으로, 조직행동에 대한 이해를 증진시키기 위해 우리가 가지고 있는 개인과 집단에 대한 지식을 시스템 전체 수준의 변수와 결합했다. 핵심적인 초점은 조직의 구조, 설계, 문화가 어떻게 종업원의 행동과 태도에 영향을 미치는가를 보여주는 것이었다.

이 책이 강조하고 있는 이론적 개념을 비판하려는 사람도 있을 것이다. 그러나 심리학자인 쿠르트 레빈이 말한 바와 같이 "좋은 이론만큼 실무적인 것은 없다". 물론 "어느 곳에도 적용되지 않는 이론만큼 비실무적인 것도 없다."는 말 역시 사실이다. 어느 곳에도 적용되지 않는 이론을 제시하는 것을 피하기 위해 이 책에는 많은 예제와 사례를 포함하였다. 또한 경영 실무에 대한 시사점을 찾기 위해 정기적으로 멈추어 섰다. 그 결과 행동에 대해 통찰력을 제공하고 있는 수없이 많은 개념들을 개별적으로 제시하였지만, 이것들을 모두 함께 고려할 때 비로소 조직행동을 정확하게 설명하고, 예측하고, 통제할 수 있도록 해주는 복잡한 시스템을 이해할 수 있을 것이다.

제1장

1. "Survey: Few CFOs Plan to Invest in Interpersonal Skills Development for Their Teams," Accountemps press release, June 19, 2013, on the Accountemps website, http://accountemps.rhi.mediaroom.com/2013-06-19-Survey-Few-CFOs-Plan-to-Invest-in-Interpersonal-Skills-Development-for-Their-Teams.
2. K. Dill, "The 20 Best Places to Work in 2015," *Forbes,* December 10, 2014, http://www.forbes.com/sites/kathryndill/2014/12/10/the-best-places-to-work-in-2015/.
3. I. S. Fulmer, B. Gerhart, and K. S. Scott, "Are the 100 Best Better? An Empirical Investigation of the Relationship between Being a 'Great Place to Work' and Firm Performance," *Personnel Psychology* 56, no. 4, (2003): 965–93.
4. S. E. Humphrey, J. D. Nahrgang, and F. P. Morgeson, "Integrating Motivational, Social, and Contextual Work Design Features: A Meta-Analytic Summary and Theoretical Extension of the Work Design Literature," *Journal of Applied Psychology* 92, no. 5 (2007): 1332–56.
5. E. R. Burris, "The Risks and Rewards of Speaking Up: Managerial Responses to Employee Voice," Academy of Management Journal 55, no. 4 (2012): 851–75.
6. T. L. Miller, C. L. Wesley II, and D. E. Williams, "Educating the Minds of Caring Hearts: Comparing the Views of Practitioners and Educators on the Importance of Social Entrepreneurship Competencies," *Academy of Management Learning & Education* 2, no. 3 (2012): 349–70.
7. H. Aguinis and A. Glavas, "What We Don't Know about Corporate Social Responsibility: A Review and Research Agenda," *Journal of Management* 38, no. 4 (2012): 932–68.
8. D. Meinert, "Background on Bosses," *HR Magazine,* August 2014, 29.
9. Ibid.
10. Ibid.
11. For a review of what one researcher believes *should* be included in organizational behavior, based on survey data, see J. B. Miner, "The Rated Importance, Scientific Validity, and Practical Usefulness of Organizational Behavior Theories: A Quantitative Review," *Academy of Management Learning & Education* 2, no. 3 (2003): 250–68.
12. For the original study, see F. Luthans, "Successful vs. Effective Real Managers," *Academy of Management Executive,* 2, no. 2 (1988): 127–32. A great deal of research has been built by Fred Luthans and others from this study. See, for example, M. M. Hopkins, D. A. O'Neil, and J. K. Stoller, "Distinguishing Competencies of Effective Physician Leaders," *Journal of Management Development* 34, no. 5 (2015): 566–84.
13. P. Wu, M. Foo, and D. B. Turban, "The Role of Personality in Relationship Closeness, Developer Assistance, and Career Success," *Journal of Vocational Behavior* 73, no. 3 (2008): 440–48.
14. L. Dragoni, H. Park, J. Soltis, and S. Forte-Trammell, "Show and Tell: How Supervisors Facilitate Leader Development Among Transitioning Leaders," *Journal of Applied Psychology* 99, no. 1 (2014): 66–86.
15. D. M. Rousseau, *The Oxford Handbook of Evidence-Based Management* (New York: Oxford University Press, 2014).
16. J. Welch and S. Welch, "When to Go with Your Gut," LinkedIn Pulse (blog post), November 12, 2013, https://www.linkedin.com/pulse/20131112125301-86541065-when-to-go-with-your-gut.
17. Z. Karabell, "Everyone Has a Data Point," *The Wall Street Journal,* February 19, 2014, A11.
18. E. Morozov, "Every Little Byte Counts," *The New York Times Book Review,* May 18, 2014, 23.
19. M. Taves, "If I Could Have More Data...", *The Wall Street Journal,* March 24, 2014, R5.
20. "The Future of Work—A Journey to 2022,", PricewaterhouseCoopers LLP Report, 2014, http://www.pwc.com/gx/en/issues/talent/future-of-work/journey-to-2022.html
21. N. Bloom, R. Sadun, and J. Van Reenan, "Does Management Really Work? How Three Essential Practices can Address Even the Most Complex Global Problems," *Harvard Business Review,* November 2012, 77–82.
22. C. Cole, Association for Psychological Science, "Changing Neurobiology with Behavior," *Observer* 27, no. 6 (2014): 29–32.
23. E. Dwoskin, "Big Data Knows When You Turn off the Lights," *The Wall Street Journal,* October 21, 2014, B1–B2.
24. S. Lohr, "Unblinking Eyes Track Employees," *The New York Times,* June 22, 2014, 1, 15.
25. R. Karlgaard, "Danger Lurking: Taylor's Ghost," *Forbes,* May 26, 2014, 34.
26. C. Karmin and S. Chaturvedi, "Grosvenor House Is Seized," *The Wall Street Journal,* March 4, 2015, C8.
27. V. McGrane, "The Downside of Lower Unemployment," *The Wall Street Journal,* February 3, 2014, A2.
28. A. Lowrey, "Long Out of Work, and Running Out of Options," *The New York Times,* April 4, 2014, B1, B4.
29. L. Weber and R. E. Silverman, "On-Demand Workers: 'We Are Not Robots,'" *The Wall Street Journal,* January 28, 2015, B1, B7.
30. C. Porter and M. Korn, "Can This Online Course Get Me a Job?" *The Wall Street Journal,* March 4, 2014, B7.
31. D. Belkin and M. Peters, "For New Grads, Path to a Career Is Bumpy," *The Wall Street Journal,* May 24–25, 2014, A5.
32. N. Kitsantonis, "A Hands-On Approach to the Greek Economy," *The New York Times,* March 25, 2014, B3.
33. G. Naik, "Global Life Expectancy Rises by Six Years," *The Wall Street Journal,* December 18, 2014, A10.
34. J. Greenwald, "Tips for Dealing with Employees Whose Social Media Posts Reflect Badly on Your Company," *Forbes,* March 6, 2015, www.forbes.com/sites/entrepreneursorganization/2015/03/06/tips-for-dealing-with-employees-whose-social-media-posts-reflect-badly-on-your-company/.

35. E. Jaffe, Association for Psychological Science, "Using Technology to Scale the Scientific Mountain," *Observer* 27, no. 6 (2014): 17–19.

36. N. Fallon, "No Face Time? No Problem: How to Keep Virtual Workers Engaged," *Business News Daily*, October 2, 2014, http://www.businessnewsdaily.com/7228-engaging-remote-employees.html.

37. E. J. Hirst, "Burnout on the Rise," *Chicago Tribune*, October 19, 2012, http://articles.chicagotribune.com/2012-10-29/business/ct-biz-1029-employee-burnout-20121029_1_employee-burnout-herbert-freudenberger-employee-stress.

38. F. Luthans and C. M. Youssef, "Emerging Positive Organizational Behavior," *Journal of Management* 33, no. 3 (2007): 321–49; C. M. Youssef and F. Luthans, "Positive Organizational Behavior in the Workplace: The Impact of Hope, Optimism, and Resilience," *Journal of Management* 33, no. 5 (2007): 774–800; and J. E. Dutton and S. Sonenshein, "Positive Organizational Scholarship," in *Encyclopedia of Positive Psychology,* eds. C. Cooper and J. Barling, (Thousand Oaks, CA: Sage, 2007).

39. "Five Jobs That Won't Exist in 10 Years... And One New Title You'll Start to See," *HR Magazine,* February 2014, 16.

40. Editorial Board, "NCAA Should Punish the University of North Carolina for Cheating Scandal," *Chicago Tribune,* November 7, 2014, http://www.chicagotribune.com/news/opinion/editorials/ct-north-carolina-sports-scandal-edit-1108-20141107-story.html, accessed March 11, 2015.

41. D. M. Mayer, M. Kuenzi, R. Greenbaum, M. Bardes, and R. Salvador, "How Low Does Ethical Leadership Flow? Test of a Trickle-Down Model," *Organizational Behavior and Human Decision Processes* 108, no. 1 (2009): 1–13; and A. Ardichvili, J. A. Mitchell, and D. Jondle, "Characteristics of Ethical Business Cultures," *Journal of Business Ethics* 85, no. 4 (2009): 445–51.

42. D. Meinert, "Managers' Influence," *HR Magazine,* April 2014, 25.

43. X. Zhao and A. S. Mattila, "Examining the Spillover Effect of Frontline Employees' Work-Family Conflict on Their Affective Work Attitudes and Customer Satisfaction," *International Journal of Hospitality Management* 33 (2013): 310–15.

제2장

1. A. R. Davies and B. D. Frink, "The Origins of the Ideal Worker: The Separation of Work and Home in the United States from the Market Revolution to 1950," *Work and Occupations* 41, no. 1 (2014): 18–39.

2. U.S. Census Bureau, Current Population Survey, December 2014; S. Ricker, "The Changing Face of U.S. Jobs: Composition of Occupations by Gender, Race, and Age from 2001–2014," *The Hiring Site* (CareerBuilder blog) March 26, 2015, www.thehiringsite.careerbuilder.com/2015/03/26/9-findings-diversity-americas-workforce.

3. L. Colley, "Not Codgers in Cardigans! Female Workforce Participation and Ageing Public Services," *Gender Work and Organization* 20, no. 3 (2013): 327–48.

4. W. H. Frey, Diversity Explosion: *How New Racial Demographics are Remaking America* (Washington, DC: Brookings Institution Press, 2014).

5. M. Toossi, "Labor Force Projections to 2020: A More Slowly Growing Workforce," *Monthly Labor Review* 135, no. 1 (2012): 43–64.

6. C. T. Kulik, "Spotlight on the Context: How a Stereotype Threat Framework Might Help Organizations to Attract and Retain Older Workers," *Industrial and Organizational Psychology* 7, no. 3 (2014): 456–61.

7. A. H. Eagly and J. L. Chin, "Are Memberships in Race, Ethnicity, and Gender Categories Merely Surface Characteristics?" *American Psychologist* 65, no. 9 (2010): 934–35.

8. W. J. Casper, J. H. Wayne, and J. G. Manegold, "Who Will We Recruit? Targeting Deep- and Surface-Level Diversity with Human Resource Policy Advertising," *Human Resource Management* 52, no. 3 (2013): 311–32.

9. J. H. Carlson and J. D. Seacat, "Multiple Threat: Overweight/Obese Women in the Workforce," and B. J. Casad and S. M. Merritt, "The Importance of Stereotype Threat Mechanisms in Workplace Outcomes," *Industrial and Organizational Psychology* 7, no. 3 (2014): 413–18.

10. G. Czukor and M. Bayazit, "Casting a Wide Net? Performance Deficit, Priming, and Subjective Performance Evaluation in Organizational Stereotype Threat Research," *Industrial and Organizational Psychology* 7, no. 3 (2014): 409–12; K. S. Jones and N. C. Carpenter, "Toward a Sociocultural Psychological Approach to Examining Stereotype Threat in the Workplace," *Industrial and Organizational Psychology* 7, no. 3 (2014): 429–32; and C. T. Kulik, "Spotlight on the Context: How a Stereotype Threat Framework Might Help Organizations to Attract and Retain Older Workers," *Industrial and Organizational Psychology* 7, no. 3 (2014): 456–61.

11. L. M. Cortina, "Unseen Injustice: Incivility as Modern Discrimination in Organizations," *Academy of Management Review* 33, no. 1 (2008): 55–75; and C. M. Harold and B. C. Holtz, "The Effects of Passive Leadership on Workplace Incivility," *Journal of Organizational Behavior* 36, no. 1 (2015): 16–38.

12. J. P. Jamieson, K. Koslov, M. K. Nock, and W. B. Mendes, "Experiencing Discrimination Increases Risk Taking," *Psychological Science* 24, no. 2 (2012): 131–39.

13. C. T. Kulik, S. Ryan, S. Harper, and G. George, "Aging Populations and Management," *Academy of Management Journal* 57, no. 4 (2014): 929–35.

14. T. Lytle, "Benefits for Older Workers," *HR Magazine,* March 2012, 53–58.

15. A. Tergesen, "Why Everything You Know about Aging Is Probably Wrong," *The Wall Street Journal,* December 1, 2014, B1–B2.

16. L. Turner and A. Suflas, "Global Diversity—One Program Won't Fit All," *HR Magazine,* May 2014, 59–61.

17. L. Weber, "Americans Rip Up Retirement Plans," *The Wall Street Journal,* January 31, 2013, http://online.wsj.com/article/SB10001424127887323926104578276241741448064.html.

18. M. Chand and R. L. Tung, "The Aging of the World's Population and Its Effects on Global Business," *Academy of Management Perspectives* 28, no. 4 (2014): 409–29.

19. S. Shellenbarger, "Work & Family Mailbox," *The Wall Street Journal,* January 29, 2014, D2.

20. N. E. Wolfson, T. M. Cavanaugh, and K. Kraiger, "Older Adults and Technology-Based Instruction: Optimizing

Learning Outcomes and Transfer," *Academy of Management Learning & Education* 13, no. 1 (2014): 26–44.

21. A. Tergesen, "Why Everything You Know about Aging Is Probably Wrong." The Wall Street Journal (November 30, 2014).

22. Ibid.

23. Ibid.

24. T. W. H. Ng and D. C. Feldman, "The Relationship of Age with Job Attitudes: A Meta-Analysis," *Personnel Psychology* 63, no. 3 (2010): 677–718.

25. E. Zell, Z. Krizan, and S. R. Teeter, "Evaluating Gender Similarities and Differences Using Metasynthesis," *American Psychologist* 70, no. 1 (2015): 10–20.

26. J. B. Allendorfer et al., "Females and Males Are Highly Similar in Language Performance and Cortical Activation Patterns during Verb Generation," *Cortex* 48, no. 9 (2012): 1218–33; and A. Ardilla, M. Rosselli, E. Matute, and O. Inozemtseva, "Gender Differences in Cognitive Development," *Developmental Psychology* 47, no. 4 (2011): 984–90.

27. P. L. Roth, K. L. Purvis, and P. Bobko, "A Meta-Analysis of Gender Group Differences for Measures of Job Performance in Field Studies," *Journal of Management* 38, no. 2 (2012): 719–39.

28. S. C. Paustian-Underdahl, L. S. Walker, and D. J. Woehr, "Gender and Perceptions of Leadership Effectiveness: A Meta-Analysis of Contextual Moderators," *Journal of Applied Psychology* 99, no. 6 (2014): 1129–45.

29. R. E. Silverman, "Study Suggests Fix for Gender Bias on the Job," *The Wall Street Journal,* January 9, 2013, D4.

30. A. J. Koch, S. D. D'Mello, and P. R. Sackett, "A Meta-Analysis of Gender Stereotypes and Bias in Experimental Simulations of Employment Decision Making," *Journal of Applied Psychology* 100, no. 1 (2015): 128–61.

31. E. B. King et al., "Benevolent Sexism at Work: Gender Differences in the Distribution of Challenging Developmental Experiences," *Journal of Management* 38, no. 6 (2012): 1835–66.

32. L. Gartzia, M. K. Ryan, N. Balluerka, and A. Aritzeta, "Think Crisis-Think Female: Further Evidence," *European Journal of Work and Organizational Psychology* 21, no. 4 (2014): 603–28.

33. P. Wechsler, "58 Women CFOs in the Fortune 500: Is This Progress?" *Fortune,* February 24, 2015, http://fortune.com/2015/02/24/58-women-cfos-in-the-fortune-500-is-this-progress/.

34. L. Turner and A. Suflas, "Global Diversity—One Program Won't Fit All."

35. Ibid.

36. H. L. Kusterer, T. Lindholm, and H. Montgomery, "Gender Typing in Stereotypes and Evaluations of Actual Managers," *Journal of Managerial Psychology* 28, no. 5 (2013): 561–79; and W. B. Morgan, K. B. Elder, and E. B. King, "The Emergence and Reduction of Bias in Letters of Recommendation," *Journal of Applied Social Psychology* 43, no. 11 (2013): 2297–2306.

37. T. Vega, "With Diversity Still Lacking, Industry Focuses on Retention," *The New York Times,* September 4, 2012, B3.

38. D. R. Avery, P. F. McKay, and D. C. Wilson "What Are the Odds? How Demographic Similarity Affects the Prevalence of Perceived Employment Discrimination," *Journal of Applied Psychology* 93, no. 2 (2008): 235–49.

39. J. M. Sacco, C. R. Scheu, A. M. Ryan, and N. Schmitt, "An Investigation of Race and Sex Similarity Effects in Interviews: A Multilevel Approach to Relational Demography," *Journal of Applied Psychology* 88, no. 5 (2003): 852–65; and P. F. McKay and M. A. McDaniel, "A Reexamination of Black-White Mean Differences in Work Performance: More Data, More Moderators," *Journal of Applied Psychology* 91, no. 3 (2006): 538–54.

40. S. Mullainathan, "The Measuring Sticks of Racial Bias," *The New York Times,* January 4, 2015, 6.

41. L. Turner and A. Suflas, "Global Diversity—One Program Won't Fit All."

42. Information on the Americans with Disabilities Act can be found on their website at www.ada.gov.

43. S. G. Goldberg, M. B. Killeen, and B. O'Day, "The Disclosure Conundrum: How People with Psychiatric Disabilities Navigate Employment," *Psychology, Public Policy, and Law* 11, no. 3 (2005): 463–500; and M. L. Ellison, Z. Russinova, K. L. MacDonald-Wilson, and A. Lyass, "Patterns and Correlates of Workplace Disclosure among Professionals and Managers with Psychiatric Conditions," *Journal of Vocational Rehabilitation* 18, no. 1 (2003): 3–13.

44. B. S. Bell and K. J. Klein, "Effect of Disability, Gender, and Job Level on Ratings of Job Applicants," *Rehabilitation Psychology* 46, no. 3 (2001): 229–46; and E. Louvet, "Social Judgment Toward Job Applicants with Disabilities: Perception of Personal Qualities and Competences," *Rehabilitation Psychology* 52, no. 3 (2007): 297–303.

45. L. R. Ren, R. L. Paetzold, and A. Colella, "A Meta-Analysis of Experimental Studies on the Effects of Disability on Human Resource Judgments," *Human Resource Management Review* 18, no. 3 (2008): 191–203.

46. S. Almond and A. Healey, "Mental Health and Absence from Work: New Evidence from the UK Quarterly Labour Force Survey," *Work, Employment, and Society* 17, no. 4 (2003): 731–42.

47. P. T. J. H. Nelissen, K. Vornholt, G. M. C. Van Ruitenbeek, U. R. Hülsheger, and S. Uitdewilligen, "Disclosure or Nondisclosure—Is This the Question?" *Industrial and Organizational Psychology* 7, no. 2 (2014): 231–35.

48. A. M. Santuzzi, P. R. Waltz, and L. M. Finkelstein, "Invisible Disabilities: Unique Challenges for Employees and Organizations," *Industrial and Organizational Psychology* 7, no. 2 (2014): 204–19.

49. Ibid.

50. R. A. Schriber, R. W. Robins, and M. Solomon, "Personality and Self-Insight in Individuals with Autism Spectrum Disorder," *Journal of Personality and Social Psychology* 106, no. 1 (2014): 112–30.

51. C. L. Nittrouer, R. C. E. Trump, K. R. O'Brien, and M. Hebl, "Stand Up and Be Counted: In the Long Run, Disclosing Helps All," *Industrial and Organizational Psychology* 7, no. 2 (2014): 235–41.

52. L. Turner and A. Suflas, "Global Diversity—One Program Won't Fit All."

53. T. Audi, "A New Mosque Rises in Anchorage," *The Wall Street Journal,* August 15, 2014, A5.

54. E. B. King and A. S. Ahmad, "An Experimental Field Study of Interpersonal Discrimination Toward Muslim Job Applicants," *Personnel Psychology* 63, no. 4 (2010): 881–906.

55. A. Liptak, "In a Case of Religious Dress, Justices Explore the Obligations of Employers," *The New York Times,* February 25, 2015, http://www.nytimes.com/2015/02/26/us/in-a-case-of-religious-dress-justices-explore-the-obligations-of-employers.html?

56. A. Tilcsik, "Pride and Prejudice: Employment Discrimination against Openly Gay Men in the United States," *American Journal of Sociology* 117, no. 2 (2011): 586–626.

57. J. Browne, "What One CEO Learned by Being Outed," *The Wall Street Journal,* June 7–8, 2014, C3.

58. "Facts about Discrimination in Federal Government Employment Based on Marital Status, Political Affiliation, Status as a Parent, Sexual Orientation, or Transgender (Gender Identity) Status," U.S. Equal Employment Opportunity Commission (2013), www.eeoc.gov/federal/otherprotections.cfm.

59. L. Turner and A. Suflas, "Global Diversity—One Program Won't Fit All."

60. V. Priola, D. Lasio, S. De Simone, and F. Serri, "The Sound of Silence: Lesbian, Gay, Bisexual, and Transgender Discrimination in 'Inclusive Organizations'," *British Journal of Management* 25, no. 3 (2012): 488–502.

61. "Sex-Based Discrimination," U.S. Equal Employment Opportunity Commission (2013), www.eeoc.gov/laws/types/sex.cfm.

62. M. Keisling, "No Longer at Zero: An Update on ENDA," The *Huffington Post,* March 13, 2013, www.huffingtonpost.com/mara-keisling/no-longer-at-zero-an-upda_b_2861885.html; and J. Pike, "One-Year Anniversary of Senate ENDA Passage," Human Rights Campaign (blog), November 7, 2014, http://www.hrc.org/blog/entry/one-year-anniversary-of-senate-enda-passage), accessed March 26, 2015.

63. C. Burns, *The Costly Business of Discrimination* (Washington, D.C.: Center for American Proress, 2012), www.scribd.com/doc/81214767/The-Costly-Business-of-Discrimination.

64. D. Fidas and L. Cooper, *HRC Corporate Equality Index* (Washington, D.C.: Human Rights Campaign Foundation, 2015), http://hrc-assets.s3-website-us-east-1.amazonaws.com//files/documents/CEI-2015-rev.pdf

65. V. Priola, D. Lasio, S. De Simone, and F. Serri, "The Sound of Silence: Lesbian, Gay, Bisexual, and Transgender Discrimination in 'Inclusive Organizations' ", *British Journal of Management* 25, no. 3 (2014): 488–502.

66. P. A. Freund and N. Kasten, "How Smart Do You Think You Are? A Meta-Analysis of the Validity of Self-Estimates of Cognitive Ability," *Psychological Bulletin* 138, no. 2 (2012): 296–321.

67. R. E. Nisbett et al., "Intelligence: New Findings and Theoretical Developments," *American Psychologist* 67, no. 2 (2012): 130–59.

68. L. S. Gottfredson, "The Challenge and Promise of Cognitive Career Assessment," *Journal of Career Assessment* 11, no. 2 (2003): 32–34.

69. M. D. Dunnette and E. A. Fleishman, eds., *Human Performance and Productivity: Human Capability Assessment* (New York and London: Psychology Press/Taylor & Francis Group, 2014).

70. J. W. B. Lang, M. Kersting, U. R. Hülscheger, and J. Lang, "General Mental Ability, Narrower Cognitive Abilities, and Job Performance: The Perspective of the Nested-Factors

71. Model of Cognitive Abilities" *Personnel Psychology* 63, no. 3(2010): 595–640.

71. N. Barber, "Educational and Ecological Correlates of IQ: A Cross-National Investigation," *Intelligence* 33, no. 3 (2005): 273–84.

72. "What Companies Will Make You Take a Wonderlic Test?" *Beat the Wonderlic* (blog) December 31, 2014, http://www.beatthewonderlic.com/blog/2014/12/31/what-companies-will-make-you-take-a-wonderlic-test.

73. Y. Ganzach, "Intelligence, Education, and Facets of Job Satisfaction," *Work and Occupations* 30, no. 1 (2003): 97–122.

74. J. J. Caughron, M. D. Mumford, and E. A. Fleishman, "The Fleishman Job Analysis Survey: Development, Validation, and Applications," in M. A. Wilson, W. Bennett Jr., S. G. Gibson, and G. M. Alliger, eds., *The Handbook of Work Analysis: Methods, Systems, Applications and Science of Work Measurement in Organizations* (New York: Routledge/Taylor & Francis Group, 2012); and P. D. Converse, F. L. Oswald, M. A. Gillespie, K. A. Field, and E. B. Bizot, "Matching Individuals to Occupations Using Abilities and the O*Net: Issues and an Application in Career Guidance," *Personnel Psychology* 57, no. 2 (2004): 451–87.

75. S. S. Wang, "Companies Find Autism Can Be a Job Skill," *The Wall Street Journal,* March 28, 2014, B1–B2.

76. B. R. Ragins, J. A. Gonzalez, K. Ehrhardt, and R. Singh, "Crossing the Threshold: The Spillover of Community Racial Diversity and Diversity Climate to the Workplace," *Personnel Psychology* 65, no. 4 (2012): 755–87.

77. P. F. McKay, D. R. Avery, and M. A. Morris, "Mean Racial-Ethnic Differences in Employee Sales Performance: The Moderating Role of Diversity Climate," *Personnel Psychology* 61, no. 2 (2008): 349–74.

78. D. R. Avery, J. A. Richeson, M. R. Hebl, and N. Ambady, "It Does Not Have to Be Uncomfortable: The Role of Behavioral Scripts in Black-White Interracial Interactions," *Journal of Applied Psychology* 94, no. 6 (2009): 1382–93.

79. N. Wingfield, "Microsoft Chief Backpedals on Women's Pay," *The Wall Street Journal,* October 10, 2014, B1, B7.

80. D. R. Avery, "Reactions to Diversity in Recruitment Advertising: Are the Differences Black and White?" *Journal of Applied Psychology* 88, no. 4 (2003): 672–79; P. F. McKay and D. R. Avery, "What Has Race Got to Do with It? Unraveling the Role of Racioethnicity in Job Seekers' Reactions to Site Visits," *Personnel Psychology* 59, no. 2 (2006): 395–429; and D. R. Avery and P. F. McKay, "Target Practice: An Organizational Impression Management Approach to Attracting Minority and Female Job Applicants," *Personnel Psychology* 59, no. 1 (2006): 157–87.

81. A. Overholt, "More Women Coders," *Fortune,* February 25, 2013, 14.

82. L. Kwoh, "McKinsey Tries to Recruit Mothers Who Left the Fold," *The Wall Street Journal,* February 20, 2013, B1, B7.

83. M. R. Buckley, K. A. Jackson, M. C. Bolino, J. G. Veres, and H. S. Field, "The Influence of Relational Demography on Panel Interview Ratings: A Field Experiment," *Personnel Psychology* 60, no. 3 (2007): 627–46; J. M. Sacco, C. R. Scheu, A. M. Ryan, and N. Schmitt, "An Investigation of Race and Sex Similarity Effects in Interviews: A Multilevel Approach to Relational Demography," *Journal of Applied Psychology* 88, no. 5 (2003): 852–65; and J. C. Ziegert and P. J. Hanges, "Employment Discrimination: The Role

of Implicit Attitudes, Motivation, and a Climate for Racial Bias," *Journal of Applied Psychology* 90, no. 3 (2005): 553–62.

84. K. Bezrukova, K. A. Jehn, and C. S. Spell, "Reviewing Diversity Training: Where We Have Been and Where We Should Go," *Academy of Management Learning & Education* 11, no. 2 (2012): 207–27.

85. S. T. Bell, "Deep-Level Composition Variables as Predictors of Team Performance: A Meta-Analysis," *Journal of Applied Psychology* 92, no. 3 (2007): 595–615; S. K. Horwitz and I. B. Horwitz, "The Effects of Team Diversity on Team Outcomes: A Meta-Analytic Review of Team Demography," *Journal of Management* 33, no. 6 (2007): 987–1015; G. L. Stewart, "A Meta-Analytic Review of Relationships between Team Design Features and Team Performance," *Journal of Management* 32, no. 1 (2006): 29–54; and A. Joshi and H. Roh, "The Role of Context in Work Team Diversity Research: A Meta-Analytic Review," *Academy of Management Journal* 52, no. 3 (2009): 599–627.

86. G. Andrevski, O. C. Richard, J. D. Shaw, and W. J. Ferrier, "Racial Diversity and Firm Performance: The Mediating Role of Competitive Intensity," *Journal of Management* 40, no. 3 (2014): 820–44.

87. A. C. Homan, J. R. Hollenbeck, S. E. Humphrey, D. van Knippenberg, D. R. Ilgen, and G. A. Van Kleef, "Facing Differences with an Open Mind: Openness to Experience, Salience of Intragroup Differences, and Performance of Diverse Work Groups," *Academy of Management Journal* 51, no. 6 (2008): 1204–22.

88. E. Kearney and D. Gebert, "Managing Diversity and Enhancing Team Outcomes: The Promise of Transformational Leadership," *Journal of Applied Psychology* 94, no. 1 (2009): 77–89.

89. C. L. Holladay and M. A. Quiñones, "The Influence of Training Focus and Trainer Characteristics on Diversity Training Effectiveness," *Academy of Management Learning and Education* 7, no. 3 (2008): 343–54; and R. Anand and M. Winters, "A Retrospective View of Corporate Diversity Training from 1964 to the Present," *Academy of Management Learning and Education* 7, no. 3 (2008): 356–72.

90. A. Sippola and A. Smale, "The Global Integration of Diversity Management: A Longitudinal Case Study," *International Journal of Human Resource Management* 18, no. 11 (2007): 1895–1916.

제3장

1. A. Barsky, S. A. Kaplan, and D. J. Beal, "Just Feelings? The Role of Affect in the Formation of Organizational Fairness Judgments," *Journal of Management* 37, no. 1 (2011): 248–79; J. A. Mikels, S. J. Maglio, A. E. Reed, and L. J. Kaplowitz, "Should I Go with My Gut? Investigating the Benefits of Emotion-Focused Decision Making," *Emotion* 11, no. 4 (2011): 743–53; and A. J. Rojas Tejada, O. M. Lozano Rojas, M. Navas Luque, and P. J. Pérez Moreno, "Prejudiced Attitude Measurement Using the Rasch Scale Model," *Psychological Reports* 109, no. 2 (2011): 553–72.

2. See L. S. Glasman and D. Albarracín, "Forming Attitudes That Predict Future Behavior: A Meta-Analysis of the Attitude-Behavior Relation," *Psychological Bulletin* 132, no. 5 (2006): 778–822.

3. Y. L. Liu and C.-J. Keng, "Cognitive Dissonance, Social Comparison, and Disseminating Untruthful or Negative Truthful EWOM Messages," *Social Behavior and Personality* 24, no. 6 (2014): 979–94.

4. See, for instance, L. R. Fabrigar, R. E. Petty, S. M. Smith, and S. L. Crites, "Understanding Knowledge Effects on Attitude-Behavior Consistency: The Role of Relevance, Complexity, and Amount of Knowledge," *Journal of Personality and Social Psychology* 90, no. 4 (2006): 556–77; and D. J. Schleicher, J. D. Watt, and G. J. Greguras, "Reexamining the Job Satisfaction-Performance Relationship: The Complexity of Attitudes," *Journal of Applied Psychology* 89, no. 1 (2004): 165–77.

5. A. S. McCance, C. D. Nye, L. Wang, K. S. Jones, and C. Chiu, "Alleviating the Burden of Emotional Labor: The Role of Social Sharing," *Journal of Management* 39, no. 2 (2013): 392–415.

6. L. S. Glasman and D. Albarracin, "Forming Attitudes That Predict Future Behavior: A Meta-Analysis of the Attitude-Behavior Relation."

7. D. P. Moynihan and S. K. Pandey, "Finding Workable Levers over Work Motivation: Comparing Job Satisfaction, Job Involvement, and Organizational Commitment," *Administration & Society* 39, no. 7 (2007): 803–32.

8. S. Zhang, "Impact of Job Involvement on Organizational Citizenship Behaviors in China," *Journal of Business Ethics* 120, no. 2 (2014): 165–74.

9. G. Chen and R. J. Klimoski, "The Impact of Expectations on Newcomer Performance in Teams as Mediated by Work Characteristics, Social Exchanges, and Empowerment," *Academy of Management Journal* 46, no. 5 (2003): 591–607; A. Ergeneli, G. Saglam, and S. Metin, "Psychological Empowerment and Its Relationship to Trust in Immediate Managers," *Journal of Business Research* 60, no. 1 (2007): 41–49; and S. E. Seibert, S. R. Silver, and W. A. Randolph, "Taking Empowerment to the Next Level: A Multiple-Level Model of Empowerment, Performance, and Satisfaction," *Academy of Management Journal* 47, no. 3 (2004): 332–49.

10. B. J. Avolio, W. Zhu, W. Koh, and P. Bhatia, "Transformational Leadership and Organizational Commitment: Mediating Role of Psychological Empowerment and Moderating Role of Structural Distance," *Journal of Organizational Behavior* 25, no. 8 (2004): 951–68.

11. O. N. Solinger, W. van Olffen, and R. A. Roe, "Beyond the Three-Component Model of Organizational Commitment," *Journal of Applied Psychology* 93, no. 1 (2008): 70–83.

12. J. P. Hausknecht, N. J. Hiller, and R. J. Vance, "Work-Unit Absenteeism: Effects of Satisfaction, Commitment, Labor Market Conditions, and Time," *Academy of Management Journal* 51, no. 6 (2008): 1223–45.

13. "100 Best Companies to Work For," *Fortune,* February 2015, www.fortune.com/best-companies/2015/.

14. L. Rhoades, R. Eisenberger, and S. Armeli, "Affective Commitment to the Organization: The Contribution of Perceived Organizational Support," *Journal of Applied Psychology* 86, no. 5 (2001): 825–36.

15. B. L. Rich, J. A. Lepine, and E. R. Crawford, "Job Engagement: Antecedents and Effects on Job Performance," *Academy of Management Journal* 53, no. 3 (2010): 617–35.

16. "Employee Engagement," *Workforce Management* (February 2013): 19; and "The Cornerstone OnDemand 2013 U.S. Employee Report," *Cornerstone* (2013), www.cornerstoneondemand.com/resources/research/survey-2013.

17. Y. Brunetto, S. T. T. Teo, K. Shacklock, and R. Farr-Wharton, "Emotional Intelligence, Job Satisfaction, Well-being and Engagement: Explaining Organisational Commitment and Turnover Intentions in Policing," *Human Resource Management Journal* 22, no. 4 (2012): 428–41.

18. P. Petrou, E. Demerouti, M. C. W. Peeters, W. B. Schaufeli, and Jørn Hetland, "Crafting a Job on a Daily Basis: Contextual Correlates and the Link to Work Engagement," *Journal of Organizational Behavior* 33, no. 8 (2012): 1120–41.

19. C. L. Dolbier, J. A. Webster, K. T. McCalister, M. W. Mallon, and M. A. Steinhardt, "Reliability and Validity of a Single-Item Measure of Job Satisfaction," *American Journal of Health Promotion* 19, no. 3 (2005): 194–98.

20. *Employee's Job Satisfaction Worldwide 2012*, Distributed by New York, NY: Statista, 2012. http://www.statista.com/statistics/224508/employee-job-satisfaction-worldwide/; Kelly Services, Kelly Global Workforce Index, 2012, *Acquisition and Retention in the war for Talent*. http://www.kellyservices.no/NO/Om-oss/KGWI-APRIL-2012—Talent-Acquisiton-and-Retention/"

21. N. A. Bowling, M. R. Hoepf, D. M. LaHuis, and L. R. Lepisto, "Mean Job Satisfaction Levels over Time: Are Things Bad and Getting Worse?" *The Industrial-Organizational Psychologist* 50, no. 4 (2013): 57–64.

22. L. Weber, "U.S. Workers Can't Get No (Job) Satisfaction," *The Wall Street Journal: At Work* (blog), June 18, 2014, 12:01 AM, http://blogs.wsj.com/atwork/2014/06/18/u-s-workers-cant-get-no-job-satisfaction/.

23. B. Cheng, M. Kan, G. Levanon, and R. L. Ray. "Job Satisfaction: 2014 Edition," The Conference Board, https://www.conference-board.org/topics/publicationdetail.cfm?publicationid=2785.

24. L. Weber, "U.S. Workers Can't Get No (Job) Satisfaction."

25. "Doing Business in South Korea," *World Business Culture*, accessed January 14, 2016, www.worldbusinessculture.com/Business-in-South-Korea.html.

26. S. E. Humphrey, J. D. Nahrgang, and F. P. Morgeson, "Integrating Motivational, Social, and Contextual Work Design Features: A Meta-Analytic Summary and Theoretical Extension of the Work Design Literature," *Journal of Applied Psychology* 92, no. 5 (2007): 1332–56; and D. S. Chiaburu and D. A. Harrison, "Do Peers Make the Place? Conceptual Synthesis and Meta-Analysis of Coworker Effect on Perceptions, Attitudes, OCBs, and Performance," *Journal of Applied Psychology* 93, no. 5 (2008): 1082–103.

27. K. H. Fong and E. Snape, "Empowering Leadership, Psychological Empowerment and Employee Outcomes: Testing a Multi-Level Mediating Model," *British Journal of Management* 26, no. 1 (2015): 126–38.

28. S. Ronen and M. Mikulincer, "Predicting Employees' Satisfaction and Burnout from Managers' Attachment and Caregiving Orientations," *European Journal of Work and Organizational Psychology* 21, no. 6 (2012): 828–49.

29. A. Calvo-Salguero, J.-M. Salinas Martinez-de-Lecea, and A.-M. Carrasco-Gonzalez, "Work-Family and Family-Work Conflict: Does Intrinsic-Extrinsic Satisfaction Mediate the Prediction of General Job Satisfaction?" *Journal of Psychology* 145, no. 5 (2011): 435–61.

30. J. Zhang, Q. Wu, D. Miao, X. Yan, and J. Peng, "The Impact of Core Self-Evaluations on Job Satisfaction: The Mediator Role of Career Commitment," *Social Indicators Research* 116, no. 3 (2014): 809–22.

31. D. Thorpe, "Why CSR? The Benefits of Corporate Social Responsibility Will Move You to Act," *Forbes,* May 18, 2013, http://www.forbes.com/sites/devinthorpe/2013/05/18/why-csr-the-benefits-of-corporate-social-responsibility-will-move-you-to-act/.

32. N. Fallon, "What Is Corporate Responsibility?" *Business News Daily,* December 22, 2014, http://www.businessnewsdaily.com/4679-corporate-social-responsibility.html.

33. R. Feintzig, "I Don't Have a Job. I Have a Higher Calling," *The Wall Street Journal,* February 25, 2015, B1, B4.

34. See I. Filatotchev and C. Nakajima, "Corporate Governance, Responsible Managerial Behavior, and Corporate Social Responsibility: Organizational Efficiency versus Organizational Legitimacy?" *Academy of Management Perspectives* 28, no. 3 (2014): 289–306.

35. A. Hurst, "Being 'Good' Isn't the Only Way to Go," *The New York Times*, April 20, 2014, 4.

36. M. C. Bolino, H.-H. Hsiung, J. Harvey, and J. A. LePine, "Well, I'm Tired of Tryin'! Organizational Citizenship Behavior and Citizenship Fatigue," *Journal of Applied Psychology* 100, no. 1 (2015): 56–74.

37. Ge. E. Newman and D. M. Cain, "Tainted Altruism: When Doing Some Good Is Evaluated as Doing Worse Than Doing No Good at All," *Psychological Science* 25, no. 3 (2014): 648–55.

38. Ibid.

39. D. J. Schleicher, T. A. Smith, W. J. Casper, J. D. Watt, and G. J. Greguras, "It's All in the Attitude: The Role of Job Attitude Strength in Job Attitude-Outcome Relationships," *Journal of Applied Psychology* 100, no. 4 (2015): 1259–74.

40. N. P. Podsakoff, P. M. Podsakoff, and S. B. MacKenzie, "Consequences of Unit-Level Organizational Citizenship Behaviors: A Review and Recommendations for Future Research," *Journal of Organizational Behavior* 35, no. S1 (2014): S87–119.

41. B. J. Hoffman, C. A. Blair, J. P. Meriac, and D. J. Woehr, "Expanding the Criterion Domain? A Quantitative Review of the OCB Literature," *Journal of Applied Psychology* 92, no. 2 (2007): 555–66.

42. B. B. Reiche et al., "Why Do Managers Engage in Trustworthy Behavior? A Multilevel Cross-Cultural Study in 18 Countries," *Personnel Psychology* 67, no. 1 (2014): 61–98.

43. D. S. Chiaburu and D. A. Harrison, "Do Peers Make the Place? Conceptual Synthesis and Meta-Analysis of Coworker Effect on Perceptions, Attitudes, OCBs, and Performance," *Journal of Applied Psychology* 93, no. 5 (2008): 1082–103.

44. R. Ilies, I. S. Fulmer, M. Spitzmuller, and M. D. Johnson, "Personality and Citizenship Behavior: The Mediating Role of Job Satisfaction," *Journal of Applied Psychology* 94, no. 4 (2009): 945–59.

45. G. L. Lemoine, C. K. Parsons, and S. Kansara, "Above and Beyond, Again and Again: Self-Regulation in the Aftermath of Organizational Citizenship Behaviors," *Journal of Applied Psychology* 100, no. 1 (2015): 40–55.

46. C. Vandenberghe, K. Bentein, R. Michon, J. Chebat, M. Tremblay, and J. Fils, "An Examination of the Role of Perceived Support and Employee Commitment in Employee-Customer Encounters," *Journal of Applied Psychology* 92, no. 4 (2007): 1177–87; and M. Schulte, C. Ostroff, S. Shmulyian, and A. Kinicki, "Organizational Climate Configurations: Relationships to Collective Attitudes, Customer Satisfaction, and Financial Performance," *Journal of Applied Psychology* 94, no. 3 (2009): 618–34.

47. B. Taylor, "Why Amazon Is Copying Zappos and Paying Employees to Quit," *Harvard Business Review,* April 14, 2014, https://hbr.org/2014/04/why-amazon-is-copying-zappos-and-paying-employees-to-quit/.

48. J. Barling, E. K. Kelloway, and R. D. Iverson, "High-Quality Work, Job Satisfaction, and Occupational Injuries," *Journal of Applied Psychology* 88, no. 2 (2003): 276–83; and F. W. Bond and D. Bunce, "The Role of Acceptance and Job Control in Mental Health, Job Satisfaction, and Work Performance," *Journal of Applied Psychology* 88, no. 6 (2003): 1057–67.

49. Y. Georgellis and T. Lange, "Traditional versus Secular Values and the Job-Life Satisfaction Relationship across Europe," *British Journal of Management* 23, no. 4 (2012): 437–54.

50. O. Stavrova, T. Schlosser, and A. Baumert, "Life Satisfaction and Job-Seeking Behavior of the Unemployed: The Effect of Individual Differences in Justice Sensitivity," *Applied Psychology: An International Review* 64, no. 4 (2014): 643–70.

51. R. Gibney, T. J. Zagenczyk, and M. F. Masters, "The Negative Aspects of Social Exchange: An Introduction to Perceived Organizational Obstruction," *Group & Organization Management* 34, no. 6 (2009): 665–97.

52. C. Caldwell and M. Canuto-Carranco, "'Organizational Terrorism' and Moral Choices—Exercising Voice When the Leader Is the Problem," *Journal of Business Ethics* 97, no. 1 (2010): 159–71; and A. J. Nyberg and R. E. Ployhart, "Context-Emergent Turnover (CET) Theory: A Theory of Collective Turnover," *Academy of Management Review* 38, no. 1 (2013): 109–31.

53. P. E. Spector, S. Fox, L. M. Penney, K. Bruursema, A. Goh, and S. Kessler, "The Dimensionality of Counterproductivity: Are All Counterproductive Behaviors Created Equal?" *Journal of Vocational Behavior* 68, no. 3 (2006): 446–60; and D. S. Chiaburu and D. A. Harrison, "Do Peers Make the Place? Conceptual Synthesis and Meta-Analysis of Coworker Effects on Perceptions, Attitudes, OCBs, and Performance," *Journal of Applied Psychology* 93, no. 5 (2008): 1082–103.

54. P. A. O'Keefe, "Liking Work Really Does Matter," *The New York Times,* September 7, 2014, 12.

55. D. Iliescu, D. Ispas, C. Sulea, and A. Ilie, "Vocational Fit and Counterproductive Work Behaviors: A Self-Regulation Perspective," *Journal of Applied Psychology* 100, no. 1 (2015): 21–39.

56. A. S. Gabriel, J. M. Diefendorff, M. M. Chandler, C. M. M. Pradco, and G. J. Greguras, "The Dynamic Relationships of Work Affect and Job Satisfaction with Perceptions of Fit," *Personnel Psychology* 67, no. 2 (2014): 389–420.

57. S. Diestel, J. Wegge, and K.-H. Schmidt, "The Impact of Social Context on the Relationship between Individual Job Satisfaction and Absenteeism: The Roles of Different Foci of Job Satisfaction and Work-Unit Absenteeism," *Academy of Management Journal* 57, no. 2 (2014): 353–82.

58. H. Lian, D. L. Ferris, R. Morrison, and D. J. Brown, "Blame It on the Supervisor or the Subordinate? Reciprocal Relations between Abusive Supervision and Organizational Deviance," *Journal of Applied Psychology* 99, no. 4 (2014): 651–64.

59. T. A. Beauregard, "Fairness Perceptions of Work-Life Balance Initiatives; Effects on Counterproductive Work Behavior," *British Journal of Management* 25, no. 4 (2014): 772–89.

60. D. Iliescu, D. Ispas, C. Sulea, and A. Ilie, "Vocational Fit and Counterproductive Work Behaviors: A Self-Regulation Perspective."

61. A. S. Gabriel, J. M. Diefendorff, M. M. Chandler, C. M. M. Pradco, and G. J. Greguras, "The Dynamic Relationships of Work Affect and Job Satisfaction with Perceptions of Fit."

62. S. Diestel, J. Wegge, and K.-H. Schmidt, "The Impact of Social Context on the Relationship between Individual Job Satisfaction and Absenteeism: The Roles of Different Foci of Job Satisfaction and Work-Unit Absenteeism."

63. J. F. Ybema, P. G. W. Smulders, and P. M. Bongers, "Antecedents and Consequences of Employee Absenteeism: A Longitudinal Perspective on the Role of Job Satisfaction and Burnout," *European Journal of Work and Organizational Psychology* 19, no. 1 (2010): 102–24.

64. J. P. Hausknecht, N. J. Hiller, and R. J. Vance, "Work-Unit Absenteeism: Effects of Satisfaction, Commitment, Labor Market Conditions, and Time," *Academy of Management Journal* 51, no. 6 (2008): 1123–245.

65. G. Chen, R. E. Ployhart, H. C. Thomas, N. Anderson, and P. D. Bliese, "The Power of Momentum: A New Model of Dynamic Relationships between Job Satisfaction Change and Turnover Intentions," *Academy of Management Journal* 54, no. 1 (2011): 159–81.

66. D. Liu, T. R. Mitchell, T. W. Lee, B. C. Holtom, and T. R. Hinkin, "When Employees Are Out of Step with Coworkers: How Job Satisfaction Trajectory and Dispersion Influence Individual- and Unit-Level Voluntary Turnover," *Academy of Management Journal* 55, no. 6 (2012): 1360–80.

67. K. Kiazad, B. C. Holtom, P. W. Hom, and A. Newman, "Job Embeddedness: A Multifoci Theoretical Extension," *Journal of Applied Psychology* 100, no. 3 (2015): 641–59.

68. T. H. Lee, B. Gerhart, I. Weller, and C. O. Trevor, "Understanding Voluntary Turnover: Path-Specific Job Satisfaction Effects and the Importance of Unsolicited Job Offers," *Academy of Management Journal* 51, no. 4 (2008): 651–71.

69. K. Holland, "Inside the Minds of Your Employees," *The New York Times,* January 28, 2007, B1; M. Schoeff Jr. "Study Sees Link between Morale and Stock Price," *Workforce Management* 85, no. 4 February 27, 2006: 15; and P. B. Brown "The Workplace as Solar System," *The New York Times,* October 28, 2006, B5.

70. E. White, "How Surveying Workers Can Pay Off," *The Wall Street Journal,* June 18, 2007, B3.

제4장

1. S. G. Barsade and D. E. Gibson, "Why Does Affect Matter in Organizations?" *Academy of Management Perspectives,* 21, no. 1 (2007): 36–59.

2. *Oxford Advanced Learner's Dictionary*, s. v. emotion, accessed July 31, 2015, http://www.oxforddictionaries.com/us/definition/american_english/emotion.

3. *The American Heritage Medical Dictionary*, revised edition, s. v. mood, accessed April 27, 2015, http://medical-dictionary.thefreedictionary.com/mood.

4. *Farlex Partner Medical Dictionary*, s. v. mood, accessed April 27, 2015, http://medical-dictionary.thefreedictionary.com/mood.

5. See, for example, J. L. Tracy and R. W. Robins, "Emerging Insights into the Nature and Function of Pride," *Current Directions in Psychological Science* 16, no. 3 (2007): 147–50.

6. G. Nikolaidis, "Indeterminacy of Definitions and Criteria in Mental Health: Case Study of Emotional Disorders," *Journal of Evaluation in Clinical Practice* 19, no. 3 (2013): 531–36; and W. G. Parrott, "Ur-Emotions and Your Emotions: Reconceptualizing Basic Emotion," *Emotion Review* 2, no. 1 (2010): 14–21.

7. P. Ekman, *Emotions Revealed: Recognizing Faces and Feelings to Improve Communication and Emotional Life* (New York: Times Books/Henry Holt and Co., 2003).

8. M. Gendron, D. Roberson, J. M. van der Vyver, and L. F. Barrett, "Cultural Relativity of Perceiving Emotion from Vocalizations," *Psychological Science* 25, no. 4 (2014): 911–20.

9. R. M. Msetfi, D. E. Kornbrot, H. Matute, and R. A. Murphy, "The Relationship between Mood State and Perceived Control in Contingency Learning: Effects of Individualist and Collectivist Values," *Frontiers in Psychology* 6, no. 1430 (2015): 1–18; and M. Pfundmair, V. Graupmann, D. Frey, and N. Aydin, "The Different Behavioral Intentions of Collectivists and Individualists in Response to Social Exclusion," *Personality and Social Psychology Bulletin* 41, no. 3 (2015): 363–78.

10. P. S. Russell and R. Giner-Sorolla, "Bodily Moral Disgust: What It Is, How It Is Different from Anger, and Why It Is an Unreasoned Emotion," *Psychological Bulletin* 139, no. 2 (2013): 328–51.

11. J. Dvash, G. Gilam, A. Ben-Ze'ev, T. Hendler, and S. G. Shamay-Tsoory, "The Envious Brain: The Neural Basis of Social Comparison," *Human Brain Mapping* 31, no. 11 (2010): 1741–50.

12. T. A. Ito and J. T. Cacioppo, "Variations on a Human Universal: Individual Differences in Positivity Offset and Negativity Bias," *Cognition and Emotion* 19, no. 1 (2005): 1–26.

13. D. Holman, "Call Centres," in *The Essentials of the New Work Place: A Guide to the Human Impact of Modern Working Practices*, eds. D. Holman, T. D. Wall, C. Clegg, P. Sparrow, and A. Howard (Chichester, UK: Wiley, 2005), 111–32.

14. S. D. Pressman, M. W. Gallagher, S. J. Lopez, and B. Campos, "Incorporating Culture into the Study of Affect and Health," *Psychological Science* 25, no. 12 (2014): 2281–83.

15. K. B. Curhan, T. Simms, H. R. Markus, … C. D. Ryff, "Just How Bad Negative Affect Is for Your Health Depends on Culture," *Psychological Science* 25, no. 12 (2014): 2277–80.

16. D. Xanthopoulou, A. B. Bakker, E. Demerouti, and W. B. Schaufeli, "A Diary Study on the Happy Worker: How Job Resources Relate to Positive Emotions and Personal Resources," *European Journal of Work and Organizational Psychology* 21, no. 4 (2012): 489–517.

17. J. R. Spence, D. J. Brown, L. M. Keeping, and H. Lian, "Helpful Today, But Not Tomorrow? Feeling Grateful as a Predictor of Daily Organizational Citizenship Behaviors," *Personnel Psychology* 67, no. 3 (2014): 705–38.

18. E. Bernstein, "Feeling Awesome: Studies Find an Emotion Has Myriad Benefits," *The Wall Street Journal,* February 24, 2015, D3.

19. L. M. Poverny and S. Picascia, "There Is No Crying in Business," *Womensmedia.com*, October 20, 2009, www.womensmedia.com/new/Crying-at-Work.shtml.

20. M.-A. Reinhard and N. Schwartz, "The Influence of Affective States on the Process of Lie Detection," *Journal of Experimental Psychology* 18, no. 4 (2012): 377–389.

21. J. Haidt, "The New Synthesis in Moral Psychology," *Science* 316, no. 5827, May 18, 2007, 998, 1002; I. E. de Hooge, R. M. A. Nelissen, S. M. Breugelmans, and M. Zeelenberg, "What Is Moral about Guilt? Acting 'Prosocially' at the Disadvantage of Others," *Journal of Personality and Social Psychology* 100, no. 3 (2011): 462–73; and C. A. Hutcherson and J. J. Gross, "The Moral Emotions: A Social-Functionalist Account of Anger, Disgust, and Contempt," *Journal of Personality and Social Psychology* 100, no. 4 (2011): 719–37.

22. T. Jacobs, "My Morals Are Better Than Yours," *Miller-McCune,* March/April 2012, 68–69.

23. A. Gopnik, "Even Children Get More Outraged at 'Them' and 'Us'," *The Wall Street Journal,* August 30–31, 2014, C2.

24. N. Angier, "Spite Is Good. Spite Works," *The Wall Street Journal,* April 1, 2014, D1, D3.

25. D. C. Rubin, R. M. Hoyle, and M. R. Leary, "Differential Predictability of Four Dimensions of Affect Intensity," *Cognition and Emotion* 26, no. 1 (2012): 25–41.

26. S. A. Golder and W. M. Macy, "Diurnal and Seasonal Mood Vary with Work, Sleep, and Daylength across Diverse Cultures," *Science* 333, no. 6051, September 30, 2011, 1878–81.

27. Ibid.

28. J. J. A. Denissen, L. Butalid, L. Penke, and M. A. G. van Aken, "The Effects of Weather on Daily Mood: A Multilevel Approach," *Emotion* 8, no. 5 (2008): 662–67; and M. C. Keller, B. L. Fredrickson, O. Ybarra, S. Côté, K. Johnson, J. Mikels, A. Conway, and T. Wagner, "A Warm Heart and a Clear Head: The Contingent Effects of Weather on Mood and Cognition," *Psychological Science* 16, no. 9 (2005): 724–31.

29. J. J. Lee, F. Gino, and B. R. Staats, "Rainmakers: Why Bad Weather Means Good Productivity," *Journal of Applied Psychology* 99, no. 3 (2014): 504–13.

30. J. A. Fuller, J. M. Stanton, G. G. Fisher, C. Spitzmüller, S. S. Russell, and P. C. Smith, "A Lengthy Look at the Daily Grind: Time Series Analysis of Events, Mood, Stress, and Satisfaction," *Journal of Applied Psychology* 88, no. 6 (2003): 1019–33.

31. G. Schaffer, Association for Psychological Science, "What's Good, When, and Why?", *The Observer* 25, no. 9 (2012): 27–29.

32. *Sleep in America Poll* (Washington, DC: National Sleep Foundation, 2005), https://sleepfoundation.org/sites/default/files/2005_summary_of_findings.pdf.

33. D. Meinert, "Sleepless in Seattle … and Cincinnati and Syracuse," *HR Magazine,* October 2012, 55–57.

34. E. Bernstein, "Changing the Clocks Wasn't Good for Your Relationships," *The Wall Street Journal,* March 10, 2015, D1, D2.

35. B. A. Scott and T. A. Judge, "Insomnia, Emotions, and Job Satisfaction: A Multilevel Study," *Journal of Management* 32, no. 5 (2006): 622–45.

36. E. Bernstein, "Changing the Clocks Wasn't Good for Your Relationships."

37. P. R. Giacobbi, H. A. Hausenblas, and N. Frye, "A Naturalistic Assessment of the Relationship between Personality, Daily Life Events, Leisure-Time Exercise, and Mood," *Psychology of Sport and Exercise* 6, no. 1 (2005): 67–81.

38. A. Tergesen, "Why Everything You Know about Aging is Probably Wrong," *The Wall Street Journal*, December 1, 2014, B1–B2.

39. M. G. Gard and A. M. Kring, "Sex Differences in the Time Course of Emotion," *Emotion* 7, no. 2 (2007): 429–37; and M. Jakupcak, K. Salters, K. L. Gratz, and L. Roemer, "Masculinity and Emotionality: An Investigation of Men's Primary and Secondary Emotional Responding," *Sex Roles* 49, no. 3 (2003): 111–20.

40. A. H. Fischer, P. M. Rodriguez Mosquera, A. E. M. van Vianen, and A. S. R. Manstead, "Gender and Culture Differences in Emotion," *Emotion* 4, no. 1 (2004): 84–7.

41. A. Caza, G. Zhang, L. Wang, and Y. Bai, "How Do You Really Feel? Effect of Leaders' Perceived Emotional Sincerity on Followers' Trust," *The Leadership Quarterly* 26, no. 4 (2015): 518–31; and A. S. Gabriel, M. A. Daniels, J. M. Diefendorff, and G. J. Greguras, "Emotional Labor Actors: A Latent Profile Analysis of Emotional Labor Strategies," *Journal of Applied Psychology* 100, no. 3 (2015): 863–79.

42. J. M. Diefendorff and G. J. Greguras, "Contextualizing Emotional Display Rules: Examining the Roles of Targets and Discrete Emotions in Shaping Display Rule Perceptions," *Journal of Management* 35, no. 4 (2009): 880–98.

43. D. T. Wagner, C. M. Barnes, and B. A. Scott, "Driving It Home: How Workplace Emotional Labor Harms Employee Home Life," *Personnel Psychology* 67, no. 2 (2014): 487–516.

44. J. P. Trougakos, D. J. Beal, B. H. Cheng, I. Hideg, and D. Zweig, "Too Drained to Help: A Resource Depletion Perspective on Daily Interpersonal Citizenship Behaviors," *Journal of Applied Psychology* 100, no. 1 (2015): 227–36.

45. J. D. Kammeyer-Mueller et al. "A Meta-Analytic Structural Model of Dispositional Affectivity and Emotional Labor," *Personnel Psychology* 66, no. 1 (2013): 47–90.

46. B. A. Scott, C. M. Barnes, and D. T. Wagner, "Chameleonic or Consistent? A Multilevel Investigation of Emotional Labor Variability and Self-Monitoring," *Academy of Management Journal* 55, no. 4 (2012): 905–26.

47. J. P. Trougakos, D. J. Beal, S. G. Green, and H. M. Weiss, "Making the Break Count: An Episodic Examination of Recovery Activities, Emotional Experiences, and Positive Affective Displays," *Academy of Management Journal* 51, no. 1 (2008): 131–46.

48. U. R. Hülsheger, J. W. B. Lang, A. F. Schewe, and F. R. H. Zijlstra, "When Regulating Emotions at Work Pays Off: A Diary and an Intervention Study on Emotion Regulation and Customer Tips in Service Jobs," *Journal of Applied Psychology* 100, no. 2 (2015): 263–77.

49. J. D. Kammeyer-Mueller et al. "A Meta-Analytic Structural Model of Dispositionally Affectivity and Emotional Labor."

50. K. L. Wang and M. Groth, "Buffering the Negative Effects of Employee Surface Acting: The Moderating Role of Employee-Customer Relationship Strength and Personalized Services," *Journal of Applied Psychology* 99, no. 2 (2014): 341–50.

51. A. A. Grandey, "When 'The Show Must Go on': Surface Acting and Deep Acting as Determinants of Emotional Exhaustion and Peer-Rated Service Delivery," *Academy of Management Journal* 46, no. 1 (2003): 86–96.

52. U. R. Hülsheger, H. J. E. Alberts, A. Feinholdt, and J. W. B. Lang, "Benefits of Mindfulness at Work: The Role of Mindfulness in Emotion Regulation, Emotional Exhaustion, and Job Satisfaction," *Journal of Applied Psychology* 98, no. 2 (2013): 310–25.

53. R. Teper, Z. V. Segal, and M. Inzlicht, "Inside the Mindful Mind: How Mindfulness Enhances Emotion Regulation through Improvements in Executive Control," *Current Directions in Psychological Science* 22, no. 6 (2013): 449–54.

54. H. Guenter, I. J. H. van Emmerik, and B. Schreurs, "The Negative Effects of Delays in Information Exchange: Looking at Workplace Relationships from an Affective Events Perspective," *Human Resource Management Review* 24, no. 4 (2014): 283–98; and F. K. Matta, H. T. Erol-Korkmaz, R. E. Johnson, and P. Biçaksiz, "Significant Work Events and Counterproductive Work Behavior: The Role of Fairness, Emotions, and Emotion Regulation," *Journal of Organizational Behavior* 35, no. 7 (2014): 920–44.

55. C. D. Fisher, A. Minbashian, N. Beckmann, and R. E. Wood, "Task Appraisals, Emotions, and Performance Goal Orientations," *Journal of Applied Psychology* 98, no. 2 (2013): 364–73.

56. K. L. Wang and M. Groth, "Buffering the Negative Effects of Employee Surface Acting: The Moderating Role of Employee-Customer Relationship Strength and Personalized Services," *Journal of Applied Psychology* 99, no. 2 (2014): 341–50.

57. T. Upshur-Lupberger, "Watch Your Mood: A Leadership Lesson," *The Huffington Post*, April 22, 2015, http://www.huffingtonpost.com/terrie-upshurlupberger/watch-your-mood-a-leaders_b_7108648.html.

58. Ibid.

59. P. Salovey and D. Grewal, "The Science of Emotional Intelligence," *Current Directions in Psychological Science* 14, no. 6 (2005): 281–85; and D. Geddes and R. R. Callister, "Crossing the Line(s): A Dual Threshold Model of Anger in Organizations," *Academy of Management Review* 32, no. 3 (2007): 721–46.

60. R. Gilkey, R. Caceda, and C. Kilts, "When Emotional Reasoning Trumps IQ," *Harvard Business Review*, September 2010, 27.

61. M. Seo and L. F. Barrett, "Being Emotional during Decision Making—Good or Bad? An Empirical Investigation," *Academy of Management Journal* 50, no. 4 (2007): 923–40.

62. S. L. Koole, "The Psychology of Emotion Regulation: An Integrative Review," *Cognition and Emotion* 23, no. 1 (2009): 4–41; and H. A. Wadlinger and D. M. Isaacowitz, "Fixing Our Focus: Training Attention to Regulate Emotion," *Personality and Social Psychology Review* 15, no. 1 (2011): 75–102.

63. D. H. Kluemper, T. DeGroot, and S. Choi, "Emotion Management Ability: Predicting Task Performance, Citizenship, and Deviance," *Journal of Management* 39, no. 4 (2013): 878–905.

64. J. V. Wood, S. A. Heimpel, L. A. Manwell, and E. J. Whittington, "This Mood Is Familiar and I Don't Deserve to Feel Better Anyway: Mechanisms Underlying Self-Esteem Differences in Motivation to Repair Sad Moods," *Journal of Personality and Social Psychology* 96, no. 2 (2009): 363–80.

65. E. Kim, D. P. Bhave, and T. M. Glomb, "Emotion Regulation in Workgroups: The Roles of Demographic Diversity and Relational Work Context," *Personnel Psychology* 66, no. 3 (2013): 613–44.

66. Ibid.

67. S. L. Koole, "The Psychology of Emotion Regulation: An Integrative Review," *Cognition and Emotion* 23, no. 1 (2009): 4–41.

68. L. K. Barber, P. G. Bagsby, and D. C. Munz, "Affect Regulation Strategies for Promoting (or Preventing) Flourishing Emotional Health," *Personality and Individual Differences* 49, no. 6 (2010): 663–66.

69. J. J. Lee and F. Gino, "Poker-Faced Morality: Concealing Emotions Leads to Utilitarian Decision Making," *Organizational Behavior and Human Decision Processes* 126 (2015): 49–64.

70. Ibid.

71. R. H. Humphrey, "How Do Leaders Use Emotional Labor?" *Journal of Organizational Behavior* 33, no. 5 (2012): 740–44.

72. A. M. Grant, "Rocking the Boat But Keeping It Steady: The Role of Emotion Regulation in Employee Voice," *Academy of Management Journal* 56, no. 6 (2013): 1703–23.

73. S. Reddy, "Walk This Way: Acting Happy Can Make It So," *The Wall Street Journal,* November 18, 2014, D3.

74. S. M. Carpenter, S. Peters, D. Vastfjall, and A. M. Isen, "Positive Feelings Facilitate Working Memory and Complex Decision Making among Older Adults," *Cognition and Emotion* 27, no. 1 (2013): 184–92; B. E. Hermalin and A. M. Isen, "A Model of Affect on Economic Decision Making," *QME-Quantitative Marketing and Economics* 6, no. 1 (2008): 17–40; and B. Scheibehenne and B. von Helversen, "Selecting Decision Strategies: The Differential Role of Affect," *Cognition and Emotion* 29, no. 1 (2015): 158–67.

75. N. Nunez, K. Schweitzer, C. A. Chai, and B. Myers, "Negative Emotions Felt during Trial: The Effect of Fear, Anger, and Sadness on Juror Decision Making," *Applied Cognitive Psychology* 29, no. 2 (2015): 200–9.

76. S. N. Mohanty and D. Suar, "Decision Making under Uncertainty and Information Processing in Positive and Negative Mood States," *Psychological Reports* 115, no. 1 (2014): 91–105.

77. S.-C. Chuang and H.-M. Lin, "The Effect of Induced Positive and Negative Emotion and Openness-to-Feeling in Student's Consumer Decision Making," *Journal of Business and Psychology* 22, no. 1 (2007): 65–78.

78. D. van Knippenberg, H. J. M. Kooij-De Bode, and W. P. van Ginkel, "The Interactive Effects of Mood and Trait Negative Affect in Group Decision Making," *Organization Science* 21, no. 3 (2010): 731–44.

79. S. Lyubomirsky, L. King, and E. Diener, "The Benefits of Frequent Positive Affect: Does Happiness Lead to Success?"

Psychological Bulletin 131, no. 6 (2005): 803–55; and M. Baas, C. K. W. De Dreu, and B. A. Nijstad, "A Meta-Analysis of 25 Years of Mood-Creativity Research: Hedonic Tone, Activation, or Regulatory Focus," *Psychological Bulletin* 134, no. 6 (2008): 779–806.

80. M. J. Grawitch, D. C. Munz, and E. K. Elliott, "Promoting Creativity in Temporary Problem-Solving Groups: The Effects of Positive Mood and Autonomy in Problem Definition on Idea-Generating Performance," *Group Dynamics* 7, no. 3 (2003): 200–13.

81. S. Lyubomirsky, L. King, and E. Diener, "The Benefits of Frequent Positive Affect: Does Happiness Lead to Success?"

82. C. K. W. De Dreu, M. Baas, and B. A. Nijstad, "Hedonic Tone and Activation Level in the Mood-Creativity Link: Toward a Dual Pathway to Creativity Model," *Journal of Personality and Social Psychology* 94, no. 5 (2008): 739–56; and J. M. George and J. Zhou, "Dual Tuning in a Supportive Context: Joint Contributions of Positive Mood, Negative Mood, and Supervisory Behaviors to Employee Creativity," *Academy of Management Journal* 50, no. 3 (2007): 605–22.

83. M. B. Wieth and R. T. Zacks, "Time of Day Effects on Problem Solving: When the Non-Optimal Is Optimal," *Thinking & Reasoning* 17, no. 4 (2011): 387–401.

84. R. Ilies and T. A. Judge, "Goal Regulation across Time: The Effect of Feedback and Affect," *Journal of Applied Psychology* 90, no. 3 (May 2005): 453–67.

85. W. Tsai, C.-C. Chen, and H. Liu, "Test of a Model Linking Employee Positive Moods and Task Performance," *Journal of Applied Psychology* 92, no. 6 (2007): 1570–83.

86. J. E. Bono, H. J. Foldes, G. Vinson, and J. P. Muros, "Workplace Emotions: The Role of Supervision and Leadership," *Journal of Applied Psychology* 92, no. 5 (2007): 1357–67.

87. S. G. Liang and S.-C. S. Chi, "Transformational Leadership and Follower Task Performance: The Role of Susceptibility to Positive Emotions and Follower Positive Emotions," *Journal of Business and Psychology* 28, no. 1 (2013): 17–29.

88. V. A. Visser, D. van Knippenberg, G. Van Kleef, and B. Wisse, "How Leader Displays of Happiness and Sadness Influence Follower Performance: Emotional Contagion and Creative versus Analytical Performance," *Leadership Quarterly* 24, no. 1 (2013): 172–88.

89. P. S. Christoforou and B. E. Ashforth, "Revisiting the Debate on the Relationship Between Display Rules and Performance: Considering the Explicitness of Display Rules," *Journal of Applied Psychology* 100, no. 1 (2015): 249–61; A. Grandey, D. Rupp, and W. N. Brice, "Emotional Labor Threatens Decent Work: A Proposal to Eradicate Emotional Display Rules," *Journal of Organizational Behavior* 36, no. 6 (2015): 770–85; and W.-M. Hur, T.-W. Moon, and Y. S. Jung, "Customer Response to Employee Emotional Labor: The Structural Relationship Between Emotional Labor, Job Satisfaction, and Customer Satisfaction," *Journal of Services Marketing* 29, no. 1 (2015): 71–80.

90. P. B. Barker and A. A. Grandey, "Service with a Smile and Encounter Satisfaction: Emotional Contagion and Appraisal Mechanisms," *Academy of Management Journal* 49, no. 6 (2006): 1229–38; and E. Y. J. Tee, "The Emotional Link: Leadership and the Role of Implicit and Explicit Emotional Contagion Processes across Multiple Organizational Levels," *Leadership Quarterly* 26, no. 4 (2015): 654–70.

91. D. E. Rupp and S. Spencer, "When Customers Lash Out: The Effects of Customer Interactional Injustice on Emotional Labor and the Mediating Role of Emotions," *Journal of Applied Psychology* 91, no. 4 (2006): 971–78; and W. C. Tsai and Y. M. Huang, "Mechanisms Linking Employee Affective Delivery and Customer Behavioral Intentions, *Journal of Applied Psychology* 87, no. 5 (2002): 1001–8.

92. T. A. Judge and R. Ilies, "Affect and Job Satisfaction: A Study of Their Relationship at Work and at Home," *Journal of Applied Psychology* 89, no. 4 (2004): 661–73.

93. Z. Song, M. Foo, and M. A. Uy, "Mood Spillover and Cross-over among Dual-Earner Couples: A Cell Phone Event Sampling Study," *Journal of Applied Psychology* 93, no. 2 (2008): 443–52.

94. T. J. Zagenczyk, S. L. D. Restubog, C. Kiewitz, K. Kiazad, and R. L. Tang, "Psychological Contracts as a Mediator between Machiavellianism and Employee Citizenship and Deviant Behaviors," *Journal of Management* 40, no. 4 (2014): 1109–22.

95. T. A. Judge, B. A. Scott, and R. Ilies, "Hostility, Job Attitudes, and Workplace Deviance: Test of a Multilevel Mode," *Journal of Applied Psychology* 91, no. 1 (2006): 126–38; and S. Kaplan, J. C. Bradley, J. N. Luchman, and D. Haynes, "On the Role of Positive and Negative Affectivity in Job Performance: A Meta-Analytic Investigation," *Journal of Applied Psychology* 94, no. 1 (2009): 152–76.

96. S. C. Douglas, C. Kiewitz, M. Martinko, P. Harvey, Y. Kim, and J. U. Chun, "Cognitions, Emotions, and Evaluations: An Elaboration Likelihood Model for Workplace Aggression," *Academy of Management Review* 33, no. 2 (2008): 425–51.

97. A. K Khan, S. Ouratulain, and J. R. Crawshaw, "The Mediating Role of Discrete Emotions in the Relationship between Injustice and Counterproductive Work Behaviors: A Study in Pakistan," *Journal of Business and Psychology* 28, no. 1 (2013): 49–61.

98. S. Kaplan, J. C. Bradley, J. N. Luchman, and D. Haynes, "On the Role of Positive and Negative Affectivity in Job Performance: A Meta-Analytic Investigation;" and J. Maiti, "Design for Worksystem Safety Using Employees' Perception about Safety," *Work—A Journal of Prevention Assessment & Rehabilitation* 41 (2012): 3117–22.

99. J. E. Bono and R. Ilies, "Charisma, Positive Emotions and Mood Contagion," *Leadership Quarterly* 17, no. 4 (2006): 317–34.

제5장

1. D. Leising, J. Scharloth, O. Lohse, and D. Wood, "What Types of Terms Do People Use When Describing an Individual's Personality?" *Psychological Science* 25, no. 9 (2014): 1787–94.

2. B. W. Roberts and D. Mroczek, "Personality Trait Change in Adulthood," *Current Directions in Psychological Science* 17, no. 1 (2008): 31–5.

3. L. Weber, "To Get a Job, New Hires Are Put to the Test," *The Wall Street Journal*, April 15, 2015, A1, A10.

4. L. Weber and E. Dwoskin, "As Personality Tests Multiply, Employers Are Split," *The Wall Street Journal*, September 30, 2014, A1, A10.

5. D. Belkin, "Colleges Put the Emphasis on Personality," *The Wall Street Journal*, January 9, 2015, A3.

6. K. I. van der Zee, J. N. Zaal, and J. Piekstra, "Validation of the Multicultural Personality Questionnaire in the Context of Personnel Selection," *European Journal of Personality* 17, no. S1 (2003): S77–S100.

7. S. A. Birkeland, T. M. Manson, J. L. Kisamore, M. T. Brannick, and M. A. Smith, "A Meta-Analytic Investigation of Job Applicant Faking on Personality Measures," *International Journal of Selection and Assessment* 14, no. 14 (2006): 317–35.

8. K. L. Cullen, W. A. Gentry, and F. J. Yammamarino, "Biased Self-Perception Tendencies: Self-Enhancement/Self-Diminishment and Leader Derailment in Individualistic and Collectivistic Cultures," *Applied Psychology: An International Review* 64, no. 1 (2015): 161–207.

9. D. H. Kluemper, B. D. McLarty, and M. N. Bing, "Acquaintance Ratings of the Big Five Personality Traits: Incremental Validity beyond and Interactive Effects with Self-Reports in the Prediction of Workplace Deviance," *Journal of Applied Psychology* 100, no. 1 (2015): 237–48; I. Oh, G. Wang, and M. K. Mount, "Validity of Observer Ratings of the Five-Factor Model of Personality Traits: A Meta-Analysis," *Journal of Applied Psychology* 96, no. 4 (2011): 762–73.

10. S. E. Hampson and L. R. Goldberg, "A First Large Cohort Study of Personality Trait Stability over the 40 Years between Elementary School and Midlife," *Journal of Personality and Social Psychology* 91, no. 4 (2006): 763–79.

11. S. Srivastava, O. P. John, and S. D. Gosling, "Development of Personality in Early and Middle Adulthood: Set Like Plaster or Persistent Change?" *Journal of Personality and Social Psychology* 84, no. 5 (2003): 1041–53; and B. W. Roberts, K. E. Walton, and W. Viechtbauer, "Patterns of Mean-Level Change in Personality Traits across the Life Course: A Meta-Analysis of Longitudinal Studies," *Psychological Bulletin* 132, no. 1 (2006): 1–25.

12. R. B. Kennedy and D. A. Kennedy, "Using the Myers-Briggs Type Indicator in Career Counseling," *Journal of Employment Counseling* 41, no. 1 (2004): 38–44.

13. See, for example, I. Oh, G. Wang, and M. K. Mount, "Validity of Observer Ratings of the Five-Factor Model of Personality Traits: A Meta-Analysis;" and M. R. Barrick and M. K. Mount, "Yes, Personality Matters: Moving on to More Important Matters," *Human Performance* 18, no. 4 (2005): 359–72.

14. W. Fleeson and P. Gallagher, "The Implications of Big Five Standing for the Distribution of Trait Manifestation in Behavior: Fifteen Experience-Sampling Studies and a Meta-Analysis," *Journal of Personality and Social Psychology* 97, no. 6 (2009): 1097–114.

15. T. A. Judge, L. S. Simon, C. Hurst, and K. Kelley, "What I Experienced Yesterday Is Who I Am Today: Relationship of Work Motivations and Behaviors to Within-Individual Variation in the Five-Factor Model of Personality," *Journal of Applied Psychology* 99, no. 2 (2014): 199–221.

16. R. D. Zimmerman, W. R. Boswell, A. J. Shipp, B. B. Dunford, and J. W. Boudreau, "Explaining the Pathways between Approach-Avoidance Personality Traits and Employees' Job Search Behavior," *Journal of Management* 38, no. 5 (2012): 1450–75.

17. See, for instance, I. Oh and C. M. Berry, "The Five-Factor Model of Personality and Managerial Performance: Validity Gains through the Use of 360 Degree Performance Ratings," *Journal of Applied Psychology* 94, no. 6 (2009): 1498–513; J. Hogan and B. Holland, "Using Theory to Evaluate Personality and Job-Performance Relations: A Socioanalytic Perspective," *Journal of Applied Psychology* 88, no. 1 (2003): 100–12; and M. R. Barrick and M. K. Mount, "Select on Conscientiousness and Emotional Stability," in *Handbook of Principles of Organizational Behavior*, ed. E. A. Locke (Malden, MA: Blackwell, 2004), 15–28.

18. P. R. Sackett and P. T. Walmsley, "Which Personality Attributes Are Most Important in the Workplace?" *Perspectives on Psychological Science* 9, no. 5 (2014): 538–51.

19. A. E. Poropat, "A Meta-Analysis of the Five-Factor Model of Personality and Academic Performance," *Psychological Bulletin* 135, no. 2 (2009): 322–38.

20. A. K. Nandkeolyar, J. A. Shaffer, A. Li, S. Ekkirala, and J. Bagger, "Surviving an Abusive Supervisor: The Joint Roles of Conscientiousness and Coping Strategies," *Journal of Applied Psychology* 99, no. 1 (2014): 138–50.

21. B. Wille, F. De Fruyt, and M. Feys, "Big Five Traits and Intrinsic Success in the New Career Era: A 15-Year Longitudinal Study on Employability and Work-Family Conflict," *Applied Psychology: An International Review* 62, no. 1 (2013): 124–56.

22. M. K. Shoss, K. Callison, and L. A. Witt, "The Effects of Other-Oriented Perfectionism and Conscientiousness on Helping at Work," *Applied Psychology: An International Review* 64, no. 1 (2015): 233–51.

23. C. Robert and Y. H. Cheung, "An Examination of the Relationship between Conscientiousness and Group Performance on a Creative Task," *Journal of Research in Personality* 44, no. 2 (2010): 222–31; and M. Batey, T. Chamorro-Premuzic, and A. Furnham, "Individual Differences in Ideational Behavior. Can the Big Five and Psychometric Intelligence Predict Creativity Scores?" *Creativity Research Journal* 22, no. 1 (2010): 90–97.

24. J. L. Huang, A. M. Ryan, K. L. Zabel, and A. Palmer, "Personality and Adaptive Performance at Work: A Meta-Analytic Investigation," *Journal of Applied Psychology* 99, no. 1 (2014): 162–79.

25. R. D. Zimmerman, W. R. Boswell, A. J. Shipp, B. B. Dunford, and J. W. Boudreau, "Explaining the Pathways between Approach-Avoidance Personality Traits and Employees' Job Search Behavior," *Journal of Management* 38, no. 5 (2012): 1450–75.

26. B. Wille, F. De Fruyt, and M. Feys, "Big Five Traits and Intrinsic Success in the New Career Era: A 15-Year Longitudinal Study on Employability and Work-Family Conflict."

27. R. J. Foti and M. A. Hauenstein, "Pattern and Variable Approaches in Leadership Emergence and Effectiveness," *Journal of Applied Psychology* 92, no. 2 (2007): 347–55.

28. B. Weiss and R. S. Feldman, "Looking Good and Lying to Do It: Deception as an Impression Management Strategy in Job Interviews," *Journal of Applied Social Psychology* 36, no. 4 (2006): 1070–86.

29. A. Minbashian, J. Earl, and J. E. H. Bright, "Openness to Experience as a Predictor of Job Performance Trajectories," *Applied Psychology: An International Review* 62, no. 1 (2013): 1–12.

30. B. Wille, F. De Fruyt, and M. Feys, "Big Five Traits and Intrinsic Success in the New Career Era: A 15-Year Longitudinal Study on Employability and Work-Family Conflict."

31. R. Ilies, I. S. Fulmer, M. Spitzmuller, and M. D. Johnson, "Personality and Citizenship Behavior: The Mediating Role of Job Satisfaction," *Journal of Applied Psychology* 94, no. 4 (2009): 945–59.

32. D. H. Kluemper, B. D. McLarty, and M. N. Bing, "Acquaintance Ratings of the Big Five Personality Traits: Incremental Validity beyond and Interactive Effects with Self-Reports in the Prediction of Workplace Deviance," *Journal of Applied Psychology* 100, no. 1 (2015): 237–48.

33. S. Clarke and I. Robertson, "An Examination of the Role of Personality in Accidents Using Meta-Analysis," *Applied Psychology: An International Review* 57, no. 1 (2008): 94–108.

34. B. Wille, F. De Fruyt, and M. Feys, "Big Five Traits and Intrinsic Success in the New Career Era: A 15-Year Longitudinal Study on Employability and Work-Family Conflict."

35. See, for instance, S. Yamagata, et al., "Is the Genetic Structure of Human Personality Universal? A Cross-Cultural Twin Study from North America, Europe, and Asia," *Journal of Personality and Social Psychology* 90, no. 6 (2006): 987–98; and R. R. McCrae, et al., "Consensual Validation of Personality Traits across Cultures," *Journal of Research in Personality* 38, no. 2 (2004): 179–201.

36. M. Gurven, C. von Ruden, M. Massenkoff, H. Kaplan, and M. L. Vie, "How Universal Is the Big Five? Testing the Five-Factor Model of Personality Variation among Forager-Farmers in the Bolivian Amazon," *Journal of Personality and Social Psychology* 104, no. 2 (2013): 354–70.

37. J. F. Rauthmann, "The Dark Triad and Interpersonal Perception: Similarities and Differences in the Social Consequences of Narcissism, Machiavellianism, and Psychopathy," *Social Psychological and Personality Science* 3, no. 4 (2012): 487–96.

38. P. D. Harms and S. M. Spain, "Beyond the Bright Side: Dark Personality at Work," *Applied Psychology: An International Review* 64, no. 1 (2015): 15–24.

39. P. K. Jonason, S. Slomski, and J. Partyka, "The Dark Triad at Work: How Toxic Employees Get Their Way," *Personality and Individual Differences* 52, no. 3 (2012): 449–53.

40. E. H. O'Boyle, D. R. Forsyth, G. C. Banks, and M. A. McDaniel, "A Meta-Analysis of the Dark Triad and Work Behavior: A Social Exchange Perspective," *Journal of Applied Psychology* 97, no. 3 (2012): 557–79.

41. L. Zhang and M. A. Gowan, "Corporate Social Responsibility, Applicants' Individual Traits, and Organizational Attraction: A Person–Organization Fit Perspective," *Journal of Business and Psychology* 27, no. 3 (2012): 345–62.

42. D. N. Hartog and F. D. Belschak, "Work Engagement and Machiavellianism in the Ethical Leadership Process," *Journal of Business Ethics* 107, no. 1 (2012): 35–47.

43. E. Grijalva and P. D. Harms, "Narcissism: An Integrative Synthesis and Dominance Complementarity Model," *Academy of Management Perspectives* 28, no. 2 (2014): 108–27.

44. D. C. Maynard, E. M. Brondolo, C. E. Connelly, and C. E. Sauer, "I'm Too Good for This Job: Narcissism's Role in the Experience of Overqualification," *Applied Psychology: An International Review* 64, no. 1 (2015): 208–32.

45. E. Grijalva and P. D. Harms, "Narcissism: An Integrative Synthesis and Dominance Complementarity Model."

46. B. J. Brummel and K. N. Parker, "Obligation and Entitlement in Society and the Workplace," *Applied Psychology: An International Review* 64, no. 1 (2015): 127–60.

47. E. Grijalva and D. A. Newman, "Narcissism and Counterproductive Work Behavior (CWB): Meta-Analysis and Consideration of Collectivist Culture, Big Five Personality, and Narcissism's Facet Structure," *Applied Psychology: An International Review* 64, no. 1 (2015): 93–126.

48. D. C. Maynard, E. M. Brondolo, C. E. Connelly, and C. E. Sauer, "I'm Too Good for This Job: Narcissism's Role in the Experience of Overqualification."

49. E. Grijalva and P. D. Harms, "Narcissism: An Integrative Synthesis and Dominance Complementarity Model."

50. J. J. Sosik, J. U. Chun, and W. Zhu, "Hang on to Your Ego: The Moderating Role of Leader Narcissism on Relationships between Leader Charisma and Follower Psychological Empowerment and Moral Identity," *Journal of Business Ethics* 120, no. 1 (12, 2013); and B. M. Galvin, D. A. Waldman, and P. Balthazard, "Visionary Communication Qualities as Mediators of the Relationship between Narcissism and Attributions of Leader Charisma," *Personnel Psychology* 63, no. 3 (2010): 509–37.

51. D. Meinert, "Narcissistic Bosses Aren't All Bad, Study Finds," *HR Magazine,* March 2014, 18.

52. K. A. Byrne and D. A. Worthy, "Do Narcissists Make Better Decisions? An Investigation of Narcissism and Dynamic Decision-Making Performance," *Personality and Individual Differences* 55, no. 2 (2013): 112–17.

53. C. Andreassen, H. Ursin, H. Eriksen, and S. Pallesen, "The Relationship of Narcissism with Workaholism, Work Engagement, and Professional Position," *Social Behavior and Personality* 40, no. 6 (2012): 881–90.

54. O'Boyle, Forsyth, Banks, and McDaniel, "A Meta-Analysis of the Dark Triad and Work Behavior: A Social Exchange Perspective," 558.

55. B. Wille, F. De Fruyt, and B. De Clercq, "Expanding and Reconceptualizing Aberrant Personality at Work: Validity of Five-Factor Model Aberrant Personality Tendencies to Predict Career Outcomes," *Personnel Psychology* 66, no. 1 (2013): 173–223.

56. P. K. Jonason, S. Slomski, and J. Partyka, "The Dark Triad at Work: How Toxic Employees Get Their Way," *Personality and Individual Differences*; and H. M. Baughman, S. Dearing, E. Giammarco, and P. A. Vernon, "Relationships between Bullying Behaviours and the Dark Triad: A Study with Adults," *Personality and Individual Differences* 52, no. 5 (2012): 571–75.

57. U. Orth and R. W. Robins, "Understanding the Link between Low Self-Esteem and Depression," *Current Directions in Psychological Science* 22, no. 6 (2013): 455–60.

58. B. Wille, F. De Fruyt, and B. De Clercq, "Expanding and Reconceptualizing Aberrant Personality at Work: Validity of Five-Factor Model Aberrant Personality Tendencies to Predict Career Outcomes."

59. T. A. Judge, A. Erez, J. E. Bono, and C. J. Thoreson, "The core self-evaluations scale: Development of a measure," *Personnel Psychology* 56, no. 2 (2003): 303–31.

60. A. N. Salvaggio, B. Schneider, L. H. Nishi, D. M. Mayer, A. Ramesh, and J. S. Lyon, "Manager Personality, Manager Service Quality Orientation, and Service Climate: Test of a Model," *Journal of Applied Psychology* 92, no. 6 (2007): 1741–50; B. A. Scott and T. A. Judge, "The Popularity Contest at Work: Who Wins, Why, and What Do They Receive?" *Journal of Applied Psychology* 94, no. 1 (2009): 20–33; and T. A. Judge and C. Hurst, "How the Rich (and Happy) Get Richer (and Happier): Relationship of Core Self-Evaluations to Trajectories in Attaining Work Success," *Journal of Applied Psychology* 93, no. 4 (2008): 849–63.

61. A. M. Grant and A. Wrzesniewksi, "I Won't Let You Down . . . or Will I? Core Self-Evaluations, Other-Orientation, Anticipated Guilt and Gratitude, and Job Performance," *Journal of Applied Psychology* 95, no. 1 (2010): 108–21.

62. L. Parks-Leduc, M. W. Pattie, F. Pargas, and R. G. Eliason, "Self-Monitoring as an Aggregate Construct: Relationships with Personality and Values," *Personality and Individual Differences* 58 (2014): 3–8.

63. F. J. Flynn and D. R. Ames, "What's Good for the Goose May Not Be as Good for the Gander: The Benefits of Self-Monitoring for Men and Women in Task Groups and Dyadic Conflicts," *Journal of Applied Psychology* 91, no. 2 (2006): 272–81.

64. P.-Y. Liao, "The Role of Self-Concept in the Mechanism Linking Proactive Personality to Employee Work Outcomes," *Applied Psychology—An International Review* 64, no. 2 (2015): 421–43.

65. K. Tornau and M. Frese, "Construct Clean-up in Proactivity Research: A Meta-Analysis on the Nomological Net of Work-Related Proactivity Concepts and Their Incremental Values," *Applied Psychology: An International Review* 62, no. 1 (2013): 44–96.

66. W.-D. Li, D. Fay, M. Frese, P. D. Harms, and X. Y. Gao, "Reciprocal Relationship between Proactive Personality and Work Characteristics: A Latent Change Score Approach," *Journal of Applied Psychology* 99, no. 5 (2014): 948–65.

67. P. D. Converse, P. J. Pathak, A. M. DePaul-Haddock, T. Gotlib, and M. Merbedone, "Controlling Your Environment and Yourself: Implications for Career Success," *Journal of Vocational Behavior* 80, no. 1 (2012): 148–59.

68. G. Chen, J. Farh, E. M. Campbell-Bush, Z. Wu, and X. Wu, "Teams as Innovative Systems: Multilevel Motivational Antecedents of Innovation in R&D Teams," *Journal of Applied Psychology* 98, no. 6 (2013).

69. Y. Gong, S.-Y. Cheung, M. Wang, and J.-C. Huang, "Unfolding the Proactive Process for Creativity: Integration of the Employee Proactivity, Information Exchange, and Psychological Safety Perspectives," *Journal of Management* 38, no. 5 (2012): 1611–33.

70. Z. Zhang, M. Wang, and S. Junqi, "Leader-Follower Congruence in Proactive Personality and Work Outcomes: The Mediating Role of Leader-Member Exchange," *Academy of Management Journal* 55, no. 1 (2012): 111–30.

71. G. Van Hoye and H. Lootens, "Coping with Unemployment: Personality, Role Demands, and Time Structure," *Journal of Vocational Behavior* 82, no. 2 (2013): 85–95.

72. R. D. Meyer, R. S. Dalal, and R. Hermida, "A Review and Synthesis of Situational Strength in the Organizational Sciences," *Journal of Management* 36, no. 1 (2010): 121–40.

73. R. D. Meyer et al., "Measuring Job-Related Situational Strength and Assessing Its Interactive Effects with Personality on Voluntary Work Behavior," *Journal of Management* 40, no. 4 (2014): 1010–41.

74. A. M. Watson et al., "When Big Brother Is Watching: Goal Orientation Shapes Reactions to Electronic Monitoring

during Online Training," *Journal of Applied Psychology* 98, no. 4 (2013): 642–57.

75. Y. Kim, L. Van Dyne, D. Kamdar, and R. E. Johnson, "Why and When Do Motives Matter? An Integrative Model of Motives, Role Cognitions, and Social Support as Predictors of OCB," *Organizational Behavior and Human Decision Processes* 121, no. 2 (2013): 231–45.

76. G. R. Maio, J. M. Olson, M. M. Bernard, and M. A. Luke, "Ideologies, Values, Attitudes, and Behavior," in *Handbook of Social Psychology*, ed. J. Delamater (New York: Springer, 2003), 283–308.

77. See, for instance, A. Bardi, J. A. Lee, N. Hofmann-Towfigh, and G. Soutar, "The Structure of Intraindividual Value Change," *Journal of Personality and Social Psychology* 97, no. 5 (2009): 913–29.

78. B. C. Holtz and C. M. Harold, "Interpersonal Justice and Deviance: The Moderating Effects of Interpersonal Justice Values and Justice Orientation," *Journal of Management* 39, no. 2 (2013): 339–65.

79. See, for example, N. R. Lockwood, F. R. Cepero, and S. Williams, *The Multigenerational Workforce* (Alexandria, VA: Society for Human Resource Management, 2009).

80. E. Parry and P. Urwin, "Generational Differences in Work Values: A Review of Theory and Evidence," *International Journal of Management Reviews* 13, no. 1 (2011): 79–96.

81. J. M. Twenge, S. M. Campbell, B. J. Hoffman, and C. E. Lance, "Generational Differences in Work Values: Leisure and Extrinsic Values Increasing, Social and Intrinsic Values Decreasing," *Journal of Management* 36, no. 5 (2010): 1117–42.

82. B. J. Dik, S. R. Strife, and J.-I. C. Hansen, "The Flip Side of Holland Type Congruence: Incongruence and Job Satisfaction," *Career Development Quarterly* 58, no. 4 (2010): 352–58; A. Rezaei, A. Qorbanpoor, T. A. Gatab, and A. Rezaei, "Comparative Research for Personality Types of Guilan University Physical Exercise and Counseling Students Based on Holland Theory," *Procedia—Social and Behavioral Sciences* 30 (2011): 2032–36; and D. L. Ohler and E. M. Levinson, "Using Holland's Theory in Employment Counseling: Focus on Service Occupations," *Journal of Employment Counseling* 49, no. 4 (2012): 148–59.

83. Y. Lee and J. Antonakis, "When Preference Is Not Satisfied But the Individual Is: How Power Distance Moderates Person-Job Fit," *Journal of Management* 40, no. 3 (2014): 641–75.

84. W. Arthur Jr., S. T. Bell, A. J. Villado, and D. Doverspike, "The Use of Person–Organization Fit in Employment Decision-Making: An Assessment of Its Criterion-Related Validity," *Journal of Applied Psychology* 91, no. 4 (2006): 786–801; and J. R. Edwards, D. M. Cable, I. O. Williamson, L. S. Lambert, and A. J. Shipp, "The Phenomenology of Fit: Linking the Person and Environment to the Subjective Experience of Person–Environment Fit," *Journal of Applied Psychology* 91, no. 4 (2006): 802–27.

85. E. E. Kausel and J. E. Slaughter, "Narrow Personality traits and organizational attraction: Evidence for the complementary hypothesis," *Organizational Behavior and Human Decision Processes* 114, no. 1 (2011): 3–14; and A. Leung and S. Chaturvedi, "Linking the Fits, Fitting the Links: Connecting Different Types of PO Fit to Attitudinal Outcomes," *Journal of Vocational Behavior* 79, no. 2 (2011): 391–402.

86. M. L. Verquer, T. A. Beehr, and S. E. Wagner, "A Meta-Analysis of Relations between Person–Organization Fit and Work Attitudes," *Journal of Vocational Behavior* 63, no. 3 (2003): 473–89; and J. C. Carr, A. W. Pearson, M. J. Vest, and S. L. Boyar, "Prior Occupational Experience, Anticipatory Socialization, and Employee Retention", *Journal of Management* 32, no. 3 (2006): 343–59.

87. K. H. Ehrhart, D. M. Mayer, and J. C. Ziegert, "Web-Based Recruitment in the Millennial Generation: Work-Life Balance, Website Usability, and Organizational Attraction," *European Journal of Work and Organizational Psychology* 21, no. 6 (2012): 850–74.

88. I. -S. Oh et al. "Fit Happens Globally: A Meta-Analytic Comparison of the Relationships of Person-Environment Fit Dimensions with Work Attitudes and Performance across East Asia, Europe, and North America," *Personnel Psychology* 67, no. 1 (2014): 99–152.

89. See The Hofstede Centre, G. Hofstede. *The Hofstede Centre* (website), http://www.geert-hofstede.com.

90. V. Taras, B. L. Kirkman, and P. Steel, "Examining the Impact of Culture's Consequences: A Three-Decade, Multilevel, Meta-Analytic Review of Hofstede's Cultural Value Dimensions," *Journal of Applied Psychology* 95, no. 5 (2010): 405–39.

91. R. J. House, P. J. Hanges, M. Javidan, and P. W. Dorfman, eds., *Leadership, Culture, and Organizations: The GLOBE Study of 62 Societies* (Thousand Oaks, CA: Sage, 2004); and O. Schloesser et al., "Human orientation as a new cultural Dimension of the GLOBE Project: A Validation study of the GLOBE Scale and Out-Group Human Orientation in 25 Countries," *Journal of Cross-Cultural Psychology* 44, no. 4 (2012): 535–51.

92. J. P. Meyer et al., "Affective, Normative, and Continuance Commitment Levels across Cultures: A Meta-Analysis," *Journal of Vocational Behavior* 80, no. 2 (2012): 225–45.

제6장

1. E. Bernstein, "'Honey, You Never Said…,'" *The Wall Street Journal,* March 24, 2015, D1, D4.

2. K. C. Yam, R. Fehr, and C. M. Barnes, "Morning Employees Are Perceived as Better Employees: Employees' Start Times Influence Supervisor Performance Ratings," *Journal of Applied Psychology* 99, no. 6 (2014): 1288–99.

3. J. Dwyer, "Witness Accounts in Midtown Hammer Attack Show the Power of False Memory," *The New York Times,* May 14, 2015, http://www.nytimes.com/2015/05/15/nyregion/witness-accounts-in-midtown-hammer-attack-show-the-power-of-false-memory.html?_r=1.

4. G. Fields and J. R. Emshwiller, "Long after Arrests, Records Live On," *The Wall Street Journal,* December 26, 2014, A1, A10.

5. S. S. Wang, "The Science of Standing Out," *The Wall Street Journal,* March 18, 2014, D1, D4.

6. E. Zell and Z. Krizan, "Do People Have Insight into Their Abilities? A Metasynthesis," *Perspectives on Psychological Science* 9, no. 2 (2014): 111–25.

7. E. Demerouti, D. Xanthopoulou, I. Tsaousis, and A. B. Bakker, "Disentangling Task and Contextual Performance," *Journal of Personnel Psychology* 13, no. 2 (2014): 59–69.

8. P. Harvey, K. Madison, M. Martinko, T. R. Crook, and T. A. Crook, "Attribution Theory in the Organizational Sciences: The Road Traveled and the Path Ahead," *Academy of Management Perspectives* 28, no. 2 (2014): 128–46; and M. J. Martinko, P. Harvey, and M. T. Dasborough, "Attribution Theory in the Organizational Sciences: A Case of Unrealized Potential," *Journal of Organizational Behavior* 32, no. 1 (2011): 144–49.

9. C. M. de Melo, P. J. Carnevale, S. J. Read, and J. Gratch, "Reading People's Minds from Emotion Expressions in Interdependent Decision Making," *Journal of Personality and Social Psychology* 106, no. 1 (2014): 73–88.

10. J. M. Moran, E. Jolly, and J. P. Mitchell, "Spontaneous Mentalizing Predicts the Fundamental Attribution Error," *Journal of Cognitive Neuroscience* 26, no. 3 (2014): 569–76; and D. R. Stadler, "Competing Roles for the Subfactors of Need for Closure in Committing the Fundamental Attribution Error," *Personality and Individual Differences* 47, no. 7 (2009): 701–5.

11. See, for instance, M. Goerke, J. Moller, S. Schulz-Hardt, U. Napiersky, and D. Frey, "'It's Not My Fault—But Only I Can Change It': Counterfactual and Prefactual Thoughts of Managers," *Journal of Applied Psychology* 89, no. 2 (2004): 279–92; and E. G. Hepper, R. H. Gramzow, and C. Sedikides, "Individual Differences in Self-Enhancement and Self-Protection Strategies: An Integrative Analysis," *Journal of Personality* 78, no. 2 (2010): 781–814.

12. J. D. Brown, "Across the (Not So) Great Divide: Cultural Similarities in Self-Evaluative Processes," *Social and Personality Psychology Compass* 4, no. 5 (2010): 318–30.

13. A. Zhang, C. Reyna, Z. Qian, and G. Yu, "Interpersonal Attributions of Responsibility in the Chinese Workplace: A Test of Western Models in a Collectivistic Context," *Journal of Applied Social Psychology* 38, no. 9 (2008): 2361–77; and A. Zhang, F. Xia, and C. Li, "The Antecedents of Help Giving in Chinese Culture: Attribution, Judgment of Responsibility, Expectation Change and the Reaction of Affect," *Social Behavior and Personality* 35, no. 1 (2007): 135–42.

14. See P. Rosenzweig, *The Halo Effect* (New York: The Free Press, 2007); I. Dennis, "Halo Effects in Grading Student Projects," *Journal of Applied Psychology* 92, no. 4 (2007): 1169–76; C. E. Naquin and R. O. Tynan, "The Team Halo Effect: Why Teams Are Not Blamed for Their Failures," *Journal of Applied Psychology* 88, no. 2 (2003): 332–40; and T. M. Bechger, G. Maris, and Y. P. Hsiao, "Detecting Halo Effects in Performance-Based Evaluations," *Applied Psychological Measurement* 34, no. 8 (2010): 607–19.

15. J. K. Clark, K. C. Thiem, J. Barden, J. O'Rourke Stuart, and A. T. Evans, "Stereotype Validation: The Effects of Activating Negative Stereotypes after Intellectual Performance," *Journal of Personality and Social Psychology* 108, no. 4 (2015): 531–52.

16. J. L. Eberhardt, P. G. Davies, V. J. Purdie-Vaughns, and S. L. Johnson, "Looking Deathworthy: Perceived Stereotypicality of Black Defendants Predicts Capital-Sentencing Outcomes," *Psychological Science* 17, no. 5 (2006): 383–86.

17. A. S. Rosette, G. J. Leonardelli, and K. W. Phillips, "The White Standard: Racial Bias in Leader Categorization," *Journal of Applied Psychology* 93, no. 4 (2008): 758–77.

18. D. A. Hofmann, "Overcoming the Obstacles to Cross-Functional Decision Making: Laying the Groundwork for Collaborative Problem Solving," *Organizational Dynamics* 44, no. 1 (2015): 17–25.

19. E. Bernstein, "The Right Answer is 'No,'" *The Wall Street Journal,* March 11, 2014, D1–D2.

20. See, for example, P. L. Curseu and S. G. L. Schruijer, "Decision Styles and Rationality: An Analysis of the Predictive Validity of the General Decision-Making Style Inventory," *Educational and Psychological Measurement* 72, no. 6 (2012): 1053–62.

21. For a review of the rational decision-making model, see M. Verweij, T. J. Senior, J. F. D. Dominguez, and R. Turner, "Emotion, Rationality, and Decision-Making: How to Link Affective and Social Neuroscience with Social Theory," *Frontiers in Neuroscience* 9, no. 332 (2015).

22. J. G. March, *A Primer on Decision Making* (New York: The Free Press, 2009); and D. Hardman and C. Harries, "How Rational Are We?" *The Psychologist* 15, no. 2 (2002): 76–79.

23. M. H. Bazerman and D. A. Moore, *Judgment in Managerial Decision Making* (Hoboken, NJ: John Wiley & Sons, 2013).

24. J. E. Russo, K. A. Carlson, and M. G. Meloy, "Choosing an Inferior Alternative," *Psychological Science* 17, no. 10 (2006): 899–904.

25. N. Halevy and E. Y. Chou, "How Decisions Happen: Focal Points and Blind Spots in Interdependent Decision Making," *Journal of Personality and Social Psychology* 106, no. 3 (2014): 398–417; D. Kahneman, "Maps of Bounded Rationality: Psychology for Behavioral Economics," *The American Economic Review* 93, no. 5 (2003): 1449–75; and J. Zhang, C. K. Hsee, and Z. Xiao, "The Majority Rule in Individual Decision Making," *Organizational Behavior and Human Decision Processes* 99, no. 1 (2006): 102–11.

26. G. Gigerenzer, "Why Heuristics Work," *Perspectives on Psychological Science* 3, no. 1 (2008): 20–29; and A. K. Shah and D. M. Oppenheimer, "Heuristics Made Easy: An Effort-Reduction Framework," *Psychological Bulletin* 134, no. 2 (2008): 207–22.

27. See A. W. Kruglanski and G. Gigerenzer, "Intuitive and Deliberate Judgments Are Based on Common Principles," *Psychological Review* 118, no. 1 (2011): 97–109.

28. E. Dane and M. G. Pratt, "Exploring Intuition and Its Role in Managerial Decision Making," *Academy of Management Review* 32, no. 1 (2007): 33–54; and J. A. Hicks, D. C. Cicero, J. Trent, C. M. Burton, and L. A. King, "Positive Affect, Intuition, and Feelings of Meaning," *Journal of Personality and Social Psychology* 98, no. 6 (2010): 967–79.

29. C. Akinci and E. Sadler-Smith, "Intuition in Management Research: A Historical Review," *International Journal of Management Reviews* 14, no. 1 (2012): 104–22.

30. S. P. Robbins, *Decide & Conquer: Making Winning Decisions and Taking Control of Your Life* (Upper Saddle River, NJ: Financial Times/Prentice Hall, 2004), 13.

31. S. Ludwig and J. Nafziger, "Beliefs about Overconfidence,*" Theory and Decision* 70, no. 4 (2011): 475–500.

32. C. R. M. McKenzie, M. J. Liersch, and I. Yaniv, "Overconfidence in Interval Estimates: What Does Expertise Buy You," *Organizational Behavior and Human Decision Processes* 107, no. 2 (2008): 179–91.

33. R. P. Larrick, K. A. Burson, and J. B. Soll, "Social Comparison and Confidence: When Thinking You're Better Than Average Predicts Overconfidence (and When It Does Not)," *Organizational Behavior and Human Decision Processes* 102, no. 1 (2007): 76–94.

34. K. M. Hmieleski and R. A. Baron, "Entrepreneurs' Optimism and New Venture Performance: A Social Cognitive Perspective," *Academy of Management Journal* 52, no. 3 (2009): 473–88.

35. See, for instance, J. P. Simmons, R. A. LeBoeuf, and L. D. Nelson, "The Effect of Accuracy Motivation on Anchoring and Adjustment: Do People Adjust from Their Provided Anchors?" *Journal of Personality and Social Psychology* 99, no. 6 (2010): 917–32.

36. C. Janiszewski and D. Uy, "Precision of the Anchor Influences the Amount of Adjustment," *Psychological Science* 19, no. 2 (2008): 121–27.

37. See, for example, P. Frost, B. Casey, K. Griffin, L. Raymundo, C. Farrell, and R. Carrigan, "The Influence of Confirmation Bias on Memory and Source Monitoring," *Journal of General Psychology* 142, no. 4 (2015): 238–52; and W. Hart, D. Albarracín, A. H. Eagly, I. Brechan, M. Lindberg, and L. Merrill, "Feeling Validated versus Being Correct: A Meta-Analysis of Selective Exposure to Information," *Psychological Bulletin* 135, no. 4 (2009): 555–88.

38. T. Pachur, R. Hertwig, and F. Steinmann, "How Do People Judge Risks: Availability Heuristic, Affect Heuristic, or Both?" *Journal of Experimental Psychology: Applied* 18, no. 3 (2012): 314–30.

39. G. Morgenson, "Debt Watchdogs: Tamed or Caught Napping?" *The New York Times,* December 7, 2009, 1, 32.

40. K. Moser, H.-G. Wolff, and A. Kraft, "The De-Escalation of Commitment: Predecisional Accountability and Cognitive Processes," *Journal of Applied Social Psychology* 43, no. 2 (2013): 363–76.

41. D. J. Sleesman, D. E. Conlon, G. McNamara, and J. E. Miles, "Cleaning Up the Big Muddy: A Meta-Analytic Review of the Determinants of Escalation of Commitment," *Academy of Management Journal* 55, no. 3 (2012): 541–62.

42. H. Drummond, "Escalation of Commitment: When to Stay the Course?" *Academy of Management Perspectives* 28, no. 4 (2014): 430–46.

43. See, for instance, U. Hahn and P. A. Warren, "Perceptions of Randomness: Why Three Heads Are Better Than One," *Psychological Review* 116, no. 2 (2009): 454–61.

44. See, for example, D. J. Keys and B. Schwartz, "Leaky Rationality: How Research on Behavioral Decision Making Challenges Normative Standards of Rationality," *Psychological Science* 2, no. 2 (2007): 162–80; and U. Simonsohn, "Direct Risk Aversion: Evidence from Risky Prospects Valued below Their Worst Outcome," *Psychological Science* 20, no. 6 (2009): 686–92.

45. J. K. Maner, M. T. Gailliot, D. A. Butz, and B. M. Peruche, "Power, Risk, and the Status Quo: Does Power Promote Riskier or More Conservative Decision Making?" *Personality and Social Psychology Bulletin* 33, no. 4 (2007): 451–62.

46. A. Chakraborty, S. Sheikh, and N. Subramanian, "Termination Risk and Managerial Risk Taking," *Journal of Corporate Finance* 13, no. 1 (2007): 170–88.

47. R. L. Guilbault, F. B. Bryant, J. H. Brockway, and E. J. Posavac, "A Meta-Analysis of Research on Hindsight Bias," *Basic and Applied Social Psychology* 26, nos. 2–3 (2004): 103–17.

48. J. Bell, "The Final Cut?" *Oregon Business* 33, no. 5 (2010): 27.

49. E. Dash and J. Creswell, "Citigroup Pays for a Rush to Risk," *The New York Times,* November 20, 2008, 1, 28; S. Pulliam, S. Ng, and R. Smith, "Merrill Upped Ante as Boom in Mortgage Bonds Fizzled," *The Wall Street Journal,* April 16, 2008, A1, A14.

50. M. Gladwell, "Connecting the Dots," *The New Yorker,* March 10, 2003.

51. H. Moon, J. R. Hollenbeck, S. E. Humphrey, and B. Maue, "The Tripartite Model of Neuroticism and the Suppression of Depression and Anxiety within an Escalation of Commitment Dilemma," *Journal of Personality* 71, no. 3 (2003): 347–68.

52. J. Musch, "Personality Differences in Hindsight Bias," *Memory* 11, nos. 4–5 (2003): 473–89.

53. T. Huston, "Are Women Better Decision Makers?" *The New York Times,* October 19, 2014, 9.

54. K. E. Stanovich and R. F. West, "On the Relative Independence of Thinking Biases and Cognitive Ability," *Journal of Personality and Social Psychology* 94, no. 4 (2008): 672–95.

55. B. Burrough, "How Big Business Can Take the High Road," *The New York Times,* March 9, 2014, 10.

56. K. V. Kortenkamp and C. F. Moore, "Ethics under Uncertainty: The Morality and Appropriateness of Utilitarianism When Outcomes Are Uncertain," *American Journal of Psychology* 127, no. 3 (2014): 367–82.

57. A. Lukits, "Hello and Bonjour to Moral Dilemmas," *The Wall Street Journal,* May 13, 2014, D4.

58. J. Hollings, "Let the Story Go: The Role of Emotion in the Decision-Making Process of the Reluctant, Vulnerable Witness or Whistle-Blower," *Journal of Business Ethics* 114, no. 3 (2013): 501–12.

59. D. E. Rupp, P. M. Wright, S. Aryee, and Y. Luo, "Organizational Justice, Behavioral Ethics, and Corporate Social Responsibility: Finally the Three Shall Merge," *Management and Organization Review* 11, no. 1 (2015): 15–24.

60. N. Klein and H. Zhou, "Their Pants Aren't on Fire," *The New York Times,* March 25, 2014, D3.

61. Ibid.

62. S. D. Levitt and S. J. Dubner, "Traponomics," *The Wall Street Journal,* May 10–11, 2014, C1, C2.

63. N. Anderson, K. Potocnik, and J. Zhou, "Innovation and Creativity in Organizations: A State-of-the-Science Review, Prospective Commentary, and Guiding Framework," *Journal of Management* 40, no. 5 (2014): 1297–333.

64. M. M. Gielnik, A.-C. Kramer, B. Kappel, and M. Frese, "Antecedents of Business Opportunity Identification and Innovation: Investigating the Interplay of Information Processing and Information Acquisition," *Applied Psychology: An International Review* 63, no. 2 (2014): 344–81.

65. G. Reynolds, "Want a Good Idea? Take a Walk," *The New York Times,* May 6, 2014, D6.

66. S. Shellenbarger, "The Power of the Doodle: Improve Your Focus and Memory," *The Wall Street Journal,* July 30, 2014, D1, D3.

67. C. K. W. De Dreu, B. A. Nijstad, M. Baas, I. Wolsink, and M. Roskes, "Working Memory Benefits Creative Insight, Musical Improvisation, and Original Ideation through Maintained Task-Focused Attention," *Personality and Social Psychology Bulletin* 38, no. 5 (2012): 656–69.

68. C.-H. Wu, S. K. Parker, and J. P. J. de Jong, "Need for Cognition as an Antecedent of Individual Innovation Behavior," *Journal of Management* 40, no. 6 (2014): 1511–34.

69. S. M. Wechsler, C. Vendramini, and T. Oakland, "Thinking and Creative Styles: A Validity Study," *Creativity Research Journal* 24, nos. 2-3 (2012): 235–42.

70. Y. Gong, S. Cheung, M. Wang, and J. Huang, "Unfolding the Proactive Processes for Creativity: Integration of the Employee Proactivity, Information Exchange, and Psychological Safety Perspectives," *Journal of Management* 38, no. 5 (2012): 1611–33.

71. A. Rego, F. Sousa, C. Marques, and M. P. E. Cunha, "Retail Employees' Self-Efficacy and Hope Predicting Their Positive Affect and Creativity," *European Journal of Work and Organizational Psychology* 21, no. 6 (2012): 923–45.

72. H. Zhang, H. K. Kwan, X. Zhang, and L.-Z. Wu, "High Core Self-Evaluators Maintain Creativity: A Motivational Model of Abusive Supervision," *Journal of Management* 40, no. 4 (2012): 1151–74.

73. D. K. Simonton, "The Mad-Genius Paradox: Can Creative People Be More Mentally Healthy But Highly Creative People More Mentally Ill?" *Perspectives on Psychological Science* 9, no. 5 (2014): 470–80.

74. C. Wang, S. Rodan, M. Fruin, and X. Xu, "Knowledge Networks, Collaboration Networks, and Exploratory Innovation," *Academy of Management Journal* 57, no. 2 (2014): 484–514.

75. F. Gino and S. S. Wiltermuth, "Evil Genius? Dishonesty Can Lead to Greater Creativity," *Psychological Science* 25, no. 4 (2014): 973–81.

76. S. N. de Jesus, C. L. Rus, W. Lens, and S. Imaginário, "Intrinsic Motivation and Creativity Related to Product: A Meta-Analysis of the Studies Published between 1990–2010," *Creativity Research Journal* 25, no. 1 (2013): 80–84.

77. A. Somech and A. Drach-Zahavy, "Translating Team Creativity to Innovation Implementation: The Role of Team Composition and Climate for Innovation," *Journal of Management* 39, no. 3 (2013): 684–708.

78. L. Sun, Z. Zhang, J. Qi, and Z. X. Chen, "Empowerment and Creativity: A Cross-Level Investigation," *Leadership Quarterly* 23, no. 1 (2012): 55–65.

79. M. Cerne, C. G. L. Nerstad, A. Dysvik, and M. Skerlavaj, "What Goes around Comes around: Knowledge Hiding, Perceived Motivational Climate, and Creativity," *Academy of Management Journal* 57, no. 1 (2014): 172–92.

80. I. J. Hoever, D. van Knippenberg, W. P. van Ginkel, and H. G. Barkema, "Fostering Team Creativity: Perspective Taking as Key to Unlocking Diversity's Potential," *Journal of Applied Psychology* 97, no. 5 (2012): 982–96.

81. S. J. Shin, T. Kim, J. Lee, and L. Bian, "Cognitive Team Diversity and Individual Team Member Creativity: A Cross-Level Interaction," *Academy of Management Journal* 55, no. 1 (2012): 197–212.

82. T. Montag, C. P. Maertz, and M. Baer, "A Critical Analysis of the Workplace Creativity Criterion Space," *Journal of Management* 38, no. 4 (2012): 1362–86.

83. M. Baer, "Putting Creativity to Work: The Implementation of Creative Ideas in Organizations," *Academy of Management Journal* 55, no. 5 (2012): 1102–19.

제7장

1. C. C. Pinder, *Work Motivation in Organizational Behavior,* 2nd ed. (New York, NY: Psychology Press, 2008).

2. R. J. Taormina and J. H. Gao, "Maslow and the Motivation Hierarchy: Measuring Satisfaction of the Needs," *American Journal of Psychology* 126, no. 2 (2013): 155–57.

3. H. S. Guest "Maslow's Hierarchy of Needs—The Sixth Level," *Psychologist* 27, no. 12 (2014): 982–83.

4. Ibid.

5. S. H. Mousavi and H. Dargahi, "Ethnic Differences and Motivation Based on Maslow's Theory on Iranian Employees," *Iranian Journal of Public Health* 42, no. 5 (2013): 516–21.

6. D. Lester, "Measuring Maslow's Hierarchy of Needs," *Psychological Reports* 113, no. 1 (2013): 127–29.

7. J.-G. Choi and J.-K. Lee, "Testing the Applicability of the Herzberg's Motivation-Hygiene Theory to the Hotel Industry," *DaeHan Journal of Business* 25, no. 4 (2012): 2091–111.

8. F. Herzberg, "One More time: How do you Motivate Employees?," *Harvard Business Review,* January 2003, 1–12.

9. See, for instance, C.-S. Park and K.-S. Ko, "A Study on Factors of Job Satisfaction of Caregivers in Home Care Facilities Based on Herzberg's Motivation-Hygiene Theory," *Church Social Work* 19, no. 8 (2012): 123–58; and "Study on the Important Factors for Non-Commissioned Officer's Job Satisfaction in R.O.K. Army Based on Herzberg's Two Factor Theory," *Journal of Korean Public Police and Security Studies* 9, no. 2 (2012): 217–38.

10. D. McClelland, *The Achieving Society* (Princeton, NJ: Van Nostrand, 1961).

11. B. Steinmann, S. L. Doerr, O. C. Schultheiss, and G. W. Maier, "Implicit Motives and Leadership Performance Revisited: What Constitutes the Leadership Motive Pattern?" *Motivation and Emotion* 39, no. 2 (2015): 167–74.

12. H. van Emmerick, W. L. Gardner, H. Wendt, and D. Fischer, "Associations of Culture and Personality with McClelland's Motives: A Cross-Cultural Study of Managers in 24 Countries," *Group and Organization Management* 35, no. 3 (2010): 329–67.

13. See, for instance, F. Yang, J. E. Ramsay, O. C. Schultheiss, and J. S. Pang, "Need for Achievement Moderates the Effect of Motive-Relevant Challenge on Salivary Cortisol Changes," *Motivation and Emotion* 39, no. 3 (2015): 321–34; M. S. Khan, R. J. Breitnecker, and E. J. Schwarz, "Adding Fuel to the Fire: Need for Achievement Diversity and Relationship Conflict in Entrepreneurial Teams," *Management Decision* 53, no. 1 (2015): 75–79; M. G. Koellner and O. C. Schultheiss, "Meta-Analytic Evidence of Low Convergence between Implicit and Explicit Measures of the Needs for Achievement, Affiliation, and Power," *Frontiers in Psychology* 5, no. 826 (2014); and T. Bipp and K. van Dam, "Extending Hierarchical Achievement Motivation Models: The Role of Motivational Needs for Achievement Goals and Academic Performance," *Personality and Individual Differences* 64 (2014): 157–62.

14. M. G. Koellner and O. C. Schultheiss, "Meta-Analytic Evidence of Low Convergence between Implicit and Explicit Measures of the Needs for Achievement, Affiliation, and Power."

15. J. Hofer, H. Busch, and C. Schneider, "The Effect of Motive-Trait Interaction on Satisfaction of the Implicit Need for Affiliation among German and Cameroonian Adults," *Journal of Personality* 83, no. 2 (2015): 167–78.

16. M. Gagné and E. L. Deci, "Self-Determination Theory and Work Motivation," *Journal of Organizational Behavior* 26, no. 4 (2005): 331–62; and D. T. Kong and V. T. Ho, "A Self-Determination Perspective of Strengths Use at Work: Examining Its Determinant and Performance Implications," *Journal of Positive Psychology* 11, no. 1 (2016): 15–25.

17. C. P. Cerasoli, J. M. Nicklin, and M. T. Ford, "Intrinsic Motivation and Extrinsic Incentives Jointly Predict Performance: A 40-Year Meta-Analysis," *Psychological Bulletin* 140, no. 4 (2014): 980–1008.

18. J. E. Bono and T. A. Judge, "Self-Concordance at Work: Toward Understanding the Motivational Effects of Transformational Leaders," *Academy of Management Journal* 46, no. 5 (2003): 554–71.

19. K. M. Sheldon, A. J. Elliot, and R. M. Ryan, "Self-Concordance and Subjective Well-Being in Four Cultures," *Journal of Cross-Cultural Psychology* 35, no. 2 (2004): 209–23.

20. L. M. Graves, M. N. Ruderman, P. J. Ohlott, and J. Webber, "Driven to Work and Enjoyment of Work: Effects on Managers' Outcomes," *Journal of Management* 38, no. 5 (2012): 1655–80.

21. J. P. Meyer, T. E. Becker, and C. Vandenberghe, "Employee Commitment and Motivation: A Conceptual Analysis and Integrative Model," *Journal of Applied Psychology* 89, no. 6 (2004): 991–1007.

22. E. A. Locke and G. P. Latham, "New Directions in Goal-Setting Theory," *Current Directions in Psychological Science* 15, no. 5 (2006): 265–68.

23. Ibid.

24. C. Gabelica, P. Van den Bossche, M. Segers, and W. Gijselaers, "Feedback, a Powerful Lever in Teams: A Review," *Educational Research Review* 7, no. 2 (2012): 123–44.

25. J. Lee and F. Wei, "The Mediating Effect of Psychological Empowerment on the Relationship between Participative Goal Setting and Team Outcomes—A Study in China," *International Journal of Human Resource Management* 22, no. 2 (2011): 279–95.

26. S. W. Anderson, H. C. Dekker, and K. L. Sedatole, "An Empirical Examination of Goals and Performance-to-Goal Following the Introduction of an Incentive Bonus Plan with Participative Goal Setting," *Management Science* 56, no. 1 (2010): 90–109.

27. T. S. Bateman and B. Bruce, "Masters of the Long Haul: Pursuing Long-Term Work Goals," *Journal of Organizational Behavior* 33, no. 7 (2012): 984–1006.

28. Ibid.

29. J. E. Bono and A. E. Colbert, "Understanding Responses to Multi-Source Feedback: The Role of Core Self-Evaluations," *Personnel Psychology* 58, no. 1 (2005): 171–203; and S. A. Jeffrey, A. Schulz, and A. Webb, "The Performance Effects of an Ability-Based Approach to Goal Assignment," *Journal of Organizational Behavior Management* 32 (2012): 221–41.

30. T. Tammemagi, D. O'Hora, and K. A. Maglieri, "The Effects of a Goal Setting Intervention on Productivity and Persistence in an Analogue Work Task," *Journal of Organizational Behavior Management* 33, no. 1 (2013): 31–54.

31. D. F. Crown, "The Use of Group and Groupcentric Individual Goals for Culturally Heterogeneous and Homogeneous Task Groups: An Assessment of European Work Teams," *Small Group Research* 38, no. 4 (2007): 489–508.

32. K. Lanaj, C. D. Chang, and R. E. Johnson, "Regulatory Focus and Work-Related Outcomes: A Review and Meta-Analysis," *Psychological Bulletin* 138, no. 5 (2012): 998–1034.

33. D. L. Ferris, R. E. Johnson, C. C. Rosen, E. Djurdjevic, C.-H. Chang, and J. A. Tan, "When Is Success Not Satisfying? Integrating Regulatory Focus and Approach/Avoidance Motivation Theories to Explain the Relation between Core Self-Evaluation and Job Satisfaction," *Journal of Applied Psychology* 98, no. 2 (2013): 342–53.

34. M. Roskes, A. J. Elliot, and C. K. W. De Dreu, "Why Is Avoidance Motivation Problematic, and What Can Be Done about It?" *Current Directions in Psychological Science* 23, no. 2 (2014): 133–38.

35. "KEYGroup Survey Finds Nearly Half of All Employees Have No Set Performance Goals," *IPMA-HR Bulletin,* March 10, 2006, 1; S. Hamm, "SAP Dangles a Big, Fat Carrot," *BusinessWeek,* May 22, 2006, 67–68; and "A. G. Lafley (CEO of Proctor & Gamble), interview by E. Amendola, P&G CEO Wields High Expectations But No Whip," *USA Today,* February 19, 2007, 3B.

36. See, for example, E. Lindberg and T. L. Wilson, "Management by Objectives: The Swedish Experience in Upper Secondary Schools," *Journal of Educational Administration* 49, no. 1 (2011): 62–75; and A. C. Spaulding, L. D. Gamm, and J. M. Griffith, "Studer Unplugged: Identifying Underlying Managerial Concepts," *Hospital Topics* 88, no. 1 (2010): 1–9.

37. M. B. Kristiansen, "Management by Objectives and Results in the Nordic Countries: Continuity and Change, Differences and Similarities," *Public Performance and Management Review* 38, no. 3 (2015): 542–69.

38. See, for instance, M. Tanikawa, "Fujitsu Decides to Backtrack on Performance-Based Pay," *The New York Times,* March 22, 2001, W1; and W. F. Roth, "Is Management by Objectives Obsolete?" *Global Business and Organizational Excellence* 28, no. 4 (2009): 36–43.

39. F. Gino and C. Mogilner, "Time, Money, and Morality," *Psychological Science* 25, no. 2 (2014): 414–21.

40. V. Lopez-Kidwell, T. J. Grosser, B. R. Dineen, and S. P. Borgatti, "What Matters When: A Multistage Model and Empirical Examination of Job Search Effort," *Academy of Management Journal* 56, no. 6 (2012): 1655–78.

41. J. W. Beck and A. M. Schmidt, "State-Level Goal Orientations as Mediators of the Relationship between Time Pressure and Performance: A Longitudinal Study," *Journal of Applied Psychology* 98, no. 2 (2013): 354–63.

42. J. R. Themanson and P. J. Rosen, "Examining the Relationships between Self-Efficacy, Task-Relevant Attentional Control, and Task Performance: Evidence from Event-Related Brain Potentials," *British Journal of Psychology* 106, no. 2 (2015): 253–71.

43. A. Bandura, "Cultivate Self-Efficacy for Personal and Organizational Effectiveness," in *Handbook of Principles of Organizational Behavior,* ed. E. Locke (Malden, MA: Blackwell, 2004), 120–36; and M. Ventura, M. Salanova, and S. Llorens, "Professional Self-Efficacy as a Predictor of Burnout and Engagement: The Role of Challenge and Hindrance Demands," *Journal of Psychology* 149, no. 3 (2015): 277–302.

44. M. Salanova, S. Llorens, and W. B. Schaufeli, "Yes I Can, I Feel Good, and I Just Do It! On Gain Cycles and Spirals of

Efficacy Beliefs, Affect, and Engagement," *Applied Psychology* 60, no. 2 (2011): 255–85.

45. J. R. Themanson and P. J. Rosen, "Examining the Relationships between Self-Efficacy, Task-Relevant Attentional Control, and Task Performance: Evidence from Event-Related Brain Potentials."

46. M. Ben-Ami, J. Hornik, D. Eden, and O. Kaplan, "Boosting Consumers' Self-Efficacy by Repositioning the Self," *European Journal of Marketing* 48, no. 11/12 (2014): 1914–38; L. De Grez and D. Van Lindt, "Students' Gains in Entrepreneurial Self-Efficacy: A Comparison of 'Learning-by-Doing' versus Lecture-Based Courses," *Proceedings of the 8th European Conference on Innovation and Entrepreneurship* (2013): 198–203; and K. S. Hendricks, "Changes in Self-Efficacy Beliefs over Time: Contextual Influences of Gender, Rank-Based Placement, and Social Support in a Competitive Orchestra Environment," *Psychology of Music* 42, no. 3 (2014): 347–65.

47. T. A. Judge, C. L. Jackson, J. C. Shaw, B. Scott, and B. L. Rich, "Self-Efficacy and Work-Related Performance: The Integral Role of Individual Differences," *Journal of Applied Psychology* 92, no. 1 (2007): 107–27.

48. Ibid.

49. A. M. Paul, "How to Use the 'Pygmalion' Effect," *Time,* April 1, 2013, http://ideas.time.com/2013/04/01/how-to-use-the-pygmalion-effect/.

50. A. Friedrich, B. Flunger, B. Nagengast, K. Jonkmann, and U. Trautwein, "Pygmalion Effects in the Classroom: Teacher Expectancy Effects on Students' Math Achievement," *Contemporary Educational Psychology* 41 (2015): 1–12.

51. L. Karakowsky, N. DeGama, and K. McBey, "Facilitating the Pygmalion Effect: The Overlooked Role of Subordinate Perceptions of the Leader," *Journal of Occupational and Organizational Psychology* 85, no. 4 (2012): 579–99; and P. Whiteley, T. Sy, and S. K. Johnson, "Leaders' Conceptions of Followers: Implications for Naturally Occurring Pygmalion Effects," *Leadership Quarterly* 23, no. 5 (2012): 822–34.

52. A. Gegenfurtner, C. Quesada-Pallares, and M. Knogler, "Digital Simulation-Based Training: A Meta-Analysis," *British Journal of Educational Technology* 45, no. 6 (2014): 1097–114.

53. E. C. Dierdorff, E. A. Surface, and K. G. Brown, "Frame-of-Reference Training Effectiveness: Effects of Goal Orientation and Self-Efficacy on Affective, Cognitive, Skill-Based, and Transfer Outcomes," *Journal of Applied Psychology* 95, no. 6 (2010): 1181–91; and R. Grossman and E. Salas, "The Transfer of Training: What Really Matters," *International Journal of Training and Development* 15, no. 2 (2011): 103–20.

54. K. M. Eddington, C. Majestic, and P. J. Silvia, "Contrasting Regulatory Focus and Reinforcement Sensitivity: A Daily Diary Study of Goal Pursuit and Emotion," *Personality and Individual Differences* 53, no. 3 (2012): 335–40.

55. B. F. Skinner, "'Superstition' in the Pigeon". *Journal of Experimental Psychology* 38, no. 2 (1948).

56. M. J. Goddard, "Critical Psychiatry, Critical Psychology, and the Behaviorism of B. F. Skinner," *Review of General Psychology* 18, no. 3 (2014): 208–15.

57. J. R. Brauer and C. R. Tittle, "Social Learning Theory and Human Reinforcement," *Sociological Spectrum* 32, no. 2 (2012): 157–77.

58. C. Buzea, "Equity Theory Constructs in a Romanian Cultural Context," *Human Resource Development Quarterly* 25, no. 4 (2014): 421–39; A. W. Cappelen, T. Eichele, K. Hugdahl, K. Specht, and B. Tungodden, "Equity Theory and Fair Inequality: A Neuroeconomic Study," *Proceedings of the National Academy of Sciences in the United States of America* 111, no. 43 (2014): 15368–72; C. Maslach and M. P. Leiter, "Early Predictors of Job Burnout and Engagement", *Journal of Applied Psychology* 93, no. 3 (2008): 498–512; and Q. Xiaoqing, K. Zhang, and Y. Xu, "Applicable Scope of Equity Theory and Reaction on Productivity under the Influence of Traditional Culture," 2014 2nd International Conference on Social Science and Health, Pt. 3 in *Advances in Education Research* 57 (2014): 365–69.

59. J. Bai, "Analysis of Equity Theory in the Modern Enterprise Staff Motivation," *Proceedings of the 2012 International Conference on Management Innovation and Public Policy* (2012): 165–67; C. Buzea, "Equity Theory Constructs in a Romanian Cultural Context," *Human Resource Development Quarterly* 25, no. 4 (2014): 421–39; and L. K. Scheer, N. Kumar, and J.-B. E. M. Steenkamp, "Reactions to Perceived Inequity in U.S. and Dutch Interorganizational Relationships," *Academy of Management* 46, no. 3 (2003): 303–16.

60. See, for instance, T. Simons and Q. Roberson, "Why Managers Should Care about Fairness: The Effects of Aggregate Justice Perceptions on Organizational Outcomes," *Journal of Applied Psychology* 88, no. 3 (2003): 432–43; and B. C. Holtz and C. M. Harold, "Fair Today, Fair Tomorrow? A Longitudinal Investigation of Overall Justice Perceptions," *Journal of Applied Psychology* 94, no. 5 (2009): 1185–99.

61. C. O. Trevor, G. Reilly, and B. Gerhart, "Reconsidering Pay Dispersion's Effect on the Performance of Interdependent Work: Reconciling Sorting and Pay Inequality," *Academy of Management Journal* 55, no. 3 (2012): 585–610.

62. A. Caza, M. W. McCarter, and G. B. Northcraft, "Performance Benefits of Reward Choice: A Procedural Justice Perspective," *Human Resource Management Journal* 25, no. 2 (2015): 184–99; R. E. Johnson, K. Lanaj, and C. M. Barnes, "The Good and Bad of Being Fair: Effects of Procedural and Interpersonal Justice Behaviors on Regulatory Resources," *Journal of Applied Psychology* 99, no. 4 (2014): 635–50; and D. Liu, M. Hernandez, and L. Wang, "The Role of Leadership and Trust in Creating Structural Patterns of Team Procedural Justice: A Social Network Investigation," *Personnel Psychology* 67, no. 4 (2014): 801–45.

63. H. He, W. Zhu, and X. Zheng, "Procedural Justice and Employee Engagement: Roles of Organizational Identification and Moral Identity Centrality," *Journal of Business Ethics* 122, no. 4 (2014): 681–95.

64. J. C. Shaw, E. Wild, and J. A. Colquitt, "To Justify or Excuse? A Meta-Analytic Review of the Effects of Explanations," *Journal of Applied Psychology* 88, no. 3 (2003): 444–58.

65. R. J. Bies, "Are Procedural and Interactional Justice Conceptually Distinct?" in *Handbook of Organizational Justice,* eds. J. Greenberg and J. A. Colquitt (Mahwah, NJ: Erlbaum, 2005), 85–112; and B. A. Scott, J. A. Colquitt, and E. L. Paddock, "An Actor-Focused Model of Justice Rule Adherence and Violation: The Role of Managerial Motives and Discretion," *Journal of Applied Psychology* 94, no. 3 (2009): 756–69.

66. G. A. Van Kleef, A. C. Homan, B. Beersma, D. V. Knippenberg, B. V. Knippenberg, and F. Damen, "Searing Sentiment or Cold Calculation? The Effects of Leader Emotional Displays on Team Performance Depend on Follower Epistemic Motivation," *Academy of Management Journal* 52, no. 3 (2009): 562–80.

67. "Rutgers Fires Mike Rice," *ESPN,* April 3, 2013, http://espn.go.com/sportsnation/post/_/id/9129245/rutgers-fires-mike-rice.

68. J. M. Robbins, M. T. Ford, and L. E. Tetrick, "Perceived Unfairness and Employee Health: A Meta-Analytic Integration," *Journal of Applied Psychology* 97, no. 2 (2012): 235–72.

69. K. Leung, K. Tong, and S. S. Ho, "Effects of Interactional Justice on Egocentric Bias in Resource Allocation Decisions," *Journal of Applied Psychology* 89, no. 3 (2004): 405–15; and L. Francis-Gladney, N. R. Manger, and R. B. Welker, "Does Outcome Favorability Affect Procedural Fairness as a Result of Self-Serving Attributions," *Journal of Applied Social Psychology* 40, no. 1 (2010): 182–94.

70. L. J. Barclay and D. P. Skarlicki, "Healing the Wounds of Organizational Injustice: Examining the Benefits of Expressive Writing," *Journal of Applied Psychology* 94, no. 2 (2009): 511–23.

71. This section is based on B. A. Scott, A. S. Garza, D. E. Conlon, and Y. J. Kim, "Why Do Managers Act Fairly in the First Place? A Daily Investigation of 'Hot' and 'Cold' Motives and Discretion," *Academy of Management Journal* 57, no. 6 (2014): 1571–91.

72. F. F. T. Chiang and T. Birtch, "The Transferability of Management Practices: Examining Cross-National Differences in Reward Preferences," *Human Relations* 60, no. 9 (2007): 1293–330; and M. J. Gelfand, M. Erez, and Z. Aycan, "Cross-Cultural Organizational Behavior," *Annual Review of Psychology* 58 (2007): 479–514.

73. M. C. Bolino and W. H. Turnley, "Old Faces, New Places: Equity Theory in Cross-Cultural Contexts," *Journal of Organizational Behavior* 29, no. 1 (2008): 29–50.

74. R. Shao, D. E. Rupp, D. P. Skarlicki, and K. S. Jones, "Employee Justice across Cultures: A Meta-Analytic Review," *Journal of Management* 39, no. 1 (2013): 263–301.

75. R. L. Purvis, T. J. Zagenczyk, and G. E. McCray, "What's in It for Me? Using Expectancy Theory and Climate to Explain Stakeholder Participation, Its Direction and Intensity," *International Journal of Project Management* 33, no. 1 (2015): 3–14.

76. Y. Hao and G. Jianping, "Expectancy Theory and Nascent Entrepreneurship," *Small Business Economics* 39, no. 3 (2012), 667–84; and G. Yu and J. Guo, "Research on Employee Motivation Mechanism in Modern Enterprises Based on Victor H. Vroom's Expectancy Theory," in *Proceedings of the 9th International Conference on Innovation and Management,* eds. G. Duysters, A. DeHoyos, and K. Kaminishi (2012): 988–91.

77. Vroom refers to these three variables as expectancy, instrumentality, and valence, respectively.

78. J. Nocera, "The Anguish of Being an Analyst," *The New York Times,* March 4, 2006, B1, B12.

79. Y. Hao and G. Jianping, "Research on Employee Motivation Mechanism in Modern Enterprises Based on Victor H. Vroom's Expectancy Theory.*" (2012): 988–91.

80. H.-T. Chang, H.-M. Hsu, J.-W. Liou, and C.-T. Tsai, "Psychological Contracts and Innovative Behavior: A Moderated Path Analysis of Work Engagement and Job Resources," *Journal of Applied Social Psychology* 43, no. 10 (2013): 2021–135.

81. See topics of employee engagement from Gallup, "Employee Engagement", *Gallup*, accessed May 28, 2015, http://www.gallup.com/topic/employee_engagement.aspx.

82. M. S. Christian, A. S. Garza, and J. E. Slaughter, "Work Engagement: A Quantitative Review and Test of Its Relations with Task and Contextual Performance," *Personnel Psychology* 64, no. 1 (2011): 89–136.

83. W. B. Schaufeli, A. B. Bakker, and W. van Rhenen, "How Changes in Job Demands and Resources Predict Burnout, Work Engagement, and Sickness Absenteeism," *Journal of Organizational Behavior* 30, no. 7 (2009): 893–917; E. R. Crawford, J. A. LePine, and B. L. Rich, "Linking Job Demands and Resources to Employee Engagement and Burnout: A Theoretical Extension and Meta-Analytic Test," *Journal of Applied Psychology* 95, no. 5 (2010): 834–48; and D. Xanthopoulou, A. B. Bakker, E. Demerouti, and W. B. Schaufeli, "Reciprocal Relationships between Job Resources, Personal Resources, and Work Engagement," *Journal of Vocational Behavior* 74, no. 3 (2009): 235–44.

84. B. L. Rich, J. A. LePine, and E. R. Crawford, "Job Engagement: Antecedents and Effects on Job Performance," *Academy of Management Journal* 53, no. 3 (2010): 617–35.

85. M. Tims, A. B. Bakker, and D. Xanthopoulou, "Do Transformational Leaders Enhance Their Followers' Daily Work Engagement?" *Leadership Quarterly* 22, no. 1 (2011): 121–31; and F. O. Walumbwa, P. Wang, H. Wang, J. Schaubroeck, and B. J. Avolio, "Psychological Processes Linking Authentic Leadership to Follower Behaviors," *Leadership Quarterly* 21, no. 5 (2010): 901–14.

제8장

1. C. B. Gibson, J. L. Gibbs, T. L. Stanko, P. Tesluk, and S. G. Cohen, "Including the 'I' in Virtuality and Modern Job Design: Extending the Job Characteristics Model to Include the Moderating Effect of Individual Experiences of Electronic Dependence and Copresence," *Organization Science* 22, no. 6 (2011): 1481–99.

2. S. E. Humphrey, J. D. Nahrgang, and F. P. Morgeson, "Integrating Motivational, Social, and Contextual Work Design Features: A Meta-Analytic Summary and Theoretical Extension of the Work Design Literature," *Journal of Applied Psychology* 92, no. 5 (2007): 1332–56.

3. B. M. Meglino and A. M. Korsgaard, "The Role of Other Orientation in Reactions to Job Characteristics," *Journal of Management* 33, no. 1 (2007): 57–83.

4. J. L. Pierce, I. Jussila, and A. Cummings, "Psychological Ownership within the Job Design Context: Revision of the Job Characteristics Model," *Journal of Organizational Behavior* 30, no. 4 (2009): 477–96.

5. C. B. Gibson, J. L. Gibbs, T. L. Stanko, P. Tesluk, and S. G. Cohen, "Including the 'I' in Virtuality and Modern Job Design: Extending the Job Characteristics Model to Include the Moderating Effect of Individual Experiences of Electronic Dependence and Copresence."

6. B. M. Naba and L. Fan, "Employee Motivation and Satisfaction in Niger: An Application of the Job Characteristics Model." In *Proceedings of the 10th International Conference on Innovation and Management*, eds. A. de Hoyos, K. Kaminishi, and G. Duysters (2013), 523–27.

7. M. F. Peterson and S. A. Ruiz-Quintanilla, "Cultural Socialization as a Source of Intrinsic Work Motivation," *Group & Organization Management* 28, no. 2 (2003): 188–216.

8. T. Silver, "Rotate Your Way to Higher Value," *Baseline,* March/April 2010, 12; and J. J. Salopek, "Coca-Cola Division Refreshes Its Talent with Diversity Push on Campus," *Workforce Management Online,* March 21, 2011, http://www.workforce.com/2011/03/21/coca-cola-division-refreshes-its-talent-with-diversity-push-on-campus/

9. Review of Singapore Airlines, *Skytrax,* accessed May 31, 2013, www.airlinequality.com/Airlines/SQ.htm

10. S.-Y. Chen, W.-C. Wu, C.-S. Chang, and C.-T. Lin, "Job Rotation and Internal Marketing for Increased Job Satisfaction and Organisational Commitment in Hospital Nursing Staff," *Journal of Nursing Management* 23, no. 3 (2015): 297–306.

11. A. Christini and D. Pozzoli, "Workplace Practices and Firm Performance in Manufacturing: A Comparative Study of Italy and Britain," *International Journal of Manpower* 31, no. 7 (2010): 818–42; and K. Kaymaz, "The Effects of Job Rotation Practices on Motivation: A Research on Managers in the Automotive Organizations," *Business and Economics Research Journal* 1, no. 3 (2010): 69–86.

12. S.-H. Huang and Y.-C. Pan, "Ergonomic Job Rotation Strategy Based on an Automated RGB-D Anthropometric Measuring System," *Journal of Manufacturing Systems* 33, no. 4 (2014): 699–710; and P. C. Leider, J. S. Boschman, M. H. W. Frings-Dresen, and H. F. van der Molen, "Effects of Job Rotation on Musculoskeletal Complaints and Related Work Exposures: A Systematic Literature Review," *Ergonomics* 58, no. 1 (2015): 18–32.

13. A. M. Grant, "Leading with Meaning: Beneficiary Contact, Prosocial Impact, and the Performance Effects of Transformational Leadership," *Academy of Management Journal* 55, no. 2 (2012): 458–76; and A. M. Grant and S. K. Parker, "Redesigning Work Design Theories: The Rise of Relational and Proactive Perspectives," *Annals of the Academy of Management* 3, no. 1 (2009): 317–75.

14. J. Devaro, "A Theoretical Analysis of Relational Job Design and Compensation," *Journal of Organizational Behavior* 31, no. 2–3 (2010): 279–301.

15. K. Pajo and L. Lee, "Corporate-Sponsored Volunteering: A Work Design Perspective," *Journal of Business Ethics* 99, no. 3 (2011): 467–82.

16. K. Bal, "Does Flextime Penalize Night Owls?" *Human Resource Executive,* June 23, 2014, http://www.hreonline.com/HRE/view/story.jhtml?id=534357257.

17. T. Kato, "Work and Family Practices in Japanese Firms: Their Scope, Nature, and Impact on Employee Turnover," *International Journal of Human Resource Management* 20, no. 2 (2009): 439–56; and P. Mourdoukoutas, "Why Do Women Fare Better in the German World of Work Than in the US?" *Forbes,* March 25, 2013, www.forbes.com/sites/panosmourdoukoutas/2013/03/25/why-do-women-fare-better-in-the-german-world-of-work-than-in-the-us/.

18. R. Waring, "Sunday Dialogue: Flexible Work Hours," *The New York Times,* January 19, 2013, www.nytimes.com.

19. B. Y. Lee and S. E. DeVoe, "Flextime and Profitability," *Industrial Relations* 51, no. 2 (2012): 298–316.

20. See, for example, K. M. Shockley and T. D. Allen, "When Flexibility Helps: Another Look at the Availability of Flexible Work Arrangements and Work–Family Conflict," *Journal of Vocational Behavior* 71, no. 3 (2007): 479–93; J. G. Grzywacz, D. S. Carlson, and S. Shulkin, "Schedule Flexibility and Stress: Linking Formal Flexible Arrangements and Perceived Flexibility to Employee Health," *Community, Work, and Family* 11, no. 2 (2008): 199–214; and L. A. McNall, A. D. Masuda, and J. M. Nicklin "Flexible Work Arrangements, Job Satisfaction, and Turnover Intentions: The Mediating Role of Work-to-Family Enrichment," 144, no. 1 (2010): 61–81.

21. K. M. Shockley and T. D. Allen, "Investigating the Missing Link in Flexible Work Arrangement Utilization: An Individual Difference Perspective," *Journal of Vocational Behavior* 76, no. 1 (2010): 131–42.

22. D. Eldridge and T. M. Nisar, "Employee and Organizational Impacts of Flextime Work Arrangements," *Industrial Relations* 66, no. 2 (2011): 213–34.

23. J. LaReau, "Ford's 2 Julies Share Devotion—And Job," *Automotive News,* October 25, 2010, 4.

24. S. Adams, "Workers Have More Flextime, Less Real Flexibility, Study Shows," *Forbes,* May 2, 2014, http://www.forbes.com/sites/susanadams/2014/05/02/workers-have-more-flextime-less-real-flexibility-study-shows/.

25. C. B. Mulligan, "What Job Sharing Brings," *Forbes,* May 8, 2013, http://economix.blogs.nytimes.com/2013/05/08/what-job-sharing-brings/; and "ObamaCare Employer Mandate," *ObamacareFacts.com,*" http://obamacarefacts.com/obamacare-employer-mandate/.

26. L. Woellert, "U.S. Work Share Program Helps Employers Avoid Layoffs," *Bloomberg Businessweek,* January 24, 2013, www.businessweek.com/articles/2013-01-24/u-s-dot-work-share-program-helps-employers-avoid-layoffs.

27. P. R. Gregory, "Why Obama Cannot Match Germany's Jobs Miracle," *Forbes,* May 5, 2013, www.forbes.com/sites/paulroderickgregory/2013/05/05/why-obama-cannot-match-germanys-jobs-miracle/.

28. See, for example, E. J. Hill, M. Ferris, and V. Martinson, "Does It Matter Where You Work? A Comparison of How Three Work Venues (Traditional Office, Virtual Office, and Home Office) Influence Aspects of Work and Personal/Family Life," *Journal of Vocational Behavior* 63, no. 2 (2003): 220–41; B. Williamson, "Managing Virtual Workers," *Bloomberg Businessweek,* July 16, 2009, http://www.bloomberg.com/news/articles/2009-07-15/managing-virtual-workers; and B. A. Lautsch and E. E. Kossek, "Managing a Blended Workforce: Telecommuters and Non-Telecommuters," *Organizational Dynamics* 40, no. 1 (2010): 10–17.

29. S. Raghuram and D. Fang, "Telecommuting and the Role of Supervisory Power in China," *Asia Pacific Journal of Management* 31, no. 2 (2014): 523–47.

30. D. Wilkie, "Has the Telecommuting Bubble Burst?" *HR Magazine,* June 1, 2015, https://www.shrm.org/hr-today/news/hr-magazine/pages/june-2015.aspx.

31. B. W. Reynolds, "100 Top Companies with Remote Jobs in 2015," *Flexjobs,* January 20, 2015, http://www.flexjobs.com/blog/post/100-top-companies-with-remote-jobs-in-2015.

32. S. Florentine, "10 Most Telecommuting-Friendly Tech Companies," *CIO,* January 15, 2014, http://www.cio.com/article/2369810/telecommuting/136064-10-Most-Telecommuting-Friendly-Tech-Companies.html#slide11.

33. See, for instance, M. Conlin, "The Easiest Commute of All," *BusinessWeek,* December 12, 2005: 78; and E. O'Keefe, "Teleworking Grows But Still a Rarity," *The Washington Post,* February 22, 2011, B3.

34. See, for example, P. Brotherton, "For Teleworkers, Less Is Definitely More," *TD* 65, March, 19, 2011: 29; and M. Virick, N. DaSilva, and K. Arrington, "Moderators of the Curvilinear Relation between Extent of Telecommuting and Job and Life Satisfaction: The Role of Performance Outcome Orientation and Worker Type," *Human Relations* 63, no. 1 (2010): 137–54.

35. M. C. Noonan and J. L. Glass, "The Hard Truth about Telecommuting," *Monthly Labor Review* 135, no. 6 (2012): 38–45.

36. J. Welch and S. Welch, "The Importance of Being There," *BusinessWeek,* April 16, 2007, 92; and Z. I. Barsness, K. A. Diekmann, and M. L. Seidel, "Motivation and Opportunity: The Role of Remote Work, Demographic Dissimilarity, and Social Network Centrality in Impression Management," *Academy of Management Journal* 48, no. 3 (2005): 401–19.

37. P. Zhu and S. G. Mason, "The Impact of Telecommuting on Personal Vehicle Usage and Environmental Sustainability," *International Journal of Environmental Science and Technology* 11, no. 8 (2014): 2185–200.

38. M. Marchington, "Analysing the Forces Shaping Employee Involvement and Participation (EIP) at Organisation Level in Liberal Market Economies (LMEs)," *Human Resource Management Journal* 25, no. 1 (2015): 1–18.

39. See, for example, the literature on empowerment, such as S. E. Seibert, S. R. Silver, and W. A. Randolph, "Taking Empowerment to the Next Level: A Multiple-Level Model of Empowerment, Performance, and Satisfaction," *Academy of Management Journal* 47, no. 3 (2004): 332–49; M. M. Butts, R. J. Vandenberg, D. M. DeJoy, B. S. Schaffer, and M. G. Wilson, "Individual Reactions to High Involvement Work Processes: Investigating the Role of Empowerment and Perceived Organizational Support," *Journal of Occupational Health Psychology* 14, no. 2 (2009): 122–36; R. Park, E. Applebaum, and D. Kruse, "Employee Involvement and Group Incentives in Manufacturing Companies: A Multi-Level Analysis," *Human Resource Management Journal* 20, no. 3 (2010): 227–43; D. C. Jones, P. Kalmi, and A. Kauhanen, "How Does Employee Involvement Stack Up? The Effects of Human Resource Management Policies in a Retail Firm," *Industrial Relations* 49, no. 1 (2010): 1–21; and M. T. Maynard, L. L. Gilson, and J. E. Mathieu, "Empowerment—Fad or Fab? A Multilevel Review of the Past Two Decades of Research," *Journal of Management* 38, no. 4 (2012): 1231–81.

40. See, for instance, A. Sagie and Z. Aycan, "A Cross-Cultural Analysis of Participative Decision-Making in Organizations," *Human Relations* 56, no. 4 (2003): 453–73; and J. Brockner, "Unpacking Country Effects: On the Need to Operationalize the Psychological Determinants of Cross-National Differences," in *Research in Organizational Behavior,* vol. 25, eds. R. M. Kramer and B. M. Staw (Oxford, UK: Elsevier, 2003), 336–40.

41. Z. X. Chen and S. Aryee, "Delegation and Employee Work Outcomes: An Examination of the Cultural Context of Mediating Processes in China," *Academy of Management Journal* 50, no. 1 (2007): 226–38.

42. G. Huang, X. Niu, C. Lee, and S. J. Ashford, "Differentiating Cognitive and Affective Job Insecurity: Antecedents and Outcomes," *Journal of Organizational Behavior* 33, no. 6 (2012): 752–69.

43. Z. Cheng, "The Effects of Employee Involvement and Participation on Subjective Wellbeing: Evidence from Urban China," *Social Indicators Research* 118, no. 2 (2014): 457–83.

44. M. Marchington, "Analysing the Forces Shaping Employee Involvement and Participation (EIP) at Organisation Level in Liberal Market Economies (LMEs)."

45. J. J. Caughron and M. D. Mumford, "Embedded Leadership: How Do a Leader's Superiors Impact Middle-Management Performance?" *Leadership Quarterly* 23, no. 3 June 2012: 342–53.

46. See, for instance, A. Pendleton and A. Robinson, "Employee Stock Ownership, Involvement, and Productivity: An Interaction-Based Approach," *Industrial and Labor Relations Review* 64, no. 1 (2010): 3–29.

47. D. K. Datta, J. P. Guthrie, and P. M. Wright, "Human Resource Management and Labor Productivity: Does Industry Matter?" *Academy of Management Journal* 48, no. 1 (2005): 135–45; C. M. Riordan, R. J. Vandenberg, and H. A. Richardson, "Employee Involvement Climate and Organizational Effectiveness." *Human Resource Management* 44, no. 4 (2005): 471–88; and J. Kim, J. P. MacDuffie, and F. K. Pil, "Employee Voice and Organizational Performance: Team versus Representative Influence," *Human Relations* 63, no. 3 (2010): 371–94.

48. M. Marchington, "Analysing the Forces Shaping Employee Involvement and Participation (EIP) at Organisation Level in Liberal Market Economies (LMEs)."

49. E. White, "Opportunity Knocks, and It Pays a Lot Better," *The Wall Street Journal,* November 13, 2006, B3.

50. M. Sabramony, N. Krause, J. Norton, and G. N. Burns "The Relationship between Human Resource Investments and Organizational Performance: A Firm-Level Examination of Equilibrium Theory," *Journal of Applied Psychology* 93, no. 4 (2008): 778–88.

51. C. Isidore, "Walmart Ups Pay Well above Minimum Wage," CNN Money, February 19, 2015, http://money.cnn.com/2015/02/19/news/companies/walmart-wages/.

52. See, for example, M. Damiani and A. Ricci, "Managers' Education and the Choice of Different Variable Pay Schemes: Evidence from Italian Firms," *European Management Journal* 32, no. 6 (2014): 891–902; and J. S. Heywood and U. Jirjahn, "Variable Pay, Industrial Relations and Foreign Ownership: Evidence from Germany," *British Journal of Industrial Relations* 52, no. 3 (2014): 521–52.

53. S. Miller, "Variable Pay Spending Spikes to Record High," *Society for Human Resource Management: Compensation Topics & Strategy,* September 2, 2014, http://www.shrm.org/hrdisciplines/compensation/articles/pages/variable-pay-high.aspx.

54. S. Miller, "Companies Worldwide Rewarding Performance with Variable Pay," *Society for Human Resource Management: Compensation Topics & Strategy,* March 1, 2010, https://

www.shrm.org/resourcesandtools/hr-topics/compensation/pages/variableworld.aspx.

55. S. Miller, "Asian Firms Offer More Variable Pay Than Western Firms," *Society for Human Resource Management: Compensation Topics & Strategy,* March 28, 2012, https://www.shrm.org/resourcesandtools/hr-topics/compensation/pages/asianvariablepay.aspx.

56. H. Kim, K. L. Sutton, and Y. Gong, "Group-Based Pay-for-Performance Plans and Firm Performance: The Moderating Role of Empowerment Practices," *Asia Pacific Journal of Management* 30, no. 1 2013: 31–52.

57. J. Cloutier, D. Morin, and S. Renaud, "How Does Variable Pay Relate to Pay Satisfaction among Canadian Workers?" *International Journal of Manpower* 34, no. 5 (2013): 465–85.

58. E. Belogolovsky and P. A. Bamberger, "Signaling in Secret: Pay for Performance and the Incentive and Sorting Effects of Pay Secrecy," *Academy of Management Journal* 57, no. 6 (2014): 1706–33.

59. Ibid.

60. C. B. Cadsby, F. Song, and F. Tapon, "Sorting and Incentive Effects of Pay for Performance: An Experimental Investigation," *Academy of Management Journal* 50, no. 2 (2007): 387–405.

61. J. H. Han, K. M. Barol, and S. Kim, "Tightening Up the Performance-Pay Linkage: Roles of Contingent Reward Leadership and Profit-Sharing in the Cross-Level Influence of Individual Pay-for-Performance," *Journal of Applied Psychology* 100, no. 2 (2015): 417–30.

62. K. A. Bender, C. P. Green, and J. S. Heywood, "Piece Rates and Workplace Injury: Does Survey Evidence Support Adam Smith?" *Journal of Population Economics* 25, no. 2 (2012): 569–90.

63. J. S. Heywood, X. Wei, and G. Ye, "Piece Rates for Professors," *Economics Letters* 113, no. 3 (2011): 285–87.

64. A. Baker and V. Mertins, "Risk-Sorting and Preference for Team Piece Rates," *Journal of Economic Psychology* 34 (2013): 285–300.

65. A. Clemens, "Pace of Work and Piece Rates," *Economics Letters* 115, no. 3 (2012): 477–79.

66. K. A. Bender, C. P. Green, and J. S. Heywood, "Piece Rates and Workplace Injury: Does Survey Evidence Support Adam Smith?"

67. S. L. Rynes, B. Gerhart, and L. Parks, "Personnel Psychology: Performance Evaluation and Pay for Performance," *Annual Review of Psychology* 56, no. 1 (2005): 571–600.

68. "Paying Doctors for Performance," *The New York Times,* January 27, 2013, A16.

69. S. Halzack, "Companies Look to Bonuses Instead of Salary Increases in an Uncertain Economy," *The Washington Post,* November 6, 2012, https://www.washingtonpost.com/business/economy/companies-look-to-bonuses-instead-of-salary-increases-in-an-uncertain-economy/2012/11/06/52a7ec12-2751-11e2-9972-71bf64ea091c_story.html.

70. E. J. Castillo, "Gender, Race, and the New (Merit-Based) Employment Relationship," *Industrial Relations* 51, no. S1 (2012): 528–62.

71. P. Furman, "Ouch! Top Honchos on Wall Street See Biggest Cuts to Bonuses," *New York Daily News,* February 18, 2013, http://www.nydailynews.com/new-york/ouch-top-honchos-wall-street-biggest-cuts-bonuses-article-1.1267228.

72. N. Chun and S. Lee, "Bonus Compensation and Productivity: Evidence from Indian Manufacturing Plant-Level Data," *Journal of Productivity Analysis* 43, no. 1 (2015): 47–58.

73. E. White, "Employers Increasingly Favor Bonuses to Raises," *The Wall Street Journal,* August 28, 2006, B3.

74. B. Goyette "Mark Zuckerberg Reaped $2.3 Billion on Facebook Stock Options," *The Huffington Post,* April 26, 2013, http://www.huffingtonpost.com/2013/04/26/zuckerberg-stock-options_n_3166661.html?utm_hp_ref=business.

75. D. D'Art and T. Turner, "Profit Sharing, Firm Performance, and Union Influence in Selected European Countries," *Personnel Review* 33, no. 3 (2004): 335–50; and D. Kruse, R. Freeman, and J. Blasi, *Shared Capitalism at Work: Employee Ownership, Profit and Gain Sharing, and Broad-Based Stock Options* (Chicago: University of Chicago Press, 2010).

76. A. Bayo-Moriones and M. Larraza-Kintana, "Profit-Sharing Plans and Affective Commitment: Does the Context Matter?" *Human Resource Management* 48, no. 2 (2009): 207–26.

77. N. Chi and T. Han, "Exploring the Linkages between Formal Ownership and Psychological Ownership for the Organization: The Mediating Role of Organizational Justice," *Journal of Occupational and Organizational Psychology* 81, no. 4 (2008): 691–711.

78. J. H. Han, K. M. Barol, and S. Kim, "Tightening Up the Performance-Pay Linkage: Roles of Contingent Reward Leadership and Profit-Sharing in the Cross-Level Influence of Individual Pay-for-Performance."

79. R. P. Garrett, "Does Employee Ownership Increase Innovation?" *New England Journal of Entrepreneurship* 13, no. 2, (2010): 37–46.

80. D. McCarthy, E. Reeves, and T. Turner, "Can Employee Share-Ownership Improve Employee Attitudes and Behaviour?" *Employee Relations* 32, no. 4 (2010): 382–95.

81. A. Pendleton, "Shared Capitalism at Work: Employee Ownership, Profit and Gain Sharing, and Broad-Based Stock Options," *Industrial and Labor Relations Review* 64, no. 3 (2011): 621–22.

82. A. Pendleton and A. Robinson, "Employee Stock Ownership, Involvement, and Productivity: An Interaction-Based Approach," *Industrial and Labor Relations Review* 64, no. 1 (2010): 3–29.

83. X. Zhang, K. M. Bartol, K. G. Smith, M. D. Pfarrer, and D. M. Khanin, "CEOs on the Edge: Earnings Manipulation and Stock-Based Incentive Misalignment," *Academy of Management Journal* 51, no. 2 (2008): 241–58.

84. Z. Lin, J. Kelly, and L. Trenberth, "Antecedents and Consequences of the Introduction of Flexible Benefit Plans in China," *International Journal of Human Resource Management* vol. 22, no. 5 (2011): 1128–45.

85. Ibid.

86. R. C. Koo, "Global Added Value of Flexible Benefits," *Benefits Quarterly* 27, no. 4 (2011): 17–20.

87. P. Stephens, "Flex Plans Gain in Popularity," *CA Magazine,* January/February 2010, 10.

88. D. Lovewell, "Flexible Benefits: Benefits on Offer," *Employee Benefits,* March 2010, S15.

89. S. J. Peterson and F. Luthans, "The Impact of Financial and Nonfinancial Incentives on Business Unit Outcomes over Time," *Journal of Applied Psychology* 91, no. 1 (2006): 156–65.

90. C. Xu and C. Liang, "The Mechanisms Underlying an Employee Recognition Program," in *Proceedings of the International Conference on Public Human Resource Management and Innovation*, eds. L. Hale and J. Zhang (2013), 28–35.

91. See F. Luthans and A. D. Stajkovic, "Provide Recognition for Performance Improvement," in *Handbook of Principles of Organizational Behavior*, ed. E. A. Locke (Malden, MA: Blackwell, 2004): 166–80.

제9장

1. E. J. Boothby, M. S. Clark, and J. A. Bargh, "Shared Experiences Are Amplified," *Psychological Science* 25, no. 12 (2014): 2209–16.

2. B. Bastien, J. Jetten, and L. J. Ferris, "Pain as Social Glue: Shared Pain Increases Cooperation," *Psychological Science* 25, no. 11 (2014): 2079–85.

3. O. Yakushko, M. M. Davidson, and E. N. Williams, "Identity Salience Model: A Paradigm for Integrating Multiple Identities in Clinical Practice," *Psychotherapy* 46, no. 2 (2009): 180–92; and S. M. Toh and A. S. Denisi, "Host Country Nationals as Socializing Agents: A Social Identity Approach," *Journal of Organizational Behavior* 28, no. 3 (2007): 281–301.

4. N. Karelaia and L. Guillén, "Me, a Woman and a Leader: Positive Social Identity and Identity Conflict," *Organizational Behavior and Human Decision Processes* 125, no. 2 (2014): 204–19.

5. S. Zhang, G. Chen, X.-P. Chen, D. Liu, and M. D. Johnson, "Relational versus Collective Identification within Workgroups: Conceptualization, Measurement Development, and Nomological Network Building," *Journal of Management* 40, no. 6 (2014): 1700–31.

6. G. J. Lewis and T. C. Bates, "Common Heritable Effects Underpin Concerns over Norm Maintenance and In-Group Favoritism: Evidence from Genetic Analyses of Right-Wing Authoritarianism and Traditionalism," *Journal of Personality* 82, no. 4 (2014): 297–309.

7. S. L. Neuberg et al., "Religion and Intergroup Conflict: Findings from the Global Group Relations Project," *Psychological Science* 25, no. 1 (2014): 198–206.

8. W. M. L. Finlay, "Denunciation and the construction of Norms in Group Conflict: Examples from an Al-Qaeda-Supporting Group," *British Journal of Social Psychology* 53, no. 4 (2014): 691–710.

9. M. J. Garfield and A. R. Denis, "Toward an Integrated Model of Group Development: Disruption of Routines by Technology-Induced Change," *Journal of Management Information Systems* 29, no. 3 (2012): 43–86; and A. Chang, P. Bordia, and J. Duck, "Punctuated Equilibrium and Linear Progression: Toward a New Understanding of Group Development," *Academy of Management Journal* 46, no. 1 (2003): 106–17.

10. M. M. Kazmer, "Disengaging from a Distributed Research Project: Refining a Model of Group Departures," *Journal of the American Society for Information Science and Technology* 61, no. 4 (2010): 758–71.

11. William Shakespeare. As You Like It. First Folio 1623

12. K. Giese and A. Theil, "The Psychological Contract in Chinese–African Informal Labor Relations," *International Journal of Human Resource Management* 26, no. 14 (2015): 1807–26; L. Sels, M. Janssens, and I. Van den Brande, "Assessing the Nature of Psychological Contracts: A Validation of Six Dimensions," *Journal of Organizational Behavior* 25, no. 4 (2004): 461–88; and C. Gui, C. Lee, and D. M. Rousseau, "Psychological Contract and Organizational Generalizability and Instrumentality," *Journal of Applied Psychology* 89, no. 2 (2004): 311–21.

13. M. D. Collins, "The Effect of Psychological Contract Fulfillment on Manager Turnover Intentions and Its Role as a Mediator in a Casual, Limited-Service Restaurant Environment," *International Journal of Hospitality Management* 29, no. 4 (2010): 736–42; J. M. Jensen, R. A. Opland, and A. M. Ryan, "Psychological Contracts and Counterproductive Work Behaviors: Employee Responses to Transactional and Relational Breach," *Journal of Business and Psychology* 25, no. 4 (2010): 555–68.

14. K. S. Wilson and H. M. Baumann, "Capturing a More Complete View of Employees' Lives outside of Work: The Introduction and Development of New Interrole Conflict Constructs," *Personnel Psychology* 68, no. 2 (2015): 235–82.

15. Ibid

16. See, for example, F. T. Amstad, L. L. Meier, U. Fasel, A. Elfering, and N. K. Semmer, "A Meta-Analysis of Work-Family Conflict and Various Outcomes with a Special Emphasis on Cross-Domain versus Matching-Domain Relations," *Journal of Occupational Health Psychology* 16, no. 2 (2011): 151–69.

17. Y. Huang, K. M. Kendrick, and R. Yu, "Conformity to the Opinions of Other People Lasts for No More Than 3 Days," *Psychological Science* 25, no. 7 (2014): 1388–93.

18. M. S. Hagger, P. Rentzelas, and N. K. D. Chatzisrantis, "Effects of Individualist and Collectivist Group Norms and Choice on Intrinsic Motivation," *Motivation and Emotion* 38, no. 2 (2014): 215–23; and M. G. Ehrhart and S. E. Naumann, "Organizational Citizenship Behavior in Work Groups: A Group Norms Approach," *Journal of Applied Psychology* 89, no. 6 (2004): 960–74.

19. E. Delvaux, N. Vanbeselaere, and B. Mesquita, "Dynamic Interplay between Norms and Experiences of Anger and Gratitude in Groups," *Small Group Research* 46, no. 3 (2015): 300–23.

20. R. B. Cialdini and N. J. Goldstein, "Social Influence: Compliance and Conformity," *Annual Review of Psychology* 55 (2004): 591–621.

21. P. Kundu and D. D. Cummins, "Morality and Conformity: The Asch Paradigm Applied to Moral Decisions," *Social Influence* 8, no. 4 (2013): 268–79.

22. S. Sansfacon and C. E. Amiot, "The Impact of Group Norms and Behavioral Congruence on the Internalization of an Illegal Downloading Behavior," *Group Dynamics: Theory Research and Practice* 18, no. 2 (2014): 174–88; and L. Rosh, L. R. Offermann, and R. Van Diest, "Too Close for Comfort? Distinguishing between Team Intimacy and Team Cohesion," *Human Resource Management Review* 22, no. 2 (2012): 116–27.

23. J. S. Hassard, "Rethinking the Hawthorne Studies: The Western Electric Research in Its Social, Political, and Historical Context," *Human Relations* 65, no. 11 (2012): 1431–61.

24. J. A. Goncalo, J. A. Chatman, M. M. Duguid, and J. A. Kennedy, "Creativity from Constraint? How the Political Correctness Norm Influences Creativity in Mixed-Sex Work

Groups," *Administrative Science Quarterly* 60, no. 1 (2015): 1–30.

25. E. Gonzalez-Mule, D. S. DeGeest, B. W. McCormick, J. Y. Seong, and K. G. Brown, "Can We Get Some Cooperation around Here? The Mediating Role of Group Norms on the Relationship between Team Personality and Individual Helping Behaviors," *Journal of Applied Psychology* 99, no. 5 (2014): 988–99.

26. T. Masson and I. Fritsche, "Adherence to Climate Change-Related Ingroup Norms: Do Dimensions of Group Identification Matter?" *European Journal of Social Psychology* 44, no. 5 (2014): 455–65.

27. See R. J. Bennett and S. L. Robinson, "The Past, Present, and Future of Workplace Deviance," in *Organizational Behavior: The State of the Science*, 2nd ed., ed. J. Greenberg (Mahwah, NJ: Erlbaum, 2003), 237–71; and C. M. Berry, D. S. Ones, and P. R. Sackett, "Interpersonal Deviance, Organizational Deviance, and Their Common Correlates: A Review and Meta-Analysis," *Journal of Applied Psychology* 92, no. 2 (2007): 410–24.

28. M. A. Baysinger, K. T. Scherer, and J. M. LeBreton, "Exploring the Disruptive Effects of Psychopathy and Aggression on Group Processes and Group Effectiveness," *Journal of Applied Psychology* 99, no. 1 (2014): 48–65.

29. T. C. Reich and M. S. Hershcovis, "Observing Workplace Incivility," *Journal of Applied Psychology* 100, no. 1 (2015): 203–15; and Z. E. Zhou, Y. Yan, X. X. Che, and L. L. Meier, "Effect of Workplace Incivility on End-of-Work Negative Affect: Examining Individual and Organizational Moderators in a Daily Diary Study," *Journal of Occupational Health Psychology* 20, no. 1 (2015): 117–30.

30. See C. Pearson, L. M. Andersson, and C. L. Porath, "Workplace Incivility," in *Counterproductive Work Behavior: Investigations of Actors and Targets*, eds. S. Fox and P. E. Spector (Washington, DC: American Psychological Association, 2005), 177–200.

31. S. Lim, L. M. Cortina, and V. J. Magley, "Personal and Workgroup Incivility: Impact on Work and Health Outcomes," *Journal of Applied Psychology* 93, no. 1 (2008): 95–107.

32. M. S. Christian and A. P. J. Ellis, "Examining the Effects of Sleep Deprivation on Workplace Deviance: A Self-Regulatory Perspective," *Academy of Management Journal* 54, no. 5 (2011): 913–34.

33. M. S. Hagger, P. Rentzelas, and N. K. D. Chatzisrantis, "Effects of Individualist and Collectivist Group Norms and Choice on Intrinsic Motivation."

34. J. Dippong and W. Kalkhoff, "Predicting Performance Expectations from Affective Impressions: Linking Affect Control Theory and Status Characteristics Theory," *Social Science Research* 50 (2015): 1–14; and A. E. Randel, L. Chay-Hoon, and P. C. Earley, "It's Not Just about Differences: An Integration of Role Identity Theory and Status Characteristics Theory," in *Research on Managing Groups and Teams*, ed. M. C. T. Hunt (2005), 23–42.

35. A. E. Randel, L. Chay-Hoon, and P. C. Earley, "It's Not Just about Differences: An Integration of Role Identity Theory and Status Characteristics Theory."

36. P. F. Hewlin, "Wearing the Cloak: Antecedents and Consequences of Creating Facades of Conformity," *Journal of Applied Psychology* 94, no. 3 (2009): 727–41.

37. B. Groysberg, J. T. Polzer, and H. A. Elfenbein, "Too Many Cooks Spoil the Broth: How High-Status Individuals Decrease Group Effectiveness."

38. C. Bendersky and N. P. Shah, "The Cost of Status Enhancement: Performance Effects of Individuals' Status Mobility in Task Groups," *Organization Science* 23, no. 2 (2012): 308–22.

39. B. Groysberg, J. T. Polzer, and H. A. Elfenbein, "Too Many Cooks Spoil the Broth: How High-Status Individuals Decrease Group Effectiveness."

40. A. M. Christie and J. Barling, "Beyond Status: Relating Status Inequality to Performance and Health in Teams," *Journal of Applied Psychology* 95, no. 5 (2010): 920–34; and L. H. Nishii and D. M. Mayer, "Do Inclusive Leaders Help to Reduce Turnover in Diverse Groups? The Moderating Role of Leader–Member Exchange in the Diversity to Turnover Relationship," *Journal of Applied Psychology* 94, no. 6 (2009): 1412–26.

41. M. Cikara and J. J. Van Bavel, "The Neuroscience of Intergroup Relations: An Integrative Review," *Perspectives on Psychological Science* 9, no. 3 (2014): 245–74.

42. M. Rubin, C. Badea, and J. Jetten, "Low Status Groups Show In-Group Favoritism to Compensate for Their Low Status and Compete for Higher Status," *Group Processes & Intergroup Relations* 17, no. 5 (2014): 563–76.

43. C. L. Wilkins, J. D. Wellman, L. G. Babbitt, N. R. Toosi, and K. D. Schad, "You Can Win But I Can't Lose: Bias against High-Status Groups Increases Their Zero-Sum Beliefs about Discrimination," *Journal of Experimental Social Psychology* 57 (2014): 1–14.

44. R. B. Lount Jr. and S. L. Wilk, "Working Harder or Hardly Working? Posting Performance Eliminates Social Loafing and Promotes Social Laboring in Workgroups," *Management Science* 60, no. 5 (2014): 1098–106; S. M. Murphy, S. J. Wayne, R. C. Liden, and B. Erdogan, "Understanding Social Loafing: The Role of Justice Perceptions and Exchange Relationships," *Human Relations* 56, no. 1 (2003): 61–84; and R. C. Liden, S. J. Wayne, R. A. Jaworski, and N. Bennett, "Social Loafing: A Field Investigation," *Journal of Management* 30, no. 2 (2004): 285–304.

45. C. Rubino, D. R. Avery, S. D. Volpone, and L. Ford, "Does Teaming Obscure Low Performance? Exploring the Temporal Effects of Team Performance Diversity," *Human Performance* 27, no. 5 (2014): 416–34.

46. D. L. Smrt and S. J. Karau, "Protestant Work Ethic Moderates Social Loafing," *Group Dynamics: Theory Research and Practice* 15, no. 3 (2011): 267–74.

47. M. C. Schippers, "Social Loafing Tendencies and Team Performance: The Compensating Effect of Agreeableness and Conscientiousness," *Academy of Management Learning & Education* 13, no. 1 (2014): 62–81.

48. A. Gunnthorsdottir and A. Rapoport, "Embedding Social Dilemmas in Intergroup Competition Reduces Free-Riding," *Organizational Behavior and Human Decision Processes* 101, no. 2 (2006): 184–99; and E. M. Stark, J. D. Shaw, and M. K. Duffy, "Preference for Group Work, Winning Orientation, and Social Loafing Behavior in Groups," *Group & Organization Management* 32, no. 6 (2007): 699–723.

49. R. B. Lount Jr. and S. L. Wilk, "Working Harder or Hardly Working? Posting Performance Eliminates Social Loafing and Promotes Social Laboring in Workgroups."

50. A. Gunnthorsdottir and A. Rapoport, "Embedding Social Dilemmas in Intergroup Competition Reduces Free-Riding;" and E. M. Stark, J. D. Shaw, and M. K. Duffy, "Preference for Group Work, Winning Orientation, and Social Loafing Behavior in Groups."

51. L. L. Greer, "Group Cohesion: Then and Now," *Small Group Research* 43, no. 6 (2012): 655–61.

52. D. S. Staples and L. Zhao, "The Effects of Cultural Diversity in Virtual Teams Versus Face-to-Face Teams," *Group Decision and Negotiation* 15, no. 4 (2006): 389–406.

53. K. J. Klein, A. P. Knight, J. C. Ziegert, B. C. Lim, and J. L. Saltz, "When Team Members' Values Differ: The Moderating Role of Team Leadership," *Organizational Behavior and Human Decision Processes* 114, no. 1 (2011): 25–36; and G. Park and R. P. DeShon, "A Multilevel Model of Minority Opinion Expression and Team Decision-Making Effectiveness," *Journal of Applied Psychology* 95, no. 5 (2010): 824–33.

54. J. S. Chun and J. N. Choi, "Members' Needs, Intragroup Conflict, and Group Performance," *Journal of Applied Psychology* 99, no. 3 (2014): 437–50.

55. M. Rigoglioso, "Diverse Backgrounds and Personalities Can Strengthen Groups," Stanford Knowledgebase, August 15, 2006, https://www.gsb.stanford.edu/insights/diverse-backgrounds-personalities-can-strengthen-groups.

56. K. W. Phillips and D. L. Loyd, "When Surface and Deep-Level Diversity Collide: The Effects on Dissenting Group Members," *Organizational Behavior and Human Decision Processes* 99, no. 2 (2006): 143–60; and S. R. Sommers, "On Racial Diversity and Group Decision Making: Identifying Multiple Effects of Racial Composition on Jury Deliberations," *Journal of Personality and Social Psychology* 99, no. 4 (April 2006): 597–612.

57. J. S. Chun and J. N. Choi, "Members' Needs, Intragroup Conflict, and Group Performance."

58. E. Mannix and M. A. Neale, "What Differences Make a Difference? The Promise and Reality of Diverse Teams in Organizations," *Psychological Science in the Public Interest*, 6, no. 2 (2005): 31–55.

59. E. P. Apfelbaum, K. W. Phillips, and J. A. Richeson, "Rethinking the Baseline in Diversity Research: Should We Be Explaining the Effects of Homogeneity?" *Perspectives on Psychological Science* 9, no. 3 (2014): 235–44.

60. See M. B. Thatcher and P. C. Patel, "Group Faultlines: A Review, Integration, and Guide to Future Research," *Journal of Management* 38, no. 4 (2012): 969–1009.

61. K. Bezrukova, S. M. B. Thatcher, K. A. Jehn, and C. S. Spell, "The Effects of Alignments: Examining Group Faultlines, Organizational Cultures, and Performance," *Journal of Applied Psychology* 97, no. 1 (2012): 77–92.

62. R. Rico, M. Sanchez-Manzanares, M. Antino, and D. Lau, "Bridging Team Faultlines by Combining Task Role Assignment and Goal Structure Strategies," *Journal of Applied Psychology* 97, no. 2 (2012): 407–20.

63. J. S. Chun and J. N. Choi, "Members' Needs, Intragroup Conflict, and Group Performance."

64. B. L. Bonner, S. D. Sillito, and M. R. Baumann, "Collective Estimation: Accuracy, Expertise, and Extroversion as Sources of Intra-Group Influence," *Organizational Behavior and Human Decision Processes* 103, no. 1 (2007): 121–33.

65. J. E. Kammer, W. Gaissmaier, T. Reimer, and C. C. Schermuly, "The Adaptive Use of Recognition in Group Decision Making," *Cognitive Science* 38, no. 5 (2014): 911–42.

66. G. Park and R. P. DeShon, "A Multilevel Model of Minority Opinion Expression and Team Decision-Making Effectiveness," *Journal of Applied Psychology* 95, no. 5 (2010): 824–33.

67. R. Benabou, "Groupthink: Collective Delusions in Organizations and Markets," *Review of Economic Studies* 80 (2013): 429–62.

68. See S. Schultz-Hardt, F. C. Brodbeck, A. Mojzisch, R. Kerschreiter, and D. Frey, "Group Decision Making in Hidden Profile Situations: Dissent as a Facilitator for Decision Quality," *Journal of Personality and Social Psychology* 91, no. 6 (2006): 1080–93.

69. See I. Yaniv, "Group Diversity and Decision Quality: Amplification and Attenuation of the Framing Effect," *International Journal of Forecasting* 27, no. 1 (2011): 41–49.

70. M. P. Brady and S. Y. Wu, "The Aggregation of Preferences in Groups: Identity, Responsibility, and Polarization," *Journal of Economic Psychology* 31, no. 6 (2010): 950–63.

71. Z. Krizan and R. S. Baron, "Group Polarization and Choice-Dilemmas: How Important Is Self-Categorization?" *European Journal of Social Psychology* 37, no. 1 (2007): 191–201.

72. See R. P. McGlynn, D. McGurk, V. S. Effland, N. L. Johll, and D. J. Harding, "Brainstorming and Task Performance in Groups Constrained by Evidence," *Organizational Behavior and Human Decision Processes* 93, no. 1 (2004): 75–87; and R. C. Litchfield, "Brainstorming Reconsidered: A Goal-Based View," *Academy of Management Review* 33, no. 3 (2008): 649–68.

73. N. L. Kerr and R. S. Tindale, "Group Performance and Decision-Making," *Annual Review of Psychology* 55 (2004): 623–55.

74. C. Faure, "Beyond Brainstorming: Effects of Different Group Procedures on Selection of Ideas and Satisfaction with the Process," *Journal of Creative Behavior* 38, no. 1 (2004): 13–34.

75. P. L. Perrewé, K. L. Zellars, G. R. Ferris, A. M. Rossi, C. J. Kacmar, and D. A. Ralston, "Neutralizing Job Stressors: Political Skill as an Antidote to the Dysfunctional Consequences of Role Conflict," *Academy of Management Journal* 47, no. 1 (2004): 141–52.

제10장

1. R. Karlgaard, "Think (Really!) Small," *Forbes,* April 13, 2015, 32.

2. J. C. Gorman, "Team Coordination and Dynamics: Two Central Issues," *Current Directions in Psychological Science* 23, no. 5 (2014): 355–60.

3. Ibid.

4. J. Mathieu, M. T. Maynard, T. Rapp, and L. Gilson, "Team Effectiveness 1997–2007: A Review of Recent Advancements and a Glimpse into the Future," *Journal of Management* 34, no. 3 (2008): 410–76.

5. See, for example, S.-B. Yang and M. E. Guy, "The Effectiveness of Self-Managed Work Teams in Government Organizations," *Journal of Business and Psychology* 26, no. 4

(2011): 531–41; and G. S. Van der Vegt, S. Bunderson, and B. Kuipers, "Why Turnover Matters in Self-Managing Work Teams: Learning, Social Integration, and Task Flexibility," *Journal of Management* 36, no. 5 (2010): 1168–91.

6. G. L. Stewart, S. H. Courtright, and M. R. Barrick, "Peer-Based Control in Self-Managing Teams: Linking Rational and Normative Influence with Individual and Group Performance," *Journal of Applied Psychology* 97, no. 2 (2012): 435–47.

7. C. W. Langfred, "The Downside of Self-Management: A Longitudinal Study of the Effects of Conflict on Trust, Autonomy, and Task Interdependence in Self-Managing Teams," *Academy of Management Journal* 50, no. 4 (2007): 885–900.

8. B. H. Bradley, B. E. Postlethwaite, A. C. Klotz, M. R. Hamdani, and K. G. Brown, "Reaping the Benefits of Task Conflict in Teams: The Critical Role of Team Psychological Safety Climate," *Journal of Applied Psychology,* 97, no. 1 (2012): 151–58.

9. J. Devaro, "The Effects of Self-Managed and Closely Managed Teams on Labor Productivity and Product Quality: An Empirical Analysis of a Cross-Section of Establishments," *Industrial Relations* 47, no. 4 (2008): 659–98.

10. A. Shah, "Starbucks Strives for Instant Gratification with Via Launch," *PRWeek*, December 1, 2009, 15.

11. F. Aime, S. Humphrey, D. S. DeRue, and J. B. Paul, "The Riddle of Heterarchy: Power Transitions in Cross-Functional Teams," *Academy of Management Journal* 57, no. 2 (2014): 327–52.

12. See, for example, L. L. Martins, L. L. Gilson, and M. T. Maynard, "Virtual Teams: What Do We Know and Where Do We Go from Here?" *Journal of Management* 30, no. 6 (2004): 805–35; and B. Leonard, "Managing Virtual Teams," *HR Magazine,* June 2011, 39–42.

13. J. E. Hoch and S. W. J. Kozlowski, "Leading Virtual Teams: Hierarchical Leadership, Structural Supports, and Shared Team Leadership," *Journal of Applied Psychology* 99, no. 3 (2014): 390–403.

14. A. Malhotra, A. Majchrzak, and B. Rosen, "Leading Virtual Teams," *Academy of Management Perspectives* 21, no. 1 (2007): 60–70; and J. M. Wilson, S. S. Straus, and B. McEvily, "All in Due Time: The Development of Trust in Computer-Mediated and Face-to-Face Teams," *Organizational Behavior and Human Decision Processes* 19, no. 1 (2006): 16–33.

15. P. Balkundi and D. A. Harrison, "Ties, Leaders, and Time in Teams: Strong Inference about Network Structure's Effects on Team Viability and Performance," *Academy of Management Journal* 49, no. 1 (2006): 49–68; G. Chen, B. L. Kirkman, R. Kanfer, D. Allen, and B. Rosen, "A Multilevel Study of Leadership, Empowerment, and Performance in Teams," *Journal of Applied Psychology* 92, no. 2 (2007): 331–46; L. A. DeChurch and M. A. Marks, "Leadership in Multiteam Systems," *Journal of Applied Psychology* 91, no. 2 (2006): 311–29; A. Srivastava, K. M. Bartol, and E. A. Locke, "Empowering Leadership in Management Teams: Effects on Knowledge Sharing, Efficacy, and Performance," *Academy of Management Journal* 49, no. 6 (2006): 1239–51; and J. E. Mathieu, K. K. Gilson, and T. M. Ruddy, "Empowerment and Team Effectiveness: An Empirical Test of an Integrated

Model," *Journal of Applied Psychology* 91, no. 1 (2006): 97–108.

16. R. B. Davison, J. R. Hollenbeck, C. M. Barnes, D. J. Sleesman, and D. R. Ilgen, "Coordinated Action in Multiteam Systems," *Journal of Applied Psychology* 97, no. 4 (2012): 808–24.

17. M. M. Luciano, J. E. Mathieu, and T. M. Ruddy, "Leading Multiple Teams: Average and Relative External Leadership Influences on Team Empowerment and Effectiveness," *Journal of Applied Psychology* 99, no. 2 (2014): 322–31.

18. R. Greenwald, "Freelancing Alone—But Together," *The Wall Street Journal,* February 3, 2014, R5.

19. V. Gonzalez-Roma and A. Hernandez, "Climate Uniformity: Its Influence on Team Communication Quality, Task Conflict, and Team Performance," *Journal of Applied Psychology* 99, no. 6 (2014): 1042–58; and C. F. Peralta, P. N. Lopes, L. L. Gilson, P. R. Lourenco, and L. Pais, "Innovation Processes and Team Effectiveness: The Role of Goal Clarity and Commitment, and Team Affective Tone," *Journal of Occupational and Organizational Psychology* 88, no. 1 (2015): 80–107.

20. P. Balkundi and D. A. Harrison, "Ties, Leaders, and Time in Teams: Strong Inference about Network Structure's Effects on Team Viability and Performance," *Academy of Management Journal* 49, no. 1 (2006): 49–68; G. Chen, B. L. Kirkman, R. Kanfer, D. Allen, and B. Rosen, "A Multilevel Study of Leadership, Empowerment, and Performance in Teams," *Journal of Applied Psychology* 92, no. 2 (2007): 331–46; L. A. DeChurch and M. A. Marks, "Leadership in Multiteam Systems," *Journal of Applied Psychology* 91, no. 2 (2006): 311–29; A. Srivastava, K. M. Bartol, and E. A. Locke, "Empowering Leadership in Management Teams: Effects on Knowledge Sharing, Efficacy, and Performance," *Academy of Management Journal* 49, no. 6 (2006): 1239–51; and J. E. Mathieu, K. K. Gilson, and T. M. Ruddy, "Empowerment and Team Effectiveness: An Empirical Test of an Integrated Model," *Journal of Applied Psychology* 91, no. 1 (2006): 97–108.

21. J. Schaubroeck, S. S. K. Lam, and A. C. Peng, "Cognition-Based and Affect-Based Trust as Mediators of Leader Behavior Influences on Team Performance," *Journal of Applied Psychology* 96, no. 4, (2011).

22. B. A. De Jong and K. T. Dirks, "Beyond Shared Perceptions of Trust and Monitoring in Teams: Implications of Asymmetry and Dissensus," *Journal of Applied Psychology* 97, no. 2 (2012): 391–406.

23. G. Brown, C. Crossley, and S. L. Robinson, "Psychological Ownership, Territorial Behavior, and Being Perceived as a Team Contributor: The Critical Role of Trust in the Work Environment," *Personnel Psychology* 67, no. 2 (2014): 463–85.

24. See F. Aime, C. J. Meyer, and S. E. Humphrey, "Legitimacy of Team Rewards: Analyzing Legitimacy as a Condition for the Effectiveness of Team Incentive Designs," *Journal of Business Research* 63, no. 1 (2010): 60–66; P. A. Bamberger and R. Levi, "Team-Based Reward Allocation Structures and the Helping Behaviors of Outcome-Interdependent Team Members," *Journal of Managerial Psychology* 24, no. 4 (2009): 300–27; and M. J. Pearsall, M. S. Christian, and A. P. J. Ellis, "Motivating Interdependent Teams: Individual Rewards, Shared Rewards, or Something in Between?" *Journal of Applied Psychology* 95, no. 1 (2010): 183–91.

25. A. Bryant, "Taking Your Skills with You," *The New York Times*, May 31, 2015.

26. R. R. Hirschfeld, M. H. Jordan, H. S. Feild, W. F. Giles, and A. A. Armenakis, "Becoming Team Players: Team Members' Mastery of Teamwork Knowledge as a Predictor of Team Task Proficiency and Observed Teamwork Effectiveness," *Journal of Applied Psychology* 91, no. 2 (2006): 467–74; and K. R. Randall, C. J. Resick, and L. A. DeChurch, "Building Team Adaptive Capacity: The Roles of Sensegiving and Team Composition," *Journal of Applied Psychology* 96, no. 3 (2011): 525–40.

27. H. Moon, J. R. Hollenbeck, and S. E. Humphrey, "Asymmetric Adaptability: Dynamic Team Structures as One-Way Streets," *Academy of Management Journal* 47, no. 5 (2004): 681–95; A. P. J. Ellis, J. R. Hollenbeck, and D. R. Ilgen, "Team Learning: Collectively Connecting the Dots," *Journal of Applied Psychology* 88, no. 5 (2003): 821–35; C. L. Jackson and J. A. LePine, "Peer Responses to a Team's Weakest Link: A Test and Extension of LePine and Van Dyne's Model," *Journal of Applied Psychology* 88, no. 3 (2003): 459–75; and J. A. LePine, "Team Adaptation and Postchange Performance: Effects of Team Composition in Terms of Members' Cognitive Ability and Personality," *Journal of Applied Psychology* 88, no. 1 (2003): 27–39.

28. C. C. Cogliser, W. L. Gardner, M. B. Gavin, and J. C. Broberg, "Big Five Personality Factors and Leader Emergence in Virtual Teams: Relationships with Team Trustworthiness, Member Performance Contributions, and Team Performance," *Group & Organization Management* 37, no. 6 (2012): 752–84; and "Deep-Level Composition Variables as Predictors of Team Performance: A Meta-Analysis," *Journal of Applied Psychology* 92, no. 3 (2007): 595–615.

29. T. A. O'Neill and N. J. Allen, "Personality and the Prediction of Team Performance," *European Journal of Personality* 25, no. 1 (2011): 31–42.

30. S. E. Humphrey, J. R. Hollenbeck, C. J. Meyer, and D. R. Ilgen, "Personality Configurations in Self-Managed Teams: A Natural Experiment on the Effects of Maximizing and Minimizing Variance in Traits," *Journal of Applied Psychology* 41, no. 7 (2011): 1701–32.

31. A. P. J. Ellis, J. R. Hollenbeck, and D. R. Ilgen, "Team Learning: Collectively Connecting the Dots." C. O. L. H. Porter, J. R. Hollenbeck, and D. R. Ilgen, "Backing up Behaviors in Teams: The Role of Personality and Legitimacy of Need," *Journal of Applied Psychology* 88, no. 3 (2003): 391–403; and M. C. Schilpzand, D. M. Herold, and C. E. Shalley, "Members' Openness to Experience and Teams' Creative Performance," *Small Group Research* 42, no. 1 (2011): 55–76.

32. B. H. Bradley, B. E. Postlewaite, and K. G. Brown, "Ready to Rumble: How Team Personality Composition and Task Conflict Interact to Improve Performance," *Journal of Applied Psychology* 98, no. 2 (2013): 385–92.

33. E. Gonzalez-Mule, D. S. DeGeest, B. W. McCormick, J. Y. Seong, and K. G. Brown, "Can We Get Some Cooperation around Here? The Mediating Role of Group Norms on the Relationship between Team Personality and Individual Helping Behaviors," *Journal of Applied Psychology* 99, no. 5 (2014): 988–99.

34. S. E. Humphrey, F. P. Morgeson, and M. J. Mannor, "Developing a Theory of the Strategic Core of Teams: A Role Composition Model of Team Performance," *Journal of Applied Psychology* 94, no. 1 (2009): 48–61.

35. Ibid.

36. A. Joshi, "The Influence of Organizational Demography on the External Networking Behavior of Teams," *Academy of Management Review* 31, no. 3 (2006): 583–95.

37. A. Joshi and H. Roh, "The Role of Context in Work Team Diversity Research: A Meta-Analytic Review," *Academy of Management Journal* 52, no. 3 (2009): 599–627; S. K. Horwitz and I. B. Horwitz, "The Effects of Team Diversity on Team Outcomes: A Meta-Analytic Review of Team Demography," *Journal of Management* 33, no. 6 (2007): 987–1015; and S. T. Bell, A. J. Villado, M. A. Lukasik, L. Belau, and A. L. Briggs, "Getting Specific about Demographic Diversity Variable and Team Performance Relationships: A Meta-Analysis," *Journal of Management* 37, no. 3 (2011): 709–43.

38. S. Mohammed and L. C. Angell, "Surface- and Deep-Level Diversity in Workgroups: Examining the Moderating Effects of Team Orientation and Team Process on Relationship Conflict," *Journal of Organizational Behavior* 25, no. 8 (2004): 1015–39.

39. Y. F. Guillaume, D. van Knippenberg, and F. C. Brodebeck, "Nothing Succeeds Like Moderation: A Social Self-Regulation Perspective on Cultural Dissimilarity and Performance," *Academy of Management Journal* 57, no. 5 (2014): 1284–308.

40. D. Coutu, "Why Teams Don't Work," *Harvard Business Review*, May 2009, 99–105. The evidence in this section is described in L. L. Thompson, *Making the Team*, 5th ed. (New York, NY: Pearson, 2013), 65–67. See also R. C. Liden, S. J. Wayne, and R. A. Jaworski, "Social Loafing: A Field Investigation," *Journal of Management* 30, no. 2 (2004): 285–304.

41. R. Karlgaard, "Think (Really!) Small," Forbes, April 13, 2015, 32.

42. Ibid.

43. Ibid.

44. "Is Your Team Too Big? Too Small? What's the Right Number? *Knowledge@Wharton*, June 14, 2006, http://knowledge.wharton.upenn.edu/article/is-your-team-too-big-too-small-whats-the-right-number-2/; see also A. M. Carton and J. N. Cummings, "A Theory of Subgroups in Work Teams," *Academy of Management Review* 37, no. 3 (2012): 441–70.

45. S. A. Kiffin-Peterson and J. L. Cordery, "Trust, Individualism, and Job Characteristics of Employee Preference for Teamwork," *International Journal of Human Resource Management* 14, no. 1 (2003): 93–116.

46. J. A. LePine, R. F. Piccolo, C. L. Jackson, J. E. Mathieu, and J. R. Saul, "A Meta-Analysis of Teamwork Processes: Tests of a Multidimensional Model and Relationships with Team Effectiveness Criteria," *Personnel Psychology* 61, no. 2 (2008): 273–307.

47. J. F. Dovidio, "Bridging Intragroup Processes and Intergroup Relations: Needing the Twain to Meet," *British Journal of Social Psychology* 52, no. 1 (2013): 1–24; and J. Zhou, J. Dovidio, and E. Wang, "How Affectively-Based and Cognitively-Based Attitudes Drive Intergroup Behaviours: The Moderating Role of Affective-Cognitive Consistency," *Plos One* 8, no. 11 (2013): article e82150.

48. J. A. LePine, R. F. Piccolo, C. L. Jackson, J. E. Mathieu, and J. R. Saul, "A Meta-Analysis of Teamwork Processes: Tests

of a Multidimensional Model and Relationships with Team Effectiveness Criteria;" and J. E. Mathieu and T. L. Rapp, "Laying the Foundation for Successful Team Performance Trajectories: The Roles of Team Charters and Performance Strategies," *Journal of Applied Psychology* 94, no. 1 (2009): 90–103.

49. A. Gurtner, F. Tschan, N. K. Semmer, and C. Nagele, "Getting Groups to Develop Good Strategies: Effects of Reflexivity Interventions on Team Process, Team Performance, and Shared Mental Models," *Organizational Behavior and Human Decision Processes* 102, no. 2 (2007): 127–42; M. C. Schippers, D. N. Den Hartog, and P. L. Koopman, "Reflexivity in Teams: A Measure and Correlates," *Applied Psychology: An International Review* 56, no. 2 (2007): 189–211; and C. S. Burke, K. C. Stagl, E. Salas, L. Pierce, and D. Kendall, "Understanding Team Adaptation: A Conceptual Analysis and Model," *Journal of Applied Psychology* 91, no. 6 (2006): 1189–207.

50. A. N. Pieterse, D. van Knippenberg, and W. P. van Ginkel, "Diversity in Goal Orientation, Team Reflexivity, and Team Performance," *Organizational Behavior and Human Decision Processes* 114, no. 2 (2011): 153–64.

51. See R. P. DeShon, S. W. J. Kozlowski, A. M. Schmidt, K. R. Milner, and D. Wiechmann, "A Multiple-Goal, Multilevel Model of Feedback Effects on the Regulation of Individual and Team Performance," *Journal of Applied Psychology* 89, no. 6 (2004): 1035–56.

52. K. Tasa, S. Taggar, and G. H. Seijts, "The Development of Collective Efficacy in Teams: A Multilevel and Longitudinal Perspective," *Journal of Applied Psychology* 92, no. 1 (2007): 17–27; D. I. Jung and J. J. Sosik, "Group Potency and Collective Efficacy: Examining Their Predictive Validity, Level of Analysis, and Effects of Performance Feedback on Future Group Performance," *Group & Organization Management* 28, no. 3 (2003): 366–91; and R. R. Hirschfeld and J. B. Bernerth, "Mental Efficacy and Physical Efficacy at the Team Level: Inputs and Outcomes among Newly Formed Action Teams," *Journal of Applied Psychology* 93, no. 6 (2008): 1429–37.

53. A. W. Richter, G. Hirst, D. van Knippenberg, and M. Baer, "Creative Self-Efficacy and Individual Creativity in Team Contexts: Cross-Level Interactions with Team Informational Resources," *Journal of Applied Psychology* 97, no. 6 (2012): 1282–90.

54. N. Ellemers, E. Sleebos, D. Stam, and D. de Gilder, "Feeling Included and Valued: How Perceived Respect Affects Positive Team Identity and Willingness to Invest in the Team," *British Journal of Management* 24, no. 1 (2013): 21–37.

55. T. A. De Vries, F. Walter, G. S. Van derr Vegt, and P. J. M. D. Essens, "Antecedents of Individuals' Interteam Coordination: Broad Functional Experiences as a Mixed Blessing," *Academy of Management Journal* 57, no. 5 (2014): 1334–59.

56. S. Chang, L. Jia, R. Takeuchi, and Y. Cai, "Do High-Commitment Work Systems Affect Creativity? A Multilevel Combinational Approach to Employee Creativity," *Journal of Applied Psychology* 99, no. 4 (2014): 665–80.

57. S. Mohammed, L. Ferzandi, and K. Hamilton, "Metaphor No More: A 15-Year Review of the Team Mental Model Construct," *Journal of Management* 36, no. 4 (2010): 876–910.

58. A. P. J. Ellis, "System Breakdown: The Role of Mental Models and Transactive Memory on the Relationships between Acute Stress and Team Performance," *Academy of Management Journal* 49, no. 3 (2006): 576–89.

59. L. A. DeChurch and J. R. Mesmer-Magnus, "The Cognitive Underpinnings of Effective Teamwork: A Meta-Analysis," *Journal of Applied Psychology* 95, no. 1 (2010): 32–53.

60. S. W. J. Kozlowski and D. R. Ilgen, "Enhancing the Effectiveness of Work Groups and Teams," *Psychological Science in the Public Interest* 7, no. 3 (2006): 77–124; and B. D. Edwards, E. A. Day, W. Arthur Jr., and S. T. Bell, "Relationships among Team Ability Composition, Team Mental Models, and Team Performance," *Journal of Applied Psychology* 91, no. 3 (2006): 727–36.

61. M. Kolbe, G. Grote, M. J. Waller, J. Wacker, B. Grande, and D. R. Spahn, "Monitoring and Talking to the Room: Autochthonous Coordination Patterns in Team Interaction and Performance," *Journal of Applied Psychology* 99, no. 6 (2014): 1254–67.

62. J. Farh, C. Lee, and C. I. C. Farh, "Task Conflict and Team Creativity: A Question of How Much and When," *Journal of Applied Psychology* 95, no. 6 (2010): 1173–80.

63. K. H. Price, D. A. Harrison, and J. H. Gavin, "Withholding Inputs in Team Contexts: Member Composition, Interaction Processes, Evaluation Structure, and Social Loafing," *Journal of Applied Psychology* 91, no. 6 (2006): 1375–84.

64. G. Hertel, U. Konradt, and K. Voss, "Competencies for Virtual Teamwork: Development and Validation of a Web-Based Selection Tool for Members of Distributed Teams," *European Journal of Work and Organizational Psychology* 15, no. 4 (2006): 477–504.

65. T. V. Riper, "The NBA's Most Overpaid Players," *Forbes,* April 5, 2013, http://www.forbes.com/sites/tomvanriper/2013/04/05/the-nbas-most-overpaid-players/.

66. E. Kearney, D. Gebert, and S. C. Voelpel, "When and How Diversity Benefits Teams: The Importance of Team Members' Need for Cognition," *Academy of Management Journal* 52, no. 3 (2009): 581–98.

67. H. M. Guttman, "The New High-Performance Player," *The Hollywood Reporter,* October 27, 2008, www.hollywoodreporter.com.

68. C.-H. Chuang, S. Chen, and C.-W. Chuang, "Human Resource Management Practices and Organizational Social Capital: The Role of Industrial Characteristics," *Journal of Business Research* 66, no. 5 (2013): 678–87.

69. T. Erickson and L. Gratton, "What It Means to Work Here," *BusinessWeek,* January 10, 2008, www.businessweek.com.

70. M. D. Johnson, J. R. Hollenbeck, S. E. Humphrey, D. R. Ilgen, D. Jundt, and C. J. Meyer, "Cutthroat Cooperation: Asymmetrical Adaptation to Changes in Team Reward Structures," *Academy of Management Journal* 49, no. 1 (2006): 103–19.

71. C. E. Naquin and R. O. Tynan, "The Team Halo Effect: Why Teams Are Not Blamed for Their Failures," *Journal of Applied Psychology* 88, no. 2 (2003): 332–40.

72. E. R. Crawford and J. A. Lepine, "A Configural Theory of Team Processes: Accounting for the Structure of Taskwork and Teamwork," *Academy of Management Review* 38, no. 1 (2013): 32–48.

제11장

1. R. Wijn and K. Van den Bos, "On the Social-Communicative

Function of Justice: The Influence of Communication Goals and Personal Involvement on the Use of Justice Assertions," *Personality and Social Psychology Bulletin* 36, no. 2 (2010): 161–72.

2. R. Swarns, "After Uneasy First Tries, Coworkers Find a Way to Talk about Race," *The New York Times,* March 23, 2015, A15.

3. D. C. Barnlund, "A Transactional Model of Communication," in *Communication Theory*, ed. C. D. Mortenson (New Brunswick, NJ: Transaction, 2008), 47–57; and see K. Byron, "Carrying Too Heavy a Load? The Communication and Miscommunication of Emotion by E-mail," *Academy of Management Review* 33, no. 2 (2008): 309–27.

4. A. Tenhiaelae and F. Salvador, "Looking inside Glitch Mitigation Capability: The Effect of Intraorganizational Communication Channels," *Decision Sciences* 45, no. 3 (2014): 437–66.

5. S. Jhun, Z.-T. Bae, and S.-Y. Rhee, "Performance Change of Managers in Two Different Uses of Upward Feedback: A Longitudinal Study in Korea," *International Journal of Human Resource Management* 23, no. 20 (2012): 4246–64; B. Oc, M. R. Bashshur, and C. Moore, "Speaking Truth to Power: The Effect of Candid Feedback on How Individuals with Power Allocate Resources," *Journal of Applied Psychology* 100, no. 2 (2015): 450–63; and J. W. Smither and A. G. Walker, "Are the Characteristics of Narrative Comments Related to Improvement in Multirater Feedback Ratings over Time?" *Journal of Applied Psychology* 89, no. 3 (2004): 575–81.

6. J. S. Lublin, "Managers Need to Make Time for Face Time," *The Wall Street Journal,* March 18, 2015, B6.

7. E. Nichols, "Hyper-Speed Managers," *HR Magazine,* April 2007, 107–10.

8. R. Walker, "Declining an Assignment, with Finesse," *The New York Times,* August 24, 2014, 8.

9. See, for example, G. Michelson, A. van Iterson, and K. Waddington, "Gossip in Organizations: Contexts, Consequences, and Controversies," *Group & Organization Management* 35, no. 4 (2010): 371–90.

10. G. Van Hoye and F. Lievens, "Tapping the Grapevine: A Closer Look at Word-of-Mouth as a Recruitment Source," *Journal of Applied Psychology* 94, no. 2 (2009): 341–52.

11. J. K. Bosson, A. B. Johnson, K. Niederhoffer, and W. B. Swann Jr., "Interpersonal Chemistry through Negativity: Bonding by Sharing Negative Attitudes about Others," *Personal Relationships* 13, no. 2 (2006): 135–50.

12. T. J. Grosser, V. Lopez-Kidwell, and G. Labianca, "A Social Network Analysis of Positive and Negative Gossip in Organizational Life," *Group & Organization Management* 35, no. 2 (2010): 177–212.

13. R. Feintzeig, "The Boss's Next Demand: Make Lots of Friends," *The Wall Street Journal,* February 12, 2014, B1, B6.

14. R. E. Silverman, "A Victory for Small Office Talkers," *The Wall Street Journal,* October 28, 2014, D2.

15. L. Dulye, "Get Out of Your Office," *HR Magazine,* July 2006, 99–101.

16. E. Bernstein, "How Well Are You Listening?" *The Wall Street Journal,* January 13, 2015, D1.

17. E. Bernstein, "How 'Active Listening' Makes Both Participants in a Conversation Feel Better," *The Wall Street Journal,* January 12, 2015, http://www.wsj.com/articles/how-active-listening-makes-both-sides-of-a-conversation-feel-better-1421082684.

18. S. Shellenbarger, "Work & Family Mailbox," *The Wall Street Journal,* July 30, 2014, D2.

19. E. C. Ravlin, A.-K. Ward, and D. C. Thomas, "Exchanging Social Information across Cultural Boundaries," *Journal of Management* 40, no. 5 (2014): 1437–65.

20. V. N. Giri, "Nonverbal Communication Theories," in *Encyclopedia of Communication Theory*, eds. S. W. Littlejohn and K. A. Foss (Washington, DC: Sage, 2009).

21. C. K. Goman, "5 Body Language Tips to Increase Your Curb Appeal," *Forbes,* March 4, 2013, www.forbes.com/sites/carolkinseygoman/2013/03/14/5-body-language-tips-to-increase-your-curb-appeal/.

22. See N. Kock, "The Psychobiological Model: Towards a New Theory of Computer-Mediated Communication Based on Darwinian Evolution," *Organization Science* 15, no. 3 (2004): 327–48; and C. E. Timmerman and S. N. Madhavapeddi, "Perceptions of Organizational Media Richness: Channel Expansion Effects for Electronic and Traditional Media across Richness Dimensions," *IEEE Transactions on Professional Communication* 51, no. 1 (2008): 18–32.

23. R. L. Daft and R. A. Noe, Organizational Behavior (Fort Worth, TX: Harcourt, 2001), 311.

24. S. Shellenbarger, "Is This How You Really Talk?" *The Wall Street Journal,* April 24, 2013, D1, D3.

25. B. Giamanco and K. Gregoire, "Tweet Me, Friend Me, Make Me Buy," *Harvard Business Review,* July–August 2012, 88–93.

26. "At Many Companies, Hunt for Leakers Expands Arsenal of Monitoring Tactics," *The Wall Street Journal,* September 11, 2006, B1, B3; and B. J. Alge, G. A. Ballinger, S. Tangirala, and J. L. Oakley, "Information Privacy in Organizations: Empowering Creative and Extrarole Performance," *Journal of Applied Psychology* 91, no. 1 (2006): 221–32.

27. R. E. Petty and P. Briñol, "Persuasion: From Single to Multiple to Metacognitive Processes," *Perspectives on Psychological Science* 3, no. 2 (2008): 137–47; F. A. White, M. A. Charles, and J. K. Nelson, "The Role of Persuasive Arguments in Changing Affirmative Action Attitudes and Expressed Behavior in Higher Education," *Journal of Applied Psychology* 93, no. 6 (2008): 1271–86.

28. K. L. Blankenship and D. T. Wegener, "Opening the Mind to Close It: Considering a Message in Light of Important Values Increases Message Processing and Later Resistance to Change," *Journal of Personality and Social Psychology* 94, no. 2 (2008): 196–213.

29. See, for example, Y. H. M. See, R. E. Petty, and L. R. Fabrigar, "Affective and Cognitive Meta-Bases of Attitudes: Unique Effects of Information Interest and Persuasion," *Journal of Personality and Social Psychology* 94, no. 6 (2008): 938–55; M. S. Key, J. E. Edlund, B. J. Sagarin, and G. Y. Bizer, "Individual Differences in Susceptibility to Mindlessness," *Personality and Individual Differences* 46, no. 3 (2009): 261–64; and M. Reinhard and M. Messner, "The Effects of Source Likeability and Need for Cognition on Advertising Effectiveness under Explicit Persuasion," *Journal of Consumer Behavior* 8, no. 4 (2009): 179–91.

30. M. Richtel, "Lost in E-Mail, Tech Firms Face Self-Made Beast," *The New York Times,* June 14, 2008, http://www.nytimes.com/2008/06/14/technology/14email.html.

31. S. Norton, "A Post-PC CEO: No Desk, No Desktop," *The Wall Street Journal,* November 20, 2014, B5.

32. P. Briñol, R. E. Petty, and J. Barden, "Happiness versus Sadness as a Determinant of Thought Confidence in Persuasion: A Self-Validation Analysis," *Journal of Personality and Social Psychology* 93, no. 5 (2007): 711–27.

33. R. C. Sinclair, S. E. Moore, M. M. Mark, A. S. Soldat, and C. A. Lavis, "Incidental Moods, Source Likeability, and Persuasion: Liking Motivates Message Elaboration in Happy People," *Cognition and Emotion* 24, no. 6 (2010): 940–61; and V. Griskevicius, M. N. Shiota, and S. L. Neufeld, "Influence of Different Positive Emotions on Persuasion Processing: A Functional Evolutionary Approach," *Emotion* 10, no. 2 (2010): 190–206.

34. J. Sandberg, "The Jargon Jumble: Kids Have 'Skeds,' Colleagues, 'Needs,'" *The Wall Street Journal,* October 24, 2006, http://online.wsj.com/article/SB116165746415401680.html.

35. Ibid.

36. B. E. Ashforth and V. Anand, "The Normalization of Corruption in Organizations," *Research in Organizational Behavior* 25 (2003): 1–52; and E. Liu and M. E. Roloff, "Exhausting Silence: Emotional Costs of Withholding Complaints," *Negotiation and Conflict Management Research* 8, no. 1 (2015): 25–40.

37. F. J. Milliken, E. W. Morrison, and P. F. Hewlin, "An Exploratory Study of Employee Silence: Issues That Employees Don't Communicate Upward and Why," *Journal of Management Studies* 40, no. 6 (2003): 1453–76.

38. L. A. Withers and L. L. Vernon, "To Err Is Human: Embarrassment, Attachment, and Communication Apprehension," *Personality and Individual Differences* 40, no. 1 (2006): 99–110.

39. See, for instance, B. D. Blume, T. T. Baldwin, and K. C. Ryan, "Communication Apprehension: A Barrier to Students' Leadership, Adaptability, and Multicultural Appreciation," *Academy of Management Learning & Education* 12, no. 2 (2013): 158–72; B. D. Blume, G. F. Dreher, and T. T. Baldwin, "Examining the Effects of Communication Apprehension within Assessment Centres," *Journal of Occupational and Organizational Psychology* 83, no. 3 (2010): 663–71; and X. Shi, T. M. Brinthaupt, and M. McCree, "The Relationship of Self-Talk Frequency to Communication Apprehension and Public Speaking Anxiety," *Personality and Individual Differences* 75 (2015): 125–9.

40. See, for example, T. L. Rodebaugh, "I Might Look OK, But I'm Still Doubtful, Anxious, and Avoidant: The Mixed Effects of Enhanced Video Feedback on Social Anxiety Symptoms," *Behaviour Research and Therapy* 42, no. 12 (2004): 1435–51.

41. K. B. Serota, T. R. Levine, and F. J. Boster, "The Prevalence of Lying in America: Three Studies of Self-Reported Lies," *Human Communication Research* 36, no. 1 (2010): 2–25.

42. C. E. Naquin, T. R. Kurtzberg, and L. Y. Belkin, "The Finer Points of Lying Online: E-Mail versus Pen and Paper," *Journal of Applied Psychology* 95, no. 2 (2010): 387–94.

43. See W. L. Adair, "Integrative Sequences and Negotiation Outcome in Same- and Mixed-Culture Negotiations," *International Journal of Conflict Management* 14, nos. 3–4 (2003): 1359–92; W. L. Adair and J. M. Brett, "The Negotiation Dance: Time, Culture, and Behavioral Sequences in Negotiation," *Organization Science* 16, no. 1 (2005): 33–51;

E. Giebels and P. J. Taylor, "Interaction Patterns in Crisis Negotiations: Persuasive Arguments and Cultural Differences," *Journal of Applied Psychology* 94, no. 1 (2009): 5–19; and M. G. Kittler, D. Rygl, and A. Mackinnon, "Beyond Culture or Beyond Control? Reviewing the Use of Hall's High-/Low-Context Concept," *International Journal of Cross-Cultural Management* 11, no. 1 (2011): 63–82.

44. M. C. Hopson, T. Hart, and G. C. Bell, "Meeting in the Middle: Fred L. Casmir's Contributions to the Field of Intercultural Communication," *International Journal of Intercultural Relations* 36, no. 6 (2012): 789–97.

제12장

1. N. Ensari, R. E. Riggio, J. Christian, and G. Carslaw, "Who Emerges as a Leader? Meta-Analyses of Individual Differences as Predictors of Leadership Emergence," *Personality and Individual Differences* 51, no. 4 (2011): 532–36.

2. See M. H. Do and A. Minbashian, "A Meta-Analytic Examination of the Agentic and Affiliative Aspects of Extraversion on Leadership Outcomes," *Leadership Quarterly* 25, no. 5 (2014): 1040–53.

3. D. R. Ames and F. J. Flynn, "What Breaks a Leader: The Curvilinear Relation between Assertiveness and Leadership," *Journal of Personality and Social Psychology* 92, no. 2 (2007): 307–24.

4. A. E. Colbert, M. R. Barrick, and B. H. Bradley, "Personality and Leadership Composition in Top Management Teams: Implications for Organizational Effectiveness," *Personnel Psychology* 67, no. 2 (2014): 351–87.

5. K.-Y. Ng, S. Ang, and K. Chan, "Personality and Leader Effectiveness: A Moderated Mediation Model of Leadership Self-Efficacy, Job Demands, and Job Autonomy," *Journal of Applied Psychology* 93, no. 4 (2008): 733–43.

6. R. B. Kaiser, J. M. LeBreton, and J. Hogan, "The Dark Side of Personality and Extreme Leader Behavior," *Applied Psychology: An International Review* 64, no. 1 (2015): 55–92.

7. B. H. Gaddis and J. L. Foster, "Meta-Analysis of Dark Side Personality Characteristics and Critical Work Behaviors among Leaders across the Globe: Findings and Implications for Leadership Development and Executive Coaching," *Applied Psychology: An International Review* 64, no. 1 (2015): 25–54.

8. R. H. Humphrey, J. M. Pollack, and T. H. Hawver, "Leading with Emotional Labor," *Journal of Managerial Psychology* 23, no. 2 (2008): 151–68.

9. F. Walter, M. S. Cole, and R. H. Humphrey, "Emotional Intelligence: Sine Qua Non of Leadership or Folderol?" *Academy of Management Perspectives* 25, no. 1 (2011): 45–59.

10. S. Côté, P. N. Lopes, P. Salovey, and C. T. H. Miners, "Emotional Intelligence and Leadership Emergence in Small Groups," *Leadership Quarterly* 21, no. 3 (2010): 496–508.

11. This research is updated in T. A. Judge, R. F. Piccolo, and R. Ilies, "The Forgotten Ones? The Validity of Consideration and Initiating Structure in Leadership Research," *Journal of Applied Psychology,* 89 no. 1 (2004): 36–51.

12. D. Akst, "The Rewards of Recognizing a Job Well Done," *The Wall Street Journal,* January 31, 2007, D9.

13. M. Javidan, P. W. Dorfman, M. S. de Luque, and R. J. House, "In the Eye of the Beholder: Cross Cultural Lessons in

Leadership from Project GLOBE," *Academy of Management Perspectives* 20, no. 1 (2006): 67–90.

14. For a more current discussion on the model, see S. Altmaee, K. Tuerk, and O.-S. Toomet, "Thomas-Kilmann's Conflict Management Modes and Their Relationship to Fiedler's Leadership Styles (Basing on Estonian Organizations)," *Baltic Journal of Management* 8, no. 1 (2013): 45–65.

15. See, for instance, G. Thompson and R. P. Vecchio, "Situational Leadership Theory: A Test of Three Versions," *Leadership Quarterly* 20, no. 5 (2009): 837–48; and R. P. Vecchio, C. R. Bullis, and D. M. Brazil, "The Utility of Situational Leadership Theory—A Replication in a Military Setting," *Small Group Research* 37, no. 5 (2006): 407–24.

16. R. Fehr, K. C. Yam, and C. Dang, "Moralized Leadership: The Construction and Consequences of Ethical Leader Perceptions," *Academy of Management Review* 40, no. 2 (2015): 182–209; and M. Hernandez, C. P. Long, and S. B. Sitkin, "Cultivating Follower Trust: Are All Leader Behaviors Equally Influential?" *Organization Studies* 35, no. 12 (2014): 1867–92.

17. S. J. Perry, L. A. Witt, L. M. Penney, and L. Atwater, "The Downside of Goal-Focused Leadership: The Role of Personality in Subordinate Exhaustion," *Journal of Applied Psychology* 95, no. 6 (2010): 1145–53.

18. R. R. Vecchio, J. E. Justin, and C. L. Pearce, "The Utility of Transactional and Transformational Leadership for Predicting Performance and Satisfaction within a Path-Goal Theory Framework," *Journal of Occupational and Organizational Psychology* 81 (2008): 71–82.

19. V. H. Vroom and A. G. Jago, "The Role of the Situation in Leadership," *American Psychologist* 62, no. 1 (2007): 17–24.

20. W. Bennis, "The Challenges of Leadership in the Modern World," *American Psychologist* 62, no. 1 (2007): 2–5.

21. X. Zhou and C. A. Schriesheim, "Supervisor–Subordinate Convergence in Descriptions of Leader–Member Exchange (LMX) Quality: Review and Testable Propositions," *Leadership Quarterly* 20, no. 6 (2009): 920–32.

22. B. Erdogan and T. N. Bauer, "Differentiated Leader–Member Exchanges: The Buffering Role of Justice Climate," *Journal of Applied Psychology* 95, no. 6 (2010): 1104–20; and X. Zhou and C. A. Schrisheim, "Quantitative and Qualitative Examination of Propositions Concerning Supervisor–Subordinate Convergence in Descriptions of Leader–Member Exchange (LMX) Quality," *Leadership Quarterly* 21, no. 5 (2010): 826–43.

23. M. Uhl-Bien, "Relationship Development as a Key Ingredient for Leadership Development," in *Future of Leadership Development*, eds. S. E. Murphy and R. E. Riggio (Mahwah, NJ: Lawrence Erlbaum, 2003), 129–47.

24. R. Vecchio and D. M. Brazil, "Leadership and Sex-Similarity: A Comparison in a Military Setting," *Personnel Psychology* 60, no. 2 (2007): 303–35.

25. See, for instance, R. Ilies, J. D. Nahrgang, and F. P. Morgeson, "Leader–Member Exchange and Citizenship Behaviors: A Meta-Analysis," *Journal of Applied Psychology* 92, no. 1 (2007): 269–77; and Z. Chen, W. Lam, and J. A. Zhong, "Leader–Member Exchange and Member Performance: A New Look at Individual-Level Negative Feedback-Seeking Behavior and Team-Level Empowerment Culture," *Journal of Applied Psychology* 92, no. 1 (2007): 202–12.

26. R. Eisenberger et al. "Leader-Member Exchange and Affective Organizational Commitment: The Contribution of Supervisor's Organizational Embodiment," *Journal of Applied Psychology* 95, no. 6 (2010): 1085–103.

27. J. Bagger and A. Li, "How Does Supervisory Family Support Influence Employees' Attitudes and Behaviors? A Social Exchange Perspective," *Journal of Management* 40, no. 4 (2014): 1123–50.

28. B. Erdogan and T. N. Bauer, "Differentiated Leader–Member Exchanges: The Buffering Role of Justice Climate," *Journal of Applied Psychology* 95, no. 6 (2010): 1104–20.

29. D. Liu, M. Hernandez, and L. Wang, "The Role of Leadership and Trust in Creating Structural Patterns of Team Procedural Justice: A Social Network Investigation," *Personnel Psychology* 67, no. 4 (2014): 801–45.

30. A. N. Li and H. Liao, "How Do Leader–Member Exchange Quality and Differentiation Affect Performance in Teams? An Integrated Multilevel Dual Process Model," *Journal of Applied Psychology* 99, no. 5 (2014): 847–66.

31. J. Hu and R. C. Liden, "Relative Leader-Member Exchange within Team Contexts: How and When Social Comparison Impacts Individual Effectiveness," *Personnel Psychology* 66, no. 1 (2013): 127–72.

32. M. Weber, *The Theory of Social and Economic Organization,* trans A. M. Henderson and T. Parsons (Eastford, CT: Martino Fine Books, 2012).

33. V. Seyranian and M. C. Bligh, "Presidential Charismatic Leadership: Exploring the Rhetoric of Social Change," *Leadership Quarterly* 19, no. 1 (2008): 54–76.

34. Ibid.

35. A. Xenikou, "The Cognitive and Affective Components of Organisational Identification: The Role of Perceived Support Values and Charismatic Leadership," *Applied Psychology: An International Review* 63, no. 4 (2014): 567–88.

36. P. A. Vlachos, N. G. Panagopoulos, and A. A. Rapp, "Feeling Good by Doing Good: Employee CSR-Induced Attributions, Job Satisfaction, and the Role of Charismatic Leadership," *Journal of Business Ethics* 118, no. 3 (2013): 577–88.

37. A. Deinert, A. C. Homan, D. Boer, S. C. Voelpel, and D. Gutermann, "Transformational Leadership Sub-Dimensions and Their Link to Leaders' Personality and Performance," *Leadership Quarterly* 26, no. 6 (2015): 1095–1120; and R. E. de Vries, "Personality Predictors of Leadership Styles and the Self-Other Agreement Problem," *Leadership Quarterly* 23, no. 5 (2012): 809–21.

38. P. Balkundi, M. Kilduff, and D. A. Harrison, "Centrality and Charisma: Comparing How Leader Networks and Attributions Affect Team Performance," *Journal of Applied Psychology* 96, no. 6 (2012): 1209–22.

39. A. Erez, V. F. Misangyi, D. E. Johnson, M. A. LePine, and K. C. Halverson, "Stirring the Hearts of Followers: Charismatic Leadership as the Transferal of Affect," *Journal of Applied Psychology* 93, no. 3 (2008): 602–15. On the role of vision in leadership, see M. Hauser and R. J. House, "Lead through Vision and Values," in *Handbook of Principles of Organizational Behavior*, ed. E. A. Locke (Malden, MA: Blackwell, 2004), 257–73.

40. D. N. Den Hartog, A. H. B. De Hoogh, and A. E. Keegan, "The Interactive Effects of Belongingness and Charisma on Helping and Compliance," *Journal of Applied Psychology* 92, no. 4 (2007): 1131–39.

41. J. C. Pastor, M. Mayo, and B. Shamir, "Adding Fuel to Fire: The Impact of Followers' Arousal on Ratings of Charisma," *Journal of Applied Psychology* 92, no. 6 (2007): 1584–96.

42. F. Cohen, S. Solomon, M. Maxfield, T. Pyszczynski, and J. Greenberg, "Fatal Attraction: The Effects of Mortality Salience on Evaluations of Charismatic, Task-Oriented, and Relationship-Oriented Leaders," *Psychological Science* 15, no. 12 (2004), 846–51; and J. Griffith, S. Connelly, C. Thiel, and G. Johnson, "How Outstanding Leaders Lead with Affect: An Examination of Charismatic, Ideological, and Pragmatic Leaders," *Leadership Quarterly* 26, no. 4 (2015): 502–17.

43. See, for instance, J. A. Raelin, "The Myth of Charismatic Leaders," *Training and Development Journal,* March 2003, 47–54; and P. A. Vlachos, N. G. Panagopoulos, and A. A. Rapp, "Feeling Good by Doing Good: Employee CSR-Induced Attributions, Job Satisfaction, and the Role of Charismatic Leadership," *Journal of Business Ethics* 118, no. 3 (2013): 577–88.

44. B. M. Galvin, D. A. Waldman, and P. Balthazard, "Visionary Communication Qualities as Mediators of the Relationship between Narcissism and Attributions of Leader Charisma," *Personnel Psychology* 63, no. 3 (2010): 509–37.

45. See, for instance, D. Deichmann and D. Stam, "Leveraging Transformational and Transactional Leadership to Cultivate the Generation of Organization-Focused Ideas," *Leadership Quarterly* 26, no. 2 (2015): 204–19; H.-J. Wolfram and L. Gratton, "Gender Role Self-Concept, Categorical Gender, and Transactional-Transformational Leadership: Implications for Perceived Workgroup Performance," *Journal of Leadership & Organizational Studies* 21, no. 4 (2014): 338–53; and T. A. Judge and R. F. Piccolo, "Transformational and Transactional Leadership: A Meta-Analytic Test of Their Relative Validity," *Journal of Applied Psychology* 89, no. 5 (2004): 755–68.

46. A. E. Colbert, M. R. Barrick, and B. H. Bradley, "Personality and Leadership Composition in Top Management Teams: Implications for Organizational Effectiveness," *Personnel Psychology* 67, no. 2 (2014): 351–87.

47. A. M. Grant, "Leading with Meaning: Beneficiary Contact, Prosocial Impact, and the Performance Effects of Transformational Leadership," *Academy of Management Journal* 55, no. 2 (2012): 458–76.

48. D. Deichmann and D. Stam, "Leveraging Transformational and Transactional Leadership to Cultivate the Generation of Organization-Focused Ideas;" and H.-J. Wolfram and L. Gratton, "Gender Role Self-Concept, Categorical Gender, and Transactional-Transformational Leadership: Implications for Perceived Workgroup Performance."

49. T. R. Hinkin and C. A. Schriesheim, "An Examination of 'Nonleadership': From Laissez-Faire Leadership to Leader Reward Omission and Punishment Omission," *Journal of Applied Psychology* 93, no. 6 (2008): 1234–48.

50. Y. Ling, Z. Simsek, M. H. Lubatkin, and J. F. Veiga, "Transformational Leadership's Role in Promoting Corporate Entrepreneurship: Examining the CEO-TMT Interface," *Academy of Management Journal* 51, no. 3 (2008): 557–76.

51. X. Zhang and K. M. Bartol, "Linking Empowering Leadership and Employee Creativity: The Influence of Psychological Empowerment, Intrinsic Motivation, and Creative Process Engagement," *Academy of Management Journal* 53, no. 1 (2010): 107–28.

52. S. A. Eisenbeib and S. Boerner, "A Double-Edged Sword: Transformational Leadership and Individual Creativity," *British Journal of Management* 24, no. 1 (2013): 54–68.

53. A. E. Colbert, A. E. Kristof-Brown, B. H. Bradley, and M. R. Barrick, "CEO Transformational Leadership: The Role of Goal Importance Congruence in Top Management Teams," *Academy of Management Journal* 51, no. 1 (2008): 81–96.

54. D. Zohar and O. Tenne-Gazit, "Transformational Leadership and Group Interaction as Climate Antecedents: A Social Network Analysis," *Journal of Applied Psychology* 93, no. 4 (2008): 744–57.

55. R. T. Keller, "Transformational Leadership, Initiating Structure, and Substitutes for Leadership: A Longitudinal Study of Research and Development Project Team Performance," *Journal of Applied Psychology* 91, no. 1 (2006): 202–10.

56. G. Wang, I. Oh, S. H. Courtright, and A. E. Colbert, "Transformational Leadership and Performance across Criteria and Levels: A Meta-Analytic Review of 25 Years of Research," *Group & Organization Management* 36, no. 2 (2011): 223–70.

57. Y. Ling, Z. Simsek, M. H. Lubatkin, and J. F. Veiga, "The Impact of Transformational CEOs on the Performance of Small- to Medium-Sized Firms: Does Organizational Context Matter?" *Journal of Applied Psychology* 93, no. 4 (2008): 923–34.

58. X. Wang and J. M. Howell, "Exploring the Dual-Level Effects of Transformational Leadership on Followers," *Journal of Applied Psychology* 95, no. 6 (2010): 1134–44.

59. N. Li, D. S. Chiaburu, B. L. Kirkman, and Z. Xie, "Spotlight on the Followers: An Examination of Moderators of Relationships between Transformational Leadership and Subordinates' Citizenship and Taking Charge," *Personnel Psychology* 66, no. 1 (2013): 225–60.

60. M. Birasnav, "Knowledge Management and Organizational Performance in the Service Industry: The Role of Transformational Leadership beyond the Effects of Transactional Leadership," *Journal of Business Research* 67, no. 8 (2014): 1622–29; H. Hetland, G. M. Sandal, and T. B. Johnsen, "Burnout in the Information Technology Sector: Does Leadership Matter?" *European Journal of Work and Organizational Psychology* 16, no. 1 (2007): 58–75; and A. K. Tyssen, A. Wald, and S. Heidenreich, "Leadership in the Context of Temporary Organizations: A Study on the Effects of Transactional and Transformational Leadership on Followers' Commitment in Projects," *Journal of Leadership & Organizational Studies* 21, no. 4 (2014): 376–93.

61. B. P. Owens and D. R. Hekman, "Modeling How to Grow: An Inductive Examination of Humble Leader Behaviors, Contingencies, and Outcomes," *Academy of Management Journal* 55, no. 4 (2012): 787–818.

62. K. M. Hmieleski, M. S. Cole, and R. A. Baron, "Shared Authentic Leadership and New Venture Performance," *Journal of Management* 38, no. 5 (2012), 1476–99.

63. R. Ilies, F. P. Morgeson, and J. D. Nahrgang, "Authentic Leadership and Eudaemonic Well-Being: Understanding Leader-Follower Outcomes," *Leadership Quarterly* 16, no. 3 (2005): 373–94; B. Levin, "Raj Rajaratnam Did Not Appreciate Rajat Gupta's Attempt to Leave the Goldman Board, Join 'The Billionaire Circle,'" *NetNet with John Carney,*

March 14, 2011, accessed July 26, 2011, from www.cnbc.com/.

64. J. Stouten, M. van Dijke, and D. De Cremer, "Ethical Leadership: An Overview and Future Perspectives," *Journal of Personnel Psychology* 11, no. 1 (2012): 1–6.

65. J. M. Schaubroeck et al. "Embedding Ethical Leadership within and across Organization Levels," *Academy of Management Journal* 55, no. 5 (2012): 1053–78.

66. K. M. Kacmar, D. G. Bachrach, K. J. Harris, and S. Zivnuska, "Fostering Good Citizenship through Ethical Leadership: Exploring the Moderating Role of Gender and Organizational Politics," *Journal of Applied Psychology,* 96, no. 3 (2011): 633–42; and F. O. Walumbwa and J. Schaubroeck, "Leader Personality Traits and Employee Voice Behavior: Mediating Roles of Ethical Leadership and Work Group Psychological Safety," *Journal of Applied Psychology* 94, no. 5 (2009): 1275–86.

67. D. M. Mayer, K. Aquino, R. L. Greenbaum, and M. Kuenzi, "Who Displays Ethical Leadership, and Why Does It Matter? An Examination of Antecedents and Consequences of Ethical Leadership," *Academy of Management Journal* 55, no. 1 (2012): 151–71.

68. D. van Knippenberg, D. De Cremer, and B. van Knippenberg, "Leadership and Fairness: The State of the Art," *European Journal of Work and Organizational Psychology* 16, no. 2 (2007): 113–40.

69. M. E. Brown and L. K. Treviño, "Socialized Charismatic Leadership, Values Congruence, and Deviance in Work Groups," *Journal of Applied Psychology* 91, no. 4 (2006): 954–62.

70. M. E. Brown and L. K. Treviño, "Leader-Follower Values Congruence: Are Socialized Charismatic Leaders Better Able to Achieve It?" *Journal of Applied Psychology* 94, no. 2 (2009): 478–90.

71. S. A. Eisenbeiß and S. R. Giessner, "The Emergence and Maintenance of Ethical Leadership in Organizations," *Journal of Personnel Psychology* 11, no. 1 (2012): 7–19.

72. D. van Dierendonck, "Servant Leadership: A Review and Synthesis," *Journal of Management* 37, no. 4 (2011): 1228–61.

73. S. J. Peterson, F. M. Galvin, and D. Lange, "CEO Servant Leadership: Exploring Executive Characteristics and Firm Performance," *Personnel Psychology* 65, no. 3 (2012): 565–96.

74. F. Walumbwa, C. A. Hartnell, and A. Oke, "Servant Leadership, Procedural Justice Climate, Service Climate, Employee Attitudes, and Organizational Citizenship Behavior: A Cross-Level Investigation," *Journal of Applied Psychology* 95, no. 3 (2010): 517–29.

75. D. De Cremer, D. M. Mayer, M. van Dijke, B. C. Schouten, and M. Bardes, "When Does Self-Sacrificial Leadership Motivate Prosocial Behavior? It Depends on Followers' Prevention Focus," *Journal of Applied Psychology* 94, no. 4 (2009): 887–99.

76. J. Hu and R. C. Liden, "Antecedents of Team Potency and Team Effectiveness: An Examination of Goal and Process Clarity and Servant Leadership," *Journal of Applied Psychology*, 96, no. 4 (2011): 851–62.

77. M. J. Neubert, K. M. Kacmar, D. S. Carlson, L. B. Chonko, and J. A. Roberts, "Regulatory Focus as a Mediator of the Influence of Initiating Structure and Servant Leadership on

Employee Behavior," *Journal of Applied Psychology* 93, no. 6 (2008): 1220–33.

78. R. C. Liden, S. J. Wayne, C. Liao, and J. D. Meuser, "Servant Leadership and Serving Culture: Influence on Individual and Unit Performance," *Academy of Management Journal* 57, no. 5 (2014): 1434–52.

79. T. Menon, J. Sim, J. Ho-Ying Fu, C. Chiu, and Y. Hong, "Blazing the Trail versus Trailing the Group: Culture and Perceptions of the Leader's Position," *Organizational Behavior and Human Decision Processes* 113, no. 1 (2010): 51–61.

80. J. A. Simpson, "Psychological Foundations of Trust," *Current Directions in Psychological Science* 16, no. 5 (2007): 264–68.

81. F. D. Schoorman, R. C. Mayer, and J. H. Davis, "An Integrative Model of Organizational Trust: Past, Present, and Future," *Academy of Management Review* 32, no. 2 (2007): 344–54.

82. J. Schaubroeck, S. S. K. Lam, and A. C. Peng, "Cognition-Based and Affect-Based Trust as Mediators of Leader Behavior Influences on Team Performance," *Journal of Applied Psychology,* 96, no. 4 (July 2011): 863–71.

83. See, for instance, K. Boies, J. Fiset, and H. Gill, "Communication and Trust Are Key: Unlocking the Relationship Between Leadership and Team Performance and Creativity," *Leadership Quarterly* 26, no. 6 (2015): 1080–94; D. I. Jung and B. J. Avolio, "Opening the Black Box: An Experimental Investigation of the Mediating Effects of Trust and Value Congruence on Transformational and Transactional Leadership," *Journal of Organizational Behavior* 21, no. 8 (2000), 949–64; and A. Zacharatos, J. Barling, and R. D. Iverson, "High-Performance Work Systems and Occupational Safety," *Journal of Applied Psychology* 90, no. 1 (2005), 77–93.

84. J. R. Detert and E. R. Burris, "Leadership Behavior and Employee Voice: Is the Door Really Open?" *Academy of Management Journal* 50, no. 4 (2007): 869–84.

85. J. A. Colquitt, B. A. Scott, and J. A. LePine, "Trust, Trustworthiness, and Trust Propensity: A Meta-Analytic Test of Their Unique Relationships with Risk Taking and Job Performance," *Journal of Applied Psychology* 92, no. 4 (2007): 909–27.

86. J. A. Colquitt, B. A. Scott, and J. A. LePine, "Trust, Trustworthiness, and Trust Propensity: A Meta-Analytic Test of Their Unique Relationships with Risk Taking and Job Performance;" and F. D. Schoorman, R. C. Mayer, and J. H. Davis, "An Integrative Model of Organizational Trust: Past, Present, and Future."

87. Cited in D. Jones, "Do You Trust Your CEO?" *USA Today,* February 12, 2003, 7B.

88. M. J. Ashleigh, M. Higgs, and V. Dulewicz, "A New Propensity to Trust Scale and Its Relationship with Individual Well-Being: Implications for HRM Policies and Practices," *Human Resource Management Journal* 22, no. 4 2012, 360–76; R. C. Mayer and M. B. Gavin, "Trust in Management and Performance: Who Minds the Shop While the Employees Watch the Boss?" *Academy of Management Journal* 48, no. 5 (2005): 874–88; and C. F. Peralta and M. F. Saldanha, "Knowledge-Centered Culture and Knowledge Sharing: The Moderator Role of Trust Propensity," *Journal of Knowledge Management* 18, no. 3 (2014): 538–50.

89. J. A. Simpson, "Foundations of Interpersonal Trust," in *Social Psychology: Handbook of Basic Principles*, 2nd ed., eds. A. W. Kruglanski and E. T. Higgins (New York: Guilford, 2007), 587–607.

90. X.-P. Chen, M. B. Eberly, T.-J. Chiang, J.-L. Farh, and B.-Shiuan Cheng, "Affective Trust in Chinese Leaders: Linking Paternalistic Leadership to Employee Performance," *Journal of Management* 40, no. 3 (2014): 796–819.

91. J. A. Simpson, "Foundations of Interpersonal Trust."

92. B. Groysberg and M. Slind, "Leadership Is a Conversation," *Harvard Business Review,* June 2012, 76–84.

93. H. Zhao, S. J. Wayne, B. C. Glibkowski, and J. Bravo, "The Impact of Psychological Contract Breach on Work-Related Outcomes: A Meta-Analysis," *Personnel Psychology* 60, no. 3 (2007): 647–80.

94. D. L. Shapiro, A. D. Boss, S. Salas, S. Tangirala, and M. A. Von Glinow, "When Are Transgressing *Leaders* Punitively Judged? An Empirical Test," *Journal of Applied Psychology* 96, no. 2 (2011): 412–22.

95. D. L. Ferrin, P. H. Kim, C. D. Cooper, and K. T. Dirks, "Silence Speaks Volumes: The Effectiveness of Reticence in Comparison to Apology and Denial for Responding to Integrity- and Competence-Based Trust Violations," *Journal of Applied Psychology* 92, no. 4 (2007): 893–908.

96. M. E. Schweitzer, J. C. Hershey, and E. T. Bradlow, "Promises and Lies: Restoring Violated Trust," *Organizational Behavior and Human Decision Processes* 101, no. 1 (2006): 1–19.

97. See, for example, L. Eby, M. Buits, and A. Lockwood, "Protégés' Negative Mentoring Experiences: Construct Development and Nomological Validation," *Personnel Psychology* 57, no. 2 (2004): 411–47.

98. J. U. Chun, J. J. Sosik, and N. Y. Yun, "A Longitudinal Study of Mentor and Protégé Outcomes in Formal Mentoring Relationships," *Journal of Organizational Behavior* 33, no. 8 (2012): 35–49.

99. See, for instance, B. Schyns, J. Felfe, and H. Blank, "Is Charisma Hyper-Romanticism? Empirical Evidence from New Data and a Meta-Analysis," *Applied Psychology: An International Review* 56, no. 4 (2007): 505–27.

100. M. J. Martinko, P. Harvey, D. Sikora, and S. C. Douglas, "Perceptions of Abusive Supervision: The Role of Subordinates' Attribution Styles," *Leadership Quarterly* 22, no. 4 (2011): 751–64.

101. M. C. Bligh, J. C. Kohles, C. L. Pearce, J. E. Justin, and J. F. Stovall, "When the Romance Is Over: Follower Perspectives of Aversive Leadership," *Applied Psychology: An International Review* 56, no. 4 (2007): 528–57.

102. B. R. Agle, N. J. Nagarajan, J. A. Sonnenfeld, and D. Srinivasan, "Does CEO Charisma Matter?" *Academy of Management Journal* 49, no. 1 (2006): 161–74.

103. M. C. Bligh, J. C. Kohles, C. L. Pearce, J. E. Justin, and J. F. Stovall, "When the Romance Is Over."

104. B. Schyns, J. Felfe, and H. Blank, "Is Charisma Hyper-Romanticism?"

105. M. Van Vugt and B. R. Spisak, "Sex Differences in the Emergence of Leadership during Competitions within and between Groups," *Psychological Science* 19, no. 9 (2008): 854–8.

106. R. E. Silverman, "Who's the Boss? There Isn't One," *The Wall Street Journal,* June 20, 2012, B1, B8.

107. See, for instance, L. Pedraja-Rejas, "The Importance of Leadership in the Knowledge Economy," *Interciencia* 40, no. 10 (2015): 654.

108. L. A. Hambley, T. A. O'Neill, and T. J. B. Kline, "Virtual Team Leadership: The Effects of Leadership Style and Communication Medium on Team Interaction Styles and Outcomes," *Organizational Behavior and Human Decision Processes* 103, no. 1 (2007): 1–20; and B. J. Avolio and S. S. Kahai, "Adding the 'E' to E-Leadership: How It May Impact Your Leadership," *Organizational Dynamics* 31, no. 4 (2003): 325–38.

109. S. J. Zaccaro and P. Bader, "E-Leadership and the Challenges of Leading E-Teams: Minimizing the Bad and Maximizing the Good," *Organizational Dynamics* 31, no. 4 (2003): 381–85.

110. C. E. Naquin and G. D. Paulson, "Online Bargaining and Interpersonal Trust," *Journal of Applied Psychology* 88, no. 1 (2003), 113–20.

제13장

1. B. Oc, M. R. Bashshur, and C. Moore, "Speaking Truth to Power: The Effect of Candid Feedback on How Individuals with Power Allocate Resources," *Journal of Applied Psychology* 100, no. 2 (2015): 450–63.

2. E. Landells and S. L. Albrecht, "Organizational Political Climate: Shared Perceptions about the Building and Use of Power Bases," *Human Resource Management Review* 23, no. 4 (2013): 357–65; P. Rylander, "Coaches' Bases of Power: Developing Some Initial Knowledge of Athletes' Compliance with Coaches in Team Sports," *Journal of Applied Sport Psychology* 27, no. 1 (2015): 110–21; and G. Yukl, "Use Power Effectively," in *Handbook of Principles of Organizational Behavior*, ed. E. A. Locke (Malden, MA: Blackwell, 2004), 242–47.

3. See, for example, O. Baumann and N. Stieglitz, "Rewarding Value-Creating Ideas in Organizations: The Power of Low-Powered Incentives," *Strategic Management Journal* 35, no. 3 (2014): 358–75.

4. S. R. Giessner and T. W. Schubert, "High in the Hierarchy: How Vertical Location and Judgments of Leaders' Power Are Interrelated," *Organizational Behavior and Human Decision Processes* 104, no. 1 (2007): 30–44.

5. S. Perman, "Translation Advertising: Where Shop Meets Hip Hop," *Time,* August 30, 2010, http://content.time.com/time/magazine/article/0,9171,2011574,00.html.

6. R. E. Sturm and J. Antonakis, "Interpersonal Power: A Review, Critique, and Research Agenda," *Journal of Management* 41, no. 1 (2015): 136–63.

7. M. C. J. Caniels and A. Roeleveld, "Power and Dependence Perspectives on Outsourcing Decisions," *European Management Journal* 27, no. 6 (2009): 402–17; and R.-J. B. Jean, D. Kim, and R. S. Sinkovics, "Drivers and Performance Outcomes of Supplier Innovation Generation in Customer-Supplier Relationships: The Role of Power-Dependence," *Decision Sciences* 43, no. 6 (2012): 1003–38.

8. R.S. Burt, M. Kilduff, and S. Tasselli, "Social Network Analysis: Foundations and Frontiers on Advantage," *Annual Review of Psychology* 64 (2013): 527–47; M. A. Carpenter, M. Li, and H. Jiang, "Social Network Research in

Organizational Contexts: A Systematic Review of Methodological Issues and Choices," *Journal of Management* 38, no. 4 (2012): 1328–61; and M. Kilduff and D. J. Brass, "Organizational Social Network Research: Core Ideas and Key Debates," *Academy of Management Annals* 4 (2010): 317–57.

9. J. Gehman, L. K. Treviño, and R. Garud, "Values Work: A Process Study of the Emergence and Performance of Organizational Values Practices," *Academy of Management Journal* 56, no. 1 (2013): 84–112.

10. J. Battilana and T. Casciaro, "Change Agents, Networks, and Institutions: A Contingency Theory of Organizational Change," *Academy of Management Journal* 55, no. 2 (2012): 381–98.

11. S. M. Soltis, F. Agneessens, Z. Sasovova, and G. Labianca, "A Social Network Perspective on Turnover Intentions: The Role of Distributive Justice and Social Support," *Human Resource Management* 52, no. 4 (2013): 561–84.

12. R. Kaše, Z. King, and D. Minbaeva, "Using Social Network Research in HRM: Scratching the Surface of a Fundamental Basis of HRM," *Human Resource Management* 52, no. 4 (2013): 473–83; R. Cross and L. Prusak, "The People Who Make Organizations Go—Or Stop," *Harvard Business Review*, June 2002, https://hbr.org/2002/06/the-people-who-make-organizations-go-or-stop.

13. See, for example, D. M. Cable and T. A. Judge, "Managers' Upward Influence Tactic Strategies: The Roll of Manager Personality and Supervisor Leadership Style," *Journal of Organizational Behavior* 24, no. 2 (2003): 197–214; M. P. M. Chong, "Influence Behaviors and Organizational Commitment: A Comparative Study," *Leadership and Organization Development Journal* 35, no. 1 (2014): 54–78; and M. Lewis-Duarte and M. C. Bligh, "Agents of 'Influence': Exploring the Usage, Timing, and Outcomes of Executive Coaching Tactics," *Leadership & Organization Development Journal* 33, nos. 3–4 (2012): 255–81.

14. G. R. Ferris, W. A. Hochwarter, C. Douglas, F. R. Blass, R. W. Kolodinsky, and D. C. Treadway, "Social Influence Processes in Organizations and Human Resource Systems," in *Research in Personnel and Human Resources Management*, vol. 21, eds. G. R. Ferris and J. J. Martocchio (Oxford, UK: JAI Press/Elsevier, 2003), 65–127; C. A. Higgins, T. A. Judge, and G. R. Ferris, "Influence Tactics and Work Outcomes: A Meta-Analysis," *Journal of Organizational Behavior* 24, no. 1 (2003): 89–106; and M. Uhl-Bien, R. E. Riggio, K. B. Lowe, and M. K. Carsten, "Followership Theory: A Review and Research Agenda," *Leadership Quarterly* 25, no. 1 (2004): 83–104.

15. M. P. M. Chong, "Influence Behaviors and Organizational Commitment: A Comparative Study."

16. R. E. Petty and P. Briñol, "Persuasion: From Single to Multiple to Metacognitive Processes," *Perspectives on Psychological Science* 3, no. 2 (2008): 137–47.

17. J. Badal, "Getting a Raise from the Boss," *The Wall Street Journal,* July 8, 2006, B1, B5.

18. M. P. M. Chong, "Influence Behaviors and Organizational Commitment: A Comparative Study."

19. Ibid.

20. O. Epitropaki and R. Martin, "Transformational-Transactional Leadership and Upward Influence: The Role of Relative Leader–Member Exchanges (RLMX) and Perceived Organizational Support (POS), *Leadership Quarterly* 24, no. 2 (2013): 299–315.

21. A. W. Kruglanski, A. Pierro, and E. T. Higgins, "Regulatory Mode and Preferred Leadership Styles: How Fit Increases Job Satisfaction," *Basic and Applied Social Psychology* 29, no. 2 (2007): 137–49; and A. Pierro, L. Cicero, and B. H. Raven, "Motivated Compliance with Bases of Social Power," *Journal of Applied Social Psychology* 38, no. 7 (2008): 1921–44.

22. G. Yukl, P. P. Fu, and R. McDonald, "Cross-Cultural Differences in Perceived Effectiveness of Influence Tactics for Initiating or Resisting Change," *Applied Psychology: An International Review* 52, no. 1 (2003): 66–82; and P. P. Fu, T. K. Peng, J. C. Kennedy, and G. Yukl, "Examining the Preferences of Influence Tactics in Chinese Societies: A Comparison of Chinese Managers in Hong Kong, Taiwan, and Mainland China," *Organizational Dynamics* 33, no. 1 (2004): 32–46.

23. C. J. Torelli and S. Shavitt, "Culture and Concepts of Power," *Journal of Personality and Social Psychology* 99, no. 4 (2010): 703–23.

24. P. P. Fu, T. K. Peng, J. C. Kennedy, and G. Yukl, "Examining the Preferences of Influence Tactics in Chinese Societies: A Comparison of Chinese Managers in Hong Kong, Taiwan, and Mainland China."

25. G. R. Ferris, D. C. Treadway, P. L. Perrewé, R. L. Brouer, C. Douglas, and S. Lux, "Political Skill in Organizations," *Journal of Management* 33, no. 3 (2007): 290–320; K. J. Harris, K. M. Kacmar, S. Zivnuska, and J. D. Shaw, "The Impact of Political Skill on Impression Management Effectiveness," *Journal of Applied Psychology* 92, no. 1 (2007): 278–85; W. A. Hochwarter, G. R. Ferris, M. B. Gavin, P. L. Perrewé, A. T. Hall, and D. D. Frink, "Political Skill as Neutralizer of Felt Accountability–Job Tension Effects on Job Performance Ratings: A Longitudinal Investigation," *Organizational Behavior and Human Decision Processes* 102, no. 2 (2007): 226–39; and D. C. Treadway, G. R. Ferris, A. B. Duke, G. L. Adams, and J. B. Tatcher, "The Moderating Role of Subordinate Political Skill on Supervisors' Impressions of Subordinate Ingratiation and Ratings of Subordinate Interpersonal Facilitation," *Journal of Applied Psychology* 92, no. 3 (2007): 848–55.

26. M. C. Andrews, K. M. Kacmar, and K. J. Harris, "Got Political Skill? The Impact of Justice on the Importance of Political Skills for Job Performance," *Journal of Applied Psychology* 94, no. 6 (2009): 1427–37.

27. C. Anderson, S. E. Spataro, and F. J. Flynn, "Personality and Organizational Culture as Determinants of Influence," *Journal of Applied Psychology* 93, no. 3 (2008): 702–10.

28. Y. Cho and N. J. Fast, "Power, Defensive Denigration, and the Assuaging Effect of Gratitude Expression," *Journal of Experimental Social Psychology* 48, no. 3 (2012): 778–82.

29. M. Pitesa and S. Thau, "Masters of the Universe: How Power and Accountability Influence Self-Serving Decisions under Moral Hazard," *Journal of Applied Psychology* 98, no. 3 (2013): 550–58; N. J. Fast, N. Sivanathan, D. D. Mayer, and A. D. Galinsky, "Power and Overconfident Decision-Making," *Organizational Behavior and Human Decision Processes* 117, no. 2 (2012): 249–60; and M. J. Williams, "Serving the Self from the Seat of Power: Goals and Threats Predict Leaders' Self-Interested Behavior," *Journal of Management* 40, no. 5 (2014): 1365–95.

30. J. K. Maner, M. T. Gaillot, A. J. Menzel, and J. W. Kunstman, "Dispositional Anxiety Blocks the Psychological Effects of Power," *Personality and Social Psychology Bulletin* 38, no. 11 (2012): 1383–95.

31. N. J. Fast, N. Halevy, and A. D. Galinsky, "The Destructive Nature of Power without Status," *Journal of Experimental Social Psychology* 48, no. 1 (2012): 391–94.

32. T. Seppälä, J. Lipponen, A. Bardi, and A. Pirttilä-Backman, "Change-Oriented Organizational Citizenship Behaviour: An Interactive Product of Openness to Change Values, Work Unit Identification, and Sense of Power," *Journal of Occupational and Organizational Psychology* 85, no. 1 (2012): 136–55.

33. K. A. DeCelles, D. S. DeRue, J. D. Margolis, and T. L. Ceranic, "Does Power Corrupt or Enable? When and Why Power Facilitates Self-Interested Behavior," *Journal of Applied Psychology* 97, no. 3 (2012): 681–89.

34. "Facts about Sexual Harassment," The U.S. Equal Employment Opportunity Commission, accessed June 19, 2015 www.eeoc.gov/facts/fs-sex.html.

35. F. Ali and R. Kramar, "An Exploratory Study of Sexual Harassment in Pakistani Organizations," *Asia Pacific Journal of Management* 32, no. 1 (2014): 229–49.

36. Ibid.

37. "Workplace Sexual Harassment Statistics", Association of Women for Action and Research, 2015, http://www.aware.org.sg/ati/wsh-site/14.

38. R. Ilies, N. Hauserman, S. Schwochau, and J. Stibal, "Reported Incidence Rates of Work-Related Sexual Harassment in the United States: Using Meta-Analysis to Explain Reported Rate Disparities," *Personnel Psychology* 56, no. 3 (2003): 607–31; and G. Langer, "One in Four U.S. Women Reports Workplace Harassment," *ABC News,* November 16, 2011, http://abcnews.go.com/blogs/politics/2011/11/one-in-four-u-s-women-reports-workplace-harassment/.

39. "Sexual Harassment Charges," Equal Employment Opportunity Commission, accessed August 20, 2015, www.eeoc.gov/eeoc/statistics/.

40. B. Popken, "Report: 80% of Waitresses Report Being Sexually Harassed," *USA Today,* October 7, 2014, http://www.today.com/money/report-80-waitresses-report-being-sexually-harassed-2D80199724.

41. G. R. Ferris, D. C. Treadway, R. W. Kolokinsky, W. A. Hochwarter, C. J. Kacmar, and D. D. Frink, "Development and Validation of the Political Skill Inventory," *Journal of Management* 31, no. 1 (2005): 126–52.

42. A. Pullen and C. Rhodes, "Corporeal Ethics and the Politics of Resistance in Organizations," *Organization* 21, no. 6 (2014): 782–96.

43. G. R. Ferris and W. A. Hochwarter, "Organizational Politics," in *APA Handbook of Industrial and Organizational Psychology*, vol. 3, ed. S. Zedeck (Washington, DC: American Psychological Association, 2011), 435–59.

44. D. A. Buchanan, "You Stab My Back, I'll Stab Yours: Management Experience and Perceptions of Organization Political Behavior," *British Journal of Management* 19, no. 1 (2008): 49–64.

45. M. A. Finkelstein and L. A. Penner, "Predicting Organizational Citizenship Behavior: Integrating the Functional and Role Identity Approaches," *Social Behavior and Personality* 32, no. 4 (2004): 383–98; and J. Schwarzwald, M.

46. Koslowsky, and M. Allouf, "Group Membership, Status, and Social Power Preference," *Journal of Applied Social Psychology* 35, no. 3 (2005): 644–65.

46. See, for example, J. Walter, F. W. Kellermans, and C. Lechner, "Decision Making within and between Organizations: Rationality, Politics, and Alliance Performance," *Journal of Management* 38, no. 5 (2012): 1582–610.

47. G. R. Ferris, D. C. Treadway, P. L. Perrewé, R. L. Grouer, C. Douglas, and S. Lux, "Political Skill in Organizations."

48. J. Shi, R. E. Johnson, Y. Liu, and M. Wang, "Linking Subordinate Political Skill to Supervisor Dependence and Reward Recommendations: A Moderated Mediation Model," *Journal of Applied Psychology* 98, no. 2 (2013): 374–84.

49. W. A. Gentry, D. C. Gimore, M. L. Shuffler, and J. B. Leslie, "Political Skill as an Indicator of Promotability among Multiple Rater Sources," *Journal of Organizational Behavior* 33, no. 1 (2012): 89–104; and I. Kapoutsis, A. Paplexandris, A. Nikolopoulous, W. A. Hochwarter, and G. R. Ferris, "Politics Perceptions as a Moderator of the Political Skill-Job Performance Relationship: A Two-Study, Cross-National, Constructive Replication," *Journal of Vocational Behavior* 78, no. 1 (2011): 123–35.

50. M. Abbas, U. Raja, W. Darr, and D. Bouckenooghe, "Combined Effects of Perceived Politics and Psychological Capital on Job Satisfaction, Turnover Intentions, and Performance," *Journal of Management* 40, no. 7 (2014): 1813–30; and C. C. Rosen, D. L. Ferris, D. J. Brown, and W.-W. Yen, "Relationships among Perceptions of Organizational Politics (POPs), Work Motivation, and Salesperson Performance," *Journal of Management and Organization* 21, no. 2 (2015): 203–16.

51. See, for example, M. D. Laird, P. Harvey, and J. Lancaster, "Accountability, Entitlement, Tenure, and Satisfaction in Generation Y," *Journal of Managerial Psychology* 30, no. 1 (2015): 87–100; J. M. L. Poon, "Situational Antecedents and Outcomes of Organizational Politics Perceptions," *Journal of Managerial Psychology* 18, no. 2 (2003): 138–55; and K. L. Zellars, W. A. Hochwarter, S. E. Lanivich, P. L. Perrewe, and G. R. Ferris, "Accountability for Others, Perceived Resources, and Well Being: Convergent Restricted Non-Linear Results in Two Samples," *Journal of Occupational and Organizational Psychology* 84, no. 1 (2011): 95–115.

52. J. Walter, F. W. Kellermanns, and C. Lechner, "Decision Making within and between Organizations: Rationality, Politics, and Alliance Performance," *Journal of Management* 38, no. 5 (2012): 1582–610.

53. W. A. Hochwarter, C. Kiewitz, S. L. Castro, P. L. Perrewé, and G. R. Ferris, "Positive Affectivity and Collective Efficacy as Moderators of the Relationship between Perceived Politics and Job Satisfaction," *Journal of Applied Social Psychology* 33, no. 5 (2003): 1009–35; and C. C. Rosen, P. E. Levy, and R. J. Hall, "Placing Perceptions of Politics in the Context of Feedback Environment, Employee Attitudes, and Job Performance," *Journal of Applied Psychology* 91, no. 1 (2006): 211–30.

54. S. Aryee, Z. Chen, and P. S. Budhwar, "Exchange Fairness and Employee Performance: An Examination of the Relationship between Organizational Politics and Procedural Justice," *Organizational Behavior and Human Decision Processes* 94, no. 1 (2004): 1–14.

55. M. C. Andrews, L. A. Witt, and K. M. Kacmar, "The Interactive Effects of Organizational Politics and Exchange

Ideology on Manager Ratings of Retention," *Journal of Vocational Behavior* 62, no. 2 (2003): 357–69.

56. O. J. Labedo, "Perceptions of Organisational Politics: Examination of the Situational Antecedent and Consequences among Nigeria's Extension Personnel," *Applied Psychology: An International Review* 55, no. 2 (2006): 255–81.

57. K. M. Kacmar, M. C. Andrews, K. J. Harris, and B. Tepper, "Ethical Leadership and Subordinate Outcomes: The Mediating Role of Organizational Politics and the Moderating Role of Political Skill," *Journal of Business Ethics* 115, no. 1 (2013): 33–44.

58. Ibid.

59. K. M. Kacmar, D. G. Bachrach, K. J. Harris, and S. Zivnuska, "Fostering Good Citizenship through Ethical Leadership: Exploring the Moderating Role of Gender and Organizational Politics," *Journal of Applied Psychology* 96, no. 3 (2011): 633–42.

60. C. Homburg and A. Fuerst, "See No Evil, Hear No Evil, Speak No Evil: A Study of Defensive Organizational Behavior towards Customer Complaints," *Journal of the Academy of Marketing Science* 35, no. 4 (2007): 523–36.

61. See, for instance, M. C. Bolino and W. H. Turnley, "More Than One Way to Make an Impression: Exploring Profiles of Impression Management," *Journal of Management* 29, no. 2 (2003): 141–60; S. Zivnuska, K. M. Kacmar, L. A. Witt, D. S. Carlson, and V. K. Bratton, "Interactive Effects of Impression Management and Organizational Politics on Job Performance," *Journal of Organizational Behavior* 25, no. 5 (2004): 627–40; and M. C. Bolino, K. M. Kacmar, W. H. Turnley, and J. B. Gilstrap, "A Multi-Level Review of Impression Management Motives and Behaviors," *Journal of Management* 34, no. 6 (2008): 1080–109.

62. L. A. McFarland, A. M. Ryan, and S. D. Kriska, "Impression Management Use and Effectiveness across Assessment Methods," *Journal of Management* 29, no. 5 (2003): 641–61; C. A. Higgins and T. A. Judge, "The Effect of Applicant Influence Tactics on Recruiter Perceptions of Fit and Hiring Recommendations: A Field Study," *Journal of Applied Psychology* 89, no. 4 (2004): 622–32; and W. C. Tsai, C.-C. Chen, and S. F. Chiu, "Exploring Boundaries of the Effects of Applicant Impression Management Tactics in Job Interviews," *Journal of Management* 31, no. 1 (2005): 108–25.

63. M. R. Barrick, J. A. Shaffer, and S. W. DeGrassi. "What You See May Not Be What You Get: Relationships among Self-Presentation Tactics and Ratings of Interview and Job Performance," *Journal of Applied Psychology,* 94, no. 6 (2009): 1394–411.

64. E. Molleman, B. Emans, and N. Turusbekova, "How to Control Self-Promotion among Performance-Oriented Employees: The Roles of Task Clarity and Personalized Responsibility," *Personnel Review* 41, no. 1 (2012): 88–105.

65. K. J. Harris, K. M. Kacmar, S. Zivnuska, and J. D. Shaw, "The Impact of Political Skill on Impression Management Effectiveness," *Journal of Applied Psychology* 92, no. 1 (2007): 278–85; and D. C. Treadway, G. R. Ferris, A. B. Duke, G. L. Adams, and J. B. Thatcher, "The Moderating Role of Subordinate Political Skill on Supervisors' Impressions of Subordinate Ingratiation and Ratings of Subordinate Interpersonal Facilitation," *Journal of Applied Psychology* 92, no. 3 (2007): 848–55.

66. J. D. Westphal and I. Stern, "Flattery Will Get You Everywhere (Especially If You Are a Male Caucasian): How Ingratiation, Boardroom Behavior, and Demographic Minority Status Affect Additional Board Appointments of U.S. Companies," *Academy of Management Journal* 50, no. 2 (2007): 267–88.

67. Y. Liu, G. R. Ferris, J. Xu, B. A. Weitz, and P. L. Perrewé, "When Ingratiation Backfires: The Role of Political Skill in the Ingratiation-Internship Performance Relationship," *Academy of Management Learning & Education* 13, no. 4 (2014): 569–86.

68. E. Vigoda, "Reactions to Organizational Politics: A Cross-Cultural Examination in Israel and Britain," *Human Relations* 54, no. 11 (2001), 1483–1518; and Y. Zhu and D. Li, "Negative Spillover Impact of Perceptions of Organizational Politics on Work-Family Conflict in China," *Social Behavior and Personality* 43, no. 5 (2015): 705–14.

69. J. L. T. Leong, M. H. Bond, and P. P. Fu, "Perceived Effectiveness of Influence Strategies in the United States and Three Chinese Societies," *International Journal of Cross Cultural Management* 6, no. 1 (2006): 101–20.

70. Y. Miyamoto and B. Wilken, "Culturally Contingent Situated Cognition: Influencing Other People Fosters Analytic Perception in the United States But Not in Japan," *Psychological Science* 21, no. 11 (2010): 1616–22.

71. D. Clark, "A Campaign Strategy for Your Career," *Harvard Business Review,* November 2012, 131–34.

제14장

1. See, for instance, D. Tjosvold, A. S. H. Wong, and N. Y. F. Chen, "Constructively Managing Conflicts in Organizations," *Annual Review of Organizational Psychology and Organizational Behavior* 1 (2014): 545–68; and M. A. Korsgaard, S. S. Jeong, D. M. Mahony, and A. H. Pitariu, "A Multilevel View of Intragroup Conflict," *Journal of Management* 34, no. 6 (2008): 1222–52.

2. J. Farh, C. Lee, and C. I. C. Farh, "Task Conflict and Team Creativity: A Question of How Much and When," *Journal of Applied Psychology* 95, no. 6 (2010): 1173–80.

3. B. H. Bradley, B. F. Postlethwaite, A. C. Klotz, M. R. Hamdani, and K. G. Brown, "Reaping the Benefits of Task Conflict in Teams: The Critical Role of Team Psychological Safety Climate," *Journal of Applied Psychology* 97, no. 1 (2012), 151–58.

4. S. Benard, "Cohesion from Conflict: Does Intergroup Conflict Motivate Intragroup Norm Enforcement and Support for Centralized Leadership?" *Social Psychology Quarterly* 75, no. 2 (2012): 107–30.

5. G. A. Van Kleef, W. Steinel, and A. C. Homan, "On Being Peripheral and Paying Attention: Prototypicality and Information Processing in Intergroup Conflict," *Journal of Applied Psychology* 98, no. 1 (2013): 63–79.

6. R. S. Peterson and K. J. Behfar, "The Dynamic Relationship between Performance Feedback, Trust, and Conflict in Groups: A Longitudinal Study," *Organizational Behavior and Human Decision Processes* 92, nos. 1–2 (2003): 102–12.

7. T. M. Glomb and H. Liao, "Interpersonal Aggression in Work Groups: Social Influence, Reciprocal, and Individual

Effects," *Academy of Management Journal* 46, no. 4 (2003): 486–96; and V. Venkataramani and R. S. Dalal, "Who Helps and Harms Whom? Relational Aspects of Interpersonal Helping and Harming in Organizations," *Journal of Applied Psychology* 92, no. 4 (2007): 952–66.

8. R. Friedman, C. Anderson, J. Brett, M. Olekalns, N. Goates, and C. C. Lisco, "The Positive and Negative Effects of Anger on Dispute Resolution: Evidence from Electronically Mediated Disputes," *Journal of Applied Psychology* 89, no. 2 (2004): 369–76.

9. J. S. Chun and J. N. Choi, "Members' Needs, Intragroup Conflict, and Group Performance," *Journal of Applied Psychology* 99, no. 3 (2014): 437–50.

10. See, for instance, J. R. Curhan, "What Do People Value When They Negotiate? Mapping the Domain of Subjective Value in Negotiation," *Journal of Personality and Social Psychology* 91, no. 3 (2006): 117–26; and N. Halevy, E. Chou, and J. K. Murnighan, "Mind Games: The Mental Representation of Conflict," *Journal of Personality and Social Psychology* 102, no. 1 (2012): 132–48.

11. A. M. Isen, A. A. Labroo, and P. Durlach, "An Influence of Product and Brand Name on Positive Affect: Implicit and Explicit Measures," *Motivation and Emotion* 28, no. 1 (2004): 43–63.

12. Ibid.

13. C. Montes, D. Rodriguez, and G. Serrano, "Affective Choice of Conflict Management Styles," *International Journal of Conflict Management* 23, no. 1 (2012): 6–18.

14. See, for example, R. Troetschel and P. M. Gollwitzer, "Implementation Intentions and the Willful Pursuit of Prosocial Goals in Negotiations," *Journal of Experimental Social Psychology* 43, no. 4 (2007): 579–98.

15. See P. Badke-Schaub, G. Goldschmidt, and M. Meijer, "How Does Cognitive Conflict in Design Teams Support the Development of Creative Ideas?" *Creativity and Innovation Management* 19, no. 2 (2010): 119–33; and Z. Ma, A. Erkus, and A. Tabak, "Explore the Impact of Collectivism on Conflict Management Styles: A Turkish Study," *International Journal of Conflict Management* 21, no. 2 (2010): 169–85.

16. L. A. DeChurch, J. R. Mesmer-Magnus, and D. Doty, "Moving beyond Relationship and Task Conflict: Toward a Process-State Perspective," *Journal of Applied Psychology* 98, no. 4 (2013): 559–78.

17. G. Todorova, J. B. Bear, and L. R. Weingart, "Can Conflict Be Energizing? A Study of Task Conflict, Positive Emotions, and Job Satisfaction," *Journal of Applied Psychology* 99, no. 3 (2014): 451–67.

18. B. A. Nijstad and S. C. Kaps, "Taking the Easy Way Out: Preference Diversity, Decision Strategies, and Decision Refusal in Groups," *Journal of Personality and Social Psychology* 94, no. 5 (2008), pp. 860–870.

19. M. E. Zellmer-Bruhn, M. M. Maloney, A. D. Bhappu, and R. Salvador, "When and How Do Differences Matter? An Exploration of Perceived Similarity in Teams," *Organizational Behavior and Human Decision Processes* 107, no. 1 (2008): 41–59.

20. P. J. Hinds and D. E. Bailey, "Out of Sight, Out of Sync: Understanding Conflict in Distributed Teams," *Organization Science* 14, no. 6 (2003): 615–32.

21. K. A. Jehn, L. Greer, S. Levine, and G. Szulanski, "The Effects of Conflict Types, Dimensions, and Emergent States on Group Outcomes," *Group Decision and Negotiation* 17, no. 6 (2005): 777–96.

22. M. E. Zellmer-Bruhn, M. M. Maloney, A. D. Bhappu, and R. Salvador, "When and How Do Differences Matter?"

23. J. Fried, "I Know You Are, But What Am I?" *Inc.,* July/August 2010, 39–40.

24. K. J. Behfar, R. S. Peterson, E. A. Mannix, and W. M. K. Trochim, "The Critical Role of Conflict Resolution in Teams: A Close Look at the Links between Conflict Type, Conflict Management Strategies, and Team Outcomes," *Journal of Applied Psychology* 93, no. 1 (2008): 170–88; and A. G. Tekleab, N. R. Quigley, and P. E. Tesluk, "A Longitudinal Study of Team Conflict, Conflict Management, Cohesion, and Team Effectiveness," *Group & Organization Management* 34, no. 2 (2009): 170–205.

25. A. Somech, H. S. Desivilya, and H. Lidogoster, "Team Conflict Management and Team Effectiveness: The Effects of Task Interdependence and Team Identification," *Journal of Organizational Behavior* 30, no. 3 (2009): 359–78.

26. W. Liu, R. Friedman, and Y. Hong, "Culture and Accountability in Negotiation: Recognizing the Importance of In-Group Relations," *Organizational Behavior and Human Decision Processes* 117, no. 1 (2012): 221–34; and B. C. Gunia, J. M. Brett, A. K. Nandkeolyar, and D. Kamdar, "Paying a Price: Culture, Trust, and Negotiation Consequences," *Journal of Applied Psychology* 96, no. 4 (2010): 774–89.

27. See, for instance, D. Druckman and L. M. Wagner, "Justice and Negotiation," *Annual Review of Psychology*, 67 (2016): 387–413.

28. See, for example, D. R. Ames, "Assertiveness Expectancies: How Hard People Push Depends on the Consequences They Predict," *Journal of Personality and Social Psychology* 95, no. 6 (2008): 1541–57; and J. R. Curhan, H. A. Elfenbein, and H. Xu, "What Do People Value When They Negotiate? Mapping the Domain of Subjective Value in Negotiation," *Journal of Personality and Social Psychology* 91, no. 3 (2006): 493–512.

29. R. Lewicki, D. Saunders, and B. Barry, *Negotiation,* 6th ed. (New York: McGraw-Hill/Irwin, 2009).

30. J. C. Magee, A. D. Galinsky, and D. H. Gruenfeld, "Power, Propensity to Negotiate, and Moving First in Competitive Interactions," *Personality and Social Psychology Bulletin* 33, no. 2 (2007): 200–12.

31. E. Wilson, "The Trouble with Jake," *The New York Times,* July 15, 2009, www.nytimes.com.

32. This model is based on R. J. Lewicki, D. Saunders, and B. Barry, *Negotiation,* 7th ed. (New York: McGraw-Hill, 2014).

33. R. P. Larrick and G. Wu, "Claiming a Large Slice of a Small Pie: Asymmetric Disconfirmation in Negotiation," *Journal of Personality and Social Psychology* 93, no. 2 (2007): 212–33.

34. L. L. Thompson, J. Wang, and B. C. Gunia, "Negotiation," *Annual Review of Psychology* 61, (2010): 491–515.

35. M. Schaerer, R. I. Swaab, and A. D. Galinsky "Anchors Weigh More Than Power: Why Absolute Powerlessness Liberates Negotiators to Achieve Better Outcomes," *Psychological Science* 26, no. 2 (2014): 170–81:10.1177/0956797614558718.

36. J. R. Curhan, H. A. Elfenbein, and G. J. Kilduff, "Getting off on the Right Foot: Subjective Value versus Economic Value

in Predicting Longitudinal Job Outcomes from Job Offer Negotiations," *Journal of Applied Psychology* 94, no. 2 (2009): 524–34.

37. H. A. Elfenbein, "Individual Difference in Negotiation: A Nearly Abandoned Pursuit Revived," *Current Directions in Psychological Science* 24, no. 2 (2015): 131–36.

38. S. Sharma, W. Bottom, and H. A. Elfenbein, "On the Role of Personality, Cognitive Ability, and Emotional Intelligence in Predicting Negotiation Outcomes: A Meta-Analysis," *Organizational Psychology Review* 3, no. 4 (2013): 293–336.

39. G. Lelieveld, E. Van Dijk, I. Van Beest, and G. A. Van Kleef, "Why Anger and Disappointment Affect Other's Bargaining Behavior Differently: The Moderating Role of Power and the Mediating Role of Reciprocal Complementary Emotions," *Personality and Social Psychology Bulletin* 38, no. 9 (2012): 1209–21.

40. S. Côté, I. Hideg, and G. A. Van Kleef, "The Consequences of Faking Anger in Negotiations," *Journal of Experimental Social Psychology* 49, no. 3 (2013): 453–63.

41. G. A. Van Kleef and C. K. W. De Dreu, "Longer-Term Consequences of Anger Expression in Negotiation: Retaliation or Spillover?" *Journal of Experimental Social Psychology* 46, no. 5 (2010): 753–60.

42. H. Adam and A. Shirako, "Not All Anger Is Created Equal: The Impact of the Expresser's Culture on the Social Effects of Anger in Negotiations," *Journal of Applied Psychology* 98, no. 5 (2013): 785–98.

43. M. Olekalns and P. L Smith, "Mutually Dependent: Power, Trust, Affect, and the Use of Deception in Negotiation," *Journal of Business Ethics* 85, no. 3 (2009): 347–65.

44. A. W. Brooks and M. E. Schweitzer, "Can Nervous Nellie Negotiate? How Anxiety Causes Negotiators to Make Low First Offers, Exit Early, and Earn Less Profit," *Organizational Behavior and Human Decision Processes* 115, no. 1 (2011): 43–54.

45. M. Sinaceur, H. Adam, G. A. Van Kleef, and A. D. Galinsky, "The Advantages of Being Unpredictable: How Emotional Inconsistency Extracts Concessions in Negotiation," *Journal of Experimental Social Psychology* 49, no. 3 (2013): 498–508.

46. K. Leary, J. Pillemer, and M. Wheeler, "Negotiating with Emotion," *Harvard Business Review,* January–February 2013, 96–103.

47. L. A. Liu, R. Friedman, B. Barry, M. J. Gelfand, and Z. Zhang, "The Dynamics of Consensus Building in Intracultural and Intercultural Negotiations," *Administrative Science Quarterly* 57, no. 2 (2012): 269–304.

48. M. Liu, "The Intrapersonal and Interpersonal Effects of Anger on Negotiation Strategies: A Cross-Cultural Investigation," *Human Communication Research* 35, no. 1 (2009): 148–69; and H. Adam, A. Shirako, and W. W. Maddux, "Cultural Variance in the Interpersonal Effects of Anger in Negotiations," *Psychological Science* 21, no. 6 (2010): 882–89.

49. P. D. Trapnell and D. L. Paulhus, "Agentic and Communal Values: Their Scope and Measurement," *Journal of Personality Assessment* 94, no. 1 (2012): 39–52.

50. C. T. Kulik and M. Olekalns, "Negotiating the Gender Divide: Lessons from the Negotiation and Organizational Behavior Literatures," *Journal of Management* 38, no. 4 (2012): 1387–415.

51. C. Suddath, "The Art of Haggling," *Bloomberg Businessweek,* November 26, 2012, 98.

52. J. Mazei, J. Hüffmeier, P. A. Freund, A. F. Stuhlmacher, L. Bilke, and G. Hertel, "A Meta-Analysis on Gender Differences in Negotiation Outcomes and Their Moderators," *Psychological Bulletin* 141, no. 1 (2015): 85–104.

53. D. T. Kong, K. T. Dirks, and D. L. Ferrin, "Interpersonal Trust within Negotiations: Meta-Analytic Evidence, Critical Contingencies, and Directions for Future Research," *Academy of Management Journal* 57, no. 5 (2014): 1235–55.

54. G. R. Ferris, J. N. Harris, Z. A. Russell, B. P. Ellen, A. D. Martinez, and F. R. Blass, "The Role of Reputation in the Organizational Sciences: A Multilevel Review, Construct Assessment, and Research Directions," *Research in Personnel and Human Resources Management* 32 (2014): 241–303.

55. R. Zinko, G. R. Ferris, S. E. Humphrey, C. J. Meyer, and F. Aime, "Personal Reputation in Organizations: Two-Study Constructive Replication and Extension of Antecedents and Consequences," *Journal of Occupational and Organizational Psychology* 85, no. 1 (2012): 156–80.

56. A. Hinshaw, P. Reilly, and A. Kupfer Schneider, "Attorneys and Negotiation Ethics: A Material Misunderstanding?" *Negotiation Journal* 29, no. 3 (2013): 265–87; and N. A. Welsh, "The Reputational Advantages of Demonstrating Trustworthiness: Using the Reputation Index with Law Students," *Negotiation Journal* 28, no. 1 (2012): 117–45.

57. J. R. Curhan, H. A. Elfenbein, and X. Heng, "What Do People Value When They Negotiate? Mapping the Domain of Subjective Value in Negotiation," *Journal of Personality and Social Psychology* 91, no. 3 (2006): 493–512.

58. W. E. Baker and N. Bulkley, "Paying It Forward vs. Rewarding Reputation: Mechanisms of Generalized Reciprocity," *Organization Science* 25, no. 5 (2014): 1493–510.

59. G. A. Van Kleef, C. K. W. De Dreu, and A. S. R. Manstead, "An Interpersonal Approach to Emotion in Social Decision Making: The Emotions as Social Information Model" in *Advances in Experimental Social Psychology* vol. 42, ed. M. P. Zanna, (2010), 45–96.

60. F. Lumineau and J. E. Henderson, "The Influence of Relational Experience and Contractual Governance on the Negotiation Strategy in Buyer–Supplier Disputes," *Journal of Operations Management* 30, no. 5 (2012): 382–95.

61. U.S. Equal Employment Opportunity Commission, Questions and Answers About Mediation, accessed June 9, 2015, http://www.eeoc.gov/eeoc/mediation/qanda.cfm.

제15장

1. See, for instance, R. L. Daft, *Organization Theory and Design,* 10th ed. (Cincinnati, OH: South-Western Publishing, 2010).

2. J. G. Miller, "The Real Women's Issue: Time," *The Wall Street Journal,* March 9–10, 2013, C3.

3. T. W. Malone, R. J. Laubacher, and T. Johns, "The Age of Hyperspecialization," *Harvard Business Review,* July–August 2011, 56–65.

4. C. Woodyard, "Toyota Brass Shakeup Aims to Give Regions More Control," *USA Today,* March 6, 2013, www.usatoday.com/story/money/cars/2013/03/06/toyota-shakeup/1966489/.

5. S. Ballmer, "One Microsoft: Company Realigns to Enable Innovation at Greater Speed, Efficiency," Microsoft, July 11, 2013, http://blogs.microsoft.com/firehose/2013/07/11/one-microsoft-company-realigns-to-enable-innovation-at-greater-speed-efficiency/.

6. Ibid.

7. A. Wilhelm, "Microsoft Shakes Up Its Leadership and Internal Structure as its Fiscal Year Comes to a Close," *TechCrunch,* June 17, 2015, http://techcrunch.com/2015/06/17/microsoft-shakes-up-its-leadership-and-internal-structure-as-its-fiscal-year-comes-to-a-close/#.mcn-4eo:OnA3.

8. See, for instance, "How Hierarchy Can Hurt Strategy Execution," *Harvard Business Review,* July–August 2010, 74–75.

9. F. A. Csascar, "Organizational Structure as a Determinant of Performance: Evidence from Mutual Funds," *Strategic Management Journal* 33, no. 6 (2013): 611–32.

10. B. Brown and S. D. Anthony, "How P&G Tripled Its Innovation Success Rate," *Harvard Business Review,* June 2011, 64–72.

11. A. Leiponen and C. E. Helfat, "Location, Decentralization, and Knowledge Sources for Innovation," *Organization Science* 22, no. 3 (2011): 641–58.

12. K. Parks, "HSBC Unit Charged in Argentine Tax Case," *The Wall Street Journal,* March 19, 2013, C2.

13. P. Hempel, Z.-X. Zhang, and Y. Han, "Team Empowerment and the Organizational Context: Decentralization and the Contrasting Effects of Formalization," *Journal of Management* 38, no. 2 (2012): 475–501.

14. J. E. Perry-Smith and C. E. Shalley, "A Social Composition View of Team Creativity: The Role of Member Nationality-Heterogeneous Ties Outside of the Team," *Organization Science* 25, no. 5 (2014): 1434–52; J. Han, J. Han, and D. J. Brass, "Human Capital Diversity in the Creation of Social Capital for Team Creativity," *Journal of Organizational Behavior* 35, no. 1 (2014): 54–71; N. Sivasubramaniam, S. J. Liebowitz, and C. L. Lackman, "Determinants of New Product Development Team Performance: A Meta Analytic Review," *Journal of Product Innovation Management* 29, no. 5 (2012): 803–20.

15. T. A de Vries, F. Walter, G. S. Van der Vegt, and P. J. M. D. Essens, "Antecedents of Individuals' Interteam Coordination: Broad Functional Experiences as a Mixed Blessing," *Academy of Management Journal* 57, no. 5 (2014): 1334–59.

16. N. J. Foss, K. Laursen, and T. Pedersen, "Linking Customer Interaction and Innovation: The Mediating Role of New Organizational Practices," *Organization Science* 22, no. 4 (2011): 980–99; N. J. Foss, J. Lyngsie, and S. A. Zahra, "The Role of External Knowledge Sources and Organizational Design in the Process of Opportunity Exploitation," *Strategic Management Journal* 34, no. 12 (2013): 1453–71; and A. Salter, P. Crisuolo, and A. L. J. Ter Wal, "Coping with Open Innovation: Responding to the Challenges of External Engagement in R&D," *California Management Review* 56, no. 2 (2014): 77–94.

17. A. Murray, "Built Not to Last," *The Wall Street Journal,* March 18, 2013, A11.

18. For a quick overview, see J. Davoren, "Functional Structure Organization Strength and Weakness," *Small Business Chronicle*, accessed June 25, 2015, http://smallbusiness.chron.com/functional-structure-organization-strength-weakness-60111.html.

19. See, for instance, A. Writing, "Different Types of Organizational Structure," *Small Business Chronicle*, accessed June 25, 2015, http://smallbusiness.chron.com/different-types-of-organizational-structure-723.html.

20. For a quick overview, see "Types of Business Organizational Structures," *Pingboard*, July 24, 2013, accessed June 25, 2015 https://pingboard.com/blog/types-business-organizational-structures/.

21. J. R. Galbraith, *Designing Matrix Organizations That Actually Work: How IBM, Procter & Gamble, and Others Design for Success* (San Francisco: Jossey-Bass, 2009); and E. Krell, "Managing the Matrix," *HR Magazine,* April 2011, 69–71.

22. See, for instance, M. Bidwell, "Politics and Firm Boundaries: How Organizational Structure, Group Interests, and Resources Affect Outsourcing," *Organization Science* 23, no. 6 (2012): 1622–42.

23. See, for instance, T. Sy and L. S. D'Annunzio, "Challenges and Strategies of Matrix Organizations: Top-Level and Mid-Level Managers' Perspectives," *Human Resource Planning* 28, no. 1 (2005): 39–48; and T. Sy and S. Côtê, "Emotional Intelligence: A Key Ability to Succeed in the Matrix Organization," *Journal of Management Development* 23, no. 5 (2004): 437–55.

24. N. Anand and R. L. Daft, "What Is the Right Organization Design?" *Organizational Dynamics* 36, no. 4 (2007): 329–44.

25. See, for instance, N. S. Contractor, S. Wasserman, and K. Faust, "Testing Multitheoretical, Multilevel Hypotheses about Organizational Networks: An Analytic Framework and Empirical Example," *Academy of Management Review* 31, no. 3 (2006): 681–703; and Y. Shin, "A Person-Environment Fit Model for Virtual Organizations," *Journal of Management* 30, no. 5 (2004): 725–43.

26. J. Schramm, "At Work in a Virtual World," *HR Magazine,* June 2010, 152.

27. C. B. Gibson and J. L. Gibbs, "Unpacking the Concept of Virtuality: The Effects of Geographic Dispersion, Electronic Dependence, Dynamic Structure, and National Diversity on Team Innovation," *Administrative Science Quarterly* 51, no. 3 (2006): 451–95; H. M. Latapie and V. N. Tran, "Subculture Formation, Evolution, and Conflict between Regional Teams in Virtual Organizations," *The Business Review,* Summer 2007, 189–93; and S. Davenport and U. Daellenbach, "'Belonging' to a Virtual Research Center: Exploring the Influence of Social Capital Formation Processes on Member Identification in a Virtual Organization," *British Journal of Management* 22, no. 1 (2011): 54–76.

28. See, for instance, E. Devaney, "The Pros & Cons of 7 Popular Organizational Structures," *Hubspot,* December 23, 2014, 6:00AM, accessed June 25, 2015, http://blog.hubspot.com/marketing/team-structure-diagrams.

29. J. Scheck, L. Moloney, and A. Flynn, "Eni, CNPC Link Up in Mozambique," *The Wall Street Journal,* March 15, 2013, B3.

30. E. Devaney, "The Pros & Cons of 7 Popular Organizational Structures."

31. L. Gensler, "American Express to Slash 4,000 Jobs on Heels of Strong Quarter," *Forbes,* January 21, 2015, http://www.forbes.com/sites/laurengensler/2015/01/21/american-express-earnings-rise-11-on-increased-cardholder-spending/.

32. L. I Alpert, "Can Imported CEO Fix Russian Cars?" *The Wall Street Journal*, March 20, 2013, http://www.wsj.com/articles/SB10001424127887323639604578370121394214736.

33. K. Walker, N. Ni, and B. Dyck, "Recipes for Successful Sustainability: Empirical Organizational Configurations for Strong Corporate Environmental Performance," *Business Strategy and the Environment* 24, no. 1 (2015): 40–57.

34. See, for instance, J. R. Hollenbeck et al., "Structural Contingency Theory and Individual Differences: Examination of External and Internal Person-Team Fit," *Journal of Applied Psychology* 87, no. 3 (2002): 599–606; and A. Drach-Zahavy and A. Freund, "Team Effectiveness under Stress: A Structural Contingency Approach," *Journal of Organizational Behavior* 28, no. 4 (2007): 423–50.

35. K. Walker, N. Ni, and B. Dyck, "Recipes for Successful Sustainability: Empirical Organizational Configurations for Strong Corporate Environmental Performance."

36. See, for instance, S. M. Toh, F. P. Morgeson, and M. A. Campion, "Human Resource Configurations: Investigating Fit with the Organizational Context," *Journal of Applied Psychology* 93, no. 4 (2008): 864–82.

37. M. Mesco, "Moleskine Tests Appetite for IPOs," *The Wall Street Journal*, March 19, 2013, B8.

38. J. Backaler, "Haier: A Chinese Company That Innovates," *Forbes*, June 17, 2010, http://www.forbes.com/sites/china/2010/06/17/haier-a-chinese-company-that-innovates/.

39. See, for instance, J. A. Cogin and I. O. Williamson, "Standardize or Customize: The Interactive Effects of HRM and Environment Uncertainty on MNC Subsidiary Performance," *Human Resource Management* 53, no. 5 (2014): 701–21; G. Kim and M.-G. Huh, "Exploration and Organizational Longevity: The Moderating Role of Strategy and Environment," *Asia Pacific Journal of Management* 32, no. 2 (2015): 389–414.

40. R. Greenwood, C. R. Hinings, and D. Whetten, "Rethinking Institutions and Organizations," *Journal of Management Studies,* 51, no. 7 (2014): 1206–20; and D. Chandler and H. Hwang, "Learning from Learning Theory: A Model of Organizational Adoption Strategies at the Microfoundations of Institutional Theory," *Journal of Management* 41, no. 5 (2015): 1446–76.

41. C. S. Spell and T. J. Arnold, "A Multi-Level Analysis of Organizational Justice and Climate, Structure, and Employee Mental Health," *Journal of Management* 33, no. 5 (2007): 724–51; and M. L. Ambrose and M. Schminke, "Organization Structure as a Moderator of the Relationship between Procedural Justice, Interactional Justice, Perceived Organizational Support, and Supervisory Trust," *Journal of Applied Psychology* 88, no. 2 (2003): 295–305.

42. See, for instance, C. S. Spell and T. J. Arnold, "A Multi-Level Analysis of Organizational Justice and Climate, Structure, and Employee Mental Health;" J. D. Shaw and N. Gupta, "Job Complexity, Performance, and Well-Being: When Does Supplies-Value Fit Matter?" *Personnel Psychology* 57, no. 4 (2004); and C. Anderson and C. E. Brown, "The Functions and Dysfunctions of Hierarchy," *Research in Organizational Behavior* 30 (2010): 55–89.

43. T. Martin, "Pharmacies Feel More Heat," *The Wall Street Journal*, March 16–17, 2013, A3.

44. See, for instance, R. E. Ployhart, J. A. Weekley, and K. Baughman, "The Structure and Function of Human Capital Emergence: A Multilevel Examination of the Attraction-Selection-Attrition Model," *Academy of Management Journal* 49, no. 4 (2006): 661–77.

45. J. B. Stewart, "A Place to Play for Google Staff," *The New York Times,* March 16, 2013, B1.

46. See, for instance, B. K. Park, J. A. Choi, M. Koo, S. Sul, and I. Choi, "Culture, Self, and Preference Structure: Transitivity and Context Independence Are Violated More by Interdependent People," *Social Cognition* 31, no. 1 (2013): 106–18.

47. J. Hassard, J. Morris, and L. McCann, "'My Brilliant Career?' New Organizational Forms and Changing Managerial Careers in Japan, the UK, and USA," *Journal of Management Studies* 49, no. 3 (2012): 571–99.

제16장

1. See, for example, B. Schneider, M. G. Ehrhart, and W. H. Macey, "Organizational Climate and Culture," *Annual Review of Psychology* 64 (2013): 361–88.

2. I. Borg, J. F. Groenen, K. A. Jehn, W. Bilsky, and S. H. Schwartz, "Embedding the Organizational Culture Profile into Schwartz's Theory of Universals in Values," *Journal of Personnel Psychology* 10, no. 1 (2011): 1–12.

3. See, for example, C. Ostroff, A. J. Kinicki, and M. M. Tamkins, "Organizational Culture and Climate," in *Handbook of Psychology: Industrial and Organizational Psychology*, eds. W. C. Borman, D. R. Ilgen, and R. J. Klimoski (Hoboken, NJ: Wiley, 2003), 565–93.

4. D. A. Hoffman and L. M. Jones, "Leadership, Collective Personality, and Performance," *Journal of Applied Psychology* 90, no. 3 (2005), 509–22.

5. T. Hsieh, "How I did it: Zappos's CEO on Going to Extremes for Customers" *Harvard Business Review,* July–August 2010, 41–45.

6. P. Lok, R. Westwood, and J. Crawford, "Perceptions of Organisational Subculture and Their Significance for Organisational Commitment," *Applied Psychology: An International Review* 54, no. 4 (2005): 490–514; and B. E. Ashforth, K. M. Rogers, and K. G. Corley, "Identity in Organizations: Exploring Cross-Level Dynamics," *Organization Science* 22, no. 5 (2011): 1144–56.

7. For discussion of how culture can be evaluated as a shared perception, see D. Chan, "Multilevel and Aggregation Issues in Climate and Culture Research," in *The Oxford Handbook of Organizational Climate and Culture*, eds. B. Schneider and K. M. Barbera (New York, NY: Oxford University Press, 2014), 484–495.

8. L. M. Kotrba, M. A. Gillespie, A. M. Schmidt, R. E. Smerek, S. A. Ritchie, and D. R. Denison, "Do Consistent Corporate Cultures Have Better Business Performance: Exploring the Interaction Effects," *Human Relations* 65, no. 2 (2012): 241–262; and M. W. Dickson, C. J. Resick, and P. J. Hanges, "When Organizational Climate Is Unambiguous, It Is Also Strong," *Journal of Applied Psychology* 91, no. 2 (2006): 351–364.

9. M. Schulte, C. Ostroff, S. Shmulyian, and A. Kinicki, "Organizational Climate Configurations: Relationships to Collective Attitudes, Customer Satisfaction, and Financial

Performance," *Journal of Applied Psychology* 94, no. 3 (2009): 618–634.

10. S. Maitlis and M. Christianson, "Sensemaking in Organizations: Taking Stock and Moving Forward," *The Academy of Management Annals* 8, (2014): 57–125; and K. Weber and M. T. Dacin, "The Cultural Construction of Organizational Life," *Organization Science* 22, no. 2 (2011): 287–298.

11. Y. Ling, Z. Simsek, M. H. Lubatkin, and J. F. Veiga, "Transformational Leadership's Role in Promoting Corporate Entrepreneurship: Examining the CEO-TMT Interface," *Academy of Management Journal* 51, no. 3 (2008): 557–76; and A. Malhotra, A. Majchrzak, and B. Rosen, "Leading Virtual Teams," *Academy of Management Perspectives* 21, no. 1 (2007): 60–70.

12. L. R. James et al., "Organizational and Psychological Climate: A Review of Theory and Research," *European Journal of Work and Organizational Psychology* 17, no. 1 (2008): 5–32; and B. Schneider and K. M. Barbera, "Introduction and Overview," in *The Oxford Handbook of Organizational Climate and Culture*, eds. B. Schneider and K. M. Barbera (New York, NY: Oxford University Press, 2014), 3–22.

13. J. Z. Carr, A. M. Schmidt, J. K. Ford, and R. P. DeShon, "Climate Perceptions Matter: A Meta-Analytic Path Analysis Relating Molar Climate, Cognitive and Affective States, and Individual Level Work Outcomes," *Journal of Applied Psychology* 88, no. 4 (2003): 605–619.

14. M. Schulte, C. Ostroff, S. Shmulyian, and A. Kinicki, "Organizational Climate Configurations: Relationships to Collective Attitudes, Customer Satisfaction, and Financial Performance."

15. S. D. Pugh, J. Dietz, A. P. Brief, and J. W. Wiley, "Looking Inside and Out: The Impact of Employee and Community Demographic Composition on Organizational Diversity Climate," *Journal of Applied Psychology* 93, no. 6 (2008): 1422–1428; K. H. Ehrhart, L. A. Witt, B. Schneider, and S. J. Perry, "Service Employees Give as They Get: Internal Service as a Moderator of the Service Climate-Service Outcomes Link," *Journal of Applied Psychology* 96, no. 2 (2011): 423–31; and A. Simha and J. B. Cullen, "Ethical Climates and Their Effects on Organizational Outcomes: Implications from the Past and Prophecies for the Future," *Academy of Management Perspectives* 26, no. 4 (2011): 20–34.

16. J. C. Wallace, D. Johnson, K. Mathe, and J. Paul, "Structural and Psychological Empowerment Climates, Performance, and the Moderating Role of Shared Felt Accountability: A Managerial Perspective," *Journal of Applied Psychology* 96, no. 3 (2011): 840–850.

17. J. M. Beus, S. C. Payne, M. E. Bergman, and W. Arthur, "Safety Climate and Injuries: An Examination of Theoretical and Empirical Relationships," *Journal of Applied Psychology* 95, no. 4 (2010): 713–727.

18. A. Simha and J. B. Cullen, "Ethical Climates and Their Effects on Organizational Outcomes: Implications from the Past and Prophecies for the Future," *Academy of Management Perspectives* 26, no. 4 (2011): 20–34.

19. Ibid.

20. J. Howard-Greenville, S. Bertels, and B. Lahneman, "Sustainability: How It Shapes Organizational Culture and Climate," in *The Oxford Handbook of Organizational Climate and Culture*, eds. B. Schneider and K. M. Barbera (New York, NY: Oxford University Press, 2014), 257–275.

21. P. Lacy, T. Cooper, R. Hayward, and L. Neuberger, "A New Era of Sustainability: UN Global Compact-Accenture CEO Study 2010," Joint Report from Accenture and the United Nations: The Global Compact, June 2010, https://www.unglobalcompact.org/docs/news_events/8.1/UNGC_Accenture_CEO_Study_2010.pdf.

22. B. Fitzgerald, "Sustainable Farming Will Be Next, 'Revolution in Agriculture,'" *Australian Broadcasting Company: Rural,* May 28, 2015, 10:12PM, http://www.abc.net.au/news/2015-05-29/state-of-tomorrow-sustainable-farming/6504842.

23. A. A. Marcus and A. R. Fremeth, "Green Management Matters Regardless," *Academy of Management Perspectives* 23, no. 3 (2009): 17–26.

24. P. Bansal, "From Issues to Actions: The Importance of Individual Concerns and Organizational Values in Responding to Natural Environmental Issues," *Organization Science* 14, no. 5 (2003): 510–527; P. Bansal, "Evolving Sustainably: A Longitudinal Study of Corporate Sustainable Development," *Strategic Management Journal* 26, no. 3 (2005): 197–218; and J. Howard-Grenville and A. J. Hoffman, "The Importance of Cultural Framing to the Success of Social Initiatives in Business," *Academy of Management Executive* 17, no. 2 (2003): 70–84.

25. A. R. Carrico and M. Riemer, "Motivating Energy Conservation in the Workplace: An Evaluation of the Use of Group-Level Feedback and Peer Education," *Journal of Environmental Psychology* 31, no. 1 (2011): 1–13.

26. J. P. Kotter, "Change Management: Accelerate!" *Harvard Business Review,* November 2012: 44–58.

27. R. Walker, "Behind the Music," *Fortune,* October 29, 2012, 57–58.

28. J. P. Titlow, "How Spotify's Music-Obsessed Culture Keeps Employees Hooked," *Fast Company,* August 20, 2014, http://www.fastcompany.com/3034617/how-spotifys-music-obsessed-culture-makes-the-company-rock.

29. E. Ries, *The Lean Startup* (New York: Crown Publishing, 2011).

30. M. Herper, "Niche Pharma," *Forbes,* September 24, 2012, 80–89.

31. J. Bandler and D. Burke, "How HP Lost Its Way," *Fortune,* May 21, 2012, 147–164.

32. G. F. Lanzara and G. Patriotta, "The Institutionalization of Knowledge in an Automotive Factory: Templates, Inscriptions, and the Problems of Durability," *Organization Studies* 28, no. 5 (2007): 635–660; and T. B. Lawrence, M. K. Mauws, B. Dyck, and R. F. Kleysen, "The Politics of Organizational Learning: Integrating Power into the 4I Framework," *Academy of Management Review* 30, no. 1 (2005): 180–191.

33. L. G. Flores, W. Zheng, D. Rau, and C. H. Thomas, "Organizational Learning: Subprocess Identification, Construct Validation, and an Empirical Test of Cultural Antecedents," *Journal of Management* 38, no. 2 (2012): 640–667; and W. S. Shim and R. M. Steers, "Symmetric and Asymmetric Leadership Cultures: A Comparative Study of Leadership and Organizational Culture at Hyundai and Toyota," *Journal of World Business* 47, no. 4 (2012): 581–591.

34. See D. L. Stone, E. F. Stone-Romero, and K. M. Lukasze-wski, "The Impact of Cultural Values on the Acceptance and Effectiveness of Human Resource Management Policies and Practices," *Human Resource Management Review* 17, no. 2 (2007): 152–165; D. R. Avery, "Support for Diversity in Organizations: A Theoretical Exploration of Its Origins and Offshoots," *Organizational Psychology Review* 1, no. 3 (2011): 239–256; and A. Groggins and A. M. Ryan, "Embracing Uniqueness: The Underpinnings of a Positive Climate for Diversity," *Journal of Occupational and Organizational Psychology* 86, no. 2 (2013): 264–282.

35. D. Liu, T. R. Mitchell, T. W. Lee, B. C. Holtom, and T. R. Hinkin, "When Employees Are out of Step with Coworkers: How Job Satisfaction Trajectory and Dispersion Influence Individual and Unit-Level Voluntary Turnover," *Academy of Management Journal* 55, no. 6 (2012): 360–1380.

36. R. A. Weber and C. F. Camerer, "Cultural Conflict and Merger Failure: An Experimental Approach," *Management Science* 49, no. 4 (2003): 400–412; I. H. Gleibs, A. Mummendey, and P. Noack, "Predictors of Change in Postmerger Identification during a Merger Process: A Longitudinal Study," *Journal of Personality and Social Psychology* 95, no. 5 (2008): 1095–1112; and F. Bauer and K. Matzler, "Antecedents of M&A Success: The Role of Strategic Complementarity, Cultural Fit, and Degree and Speed of Integration," *Strategic Management Journal* 35, no. 2 (2014): 269–291.

37. K. Voigt, "Mergers Fail More Often Than Marriages," *CNN,* May 22, 2009, http://edition.cnn.com/2009/BUSINESS/05/21/merger.marriage/.

38. Y. L. Zhao, O. H. Erekson, T. Wang, and M. Song, "Pioneering Advantages and Entrepreneurs' First-Mover Decisions: An Empirical Investigation for the United States and China," *Journal of Product Innovation Management* 29, no. S1 (2012): 190–210.

39. E. H. Schein, *Organizational Culture and Leadership*, Vol. 2. (New York, NY: John Wiley & Sons, 2010).

40. See, for example, D. E. Bowen and C. Ostroff, "The 'Strength' of the HRM System, Organizational Climate Formation, and Firm Performance," *Academy of Management Review* 29, no. 2 (2004): 203–221.

41. W. Li, Y. Wang, P. Taylor, K. Shi, and D. He, "The Influence of Organizational Culture on Work-Related Personality Requirement Ratings: A Multilevel Analysis," *International Journal of Selection and Assessment* 16, no. 4 (2008): 366–384; I. Oh, K. S. Kim, and C. H. Van Iddekinge, "Taking It to another Level: Do Personality-Based Human Capital Resources Matter to Firm Performance?" *Journal of Applied Psychology* 100, no. 3 (2015): 935–947; and A. Bardi, K. E. Buchanan, R. Goodwin, L. Slabu, and M. Robinson, "Value Stability and Change during Self-Chosen Life Transitions: Self-Selection versus Socialization Effects," *Journal of Personality and Social Psychology* 106, no. 1 (2014): 131–147.

42. D. C. Hambrick, "Upper Echelons Theory: An Update," *Academy of Management Review* 32, no. 2 (2007): 334–343; M. A. Carpenter, M. A. Geletkanycz, and W. G. Sanders, "Upper Echelons Research Revisited: Antecedents, Elements, and Consequences of Top Management Team Composition," *Journal of Management* 30, no. 6 (2004): 749–778; and H. Wang, A. S. Tsui, and K. R. Xin, "CEO Leadership

Behaviors, Organizational Performance, and Employees' Attitudes," *Leadership Quarterly* 22, no. 1 (2011): 92–105.

43. V. Tabvuma, Y. Georgellis, and T. Lange, "Orientation Training and Job Satisfaction: A Sector and Gender Analysis," *Human Resource Management* 54, no. 2 (2015): 303–321; and T. N. Bauer, T. Bodner, B. Erdogan, D. M. Truxillo, and J. S. Tucker, "Newcomer Adjustment during Organizational Socialization: A Meta-Analytic Review of Antecedents, Outcomes, and Methods," *Journal of Applied Psychology* 92, no. 3 (2007): 707–721.

44. R. E. Silverman, "Companies Try to Make the First Day for New Hires More Fun," *The Wall Street Journal,* May 28, 2013, http://online.wsj.com/article/SB10001424127887323 3361045785016314759348 50.html.

45. D. M. Cable, F. Gino, and B. R. Staats, "Breaking Them in or Eliciting Their Best? Reframing Socialization around Newcomers' Authentic Self-Expression," *Administrative Science Quarterly* 58, no. 1 (2013): 1–36; and M. Wang, J. Kammeyer-Mueller, and Y. Liu, "Context, Socialization, and Newcomer Learning," *Organizational Psychology Review* 5, no. 1 (2015): 3–25.

46. C. J. Collins, "The Interactive Effects of Recruitment Practices and Product Awareness on Job Seekers' Employer Knowledge and Application Behaviors," *Journal of Applied Psychology* 92, no. 1 (2007): 180–190.

47. J. D. Kammeyer-Mueller and C. R. Wanberg, "Unwrapping the Organizational Entry Process: Disentangling Multiple Antecedents and Their Pathways to Adjustment," *Journal of Applied Psychology* 88, no. 5 (2003): 779–794; E. W. Morrison, "Longitudinal Study of the Effects of Information Seeking on Newcomer Socialization," *Journal of Applied Psychology* 78, no. 2 (2003): 173–183; and M. Wang, Y. Zhan, E. McCune, and D. Truxillo, "Understanding Newcomers' Adaptability and Work-Related Outcomes: Testing the Mediating Roles of Perceived P-E Fit Variables," *Personnel Psychology* 64, no. 1 (2011): 163–189.

48. A. M. Ellis, T. N. Bauer, L. R. Mansfield, B. Erdogan, D. M. Truxillo, and L. S. Simon, "Navigating Uncharted Waters: Newcomer Socialization through the Lens of Stress Theory," *Journal of Management* 41, no. 1 (2015): 203–235; and E. Lapointe, C. Vandenberghe, and J.-S. Boudrias, "Organizational Socialization Tactics and Newcomer Adjustment: The Mediating Role of Role Clarity and Affect-Based Trust Relationships," *Journal of Occupational and Organizational Psychology* 87, no. 3 (2014): 599–624.

49. T. N. Bauer, T. Bodner, B. Erdogan, D. M. Truxillo, and J. S. Tucker, "Newcomer Adjustment during Organizational Socialization: A Meta-Analytic Review of Antecedents, Outcomes, and Methods," *Journal of Applied Psychology* 92, no. 3 (2007): 707–721.

50. W. R. Boswell, A. J. Shipp, S. C. Payne, and S. S. Culbertson, "Changes in Newcomer Job Satisfaction over Time: Examining the Pattern of Honeymoons and Hangovers," *Journal of Applied Psychology* 94, no. 4 (2009): 844–858; and W. R. Boswell, J. W. Boudreau, and J. Tichy, "The Relationship between Employee Job Change and Job Satisfaction: The Honeymoon-Hangover Effect," *Journal of Applied Psychology* 90, no. 5 (2005): 882–892.

51. J. D. Kammeyer-Mueller, C. R. Wanberg, A. L. Rubenstein, and Z. Song, "Support, Undermining, and Newcomer Socialization: Fitting in during the First 90 Days," *Academy of*

Management Journal 56, no. 4 (2013): 1104–1124; and M. Jokisaari and J. Nurmi, "Change in Newcomers' Supervisor Support and Socialization Outcomes after Organizational Entry," *Academy of Management Journal* 52, no. 3 (2009): 527–544.

52. C. Vandenberghe, A. Panaccio, K. Bentein, K. Mignonac, and P. Roussel, "Assessing Longitudinal Change of and Dynamic Relationships among Role Stressors, Job Attitudes, Turnover Intention, and Well-Being in Neophyte Newcomers," *Journal of Organizational Behavior* 32, no. 4 (2011): 652–671.

53. E. Ransdell, "The Nike Story? Just Tell It!" *Fast Company,* January–February 2000, 44–46; and A. Muccino, "Exclusive Interview with Chuck Eichten," *Liquid Brand Summit* (blog), February 4, 2011, http://blog.liquidbrandsummit.com/once-there-was-a-brand-qa-with-nike-design-director-chuck-eichten/.

54. S. L. Dailey and L. Browning, "Retelling Stories in Organizations: Understanding the Functions of Narrative Repetition," *Academy of Management Review* 39, no. 1 (2014): 22–43.

55. A. J. Shipp and K. J. Jansen, "Reinterpreting Time in Fit Theory: Crafting and Recrafting Narratives of Fit in Medias Res," *Academy of Management Review* 36, no. 1 (2011): 76–101.

56. See G. Islam and M. J. Zyphur, "Rituals in Organizations: A Review and Expansion of Current Theory," *Group & Organization Management* 34, no. 1 (2009): 114–39.

57. M. Moskowitz and F. Levering, "The 100 Best Companies to Work For," *Fortune,* February 6, 2012, 120.

58. A. Bryant, "Take the Bus, and Watch the Ideas Flow," *The New York Times,* September 16, 2012, 2.

59. M. G. Pratt and A. Rafaeli "Artifacts and Organizations: Understanding Our Objective Reality," in *Artifacts and Organizations: Beyond Mere Symbolism,* eds. A. Rafaeli and M. G. Pratt (Mahwah, NJ: Lawrence Erlbaum, 2006), 279–288.

60. B. Gruley, "Relaxed Fit," *Bloomberg Businessweek,* September 17–23, 2012, 98–99.

61. M. Moskowitz and R. Levering, "The 100 Best Companies to Work For," *Fortune,* February 6, 2012, 117–124.

62. A. Ardichvilli, J. A. Mitchell, and D. Jondle, "Characteristics of Ethical Business Cultures," *Journal of Business Ethics* 85, no. 4 (2009): 445–451; D. M. Mayer, "A Review of the Literature on Ethical Climate and Culture," in *The Oxford Handbook of Organizational Climate and Culture,* eds. B. Schneider and K. M. Barbera (New York, NY: Oxford University Press, 2014), 415–440.

63. J. P. Mulki, J. F. Jaramillo, and W. B. Locander, "Critical Role of Leadership on Ethical Climate and Salesperson Behaviors," *Journal of Business Ethics* 86, no. 2 (2009): 125–141; M. Schminke, M. L. Ambrose, and D. O. Neubaum, "The Effect of Leader Moral Development on Ethical Climate and Employee Attitudes," *Organizational Behavior and Human Decision Processes* 97, no. 2 (2005): 135–151; and M. E. Brown, L. K. Treviño, and D. A. Harrison, "Ethical Leadership: A Social Learning Perspective for Construct Development and Testing," *Organizational Behavior and Human Decision Processes* 97, no. 2 (2005): 117–134.

64. D. M. Mayer, M. Kuenzi, R. Greenbaum, M. Bardes, and S. Salvador, "How Low Does Ethical Leadership Flow? Test of a Trickle-Down Model," *Organizational Behavior and Human Decision Processes* 108, no. 1 (2009): 1–13; and L. J. Christensen, A. Mackey, and D. Whetten, "Taking Responsibility for Corporate Social Responsibility: The Role of Leaders in Creating, Implementing, Sustaining, or Avoiding Socially Responsible Firm Behaviors," *Academy of Management Perspectives* 28, no. 2 (2014): 164–178.

65. B. Sweeney, D. Arnold, and B. Pierce, "The Impact of Perceived Ethical Culture of the Firm and Demographic Variables on Auditors' Ethical Evaluation and Intention to Act Decisions," *Journal of Business Ethics* 93, no. 4 (2010): 531–551.

66. M. L. Gruys, S. M. Stewart, J. Goodstein, M. N. Bing, and A. C. Wicks, "Values Enactment in Organizations: A Multi-Level Examination," *Journal of Management* 34, no. 4 (2008): 806–843.

67. D. L. Nelson and C. L. Cooper eds., *Positive Organizational Behavior* (London, UK: Sage, 2007); K. S. Cameron, J. E. Dutton, and R. E. Quinn, eds., *Positive Organizational Scholarship: Foundations of a New Discipline* (San Francisco, CA: Berrett-Koehler, 2003); and F. Luthans and C. M. Youssef, "Emerging Positive Organizational Behavior," *Journal of Management* 33, no. 3 (2007): 321–349.

68. S. Fineman, "On Being Positive: Concerns and Counterpoints," *Academy of Management Review* 31, no. 2 (2006): 270–291.

69. E. Poole, "Organisational Spirituality: A Literature Review," *Journal of Business Ethics* 84, no. 4 (2009): 577–588.

70. L. W. Fry and J. W. Slocum, "Managing the Triple Bottom Line through Spiritual Leadership," *Organizational Dynamics* 37, no. 1 (2008): 86–96.

71. See, for example, C. L. Jurkiewicz and R. A. Giacalone, "A Values Framework for Measuring the Impact of Workplace Spirituality on Organizational Performance," *Journal of Business Ethics* 49, no. 2 (2004): 129–142.

72. See, for example, B. S. Pawar, "Workplace Spirituality Facilitation: A Comprehensive Model," *Journal of Business Ethics* 90, no. 3 (2009): 375–386; and L. Lambert, *Spirituality Inc.: Religion in the American Workplace* (New York: University Press, 2009).

73. M. Oppenheimer, "The Rise of the Corporate Chaplain," *Bloomberg Businessweek,* August 23, 2012, 58–61.

74. M. Lips-Miersma, K. L. Dean, and C. J. Fornaciari, "Theorizing the Dark Side of the Workplace Spirituality Movement," *Journal of Management Inquiry* 18, no. 4 (2009): 288–300.

75. J.-C. Garcia-Zamor, "Workplace Spirituality and Organizational Performance," *Public Administration Review* 63, no. 3 (2003): 355–363; and L. W. Fry, S. T. Hannah, M. Noel, and F. O. Walumbwa, "Impact of Spiritual Leadership on Unit Performance," *Leadership Quarterly* 22, no. 2 (2011): 259–270.

76. A. Rego and M. Pina e Cunha, "Workplace Spirituality and Organizational Commitment: An Empirical Study," *Journal of Organizational Change Management* 21, no. 1 (2008): 53–75; R. W. Kolodinsky, R. A. Giacalone, and C. L. Jurkiewicz, "Workplace Values and Outcomes: Exploring Personal, Organizational, and Interactive Workplace Spirituality," *Journal of Business Ethics* 81, no. 2 (2008): 465–480; and M. Gupta, V. Kumar, and M. Singh, "Creating Satisfied Employees through Workplace Spirituality: A Study of the

Private Insurance Sector in Punjab, India," *Journal of Business Ethics* 122, no. 1 (2014): 79–88.

77. D. J. McCarthy and S. M. Puffer, "Interpreting the Ethicality of Corporate Governance Decision in Russia: Utilizing Integrative Social Contracts Theory to Evaluate the Relevance of Agency Theory Norms," *Academy of Management Review* 33, no. 1 (2008): 11–31.

제17장

1. See, for instance, J. Birkinshaw, G. Hamel, and M. J. Mol, "Management Innovation," *Academy of Management Review* 33, no. 4 (2008): 825–845; and J. Welch and S. Welch, "What Change Agents Are Made Of," *BusinessWeek*, October 20, 2008, 96.

2. P. G. Audia and S. Brion, "Reluctant to Change: Self-Enhancing Responses to Diverging Performance Measures," *Organizational Behavior and Human Decision Processes* 102, no. 2 (2007): 255–269.

3. M. Fugate, A. J. Kinicki, and G. E. Prussia, "Employee Coping with Organizational Change: An Examination of Alternative Theoretical Perspectives and Models," *Personnel Psychology* 61, no. 1 (2008): 1–36.

4. R. B. L. Sijbom, O. Janssen, and N. W. Van Yperen, "How to Get Radical Creative Ideas into a Leader's Mind? Leader's Achievement Goals and Subordinates' Voice of Creative Ideas," *European Journal of Work and Organizational Psychology* 24, no. 2 (2015): 279–296.

5. J. D. Ford, L. W. Ford, and A. D'Amelio, "Resistance to Change: The Rest of the Story," *Academy of Management Review* 33, no. 2 (2008): 362–377.

6. R. K. Smollan, "The Multi-Dimensional Nature of Resistance to Change," *Journal of Management & Organization* 17, no. 6 (2011): 828–849.

7. P. C. Fiss and E. J. Zajac, "The Symbolic Management of Strategic Change: Sensegiving via Framing and Decoupling," *Academy of Management Journal* 49, no. 6 (2006): 1173–1193.

8. A. E. Rafferty and S. L. D. Restubog, "The Impact of Change Process and Context on Change Reactions and Turnover during a Merger," *Journal of Management* 36, no. 5 (2010): 1309–1338.

9. D. M. Herold, D. B. Fedor, and S. D. Caldwell, "Beyond Change Management: A Multilevel Investigation of Contextual and Personal Influences on Employees' Commitment to Change," *Journal of Applied Psychology* 92, no. 4 (2007): 942–951; and G. B. Cunningham, "The Relationships among Commitment to Change, Coping with Change, and Turnover Intentions," *European Journal of Work and Organizational Psychology* 15, no. 1 (2006): 29–45.

10. R. Peccei, A. Giangreco, and A. Sebastiano, "The Role of Organizational Commitment in the Analysis of Resistance to Change: Co-predictor and Moderator Effects," *Personnel Review* 40, no. 2 (2011): 185–204.

11. J. P. Kotter, "Leading Change: Why Transformational Efforts Fail," *Harvard Business Review,* January 2007, 96–103.

12. K. van Dam, S. Oreg, and B. Schyns, "Daily Work Contexts and Resistance to Organisational Change: The Role of Leader–Member Exchange, Development Climate, and Change Process Characteristics," *Applied Psychology: An International Review* 57, no. 2 (2008): 313–334.

13. A. H. Y. Hon, M. Bloom, and J. M. Crant, "Overcoming Resistance to Change and Enhancing Creative Performance," *Journal of Management* 40, no. 3 (2014): 919–941.

14. S. Oreg and N. Sverdlik, "Ambivalence toward Imposed Change: The Conflict between Dispositional Resistance to Change and the Orientation toward the Change Agent," *Journal of Applied Psychology* 96, no. 2 (2011): 337–349.

15. D. B. Fedor, S. Caldwell, and D. M. Herold, "The Effects of Organizational Changes on Employee Commitment: A Multilevel Investigation," *Personnel Psychology* 59, no. 1 (2006): 1–29; and R. D. Foster, "Resistance, Justice, and Commitment to Change," *Human Resource Development Quarterly* 21, no. 1 (2010): 3–39.

16. S. Oreg, "Personality, Context, and Resistance to Organizational Change," *European Journal of Work and Organizational Psychology* 15, no. 1 (2006): 73–101.

17. S. M. Elias, "Employee Commitment in Times of Change: Assessing the Importance of Attitudes toward Organizational Change," *Journal of Management* 35, no. 1 (2009): 37–55.

18. J. W. B. Lang and P. D. Bliese, "General Mental Ability and Two Types of Adaptation to Unforeseen Change: Applying Discontinuous Growth Models to the Task-Change Paradigm," *Journal of Applied Psychology* 94, no. 2 (2009): 411–428.

19. See, for instance, A. Karaevli, "Performance Consequences for New CEO 'Outsiderness': Moderating Effects of Pre- and Post-Succession Contexts," *Strategic Management Journal* 28, no. 7 (2007): 681–706.

20. See, for instance, J. Manchester et al., "Facilitating Lewin's Change Model with Collaborative Evaluation in Promoting Evidence Based Practices of Health Professionals," *Evaluation and Program Planning* 47 (2014): 82–90.

21. P. G. Audia, E. A. Locke, and K. G. Smith, "The Paradox of Success: An Archival and a Laboratory Study of Strategic Persistence Following Radical Environmental Change," *Academy of Management Journal* 43, no. 5 (2000): 837–853; and P. G. Audia and S. Brion, "Reluctant to Change: Self-Enhancing Responses to Diverging Performance Measures," *Organizational Behavior and Human Decision Processes* 102, no. 2 (2007): 255–269.

22. See, for instance, J. Kim, "Use of Kotter's Leading Change Model to Develop and Implement a Heart Failure Education Program for Certified Nursing Assistants in a Long-Term Care Facility," *Nursing Research* 64, no. 2 (2015): E35; and J. Pollack and R. Pollack, "Using Kotter's Eight Stage Process to Manage an Organisational Change Program: Presentation and Practice," *Systemic Practice and Action Research* 28, no. 1 (2015): 41–66.

23. See, for example, L. S. Lüscher and M. W. Lewis, "Organizational Change and Managerial Sensemaking: Working through Paradox," *Academy of Management Journal* 51, no. 2 (2008): 221–240.

24. For example, see R. J. Marshak and D. Grant, "Organizational Discourse and New Organization Development Practices," *British Journal of Management* 19, no. 1 (2008): S7–S19.

25. See, for instance, R. Lines, "Influence of Participation in Strategic Change: Resistance, Organizational Commitment

and Change Goal Achievement," *Journal of Change Management* 4, no. 3 (2004): 193–215.

26. M. J. Mol and J. Birkinshaw, "The Role of External Involvement in the Creation of Management Innovations," *Organization Studies* 35, no. 9 (2014): 1287–1312; and R. Slater and A. Coyle, "The Governing of the Self/the Self-Governing Self: Multi-Rater Feedback and Practices 1940–2011," *Theory & Psychology* 24, no. 2 (2014): 233–255.

27. T. Fauth, K. Hattrub, K. Mueller, and B. Roberts, "Nonresponse in Employee Attitude Surveys: A Group-Level Analysis," *Journal of Business and Psychology* 28, no. 1 (2013): 1–16.

28. F. J. Lambrechts, R. Bouwen, S. Grieten, J. P. Huybrechts, and E. H. Schein, "Learning to Help through Humble Inquiry and Implications for Management Research, Practice, and Education: An Interview with Edgar H. Schein," *Academy of Management Learning & Education* 10, no. 1 (2011): 131–148.

29. W. W. G. Dyer, W. G. Dyer, and J. H. Dyer, *Team Building: Proven Strategies for Improving Team Performance* (Hoboken, NJ: Jossey-Bass, 2007).

30. U. Wagner, L. Tropp, G. Finchilescu, and C. Tredoux, eds., *Improving Intergroup Relations* (New York, NY: Wiley-Blackwell, 2008).

31. See, for example, B. Verleysen, F. Lambrechts, and F. Van Acker, "Building Psychological Capital with Appreciative Inquiry: Investigating the Mediating Role of Basic Psychological Need Satisfaction," *Journal of Applied Behavioral Science* 51, no. 1 (2015): 10–35.

32. P. Jarzabkowski, J. Lê, and A. Van de Ven, "Responding to Competing Strategic Demands: How Organizing, Belonging, and Performing Paradoxes Coevolve," *Strategic Organization* 11, no. 3 (2013): 245–280; and W. K. Smith, "Dynamic Decision Making: A Model of Senior Leaders Managing Strategic Paradoxes," *Academy of Management Journal* 57, no. 6 (2014): 1592–1623.

33. J. Jay, "Navigating Paradox as a Mechanism of Change and Innovation in Hybrid Organizations," *Academy of Management Journal* 56, no. 1 (2013): 137–159.

34. Y. Zhang, D. A. Waldman, Y. Han, and X. Li, "Paradoxical Leader Behaviors in People Management: Antecedents and Consequences," *Academy of Management Journal* 58, no. 2 (2015): 538–566.

35. See, for instance, G. P. Pisano, "You Need an Innovation Strategy," *Harvard Business Review,* June 2015, 44–54.

36. H. W. Volberda, F. A. J. Van den Bosch, and C. V. Heij, "Management Innovation: Management as Fertile Ground for Innovation," *European Management Review* 10, no. 1 (2013): 1–15.

37. F. Damanpour, "Organizational Innovation: A Meta-Analysis of Effects of Determinants and Moderators," *Academy of Management Journal* 34, no. 3 (1991): 555–590; and G. Westerman, F. W. McFarlan, and M. Iansiti, "Organization Design and Effectiveness over the Innovation Life Cycle," *Organization Science* 17, no. 2 (2006): 230–238.

38. See P. Schepers and P. T. Van den Berg, "Social Factors of Work-Environment Creativity," *Journal of Business and Psychology* 21, no. 3 (2007): 407–428.

39. S. Chang, L. Jia, R. Takeuchi, and Y. Cai, "Do High-Commitment Work Systems Affect Creativity? A Multilevel Combinational Approach to Employee Creativity," *Journal of Applied Psychology* 99, no. 4 (2014): 665–680.

40. M. E. Mullins, S. W. J. Kozlowski, N. Schmitt, and A. W. Howell, "The Role of the Idea Champion in Innovation: The Case of the Internet in the Mid-1990s," *Computers in Human Behavior* 24, no. 2 (2008): 451–467.

41. C. Y. Murnieks, E. Mosakowski, and M. S. Cardon, "Pathways of Passion: Identity Centrality, Passion, and Behavior among Entrepreneurs," *Journal of Management* 40, no. 6 (2014): 1583–1606.

42. S. C. Parker, "Intrapreneurship or Entrepreneurship?" *Journal of Business Venturing* 26, no. 1 (2011): 19–34.

43. M. ⊠, M. Jakli⊠, and M. Škerlavaj, "Decoupling Management and Technological Innovations: Resolving the Individualism-Collectivism Controversy," *Journal of International Management* 19, no. 2 (2013): 103–117.

44. See, for example, T. B. Lawrence, M. K. Mauws, B. Dyck, and R. F. Kleysen, "The Politics of Organizational Learning: Integrating Power into the 4I Framework," *Academy of Management Review* 30, no. 1 (2005): 180–191.

45. J. Kim, T. Egan, and H. Tolson, "Examining the Dimensions of the Learning Organization Questionnaire: A Review and Critique of Research Utilizing the DLOQ," *Human Resource Development Review* 14, no. 1 (2015): 91–112.

46. L. Berghman, P. Matthyssens, S. Streukens, and K. Vandenbempt, "Deliberate Learning Mechanisms for Stimulating Strategic Innovation Capacity," *Long Range Planning* 46, nos. 1–2 (2013): 39–71.

47. M.-G. Seo, M. S. Taylor, N. S. Hill, X. Zhang, P. E. Tesluk, and N. M. Lorinkova, "The Role of Affect and Leadership during Organizational Change," *Personnel Psychology* 65, no. 1 (2012): 121–165.

48. M. Fugate, G. E. Prussia, and A. J. Kinicki, "Managing Employee Withdrawal during Organizational Change: The Role of Threat Appraisal," *Journal of Management* 38, no. 3 (2012): 890–914.

49. J. Shin, M. S. Taylor, and M.-G. Seo, "Resources for Change: The Relationships of Organizational Inducements and Psychological Resilience to Employees' Attitudes and Behaviors toward Organizational Change," *Academy of Management Journal* 55, no. 3 (2012): 727–748.

50. B. Mirza, "Workplace Stress Hits Three-Year High," *HR Magazine,* April 2012, 15.

51. "What Is Stress?" from The American Institute of Stress website, accessed February 24, 2016, http://www.stress.org/what-is-stress.

52. Ibid.

53. N. P. Podsakoff, J. A. LePine, and M. A. LePine, "Differential Challenge-Hindrance Stressor Relationships with Job Attitudes, Turnover Intentions, Turnover, and Withdrawal Behavior: A Meta-Analysis," *Journal of Applied Psychology* 92, no. 2 (2007): 438–54; and J. A. LePine, M. A. LePine, and C. L. Jackson, "Challenge and Hindrance Stress: Relationships with Exhaustion, Motivation to Learn, and Learning Performance," *Journal of Applied Psychology* 89, no. 5 (2004): 883–891.

54. J. C. Wallace, B. D. Edwards, T. Arnold, M. L. Frazier, and D. M. Finch, "Work Stressors, Role-Based Performance, and the Moderating Influence of Organizational Support," *Journal of Applied Psychology* 94, no. 1 (2009): 254–262.

55. IBID

56. A. B. Bakker, E. Demerouti, and A. I. Sanz-Vergel, "Burnout and Work Engagement: The JD–R Approach," *Annual Review of Organizational Psychology and Organizational Behavior* 1 (2014): 389–411.

57. "Stress in America: Paying with Our Health," *American Psychological Association press release,* February 4, 2015, from the APA website, https://www.apa.org/news/press/releases/stress/2014/stress-report.pdf.

58. J. de Jonge and C. Dormann, "Stressors, Resources, and Strain at Work: A Longitudinal Test of the Triple-Match Principle," *Journal of Applied Psychology* 91, no. 5 (2006): 1359–1374.

59. D. C. Ganster and C. C. Rosen, "Work Stress and Employee Health: A Multidisciplinary Review," *Journal of Management* 39, no. 5 (2013): 1085–1122.

60. P. Sterling, "Allostasis: A Model of Predictive Regulation," *Physiology & Behavior* 106, no. 1 (2012): 5–15.

61. S. Gilboa, A. Shirom, Y. Fried, and C. L. Cooper, "A Meta-Analysis of Work Demand Stressors and Job Performance: Examining Main and Moderating Effects," *Personnel Psychology* 61, no. 2 (2008): 227–271.

62. A. E. Rafferty and M. A. Griffin, "Perceptions of Organizational Change: A Stress and Coping Perspective," *Journal of Applied Psychology* 71, no. 5 (2007): 1154–1162.

63. R. Ilies, N. Dimotakis, and I. E. De Pater, "Psychological and Physiological Reactions to High Workloads: Implications for Well-Being," *Personnel Psychology* 63, no. 2 (2010): 407–436; and A. B. Bakker, E. Demerouti, and A. I. Sanz-Vergel, "Burnout and Work Engagement: The JD–R Approach," *Annual Review of Organizational Psychology and Organizational Behavior* 1 (2014): 389–411.

64. T. L. Smith-Jackson and K. W. Klein, "Open-Plan Offices: Task Performance and Mental Workload," *Journal of Environmental Psychology* 29, no. 2 (2009): 279–289.

65. C. Fritz and S. Sonnentag, "Antecedents of Day-Level Proactive Behavior: A Look at Job Stressors and Positive Affect during the Workday," *Journal of Management* 35, no. 1 (2009): 94–111.

66. S. Lim, L. M. Cortina, and V. J. Magley, "Personal and Workgroup Incivility: Impact on Work and Health Outcomes," *Journal of Applied Psychology* 93, no. 1 (2008): 95–107; N. T. Buchanan and L. F. Fitzgerald, "Effects of Racial and Sexual Harassment on Work and the Psychological Well-Being of African American Women," *Journal of Occupational Health Psychology* 13, no. 2 (2008): 137–151; C. R. Willness, P. Steel, and K. Lee, "A Meta-Analysis of the Antecedents and Consequences of Workplace Sexual Harassment," *Personnel Psychology* 60, no. 1 (2007): 127–162; and B. Moreno-Jiménez, A. Rodríguez-Muñoz, J. C. Pastor, A. I. Sanz-Vergel, and E. Garrosa, "The Moderating Effects of Psychological Detachment and Thoughts of Revenge in Workplace Bullying," *Personality and Individual Differences* 46, no. 3 (2009): 359–364.

67. L. Yang, J. Bauer, R. E. Johnson, M. W. Groer, and K. Salomon, "Physiological Mechanisms That Underlie the Effects of Interactional Unfairness on Deviant Behavior: The Role of Cortisol Activity," *Journal of Applied Psychology* 99, no. 2 (2014): 310–321.

68. M. T. Schmitt, N. R. Branscombe, T. Postmes, and A. Garcia, "The Consequences of Perceived Discrimination for Psychological Well-Being: A Meta-Analytic Review," *Psychological Bulletin* 140, no. 4 (2014): 921–948.

69. "Stress in America: Paying with Our Health," *American Psychological Association,* February 4, 2015, http://www.apa.org/news/press/releases/stress/2014/stress-report.pdf.

70. Q. Hu, W. B. Schaufeli, and T. W. Taris, "The Job Demands–Resources Model: An Analysis of Additive and Joint Effects of Demands and Resources," *Journal of Vocational Behavior* 79, no. 1 (2011): 181–190.

71. E. R. Crawford, J. A. LePine, and B. L. Rich, "Linking Job Demands and Resources to Employee Engagement and Burnout: A Theoretical Extension and Meta-Analytic Test," *Journal of Applied Psychology* 95, no. 5 (2010): 834–848.

72. See J. B. Halbesleben, "Sources of Social Support and Burnout: A Meta-Analytic Test of the Conservation of Resources Model," *Journal of Applied Psychology* 91, no. 5 (2006): 1134–1145; N. Bolger and D. Amarel, "Effects of Social Support Visibility on Adjustment to Stress: Experimental Evidence," *Journal of Applied Psychology* 92, no. 3 (2007): 458–475; and C. Fernet, M. Gagné, and S. Austin, "When Does Quality of Relationships with Coworkers Predict Burnout over Time? The Moderating Role of Work Motivation," *Journal of Organizational Behavior* 31, no. 8 (2010): 1163–1180.

73. J. B. Avey, F. Luthans, and S. M. Jensen, "Psychological Capital: A Positive Resource for Combating Employee Stress and Turnover," *Human Resource Management* 48, no. 5 (2009): 677–693.

74. See, for example, C. M. Middeldorp, D. C. Cath, A. L. Beem, G. Willemsen, and D. I. Boomsma, "Life Events, Anxious Depression, and Personality: A Prospective and Genetic Study," *Psychological Medicine* 38, no. 11 (2008): 1557–1565; A. A. Uliaszek et al. "The Role of Neuroticism and Extraversion in the Stress-Anxiety and Stress-Depression Relationships," *Anxiety, Stress, and Coping* 23, no. 4 (2010): 363–381.

75. J. D. Kammeyer-Mueller, T. A. Judge, and B. A. Scott, "The Role of Core Self-Evaluations in the Coping Process," *Journal of Applied Psychology* 94, no. 1 (2009): 177–195.

76. J. Chen, C. Silverthorne, and J. Hung, "Organization Communication, Job Stress, Organizational Commitment, and Job Performance of Accounting Professionals in Taiwan and America," *Leadership & Organization Development Journal* 27, no. 4 (2006): 242–249; and C. Liu, P. E. Spector, and L. Shi, "Cross-National Job Stress: A Quantitative and Qualitative Study," *Journal of Organizational Behavior* 28, no. 2 (2007): 209–239.

77. P. E. Spector et al., "Cross National Differences in Relationships of Work Demands, Job Satisfaction, and Turnover Intention with Work-Family Conflict," *Personnel Psychology* 60, no. 4 (2007): 805–835.

78. H. M. Addae and X. Wang, "Stress at Work: Linear and Curvilinear Effects of Psychological-, Job-, and Organization-Related Factors: An Exploratory Study of Trinidad and Tobago," *International Journal of Stress Management* 13, no. 4 (2006): 476–493.

79. M. Kivimäki, J. Head, J. E. Ferrie, E. Brunner, M. G. Marmot, J. Vahtera, and M. J. Shipley, "Why Is Evidence on Job Strain and Coronary Heart Disease Mixed? An Illustration of Measurement Challenges in the Whitehall II Study," *Psychosomatic Medicine* 68, no. 3 (2006): 398–401.

80. M. Borritz et al., "Impact on Burnout and Psychosocial Work Characteristics on Future Long-Term Sickness Absence, Prospective Results of the Danish PUMA Study among Human Service Workers," *Journal of Occupational and Environmental Medicine* 52, no. 10 (2010): 964–970.

81. R. Ilies, N. Dimotakis, and I. E. DePater, "Psychological and Physiological Reactions to High Workloads: Implications for Well-Being," *Personnel Psychology* 63, no. 2 (2010): 407–463.

82. D. Örtqvist and J. Wincent, "Prominent Consequences of Role Stress: A Meta-Analytic Review," *International Journal of Stress Management* 13, no. 4 (2006): 399–422.

83. J. J. Hakanen, A. B. Bakker, and M. Jokisaari, "A 35-Year Follow-Up Study on Burnout among Finnish Employees," *Journal of Occupational Health Psychology* 16, no. 3 (2011): 345–360; E. R. Crawford, J. A. LePine, and B. L. Rich, "Linking Job Demands and Resources to Employee Engagement and Burnout: A Theoretical Extension and Meta-Analytic Test," *Journal of Applied Psychology* 95, no. 5 (2010): 834–848; and G. A. Chung-Yan, "The Nonlinear Effects of Job Complexity and Autonomy on Job Satisfaction, Turnover, and Psychological Well-Being," *Journal of Occupational Health Psychology* 15, no. 3 (2010): 237–251.

84. L. L. Meier, N. K. Semmer, A. Elfering, and N. Jacobshagen, "The Double Meaning of Control: Three-Way Interactions between Internal Resources, Job Control, and Stressors at Work," *Journal of Occupational Health Psychology* 13, no. 3 (2008): 244–258.

85. E. M. de Croon, J. K. Sluiter, R. W. B. Blonk, J. P. J. Broersen, and M. H. W. Frings-Dresen, "Stressful Work, Psychological Job Strain, and Turnover: A 2-Year Prospective Cohort Study of Truck Drivers," *Journal of Applied Psychology* 89, no. 3 (2004): 442–454; R. Cropanzano, D. E. Rupp, and Z. S. Byrne, "The Relationship of Emotional Exhaustion to Work Attitudes, Job Performance, and Organizational Citizenship Behaviors," *Journal of Applied Psychology* 88, no. 1 (2003): 160–169; and S. Diestel and K. Schmidt, "Costs of Simultaneous Coping with Emotional Dissonance and Self-Control Demands at Work: Results from Two German Samples," *Journal of Applied Psychology* 96, no. 3 (2011): 643–653.

86. Y.-C. Wu, "Job Stress and Job Performance among Employees on the Taiwanese Finance Sector: The Role of Emotional Intelligence," *Social Behavior and Personality* 39, no. 1 (2011): 21–31. This study was replicated with similar results in U. Yozgat, S. Yurtkoru, and E. Bilginoglu, "Job Stress and Job Performance among Employees in Public Sector in Istanbul: Examining the Moderating Role of Emotional Intelligence," in *Procedia—Social and Behavioral Sciences* vol. 75, ed. E. Eren (2013), 518–524.

87. K. M. Richardson and H. R. Rothstein, "Effects of Occupational Stress Management Intervention Programs: A Meta-Analysis," *Journal of Occupational Health Psychology* 13, no. 1 (2008): 69–93.

88. R. W. Renn, D. G. Allen, and T. M. Huning, "Empirical Examination of Individual-Level Personality-Based Theory of Self-Management Failure," *Journal of Organizational Behavior* 32, no. 1 (2011): 25–43; and P. Gröpel and P. Steel, "A Mega-Trial Investigation of Goal Setting, Interest Enhancement, and Energy on Procrastination," *Personality and Individual Differences* 45, no. 5 (2008): 406–411.

89. S. Klaperski, B. von Dawans, M. Heinrichs, and R. Fuchs, "Does the Level of Physical Exercise Affect Physiological and Psychological Responses to Psychosocial Stress in Women?" *Psychology of Sport and Exercise* 14, no. 2 (2013): 266–274.

90. K. M. Richardson and H. R. Rothstein, "Effects of Occupational Stress Management Intervention Programs: A Meta-Analysis," *Journal of Occupational Health Psychology* 13, no. 1 (2008): 69–93.

91. V. C. Hahn, C. Binnewies, S. Sonnentag, and E. J. Mojza, "Learning How to Recover from Job Stress: Effects of a Recovery Training Program on Recovery, Recovery-Related Self-Efficacy, and Well-Being," *Journal of Occupational Health Psychology* 16, no. 2 (2011): 202–216; and C. Binnewies, S. Sonnentag, and E. J. Mojza, "Recovery during the Weekend and Fluctuations in Weekly Job Performance: A Week-Level Study Examining Intra-Individual Relationships," *Journal of Occupational and Organizational Psychology* 83, no. 2 (2010): 419–41.

92. E. R. Greenglass and L. Fiksenbaum, "Proactive Coping, Positive Affect, and Well-Being: Testing for Mediation Using Path Analysis," *European Psychologist* 14, no. 1 (2009): 29–39; and P. Miquelon and R. J. Vallerand, "Goal Motives, Well-Being, and Physical Health: Happiness and Self-Realization as Psychological Resources under Challenge," *Motivation and Emotion* 30, no. 4 (2006): 259–272.

93. M. M. Butts, R. J. Vandenberg, D. M. DeJoy, B. S. Schaffer, and M. G. Wilson, "Individual Reactions to High Involvement Work Processes: Investigating the Role of Empowerment and Perceived Organizational Support," *Journal of Occupational Health Psychology* 14, no. 2 (2009): 122–136.

94. "100 Best Companies to Work For," *Fortune*, August 17, 2011, http://money.cnn.com/magazines/fortune.

95. L. Blue, "Making Good Health Easy," *Time*, February 12, 2009, http://content.time.com/time/magazine/article/0,9171,1879199,00.html; and M. Andrews, "America's Best Health Plans," *US News and World Report*, November 5, 2007, 54–60.

96. K. M. Richardson and H. R. Rothstein, "Effects of Occupational Stress Management Intervention Programs: A Meta-Analysis."

97. L. L. Berry, A. M. Mirabito, and W. B. Baun, "What's the Hard Return on Employee Wellness Programs?" *Harvard Business Review*, December 2010, https://hbr.org/2010/12/whats-the-hard-return-on-employee-wellness-programs.

98. S. Mattke, et al. *Workplace Wellness Programs Study* (Santa Monica, CA: RAND, 2013).

저자 소개

✎ Stephen P. Robbins(애리조나대학교 박사)

샌디에이고주립대학교 명예교수인 Robbins 교수는 경영학과 조직행동 분야에서 월드베스트셀러 저자이다. 그의 저서는 미국 1,000개 이상의 대학에서 교재로 사용되고 있으며, 19개 언어로 번역되어 캐나다, 오스트레일리아, 남아프리카, 인도, 한국 등에서 채택되고 있다. Robbins 교수는 또한 베스트셀러인 최고의 팀을 만드는 사람관리의 모든 것(시그마북스, 2014)과 *Decide & Conquer*(2004)의 저자이기도 하다.

그의 또 다른 삶을 살펴보면 Robbins 교수는 마스터스 트랙 경기에 적극적으로 참여하고 있다. 1993년 50을 넘기고 난 이후에만 전국 챔피언십에서 18번 우승했으며, 12개의 세계 타이틀을 가지고 있고 60, 100, 200, 400 미터에서 동년배 그룹에서 세계 기록을 보유하고 있다. 2005년에는 미국 마스터스 트랙&필드 명예의 전당에 올랐다.

✎ Timothy A. Judge(일리노이대학교(어바나-샴페인) 박사)

Timothy A. Judge는 현재 오하이오주립대학교의 Alutto Leadership 교수로 근무하고 있으며, 런던대학교의 심리학·언어과학과의 객원 교수이기도 하다. 그는 노터데임대학교, 플로리다대학교, 아이오와대학교, 코넬대학교, 체코의 프라하대학교, 슬로바키아의 코메니우스대학교, 일리노이대학교(어바나-샴페인)에서 근무했다. Judge 교수의 주요 관심 분야는 (1) 성격, 기분, 감정, (2) 직무 태도, (3) 리더십과 영향력을 미치는 행동, (4) 경력(개인과 조직의 적합성, 경력 성공) 등이다.

Judge 교수는 미국 경영학회와 심리학회 등에서 발행하는 저널에 154편 이상의 논문을 게재했다. 그는 미국 심리학회, 경영학회 등 여러 학회의 회원으로 활동하고 있다. Judge 교수는 여러 학술상을 수상하였으며, 가장 최근에는 미국 경영학회의 인적자원분과에서 수여하는 2014년 최우수논문상(Scholarly Achievement Award)을 받았다. Judge 교수는 *Organizational Behavior* 17판을 Stephen P. Robbins와 공저했으며, *Staffing Organizations* 8판을 Herbert G. Heneman III와 공저했다. 그는 결혼하여 보건 분야의 사회복지사로 일하는 딸, 대학원에서 석사과정을 공부하고 있는 딸, 중학교에 다니는 아들을 두고 있다.